BIBLIOTHÈQUE DES ÉCOLES FRANÇAISES D'ATHÈNES ET DE ROME

PUBLIÉE

SOUS LES AUSPICES DU MINISTÈRE DE L'INSTRUCTION PUBLIQUE

FASCICULE SOIXANTE-CINQUIÈME

ESSAI SUR LE RÈGNE
DE
L'EMPEREUR DOMITIEN

PAR

Stéphane GSELL

ANCIEN MEMBRE DE L'ÉCOLE FRANÇAISE DE ROME, CHARGÉ D'UN COURS D'ARCHÉOLOGIE
A L'ÉCOLE SUPÉRIEURE DES LETTRES D'ALGER

PARIS
THORIN & FILS, ÉDITEURS
LIBRAIRES DES ÉCOLES FRANÇAISES D'ATHÈNES ET DE ROME
DU COLLÈGE DE FRANCE, DE L'ÉCOLE NORMALE SUPÉRIEURE
ET DE LA SOCIÉTÉ DES ÉTUDES HISTORIQUES
7, RUE DE MÉDICIS, 7

1894

BIBLIOTHÈQUE DES ÉCOLES FRANÇAISES D'ATHÈNES ET DE ROME

FASCICULE I. 1. Étude sur le Liber Pontificalis, par M. l'abbé Duchesne. 2. Recherches sur les manuscrits archéologiques de Jacques Grimaldi, par M. Eugène Müntz. 3. Étude sur le mystère de sainte Agnès, par M. Clédat. 10 fr.

II. Essai sur les monuments grecs et romains relatifs au mythe de Psyché, par M. Maxime Collignon. . . . . 5 fr. 50

III. Catalogue des vases peints du musée de la Société archéologique d'Athènes, par M. Maxime Collignon (avec sept planches gravées). . . . . . . 10 fr.

IV. Les Arts a la cour des Papes pendant le XVe et le XVIe siècle, par M. Eugène Müntz, membre de l'Institut. Première partie. (Ouvrage couronné par l'Institut). » »
N. B. — Ce fascicule ne se vend qu'avec le IXe et le XXVIIIe contenant les 2e et 3e parties du travail de l'auteur. Le prix net des 3 vol. déjà publiés est de 45 fr. pris ensemble.

V. Inscriptions inédites du pays des Marses, recueillies par M. E. Fernique, ancien membre de l'École française de Rome. . . . . 1 fr. 50

VI. Notice sur divers manuscrits de la Bibliothèque Vaticane. Richard le Poitevin, par M. Elie Berger. 1 vol. (avec une planche en héliogravure). . . . 5 fr.

VII. Du rôle historique de Bertrand de Born, par M. Léon Clédat. . . . 4 fr.

VIII. Recherches archéologiques sur les îles ioniennes. I. Corfou, par M. Othon Riemann (avec deux planches hors texte, et trois bois intercalés dans le texte). 3 fr.

IX. Les Arts a la cour des Papes pendant le XVe et le XVIe siècle, par M. Eugène Müntz. Deuxième partie. 1 vol. avec deux planches en héliogravure. . 12 fr.
N. B. — Ce fascicule ne se vend qu'avec le XXVIIIe contenant la 3e partie du travail de l'auteur (Voir également ci-dessus, fascicule IV ou 1re partie de cet ouvrage).

X. Recherches pour servir a l'histoire de la peinture et de la sculpture chrétiennes en Orient avant la querelle des iconoclastes, par M. Ch. Bayet. 4 fr. 50

XI. Études sur la langue et la grammaire de Tite-Live, par M. Othon Riemann. 9 fr.

XII. Recherches archéologiques sur les îles ioniennes. II. Céphalonie, par M. Othon Riemann (avec une carte). . . . . 3 fr.

XIII. De codicibus mss. graecis Pii II, in Bibliotheca Alexandrino-Vaticana schedas excussit L. Duchesne, gallice in Urbe scholae olim socius. . . . . 1 fr. 50

XIV. Notice sur les manuscrits des poésies de saint Paulin de N. suivie d'observations sur le texte, par M. E. Chatelain. . . . . 4 fr.

XV. Inscriptions doliaires latines. Marques de briques relatives à une partie de la gens Domitia, recueillies et classées par M. Ch. Descemet (avec figures). 12 fr. 50

XVI. Catalogue des figurines en terre cuite du musée de la Société archéologique d'Athènes, par M. J. Martha (avec 8 belles planches en héliogravure hors texte, et un bois intercalé dans le texte). . . . . 12 fr. 50

XVII. Étude sur Préneste, ville du Latium, par M. Emmanuel Fernique, avec une grande carte et trois planches en héliogravure. . . . . 7 fr. 50

XVIII. Recherches archéologiques sur les îles ioniennes. III. Zante. IV. Cérigo. V. Appendice, par M. Othon Riemann (avec deux planches hors texte). 3 fr. 50

XIX. Chartes de Terre Sainte provenant de l'abbaye de N.-D. de Josaphat, par H.-François Delaborde, avec deux planches en héliogravure. . . . . . 5 fr.

XX. La trière athénienne. Étude d'archéologie navale, par M. A. Cartault (avec 99 bois intercalés dans le texte et 3 planches hors texte). . . . . . . 12 fr.
Ouvrage couronné par l'Association pour l'encouragement des études grecques en France.

XXI. Études d'épigraphie juridique. De quelques inscriptions relatives à l'administration de Dioclétien. I. L'Examinator per Italiam. II. Le Magister sacrarum cognitionum, par M. Édouard Cuq. 3 fr.

XXII. Étude sur la chronique en prose de Guillaume le Breton, par H.-François Delaborde. . . . . 5 fr.

XXIII. L'Asclépiéion d'Athènes d'après de récentes découvertes, par M. Paul Girard (avec une grande carte et 3 planches en héliogravure). . . . . . 5 fr. 50

XXIV. Le manuscrit d'Isocrate Urbinas CXI de la Vaticane. Description et histoire. Recension du Panégyrique, par M. Albert Martin. . . . . 1 fr. 50

XXV. Nouvelles recherches sur l'Entrée de Spagne, chanson de geste franco-italienne, par M. Antoine Thomas. 2 fr.

XXVI. Les Sacerdoces athéniens, par M. Jules Martha. . . . . 5 fr.

XXVII. Les Scolies du manuscrit d'Aristophane à Ravenne. Étude et collation, par M. Albert Martin. . . . . 10 fr.

XXVIII. Première section. Les Arts a la cour des Papes pendant le XVe et le XVIe siècle, par M. Eugène Müntz, membre de l'Institut. Troisième partie. Première section (avec deux planches). . . . . 12 fr.

XXIX. Les origines du Sénat romain. Recherches sur la formation et la dissolution du Sénat patricien, par M. G. Bloch. . . . . 9 fr.

XXX. Étude sur les lécythes blancs attiques à représentations funéraires, par M. E. Pottier (avec quatre planches). . . . . 5 fr.

A suivre.

ESSAI

SUR LE

RÈGNE DE L'EMPEREUR DOMITIEN

TOULOUSE. — IMP. A. CHAUVIN ET FILS, RUE DES SALENQUES, 28.

ESSAI SUR LE RÈGNE

DE

L'EMPEREUR DOMITIEN

THÈSE DE DOCTORAT

PRÉSENTÉE

A LA FACULTÉ DES LETTRES DE PARIS

PAR

Stéphane GSELL

ANCIEN MEMBRE DE L'ÉCOLE FRANÇAISE DE ROME, CHARGÉ D'UN COURS D'ARCHÉOLOGIE
A L'ÉCOLE SUPÉRIEURE DES LETTRES D'ALGER

PARIS
THORIN & FILS, ÉDITEURS
LIBRAIRES DES ÉCOLES FRANÇAISES D'ATHÈNES ET DE ROME
DU COLLÈGE DE FRANCE ET DE L'ÉCOLE NORMALE SUPÉRIEURE
DE LA SOCIÉTÉ DES ÉTUDES HISTORIQUES
7, RUE DE MÉDICIS, 7

1893

A

Monsieur Auguste GEFFROY

MEMBRE DE L'INSTITUT
DIRECTEUR DE L'ÉCOLE FRANÇAISE DE ROME

Hommage de reconnaissance et de respectueuse affection.

AVANT-PROPOS

Depuis Lenain de Tillemont (1), les principaux événements du règne de Domitien ont été exposés dans les histoires romaines de Merivale (2), de Peter (3), de MM. Duruy (4) et Schiller (5) : ces deux derniers écrivains ont su apprécier avec mesure un prince sur lequel on a beaucoup déclamé. M. Herzog, dans son *Histoire de la constitution romaine*, a consacré quelques pages au gouvernement de Domitien (6). Les guerres de cet empereur sont racontées brièvement dans le cinquième volume de l'*Histoire romaine* de M. Mommsen. — Il existe quelques études spéciales sur ce règne. L'histoire des Flaviens de Joguet (7) manque de critique. Imhof, dans son livre sur Domitien (8), a rassemblé avec soin les textes des auteurs anciens, mais il n'a guère pu utiliser les renseignements que donnent les inscriptions et les monnaies. La petite dissertation de Kraus (9) est sans valeur. Halberstadt a écrit un panégyri-

---

(1) *Histoire des Empereurs* (édition de Venise, 1732), t. II, p. 64-133.
(2) *A history of the Romans under the Empire*, t. VII (1862), p. 72-193.
(3) *Geschichte Roms*, 4ᵉ édit., t. III, 1881, p. 467-495.
(4) *Histoire des Romains*, édition in-4°, t. IV, 1882, p. 688-726.
(5) *Geschichte der römischen Kaiserzeit*, t. I, 1883, p. 520-538.
(6) *Geschichte und System der römischen Staatsverfassung*, t. II, erste Abtheilung, 1887, p. 301-308.
(7) *Les Flaviens*, avec une introduction par V. Duruy. Livre édité en 1876, mais écrit en 1847. La partie relative à Domitien comprend les pages 91-162.
(8) *T. Flavius Domitianus, ein Beitrag zur Geschichte der römischen Kaiserzeit*. Halle, 1857.
(9) *Zur Charakteristik des Kaisers Domitianus*. Landshut, 1875.

que outré de Domitien (1). La dissertation de M. Pichlmayr (2) n'est pas inutile, mais elle est trop courte et mal composée. J'aurai à indiquer dans le cours de cet ouvrage un certain nombre de travaux d'un caractère moins général, traitant des questions qui se rattachent au règne du dernier empereur flavien.

Je n'ai guère insisté sur les mœurs et les croyances de la société de cette époque, sur les lettres et les arts, m'étant proposé d'étudier le gouvernement de Domitien, non de tracer un tableau complet de l'état du monde romain à la fin du premier siècle.

---

(1) *Disputatio historico critica de imperatoris Domitiani moribus et rebus.* Amsterdam, 1877.
(2) *T. Flavius Domitianus.* Erlangen, 1889.

Novembre 1892.

ESSAI

SUR LE

RÈGNE DE L'EMPEREUR DOMITIEN

CHAPITRE PREMIER.

DOMITIEN AVANT SON RÈGNE.

Domitien (Titus Flavius Domitianus) (1) naquit le 24 octobre 51 (2), dans un lieu de la sixième région de Rome appelé « Malum Punicum, » où il fit élever plus tard un temple de la famille flavienne (3). Vespasien, son père, était alors consul désigné (4). Domitien fut assez abandonné dans son enfance. Sa mère Domitilla mourut, semble-t-il, quand il était encore très jeune (5) : quant à Vespasien, des affaires d'état et des disgrâces l'éloignèrent de Rome à plusieurs reprises depuis l'année 51 (6).

---

(1) Nulle part on ne trouve le nom complet de Domitien. C'est par une conjecture probablement inexacte, car elle est contraire à l'usage, que Franz a restitué dans une inscription grecque (*C. I. G.*, n° 5043) : « [Τ. Φλα. Δ]ομιτιανοῦ. » Mais ceux qui, sous les trois empereurs flaviens, reçurent le droit de cité par bienfait du prince s'appelèrent tous T. Flavius (voir en particulier Kaibel, *Inscriptiones graecae Siciliae et Italiae*, n° 746; cf. Friedländer, *Sittengeschichte Roms*, II, 6ᵉ édit., p. 634), ce qui prouve que Domitien avait pour prénom Titus, comme son père et son frère.

(2) Suétone, *Domitien*, 1 : « Natus est IX kal. novemb. » Cf. *C. I. L.*, X, 444. Dion Cassius (LXVII, 18) dit que Domitien vécut quarante-quatre ans, dix mois, vingt-six jours. Or il mourut le 18 septembre 96 (Suétone, *Domitien*, 17).

(3) Suétone, *Domitien*, 1. Martial, IX, 20. Voir chapitre IV.

(4) Suétone, *loc. cit.* — Il fut consul du 1ᵉʳ novembre au 31 décembre (Suétone, *Vespasien*, 4).

(5) Elle mourut en tout cas avant 69 (Suétone, *Vespasien*, 3).

(6) Suétone, *Vespasien*, 4.

Titus, frère de Domitien, âgé de dix ans de plus que lui (1), quitta tôt la maison paternelle, pour vivre à la cour d'abord, puis dans les camps (2).

L'éducation de Domitien fut négligée. Il fut laissé dans la gêne par Vespasien, alors assez pauvre (3) : on raconta même que dans sa jeunesse il s'était vendu plusieurs fois (4). Nous ne savons rien de plus sur ses premières années.

Son père avait été en 67 chargé de réprimer la révolte des Juifs. Après la mort de Néron, il avait successivement reconnu Galba, Othon, Vitellius. Mais craignant d'être sacrifiées aux troupes de Germanie qui soutenaient Vitellius, les légions d'Egypte, de Judée et de Syrie conférèrent l'empire à Vespasien (juillet 69), et celles des pays du Danube (Mésie, Pannonie, Dalmatie) suivirent leur exemple.

Le nouveau prince se rendit en Egypte : il voulait vaincre par la famine Rome qui tirait de cette contrée la plus grande partie de ses approvisionnements de blés ; il désirait aussi ne pas compromettre sa réputation dans une guerre civile. Le gouverneur de Syrie, Mucien, qui avait décidé Vespasien à accepter le pouvoir suprême, fut chargé de conduire une armée en Italie par l'Asie Mineure, la Thrace, l'Illyrie. Mais les légions danubiennes, sous la conduite d'Antonius Primus, le devancèrent. Victorieuses à Crémone, elles se dirigèrent vers Rome, passèrent les Apennins et arrivèrent à Ocriculum (au sud de Narni), où elles attendirent Mucien.

Pendant ces événements, Domitien se trouvait à Rome. Vitellius, pensant que le fils de son rival pourrait lui servir d'otage, le fit garder. Il n'avait d'ailleurs formé aucun mauvais projet contre lui, espérant par cette conduite modérée sauver la vie des siens en cas de défaite. Des envoyés d'Antonius Primus parvin-

---

(1) Titus naquit le 30 décembre 40 ou 41 (voir *Philologischer Anzeiger*, XVI, 1886, p. 552).

(2) Suétone, *Titus*, 2 et 4. Tacite, *Histoires*, II. 77.

(3) Vespasien se trouva dans de grands embarras pécuniaires après son proconsulat d'Afrique (Suétone, *Vespasien*, 4. Tacite, *Hist.*, III, 65).

(4) Suétone, *Domitien*, 1 : « Pubertatis ac primae adulescentiae tempus tanta inopia tantaque infamia gessisse fertur, ut nullum argenteum vas in usu haberet. Satisque constat Clodium Pollionem, praetorium virum, ...chirographum ejus conservasse et nonnumquam protulisse noctem sibi pollicentis ; nec defuerunt qui adfirmarent corruptum Domitianum et a Nerva, successore mox suo. » — Il faut remarquer que Suétone est fort peu affirmatif : « Fertur, satis constat, nec defuerunt qui adfirmarent. » — Voir encore Juvénal, *Satires*, IV, 105, et le scoliaste (édition Jahn-Bücheler).

rent à pénétrer, dit-on, jusqu'à Domitien, et lui indiquèrent un lieu où il trouverait asile et protection. Le jeune homme eût bien voulu se réfugier auprès des troupes flaviennes, qui avaient déjà traversé les Apennins, mais il n'osa pas se fier à ses gardiens, quoiqu'ils lui eussent promis de l'accompagner dans sa fuite (1).

Le 18 décembre 69, Vitellius, qui avait appris les trahisons et les défaites des siens sans rien faire pour les empêcher, se décida à abdiquer. Flavius Sabinus, frère de Vespasien, et alors préfet de la ville, lui promit la vie sauve. Mais le peuple et les soldats de l'armée de Germanie qui se trouvaient encore à Rome le forcèrent à garder le pouvoir impérial, et Sabinus, menacé par eux, dut se retirer avec les cohortes urbaines et quelques sénateurs et chevaliers sur le Capitole, où il se fortifia. Il y fit venir de nuit ses fils et Domitien, croyant ainsi les mettre en lieu sûr (2). — Mais le lendemain (19 décembre), la colline sacrée fut prise d'assaut par les Vitelliens, le temple de Jupiter brûlé, Sabinus fait prisonnier, puis égorgé. La plupart de ses compagnons périrent. — Retiré dès la première attaque chez le gardien du temple, Domitien y passa la nuit. Le lendemain matin il se revêtit d'une tunique de lin, comme un prêtre d'Isis, et se joignant à quelques serviteurs de cette déesse, il descendit du Capitole sans être reconnu : puis il alla se cacher près du Vélabre chez Cornelius Primus, client de son père (3).

---

(1) Tacite, *Hist.*, III, 59.
(2) Tacite, *Hist.*, III, 69. Suétone, *Domitien*, 1. Dion Cassius, LXV, 17. Josèphe, *Guerre de Judée*, IV, 11, 4.
(3) Tacite, *Hist.*, III, 74. Suétone, *Domitien*, 1. Les deux récits diffèrent un peu. Selon Suétone, Domitien se serait réfugié au delà du Tibre, chez la mère d'un de ses condisciples. Voir encore Dion Cassius, LXV, 17. — Plus tard, les flatteurs de Domitien rappelèrent fréquemment cet épisode. Stace, *Thébaïde*, I, 21 :

> Defensa prius vix pubescentibus annis
> bella Jovis.

Silves, I, 1, 79 :

> Tu bella Jovis, tu praelia Rheni...
> longo marte domas.

Silius Italicus, *Punica*, III, 609 [Prophétie de Jupiter] :

> Nec te terruerint Tarpeii culminis ignes :
> sacrilegas inter flammas servabere terris.

Martial, IX, 101, 13 :

> Adseruit possessa malis Palatia regnis
> prima suo gessit pro Jove bella puer.

Pour Josèphe (*Guerre de Judée*, IV, 11, 4), le salut de Domitien fut l'effet d'un miracle : « δαιμονιώτερον διασώζεται. » — Domitien lui-même fit un

Le 20 décembre (1), Antonius Primus, accouru en toute hâte sur l'avis de Sabinus, entra dans Rome, se rendit maître de la ville et Vitellius fut massacré. Le jour étant sur son déclin, et la peur ayant dispersé les sénateurs et les magistrats, dont les uns étaient sortis de Rome, les autres cachés chez leurs clients, le Sénat ne put être convoqué. Domitien, ne voyant plus d'ennemi à redouter, se rendit auprès des chefs victorieux et fut salué du nom de César; puis les soldats, toujours en armes, le conduisirent à la maison de son père (2), qu'il quitta du reste bientôt pour aller habiter sur le Palatin, dans la demeure impériale (3).

Le lendemain (4) (21 décembre), le Sénat reconnut Vespasien comme empereur. Vespasien et Titus furent élus consuls pour 70; Domitien reçut la préture avec l'*imperium* consulaire (5). Peu de temps après (6), Mucien entra dans Rome : il conduisit le prince au milieu des troupes et lui fit adresser une harangue aux soldats (7). Domitien se présenta aussi au peuple, devant lequel Mucien déclara que le fils de Vespasien gouvernerait jusqu'à l'arrivée de son père (8). — Le premier janvier 70, Julius Frontinus, préteur urbain, entra en charge, mais bientôt il se retira et Domitien put prendre possession de la préture (9). Il exerça les droits

poème sur la guerre du Capitole (voir plus loin), et témoigna sa reconnaissance à Jupiter Custos en lui élevant, à la place où était auparavant le logement du gardien, une chapelle, puis un temple (voir chapitre IV).

(1) Il faut observer pourtant que la chronologie de ces événements n'est pas connue d'une manière certaine. Vitellius fut peut-être tué le 23 décembre. Voir Lenain de Tillemont, *Histoire des Empereurs*, I, p. 622.

(2) Tacite, *Hist.*, III, 86. Suétone, *Domitien*, 1. Il est probable que les légions d'Orient, quand elles proclamèrent Vespasien empereur, au mois de juillet 69, reconnurent en même temps ses deux fils comme Césars. Aussi trouve-t-on des monnaies de Vespasien, antérieures, semble-t-il, au 21 décembre 69, qui portent au revers : *Titus et Domitian(us) Caesares, prin(cipes) juven(tutis)*. Voir Eckhel, *Doctrina numorum veterum*, VI, p. 320 et 367. Cohen, *Description des monnaies frappées sous l'empire romain*, I, 2ᵉ édit., *Vespasien*, nᵒ 542; cf. 52, 539-541, 545.

(3) Tacite, *Hist.*, IV, 2.

(4) Il est fort vraisemblable, en effet, que, dès le lendemain de la mort de Vitellius, le Sénat fut convoqué pour reconnaître Vespasien.

(5) Tacite, *Hist.*, IV, 3. Suétone, *Domitien*, 1. Dion Cassius, LXVI, 1. — Voir Mommsen, *Staatsrecht*, II, 3ᵉ édit., p. 650.

(6) Josèphe (IV, 11, 4) dit que Mucien entra dans Rome dès le lendemain du jour où fut tué Vitellius; mais c'est peu vraisemblable. Voir la suite des événements au début du livre IV des *Histoires*.

(7) Dion Cassius, LXV, 22.

(8) Josèphe, IV, 11, 4.

(9) Tacite, *Hist.*, IV, 39. — On a des monnaies de 70, sur lesquelles Do-

que lui donnait l'*imperium* consulaire d'autant plus librement que les deux consuls du premier *nundinum* de 70 furent Vespasien et Titus, absents de Rome, et que Petillius Cerialis, un des consuls du second *nundinum*, quitta probablement la ville avant d'entrer en charge (1). — Le nom de Domitien figura en tête des lettres officielles et des édits (2).

Inconnu six mois auparavant, Domitien devint alors le personnage le plus en vue de Rome. Par suite de l'éloignement de son père et de son frère et du meurtre de Sabinus, il y représentait seul la famille impériale (3). Tandis que Vespasien et Titus, restés en Orient, avaient laissé les événements suivre leur cours, il s'était vu exposé à de graves dangers qui attiraient sur lui la sympathie. — Des idées ambitieuses s'éveillèrent dans l'esprit de ce jeune homme de dix-huit ans, qui jusque-là avait vécu isolé et pauvre, et n'avait jamais pris aucune part aux affaires publiques. Infatué de sa fortune subite, mal conseillé (4), il se mit en tête de diriger l'État (5), négligeant comme trop mesquins les devoirs que lui imposait sa charge de préteur (6).

Mais les circonstances étaient trop graves pour que le gouvernement pût lui être abandonné. A Rome, le Sénat manifestait des velléités d'indépendance; les troupes vitelliennes devaient être licenciées ou écartées de l'Italie; les Flaviens voulaient être

---

mitien est qualifié de *praetor*. Voir Cohen, *Vespasien, Titus et Domitien*, t. I, p. 424, n° 6 : *Imp(erator) Caesar Vespasianus Aug(ustus) tr(ibunicia) p(otestate)*. ℞ *Caesar Aug(usti) f(ilius) co(n)s(ul), Caesar Aug(usti) f(ilius) pr(aetor)*. Cf. n°⁸ 3 (avec la correction de Pick, *Zeitschrift für Numismatik*, XIV, 1886, p. 363), 4, 5, 12, 14.

(1) Josèphe, VII, 4, 2, où il faut lire : « εἰς Γερμανίαν ἀπιέναι. » Mucien et Domitien avaient quitté Rome avant le 21 juin 70 (voir p. 11, n. 7), et l'on sait que le départ de Cerialis eut lieu avant le leur (Tacite, *Hist.*, IV, 68, 71, 85). — Cerialis dut être désigné consul pour le second nundinum de 70, du 1ᵉʳ mai au 31 août (voir Asbach, *Jahrbücher des Vereins von Alterthumsfreunden im Rheinlande*, LXXIX, 1885, p. 129-130).

(2) Tacite, *Hist.*, IV, 39.

(3) Sabinus, frère de Vespasien, laissait, il est vrai, deux fils : T. Flavius Sabinus et T. Flavius Clemens; mais ils étaient, semble-t-il, en bas âge. Potillius Cerialis était proche parent de l'empereur, mais par alliance (Tacite, *Hist.*, III, 59. Dion Cassius, LXIV, 18).

(4) Tacite, *Hist.*, IV, 39; IV, 68 : « pravis impulsoribus. »

(5) Tacite, *Hist.*, IV, 39. Dion Cassius, LXVI, 3 : « οὐδὲν γὰρ μικρὸν ἐπενόει. »

(6) Suétone, *Domitien*, 1 : « Honorem praeturae urbanae consulari potestate suscepit titulo tenus : nam jurisdictionem ad collegam proximum transtulit. »

récompensés de leur victoire, et après leur entrée dans Rome, ils s'étaient montrés fort disposés à piller la ville ; une grande révolte venait d'éclater sur le Rhin et menaçait de se répandre dans toute la Gaule ; on savait que l'Afrique n'était pas favorable à Vespasien et on disait même qu'elle s'était soulevée.

D'ailleurs ni Mucien, ni Vespasien n'auraient souffert que Domitien prît en main la direction de l'Etat. Mucien se vantait publiquement d'avoir disposé du pouvoir suprême au profit de Vespasien. Pendant l'absence de celui-ci, il voulut être empereur de fait, et Vespasien le lui permit, car il avait toute confiance en son habileté. Il l'autorisa à rendre des décrets, sous la seule réserve qu'il mettrait en tête le nom de l'empereur et lui envoya même son anneau pour en marquer les décisions qu'il publierait (1). En un mot, l'ancien légat de Syrie sembla pendant plusieurs mois « un homme associé à l'empire, plutôt que le ministre de l'empereur (2). » Domitien dut agir sur ses avis et avec son concours (3). — D'ailleurs Mucien, pour ménager sa vanité, eut la prudence de lui laisser en apparence une certaine initiative.

Le jour où Domitien, devenu préteur, fit son entrée au Sénat, il y fut bien accueilli. Il dit sur l'absence de son père et de son frère et sur sa propre jeunesse quelques mots pleins de convenance que la grâce de son maintien faisait valoir : on prit pour de la modestie la rougeur qui couvrait à chaque instant son visage. Il demanda que la mémoire de Galba fût réhabilitée. Mais il refusa de communiquer au Sénat les registres du palais qui auraient fait connaître les délateurs du règne précédent, et déclara que sur une telle affaire, il allait consulter l'empereur (4). A la séance suivante, il recommanda l'oubli des injures et des haines ; il allégua les nécessités des temps malheureux qui avaient précédé. Mucien soutint le même avis, mais en des termes plus discrets encore (5). Peu après, une loi présentée par Domitien aux comices révoqua les consulats que Vitellius avait conférés (6). Dans ces différentes circonstances, le fils de Vespasien, tout en

---

(1) Tacite, *Hist.*, IV, 4 ; IV, 11. Dion Cassius, LXVI, 2.
(2) Tacite, *Hist.*, II, 83 ; cf. IV, 39.
(3) Tacite, *Agricola*, 7 : « Initia principatus ac statum Urbis Mucianus regebat, juvene admodum Domitiano. »
(4) Tacite, *Hist.*, IV, 40.
(5) Tacite, *Hist.*, IV, 44.
(6) Tacite, *Hist.*, IV, 47. Cf. Mommsen, *Staatsrecht*, I, 3ᵉ édit., p. 630, n. 4 ; II, p. 930, n. 4 ; III, p. 346, n. 4. — Vitellius avait fait désigner les consuls pour dix années (Suétone, *Vitellius*, 11 ; Tacite, *Hist.*, III, 55).

condamnant les actes d'Othon et de Vitellius, chercha à empêcher des représailles qui eussent déshonoré le nouveau règne.

D'accord avec Mucien, Domitien s'efforça de régler l'état de la garde prétorienne. Les soldats de ce corps, que Vitellius avait licenciés, demandaient à y reprendre leur place ; les légionnaires, auxquels on avait promis de les admettre dans la garde, voulaient qu'on leur tînt parole ; enfin il semblait difficile de renvoyer les prétoriens de Vitellius, sans provoquer des désordres sanglants. Pour se débarrasser de ces derniers, Domitien vint au camp leur offrir des terres. Ils les refusèrent et demandèrent de continuer à servir et à recevoir la paye : c'étaient des prières, mais des prières qui ne souffraient pas de contradiction. On leur laissa donc leur rang de prétoriens, et on ne les congédia ensuite que les uns après les autres, la plupart avec honneur (1).

Il fallait aussi que le gouvernement nouveau fût sûr de la fidélité de ceux qui exerçaient des fonctions publiques. En un seul jour, Mucien et Domitien distribuèrent plus de vingt emplois importants à Rome et dans les provinces ; ce qui fit dire à Vespasien qu'il s'étonnait que son fils ne lui envoyât pas aussi un successeur (2).

Du reste, Domitien fit preuve de quelques qualités. On n'eut, pendant que son père fut absent, aucun reproche de cupidité ou de cruauté à lui faire ; il montra, au contraire, une sensibilité outrée et même ridicule. Suétone prétend que s'étant souvenu de ce vers de Virgile :

> Impia quam caesis gens est epulata juvencis.

il songea à faire un édit pour défendre qu'on immolât des bœufs (3).

Mais, malgré les apparences, Domitien comprenait qu'il jouait un rôle subalterne, et son orgueil en était blessé. Il protesta par de brusques coups d'autorité contre une situation qu'il regardait comme indigne de lui (4). « Il exerça, » dit Suétone (5), « le

---

(1) Tacite, *Hist.*, IV, 46.
(2) Zonaras, XI, 17, p. 492-493 (édition Pinder). Dion Cassius, LXVI, 2. Suétone, *Domitien*, 1.
(3) Suétone, *Domitien*, 9.
(4) Suétone, *Domitien*, 12 : « Ab juventa... confidens, et tum verbis, tum rebus immodicus. » Tacite, *Hist.*, IV, 39 : « Vis penes Mucianum erat, nisi quod pleraque Domitianus, instigantibus amicis, aut propria libidine audebat. » Cf. *Agricola*, 7.
(5) *Domitien*, 1.

pouvoir du manière si arbitraire que, dès lors, il montra ce qu'il devait être plus tard. » Il témoigna une grande malveillance à Mucien et devint l'ami de deux de ses adversaires politiques, Antonius Primus et Arrius Varus (1). C'était Antonius qui avait vaincu les Vitelliens ; cependant Mucien, malgré de flatteuses promesses, ne lui avait pas permis de prendre une part active au gouvernement (2). Quant à Varus, il occupait alors la fonction de préfet du prétoire (3); compagnon d'armes d'Antonius pendant la guerre civile, dans laquelle il s'était fort distingué, il était, comme son ancien chef, suspect au tout-puissant ami de Vespasien (4). Mucien lui retira son commandement, mais il ne voulut pas faire un affront trop sensible au fils de l'empereur. Varus reçut la préfecture de l'annone, et son successeur fut un homme très aimé de Domitien, et qui tenait par alliance à la famille impériale, M. Arrecinus Clemens (5).

Ce fut surtout à l'occasion des guerres qui se firent alors sur le Rhin que Domitien manifesta ses desseins ambitieux et qu'il eut à subir de pénibles humiliations. — Les Bataves, les Cannénéfates, les Frisons s'étaient révoltés sous la conduite de Civilis, et les peuples de la Germanie occidentale, désireux de piller le territoire romain, s'étaient joints à eux. Les Trévires et les Lingons, commandés par Classicus, Julius Tutor et Julius Sabinus, avaient proclamé l'empire indépendant des Gaules, que reconnurent bientôt les Vangions, les Triboques, les Caracates, les Ubiens, les Tongres. Les légions des deux armées de Germanie avaient été massacrées ou avaient juré fidélité à cet empire gaulois.

Au printemps de l'année 70, Petillius Cerialis, parent de l'empereur, fut envoyé en Germanie et chargé de diriger la guerre contre les rebelles (6). Mais le danger semblait si grand qu'il fut décidé que Mucien et Domitien se rendraient sur les bords du Rhin où des légions furent appelées de Bretagne, d'Espagne et d'Italie (7). Le prince désirait vivement faire cette expédition. « Impétueux d'espérance et de jeunesse, » comme dit Tacite; il

---

(1) Tacite, *Hist.*, IV, 68; IV, 80.
(2) Tacite, *Hist*, IV, 11; IV, 39.
(3) Tacite, *Hist.*, IV, 2.
(4) Tacite, *Hist.*, IV, 39; IV, 68.
(5) Tacite, *Hist.*, IV, 68. Arrecinus Clemens était frère de la première femme de Titus, Arrecina Tertulla (Suétone, *Titus*, 4. Tacite, *loc. cit.*).
(6) Tacite, *Hist.*, IV, 68. Josèphe, VII, 4, 2 (sur ce passage, voir Urlichs, *De vita Agricolae*, p. 19).
(7) Tacite, *Hist.*, IV, 68; cf. Mommsen, *Hermès*, XIX, 1884, p. 440, n. 1.

se promettait des succès militaires qui lui assureraient une renommée aussi grande que celle de son frère Titus, chargé à cette époque de terminer la guerre de Judée (1). Quant à Mucien, il aurait préféré rester à Rome qu'il redoutait de laisser sans maître ; mais il craignait que Cerialis ne fût pas capable d'étouffer la révolte, et il voulait accompagner Domitien, dont l'esprit aventureux lui inspirait des inquiétudes (2). Jaloux d'exercer sur l'armée une autorité incontestée, il ne permit pas au jeune César d'emmener avec lui Antonius Primus, son rival (3). Des nouvelles heureuses le rassurèrent bientôt et durent augmenter son désir de ne pas s'éloigner de Rome : la défaite des Lingons par les Séquanes restés fidèles ; le refus que les députés des peuples de la Gaule, réunis à Reims, firent de reconnaître l'empire proclamé par les rebelles ; la soumission des Triboques, des Vangions, des Caracates ; la délivrance de deux légions cantonnées à Trèves et contraintes de jurer fidélité à l'empire gaulois (4). Il opposa donc à l'impatience du jeune César délais sur délais (5), et lui fit donner par des amis de Vespasien le conseil de ne pas entreprendre cette expédition (6).

Cependant Mucien et Domitien se mirent enfin en marche (7) et ils arrivèrent au pied des Alpes. Là, ils apprirent que Petillius Cerialis était entré dans Trèves après une grande victoire. Les Lingons et les Trévires avaient fait leur soumission ; l'empire des Gaules n'existait plus. Il fallait encore vaincre sur le Rhin inférieur les Bataves de Civilis, les Germains, ses alliés, et les révoltés gaulois qui s'étaient réfugiés auprès de lui. Cette guerre pouvait être longue et difficile, mais Rome n'avait pas à en craindre l'issue. — Alors Mucien exprima une idée qu'il cachait depuis longtemps, mais qu'il feignit de concevoir tout à coup. Il déclara que, puisque la faveur des dieux avait brisé les forces des ennemis, il siérait peu à Domitien d'aller, quand la guerre était pros-

---

(1) Suétone, *Domitien*, 2.
(2) Tacite, *loc. cit.*
(3) Tacite, *Hist.*, IV, 80.
(4) Tacite, *Hist.*, IV, 67 et suiv.
(5) Tacite, *Hist.*, IV, 68.
(6) Suétone, *Domitien*, 2 : « [Domitianus] expeditionem in Galliam Germaniasque... dissuadentibus paternis amicis inchoavit. »
(7) Mucien et Domitien n'étaient plus à Rome le 21 juin 70. Ce jour-là fut purifié l'emplacement sur lequel devait s'élever le nouveau temple de Jupiter Capitolin. Or ni Mucien, alors consul, ni Domitien ne sont indiqués par Tacite (*Hist.*, IV, 53) comme ayant pris part à cette importante cérémonie.

que achevée, prendre sa part de la gloire d'un autre ; si la stabilité de l'empire et le salut des Gaules étaient menacés, la place d'un César serait sur les champs de bataille, mais il fallait laisser à des chefs moins importants les Cannénéfates et les Bataves. Il devait rester à Lyon, d'où il montrerait de près la force et la fortune du principat, sans se commettre dans de vulgaires dangers, et prêt cependant pour de plus grandes occasions (1). — Domitien comprit cette ruse, mais les égards qu'il devait à Mucien lui commandaient la dissimulation. On alla donc à Lyon. Tacite dit, sans l'affirmer cependant, que de ce lieu il envoya, en secret, des courriers à Cerialis : il voulait savoir si ce général lui remettrait, en cas qu'il parût, l'armée et le commandement. « Cette demande, » ajoute l'historien, « cachait-elle un projet de guerre contre son père, ou cherchait-il à s'assurer contre son frère des ressources et des forces? La chose resta incertaine. » Il n'est guère probable que Domitien ait eu la folle pensée de renverser Vespasien, mais peut-être prétendait-il, à cette époque, partager le pouvoir impérial avec Titus (2), après la mort de son père qui avait déjà soixante et un ans. — Cerialis, tout en lui répondant en des termes très mesurés, éluda sa demande comme le caprice d'un enfant, et il ne resta plus à Domitien qu'à retourner en Italie (3).

Son séjour à Lyon contribua peut-être à hâter la soumission des rebelles : Josèphe le dit en termes emphatiques dans son *Histoire de la guerre de Judée*. Voici comment il raconte la campagne du jeune César (4) : « A la nouvelle de la révolte, Domitien n'hésita pas, malgré sa jeunesse, à supporter le poids de cette grande guerre : il tenait de son père l'intrépidité, et il avait une expérience supérieure à son âge. Il entreprit donc aussitôt une expédition contre les Barbares. Ceux-ci, informés de son approche, eurent peur et se soumirent; ils s'estimèrent heureux de reprendre leur ancien joug, sans recevoir de châtiment. Après avoir tout fait rentrer dans l'ordre en Gaule, de manière que de nouveaux troubles y fussent désormais à peu près impossibles, Domitien retourna glorieusement à Rome, ayant accompli des

---

(1) Tacite, *Hist.*, IV, 85.
(2) Voir Suétone, *Domitien*, 2.
(3) Tacite, *Hist.*, IV, 86.
(4) VII, 4, 2. On lit, dans le quatrième livre des *Stratagèmes* (qui n'est pas de Frontin, mais peut-être d'un de ses contemporains; voir Schanz, *Philologus*, XLVIII, 1889, p. 674 et suiv.), que la cité des Lingons, en apprenant l'approche de l'armée de Domitien, craignit d'être dévastée et fit sa soumission (IV, 3, 14).

actions qui, par leur éclat, dépassaient son âge et étaient dignes de son père (1). »

En réalité, cette expédition que le prince avait rêvée si éclatante s'était terminée d'une manière fort mesquine. Loin d'acquérir une renommée militaire, il avait été joué par Mucien, peut-être aussi par Cerialis.

En même temps, Domitien s'était fait une fort mauvaise réputation par ses débauches. Pendant l'absence de son père, il séduisit un grand nombre de femmes mariées, entre autres Domitia, la fille de l'illustre Corbulon, vainqueur des Parthes. Quoiqu'elle fût déjà mariée à L. Ælius Lamia Plautius Ælianus, il l'épousa (2).

Vespasien, qui était resté en Egypte, fut informé de la conduite de son second fils : l'ambition déplacée de Domitien, ses différends avec Mucien, ses désordres lui déplurent fort (3). — Tacite prétend même (4) qu'il se montra si mécontent que Titus, au moment où il quitta l'empereur pour aller achever la guerre juive, crut devoir intercéder en faveur de son frère. Il supplia Vespasien de ne pas s'irriter sur la foi de vagues accusations et de montrer envers son fils un esprit libre et indulgent. « Ni légions, ni flottes, » disait-il, « ne sont d'aussi fermes soutiens du pouvoir suprême que le nombre des enfants... Le sang forme des liens indissolubles, surtout entre les princes : si d'autres peuvent jouir de leur prospérité, c'est leur famille qui ressent leurs disgrâces. La concorde ne pourra durer entre les frères, si un père n'en donne l'exemple. » L'empereur moins adouci en faveur de Domitien que charmé de l'affection fraternelle de Titus, lui dit de se rassurer et d'illustrer l'Etat par les armes; que lui-même s'occuperait des soins de la paix et de sa propre maison. — L'entretien dont parle Tacite ayant été secret, son récit mérite évidemment fort peu de confiance. Il a voulu mettre en opposition, comme il le fit probablement dans le reste de ses Histoires (5), et comme le firent aussi Suétone et Dion Cassius, la générosité de Titus et la perversité de Domitien.

---

(1) Silius Italicus (*Punica*, III, 607) se contente de dire :
> At sic transcendes, Germanice, facta tuorum,
> jam puer auricomo praeformidate Batavo.

Voir encore Martial, II, 2, 4, et VII, 7, 3.
(2) Suétone, *Domitien*, 1. Dion Cassius, LXVI, 3. Tacite, *Hist.*, IV, 2.
(3) Tacite, *Hist.*, IV, 51. Suétone, *Domitien*, 2.
(4) Tacite, *Hist.*, IV, 52.
(5) Voir, par exemple, *Hist.*, IV, 86.

Quoi qu'il en soit, Domitien savait si bien que son père était irrité contre lui, que, prévoyant le retour prochain de l'empereur, il agit avec plus de prudence après son expédition des Gaules. Autant par blessure d'amour-propre que par crainte d'une disgrâce complète, il renonça tout à fait aux occupations du gouvernement (1). Il se donna les apparences de la simplicité et de la modestie et affecta le goût des lettres (2). — Quand Vespasien revint en Italie, au mois d'octobre (3), il mit peu d'empressement à se présenter devant lui, craignant des reproches trop mérités. Mucien et d'autres personnages importants allèrent à sa rencontre jusqu'au port de Brindes; Domitien ne dépassa pas Bénévent (4).

L'empereur, rentré à Rome, dirigea dès lors les affaires publiques. Il ne put ni ne voulut donner à ses deux fils le même rang dans l'Etat. Titus, né en 40 ou 41, était un homme fait. Doué d'une intelligence remarquable, d'une mémoire extraordinaire, il avait reçu dans sa jeunesse une éducation soignée. Il avait rendu et continuait à rendre d'importants services à son père. C'était par affection pour lui que Mucien s'était déclaré en faveur de Vespasien; chargé de diriger la guerre de Judée, il illustra le nouveau règne et l'affermit par la prise de Jérusalem, au mois de septembre 70. Ses dehors brillants, sa gloire militaire, des prophéties connues de tous, lui donnaient un grand prestige aux yeux du peuple et des soldats. Ambitieux d'ailleurs, il aurait peut-être enlevé le pouvoir à son père, si celui-ci ne s'était décidé à le partager avec lui. Par reconnaissance et par intérêt, Vespasien devait associer son fils aîné à l'empire. Titus reçut la puissance tribunicienne, qu'il exerça à partir du 1ᵉʳ juillet 71, l'*imperium* proconsulaire, le droit de s'attribuer les salutations impériales, il prit le nom d'*imperator*. Il exerça le consulat en même temps que Vespasien depuis l'année 72; en 73-74, il fut censeur avec lui. Il participa non seulement aux honneurs suprê-

---

(1) Tacite, *Hist.*, IV, 86. Cf. Dion Cassius, LXVI, 3.
(2) Tacite, *loc. cit.*
(3) Titus apprit à Béryte, peu après le 17 novembre 70 (Josèphe, *Guerre de Judée*, VII, 3, 1; cf. Suétone, *Vespasien*, 2), l'arrivée de son père à Rome (Josèphe, VII, 4, 1). Or une nouvelle mettait un mois environ pour parvenir de Rome à Béryte. Voir Chambalu, *Philologus*, XLV, 1886, p. 502 et suiv. M. Pick pense à tort, selon nous, que le retour de Vespasien à Rome eut lieu vers la fin du mois d'août (*Zeitschrift für Numismatik*, XIII, 1885, p. 378, n. 2).
(4) Dion Cassius, LXVI, 9.

mes, mais aussi au gouvernement de l'Etat, eut le commandement de la garde prétorienne, présenta des propositions législatives au Sénat, dicta des lettres officielles, rédigea des édits au nom de son père. « Il fut, » dit Suétone (1), « l'associé, plus encore, le tuteur de l'empire. » — Domitien, au contraire, n'avait pas encore vingt ans quand Vespasien revint en Italie. Depuis la mort de Vitellius, il s'était signalé surtout par son orgueil, son humeur brouillonne et ses vices. Les soldats le connaissaient seulement par son expédition manquée de Gaule : il n'avait jamais paru sur un champ de bataille. Vespasien ne pouvait donc songer à faire de lui l'égal de Titus, qui, du reste, ne l'aurait probablement pas souffert. Il faut ajouter que la constitution impériale ne permettait pas au prince d'avoir plus d'un associé dans l'exercice de la puissance tribunicienne (2).

Il ne lui accorda aucun des titres qui indiquaient l'association à l'empire. Comme il se défiait de lui et voulait en l'humiliant le punir de sa conduite passée (3), il ne lui permit pas de prendre une part active aux affaires publiques. De 70 à 79, Domitien n'exerça aucun commandement militaire, malgré son vif désir de se montrer aux légions; à Rome même, il fut écarté de toute fonction administrative : l'empereur le chargea seulement quelquefois de porter au Sénat ses messages (4). D'ordinaire il dut habiter avec son père qui désirait le surveiller de près (5).

Mais, d'un autre côté, Vespasien se préoccupa toujours d'assurer l'empire à sa famille. Suétone dit que, malgré de nombreuses conspirations dirigées contre lui, il osa déclarer au Sénat qu'il aurait pour successeurs ses fils ou personne (6). Titus n'ayant pas d'enfant mâle, c'était Domitien qui, dans sa pensée, devait succéder à son fils aîné. Il voulut, en lui accordant des honneurs extraordinaires, faire de lui le troisième personnage de l'Etat, le placer au-dessus de tous les particuliers, et accoutumer les Romains à le considérer comme leur futur maître.

Domitien eut le titre de prince de la jeunesse (7). Comme Titus,

---

(1) *Titus*, 6 : « participem atque etiam tutorem imperii. »
(2) Voir Mommsen, *Staatsrecht*, II, 3ᵉ édit., p. 1160.
(3) Suétone, *Domitien*, 2. Dion Cassius, LXVI, 10.
(4) Dion Cassius, LXVI, 10.
(5) Suétone, *Domitien*, 2. Cependant Domitien séjournait fréquemment à Albano (Dion Cassius, LXVI, 9; cf. LXVI, 3).
(6) Suétone, *Vespasien*, 25.
(7) Cohen, *Domitien*, 52; 374, etc. C. I. L., VI, 932.

il fut de tous les grands collèges religieux (1). De même que lui, il reçut, en 72, le droit de faire frapper par le Sénat des monnaies de bronze à son effigie (2), et en 74 celui de battre monnaie en or et en argent (3). Il put porter la couronne de lau-

(1) *C. I. L.*, IX, 4955 : *Domitiano co(n)s(uli)..., sacerdoti [c]onlegiorum omniu[m, pr]incipi juventuti[s]*. — *C. I. L.*, VIII, 10116 : *...Domitian[o c]o(n)[s(uli)] IIII, pontif(ici)*. — Cohen, *Domitien*, 38, 336 : *Domitianus Caesar, aug(ur)*. — Actes des Arvales, *C. I. L.*, VI, 2054, 2057 : Domitien est indiqué comme présent à des réunions de la confrérie.

(2) Domitien reçut ce droit avant 73, car sur plusieurs de ses monnaies autonomes en bronze, il est indiqué comme *co(n)s(ul) des(ignatus) II* (Cohen, *Domitien*, 404, 476, 533, 616, 635, 636; il fut consul II à partir du 1ᵉʳ janvier 73). D'autre part, il le reçut après 71, car il ne put l'obtenir avant Titus, dont les premières monnaies autonomes sont datées de 72 (Cohen, *Titus*, 6, 7, 77, etc.). Titus reçut probablement le droit dont il s'agit vers le commencement de l'année 72 : après l'année 71, on ne le voit plus représenté sur les revers des monnaies de bronze de son père. — Il ne serait pas impossible que le droit de monnayage en bronze eût été accordé plus tard à Domitien qu'à lui. En effet, si après 71 Domitien n'apparaît pas plus que Titus sur les monnaies de l'empereur, frappées en bronze (Cohen, *Vespasien*, 537, est de 71; voir Pick, *Zeitschrift für Numismatik*, XIV, 1886, p. 360), il est encore représenté sur trois bronzes autonomes de Titus (Cohen, *Titus*, 27-29; il faut sans doute y joindre le n° 26 : voir Pick, *Zeitschrift für Numismatik*, XIII, 1885, p. 373), dont deux sont postérieurs au 1ᵉʳ juillet 72. — Domitien eut le droit de faire battre de la monnaie de bronze à Antioche (Cohen, *Domitien*, 747, 748, 749. Pick, *Z. F. N.*, XIV, 1886, p. 313, 346 et suiv.). Voir aussi des monnaies autonomes en bronze de Domitien César, portant les noms des proconsuls de Bithynie (Mionnet, *Description générale des monnaies*, II, p. 409, n° 3; *Supplément*, V, p. 2, n°ˢ 3 et 5). Par contre, Domitien n'eut pas, avant d'être empereur, le droit de monnayage à Alexandrie (voir Pick, *Z. F. N.*, XIV, p. 327-328).

(3) Il ne put recevoir ce droit avant Titus. Or celui-ci ne l'avait pas en 72 (voir : α) *Catalogo del museo di Napoli, monete romane*, p. 108, n° 6227, et Pick, *Zeitschrift für Numismatik*, XIV, 1886, p. 362 = Cohen, *Vespasien et Titus*, 3 [corrigé] ; 6) *Catalogo*, p. 108, n° 6226, et Pick, *loc. cit.*, p. 364, n° 8 = Cohen, *Vespasien, Titus et Domitien*, 8 [corrigé] ; γ) δ) ε) Cohen, *Vespasien et Titus*, 1 [= Pick, p. 362], 4 et 5); — ni probablement en 73 (voir Cohen, *Vespasien, Titus et Domitien*, 7, corrigé par Pick, p. 363 [quoique la lecture de cette monnaie ne soit pas certaine]). On doit remarquer qu'il n'existe aucune monnaie de Titus en or et en argent marquée du titre de *co(n)s(ul) II*, qu'il garda du 1ᵉʳ janvier 72 au 31 décembre 73. Mais Titus avait certainement ce droit en 74 (Cohen, *Titus*, 21, 123, 159, 160, 161).

Domitien l'obtint sans doute aussi en 74. Plusieurs de ses monnaies autonomes en métal précieux portent le titre : *co(n)s(ul) II* (Cohen, *Domitien*, 614, 663, 664, 665), qu'il garda du 1ᵉʳ janvier 73 jusqu'au commencement de 75 (probablement jusqu'au 13 janvier; voir plus loin). — Outre ses monnaies autonomes d'or et d'argent avec exergue en latin, il faut citer des monnaies grecques de l'île de Chypre, en argent : Δομιτιανὸς Καῖσαρ. ἠ Ἔτους νέου ἱεροῦ θ (neuvième année du règne de Vespasien). Voir Pick, *loc. cit.*, p. 334.

rier (1). Sur les monuments publics son nom fut gravé à côté de ceux de Vespasien et de Titus (2). Six fois, pendant le règne de son père, il devint consul (3).

Son premier consulat (4) ne fut pas un consulat ordinaire. Le 1ᵉʳ janvier 71, Vespasien et M. Cocceius Nerva entrèrent en charge (5). Ce fut le 1ᵉʳ mars (6) que Domitien devint consul, d'abord avec Cn. Pedius Cascus (7), puis avec C. Calpetanus Rantius

---

On lit sur des monnaies d'argent de Césarée, en Cappadoce (Mionnet, *Description des monnaies*, IV, p. 411, n. 25 et 26; *Supplément*, VII, p. 663, n. 24. Pick, *loc. cit.*, p. 350) : Αὐτοκρά(τωρ) Καῖσαρ Οὐεσπασιανὸς Σεβαστός. ἡ Δομιτιανὸς Καῖσαρ Σεβ(αστοῦ) υἱό(ς). Ἔτ(ους) θ. Titus, non plus, ne fit pas frapper de monnaies autonomes à Césarée pendant le règne de son père : il figure, lui aussi, sur le revers d'une monnaie de Vespasien, de la même année (Pick, *loc. cit.*).

(1) Voir Eckhel, VI, p. 369; VIII, 361. Mommsen, *Staatsrecht*, II, p. 822, 1150.

(2) C. I. L., II, 2477; VIII, 10116, 10119; III, 6993. Orelli, I, 2008. *Archäologisch-epigraphische Mittheilungen aus Oesterreich*, V, 1881, p. 209. *Journal asiatique*, série VI, tome XIII, 1869, p. 96. Perrot, *Exploration archéologique de la Galatie*, p. 209. Le Bas et Waddington, *Voyage archéologique en Grèce et en Asie Mineure*, III, 1225. — Voir aussi C. I. L., VI, 932 (mais c'est un monument privé).

(3) Suétone, *Domitien*, 2. — Sur les consulats de Domitien sous le règne de son père, voir Chambalu, *De magistratibus Flaviorum*, p. 10 et suiv.; Chambalu, *Philologus*, XLIV, 1885, p. 106 et suiv.; Asbach, *Jahrbücher des Vereins von Alterthumsfreunden im Rheinlande*, LXXIX, 1885, p. 110 et suiv., 131 et suiv.; Pick, *Zeitschrift für Numismatik*, XIII, 1885, p. 356 et suiv.

(4) Nous ne savons pas quand il y fut désigné : peut-être en même temps que son père. Voir Cohen, *Vespasien, Titus et Domitien*, 13, corrigé par Pick, Z. F. N., XIV, p. 364 : *Imp(erator) Caes(ar) Vespasian(us) Aug(ustus), p(ontifex) m(aximus), tr(ibunicia) p(otestate), p(ater) p(atriae), co(n)s(ul) II, d(esignatus) III.* ꝶ : *Imp(erator) T(itus) Ves(pasianus) co(n)s(ul) design(atus)...; D(omitianus) Caesar, Aug(usti) f(ilius), co(n)s(ul) design(atus).* Mais la lecture n'est pas certaine. — Les comices dans lesquels Vespasien fut élu consul pour la troisième fois suivirent de peu son retour (octobre 70) : sur les monnaies de cet empereur représentant la *Fortuna redux*, sept portent *co(n)s(ul) iter(um)* ou *II*, une *co(n)s(ul) II, des(ignatus) III* (Cohen, *Vespasien*, 81-85, 171, 185, 186).

(5) C. I. L., VI, 1984. *Ephemeris epigraphica*, I, p. 161, n° 177, etc. Voir Klein, *Fasti consulares*, p. 43.

(6) Vespasien et Nerva étaient certainement en charge le 1ᵉʳ février. Voir une tessère gladiatoriale citée par Pick, Z. F. N., XIII, p. 382, n. 1. — Ils durent rester consuls jusqu'à la fin du premier nundinum, c'est-à-dire jusqu'au 28 février, et non jusqu'au 31 mars, car au premier siècle de l'empire, on ne connaît aucun nundinum de trois mois. Voir Henzen, *Ephemeris epigraphica*, I, p. 199.

(7) Le 5 avril, Domitien et Cascus étaient consuls (C. I. L., III, p. 850. *Ephemeris epigraphica*, II, p. 458). Ils l'étaient encore après le 14 avril et avant le 1ᵉʳ mai (C. I. L., III, p. 851).

2

Quirinalis Valerius Festus (1). Il sortit de charge le 30 juin (2).

Dès l'année 71, il apparaît sur des monnaies comme désigné à un deuxième consulat (3) qui devait être suffect, car avant le 5 avril de cette même année, Vespasien et Titus avaient été désignés pour les deux consulats ordinaires de 72 (4). — Comme il

---

(1) Domitien et Festus étaient consuls ensemble au mois de mai et le 25 juin (Kaibel, *Inscriptiones graecae Siciliae et Italiae*, n° 750. *C. I. L.*, VI, 2016). — L'inscription *C. I. L.*, IV, 2555 : *Vespasiano III et filio c(on)s(ulibus)*, et un passage de Pline l'Ancien (*Hist. naturelle*, II, 57) : *Imperatoribus Vespasianis patre III, filio iterum consulibus* sont fautifs et ne peuvent nous induire à croire que Domitien fut, en 71, consul en même temps que son père. Dans l'inscription, il faut probablement corriger *III* en *II* et entendre par *filio* Titus (année 70); dans Pline, il faut lire *IIII* au lieu de *III*, le mot *filio* y désigne aussi Titus (année 72). Voir à ce sujet Pick, *Zeitschrift für Numismatik*, XIII, p. 381.

(2) Le 20 juillet, les deux consuls étaient L. Flavius Fimbria et C. Attilius Barbarus (*C. I. L.*, I, p. 200, n° 773 ; Kaibel, *loc. cit.*).

(3) Cohen, *Vespasien*, 536 [= Pick, *Z. F. N.*, XIII, p. 229, n. 2] : *Imp(erator) Caes(ar) Vespasianus Aug(ustus), p(ontifex) m(aximus), tr(ibunicia) p(otestate), p(ater) p(atriae), co(n)s(ul) III.* ℞ *T(itus) imp(erator) Caesar, co(n)s(ul) des(ignatus) II, Caesar Domit(ianus), co(n)sul des(ignatus) II, s(enatus)c(onsulto).* Cf. Cohen, *Vespasien*, 537 et 204, corrigés par Pick, *Z. F. N.*, XIII, p. 229, n. 2 ; XIV, p. 357 et 360. — Cohen, *Vespasien*, 46-51 : *Imp. Caes. Vespasian. Aug., p. m., tr. p., p. p., cos. III.* ℞ : *Caes. Aug. f. des. imp. Aug. f. cos. des. iter.* Comment faut-il lire le revers de ces monnaies ? Pick lit (*Z. F. N.*, XIII, p. 191 et suiv. ; XIV, p. 355) : *Imp(erator), Aug(usti) f(ilius), co(n)s(ul) des(ignatus) iter(um); Caes(ar), Aug(usti) f(ilius), des(ignatus)*. Par conséquent, ces monnaies auraient été frappées après les premiers comices de 71, dans lesquels Titus aurait été désigné consul II, et avant le 1er mars 71, date de l'entrée en charge de Domitien. Mais cette explication semble inadmissible. A la vue des monnaies, elle ne viendrait à la pensée de personne (voir la reproduction de l'une d'elles dans Cohen, I, p. 371), et tout le monde lirait la légende des revers en commençant par le mot *Caes.* et non par le mot *imp.* De plus, l'omission du mot *cos.* avant le second *designatus* serait très irrégulière. — Mommsen (*Z. F. N.*, XIV, p. 31), lit : *Caes(ares), Aug(usti) f(ilius), des(ignatus) imp(erator); Aug(usti) f(ilius), co(n)s(ul) des(ignatus) iter(um).* Ces monnaies auraient été frappées après les premiers comices de 71, dans lesquels Domitien aurait été désigné pour un second consulat (par conséquent après le 1er mars 71, car Domitien ne pouvait être désigné en même temps à deux consulats), et avant le 1er juillet, date à partir de laquelle Titus exerça la puissance tribunicienne et fut, par conséquent, associé officiellement à l'empire. — Schiller (*Bursian's Jahresbericht*, LII, 1887, p. 17), lit : *Caes(ares), Aug(usti) f(ilius), des(ignatus) imp(erator); Aug(usti) f(ilius), co(n)s(ules) des(ignati) iter(um).* La légende serait bien embrouillée ; la date de ces monnaies serait, du reste, la même.

(4) Pour Vespasien cela est certain (*C. I. L.*, III, p. 850 ; *Ephemeris epigraphica*, II, p. 458 : diplômes du 5 avril). Quant à Titus, qui fut consul le 1er janvier 72, il est fort probable qu'il fut désigné en même temps que l'autre consul ordinaire de 72, Vespasien. Si on lit les monnaies de Vespa-

eût été irrégulier de conférer dès 71 un consulat pour 73, il est assez probable que Domitien devait entrer en charge en 72, soit dans le premier nundinum comme suppléant d'un consul ordinaire qui se serait retiré avant le terme légal de sa charge, soit dans un des nundina suivants.

Il ne fut cependant consul pour la seconde fois que le 1er janvier 73 (1). Suétone nous en donne la raison : « Des six consulats qu'il reçut du vivant de son père, il n'en exerça qu'un ordinaire, parce que Titus lui céda la place et demanda pour lui cet honneur (2). » Vespasien attachait une grande importance au consulat, sans doute à cause de l'éponymie (3); pendant son règne, il exerça tous les ans cette magistrature, sauf quand des circonstances particulières l'en empêchèrent (4). D'autre part, Titus, associé à l'empire en 71, géra dès lors le consulat en même temps que son père (5). En vertu de ces principes, Vespasien et son fils aîné devaient être consuls le 1er janvier 73, et comme à cette époque les élections aux consulats ordinaires se faisaient vers le début de l'année précédente (avant le 5 avril en 71), ils devaient être désignés au commencement de 72. Ce fut aux comices qui eurent lieu à cette époque que Titus dut faire abandon de son droit en faveur de son frère, qui fut désigné par le Sénat comme consul ordinaire pour 73. La renonciation de Titus entraîna celle de Vespasien (6) et Catullus Messalinus fut élu comme

sien (Cohen, n°° 46-51), comme le propose Schiller, il est certain que Titus fut élu aux premiers comices de 71, avec son père. — Si l'on adopte la lecture de Mommsen ou celle de Schiller, il faut en conclure que Domitien fut aussi désigné aux premiers comices (comme il le fut en 79, voir plus loin).

(1) *C. I. L.*, X, 5405; V, 7239. *Annali dell' Instituto*, LXII, 1870, p. 173, n° 3. — Le chronographe de 354, les fastes connus sous le nom d'Idace et la chronique pascale indiquent ce consulat. Prosper l'indique aussi, mais à une mauvaise place, comme le premier des consulats que Domitien géra étant empereur.

(2) Suétone, *Domitien*, 2 : « In sex consulatibus, non nisi unum ordinarium gessit, eumque cedente et suffragante fratre. » C'est sans raison plausible que Chambalu (*Philologus*, XLIV, 1885, p. 106 et suiv.) conteste l'exactitude de ce texte.

(3) Mommsen, *Staatsrecht*, II, 3e édit., p. 1097. Herzog, *Geschichte und System der römischen Staatsverfassung*, II, p. 288.

(4) Il fut consul en 70, 71, 72, 74, 75, 76, 77, 79 : quand il mourut, il était désigné pour 80.

(5) Un associé à l'Empire ne pouvait gérer que des consulats ordinaires : voir Mommsen, *Staatsrecht*, II, p. 1166.

(6) Il n'y a aucune raison d'admettre que ce fut Vespasien qui fit abandon de son droit en faveur de Domitien (comme le prétendent Hoffmann, *Quomodo, quando Titus imperator factus sit*, p. 46, et Asbach, *Jahrb. des*

collègue du second fils de l'empereur. — Quand les comices furent tenus, Domitien n'était pas encore entré en charge (1), et une fois élu pour 73, il renonça à prendre les faisceaux en 72, parce qu'il ne pouvait être en même temps désigné à deux consulats, et que le consulat ordinaire qu'on lui cédait était beaucoup plus estimé qu'un consulat suffect : en outre Titus ne voulait peut-être pas voir son frère cadet compter autant de consulats que lui. — Ainsi Domitien resta *consul designatus II* pendant une partie de 71 et pendant toute l'année 72 (2), d'abord comme suffect pour 72, puis comme ordinaire pour 73.

Domitien ne fut pas consul en 74, probablement aussi pour ne pas atteindre le chiffre des consulats de Titus. Son troisième consulat se place en 75 (3) et son quatrième en 76 (4). En 77, il fut

Vereins, LXXIX, 1885, p. 131). Vespasien renonça au consulat par suite de la renonciation de Titus, non pour laisser la place à son second fils.

(1) Soit qu'il fût désigné pour le second nundinum qui, cette année-là, commença le 1ᵉʳ mai (voir Klein, *Fasti consulares*, p. 44); soit qu'il fût désigné pour le premier comme suppléant d'un des deux consuls ordinaires, et que par suite de la promesse faite par Titus avant les comices de renoncer en faveur de Domitien au consulat ordinaire pour 73, le consul ordinaire de 72 qui devait être suppléé par Domitien ne se soit pas désisté pour lui faire place, le 13 janvier (c'était en effet ce jour-là, qu'à l'époque flavienne, le consul ordinaire qui ne remplissait pas tout le temps de sa charge avait coutume de se retirer : voir Suétone, *Domitien*, 13; Klein, *Fastes* de 74 et de 92 ; cf. *Fastes* de 86 et de 87).

(2) Cohen, *Domitien*, 404, 476, 533, 616, 635, 636; *Titus*, 27, 28, 29. C. I. L., VI, 932 (inscription de la seconde moitié de 72).

(3) Après le 1ᵉʳ juillet de l'année 75, Domitien est indiqué comme consul III (*Journal asiatique*, série VI, tome XIII, 1869, p. 96) : ὕπατος τὸ [γ'] (la restitution est certaine, puisqu'on lit ensuite : ἀποδεδειγμένος τὸ δ'). Il put l'être en 74 ou 75. Mais 74 doit être écarté. En effet, Domitien ne fut pas cette année-là consul dans le premier *nundinum*; le suppléant de Vespasien nous est connu; ce fut T. Plautius Silvanus Aelianus, qui devint ainsi collègue de Titus, resté en charge (voir Klein, *Fasti consulares*, p. 44). On ne peut pas non plus placer Domitien dans le second ou le troisième *nundinum*, car les consuls au mois de mai furent Petillius Cerialis et Eprius Marcellus, et ils eurent pour successeurs (le 1ᵉʳ juillet ou le 1ᵉʳ septembre? on ne saurait le dire) un personnage dont le nom n'est plus représenté que par les lettres ...ON... dans l'inscription C. I. L., VI, 2016, et un autre qui n'y est plus indiqué que par deux jambages à peine distincts ...II... Ce n'est certainement pas Domitien qui n'aurait pas été relégué au troisième *nundinum* après avoir été consul ordinaire. — D'autre part, sur trente-deux espèces de monnaies qui nous restent, Domitien est qualifié co(n)s(ul) II, sur douze seulement co(n)s(ul) III. On peut en conclure qu'il garda deux ans (73 et 74) le titre de co(n)s(ul) II, un seul (75), celui de co(n)s(ul) III (voir Chambalu, *De magistratibus Flaviorum*, p. 11).

(4) Dans l'inscription grecque de 75, citée note précédente, Domitien est

consul pour la cinquième fois (1) : le 1ᵉʳ janvier, Vespasien et Titus entrèrent en charge (2); quelque temps après, peut-être aux ides du même mois, Titus se retira pour laisser la place à son frère qui devint ainsi collègue de l'empereur pendant le premier nundinum (3).

indiqué comme désigné à un quatrième consulat, qu'il géra, par conséquent, en 76. Sur une inscription de la première moitié de l'année 76, il est qualifié de co(n)s(ul) IIII (C. I. L., VIII, 10116; cf. 10119, qui est de la même année).

(1) *Annali dell' Instituto*, XLII, 1870, p. 181, n° 153 et suiv. (inscriptions gravées sur quatre blocs de marbre) : *Imp(eratore) Vesp(asiano) Caes(are) Aug(usto) VIII, Domit(iano) Caes(are) V co(n)s(ulibus)*. Chronographe de 354 : « Vespasiano VIII et Domitiano V. » Cf. Fastes connus sous le nom d'Idace et Fastes de la *Chronique pascale*. — On ne peut citer à ce sujet la monnaie Cohen, I, p. 425, *Vespasien et Domitien*, 1, car elle est certainement hybride; voir Pick, *Z. F. N.*, XIII, p. 369.

(2) C. I. L., X, 8067, 3 (sur une balance) : *Imp(eratore) Vesp(asiano) Aug(usto) IIX, T(ito) imp(eratore), Aug(usti) f(ilio), VI co(n)s(ulibus)*. Sur ces sortes d'objets, on ne marquait que les consulats ordinaires. Actes des Arvales au 3 janvier (fragment très mutilé, il est vrai). C. I. L., VI, 2055 : [*T(iti) Caesaris, Aug(usti) f(ili), Vespasi*]*ani, co(n)s(ulis) VI*. Prosper d'Aquitaine : « Vespasiano VII (chiffre inexact) et Tito VI. » — Nous avons déjà fait remarquer que Titus, associé à l'empire, ne pouvait être que consul ordinaire. Une inscription de Séleucie du Calycadnos pourrait faire croire que Titus ne fut pas consul ordinaire en 77 (Μουσεῖον καὶ βιβλιοθήκη τῆς εὐαγγελικῆς σχολῆς, Smyrne, 1875, p. 100, n° 101; cf. Chambalu, *Philologus*, XLIV, 1885, page 113) : Αὐτοκράτωρ Καῖσαρ Οὐεσπασιανὸς Σεβαστός, πατὴρ πατρίδος, ὕπατος τὸ η΄· Αὐτοκράτωρ Τίτος Καῖσαρ Σεβαστοῦ υἱός, ὕπατος τὸ ε΄. Il résulterait de cette inscription qu'en 77 Vespasien aurait été pendant un certain temps consul VIII, tandis que Titus aurait été seulement consul V : Titus ne serait donc pas entré en charge le 1ᵉʳ janvier comme son père. Mais il faut probablement lire : Τίτος, etc., ὕπατος τὸ ς΄ (consul VI), en corrigeant E en C. Voir Pick, *Z. F. N.*, XIV, p. 370. — Vespasien était régulièrement désigné dès les premiers comices de 76 (C. I. L., X, 1629). Il dut en être de même pour Titus.

(3) Domitien fut suffect en 77; Suétone dit, en effet, qu'il n'exerça qu'un seul consulat ordinaire (celui de 73) pendant le règne de son père. Mais il fut cette année-là consul en même temps que son père (voir à la note 1). Il faut donc en conclure que Titus lui céda la place, sans doute le 13 janvier (voir p. 20, n. 1), tandis que Vespasien resta en charge pendant tout le premier nundinum de l'année. — Cependant plusieurs autres textes pourraient faire croire que Domitien fut, en 77, consul ordinaire : a) Les inscriptions gravées sur les blocs de marbre indiquent presque toujours les consulats ordinaires (voir *Annali dell' Instituto*, XLII, 1870, p. 172 et suiv.); b) sur la liste du chronographe de 354, on lit à l'année 77 : « Vespasiano VIII, Domitiano V »; cf. Catalogue libérien, édition Duchesne, *Liber pontificalis* p. 2; c) les fastes connus sous le nom d'Idace, qui n'indiquent que les consuls ordinaires, donnent comme consuls pour cette année : « Vespasiano VIII et Domitiano III » (III, parce qu'on a copié une liste n'indiquant que les con-

Domitien ne fut point consul en 78 ; Vespasien et Titus renoncèrent aussi aux faisceaux cette année-là (1), pour des raisons que nous ne connaissons pas. — En 79, il le fut pour la sixième fois (2). Pour 80, il fut probablement désigné comme

suls ordinaires et sur laquelle, par conséquent, on a lu en 73 : « Domitiano II et Messalino », tandis qu'on n'y a trouvé aucune mention des consulats suffects gérés par Domitien en 75 et 76); d) Dans la *Chronique pascale* (I, p. 465, édit. Dindorf), Titus et Domitien sont indiqués comme consuls ordinaires : Τίτου τὸ ς' καὶ Δομιτιανοῦ τὸ β' (β', parce que c'est le deuxième consulat de Domitien que mentionne la *Chronique*. — Mais il est possible d'expliquer ou de corriger ces textes sans rejeter le témoignage formel de Suétone. En effet, les blocs de marbre indiquent quelquefois les consulats suffects (voir *Ephemeris epigraphica*, V, n° 1378). Or, en 77, on avait des raisons particulières pour graver sur ces blocs le nom du fils de l'empereur, Domitien, qui fut cette année-là en charge avec Vespasien et dut rester consul beaucoup plus longtemps que Titus. Quant aux erreurs qu'on constate dans les fastes manuscrits, elles ont peut-être pour cause la disposition des consulats ordinaires et suffects dans l'original : le nom de Domitien, suppléant de Titus et collègue de Vespasien, était indiqué probablement à côté de celui de son frère et de son père, mais il ne devait pas être marqué de la même manière que les années précédentes et suivantes, où Domitien fut, autant qu'il semble, suppléant de Vespasien et collègue de Titus. Voir, à ce sujet, Pick, Z. F. N., XIII, p. 372, qui réfute avec raison les hypothèses de Chambalu, *Philologus*, XLIV, p. 109 et suiv.

(1) Voir Klein, *Fasti consulares*, p. 45.

(2) C. I. L., III, 6993 : *Imp(erator) Caesar Vespasianus Aug(ustus), pontif(ex) max(imus), trib(unicia) pot(estate) VIIII, imp(erator) XIX, p(ater) p(atriae), co(n)s(ul) IIX, desig(natus) VIIII; Imp(erator) T(itus) Caesar, Aug(usti) f(ilius), co(n)s(ul) VI, desig(natus) V[II]; Domitianus Caesar, Aug(usti) f(ilius), co(n)s(ul) V, desig(natus) VI,* etc. Cette inscription est de la première moitié de 78, non de la seconde moitié de 77 ⟨dans laquelle la titulature de Vespasien fut déjà *co(n)s(ul) VIII, tr(ibunicia) pot(estate) IX, imp(erator) XVIII*⟩ ; car en 77 l'empereur et Titus n'auraient pas été déjà désignés à un consulat qu'ils n'exercèrent qu'en 79. Ce sixième consulat, Domitien ne l'exerça pas en 78, mais en 79. En effet, sur cinq variétés de monnaies, il est qualifié de *Consul IV*, titre qu'il ne porta qu'un an (76) ; tandis que vingt espèces indiquent son cinquième consulat : on peut en conclure que ces vingt espèces doivent se répartir sur les deux années 77 et 78 (Chambalu, *De magistratibus Flaviorum*, p. 12). D'ailleurs, il est invraisemblable que Domitien ait été suffect en 78, année dans laquelle deux particuliers furent consuls ordinaires. — Une inscription de Galatie, qui mentionne Domitien, date de l'année 79 : Vespasien y est qualifié de [ὑπάτου] τὸ ἔνατον, ἀποδε[δειγμένου τὸ δέκατον]; Titus de [ὑπάτου τὸ ἕβδομον, ἀποδε]δειγμένου τὸ ὄγδο[ον]; Domitien est indiqué comme ὑπάτου τὸ... τόν. Faut-il compléter, comme le fait M. Perrot (*Exploration archéologique de la Galatie*, p. 209) : ὑπάτου τὸ [πέμπτον, ἀποδεδειγμένου τὸ ἕκ]τον? La conclusion serait que lorsque cette inscription fut gravée, à une époque postérieure aux premiers comices de l'année 79, Domitien n'était pas encore entré en charge, et que, dans ces comices, Domitien ne fut pas désigné au septième consulat

suffect avant la mort de son père, survenue le 23 juin 79 (1).

En résumé, Domitien fut six fois consul sous Vespasien. Il le fut dès que son âge le lui permit, en 71. Sous la dynastie julio-claudienne, les jeunes gens auxquels les empereurs destinaient leur succession ne reçurent pas le consulat avant l'âge de vingt ans ; les autres membres de la famille impériale, lorsqu'ils avaient atteint cet âge, ne pouvaient pas obtenir une charge supérieure à la questure (2). Domitien fut donc traité à cet égard, non comme un simple prince du sang, mais comme un véritable héritier de l'empire. En 73, par une faveur spéciale, il exerça le consulat dès le premier janvier. A partir de 75, il reçut chaque année les faisceaux, sauf en 78 ; mais comme Vespasien et Titus devaient être tous les ans consuls ordinaires, ainsi que nous l'avons vu plus haut, il ne resta pour Domitien que des consulats suffects. Cependant, pour atténuer cette déchéance inévitable, l'empereur décida, semble-t-il, que son second fils serait suffect, non pas dans le second ou le troisième nundinum, mais dans le premier, ce qui était plus honorable (3). En 75 et dans les années suivantes, un

---

qu'il exerça l'année suivante. Mais on ne s'expliquerait pas pourquoi ce prince qui, à partir de 75, fut toujours consul dans les mêmes années que Vespasien et Titus, et probablement désigné en même temps qu'eux (cela est certain pour 78 [voir *C. I. L.*, III. 6993, cité plus haut] et très probable pour 75 [voir les observations de Chambalu, *Philologus*, XLVII, 1888, p. 766, sur l'inscription du *Journal asiatique*]), n'aurait pas été élu pour 80 avec son père et son frère dans les premiers comices de 79. De plus, en 79, Domitien dut être comme il le fut certainement en 77 et très probablement en 76 (voir p. 24, n. 1), suppléant d'un des consuls du premier nundinum, sans doute à partir du 13 janvier. Son sixième consulat était donc déjà commencé quand ces comices furent tenus vers le mois de mars : c'était la date des premiers comices de l'année sous Claude et Néron (voir Mommsen, *Staatsrecht*, I, p. 588-589), et nous avons vu que le 5 avril 71 Vespasien était déjà désigné pour l'année suivante (p. 18, n. 4; cf. aussi p. 18, n. 3). Pour ces raisons, on doit supposer, soit que l'indication de l'inscription est fausse, soit qu'au lieu d'un T il y a le dernier jambage d'une M, et il faut lire : ὑπάτου τὸ [ἕκτον, ἀποδεδειγμένου τὸ ἕβδομ]ον. Voir, à ce sujet, Pick, *Zeitschrift für Numismatik*, XIII, p. 365, n. 4.

(1) Voir note précédente. On ne peut s'appuyer sur une monnaie de Titus (Cohen, *Titus*, 26), pour soutenir qu'avant la mort de son père, Domitien fut désigné à un consulat ordinaire pour 80. Cette monnaie date probablement de l'année 72 (voir p. 16, n. 2).

(2) Mommsen, *Staatsrecht*, I, 3e édit., p. 576.

(3) Le consulat suffect de cette catégorie était accordé à de hauts personnages : par exemple, en 74, à T. Plautius Silvanus Aelianus, déjà consul une fois, décoré des ornements triomphaux et alors préfet de la ville (*C. I. L.*, XIV, 3608). Voir Pick, *Z. F. N.*, XIII, p. 365.

des deux consuls ordinaires, soit Vespasien, soit Titus, paraît s'être retiré avant le terme légal de sa magistrature pour faire place à Domitien (1). — L'histoire des six premiers consulats de ce prince prouve donc que son père voulut lui donner un rang exceptionnel dans l'État, immédiatement au-dessous de lui-même et de Titus.

Malgré tous ces honneurs, Domitien considérait la conduite de l'empereur envers lui comme injuste. Dans son orgueil, il était blessé d'être l'inférieur de son frère, d'autant plus que cette infériorité éclatait aux yeux de tous. Au triomphe juif, auquel Titus par vanité donna une magnificence inouïe, Vespasien et Titus s'avançaient sur deux chars; Domitien, alors consul, les suivait à cheval (2). Quand l'empereur et ses fils se montraient au peuple, Vespasien et Titus étaient portés sur un siège; Domitien venait derrière eux en litière (3). Dans les vœux publics, son nom n'était pas prononcé en même temps que ceux de son père et de son frère (4). Sur les monuments, Titus pouvait se qualifier : *Imperator Titus Caesar Vespasianus*, *Augusti filius*, *imperator* n, *pontifex*, *tribunicia potestate* n, *consul* n; tandis que Domitien était appelé seulement : *Caesar*, *Augusti filius*, *Domitianus consul* n, *pontifex ou princeps juventutis* (5).

D'un esprit actif, turbulent même, il était condamné à l'oisiveté. Il voulut plusieurs fois s'y soustraire. Vologèse, roi des Parthes, avait prié Vespasien de lui envoyer, pour le soutenir contre les Alains, une armée commandée par un de ses fils (6). Domitien fit tout ce qu'il put pour être chargé de cette expédition, mais l'empereur repoussa la demande de Vologèse. Le jeune César voulut alors par des dons et des promesses décider les autres rois de

---

(1) En 76, Domitien fut certainement consul avant le 1ᵉʳ juillet, comme l'indique l'inscription *C. I. L.*, VIII, 10116, qui est en tout cas antérieure au 1ᵉʳ juillet (cf. *C. I. L.*, VIII, 10119, qui est antérieure au nᵒ 10116, car Titus y est qualifié d'imperator X, tandis que sur le nᵒ 10116 il est imperator XI). — Pour 77 et 79, voir p. 21 et p. 22, n. 2. En 78, et sans doute aussi en 79, il fut désigné consul aux mêmes comices que son père et son frère, ce qui paraît indiquer qu'il exerça en 79 et qu'il devait exercer, en 80, le consulat dans le même nundinum qu'eux.

(2) Suétone, *Domitien*, 2. Zonaras, XI, 17, p. 494. Josèphe, *Guerre de Judée*, VII, 5, 5.

(3) Suétone, *ibid.* Cf. Mommsen, *Staatsrecht*, I, p. 396-397.

(4) *C. I. L.*, VI, 2054, 2055, 2056.

(5) *C. I. L.*, VIII, 10116; VI, 932 et sur les monnaies : voir Chambalu, *Philologus*, XLV, 1886, p. 130.

(6) Suétone, *Domitien*, 2. Cf. Dion Cassius, LXVI, 15.

l'Orient à adresser la même prière à Vespasien, mais ses intrigues restèrent sans succès (1).

Il s'ennuyait fort et cherchait de bizarres distractions ; ce fut alors qu'il prit l'habitude, mentionnée par plusieurs auteurs, de passer de longues heures à percer des mouches avec un poinçon (2) : je donne ici cette anecdote pour ce qu'elle vaut. — Son caractère s'aigrit. N'osant témoigner son humeur à Vespasien lui-même ou à Titus, il se vengea sur Caenis, la maîtresse de l'empereur, qui la traitait presque comme une femme légitime (3). Un jour, Caenis retournant de voyage vint à Domitien pour l'embrasser : il se recula et lui offrit la main (4).

Cependant il comprit bien qu'il ne pourrait rien contre son père et son frère, et qu'il serait au contraire très facile à Vespasien, prévenu contre lui, de le traiter avec plus de rigueur. Aussi feignit-il la soumission (5). — Dans la retraite, il compléta son instruction négligée jusque-là (6). Quoiqu'il n'eût aucun goût pour la poésie, il composa des vers (7), dont Quintilien fit, plus tard, un éloge ridiculement exagéré : « Je n'ai nommé, » dit-il dans son *Institution oratoire* (8), « tous ces écrivains (les poètes épiques les plus illustres de la Grèce et de Rome) que parce que le gouvernement de l'univers a détourné Auguste le Germanique de ses études, et parce que les dieux ont jugé que c'était trop peu pour lui d'être le plus grand des poètes. Et pourtant quoi de plus sublime, de plus docte, de plus harmonieusement beau que les

---

(1) Suétone, *ibid.*
(2) Dion Cassius, LXVI, 9. Il aurait conservé cette habitude après son avènement à l'empire (Suétone, *Domitien*, 3).
(3) Suétone, *Vespasien*, 3. Cf. Dion Cassius, LXVI, 14.
(4) Suétone, *Domitien*, 12. Cf. Pline le Jeune, *Panég.* 24 [à Trajan] : « Non tu... osculum manu reddis ».
(5) Suétone, *Domitien*, 2. Dion Cassius (LXVI, 9) dit même, avec exagération sans doute, que Domitien simulait parfois la folie, pour ne pas éveiller les défiances de son père.
(6) Ses citations montrent qu'il connaissait bien Homère et Virgile : Suétone, *Domitien*, 9, 12, 18.
(7) Suétone, *Domitien*, 2. Martial, VIII, 82, 6 :
  Nos [les poètes] tua cura prior, deliciaeque sumus.
Silius Italicus, *Punica*, III, 618 :
  Quin et Romuleos superabit voce nepotes
  quis erit eloquio partum decus : huic sua Musae
  sacra ferent; meliorque lyra, cui substitit Hebrus
  et venit Rhodope, Phaebo miranda loquetur.
Pline l'Ancien, *Hist. Nat.*, praefatio, 5. Stace, *Achilléide*, I, 15.
(8) X, 1, 91 et 92.

poésies faites dans la retraite où il s'est confiné dans sa jeunesse après avoir fait don de l'empire? et qui pourrait mieux chanter la guerre que celui qui la fait si glorieusement? à qui se montreraient plus propices les divinités qui président aux études? Les siècles futurs le diront mieux que moi; maintenant sa gloire poétique est éclipsée par l'éclat de ses autres talents. » — Domitien semble avoir écrit alors un poème sur le combat du Capitole (1); il entreprit même peut-être une épopée sur la prise de Jérusalem (2), pour qu'on ne l'accusât pas d'envier son frère. Il lut ses œuvres en public (3).

Quand Vespasien mourut, le 23 juin 79, Titus lui succéda : son père, en l'associant à l'empire, l'avait désigné aux suffrages du Sénat. Jusqu'alors, les rapports entre les deux frères avaient été bons, en apparence du moins. Domitien avait eu la prudence de cacher ses sentiments de jalousie à l'égard de son aîné, et Titus s'était montré, semble-t-il, bienveillant pour lui (4). Il n'en fut plus de même après la mort de Vespasien.

La situation politique de Domitien ne changea pas, il est vrai. Il conserva ses titres, ses honneurs, continua à battre monnaie (5); il fut consul pour la septième fois en 80 (6), et ce fut un consulat ordinaire : il remplaça tout naturellement Vespasien dont il était le suppléant désigné. Son nom fut désormais prononcé dans les vœux publics (7).

---

(1) Martial, V, 5, 7 :
>   Capitolini caelestia carmina belli.

(2) Valerius Flaccus, *Argonautiques*, I, 12 [à Vespasien] :
>   ...versam proles tua pandet Idumen
>   — namque potest — Solymo nigrantem pulvere fratrem
>   spargentemque faces et in omni turre furentem.

(3) Suétone, *Domitien*, 2. Quintilien vante son éloquence (*Inst. Orat.*, IV, prooemium, 3) : « Principem ut in omnibus, ita in eloquentia quoque eminentissimum. » Cf. Silius Italicus, *loc. cit.* — Cependant, plus tard, il se faisait faire ses lettres, ses propositions au Sénat et ses édits (Suétone, *Domitien*, 20).

(4) Aux faits indiqués plus haut, il faut ajouter les jeux brillants donnés par Titus en Judée, à l'occasion de l'anniversaire de Domitien, le 24 octobre 70 (Josèphe, *Guerre de Judée*, VII, 3, 1). — Voir encore Pline l'Ancien, *Histoire naturelle*, praefatio, 5.

(5) En plus grande quantité que sous Vespasien. Voir le catalogue de Chambalu, *Philologus*, XLV, 1886, p. 131. Cependant, quand Titus devint empereur, Domitien semble avoir perdu le droit de battre monnaie à Antioche : voir Pick, *Z. F. N.*, XIV, p. 347.

(6) *C. I. L.*, II, 4803. *C. I. G.*, 3173 A. *Annali dell' Instituto*, XLII, p. 182, n° 157 (au n° 159, il faut corriger VI en VII). Fastes manuscrits.

(7) Actes des Arvales : *C. I. L.*, VI, 2059.

Mais Titus lui laissa prendre aucune part aux affaires de l'Etat. Il ne lui fit conférer ni l'*imperium* proconsulaire, ni la puissance tribunicienne ; il ne lui permit pas de porter le nom d'*Imperator* (1). — En agissant ainsi, il ne se conforma probablement pas aux desseins de son père. Vespasien avait voulu que Domitien succédât à son frère aîné : dans cette pensée, il l'avait élevé au-dessus de tous les particuliers. Il ne put lui accorder les titres qui, en fait, équivalaient presque à une désignation au pouvoir suprême ; mais il espérait sans doute que quand Titus serait empereur à son tour, Domitien les recevrait. Celui-ci n'eut peut-être pas tort de dire que son père l'avait désigné comme associé au pouvoir impérial, mais qu'on avait falsifié le testament (2).

Il ne semble pas cependant que Titus ait songé à écarter Domitien de l'empire. Dès le premier jour de son règne, il le déclara son associé et son successeur, et il maintint cette déclaration, malgré l'attitude hostile de Domitien (3). Il lui proposa même d'épouser sa fille unique Julie (4). Mais, jaloux de son autorité et inquiet de l'ambition impatiente de son frère, il ne voulut pas lui donner dans l'Etat un rang trop rapproché du sien. On peut observer aussi (5) que Titus se montra très soucieux pendant son règne de ne pas porter atteinte aux prérogatives du Sénat. Or, en s'associant Domitien, il aurait semblé vouloir limiter par avance,

---

(1) Les inscriptions le prouvent. *C. I. L.*, III, 318 : Domitien y est qualifié seulement de *Caes(ar)*, *Divi f(ilius)*, *Domitianus*, *co(n)s(ul) VII*, *[p]rinc(eps) juventutis*. Cf. *C. I. L.*, II, 4803 ; VI, 2059.

(2) Suétone, *Domitien*, 2 : « Patre defuncto... nunquam jactare dubitavit relictum se participem imperii, sed fraudem testamento adhibitam. » Dans son testament, Vespasien ne pouvait, en réalité, pas plus désigner un associé à l'Empire que son propre successeur. Ce double droit appartenait au Sénat. Mais il pouvait recommander Domitien au Sénat, qui conférait les titres constituant le pouvoir impérial secondaire, et au futur prince, sur la proposition duquel ces titres étaient conférés. — Il est peu probable que Vespasien ait laissé à Domitien par son testament une partie des biens qu'il possédait personnellement, mais dont un empereur seul pouvait hériter. Vespasien, nous l'avons dit, ne voulait pas que Domitien fût empereur après lui avec Titus ; il désirait seulement que son second fils fût *particeps imperii*, associé à l'empire sous le règne de son fils aîné.

(3) Suétone, *Titus*, 9 : « A primo imperii die consortem successoremque suum testari perseveravit. » Cf. Aurelius Victor, *Epitome*, 10, qui, au lieu de *consors*, dit *particeps potestatis*. On a vu plus haut, qu'en réalité, Domitien ne fut pas associé à l'Empire.

(4) Suétone, *Domitien*, 22.

(5) Herzog, *Geschichte und System der römischen Staatsverwaltung*, II, 1ʳᵉ partie, p. 299.

du moins en fait, le droit qui appartenait au Sénat de choisir librement son successeur après sa mort.

Domitien fut fort irrité de la conduite de Titus à son égard, et il manifesta son mécontentement avec beaucoup moins de réserve que sous son père. Une vive discorde éclata entre l'empereur et lui. Sachant que Titus à son avènement était impopulaire, il aurait songé à offrir aux soldats, après la mort de Vespasien, un *donativum* double de celui que leur donna son frère aîné, afin qu'ils le proclamassent (1). A plusieurs reprises, il fut mêlé à des intrigues et à des conspirations ; il chercha presque ouvertement à soulever les armées et à s'enfuir de Rome (2). Ne voulant pas se séparer de Domitia, fille de Corbulon, il refusa d'épouser Julie, et après que cette princesse se fut mariée à T. Flavius Sabinus, fils du frère de Vespasien (3), il en fit sa maîtresse du vivant même de Titus (4).

De son côté, Titus frappa de disgrâce les amis de Domitien (5). Il donna en 80 le consulat à L. Aelius Lamia Plautius Aelianus (6) : c'était en quelque sorte une réparation de l'outrage fait à ce personnage par Domitien, qui lui avait jadis pris sa femme (7). T. Flavius Sabinus, cousin et gendre de l'empereur (8), fut désigné consul pour l'année 82 (9). Peut-être Titus traita-t-il Sabinus avec une considération toute particulière. Il est peu pro-

---

(1) Suétone, *Domitien*, 2.
(2) Suétone, *Titus*, 9; *Domitien*, 2. Dion Cassius, LXVI, 26.
(3) Philostrate, *Vie d'Apollonius de Tyane*, VII. 7, édition Westermann.
(4) Suétone, *Domitien*, 22.
(5) Pline le Jeune dit de Julius Bassus (*Lettres*, IV, 9, 2) : « Titum timuit ut Domitiani amicus. »
(6) Klein, *Fasti consulares*, p. 46.
(7) Peut-être même Titus offensa-t-il bien plus gravement son frère en séduisant Domitia. Au moment d'expirer, il dit qu'il n'avait commis qu'une seule faute. Quelques-uns crurent que c'était une allusion à des rapports intimes avec Domitia (Suétone, *Titus*, 10; Dion Cassius, LXVI, 26). Suétone ne le pense pas : il ajoute que Domitia jura plus tard solennellement qu'elle n'avait jamais été la maîtresse de Titus, elle qui, loin de nier ces relations si elles eussent été réelles, s'en serait même vantée, comme elle s'empressait de le faire pour toutes ses hontes.
(8) Il était fils de T. Flavius Sabinus, frère de Vespasien : Dion Cassius, LXV, 17; Suétone, *Domitien*, 10; cf. Philostrate, *Vie d'Apollonius*, VII, 7. — Il ne faut pas le confondre avec un autre T. Flavius Sabinus qui fut consul en 69, et consul pour la seconde fois en 72 (Klein, *Fasti consulares*, p. 42 et p. 44), et qui ne paraît pas avoir été parent des Flaviens.
(9) Le 1er janvier 82, Sabinus entra en charge (Klein, *loc. cit.*, p. 47). Il dut être désigné aux premiers comices de l'année précédente, comme l'étaient les consuls ordinaires à l'époque flavienne.

bable cependant qu'il lui ait destiné sa succession ; mais il désirait sans doute inspirer cette crainte à Domitien, espérant ainsi le rendre plus soumis. Domitien, nous le savons par Suétone, se montra fort jaloux de Sabinus. Indigné de voir que le gendre de l'empereur eût des serviteurs habillés de blanc (c'était la livrée impériale)(1), il s'écria un jour, en citant Homère : « Le gouvernement de plusieurs chefs n'est pas bon (2). »

« Mais », dit Suétone (3), « Titus ne put se résoudre ni à mettre à mort son frère, ni à l'écarter de lui, ni même à le traiter avec moins de considération qu'auparavant. Quelquefois même, il le prenait en particulier et le suppliait en pleurant de consentir enfin à payer son affection de retour. » Selon Dion Cassius (4), citant « quelques auteurs dont il partage l'avis, » il se serait repenti de cette indulgence au moment d'expirer. La faute mystérieuse qu'il se reprocha alors aurait été sa condescendance pour Domitien qu'il laissait maître de l'empire romain, tandis qu'il aurait dû le faire périr. Il faut d'ailleurs se méfier de ce que Dion Cassius et même Suétone, auteurs extrêmement favorables à Titus, nous disent au sujet des relations des deux frères : ils ne rapportent que des faits d'un caractère fort intime sur lesquels la vérité était difficile à savoir.

Cependant leur désaccord était connu de tout le monde : aussi prétendit-on, après la mort de Titus, que son frère l'avait empoisonné (5). C'était une calomnie : l'empereur mourut de la fièvre (6) et du mauvais régime qu'il suivait (7) ; mais la conduite que Domitien tint alors contribua à répandre des bruits fâcheux pour sa réputation.

---

(1) Mommsen, Staatsrecht, II, 3e édit., p. 805, n. 2.
(2) Οὐκ ἀγαθὸν πολυκοιρανίη (Suétone, Domitien, 12).
(3) Suétone, Titus, 9.
(4) Dion Cassius, LXVI, 26.
(5) Dion Cassius, LXVI, 26. Philostrate, Apollonius, VI, 32. Hérodien, IV, 5, 6. Aurelius Victor, De Caesaribus, 10 et 11. Evagre d'Epiphanie, Histoire ecclésiastique, III, 41. IV Ezras, 11, 35 ; 12, 28 (édition Hilgenfeld, Messias Judaeorum, p. 249, 253). Peut-être aussi Chants sibyllins, XII, vers 121 et suiv. Georges le Syncelle, p. 648, édit. G. Dindorf (cf. Suidas, sub verbo Δομετιανός). — Les récits de Dion et de Philostrate sont absurdes. Les légendes les plus ridicules coururent au sujet de la mort de Titus (voir Grätz, Geschichte der Iuden, IV, 2e édit., p. 118.
(6) Suétone (Titus, 10), le dit formellement. Cf. Suétone, Domitien, 2 et Eusèbe, Chronologie, année 2096, p. 158-159 (édit. Schöne).
(7) Plutarque (De sanitate praecepta, 3) dit que Titus mourut de l'abus des bains, comme l'affirment ses médecins « ὥς φασιν οἱ νοσηλεύσαντες. »

Titus était encore en vie, lorsque Domitien qui se trouvait auprès de lui à Cutilies, non loin de Réate, en Sabine, partit pour Rome à cheval. Il se rendit au camp des prétoriens et se fit saluer empereur par les soldats auxquels il distribua une somme égale à celle qu'ils avaient reçue de Titus après la mort de Vespasien (13 septembre 81) (1). Le lendemain (2), les sénateurs, sans même avoir été convoqués, coururent à la curie et conférèrent à Domitien le titre d'Auguste, l'*imperium*, la puissance tribunicienne (3). Seize jours après, le 30 septembre, eurent lieu les comices dans lesquels la puissance tribunicienne du nouvel empereur fut proclamée devant le peuple (4). — Domitien fut désigné consul pour la huitième fois (5) : il semble avoir pris la place d'un personnage désigné dès le commencement de l'année et dont le nom est inconnu (6). Il reçut ensuite le grand pontifi-

---

(1) Dion Cassius, LXVI, 26. Cf. Suétone, *Domitien*, 2. Pour la date, Suétone, *Titus*, 11.

(2) Dion Cassius, LXVII, 18, dit que Domitien régna quinze ans et 5 jours. Or il mourut le 18 septembre 96 (Suét., *Domitien*, 17). Du 14 septembre 81 au 18 septembre 96, il y a l'intervalle indiqué par Dion si l'on compte la date initiale et la date finale. — Ce que Suétone dit de la séance tenue par le sénat (*Titus*, 11 ; cf. Chambalu, *De magistratibus Flaviorum*, p. 10) prouve que Domitien ne fut pas reconnu empereur un jour de *dies legitimus*, comme l'étaient les ides de septembre (le 13). — Ce fut le 14 septembre au plus tôt que les frères Arvales célébrèrent un sacrifice *ob imperium Domitiani* (*C. I. L.*, VI, 2060) : *XV* [... *k(alendas) octobr(es)*]. En suivant les indications de Dion, on doit restituer XV [III] = 14 septembre, comme l'a fait Henzen, *Acta fratrum Arvalium*, p. 64.

(3) Pour l'*imperium* et le titre d'Auguste, voir les Actes des Arvales, *C. I. L.*, VI, 2060. — Domitien fit dater ses puissances tribuniciennes du 13 ou du 14 septembre et non du 30 : sur un monument du 20 septembre 82 (*Ephemeris epigraphica*, IV, p. 496), on lit : *tribunic(ia) potestat(e) II*.

(4) Actes des Arvales (*C. I. L.*, VI, 2060), au 30 septembre : indication d'un sacrifice célébré au Capitole : [*ob co*]*mitia tribunicia Caesaris, Divi f(ili), Dom*[*itia*]*ni Aug(usti)*. — Le lendemain (1ᵉʳ octobre), les Arvales se réunirent encore au Capitole pour sacrifier *votorum* [*co*]*mmendandorum causa pro salute et incolumitate Caesaris, Divi f(ili), Domitian(i) Aug(usti)*.

(5) Sur trois monnaies de 81, où Domitien est indiqué comme empereur, on lit seulement *co(n)s(ul) VII* (Cohen, *Domitien*, 33, 172, 344) ; sur les autres, *co(n)s(ul) VII, des(ignatus) VIII*. Mais il faut observer que les monnaies 33 et 344 portent le titre de *p(ontifex) m(aximus)* et sont, par conséquent, postérieures à la désignation de Domitien à un huitième consulat (voir p. 31, n. 1).

(6) C'est probablement à Domitien que Pline le Jeune (*Panégyrique*, 57) fait allusion par ces mots : « *consulatum... quem novi imperatores destinatum aliis in se transferebant.* » — Si Titus avait été désigné au début de

cat (1). Le Sénat lui décerna aussi le titre de père de la patrie (2).

l'année 81 pour un neuvième consulat, Domitien n'aurait eu qu'à prendre la place laissée vide par la mort de son frère. Mais, malgré le témoignage d'une inscription (*Bulletin de correspondance hellénique*, III, 1879, p. 171; *C. I. L.*, III, 6732), il est très douteux que Titus ait été désigné à ce neuvième consulat : les monnaies n'en font aucune mention (voir Chambalu, *Philologus*, XLVII, 1888, p. 766-768).

(1) Sur les monnaies de 81, où Domitien est indiqué comme empereur, on lit tantôt *pont(ifex)*, tantôt *pont(ifex) max(imus)*; voir Chambalu, *De magistratibus Flaviorum*, p. 21, n. 1 et 2. Ce fut après avoir été désigné à un huitième consulat qu'il reçut le grand pontificat; voir Cohen, *Domitien*, 56-59; 370-372, où Domitien est indiqué comme *pont(ifex)* et *co(n)s(ul) VII, des(ignatus) VIII*.

(2) Domitien reçut ce titre avant que le Sénat lui conférât le grand pontificat (voir Cohen, 57-59; 370-372). Peut-être fut-il surnommé *pater patriae* le jour même de sa proclamation à l'empire : « nomen illud, » dit Pline le Jeune, « quod alii primo statim principatus die, ut Imperatoris et Caesaris, receperunt » (*Panégyrique*, 21). — Il était cependant d'usage que ce titre ne fût décerné que quelque temps après l'avènement et même que les empereurs le refusassent la première fois qu'on le leur offrait (voir Mommsen, *Staatsrecht*, II, 3ᵉ édit., p. 779).

CHAPITRE II.

CARACTÈRE DU GOUVERNEMENT DE DOMITIEN.

Dans le régime politique inauguré par Auguste et complété par Tibère, le Sénat était le représentant de la souveraineté du peuple. Il élisait les magistrats, il exerçait le pouvoir législatif; il pouvait statuer sur n'importe quel procès criminel; tribunal supérieur d'appel au civil, il déléguait cette compétence aux consuls. Il était en droit le conseil du prince. Il avait des attributions administratives : il disposait d'un trésor; l'Italie et une partie des provinces dépendaient de lui. Grâce à leur noblesse, à leur fortune, aux magistratures qui leur étaient réservées, aux patronages qu'ils exerçaient à Rome, dans l'Italie et dans les provinces, les sénateurs jouissaient d'un très grand prestige. Le Sénat luimême, considéré comme corps politique, était respecté dans tout l'empire : Juvénal l'appelle le « Sénat sacré »(1), Stace dit de la curie « l'auguste demeure et le sanctuaire du Sénat latin (2). »

L'empereur était un magistrat extraordinaire, sans collègue ni limitation de temps. Par l'exercice de ses droits, il pouvait restreindre ou même annuler l'action politique, judiciaire et administrative du Sénat : droit de recommander dans les élections des candidats que le Sénat ne pouvait se dispenser d'élire (3), droit d'intercession tribunicienne s'appliquant à tous les décrets du Sénat et à toutes les décisions des magistrats, droit d'attirer à lui les procès criminels soumis à la juridiction du Sénat; droit d'annuler et de réformer les décrets des magistrats dans les causes civiles jugées à Rome, en Italie et dans les provinces sénatoriales; nomination (depuis Néron) des préfets du trésor de Saturne,

---

(1) XI, 29.
(2) *Silves*, V, 2, 19.
(3) Droit qui appartint à l'empereur depuis Vespasien au plus tard : voir Herzog, *Geschichte und System der römischen Staatsverfassung*, II, p. 700.

qui dépendait du Sénat; haute surveillance sur les proconsuls en vertu de son *imperium* supérieur. — Au contraire, dans la part du gouvernement, de la justice et de l'administration que l'empereur s'était réservée, le Sénat, en tant qu'assemblée, n'avait aucun moyen de limiter son action. L'empereur, ayant en sa main toutes les forces militaires du monde romain, pouvait imposer ses volontés. En fait, il était le maître.

Cependant il ne choisissait pas à son gré tous ses auxiliaires dans l'administration et dans l'armée. Auguste avait réorganisé l'ordre équestre, noblesse reposant sur la concession du prince et ne formant pas comme le Sénat une corporation; il avait confié aux chevaliers la plupart des emplois d'officiers et des fonctions financières; mais pour le gouvernement du plus grand nombre des provinces impériales, pour le commandement des légions, pour une partie de l'administration de la ville de Rome, il était de règle que le prince prît ses auxiliaires parmi les sénateurs de rang prétorien ou consulaire; c'était aussi parmi les sénateurs qu'il choisissait la plupart de ses conseillers privés. — Or la composition du Sénat ne dépendait de lui que dans une mesure très limitée. On appartenait par droit de naissance à l'ordre sénatorial dont il fallait faire partie pour briguer les magistratures. Ces magistratures, c'était le Sénat qui les conférait, et comme l'entrée au Sénat était attachée à l'exercice de la questure, comme les sénateurs étaient divisés en classes d'après les magistratures qu'ils avaient gérées, c'était en droit le Sénat qui se recrutait lui-même et qui décidait de l'avancement de ses membres. Il est vrai qu'en fait le nombre de ceux qui remplissaient les conditions d'éligibilité était à peine supérieur au nombre des charges à conférer, mais par cela même le droit de recommandation du prince se trouvait limité. Ceux qui étaient entrés dans la carrière des honneurs étaient à peu près assurés de la suivre régulièrement (1). L'ordre des magistratures, les intervalles de temps entre ces magistratures, les conditions d'âge pour les briguer étaient rigoureusement fixées. — L'empereur pouvait conférer le laticlave qui ouvrait l'ordre sénatorial à des jeunes gens, mais c'était le Sénat qui conférait le vigintivirat, placé à l'entrée de la carrière des honneurs, et l'empereur n'y recommandait pas de candidats.

---

(1) Pour le consulat seul, le nombre des personnages éligibles était sensiblement supérieur à celui des places à remplir; à l'époque flavienne, il n'y avait, en règle, que six ou sept consuls par an, nombre encore restreint par les itérations (voir Mommsen-Morel, *Étude sur Pline le Jeune*, p. 58).

L'empereur donnait le tribunat militaire dont l'exercice après le vigintivirat était une condition d'éligibilité à la questure (1), mais comme les questeurs étaient égaux en nombre aux *vigintiviri*, le refus du tribunat militaire à des *vigintiviri* aurait eu pour résultat de rendre le nombre des jeunes gens éligibles à la questure inférieur à celui des places de questeurs à conférer. L'empereur revisait tous les ans la liste des sénateurs, mais c'était seulement pour rayer les noms des morts et de ceux qui avaient cessé de remplir les conditions de capacité exigées pour faire partie de l'assemblée.

L'empereur était proclamé par le peuple, représenté d'ordinaire dans cet acte par le Sénat. C'était le Sénat qui lui conférait ses pouvoirs, en préparant une loi soumise ensuite pour la forme au peuple; c'était l'appui du Sénat qui légitimait l'autorité du prince en cas de révolte. Comme dépositaire de la souveraineté nationale, il avait le droit de le destituer; il le jugeait quand il était sorti de charge. Si d'ordinaire il ne pouvait pas faire un libre usage de ces droits, il ne les en possédait pas moins.

Comme l'a défini M. Mommsen (2), le régime impérial était un compromis entre le gouvernement d'un seul et le gouvernement de l'aristocratie. Le Sénat, représentant le peuple souverain et presque indépendant du prince dans sa composition, prenait part aux affaires publiques sous la surveillance du prince; le prince, magistrat qui tenait ses pouvoirs du Sénat, gouvernait avec l'assistance des sénateurs.

Ce régime avait de graves défauts. Les sénateurs étaient pour la plupart incapables de s'acquitter des devoirs publics qui leur incombaient. Fort riches d'ordinaire, ils devaient consacrer une partie de leur temps à l'administration de leur fortune; leur rang dans la société leur imposait en outre de nombreuses occupations mondaines (3). Les enfants de l'aristocratie recevaient une éducation qui les préparait mal à la vie publique (4). Les parents négligeaient d'élever eux-mêmes leurs fils et remettaient ce soin à des affranchis; les études se faisaient trop rapidement; les rhéteurs habituaient leurs élèves à parler sur tout sujet, mais ils

---

(1) Dans les premiers temps de l'Empire, on pouvait, avant d'être questeur, recevoir d'abord le tribunat militaire, puis exercer une des charges du vigintivirat; mais à partir de l'époque flavienne, le tribunat suivit le vigintivirat.

(2) *Staatsrecht*, III, p. 1252.

(3) Voir Pline le Jeune, *Lettres*, I, 9.

(4) Voir Tacite, *Dialogue des Orateurs*, ch. XXVIII et suiv.

ne leur apprenaient guère à réfléchir; les philosophes leur donnaient des conseils plus sérieux, mais ils cherchaient à les détourner des affaires. Les hommes qui suivaient la carrière sénatoriale devaient exercer successivement des charges, des fonctions d'une courte durée, fort différentes les unes des autres, exigeant des connaissances juridiques, militaires, administratives, que d'ordinaire ils n'avaient ni le loisir, ni la volonté d'acquérir. Comme nous l'avons dit, les conditions d'éligibilité aux magistratures étaient telles qu'ils étaient à peu près certains, une fois entrés dans la carrière, de parvenir aux plus hautes dignités : n'ayant pas de rivaux à craindre, ils n'avaient nul intérêt à se donner de la peine. Malgré les efforts des princes pour empêcher de tels abus, nombreux étaient les gouverneurs de provinces qui profitaient sans scrupule de leur autorité pour s'enrichir aux dépens de leurs administrés (1). — Comme dans toute corporation fermée, l'esprit de coterie régnait au Sénat. Ainsi, dans l'exercice de la juridiction criminelle, les sénateurs faisaient preuve d'une grande partialité, disposés à l'indulgence pour ceux de leurs collègues qu'on poursuivait devant eux, — du moins quand leur propre intérêt ou la volonté de l'empereur ne leur dictait pas une conduite différente, — par contre assez malveillants pour les autres accusés (2). Le grand nombre des membres de l'assemblée supprimait les responsabilités.

Il était de l'intérêt général et aussi de l'intérêt du prince, mal secondé par les sénateurs qu'il employait, de porter remède à cette situation. Mais, pour modifier le régime politique créé par Auguste, une très grande prudence était nécessaire. Il était impossible de supprimer le Sénat, et même d'écarter complètement ses membres des emplois qui dépendaient de l'empereur. L'aristocratie, dont l'autorité morale était grande et qui ne voulait pas s'avouer son incapacité, s'en serait vengée soit par des complots, soit par des révoltes ouvertes, en entraînant derrière elle les soldats habitués à être commandés par des sénateurs. Mais l'empereur pouvait essayer de diminuer peu à peu les attributions administratives du Sénat. Déjà Auguste et Tibère avaient placé sous leur dépendance presque toute l'administration de la ville

---

(1) Sous Claude et Néron, il y eut très fréquemment des accusations de concussion portées contre des gouverneurs. Voir De la Berge, *Trajan*, p. 126, n. 8; Guiraud, *Les Assemblées provinciales dans l'empire romain*, p. 173-174.

(2) Pline le Jeune, IX, 13, 21.

de Rome ; depuis Néron, le trésor du peuple, relevant en droit du Sénat, fut géré par des préfets nommés par le prince. — L'administration impériale, destinée à s'accroître ainsi aux dépens du Sénat, devait être organisée d'une manière régulière. Dans la constitution d'Auguste, l'empereur n'avait d'auxiliaires que pour certains départements, et il devait les surveiller lui-même, n'ayant pas de ministres au-dessous de lui. Dans la part d'administration qui lui était réservée, tout dépendait de son intelligence et de son activité personnelles. Or, un seul homme, si zélé qu'il fût, pouvait difficilement suffire à cette tâche. Il fallait des directions centrales, un conseil d'Etat, une série de postes administratifs réservés à la noblesse équestre, qui dépendait étroitement du prince, avec des règles d'avancement assez élastiques et des emplois assez variés pour qu'on pût tenir compte dans leur répartition des mérites et des aptitudes de chacun. Sous Claude, plusieurs directions centrales avaient été organisées, des fonctions nouvelles avaient été créées au profit des chevaliers. Mais ces directions, aux mains des affranchis impériaux, n'étaient pas de véritables services publics; la carrière équestre n'était pas encore constituée. — Puisqu'il semblait impossible d'écarter les sénateurs du commandement des armées et des plus hautes fonctions administratives, le prince pouvait du moins s'efforcer d'intervenir dans la composition du Sénat, en y faisant entrer des gens capables et dévoués, en rendant moins strictes les règles de l'avancement dans la carrière sénatoriale, règles qui ne tenaient aucun compte du mérite personnel. Sans cesser d'être, en droit, une assemblée souveraine, le Sénat devait devenir un ordre de hauts fonctionnaires, se recrutant en partie parmi les fonctionnaires équestres. En qualité de censeurs, Claude, puis Vespasien (1) avaient introduit dans la curie des Italiens, des provinciaux, des procurateurs de l'ordre des chevaliers. Mais ils n'avaient exercé ce droit d'allection que d'une manière extraordinaire, pendant quelques mois, plutôt pour combler des vides que pour régénérer le Sénat par des éléments nouveaux.

Ce qui manquait surtout au régime impérial, c'était un ordre régulier de succession. Le principat, magistrature extraordinaire, n'était pas transmissible. La collation de l'*imperium* proconsulaire et de la puissance tribunicienne secondaires désignait au Sénat le personnage que l'empereur souhaitait avoir pour successeur,

---

(1) On sait que Claude eut pour collègue dans sa censure L. Vitellius et Vespasien son fils Titus, associé à l'Empire.

mais ne lui donnait aucun droit à la succession : le peuple, représenté par le Sénat, conservait intact son droit de proclamer qui bon lui semblait après la mort du prince. — Cependant, dès Auguste, dont les intentions furent très nettes à cet égard, l'hérédité avait tendu à s'établir en fait ; Vespasien surtout avait clairement manifesté son intention de fixer le pouvoir impérial dans sa famille.

Ainsi, dès le début de l'empire, avait commencé cette lente évolution qui transforma une magistrature extraordinaire, assistée d'une assemblée souveraine, en une monarchie absolue, pourvue d'institutions administratives. En politiques habiles, Auguste, Tibère, Vespasien, Titus avaient sauvegardé les apparences et respecté la souveraineté nominale du peuple et du Sénat ; ils avaient repoussé les titres et les honneurs extraordinaires ; ils avaient voulu être considérés, à Rome tout au moins, comme les premiers citoyens de l'Etat, et non comme des maîtres et des dieux. Cette modération n'était pas aisée : il fallait résister aux flatteries intéressées, à l'ivresse du pouvoir suprême, aux sentiments que développait dans les provinces le culte de l'empereur vivant, aux idées du monde gréco-oriental habitué à la monarchie. Caligula avait exigé qu'on l'adorât.

Le règne de Domitien marque une date importante dans cette transformation de la dyarchie en monarchie.

Domitien était bien doué et capable de comprendre les besoins de l'Etat. Son esprit était juste et réfléchi, comme le prouvera l'étude de son administration, de sa politique générale, intérieure et extérieure. Ses ennemis l'ont peint comme le plus méchant des hommes : ils n'ont jamais prétendu qu'il eût perdu la raison (1). On vantait ses mots heureux et spirituels (2). La civilisation grecque semble avoir exercé beaucoup d'attrait sur lui. Il aimait à citer Homère (3). Quand il fut empereur, il accorda des privilèges à Corinthe, il accepta d'être archonte à Athènes (4). Sa déesse favorite fut Athéna (5). Sous le nom de jeux capitolins, il

---

(1) Nous ne pensons donc pas qu'il soit exact de considérer Domitien comme un cerveau malade, thèse soutenue par J.-Ev. Kraus, *Zur Charakteristik des Kaisers Domitianus* (Landshut, 1875).

(2) Suétone, *Domitien*, 20, en énumère plusieurs que nous aurons l'occasion de citer plus tard.

(3) Voir p. 25, n. 6.

(4) Voir ch. V pour Corinthe. — *C. I. A.*, III, partie I, n° 1091, pour Athènes.

(5) Ch. III.

institua à Rome des fêtes grecques, et ce fut en costume grec qu'il les présida (1).

S'il eut peu de goût pour les exercices corporels auxquels les Romains se plaisaient (2), il montra pendant son règne une grande activité d'esprit. Dès son avènement, il renonça comme à des futilités à ses occupations littéraires, pour se consacrer au gouvernement (3). Il ne lisait plus que les mémoires et les actes administratifs de Tibère (4). Il était sobre. « Après son repas du matin où il mangeait de bon appétit, » dit Suétone, « il lui arrivait souvent de ne pas prendre autre chose pendant le reste de la journée qu'une pomme et quelques gouttes de boisson qu'on lui gardait dans une fiole. S'il donnait fréquemment des festins somptueux, il les faisait servir à la hâte et jamais il ne les laissait se prolonger au delà du coucher du soleil (5). »

« Il avait, » lisons-nous encore dans Suétone, « une belle prestance, un visage modeste qui rougissait souvent, des yeux grands, quoiqu'un peu myopes. Il était beau et bien proportionné, surtout dans sa jeunesse (6). Martial et Stace vantent sa physionomie noble et digne (7). Il était très vigoureux (8). C'est ainsi que nous le montrent quelques-uns de ses portraits qui nous ont été conservés, en particulier une statue de Munich (9) et un buste du Louvre (10). Il était d'ailleurs fier de sa beauté au point d'en parler publiquement. Un jour, il dit aux sénateurs : « Vous avez jusqu'à présent approuvé mon caractère et mon visage. » Citant

---

(1) Ch. IV.

(2) Suétone, *Domitien*, 19. Il n'aimait que la chasse et le tir à l'arc.

(3) Suétone. *Domitien*, 2 et 20. Suétone (*Domitien*, 18) parle cependant d'un petit écrit qu'il fit sur la coiffure après qu'il fut devenu chauve.

(4) Suétone, *Domitien*, 20.

(5) *Domitien*, 21. Cf. Pline (*Panég.*, 49) qui lui en fait un reproche; Martial, IV, 8, 10.

(6) *Domitien*, 18.

(7) Martial, V, 6, 10 :

...Jovis sereni [= Domitiani]
cum placido fulget suoque vultu.

Cf. V, 7, 4; VI, 10, 6; VII, 12, 1; VII, 99, 1; IX, 24, 3. Stace, *Silves*, I, 1, 15; III, 4, 17 et 44; IV, 2, 41. Tacite, *Hist.*, IV, 40 : « decorus habitu, ...crobra oris confusio pro modestia accipiebatur. »

(8) Philostrate, *Apollonius de Tyane*, VII, 4.

(9) Bernoulli, *Römische Ikonographie*, II, 2ᵉ partie, p. 56, n° 18, pl. XVII.

(10) Bernoulli, *loc. cit.*, p. 56, n° 11. Pour les autres portraits de Domitien, voir Bernoulli, p. 55-62. Ajouter une tête médiocre de la galerie Mollien au Louvre, et une autre tête du nouveau Musée des thermes de Dioclétien à Rome. La tête du n° 20 (p. 57) [au Louvre] est moderne.

Homère, il écrivait à un de ses amis : « Ne vois-tu pas que je suis beau et grand (1). »

Quand il succéda à son frère, il était d'un âge mûr : il allait avoir trente ans.

Son caractère ne valait malheureusement pas son intelligence. Il était surtout orgueilleux. Dès le jour où il sortit de l'obscurité dans laquelle s'était passée son enfance, il se jugea capable de gouverner, et il crut que c'était son droit. S'étant trouvé seul de sa famille à Rome lors de la chute de Vitellius, il s'imagina qu'il aurait pu, s'il l'avait voulu, se réserver le pouvoir suprême. Après son avènement, il osa déclarer qu'il avait jadis donné l'empire à son père et à son frère, et que ceux-ci n'avaient fait que le lui rendre (2), paroles insolentes que ses courtisans répétèrent (3). Les obstacles qu'il rencontra ne firent qu'accroître son orgueil. Ses projets ambitieux avaient d'abord été contrariés par Mucien ; puis, après le retour de son père, il avait été complètement écarté des affaires publiques ; pendant longtemps, il avait dû s'occuper d'études qui lui semblaient indignes de l'occuper tout entier. Enfin, son frère n'avait pas voulu l'associer à l'empire. Même après la mort de Titus, Domitien ne le lui pardonna pas. Il est vrai que, de peur d'indigner les Romains, désolés d'avoir perdu ce prince, il continta d'abord sa haine ; il prononça l'éloge funèbre de son prédécesseur, suivant la coutume, et versa de fausses larmes (4) ; il permit au Sénat de le mettre au rang des *Divi* (5). Mais il n'accorda à sa mémoire aucun autre honneur (6) et supprima les jeux du cirque qui étaient célébrés le jour anniversaire de sa naissance (7). On dut s'abstenir de louer Titus en sa présence (8) ; lui-même critiqua

---

(1) Suétone, *Domitien*, 18 ; cf. *Domitien*, 20 : « Vellem, inquit, tam formosus esse, quam Maecius sibi videtur. »
(2) Suétone, *Domitien*, 13.
(3) Martial, IX, 101, 15 :

> Solus Iuleas cum iam retineret habenas
> tradidit, inque suo tertius orbe fuit.

Quintilien, X, 1, 91 : « operibus [poeticis] in quae donato imperio juvenis secesserat. »
(4) Dion Cassius, LXVII, 2.
(5) Voir plus loin.
(6) Suétone, *Domitien*, 2.
(7) Dion Cassius, *loc. cit.*
(8) Dion Cassius, *loc. cit.*

souvent d'une manière indirecte les actes de son frère, soit dans des discours, soit dans des édits (1).

L'abandon, la pauvreté dont il avait souffert dans ses premières années, les injustices dont il se croyait victime, le peu d'estime qu'on lui avait témoigné jusqu'alors l'avaient rendu ombrageux et misanthrope (2). Il avait des colères soudaines et terribles (3). Il ne croyait à la sincérité de personne : « il voulait être flatté, dit Dion Cassius, et se fâchait également contre ceux qui le courtisaient et ceux qui ne le courtisaient pas : dans sa pensée, les uns étaient des complaisants, les autres le méprisaient (4). » Autant qu'il le pouvait, il cherchait à s'isoler des hommes (5). — Superstitieux comme presque tous ses contemporains, il s'alarmait de plusieurs prédictions sinistres qui lui avaient été faites dès sa jeunesse. S'il faut en croire Suétone (6), des astronomes chaldéens lui avaient prédit qu'il mourrait de mort violente. Du vivant même de son père, il craignait qu'on ne l'empoisonnât : se souvenant du sort de Claude, il s'abstenait de manger des champignons, ce qui lui attirait les railleries du sceptique Vespasien. — Il était jaloux des premiers personnages de l'empire, généraux ou hommes d'état (7) : sa vanité s'offensait d'entendre vanter d'autres que lui, et il avait lui-même conscience de n'avoir encore rien fait pour surpasser leur réputation.

Il était mal disposé pour la plupart des sénateurs, car il devait très bien se rendre compte qu'il leur inspirait peu de sympathie. Les uns appartenaient à des familles nobles qui avaient géré, quelques-unes depuis des siècles, de hautes magistratures ; les autres avaient été introduits dans la curie peu de temps auparavant par Vespasien et Titus, censeurs en 73-74. Parmi les premiers, un assez grand nombre devaient regretter la république, pendant laquelle le Sénat et leurs ancêtres avaient dirigé l'État. Des événements récents encore ravivaient ces regrets : les folies

---

(1) Suétone, *loc. cit.* Cf. Dion Cassius, *loc. cit.* (à propos de la défense de faire des eunuques).

(2) Dion Cassius, LXVII, 1 : « Ἄνθρωπον δ'ἐφίλησε μὲν ἀληθῶς οὐδένα. » Pline, *Panég.*, 49 : « odio hominum. »

(3) Tacite, *Agricola*, 42 : « Domitiani natura praeceps in iram. » Dion Cassius, LXVII, 1 : « Δομιτιανὸς δὲ ἦν μὲν καὶ θρασὺς καὶ ὀργίλος. »

(4) LXVII, 4.

(5) Tacite, *Agricola*, 39. Pline, *Panég.*, 48; cf. 49. Suétone, *Domitien*, 3 et 21.

(6) *Domitien*, 14.

(7) Tacite, *Agricola*, 41 : « Infensus virtutibus princeps. » Cf. Pline, *Panég.*, 14.

et les cruautés du règne de Néron, les compétitions sanglantes qui avaient suivi sa mort, la dévastation de l'Italie, les grandes révoltes qui s'étaient élevées en Orient et en Occident. On avait pu se demander alors si l'ancien régime ne valait pas mieux; on avait même eu des velléités de le rétablir (1). D'autres comprenaient la nécessité du régime impérial (2); ils sentaient, comme Tacite le fait dire à Galba (3), que « ce corps immense de l'empire avait besoin d'un modérateur pour se soutenir et garder son équilibre. » Mais ils n'avaient aucun dévouement pour la personne du prince : la plupart d'entr'eux le servaient et le trahissaient selon leur intérêt (4). Beaucoup étaient animés de sentiments peu bienveillants à l'égard des empereurs flaviens : infatués de leur propre noblesse, ils méprisaient l'humble origine de ces parvenus; désireux de voir le Sénat exercer en toute liberté ses droits constitutionnels et même diriger la politique générale de l'empire, ils s'alarmaient de leurs tendances monarchiques(5); ils leur tenaient peut-être rancune de les avoir empêchés de se venger des délateurs (6); ils leur reprochaient sans doute d'avoir fait entrer dans le Sénat un grand nombre de provinciaux que beaucoup d'entre eux, par un vieux préjugé romain, dédaignaient et

---

(1) Voir Mommsen, *Histoire de la monnaie romaine* (traduction Blacas), III, p. 10. Blacas, *Revue numismatique*, 1862, p. 197 et suiv. — Helvidius Priscus, gendre de Thraséas et sénateur très considéré sous Vespasien, était certainement républicain (voir Dion Cassius, LXVI, 12; Suétone, *Vespasien,* 15). D'autres devaient avoir les mêmes opinions politiques sans en faire parade avec tant d'éclat.

(2) Voir, à cet égard, les opinions de Tacite, *Hist.*, I, 1; cf. *Annales*, I, 1; III, 28; IV, 33; *Hist.*, II, 38. Voir encore ce qu'il fait dire à Maternus (*Dialogue des Orateurs*, 36 et suiv.) et à Eprius Marcellus (*Hist.*, IV, 8). Sur cette question, consulter Boissier, *Opposition sous les Césars*, p. 307 et suiv.

(3) *Hist.*, I, 16.

(4) *Hist.*, I, 35; I, 45; I, 47; I, 76; I, 85; II, 52; II, 98; III, 13; III, 86; etc.

(5) Voir, p. 15, ce qui est dit du désir de Vespasien de fixer le pouvoir dans la famille flavienne. Il rétablit le culte de Claude pour pouvoir, en quelque sorte, se rattacher à la dynastie julio-claudienne (Suétone, *Claude*, 45; *Vespasien*, 9). — Depuis Vespasien, le *praenomen* d'*Imperator*, sauf de très rares exceptions (Cohen, *Vespasien*, 27-30, 53, 54, 210-215), fut toujours porté par le prince. Titus porta lui-même, du vivant de son père, soit le *praenomen*, soit le *cognomen* d'*Imperator* (exceptions : Cohen, *Titus*, 16, 17, 30, 31, 103, 104, 397).

(6) *Hist.*, IV, 44. Vespasien et Titus témoignèrent une grande amitié à Vibius Crispus et à Eprius Marcellus qui, sous Néron, avaient accusé des membres du Sénat (Tacite, *Dialogue des Orateurs*, 8). Pour plaire à l'aristocratie, Titus, quand il fut empereur, punit, il est vrai, quelques délateurs, mais seulement des gens de basse condition (Suétone, *Titus*, 8).

avec lesquels ils devaient désormais partager les honneurs et les hautes fonctions de l'Etat. Aussi y eut-il sous Vespasien et sous Titus de fréquentes conspirations (1). — Quant à ceux qui devaient leur fortune politique à ces deux empereurs, ils étaient mal disposés pour Domitien qui avait été, non sans quelque raison, tenu à l'écart par son père et s'était montré l'ennemi de son frère aîné; ils pouvaient craindre d'expier par une disgrâce la faveur dont ils avaient joui sous les deux règnes précédents.

Les tendances absolutistes du gouvernement de Domitien s'expliquent donc à la fois par le sentiment que ce prince eut de l'incapacité de l'aristocratie, par son caractère orgueilleux, jaloux et misanthrope, enfin par l'antipathie assez justifiée que, dès le début de son règne, la plupart des sénateurs lui inspirèrent.

Nous dirons plus tard ce que Domitien fit pour l'armée. Mais en étudiant son gouvernement intérieur, il ne faut pas oublier qu'il s'appuya sur elle pour fortifier le pouvoir impérial et diminuer les attributions du Sénat. Il chercha à se concilier l'affection des troupes en augmentant la solde et en ambitionnant la gloire militaire; il s'efforça de les animer de sentiments de défiance à l'égard de leurs chefs appartenant à l'aristocratie. L'armée fut l'instrument dont il comptait se servir au besoin pour briser les résistances.

Dans le cours de son règne, Domitien se fit décerner plus d'honneurs qu'aucun des princes qui l'avaient précédé. A partir de 82, il fut dix fois consul, tous les ans de 82 à 88, en 90, en 92, en 95 (2). Si l'on compte ses sept consulats antérieurs, il prit les faisceaux pour la dix-septième fois le 1er janvier 95 (3); personne avant lui n'était arrivé à ce chiffre. Après avoir triomphé des Cattes, il se fit conférer, en 84, par le Sénat, le consulat pour une série de dix années (4); mais comme on le voit, il ne le géra pas

---

(1) Suétone, *Vespasien*, 25 : « assiduas in se conjurationes. » *Titus*, 6, 9. Dion Cassius, LXVI, 16 et 18.

(2) Klein, *Fasti consulares*, p. 47 et suiv.

(3) Suétone, *Domitien*, 13. Stace, *Silves*, IV, 1, 1. Ausone, *Gratiarum actio*, VI, 27. Cf. Pline le Jeune, *Panég.*, 58.

(4) Dion Cassius, LXVII, 4 : « Ὕπατος ἔτη δέκα ἐφεξῆς... ἐχειροτονήθη. » Domitien est indiqué, en 81, comme co(n)s(ul) VII, des(ignatus) VIII, pour 82 (Cohen, *Domitien*, 54 et suiv., 370 et suiv., 555 et suiv.); en 82, comme cos. VIII, des. IX, pour 83 (Cohen, 581 et suiv., 607 et suiv. *C. I. L.*, II, 862; III, 4176, 4177; IX, 5420. *Ephemeris epigraphica*, IV, p. 496); en 83, comme cos. IX, des. X, pour 84 (Cohen, 600 et suiv. *C. I. L.*, VI, 449. *Eph. epigr.*, V, p. 612). — Mais ensuite la mention des désignations disparaît. C'est une

tous les ans pendant cette période. — Domitien ne se montrait si désireux de consulats que parce qu'il voulait se réserver l'éponymie annuelle (1). On doit remarquer que sur quelques monuments de cette époque, l'empereur est seul indiqué comme consul (2). Quant à la magistrature, il ne s'en souciait guère ; le plus souvent, il renonçait aux faisceaux le jour des ides de janvier (3). A cet égard, il imitait du reste la conduite de son père et d'autres empereurs (4).

Le Sénat lui conféra le pouvoir censorial, puis la censure à perpétuité, sans collègue. C'était un honneur que personne n'avait encore reçu (5). Nous en parlerons plus loin.

Il fut salué vingt-deux fois *imperator* pour des victoires mensongères ou véritables (6), et célébra trois triomphes (7). Il reçut

preuve qu'en 84, peut-être aux premiers comices de l'année, Domitien fut désigné, non pas à un onzième consulat, mais à *dix consulats consécutifs*. Ces comices eurent lieu soit en mars, date des comices sous Claude, Néron et probablement aussi sous Vespasien (voir plus haut, p. 22, n. 2), soit plus vraisemblablement le 9 janvier (cette date est certaine pour l'année 100 : Mommsen, *Staatsrecht*, I, p. 589; il semble qu'elle ait été choisie pour les premiers comices de l'année à partir du règne de Titus : voir Chambalu, *De magistratibus Flaviorum*, p. 15). Dion Cassius indique la collation du consulat pour dix ans, après le triomphe sur les Cattes, qui fut probablement célébré à la fin de 83. — Déjà Vitellius s'était fait nommer consul perpétuel et avait fait des élections consulaires pour dix années (voir plus haut, p. 8, n. 6).

(1) Pline le Jeune, *Panég.*, 58 : « Non ambitio magis quam livor et malignitas videri potest omnes annos possidere, summumque illud purpurae decus non nisi praecerptum praefloratumque transmittere. » Cf. Ausone, *loc. cit.*

(2) *C. I. L.*, VI, 449; XIV, 3530; XII, 2602; III, 37. *Ephem. epigr.*, VIII, 892. *Bullettino comunale di Roma*, 1886, p. 83. Orelli, 1494.

(3) Suétone, *Domitien*, 13 : « Omnes [consulatus] paene titulo tenus gessit, nec quemquam ultra kl. mai., plerosque ad Idus usque Januarias. » — Le 22 janvier 86, année où Domitien fut consul ordinaire, Ser. Cornelius Dolabella et C. Secius Campanus sont indiqués comme consuls. Le 22 janvier 87, les consuls étaient L. Volusius Saturninus, ordinaire, et C. Calpurnius..., suppléant de l'empereur (voir Klein, *Fasti consulares*, p. 48). Dès le 13 janvier 92, L. Venuleius Apronianus, suppléant de Domitien, était en charge avec le consul ordinaire, Q. Volusius Saturninus (Klein, p. 50). — Voir encore Pline, *Panég.*, 65 : « pauculis diebus gestum consulatum, immo non gestum. »

(4) Voir Mommsen, *Staatsrecht*, II, 3ᵉ édit., p. 84, n. 2.

(5) Dion Cassius, LIII, 18; LXVII, 4.

(6) Voir Chambalu, *De magistratibus Flaviorum*, p. 25 et suiv. Ces salutations sont marquées sur les monnaies d'or et d'argent. En règle, les monnaies de bronze, frappées par le Sénat, ne les portent pas (Mommsen, *Staatsrecht*, II, p. 782, n. 2).

(7) Voir chapitre VI.

le surnom de Germanicus vers la fin de l'année 83, celui de Dacicus vers 89 (1). Le 13 juillet 93, il pouvait se qualifier ainsi sur un monument officiel (2) : *Imp(erator) Caesar, Divi Vespasiani f(ilius), Domitianus Augustus Germanicus, pontifex maximus, tribunic(ia) potestat(e) XII, imp(erator) XXII, co(n)s(ul) XVI, censor perpetuus, p(ater) p(atriae)* (3).

---

(1) Même chapitre. Il ne serait pas tout à fait impossible qu'en 93 il ait aussi reçu le surnom de Sarmaticus.

(2) *C. I. L.*, III, p. 859 (diplôme militaire).

(3) L'ordre des honneurs suivi dans cette inscription est aussi celui que l'on constate sur les monnaies et la plupart des inscriptions. Le titre de *pater patriae* fut désormais placé à la fin de l'énumération, bien qu'il y ait quelques monuments du commencement du règne où il se trouve avant le consulat : *C. I. L.*, II, 862; *Ephem. epigr.*, IV, p. 496; V, p. 93 et p. 613; Cohen, *Domitien*, 350, 370, 371, 372, 409, 410, 423. La censure est indiquée parfois avant le consulat : *C. I. L.*, III, p. 856, 857, 858; *Ephem. epigr.*, V, p. 652. — Les noms de Domition se présentent d'ordinaire dans cet ordre, qui est le seul régulier, *Imp(erator) Caesar Domitianus Augustus*, auxquels s'ajoute Germanicus à partir de 84 : voir, outre les inscriptions et les monnaies, Frontin, *Stratagèmes*, I, 1, 8; I, 3, 10; II, 11, 7. Sur quelques inscriptions et monnaies, on lit *Imp. Domitianus Caesar Augustus* : *C. I. L.*, II, 656, 1945; III, 36, 37; VIII, 792; XIV, 2305, 2657, 3530; *Ephem. epigr.*, VIII, 892; *Notizie degli Scavi*, 1878, p. 132; *Bullettino communale*, 1882, p. 171; *Journal of hellenic Studies*, IV, 1883, p. 432; Cohen, *Domitien*, 344, 350, 409, 410, 423, 742; cf. Martial, titre de la préface du livre VIII. On n'a que deux exemples de l'ordre suivant : *Imp. Caesar Augustus Domitianus* (*C. I. L.*, II, 1963; *Bull. comunale*, 1888, p. 42). Sur quelques monuments, le mot *Caesar* est passé (*C. I. L.*, V, 7506; VII, 1206; IX, 4677 a; *Bull. comunale*, 1886, p. 83; Cohen, *Domitien*, 64, 541, 543 et suiv.; 673, 741). Des inscriptions omettent même *Domitianus* : *C. I. L.*, VI, 525, 541.

Sur les monnaies grecques, l'ordre est très variable. On trouve soit l'ordre indiqué plus haut comme étant le plus usité, soit, avec diverses abréviations : Αὐτοκράτωρ Δομιτιανὸς Καῖσαρ Σεβαστός (Γερμανικός) : Mionnet, *Description*, II, p. 416, n° 41; p. 451, n° 216; p. 468, n° 312; IV, p. 345, n° 868; p. 398, n° 148, etc.; cf. deux inscriptions, *Bull. de corr. hellén.*, XI, 1887, p. 164 et *Museo italiano di antichità classica*, I, 1885, p. 207. — Αὐτοκράτωρ Δομιτιανὸς Σεβαστὸς (Γερμανικός) : Mionnet, *Descr.*, IV, p. 412, n° 33; V, p. 249, n° 721; *Supplément*, III, p. 533, n° 188; p. 534, n°° 190-193. — Αὐτοκράτωρ Καῖσαρ Δομιτιανὸς (Γερμανικός) : Mionnet, IV, p. 30, n° 151; p. 102, n° 559; *Supplément*, III, p. 31, n° 224; p. 32, n°° 226-227; IV, p. 419, n° 5; VI, p. 37, n° 242; VII, p. 140, n° 239; p. 218, n° 257; p. 401, n° 388. — Αὐτοκράτωρ Δομιτιανὸς Καῖσαρ : Mionnet, II, p. 493, n° 449; *Suppl.*, V, p. 258, n° 1502. — Καῖσαρ Δομιτιανὸς Σεβαστὸς Γερμανικός : Mionnet, V, p. 462, n° 836; *Suppl.*, IV, p. 347, n° 322. — Καῖσαρ Σεβαστὸς Γερμανικὸς Δομιτιανός : Mionnet, V, p. 249, n° 725; *Suppl.*, VIII, p. 171, n°° 221-223. — Δομιτιανὸς Καῖσαρ Σεβαστὸς (Γερμανικός) : Mionnet, II, p. 537, n° 162; III, p. 94, n° 257, etc. (fréquent). — Δομιτιανὸς Καῖσαρ (Γερμανικός) : Mionnet, II, p. 274, n° 137; p. 493, n° 450, etc. (fréquent). — Δομιτιανὸς Γερμανικὲ Καῖσαρ : Mionnet, *Suppl.*, VII, p. 231,

Dès le début de son règne, sa femme Domitia reçut le titre d'Augusta (1).

A partir de 84 ou 85, Domitien eut vingt-quatre licteurs (2). Il porta la toge triomphale toutes les fois qu'il assista aux séances du Sénat (3). Les deux mois de septembre et d'octobre furent appelés Germanicus et Domitianus ; il avait reçu l'empire dans le premier de ces mois et était né dans le second (4).

n° 301. — Δομιτιανὸς Σεβαστὸς (Γερμανικός) : Mionnet, III, p. 353, n° 290; p. 410, n° 93; IV, p. 94, n° 506; *Suppl.*, IV, p. 326, n° 195; VI, p. 506, n° 344; VII, p. 664, n° 30. — Καῖσαρ Δομιτιανός : Mionnet, VI p. 94, n° 427; *Suppl.*, II, p. 538, n° 93; VII, p. 512, n° 158. — Δομιτιανὸς Καῖσαρ Αὔγουστος : Mionnet, *Suppl.*, IV, p. 405, n° 289; V, p. 398, n° 412 et *Suppl.*, IV, p. 406, n° 290. — Δομιτιανὸς Αὔγουστος : Mionnet, *Suppl.*, VI, p. 489, n° 1238.

(1) Elle le porte dans les Actes des frères Arvales dès le 1er octobre 81 : *C. I. L.*, VI, 2060. Cf. *Chronologie* d'Eusèbe (édition Schöne), p. 160, 161 : « Domitiani uxor Augusta appellata, » à l'année 2097 (1er octobre 80-30 septembre 81). On lit dans Suétone (*Domitien*, 3) : « Domitiam ex qua in secundo suo consulatu filium tulerat, alteroque anno consalutaverat ut Augustam. » Ce passage est certainement altéré ou inexact, puisque le second consulat de Domitien date de 73 et que Domitia ne reçut le titre d'Augusta qu'en 81. Mommsen (*Staatsrecht*, II, p. 821, n. 4) propose de lire : « filium tulerat, alterumque imperii altero anno, consalutaverat ut Augustam. » Mais rien n'indique que Domitien ait eu deux fils. — Domitia reçut le droit de battre monnaie en or, en argent et en bronze (voir Cohen, I, p. 535 et suiv.). Elle semble avoir eu une maison fort importante (voir *C. I. L.*, VI, 8570; IX, 3419, 3432, 3469, etc.).

(2) Dion Cassius, LXVII, 4. L'auteur dit dans le même passage que Domitien fut élu consul pour dix ans (en 84) et reçut la censure à vie (en 85).

(3) Dion Cassius, *loc. cit.* : « στολὴ ἐπινίκιος. » Cf. Mommsen, *Staatsrecht*, I, p. 417. — Polemius Silvius (édit. Mommsen, *Chronica minora*, p. 547) dit de Domitien que le premier parmi les empereurs il porta une chlamyde de pourpre, *chlamyden blatteam*. Il s'agit probablement aussi, dans ce passage, de la toge triomphale.

(4) Suétone, *Domitien*, 13. Dion Cassius, LXVII, 4. Martial, IX, 1 (vers écrits en 93-94 : voir Friedländer, préface de l'édition de Martial, p. 61) :

> Dum Janus hiemes, Domitianus autumnos,
> Augustus annis commodabit aestates,
> dum grande famuli nomen asseret Rheni
> Germanicarum magna lux kalendarum.

Stace, *Silves*, IV, 1, 42 (vers écrits en 95) :

> ..... nondum omnis honorem
> Annus habet, cupiuntque decem tua nomina menses.

Inscription du musée de Florence (Dutschke, *Antike Bildwerke in Oberitalien*, III, p. 165, n° 327 : *exces(sit) VIII k[al(endas)] Germ[anic(as)] Saeniano et Blaeso co(n)s(ulibus)* ⟨c'est ainsi probablement qu'il faut lire⟩. Cette inscription est de 89. — Voir encore Plutarque, *Numa*, XIX, 6; Ma-

Les sénateurs rivalisaient de flatteries à l'égard du prince (1); pour les causes les plus futiles, ils proposaient à l'assemblée de lui faire élever des statues, des arcs de triomphe (2), d'ordonner en son honneur des sacrifices publics (3). Les Actes des Arvales nous apprennent qu'en 86, à la suite d'un sénatus-consulte, des vœux et un sacrifice annuels furent institués pour le salut de l'empereur et l'éternité de l'empire (4). Cette cérémonie, qui n'existait pas avant Domitien et qui disparut après lui, avait lieu

crobe, I, 12, 36; Pline; *Panég.*, 54; Eusèbe, *Chronologie*, p. 160, 161 (édition Schöne).

On trouve dans les auteurs des indications diverses sur la date du changement du nom des deux mois. Selon Suétone, il eut lieu : « post duos triumphos (c'est-à-dire après 89), Germanici cognomine adsumpto. » Mais ce passage contient une erreur, car Domitien s'appela Germanicus dès la fin de 83, après son premier triomphe (voir chap. VI). Dans la *Chronologie* d'Eusèbe, le changement du nom des deux mois est indiqué en 2102 (version arménienne, c'est-à-dire du 1er octobre 85 au 30 septembre 86 (ou en 2103 (version de saint Jérôme); cf. *Chronique pascale*, I, p. 466, qui l'indique en 86. Dion Cassius (LXVII, 4) place le changement de nom du mois d'octobre après le premier triomphe catte (en 83). Il ne parle pas du mois de septembre. — Quant aux inscriptions, elles nous apprennent qu'en 87 le mois de septembre portait encore son ancien nom (*C. I. L.*, VI, 2065; cf., pour 84 et 85, *Ephem. epigr.*, V, p. 93 et *C. I. L.*, III, p. 855) et qu'en 89 il s'appelait Germanicus (inscription du musée de Florence citée plus haut). Pour le mois d'octobre, on sait seulement qu'il portait encore son ancien nom en 87 (*C. I. L.*, VI, 2065). — Après le meurtre de Domitien, les mois de septembre et d'octobre reprirent leurs anciens noms (Plutarque, *Numa*, XIX, 6. Macrobe, I, 12, 37).

(1) Pline, *Panég.*, 54 : « certamen adulationum »; 55 : « novitas omnis adulatione consumpta. » Cf. 2 et 72.

(2) Pline, *Panég.*, 52 (début) et 54. Suétone, *Domitien*, 13.

(3) Pline, *Panég.*, 52 (allusion aux nombreux sacrifices que l'on faisait alors au génie de l'empereur).

(4) Voici quelle fut la formule de ces vœux (*C. I. L.*, VI, 2064) : « Iuppiter O(ptime) M(axime) Capitoline, si Imp(erator) Caesar, Divi Vespasiani f(ilius), Domitianus Aug(ustus) Germanic(us), pontifex maximus, trib(unicia) pot(estate), censor perpetuus, pater patriae, ex cuius incolumitate omnium salus constat, quem nos sentimus dicere, vivet domusque eius incolumis erit a(nte) d(iem) XI k(alendas) Februar(ias), quae proximae populo Romano Quiritibus, rei publicae populi Romani Quiritium erunt, et eum diem eumque salvum servaveris ex periculis, si qua sunt eruntve ante eum diem, eventumque bonum ita, uti nos sentimus dicere, dederis, eumque in eo statu quo nunc [est], aut eo meliore servaveris, custodierisque aeternitate[m] imperii, quod [susci]piendo ampliavit, ut voti compotem rem publicam saepe facias, ast tu ea ita faxis, tum tibi bove aurato vovemus esse futurum. — Pline, *Panég.*, 67 : « Nuncupare vota et pro aeternitate imperii et pro salute principum, immo pro salute principum ac propter illos pro aeternitate imperii solebamus. »

le 22 janvier (1). — En 87, avant le 22 janvier et sans doute après le 8, on trouve encore mentionnés, dans les Actes des Arvales, des vœux prononcés *pro salute e*[*t incolumitate Imperatoris Caesaris Domitiani Augusti*] *Germanici*, avec promesse d'un sacrifice aux trois divinités du Capitole (2). Nous en ignorons la cause.

L'exemple donné par le Sénat trouva partout des imitateurs. On lit dans les écrivains de cette époque, Martial, Stace, Silius Italicus, Quintilien (3), les plus basses adulations à l'adresse de Domitien. Dans les festins, on chantait ses louanges; au théâtre, des acteurs récitaient des éloges du prince (4). De riches Romains donnaient des jeux splendides à l'occasion de ses victoires (5). Dans le monde entier, des statues lui étaient élevées (6); celles qui étaient placées au Capitole ne pouvaient être qu'en or et en argent et devaient avoir un poids déterminé (7). Des sacrifices étaient célébrés à son intention par des particuliers. Nous lisons sur une inscription (8) qu'à la suite d'un vœu pour le salut de Domitien, L. Domitius Phaon concéda à un collège du dieu Silvain d'importants fonds de terre, à condition que le revenu en fût employé à des festins qui se feraient tous les ans le 1ᵉʳ janvier, le 11 février (anniversaire de la naissance de Domitia), le jour de la fête de Silvain (en juin), le jour de la fête des Rosalia (en juin), le 24 octobre (anniversaire de la naissance de Domitien), *pro salute optum*[*i*] *principis et domini* (9).

---

(1) Voir Henzen, *Acta fratrum Arvalium*, p. 109 et suiv.

(2) *C. I. L.*, VI, 2065. Cette cérémonie dut être importante, puisque Domitien lui-même y assista.

(3) Silius Italicus, *Punica*, III, 607 et suiv. Quintilien, *Institution oratoire*, IV, proœmium ; X, 1, 91 et 92. Pour Stace et Martial, il est inutile de citer les passages fort nombreux auxquels nous faisons allusion. — Tacite, *Agricola*, 43 : « Caeca et corrupta mens [Domitiani] assiduis adulationibus erat. »

(4) Pline, *Panég.*, 54.

(5) Martial, VIII, 78. Voir aussi Stace, *Silves*, I, 2, 181 (mais le sens de ce vers peut être discuté).

(6) Dion Cassius, LXVII, 8.

(7) Suétone, *Domitien*, 13; cf. Pline, *Panég.*, 52. Priscilla, femme d'Abascantus, secrétaire *ab epistulis* de Domitien, recommanda en mourant à son mari d'élever au Capitole une statue en or de l'empereur, du poids de cent livres (Stace, *Silves*, V, 1, 188) :

« De Capitolinis aeternum sedibus aurum
» quo niteant sacri centeno pondere vultus
» Caesaris..... »

(8) *C. I. L.*, X, 444.

(9) Voir encore *C. I. L.*, VI, 541. — L'inscription *C. I. L.*, X, 3757, qu'on a voulu rapporter à Domitien (voir Mommsen, *Hermès*, I, 1866, p. 155, note, et Wilmanns, *Exempla inscriptionum latinarum*, n° 143) est fort mu-

Par le luxe inouï que Domitien déployait à une époque où la noblesse menait une vie beaucoup moins brillante que sous la dynastie julio-claudienne (1), il se distinguait de tous les Romains (2). Les regardant comme ses sujets, il les tenait à distance et évitait de se montrer familier avec eux. Il voulait qu'on lui baisât les pieds ou les mains (3), il se faisait porter lorsqu'il paraissait en public (4). Il empêchait les particuliers de parvenir à une trop grande réputation (5); sous son règne, les itérations de consulats furent moins fréquentes que sous Vespasien (6). Il cher-

tilée et l'on ne peut savoir avec certitude à quel empereur elle s'adresse. Il s'agit peut-être des deux petits-fils d'Auguste (voir Mommsen dans le Commentaire à l'Inscription, au *Corpus*).

(1) Voir Tacite, *Annales*, III, 55; Martial, V, 19; XII, 36; XIV, 122. — Friedländer, *Sittengeschichte*, I, 6ᵉ édit., p. 249-250.

(2) Sur le luxe de ses constructions, voir chapitre IV. — Suétone, *Domitien*, 9 : « Omnes circa se largissime prosecutus nihil prius aut acrius monuit, quam ne quid sordide facerent. »

(3) Pline, *Panég.*, 24 [à Trajan] : « Non tu civium amplexus ad pedes tuos deprimis. » Cf. Dion Cassius, LXVII, 13; Epictète, *Dissert.*, IV, 1, 17. Il n'alla cependant pas aussi loin à cet égard que Caligula (voir Friedländer, *Sittengeschichte*, I, p. 161). A son retour de Bretagne, Agricola, bien qu'accueilli très froidement par le prince, reçut de lui un baiser (Tacite, *Agricola*, 40).

(4) Pline, *loc. cit.* : « Ante te principes fastidio nostri et quodam aequalitatis metu usum pedum amiserant : illos... umeri cervicesque servorum super ora nostra [vehebant]. » Cf. *Panég.*, 22; Suétone, *Domitien*, 19.

(5) Tacite, *Agricola*, 39 : « Id sibi maxime formidolosum, privati hominis nomen supra principis attolli. »

(6) Ce fut sous son règne que les personnages suivants reçurent le consulat pour la seconde fois : en 83, Q. Petillius Rufus (Klein, *Fasti consulares*, p. 47; il était fils de Petillius Cerialis, par conséquent parent des Flaviens, voir p. 7, n. 3); — en 90, M. Cocceius Nerva (Klein, p. 49); — L. Norbanus Appius Maximus (*C. I. L.*, VI, 1347); — T. Aurelius Fulvus, (Capitolin, *Vie d'Antonin*, 1); — peut-être aussi Arrius Antoninus (Capitolin, *loc. cit.*; Pline, *Lettres*, IV, 3, 1). — Rutilius Gallicus et M. Arrecinus Clemens purent être consuls pour la seconde fois sous Vespasien ou Titus (voir Nohl dans Friedländer, *Sittengeschichte*, III, p. 482; *C. I. L.*, XII, 3637). T. Flavius Sabinus fut désigné à un second consulat sous Domitien (voir Suétone, *Domitien*, 10); son premier consulat date de 82 (Klein, p. 47).

C. Vibius Crispus et A. Didius Gallus Fabricius Veiento furent consuls pour la troisième fois sous Domitien. Voir le scoliaste de Juvénal (IV, 94), citant des vers de Stace sur la guerre faite par Domitien contre les Cattes en 83 :

> Lumina Nestorei mitis prudentia Crispi
> et Fabius Veiento; potentem signat utrumque
> purpura : ter memores implerunt nomine fastos.

Inscription publiée dans le *Korrespondenzblatt der Westdeutschen Zeitschrift*, III, 1884, p. 86 : *A. Didius Gallus [F]abricius Veiento, co(n)s(ul) III*. Le troisième consulat de ces deux personnages semble devoir être placé en 83 (voir plus loin).

chait à rabaisser ceux que leurs talents élevaient au-dessus de tous et à rehausser sa gloire en se parant de la leur : ce fut ainsi qu'il s'attribua tous les succès militaires de ses généraux, même lorsqu'il n'y avait pris aucune part (1); il put de cette manière acquérir sans peine un grand nombre de salutations impériales. Il était mal disposé pour les hommes d'une naissance illustre, et d'ordinaire il ne leur facilitait pas un avancement rapide dans la carrière des honneurs (2).

Domitien se fit appeler *dominus*, titre qui n'était point une simple marque de déférence ou de politesse (3), mais par lequel les Romains se reconnaissaient comme ses sujets (4). Il est vrai qu'il ne le prit pas officiellement, et qu'il refusa d'abord de l'accepter en public (5); mais on le trouve très fréquemment dans les vers de Stace et de Martial (6) et sur quelques inscriptions sans caractère officiel (7).

---

(1) Dion Cassius, LXVII, 6. Pline, *Panég.*, 56.

(2) Pline dit dans son *Panégyrique*, 69 : « Tandem ergo nobilitas non obscuratur, sed inlustratur a principe; tandem illos ingentium virorum nepotes, illos posteros libertatis nec terret Caesar, nec pavet. » Il s'agit de dispenses d'âge et d'intervalle dans la gestion des magistratures.

(3) Voir à ce sujet Friedländer, *Sittengeschichte*, I, 6ᵉ édit., p. 442 et suiv.

(4) Voir Mommsen, *Staatsrecht*, II, 3ᵉ édition, p. 760. — Pline, *Panég.*, 45 [à Trajan] : « Scis ut sunt diversa natura dominatio et principatus, ita non aliis esse principem gratiorem, quam qui maxime dominum graventur. » L'orateur oppose donc au *princeps*, premier citoyen de l'Etat, le *dominus*, maître absolu.

(5) Stace dit que dans une fête (probablement célébrée le 1ᵉʳ décembre 89, voir chapitre VI) où Domitien montra une grande libéralité, le peuple l'appela *dominus* et il ajoute : « Hoc solum vetuit licere Caesar » (*Silves*, I, 6, 84). Domitien suivait l'exemple d'Auguste (Suétone, *Auguste*, 53). — Plus tard, il se montra moins rigoureux à cet égard. Voir Suétone, *Domitien*, 13 : « Acclamari etiam in amphitheatro epuli die libenter audivit : domino et dominae feliciter ! »

(6) On trouve chez ces deux poètes les expressions : « dominus terrarum » (Martial, I, 4, 2; VII, 5, 5; Stace, *Silves*, III, 4, 20, etc.); « dominus mundi » (Martial, VIII, 32, 6); « dominus, » d'une manière absolue (Martial, II, 92, 4; IV, 28, 5; V, 2, 6; V, 5, 3; VI, 64, 14; VIII, préface; VIII, 1, 1; VIII, 82, 2; IX, 20, 2; IX, 24, 6; IX, 84, 2; Stace, *Silves*, préface du livre IV; IV, 2, 25; V, 1, 42, 74, 94, 112, 261). Cf. Pline, *Panég.*, 2, 52, 55, 88; Dion Chrysostome, *Discours*, I, p. 5, édition Dindorf; Juvénal, IV, 96. — Stace (*Silves*, IV, 1, 46) nomme Domitien *rex*. C'est le seul exemple que l'on trouve de cette appellation qu'évitaient les empereurs : peut-être faut-il lire, comme le propose Markland, *dux*. Martial (XII, 15, 5) qualifie aussi Domitien de *rex*, mais après sa mort (cf. *Livre des spectacles*, II, 3, et l'observation de Friedländer dans son édition à cet endroit).

(7) *C. I. L.*, X, 444, ligne 21 : *optum[i] principis et domini*. On doit re-

Domitien voulut même donner à sa personne un caractère sacré (1). Vespasien avait reçu les honneurs de la consécration après sa mort ; sa fille Flavia Domitilla avait aussi été divinisée (2). Titus le fut à son tour au début du règne de Domitien (3). Quand le jeune fils de Domitien et Julia Augusta, fille de Titus, moururent, ils prirent aussi place parmi les *Divi* (4). Domitien fut ainsi fils, frère, père, oncle de personnages mis au rang des dieux (5). Leur culte, dont fut chargé un collège de quinze membres, les

marquer que l'inscription fut gravée par les soins de L. Domitius Phaon qui était sans doute le fils d'un affranchi de l'impératrice Domitia ou de son père Cn. Domitius Corbulo. — *C. I. L.*, VI, 23454 : *Olympus, domin(i) Domitiani Aug(usti) servus vern(a), Rom(ae) natus*. Il s'agit, comme on le voit, d'un esclave de Domitien. — Il faut ajouter trois inscriptions grecques d'Égypte, *C. I. G.*, 5042, 5044 (dédiées toutes deux par des soldats d'une cohorte auxiliaire) ; et *addit.*, 4716 d, 10. On y lit Δομιτιανοῦ τοῦ κυρίου.

(1) Zonaras, XI, 19, p. 500, édit. Pinder : « ἤδη γὰρ καὶ θεὸς ἠξίου νομίζεσθαι. » Pline, *Panég.*, 49 : « divinitas sua ; » cf. 33. Voir encore Suidas, *sub verbo* Δομετιανός et Cédrenus, I, p. 429, édit. Bekker.

(2) *C. I. L.*, V, 2829. Monnaies dans *Cohen*, I, p. 426 et suiv. Stace, I, 1, 98. Il s'agit bien dans ces textes de la fille et non de la femme de Vespasien : voir Mommsen, *Staatsrecht*, II, 3ᵉ édit., p. 822, n. 1.

(3) Dion Cassius, LXVII, 2. Suétone, *Domitien*, 2. Cohen, I, p. 461, 462, 468. *C. I. L.*, VI, 945, etc. D'après Suétone (*Titus*, II), il semblerait que Titus fut divinisé dès le lendemain de sa mort. Cependant, le 1ᵉʳ octobre 81, le nom de *Divus* ne lui est pas donné : *Juliae, T(iti) imp(eratoris) f(iliae), Aug(ustae)* (*C. I. L.*, VI, 2060). — Après la mort de Titus, le Sénat lui éleva un arc de triomphe qui existe encore, son culte fut célébré dans le temple de Vespasien ; des monnaies portant son nom furent frappées.

(4) Pour Julia Augusta, voir chapitre VII. — Des monnaies donnent au fils de Domitien le nom de *Divus Caesar* : voir Cohen, I, p. 535 et suiv.

(5) Stace, *Silves*, I, 1, 95 :

...tua turba relicto
labetur caelo, miscebitque oscula juxta :
ibit in amplexus natus fraterque paterque,
et soror.

Silius Italicus, *Punica*, III, 626 :

...tarda senectam
hospitia excipient caeli, solisque Quirinus
concedet, mediumque pater fraterque locabunt
siderei juxta radiabunt tempora nati.

Martial dit de Domitien (IX, 101, 22) :

[dedit] astra suis, caelo sidera.

Cf. Stace, *Silves*, I, 1, 74 ; IV, 3, 139. Pline, *Panég.*, 11, parle des princes « divinitate parentum desides et superbos. » C'est évidemment une allusion à Domitien. Cf. même chapitre : « dicavit caelo... Domitianus Titum... ut dei frater videretur. »

sodales Flaviales Titiales (1), fut célébré dans le temple de la famille flavienne que Domitien fit construire : il permit aussi au Sénat d'élever sur le Forum un temple à Vespasien (2). — Au Capitole, dans l'enceinte et sur les parvis du temple de Jupiter, les images du prince furent mêlées à celles des dieux (3). Une femme ayant quitté ses vêtements devant une statue de Domitien, elle expia par la mort cet acte d'impiété (4). — Martial, Stace appellent souvent l'empereur *deus* (5), Jupiter (6), *sacratissimus imperator* (7). Il est qualifié de θεός sur une monnaie asiati-

(1) Sur les *sodales* (on trouve aussi l'expression *sacerdotes*) *Flaviales*, appelés, depuis la consécration de Titus, *Flaviales Titiales*, voir Beurlier, *Essai sur le culte rendu aux empereurs romains*, p. 87-88. Après la consécration de Titus, on les appela aussi, par abréviation, soit *Titiales*, soit *Flaviales*. Il ne faudrait pas croire, d'après cette inscription (*Korrespondenzblatt der Westdeutschen Zeitschrift*, III, 1884, p. 86) : *A. Didius Gallus [F]abricius Veiento, co(n)s(ul) III, XV vir sacris faciend(is), sodalis Augustal(is), sod(alis) Flavialis, sod(alis) Titialis*, etc., qu'il y ait eu, pendant un temps, deux collèges : un des *Flaviales*, un autre des *Titiales*. Veiento a dû être nommé, après la consécration de Vespasien en 79, *sodalis Flavialis*; puis, après la consécration de Titus, *sodalis Flavialis Titialis*. La répétition de *sodalis* est incorrecte, mais elle s'explique, dans une certaine mesure, par le fait que Veiento ne fut pas nommé d'un coup *sodalis Flavialis Titialis*. — Suétone, *Domitien*, 4 : « adsidentibus Diali sacerdote et collegio Flavialium. » *C. I. L.*, XI, 1430 : *G. Bellicus Natalis Tebanianus co(n)s(ul), XV vir Flavialium*, inscription dans laquelle il me semble difficile de rapporter *XV vir* à autre chose qu'à *Flavialium*. Ce personnage fut consul en 87 (Klein, *Fasti consulares*, p. 48).
(2) Voir chap. IV.
(3) Pline le Jeune, *Panég.*, 52.
(4) Dion Cassius, LXVII, 12.
(5) Martial, XIII, 74, 2; IV, 1, 10; V, 3, 6; V, 5, 2; VII, 5, 3; VII, 8, 2; VII, 40, 2; VII, 99, 8; VIII, 8, 6; VIII, 82, 3; IX, 28, 8. Il avait déjà donné ce nom à Titus (*Liber spectaculorum*, 17, 4) : l'expression *deus* est du reste appliquée à l'empereur dès l'époque d'Auguste (voir Mommsen, *Staatsrecht*, II, p. 759, n. 3). Stace, *Silves*, I, 1, 62; IV, 3, 128; V, préface; V, 1, 37; V, 2, 170. — Martial, VIII, préface : « caelesti verecundiae tuae; » V, 5, 7 : « Capitolini caelestia carmina belli. » Quintilien, *Inst. Orat.*, IV, prooemium, 2 : « honorem judiciorum caelestium. » Stace, *Silves*, III, 4, 53 : « caelestes oculos. » — Pline (*Panég.*, 2) dit à Trajan, en faisant allusion à Domitien : « nusquam ut deo, nusquam ut numini blandiamur. » Cf. *Panég.*, 33.
(6) Martial, XIV, 1, 2; IV, 8, 12; V, 6, 9; VIII, 15, 2; IX, 28, 10; IX, 36, 2; IX, 86, 8. Stace, *Silves*, I, 6, 27; III, 4, 18. — Martial appelle souvent Domitien « Tonans » : VI, 10, 9; VII, 56, 4; VII, 99, 1; IX, 39, 1; IX, 65, 1; IX, 86, 7. Cf. Stace, *Silves*, IV, 4, 58.
(7) Stace, préface des livres II et III des *Silves*. Observons cependant que le prince qualifié de *sanctissimus imp(erator)* dans une inscription de Rome (*C. I. L.*, VI, 3828) ne semble pas être Domitien, mais Vespasien divi-

que (1) et sur une inscription de Chersonesos (2). A Athènes, on l'appela Ζεὺς ἐλευθέριος (3). Lui-même, il osa dire, quand il se réconcilia avec sa femme Domitia, dont il s'était auparavant séparé, qu'il l'avait rappelée à son pulvinar (4). Philostrate va jusqu'à prétendre qu'il voulait qu'on le proclamât officiellement fils de Minerve, la déesse vierge, et qu'un fonctionnaire fût mis en jugement pour avoir négligé de le faire dans des prières publiques (5). Mais il faut ajouter que ce récit est fort peu vraisemblable (6).

Les noms réunis de *dominus et deus* ne furent pas portés par Domitien officiellement. Mais il fit un jour écrire en tête d'une circulaire qui devait être expédiée au nom de ses procurateurs : *dominus et deus noster sic fieri jubet*, et depuis lors on lui donna d'ordinaire ce titre, soit par écrit, soit dans la conversation (7).

nisé (cf. Pline l'Ancien, *Hist. nat.*, IV, 45). Le *sacratissimus imp(erator)* mentionné dans une autre inscription (*C. I. L.*, III, 355) n'est pas Domitien, comme on l'a cru (voir Mommsen, *Ephemeris epigraphica*, IV, p. 502). — Quintilien, *Inst. Orat.*, IV, prooemium, 3 : « sanctissimus censor. » Stace, préface du livre IV des *Silves* : « sacratissimis epulis »; V, 1, 85 : « sacra domo »; V, 1, 111 : « sacratos ante pedes domini »; V, 1, 187 : « sacrum latus »; V, 2, 177 : « sacer Germanicus. » Martial, IV, 2, 4 : « sancto cum duce »; IV, 30, 3 : « sacris piscibus »; V, 6, 8 : « sanctioris aulae »; VI, 76, 1 : « sacri lateris »; VI, 91, 1 : « sancta censura »; VII, 1, 4 : « pectore sacro »; VIII, préface : « majestatem sacri nominis tui. »

(1) Monnaie de Temnos, en Eolie : Θεὸν Δομιτιανὸν αὐτοκράτορα (Mionnet, *Supplément*, VI, p. 42 : cf. *Description*, III, p. 28, n° 169).

(2) *Bull. corr. hellén.*, XI, 1887, p. 164. — Sur une monnaie de Smyrne (Mionnet, III, p. 226, n° 1262), Domitia est qualifiée de Θεά.

(3) *C. I. A.*, III, 1091. — Mais on sait que, dans cette partie de l'empire, on ne répugna jamais à diviniser les empereurs vivants (voir Beurlier, *Essai sur le culte rendu aux empereurs romains*, p. 52).

(4) Suétone, *Domitien*, 13. Les *pulvinaria* étaient, comme on le sait, des coussins sur lesquels étaient placées les images des dieux dans les occasions solennelles.

(5) Philostrate, *Apollonius*, VII, 24.

(6) Dans ce vers de Stace, *Silves*, I, 1, 105 :

> Certus ames terras et quae tibi templa dicamus
> ipse colas.

il s'agit peut-être d'un temple élevé au Génie de l'empereur, mais bien plutôt du temple de la famille flavienne (voir ch. IV).

(7) Suétone, *Domitien*, 13. — Zonaras, XI, 19, p. 500 : « καὶ δεσπότης καλούμενος καὶ θεὸς ὑπερηγάλλετο · ταῦτα οὐ μόνον ἐλέγετο, ἀλλὰ καὶ ἐγράφετο. » Dion Cassius, LXVII, 13. Dion Chrysostome, *Discours* 45, II, p. 118, édit. Dindorf. Paul Orose, VII, 10. Dans Martial, Domitien est qualifié pour la première fois de *dominus et deus* au livre V, 8, 1 (ce livre fut édité à la fin de l'année 89, voir chapitre VII). Dans la suite, le poète employa assez fréquemment cette

En un mot, le prince n'apparaissait plus désormais comme le premier citoyen de l'Etat : il semblait un monarque, un maître et un dieu.

De même que son père, Domitien voulut assurer l'empire à la maison flavienne (1). Domitia lui avait donné en 73 (2) un fils en l'honneur duquel furent peut-être frappées quelques monnaies (3). Mais il mourut fort jeune (4). En 90, Domitia devint enceinte et l'enfant dont on attendait alors la naissance fut célébré par Martial dans ces vers où l'hérédité du pouvoir impérial est nettement exprimée (5) : « Naîs, nom promis au Dardanien Iule, vrai rejeton des dieux, naîs, enfant illustre, afin que ton père te remette après des siècles les rênes éternelles et que tu gouvernes le monde, vieillard associé à un vieillard. » Mais, si cet enfant naquit, il ne vécut pas ; car il n'en est parlé nulle part ailleurs. Domitien, sans enfants, ne renonça cependant pas à faire de l'empire une propriété héréditaire de la famille flavienne. Vers la fin de

---

expression : VII, 34, 8; VIII, 2, 6; IX, 66, 3; cf. VIII, 82, 2 et 3; X, 72, 3. — Saint Jérôme (traduction de la *Chronologie* d'Eusèbe, p. 161, édition Schöne), dit que Domitien se fit appeler *dominus et deus* à partir de 2102 (1er octobre 85-30 septembre 86). Cette indication ne se trouve pas dans la version arménienne d'Eusèbe.

(1) Pline le Jeune, dont on connaît l'hostilité à l'égard de Domitien, se déclare contre l'hérédité du pouvoir impérial (*Panég.*, 7).

(2) Voir plus haut, p. 45, n. 1.

(3) Monnaies de Smyrne portant l'inscription : « Οὐεσπασιανὸς νεώτερος » (Eckhel, *Doctrina numorum veterum*, VI, p. 402; Cohen, I, p. 539). C'est au fils de Domitien qu'on doit vraisemblablement les rapporter : Mowat, *Bulletin épigraphique*, V, 1885, p. 236; en voir une reproduction dans Bernoulli, *Römische Ikonographie*, II, partie II, planches de monnaies II, n° 16. Il faut peut-être aussi lui attribuer des tessères de petit bronze, représentant un enfant aux cheveux bouclés, qu'on croit communément être Annius Vérus, fils de Marc-Aurèle (voir Mowat, *loc. cit.*). — Il porta le *cognomen* de César (monnaies citées note suivante; Martial, IV, 3, 8).

(4) Le *Divus Caesar, Imp(eratoris) Domitiani f(ilius)*, apparaît sur les revers de plusieurs monnaies de Domitia (Cohen, I, p. 535 et suiv.). Domitien, nommé sur l'avers, ne porte pas le surnom de Germanicus. Cet enfant mourut donc, semble-t-il, avant la fin de 83. En tout cas, il ne vivait certainement plus au mois de décembre 88 (voir Martial, IV, 3 et Friedländer, édition de Martial, préface, p. 55). Sur les monnaies de Domitia, son fils est représenté fort jeune (voir la reproduction d'une de ces monnaies dans Cohen, p. 535).

(5) VI, 3 :

Nascere Dardanio promissum nomen Iulo,
 vera deum suboles, nascere magne puer :
cui pater aeternas post saecula tradat habenas,
 quique regas orbem cum seniore senex.

son règne, il destina sa succession aux deux fils de son cousin Flavius Clemens (1) et de sa nièce Flavia Domitilla (2). Il donna à ces enfants les noms de Vespasien et de Domitien (3), et chargea le célèbre Quintilien de leur instruction (4). — A partir de son règne, les vœux prononcés pour le salut du prince le furent aussi pour toute sa maison (5).

Les tendances monarchiques de Domitien se manifestèrent surtout dans la conduite qu'il tint à l'égard du Sénat. — Au début de 85, il se fit conférer par cette assemblée la puissance censoriale. Peu de temps après, dans le cours de la même année, il reçut la censure à vie (6). Ce fait a une grande importance dans l'histoire

---

(1) Clemens était fils de T. Flavius Sabinus : Suétone, *Domitien*, 15, dit qu'il était cousin germain de l'empereur du côté paternel. Cf. Dion Cassius, LXVII, 14.

(2) Sur Domitille et sur sa parenté avec Domitien, voir ch. X.

(3) Suétone, *Domitien*, 15.

(4) Quintilien, *Inst. Or.*, IV, prooem., 2.

(5) *C. I. L.*, VI, 2065 (cf. 2067) : ... [pr]o salute Imp(eratoris) Caesaris, Divi Vespasiani f(ili), Domi[tiani Aug(usti) Germani]ci, pontif(icis) maximi et Domitiae Aug(ustae) [coniugis eius et Iulia]e Aug(ustae) totique domui eorum. Voir, à ce sujet, Mommsen, *Staatsrecht*, II, 3ᵉ édit., p. 826, n. 2.

(6) Le 3 septembre 84, Domitien n'avait encore ni la censure, ni la puissance censoriale (voir le diplôme militaire publié dans l'*Ephemeris epigraphica*, V, p. 93). Le 5 septembre 85, il avait la *censoria potestas* (*C. I. L.*, III, p. 855). Au commencement de 86, il est appelé *censor perpetuus* (le 22 janvier, voir *C. I. L.*, VI, p. 2064; le 17 février, voir *C. I. L.*, III, p. 856; le 13 mai, voir *C. I. L.*, III, p. 857). Voilà ce que nous apprennent les inscriptions. — Quant aux monnaies, les premières qui indiquent la puissance censoriale remontent à 85, car celle de 84 que cite Eckhel, *Doctrina numorum veterum*, VI, p. 379, semble avoir été mal lue. Cette indication ne se trouve pas sur neuf monnaies (Cohen, *Domitien*, 360-368) portant la titulature suivante : *tr. pot. IIII* (13 septembre 84-12 septembre 85), *imp. VIII*, *cos. XI* (à partir du 1ᵉʳ janvier 85). La *censoria potestas* est au contraire mentionnée sur une monnaie où on lit la même titulature (Cohen, *Domitien*, 176) et sur toutes celles où Domitien est qualifié *tr. pot. IIII*, *imp. IX*, (il était certainement *imp. IX* le 5 septembre, voir diplôme cité), *cos. XI*; elles sont au nombre de six (Cohen, *Domitien*, 178-183; cf. encore 24 et 28). Par conséquent, cet empereur reçut la *censoria potestas* quelque temps après le 1ᵉʳ janvier et quelque temps avant le 14 septembre. — Sur neuf monnaies frappées certainement en 85, Domitien est appelé *cens(or) per(petuus)* (Cohen, *Domitien*, 13, 18, 119, 308, 419, 431, 470, 509, 642); peut-être reçut-il ce titre aux seconds comices de l'année, vers le mois d'octobre (voir Chambalu, *De magistratibus Flaviorum*, p. 19). Cependant les mots *cens(oria) pot(estate)* se lisent encore sur une monnaie de 86 (Cohen, *Domitien*, 198, musée de Vienne); mais elle a été peut-être mal lue. — Domitien semble être entré en fonctions immédiatement après avoir été élu, comme les censeurs de la république (Mommsen, *Staatsrecht*, II, 3ᵉ édit., p. 341), car sur aucun

générale de l'empire (1). La charge de censeur conférait au prince le droit d'allection, c'est-à-dire le droit de faire entrer dans le Sénat des hommes qui n'avaient pas exercé la préture, le tribunat ou l'édilité, la questure (2), et de leur assigner un rang parmi ceux qui avaient géré ces charges. De plus, le censeur pouvait élever un sénateur, appartenant à la classe questorienne ou à la classe tribunicienne, à une classe supérieure. Il n'avait pas à tenir compte des prescriptions d'intervalle et de suite régulière exigées dans la gestion des magistratures. Il était maître de modifier à son gré la composition et la hiérarchie du Sénat, sans que cette assemblée eût à se prévaloir de son droit d'élection pour intervenir. D'ailleurs, en multipliant les allections, il pouvait désormais accroître à son gré le nombre des personnes éligibles aux magistratures, nombre qui jusque-là était à peine supérieur à celui des charges à conférer : les *allecti inter quaestorios, tribunicios, praetorios* avaient en effet le droit de se porter candidats aux magistratures supérieures à celle de leur classe, comme les anciens questeurs, tribuns ou édiles, préteurs, ce qui pouvait permettre à l'empereur de faire de son droit de recommandation dans les élections un usage plus efficace que par le passé. Il avait le droit de chasser de la curie ceux qui lui paraissaient indignes d'en faire partie. — Or, ces droits, Domitien les reçut à vie, il les exerça quand il lui plut et il les exerça sans collègue : jusqu'alors il y avait toujours eu deux censeurs en charge. Il fut désormais libre de faire entrer dans la curie des chevaliers dont il avait éprouvé le mérite et le dévouement, il put récompenser le zèle des sénateurs par une promotion à un rang supérieur, il eut enfin une arme contre ceux qui se montraient trop hostiles.

Nous ne savons pas quel usage Domitien fit de son droit de recommandation dans les élections. Il ne serait pas impossible qu'il l'ait étendu aux charges du vigintivirat, dont le Sénat disposait librement jusqu'alors : ce qui avait son importance, le vigintivirat ouvrant la carrière sénatoriale. Une phrase de Pline le Jeune, bien peu précise il est vrai, semblerait l'indiquer (3). Dans ce cas,

monument il n'est, comme Vespasien et Claude (Mommsen, *Staatsrecht*, I, p. 579, n. 1; *C. I. L.*, XI, 3605; *C. I. L.*, II, 5217), qualifié de *censor designatus*. — La création du bureau impérial *a censibus* ne doit pas, comme l'a cru Hirschfeld (*Verwaltungsgeschichte*, p. 17 et suiv.) être mise en relation avec la censure de Domitien (voir Mommsen, *Staatsrecht*, III, p. 490).

(1) Voir Bloch, *De decretis functorum magistratuum ornamentis*, p. 88, 105. Mommsen, *Staatsrecht*, II, p. 944.

(2) L'*allectio inter quaestorios* était cependant très rare.

(3) *Panég.*, 69 [à Trajan] : « Nec ideo segnius iuvenes nostros exhortatus

on pourrait supposer que Domitien conféra le laticlave plus fréquemment que ses prédécesseurs, pour augmenter ainsi le nombre des jeunes gens éligibles au vigintivirat et pour pouvoir par conséquent exercer plus librement son droit de recommandation. Mais ce ne sont là que des hypothèses.

Sous cet empereur, le Sénat ne prit guère part aux affaires publiques. Il eut, il est vrai, d'importants procès politiques à juger, surtout vers la fin du règne, mais nous verrons que dans ces circonstances il fut forcé de se décimer lui-même. Son activité législative semble avoir été fort restreinte (1) : Pline le Jeune dit qu'alors on ne discutait pendant les séances aucune question sérieuse (2) : quand les sénateurs ne se réunissaient pas pour décerner au prince de nouveaux honneurs ou se faire les complices de ses crimes, ils délibéraient sur l'institution d'un collège d'artisans, sur les autorisations que les communes leur demandaient pour l'augmentation du nombre de leurs gladiateurs (3). Du reste même pendant la discussion d'affaires de ce genre, ils étaient contraints d'adresser des flatteries à l'empereur (4).

Au point de vue administratif, nous constatons certains empiètements du prince sur les droits du Sénat et des magistrats de l'Etat. Nous savons par Frontin (5) qu'il enleva au trésor de Saturne les revenus des aqueducs et se les attribua. C'étaient les sommes payées à l'aerarium par les propriétaires qui avaient une concession d'eau. Il ne faut pas oublier du reste que le prince supportait les frais de l'entretien des aqueducs (6). — L'institution des curateurs, chargés par l'empereur de la surveillance des finances d'un certain nombre de colonies et de municipes, fut une atteinte sérieuse portée au droit de haute surveillance que le

---

es senatum circumirent, senatui supplicarent, atque ita a principe sperarent honores si a senatu petissent. » Là, comme partout ailleurs, Pline peut opposer la conduite de Trajan à celle de Domitien.

(1) On ne connaît qu'un sénatus-consulte du temps de Domitien qui soit relatif au droit civil (Gaius, au Digeste, XL, 16, 1).

(2) Pline, *Lettres*, VIII, 14, 8 : « Cum senatus... ad otium summum... vocaretur et... ludibrio... retentus nunquam seria... censeret. » Cf. VIII, 14, 2 et 3; *Panég.*, 66. Tacite, *Agricola*, 3.

(3) Pline, *Panég.*, 54 : « De ampliando numero gladiatorum aut de instituendo collegio fabrum consulebamur. »

(4) Pline, *loc. cit.*

(5) Frontin, *De Aquaeductibus*, 118 : « Quem reditum... in Domitiani loculos conversum justitia Divi Nervae populo restituit. »

(6) Hirschfeld, *Verwaltungsgeschichte*, p. 164.

Sénat possédait sur l'Italie et sur les provinces sénatoriales : elle date peut-être du temps de Domitien (1). — Une inscription (2) nous apprend qu'après la mort d'un proconsul d'Asie, peut-être de C. Vettulenus Civica Cerialis, C. Minicius Italus, procurateur de l'empereur, fut chargé du gouvernement intérimaire de cette province sénatoriale, fait exceptionnel : l'intérim aurait dû être exercé par les légats du proconsul et le questeur (3). — Les noms des proconsuls de Bithynie n'apparaissent plus sur les monnaies à partir du règne de Domitien. Peut-être faut-il voir aussi dans ce fait un empiètement du prince sur les droits du Sénat. — On trouve sous Domitien la mention de tributs de blés perçus par le fisc impérial dans la province proconsulaire d'Afrique (4), et c'est à cette époque qu'est signalé pour la première fois le *fiscus Asiaticus*, destiné sans doute à la perception d'un impôt par tête dans la province proconsulaire d'Asie (5). Si c'étaient là des innovations, les droits financiers du Sénat dans les provinces non impériales auraient reçu alors une grave atteinte. Mais il est très probable qu'avant Domitien plusieurs de ces provinces durent payer des contributions à l'empereur (6).

Les gouverneurs et même les magistrats urbains furent soumis à une surveillance rigoureuse (7). L'activité judiciaire des préteurs fut peut-être limitée par les progrès que dut faire à cette

(1) Voir chapitre V.

(2) *C. I. L.*, V, 875 : *proc(uratori) provinciae Asiae, quam mandatu principis vice defuncti proco(n)s(ulis) rexit...* Ce personnage reçut des récompenses militaires sous Vespasien, alors qu'il était préfet d'une aile Après sa procuratèle d'Asie, il exerça trois autres fonctions qui sont indiquées dans l'inscription, gravée en 105. La procuratèle d'Asie se place donc sous Domitien : voir à ce sujet Waddington, *Fastes des provinces asiatiques*, n° 105.

(3) Vers la fin du règne de Vespasien, la Bithynie fut gouvernée aussi par un procurateur impérial (Eckel, II, p. 404 ; Mionnet, *Description*, II, p. 408, n° 1 ; *C. I. L.*, III, 6993), mais il semble que cette province ait alors cessé pour quelque temps d'être sénatoriale ; voir Hirschfeld, *Sitzungsberichte der königlich-preussischen Akademie der Wissenschaften*, 1889, I, p. 420 et 428.

(4) Stace, *Silves*, III, 3, 90.

(5) *C. I. L.*, VI, 8570 : *Hermae, Aug(usti) lib(erto), a cubiculo Domitiae Aug(ustae), Fortunatus f(ilius), proc(urator) fisc(i) Asiatici, patri piissimo et indulgentissimo.*

(6) Voir Hirschfeld, *Verwaltungsgeschichte*, p. 13 et suiv.; cf. 132-133. Mommsen, *Staatsrecht*, II, 3ᵉ édit., p. 1006.

(7) Suétone, *Domitien*, 8 : « Magistratibus quoque urbicis, provinciarumque praesidibus coercendis tantum curae adhibuit ut neque moderatiores umquam neque iustiores extiterint. »

époque la juridiction civile et criminelle des préfets de la ville (1). Toute initiative sérieuse fut enlevée aux consuls (2).

Domitien montra un grand dédain pour les magistratures d'origine républicaine réservées à l'ordre sénatorial : il n'assistait pas aux comices dans lesquels ses consulats étaient proclamés devant le peuple (3); il négligeait tous les devoirs qu'imposait la charge qu'il se faisait si souvent conférer (4); quand il déposait les faisceaux, il se contentait de le faire par un édit (5).

Il semble que l'intérêt de Domitien aurait dû être d'octroyer libéralement le consulat afin d'avilir cette charge et aussi d'être plus libre dans ses choix pour les fonctions et les quasi-magistratures qui exigeaient des consulaires. Sous Titus, les consulats avaient été de deux mois; cela est du moins certain pour l'année 81 (6). Il peut en avoir été de même dans les deux premières années du règne de Domitien. En 83, il semble que Q. Vibius Crispus et A. Didius Gallus Fabricius Veiento aient été consuls (7) après les consuls ordinaires (Domitien et Q. Petillius Rufus) (8) et avant Tettius Julianus et Terentius Strabo Erucius Homullus, qui étaient en fonctions le 9 juin (9). On pourrait donc supposer que cette année-là les consulats furent de deux

---

(1) Voir plus loin.

(2) Pline, *Panég.*, 93 [à Trajan] : « Super omnia... praedicandum videtur quod pateris consules esse quos fecisti. Quippe nullum periculum, nullus ex principe metus consulares animos debilitat et frangit : nihil invitis audiendum, nihil coactis decernendum erit. »

(3) Pline, *Panég.*, 63. D'ailleurs, avant Trajan, la plupart des empereurs s'abstenaient d'y paraître.

(4) Pline, *Panég.*, 76 : « [Imperator] .. se recipiebat in principem, omniaque consularia officia abjicere, neglegere, contemnere solebat. »

(5) Pline, *Panég.*, 65.

(6) Asbach, *Bonnische Jahrbücher*, LXXIX, 1885, p. 134.

(7) C'est là une hypothèse d'Asbach (*loc. cit.*, p. 135), qui s'appuie sur les vers de Stace cités plus haut, p. 48, n. 6. Ces vers prouvent que Vibius Crispus et Fabricius Veiento étaient consuls en 83, année de la guerre cattique et probablement à l'époque où se tint le conseil impérial dans lequel la guerre fut décidée, c'est-à-dire vers le commencement de l'année. Il n'est d'ailleurs guère possible de supposer que des personnages de l'importance de Crispus et de Veiento, qui furent alors consuls pour la troisième fois, aient pu exercer cette charge plus tard que dans le second nundinum de l'année. Leur consulat date donc probablement des mois de mars-avril 83.

(8) Klein, *Fasti consulares*, p. 47.

(9) *Ephemeris epigr.*, V, p. 612. — C. Scoedius Natta Pinarianus et T. Tetticnus Serenus sont indiqués par Klein (*loc. cit.*) comme ayant été consuls le 18 juillet 83, mais cela n'est pas certain; voir Mommsen, *Ephem. epigr.*, V, p. 615.

mois (1). Pour le reste du règne, on ne trouve plus que des consulats de quatre mois (six consuls par an, sept en comptant le suppléant du prince dans le premier nundinum) (2). L'allongement de la durée des consulats peut avoir été décidé en 84, dans les premiers comices de l'année, en même temps que l'empereur recevait le consulat pour dix ans. Le consulat était alors une charge fort considérée ; Domitien ne voulut peut-être pas que trop de sénateurs en fussent investis.

Deux faits, rapportés par Dion Cassius et Suétone, prouvent les mauvaises dispositions de cet empereur à l'égard des sénateurs. Le Sénat lui demanda plusieurs fois de renoncer à son droit de mettre à mort des sénateurs, droit dont Titus n'avait jamais usé : Domitien refusa (3). Il annula un legs de Ruscius Caepio, qui ordonnait à son héritier de payer chaque année une certaine somme aux nouveaux sénateurs, lors de leur entrée dans la curie (4). — Remettant en vigueur une prescription du temps de Claude (5), abrogée sous Néron (6), il obligea les questeurs entrant en charge à donner des combats de gladiateurs (7). C'était une grosse dépense qu'il leur imposait. La suppression des sportules offertes par des particuliers ou des magistrats au peuple et leur remplacement par de véritables repas (8), furent aussi des mesures onéreuses pour l'aristocratie.

---

(1) Peut-être la courte durée des consulats sous Titus et au début du règne de Domitien peut-elle s'expliquer par ce fait qu'en 73-74 Vespasien et Titus firent de nombreuses allections *inter praetorios*, ce qui augmenta le nombre des personnages éligibles au consulat.

(2) Voir Klein, *Fasti consulares*, aux années 86, 87, 89, 91 et 92. Henzen, *Ephem. epigr.*, I, p. 193-194. L'année 88 ne semble pas avoir fait exception. Les consuls ordinaires de cette année-là furent Domitien, que suppléa bientôt Plotius Grypus, probablement dès le 13 janvier, selon l'usage (voir plus haut, p. 43, n. 3), et L. Minicius Rufus. Rufus et Grypus sortirent probablement de charge le 30 avril : du moins, rien n'empêche de l'admettre ; voir, à ce sujet, Mommsen, *Mittheilungen des archäologischen Instituts, Römische Abtheilung*, IV, 1889, p. 172-173.

(3) Dion Cassius, LXVII, 2. — Il s'agit ici de la juridiction criminelle du prince (Mommsen, *Staatsrecht*, II, 3e édit., p. 961).

(4) Suétone, *Domitien*, 9. — M. Mommsen (*Staatsrecht*, III, p. 895, n. 1) explique cet acte de Domitien en faisant observer que de telles libéralités, usitées dans les municipes, ne convenaient pas à la dignité du Sénat.

(5) Suétone, *Claude*, 24. Tacite, *Annales*, XII, 22.

(6) Tacite, *Annales*, XIII, 5.

(7) Suétone, *Domitien*, 4. Voir, à ce sujet, Mommsen, *C. I. L.*, I, p. 407 ; *Staatsrecht*, II, p. 534 ; Hirschfeld, *Verwaltungsgeschichte*, p. 176.

(8) Voir chapitre III.

Nous verrons plus loin que le commandement supérieur d'une grande expédition dirigée contre les Cattes fut confiée non à un personnage de l'ordre sénatorial, comme c'était la règle auparavant, mais à un chevalier (1).

Domitien voulut exercer personnellement son autorité. Tibère avait abandonné la conduite des affaires publiques à Séjan, préfet du prétoire, Claude à des affranchis. Domitien n'eut auprès de lui ni fondés de pouvoirs, ni favoris maîtres de l'Etat; il n'eut que des serviteurs. Il est vrai que certains affranchis exercèrent peut-être quelque influence sur lui (2). « Les plus honnêtes, » dit Tacite (3), « par attachement et par fidélité; les plus méchants, par malignité et par envie, aigrissaient son caractère naturellement méchant. » Leur entremise put faire obtenir à des solliciteurs des fonctions, des charges, des privilèges (4). Stace et surtout Martial les flattèrent (5); mais aucun d'eux n'eut la puissance d'un Pallas, d'un Narcisse, d'un Icelus, d'un Asiaticus (6). Dans les dernières années de son règne, Domitien suivit les conseils de

---

(1) En 69, Licinius Proculus, préfet du prétoire, prit une part très importante à l'expédition d'Othon dans la haute Italie (Tacite, *Histoires*, I, 87; II, 33), mais le commandement nominal de l'armée appartenait à trois sénateurs : Suetonius Paullinus, Marius Celsus et Annius Gallus (*Histoires*, I, 87).

(2) A ces affranchis il faut joindre l'archimime Latinus, familier du prince (Martial, IX, 28; Suétone, *Domitien*, 15), et redouté à cause de son influence sur lui (Scolies de Juvénal, IV, 53. Cf. Juvénal, *Satires*, I, 36). — Suétone (*Domitien*, 4) dit que Domitien s'entretenait souvent d'affaires sérieuses avec un nain : ce n'était certainement qu'un bouffon qui avait son franc-parler (Cf. Friedländer, *Sittengeschichte*, I, 6e édit., p. 152).

(3) *Agricola*, 41.

(4) Martial (IV, 78) parle d'un intrigant que, dix fois par jour, on voit sur la route du Palatin, et qui n'a sur les lèvres que les noms de Sigerius et de Parthenius, chambellans du prince. Voir aussi ce que Juvénal dit sur le pantomime Paris, qui fut l'amant de l'impératrice Domitia (Satire VII, 87 et suiv.).

(5) Stace, V, préface : « Praeterea latus omne divinae domus semper demereri pro mea mediocritate connitor, nam qui bona fide Deos colit amat et sacerdotes. » — Martial, IX, 79 : pièces de vers adressées au chambellan Parthénius : IV, 45; V, 6; VIII, 28; IX, 49; à Sextus, a *studiis* de Domitien : V, 5; à Entellus, a *libellis* : VIII, 68; à Euphemus, intendant de la table impériale : IV, 8. Parfois il les prie de lui servir d'intermédiaires pour obtenir quelque faveur du prince. — Il flatte aussi Latinus (IX, 28; XIII, 2, 3).

(6) Pline (*Panég.*, 88) exagère beaucoup s'il fait allusion à Domitien dans cette phrase : « plerique principes, cum essent civium domini, libertorum erant servi : horum consiliis, horum nutu regebantur; per hos audiebant, per hos loquebantur, per hos praeturae etiam et sacerdotia, immo et ab his petebantur. »

quelques délateurs (1) ; mais il ne se laissa pas diriger par eux. Si sa nièce Julie, dont il fut l'amant, put le détourner de mettre à mort Ursus, auquel elle fit même obtenir le consulat (2), elle ne semble avoir pris aucune part au gouvernement de l'empire. Domitien prétendit tout faire par lui-même ; il s'occupa aussi activement des affaires militaires que de l'administration et de la justice.

Comme ses prédécesseurs, il prit ses principaux fonctionnaires et conseillers dans l'ordre sénatorial ; mais il employa les chevaliers plus qu'on ne l'avait fait avant lui (3). Aussi voulut-il que la considération du second ordre de l'Etat ne fût pas compromise par des individus qui s'attribuaient les privilèges équestres sans y avoir aucun droit. Il interdit aux indignes de prendre place sur les bancs qui dans les lieux de spectacles étaient réservés aux chevaliers (4). — Il se servit aussi de ses affranchis. L'importance du conseil du prince (5) dut naturellement s'accroître sous Domitien (6). Comme le Sénat ne participait pas d'une manière sérieuse au gouvernement de l'empire, c'était dans ce conseil que se discutaient les mesures politiques d'un caractère général. Le

---

(1) Tacite, *Agricola*, 45. Cf. *Hist.*, I, 2.
(2) Dion Cassius, LXVII, 4. Il s'agit peut-être d'un parent de l'empereur, et par conséquent aussi de Julie, du nom de Flavius Ursus (Voir Friedländer, *Sittengeschichte*, III, 6ᵉ édit., p. 485).
(3) Outre les faits cités plus loin, il faut observer que le *ludus magnus* et le *ludus matutinus* reçurent chacun, à partir de Domitien, un procurateur de l'ordre équestre. Voir Hirschfeld, *Verwaltungsgeschichte*, p. 179.
(4) Suétone, *Domitien*, 8. Martial, III, 95, 10 ; V, 8 ; V, 14 ; V, 23 ; V, 25 ; V, 27 ; V, 35 ; V, 38 ; V, 41 ; VI, 9.
(5) Sur le conseil du prince sous Domitien et sur les amis de cet empereur, voir Cuq, *Le Conseil du prince*, *Mémoires présentés par divers savants à l'Académie des inscriptions et belles-lettres*, t. IX (2ᵉ partie), 1884, p. 322 et suiv.; Borghesi, *Œuvres*, V, p. 513 et suiv.; Friedländer, *Sittengeschichte*, I, 6ᵉ édit., p. 213 et suiv.
(6) On connaît la quatrième satire de Juvénal. Le poète y montre les conseillers du prince délibérant gravement sur la façon d'accommoder un turbot, et il a soin de dire (vers 35) : « res vera agitur. » Il ne faut pas en conclure que le conseil du prince eut un rôle ridicule sous Domitien. En supposant que le fait soit vrai, Domitien put, sans offenser des amis avec lesquels il avait tous les jours des relations intimes (cf. Suétone, *Vespasien*, 21), leur montrer un poisson d'une grandeur extraordinaire qu'on venait d'apporter à Albano : les Romains aimaient fort ces curiosités (voir Friedländer, *Sittengeschichte*, I, p. 45 et suiv.). — L'importance des conseillers du prince est indiquée par des auteurs de cette époque. Tacite, *Hist.*, IV, 7 : « nullum maius boni imperii instrumentum quam bonos amicos esse. » Dion Chrysostome, *Discours III*, I, p. 58, édit. Dindorf; voir aussi *Discours I*, p. 7. Cf. Pline, *Panég.*, 85.

Sénat ayant perdu presque toute initiative en matière de législation, il devait le remplacer à cet égard. Il assistait l'empereur dans l'exercice de sa juridiction.

Aussi Domitien choisit-il les membres du Conseil parmi les personnages les plus expérimentés : on put dire plus tard que ce méchant prince avait eu d'excellents amis (1). Malgré sa rancune contre son père et son frère, il garda auprès de lui leurs conseillers, qui connaissaient bien les traditions administratives (2) : Pegasus (3), fameux jurisconsulte, chef de la secte des Proculiens (4), consul, gouverneur de plusieurs provinces et investi sous Vespasien déjà de la préfecture urbaine, charge qu'il continua à exercer sous Domitien (5); Q. Vibius Crispus (6), de basse naissance comme Pegasus et d'un caractère peu estimable, mais homme d'état d'un grand mérite, célèbre par son éloquence et son esprit, d'une richesse proverbiale, traité lui aussi avec beaucoup de faveur par Vespasien, et consul pour la troisième fois en 83 (7); M. Arrecinus Clemens (8), beau-frère de Titus, préfet du prétoire sous Vespasien, deux fois consul (9); C. Calpetanus Rantius Quirinalis Valerius Festus (10), consul en 71, légat de l'armée d'Afrique en 69-70, de la province de Pannonie sous Vespasien, de la Tarraconaise sous ce prince et son fils aîné (11). Nous connaissons

---

(1) Lampride, *Alexandre Sévère*, 65 [citant Marius Maximus] : « id quidem ab Homullo ipsi Trajano dictum est, cum ille diceret Domitianum pessimum fuisse, amicos autem bonos habuisse. » Il se montra, au moins au début du règne, bienveillant pour eux. Suétone, *Domitien*, 9 : « Omnes circa se largissime prosecutus... » Ces mots s'appliquent aussi bien aux amis du prince qu'à ses affranchis.

(2) Suétone, *Titus*, 7 : « Amicos elegit [Titus], quibus etiam post eum principes, ut et sibi et reipublicae necessariis adquieverunt, praecipuoque sunt usi. » — Il ne faut donc pas trop croire Dion Cassius quand il dit (LXVII, 2) que Domitien traita fort mal les amis de son père et de son frère.

(3) Juvénal, IV, 77.

(4) Juvénal, IV, 78 : « optimus atque interpres legum sanctissimus » et le scoliaste. Digeste, I, 2, 2, 53.

(5) Institutes, II, 23, 5. Digeste, *loc. cit.* Juvénal, *loc. cit.*, et le scoliaste.

(6) Juvénal, IV, 81. Sur son prénom, voir C. I. A., III, 619.

(7) Juvénal, IV, 82. Tacite, *Dialogue des Orateurs*, 8 et 13; *Hist.*, II, 10; IV, 41 et 42. Quintilien, *Inst. orat.*, X, 1, 119. Suétone, *Domitien*, 3. Martial, IV, 54, 7. Dion Cassius, LXV, 2. Pour son troisième consulat, voir plus haut, p. 48, n. 6, et p. 58, n. 7.

(8) Suétone, *Domitien*, 11.

(9) Sur lui, voir Hirschfeld, *Verwaltungsgeschichte*, p. 222-223.

(10) Martial, I, 78, 10. Cf. Friedländer, *Sittengeschichte*, I, 6ᵉ édit., p. 214.

(11) Sur lui, voir Pallu de Lessert, *Recueil de la Société archéologique de Constantine*, XXV, 1888, p. 25-28.

encore parmi les amis de Domitien de rang sénatorial : M'Acilius Glabrio et son fils qui fut consul en 91, Rubrius Gallus, consul sous Néron et connu par ses succès sur les Sarmates (1), Montanus (probablement T. Junius Montanus, consul en 81), Pompeius (peut-être Cn. Pompeius Ferox Licinianus), L. Valerius Catullus Messalinus, A. Didius Gallus Fabricius Veiento (2), Velius Paulus (3), tous probablement personnages consulaires (4). — Domitien admit aussi dans son conseil plusieurs chevaliers; sur une table de bronze qui nous fait connaître un jugement de cet empereur (5), on lit les mots : *adhibitis utriusque ordinis splendidis viris cognita causa*. Parmi ces chevaliers nous pouvons citer Cornelius Fuscus, qui fut préfet du prétoire, et Crispinus, qui eut peut-être aussi le même titre (6).

Mais ce conseil n'était pas en réalité une institution politique. On n'y constate à cette époque aucun indice d'une organisation régulière : dépourvus de toute fonction officielle, ceux que le prince y appelait, selon son bon plaisir (7), étaient des amis auxquels il demandait des conseils, qu'il suivait si bon lui semblait, et qui sous un maître aussi despotique que Domitien, craignaient de déplaire par trop de franchise (8). Mettant leur expérience au service de l'empereur, ils fortifiaient son autorité, ils ne la limitaient pas.

Les préfets de la ville (9) furent, sous Domitien comme aupara-

(1) Josèphe, *Bellum judaicum*, VII, 4, 3.
(2) Ces personnages sont cités par Juvénal, *satire* IV, vers 94 et suiv. Voir Borghesi, IV, p. 520 et suiv. Pour M'Acilius Glabrio le fils, voir plus loin, chap. X; pour Messalinus et Veiento, chap. VIII.
(3) Martial, IX, 31. Cf. notre appendice II, à la province de Bithynie.
(4) Veiento fut trois fois consul : voir plus haut, p. 58, n. 7.
(5) *C. I. L.*, IX, 5420.
(6) Juvénal, IV, 108, 111 et suiv. Sur ces deux personnages, voir plus loin.
(7) Certains personnages, comme le préfet de la ville et les préfets du prétoire semblent avoir fait partie ordinairement du conseil (voir Cuq, p. 356 et suiv.). Mais c'était une faveur justifiée par leurs connaissances administratives, non un droit. — Ceux que l'empereur appelait à son conseil pouvaient à son gré jouir de cet honneur pendant fort longtemps ou quelques jours à peine; ils l'assistaient seulement dans sa juridiction (Pline, *Lettres*, IV, 22; VI, 22 et 31), ou lui donnaient leur avis sur les affaires générales de l'empire.
(8) Voir la satire IV de Juvénal, en tenant compte des exagérations du poète. Pline le Jeune, *Panég.*, 85 : « Quae poterat esse inter eos amicitia, quorum sibi alii domini, alii servi videbantur ? »
(9) Voir Borghesi, *Œuvres*, IX, p. 269 et suiv. Sur Rutilius Gallicus, Friedländer, *Sittengeschichte*, III, 6ᵉ édit., p. 479 et suiv.

vant, choisis parmi des sénateurs de rang consulaire. Nous connaissons les noms de trois d'entre eux, peut-être les seuls qui aient exercé cette charge sous son règne : Pegasus dont nous avons parlé plus haut (1); Rutilius Gallicus qui fut légat de plusieurs provinces, la Pamphylie, la Pannonie, la Germanie inférieure, et reçut deux fois le consulat (2); T. Aurelius Fulvus, grand-père de l'empereur Antonin, qui fut lui aussi deux fois consul (3).

Quelques vers de Stace indiquent les principales attributions du préfet de la ville à cette époque : commandant les quatre cohortes urbaines qui à cette époque se trouvaient à Rome (4) et formaient un effectif de quatre mille soldats, il veillait au maintien de l'ordre public (5); il jugeait une partie des crimes et des délits commis dans la ville (6), ainsi que les contestations civiles qui étaient de nature à provoquer des troubles (7). Son autorité s'étendait en droit sur toute l'Italie; il jugeait, par exem-

---

(1) Il fut préfet au début du règne. Juvénal le fait figurer dans le conseil du turbot, auquel prit part aussi Cornelius Fuscus, qui périt probablement en 86.

(2) Voir Stace, *Silves*, I, 4. Juvénal, XIII, 157 et suiv. *C. I. L.*, V, 6988, 6989. *Notizie degli Scavi*, 1882, p. 411. — La Silve de Stace fut composée peu après les jeux séculaires (vers 17 et 96) qui eurent lieu dans l'été de 88, et peu après l'élévation de Rutilius à la préfecture (voir le vers 90). En 92 il était mort, car il fut remplacé, comme *sodalis Augustalis*, par Tettius Serenus (*C. I. L.*, VI, 1984).

(3) Capitolin, *Vie d'Antonin*, 1. Il fut préfet à la fin du règne de Domitien. Voir Borghesi, IX, p. 276. Son premier consulat date de 85, son second peut-être de 89 : voir Lacour-Gayet, *Antonin le Pieux et son temps*, p. 451.

(4) Marquardt, *Römische Staatsverwaltung*, II, 2ᵉ édit., p. 482-483.

(5) Stace, *loc. cit.*, vers 9, 16.

(6) Vers 10 :

    Inque sinum quae saepe tuum fora turbida questu
    confugiunt...

Vers 43 :

    ..... tristes invitum audire catenas,
    parcere verberibus, nec qua jubet alta potestas
    ire, sed armatas multum sibi demere vires,
    dignarique manus humiles et verba precantum.

Cf. Juvénal, XIII, 157. Voir à ce sujet Mommsen, *Staatsrecht*, II, 3ᵉ édit., p. 1063-1064.

(7) Il y a peut-être une allusion à cette juridiction civile dans le vers 47 : « reddere jura foro, nec proturbare curules. » Voir Mommsen, *loc. cit.*, p. 1065.

ple, en appel les contestations sur le décurionat (1). Le préfet de la ville étant à la fois un chef militaire et un juge, on ne doit pas s'étonner de voir ce poste occupé sous Domitien par un grand jurisconsulte, Pegasus (2).

D'autres autorités judiciaires (les préteurs, les édiles, les tribunaux des questions) étaient compétentes pour les causes civiles et criminelles soumises au préfet de la ville. Tout en agissant avec prudence (3), il empiétait peu à peu sur les attributions.

Le pouvoir impérial n'avait donc qu'à gagner aux progrès de la préfecture urbaine qui dépendait du prince. Aussi Domitien dut-il les favoriser. Mais il ne semble pas qu'il ait laissé s'accroître l'autorité personnelle de ceux qui en étaient revêtus ; il ne voulait pas que le premier de ses auxiliaires eût un rang trop rapproché du sien. Parmi les personnages qui furent préfets sous son règne, aucun n'appartenait à la haute aristocratie romaine. Pegasus avait pour père un officier subalterne de la flotte (4), Rutilius Gallicus appartenait à une famille assez humble (5), de Turin (6); T. Aurelius Fulvus était un provincial : sa famille était de Nîmes, en Narbonaise (7).

Un auteur byzantin du sixième siècle, Laurentius Lydus, dit que Domitien, au lieu d'un préfet de la ville en institua douze et en préposa un à chaque quartier de Rome (8). Mais il faut remar-

---

(1) Vers 11 :

..... leges urbesque ubicumque togatae
quae tua longinquis implorant jura querelis.

Bährens, dans son édition, écrit : *reges* et *locatae*, conjectures inadmissibles. Sur ce passage, voir Mommsen, *Staatsrecht*, II, p. 1076.

(2) Rutilius Gallicus s'était fait connaître comme avocat (Stace, *loc. cit.*, vers 24 et 71).

(3) Stace, vers 47. Voir page 64, n. 7.

(4) Scoliaste de Juvénal, IV, 77 : « Pegasus filius trierarchi. »

(5) Stace, *loc. cit.*, vers 68 et suiv.

(6) Stace, vers 58. C. I. L., V, 6988 et suiv.

(7) Capitolin, *Vie d'Antonin*, 1.

(8) *De magistratibus populi Romani*, II, 19, p. 185, édition Bekker : « τὴν πολίαρχον ἐξουσίαν τό γε εἰς αὐτὸν ἧκον διεσπάθησε, δύο πρὸς τοῖς δέκα ὑπάρχους πόλεως ἀνθ' ἑνὸς, ὡς δὴ καθ' ἕκαστον τμῆμα τῆς Ῥώμης, προχειρισάμενος. » Cf. I, 49, p. 161. — Il n'y a pas de raison suffisante pour voir, comme le fait Borghesi (Œuvres, III, p. 330; V, p. 517 et suiv.; IX, p. 271), une indication du même genre dans un passage de Juvénal (IV, 78). Il parle de la servilité de Pegasus, et ajoute :

Anne aliud tunc praefecti ? quorum optimus [Pegasus] atque
interpres legum sanctissimus, etc...

Tunc semble signifier ici « à l'époque de Domitien » et non « au moment où le conseil du turbot fut tenu. »

quer que Lydus est un écrivain peu intelligent et souvent inexact et que ce passage même contient une erreur : Rome avait en effet quatorze quartiers et non douze. En outre, dans la Silve de Stace, rien n'indique que Rutilius Gallicus partageât son autorité avec des collègues, et si les préfets de Rome avaient été si nombreux sous Domitien nous devrions nous étonner de ne trouver mention d'aucun d'entre eux sur les inscriptions qui nous sont parvenues. — Si l'on admet qu'il y a un fond de vérité dans l'indication de Lydus (1), on peut supposer que Domitien institua pour veiller à l'ordre public dans chaque quartier des fonctionnaires impériaux subordonnés au préfet. C'était peut-être un empiétement sur les droits des préteurs, des tribuns et des édiles, auxquels la présidence des quartiers était confiée (2).

Le préfet du prétoire commandait presque toute la garnison de Rome : de lui dépendait la sécurité de l'empereur. Titus avait exercé en fait cette fonction sous Vespasien : Domitien, jaloux de son autorité, évita de la donner à des hommes trop considérés et trop puissants; il en investit des membres de l'ordre équestre (3). Après Arrecinus Clemens, parent par alliance de la famille flavienne, après Titus, de simples chevaliers (4), parmi lesquels on compta peut-être un Egyptien, Crispinus (5), devaient faire petite figure. De plus, il semble que, sous ce règne, les préfets

---

(1) Cf. Lampride, *Vie d'Elagabale*, 20 : [Elagabale] « voluit et per singulas urbis regiones praefectos urbis facere et fecisset si vixisset. » Alexandre Sévère (Lampride, *Vie d'Alexandre Sévère*, 33) institua une commission de quatorze consulaires auprès du préfet de la ville, pour l'assister dans l'administration de Rome. Cette mesure se rattache à la restauration temporaire du Sénat sous cet empereur.

(2) En tout cas, cette institution n'aurait pas survécu à Domitien.

(3) Sur les préfets du prétoire à l'époque de Domitien, voir Hirschfeld, *Verwaltungsgeschichte*, p. 223-224.

(4) Cornelius Fuscus était d'une haute naissance, mais il avait renoncé à la carrière sénatoriale (Tacite, *Hist.*, II, 86).

(5) Selon Borghesi, *Œuvres*, V, p. 513 et suiv. (cf. Mispoulet, *Revue de philologie*, XIII, 1889, p. 38), Crispinus, Egyptien d'origine (Martial, VII, 99, 2 ; Juvénal, I, 26; IV, 24, et scoliaste à I, 26 et à IV, 1) fut préfet du prétoire en même temps que Cornelius Fuscus. Juvénal (IV, 32) l'appelle *princeps equitum*, et le scoliaste (à IV, 1) *magister equitum*. D'autre part, Cornelius Fuscus et lui sont les seuls personnages n'appartenant pas au Sénat (les Egyptiens ne pouvaient pas être sénateurs) qui prennent part au conseil du turbot. — Cependant l'épigramme VII, 99 de Martial semblerait indiquer que Crispinus était plutôt un secrétaire de Domitien qu'un préfet du prétoire. Ni Martial (VIII, 48), ni Juvénal (I, 27; IV, 31) n'indiquent, comme l'a cru Borghesi, que ce personnage ait porté le costume des préfets du prétoire. Voir à ce sujet Hirschfeld, *Verwaltungsgeschichte*, p. 223.

aient été d'ordinaire au nombre de deux (1) et qu'ils ne soient pas restés fort longtemps en charge (2). Domitien voulut ainsi diminuer leur prestige et rendre une trahison plus difficile. En 95, se défiant des préfets qui commandaient alors la garde, il les fit mettre en jugement (3). — Mais rien n'indique qu'il ait restreint leurs attributions (4) : nous savons, au contraire, que Cornelius Fuscus fut chargé, vers 86, de commander une expédition contre les Daces (5) ; pour la première fois, la direction d'une grande guerre fut confiée à un préfet du prétoire.

Les fonctions de secrétaire du prince eurent, sous Domitien, une grande importance (6). Stace (7) énumère les attributions de Claudius (8) qui fut, à cette époque, chargé du département des finances (*a rationibus*) : « A toi seul sont confiées, avec l'emploi des trésors sacrés du prince, les richesses éparses dans tous les peuples et les tributs que paye l'univers entier. Tout ce que l'Ibérie fait sortir de ses mines d'or, tout ce qui brille dans les

---

(1) Cornelius Fuscus et Crispinus (?), — Norbanus et T. Petronius Secundus, lors de la mort de Domitien (Dion Cassius, LXVII, 15).

(2) L. [c'était probablement son prénom : voir *C. I. L.*, III, 6976] Casperius Aelianus, préfet vers 94 (Philostrate, *Vie d'Apollonius de Tyane*, VII, 16), ne l'était certainement plus en 96, lors de la mort de Domitien (voir note précédente).

(3) Dion Cassius, LXVII, 14. L'auteur fait probablement allusion aux deux prédécesseurs inconnus de Norbanus et Petronius.

(4) Laurentius Lydus (*De magistratibus*, II, 19, p. 184) dit que les préfets du prétoire avaient pour insignes, jusqu'au règne de Domitien, des vexilla, des haches, des faisceaux comme les anciens *magistri equitum*, mais que Domitien, lorsqu'il appela Fuscus à la préfecture, supprima tous ces honneurs. — Cette indication doit être inexacte, car il est fort improbable que les préfets du prétoire aient eu droit sous l'empire à des faisceaux et à des haches (voir Mommsen, *Staatsrecht*, I, 3ᵉ édit., p. 389), sauf peut-être au temps de Vespasien, sous lequel la préfecture fut confiée à des personnages de rang sénatorial. Domitien, rendant la préfecture du prétoire à des chevaliers (nous ne savons si pendant le court règne de Titus cette fonction ne fut pas occupée encore par des sénateurs), aurait naturellement supprimé ce privilège. — S'il faut en croire le même Lydus (*De Mag.*, III, 23, p. 216), le *cornicularius* ou adjudant du préfet du prétoire aurait acquis une plus grande importance à partir de Domitien.

(5) Voir chapitre VI.

(6) Voir la liste de ces secrétaires dans Friedländer, *Sittengeschichte*, I, 6ᵉ édit., p. 153 et suiv., 158, 163. Pour les secrétaires *ab epistulis*, voir Bloch, dans le *Dictionnaire des antiquités* de Daremberg et Saglio, IV, p. 714.

(7) *Silves*, III, 3, 86-105.

(8) C'est par erreur qu'on l'appelle Claudius Etruscus. Le *cognomen* d'Etruscus appartenait à son fils, qui le tenait de Tettia Etrusca, femme de ce secrétaire du prince (Hirschfeld, *Wiener Studien*, III, 1881, p. 273).

montagnes de Dalmatie, les moissons récoltées en Afrique (1), les blés que bat sur son aire l'habitant de la brûlante Egypte (2), les perles que le plongeur va chercher au fond des mers orientatales (3), les toisons venues des pâturages qu'arrose le Galèse lacédémonien (4), les cristaux transparents (5), les bois précieux de la Massylie (6), l'ivoire de l'Inde (7), tout est remis entre tes mains, tout ce qui nous arrive par le souffle de Borée, du violent Eurus et du nébuleux Auster : tu compterais plus facilement les gouttes des pluies d'hiver ou les feuilles des bois. Toujours en éveil, tu calcules avec sûreté les dépenses nécessaires pour les besoins journaliers des légions et des tribus (8), pour les temples (9), pour les aqueducs (10), ce que réclament les digues qui arrêtent les eaux (11), ce qu'exige l'entretien des routes immenses (12); tu sais et la valeur de l'or qui brille sur les lambris élevés de la demeure du maître, et la valeur du métal qui, jeté en fonte, représente les images des princes divinisés, ou qui, pétillant sous le feu, se transforme en monnaie romaine (13). » Ainsi le secrétaire *a rationibus* tient un compte exact des recettes du fisc et du patrimoine; il ordonnance les dépenses que l'empereur fait pour lui-même ou pour l'Etat. Il est, en quelque sorte, un ministre des finances.

Le secrétaire *ab epistulis* reçoit les lettres que les gouverneurs, les fonctionnaires et les généraux envoient au prince et rédige

---

(1) Voir p. 57, n. 3.
(2) Tribut en nature payé par l'Egypte, propriété de l'empereur.
(3) Douanes à la frontière d'Orient, ou pêcheries dépendant du patrimoine impérial.
(4) Domaines du patrimoine en Apulie.
(5) Impôt sur les industriels d'Alexandrie. Cf. Vopiscus, *Vie d'Aurélien*, 45.
(6) Domaines du patrimoine en Afrique.
(7) Douanes à la frontière d'Orient.
(8) Service des frumentations.
(9) *Cura aedium sacrarum operumque publicorum.*
(10) *Cura aquarum.*
(11) *Cura riparum et alvei Tiberis*, » ou bien entretien du port d'Ostie.
(12) *Cura viarum.*
(13) Il faut ajouter, entre autres choses, à l'énumération poétique et par suite incomplète de Stace, les impôts fonciers levés dans les provinces impériales, les tributs des royaumes vassaux, les biens confisqués. — Voir, à ce sujet, Mommsen, *Staatsrecht*, II, 3ᵉ édit., p. 1003, n. 1; 1006, n. 1 et 2; 1027, n. 1; 1079, n. 4. Marquardt, *Staatsverwaltung*, II, 2ᵉ édit., p. 234, n. 4. Hirschfeld, *Verwaltungsgeschichte*, p. 15, n. 3; 31, n. 5; 92, n. 3; 133, n. 2; 154, n. 3; 195, n. 4.

les réponses. Il délivre les brevets d'officiers jusqu'au grade de préfet de la cavalerie inclusivement (1). — Nous n'avons pour le règne de Domitien aucun renseignement précis sur les attributions des secrétaires *a cognitionibus* (chargés de préparer des rapports pour les procès jugés par l'empereur), *a libellis* (chargé de recevoir et d'examiner les pétitions des particuliers) et *a studiis* (chargé de recherches dans les archives et bibliothèques impériales).

Les secrétaires du prince étaient alors d'importants personnages. Ils possédaient d'immenses richesses (2) et épousaient des Romaines de haute naissance (3).

Domitien accrut encore l'importance de ces emplois en les confiant quelquefois à des chevaliers (4), mesure qui préparait la transformation de ces offices domestiques en de hautes fonctions publiques. C'était d'ailleurs sans danger pour son autorité, car les emplois de secrétaires du prince ne devinrent pas les plus importants de l'ordre équestre. Le chevalier Titinius Capito, ami de Pline le Jeune, qui en fait un grand éloge (5), fut sous Domitien

(1) Stace, *Silves*, V, 1, 81-100. Sur ce passage, voir Mommsen, *Korrespondenzblatt der westdeutschen Zeitschrift*, V, 1886, p. 216-218. L'énumération fort pompeuse du poète est cependant incomplète ; voir Hirschfeld, *Verwaltungsgeschichte*, p. 204 et suiv.; Bloch, article (*ab*) *epistulis* du *Dictionnaire des antiquités*, p. 722-723. — Il avait encore notamment pour fonction d'informer les particuliers des privilèges qui leur étaient accordés.

(2) Voir la description des bains somptueux de Claudius Etruscus, fils du secrétaire a *rationibus* (Stace, *Silves*, I, 5; Martial, VI, 42); des funérailles de Priscilla, femme d'Abascantus, secrétaire *ab epistulis* (Stace, *Silves*, V, 1, 208 et suiv.). Entellus, secrétaire *a libellis*, avait des serres magnifiques que Martial compare aux jardins d'Alcinoüs (VIII, 68).

(3) Claudius se maria à la sœur de Tettius Julianus, qui fut consul en 83 et dirigea la guerre contre les Daces en 89 (voir chapitre VI). Abascantus épousa Priscilla, femme de noble naissance (Stace, *Silves*, V, 1, 53; on ignore son *gentilicium*, car l'inscription C. I. L., VI, 5, n° 3060*, où elle est nommée Antistia Priscilla, est fausse).

(4) Suétone, *Domitien*, 7 : « quaedam ex maximis officiis inter libertinos equitesque Romanos communicavit. » Lors de sa proclamation par les légions de Germanie, Vitellius avait déjà confié extraordinairement ces emplois (*ministeria principatus per libertos agi solita*, dit Tacite, *Hist.*, I, 58) à des officiers de l'ordre équestre : voir à ce sujet Bormann, *Archäologisch-epigraphische Mittheilungen aus Oesterreich*, XV, 1892, p. 29 et suiv. — Ce que dit Spartien à propos d'Hadrien (*Vie d'Hadrien*, 22) « Ab epistulis et a libellis primus equites romanos habuit » n'est donc pas exact. La vérité est qu'à partir d'Hadrien, les secrétaires du prince furent en général des chevaliers, sauf quelques exceptions pour les secrétaires *a rationibus* : voir Friedländer, *Sittengeschichte*, I, 6ᵉ édit., p. 173 et suiv.

(5) Pline, *Lettres*, V, 8; I, 17, et surtout VIII, 12 : « Vir est optimus et

ab epistulis; il devint ensuite préfet des vigiles, quatrième fonctionnaire de cet ordre (1).

Mais Domitien ne voulut pas que ces secrétaires parussent tenir une trop grande place dans l'Etat. Le Sénat n'eut point à les flatter comme jadis il l'avait fait pour Pallas (2), et Martial put vanter d'une manière fort hyperbolique, il est vrai, la contenance modeste des serviteurs du prince (3). — L'empereur les surveilla de près et leur fit même sentir qu'ils n'étaient pas à l'abri de brusques coups d'autorité. Le secrétaire *a rationibus* Claudius, qui occupait ce poste depuis le règne de Claude (4) et était arrivé à un âge fort avancé, fut subitement frappé de disgrâce (5); il dut quit-

inter praecipua saeculi ornamenta numerandus : colit studia, studiosos amat, fovet, provehit, multorum qui aliqua conponunt portus, sinus, praemium, omnium exemplum, ipsarum denique litteratum jam senescentium reductor ac reformator. »

(1) *C. I. L.*, VI, 798 : *Cn. Octavius Titinius Capito, praef(ectus) cohortis, trib(unus) milit(um)... proc(urator) ab epistulis et a patrimonio, iterum ab epistulis Divi Nervae, eodem auctore ex s(enatus) c(onsulto) praetoriis ornamentis, ab epistul(is) tertio Imp(eratoris) Nervae Caesar(is) Trajani Aug(usti) Ger(manici), praef(ectus) vigilum...* — Cette inscription prouve : 1°) que Titinius Capito était chevalier; 2°) qu'avant d'être secrétaire *ab epistulis* et procurateur du patrimoine sous Nerva et Trajan, il le fut de Domitien dont le nom est omis à cause de la *damnatio memoriae*. — L'affranchi Claudius, secrétaire *a rationibus*, avait été élevé à la condition équestre par Vespasien, qui lui concéda le *jus anuli aurei* (Stace, *Silves*, III, 3, 143).

(2) Pline le Jeune, qui avait vécu sous Domitien, s'indignait de la bassesse des sénateurs à l'égard de Pallas (*Lettres*, VII, 29; VIII, 6) : « Quam juvat quod in tempora illa non incidi, quorum sic me, tanquam illis vixerim, pudet! » (VIII, 6, 17.)

(3) IX, 79 :

> Oderat ante ducum famulos turbamque priorem
> et Palatinum Roma supercilium;
> at nunc tantus amor cunctis, Auguste, tuorum est,
> ut sit cuique suae cura secunda domus.
> Tam placidae mentes, tanta est reverentia nostri,
> tam pacata quies, tantus in ore pudor.
> Nemo suos — haec est aulae natura potentis —,
> sed domini mores Caesarianus habet.

(4) Stace, *Silves*, III, 3, 78, 85 et suiv.

(5) Stace, *Silves*, III, 3, 154 et suiv. Martial, VI, 83; VII, 40, 2. — La cause de cette disgrâce nous est inconnue : Stace, qui ne veut déplaire ni à l'empereur, ni à Etruscus, fils de Claudius, se contente de dire :

> seu tarda situ, rebusque exhausta senectus
> erravit, seu blanda diu Fortuna regressum
> maluit. »

Claudius avait près de quatre-vingt-dix ans (Martial, VII, 40, 6) lorsqu'il mourut, vers la fin de l'année 92 : Martial parle de sa mort au livre VII, édité au mois de décembre de cette année (voir Friedländer, édition de

ter Rome et se retirer pour quelques années en Campanie (1). Son principal subordonné encourut une peine plus sévère : il fut déporté dans une île (2).

Il est bien difficile de dire avec précision quelles furent les idées politiques de Domitien, les réformes administratives qu'il accomplit ou projeta d'accomplir. Après sa mort, le Sénat, par haine pour lui, chercha à en faire disparaître même le souvenir. Ses tendances monarchiques ne sont du moins pas douteuses (3). Ce fut surtout après la guerre heureuse de 83 contre les Cattes que, comptant sur l'appui de l'armée, il porta de graves atteintes au compromis politique imaginé par Auguste. Cependant, si nous examinons le peu que nous savons de son gouvernement intérieur, Domitien nous fait l'impression d'un homme qui eut des projets bien nets, — établissement de la monarchie, organisation d'une administration régulière, — mais qui ne sut pas ou ne voulut pas réaliser complètement ces projets.

Il empêcha le Sénat et les magistrats de faire un usage sérieux de leurs droits politiques, mais il ne supprima pas ces droits. Transformant le caractère de la censure temporaire, magistrature gérée par Claude et Vespasien, il se fit donner, avec le titre de censeur perpétuel, le droit permanent de modifier la composition du Sénat, et ce fut là une innovation des plus graves qui, en théorie, détruisait la constitution d'Auguste. Mais, en pratique, Domitien ne semble pas s'être beaucoup servi des droits d'al-

---

Martial, préface, p. 58) et la Silve de Stace « Consolatio ad Etruscum » est du début de 93 (voir vers 170 et suiv.). Or il tomba en disgrâce à quatre-vingts ans (Stace, III, 3, 146), par conséquent vers 83. En 85, c'était un certain Fortunatus Atticus qui occupait les fonctions d'a *rationibus* (C. I. L., VI, 8410. Orelli, 1494).

(1) Stace, *loc. cit.*, vers 162. — En 90, il était rentré en grâce, depuis peu de temps, semble-t-il. Voir Martial, VI, 83 : le livre VI fut édité dans l'été de cette année (Friedländer, édit. de Martial, préface, p. 57). Stace paraît abréger la disgrâce de Claudius quand il parle de la courte colère des dieux : « breves Superum... iras » (vers 184). Le vers 65 de la *Silve* I, 5 n'indique pas, qu'à l'époque où Stace écrivit cette Silve, Claudius fût pardonné.

(2) Stace, *loc. cit.*, vers 160. Il se sert de l'expression « curarum socius. » Voir Hirschfeld, *Verwaltungsgeschichte*, p. 33 et suiv.

(3) Pour les écrivains appartenant à l'aristocratie, le règne de Domitien fut une époque de servitude. Voir Tacite, *Agricola*, 2 et 3. Pline, *Lettres*, VIII, 14, 2 ; *Panég.*, 2, 55, 66, 68, 72. — Martial, qui ne reculait pas devant les louanges les plus mensongères, dit pourtant (V, 19, 16)

Sub quo libertas principe tanta fuit ?,

lection et d'expulsion attachés à la censure. Il est certain que ceux qui entrèrent dans la curie grâce à lui ne s'en glorifièrent pas après sa mort; cependant s'il avait fait un grand usage de l'allection, on devrait en surprendre la trace dans les *cursus honorum* de l'époque. Or on ne peut citer à cet égard qu'un très petit nombre d'inscriptions dont il n'est même pas possible de tirer des conclusions certaines (1). On ne connaît d'autre part qu'un seul personnage qui ait été exclu du Sénat par Domitien : un certain Caecilius Rufus, ancien questeur, qu'il expulsa pour indignité morale (2). Après que le prince eût reçu la censure, le Sénat ne cessa pas d'être un corps politique pour devenir une classe de fonctionnaires. — Domitien lui témoigna même des égards (3) et sembla désireux de le voir approuver sa politique (4). Il fit reconstruire la curie (5). Il usa de certains ménagements à l'égard de ceux qui lui étaient suspects à cause de leur trop grande situation dans l'Etat. Tout en rappelant Agricola de Bretagne, il lui décerna des honneurs extraordinaires et lui promit même la légation de Syrie (6); il ne lui défendit pas expressément

---

(1) *C. I. L.*, VI, 1359 : *L. Baebio, L. f(ilio), Gal(eria tribu) Avito, praef(ecto) fabr(um), trib(uno) mil(itum) leg(ionis) X gem(inae), proc(uratori) Imp(eratoris) Caesaris Vespasiani Aug(usti) provinciae Lusitaniae, adlecto inter praetorios.* Le prince auteur de l'allection n'étant pas nommé, ce fut peut-être Domitien. — Voir encore *C. I. L.*, II, 3533 : [le nom manque] ... *Fabat[o] (?), adlecto [inter praet]orios, aedili curuli, [quaestori] urbano, XV viro stlitibus [i]udicandis.* Bonnes lettres du premier siècle. Il n'est pas probable que dans la lacune après *adlecto* il y ait eu place pour les mots a *Divis Vespasiano et Tito*, ou a *Divo Claudio*, ou une expression analogue. L'allection remonterait donc peut-être à l'époque de Domitien. — Ti. Claudius Alpinus fut successivement (*C. I. L.*, V, 3337, 3356) *praefectus alae Gallicae, tribunus legionis II Augustae, praefectus cohortis II praetoriae* (en 83 ou en 89; chap. VI), *procurator Augusti provinciae Britanniae* (il est possible cependant que cette dernière fonction ait été exercée par son père). Vers 106, nous le trouvons ancien préteur (Pline, *Lettres*, V, 4); plus tard, il fut consul (voir Mommsen, au *C. I. L.*, V, 3338; Borghesi, *Œuvres*, VI, p. 411; Perrot, *De Galatia provincia*, p. 107). Il s'appelait alors, après adoption, Bellicius Sollers. Peut-être son allection remonte-t-elle à l'époque de Domitien (ne pas le confondre avec le personnage nommé dans l'inscription *C. I. L.*, III, n° 291, mieux publiée n° 6818).

(2) Dion Cassius, LXVII, 13. Suétone, *Domitien*, 8.

(3) Pline, *Panég.*, 76 : « Imperator in senatu ad reverentiam ejus componebatur. »

(4) Il dit un jour aux sénateurs : « Usque adhuc certe et animum meum probastis et vultum » (Suétone, *Domitien*, 18). — Dion Cassius, LXVII, 4 : « τῇ βουλῇ χαίρειν ἐφ' οἷς ἐψηφίζοντο προσεποιεῖτο. »

(5) Voir chapitre IV.

(6) Tacite, *Agricola*, 40.

de prendre part au tirage au sort des provinces sénatoriales consulaires, mais lui fit seulement donner en secret le conseil de se désister (1). Des hommes qui appartenaient aux familles les plus illustres reçurent le consulat du prince : Antonius Saturninus en 82 peut-être (2), M'Acilius Glabrio en 91, L. Volusius Saturninus en 87, Q. Volusius Saturninus en 92, T. Sextius Magius Lateranus en 94 (3). Helvidius Priscus, fils d'un des adversaires les plus acharnés de la dynastie flavienne, parvint au consulat, peut-être en 87 (4).

Domitien portait plus de titres, il recevait plus d'honneurs qu'aucun des princes antérieurs ; mais c'était le Sénat qui les lui conférait (5) ; c'étaient des magistratures d'origine républicaine qu'il se faisait donner. En 84, il fut élu consul pour dix ans ; cependant de 85 à 94, il ne prit les faisceaux que six fois. On l'appelait *dominus* et *deus*, mais il ne prenait pas lui-même ces noms. — Comme son père, il prétendait établir l'hérédité du pouvoir impérial, qui ne cessait pourtant pas en droit d'être électif.

Le conseil du prince, dont l'importance semble s'être accrue sous son règne, n'avait encore aucun caractère officiel ; les secrétariats impériaux, quelquefois confiés à des chevaliers (comme ils l'avaient déjà été sous Vitellius), n'étaient plus tout à fait des services domestiques, mais ils n'étaient pas encore des services publics, de véritables ministères. La hiérarchie des divers emplois réservés aux chevaliers n'était pas fixée d'une manière précise. Le règne de Domitien ne semble pas avoir été marqué, comme ceux de Claude et d'Hadrien, par des réformes vraiment originales et faisant époque. Il ne fit que creuser plus profondément des sillons déjà ouverts.

Il n'eut sans doute pas le génie organisateur d'Hadrien ; mais le caractère d'indécision qu'on constate dans son gouvernement intérieur peut aussi s'expliquer d'une autre manière. Nous avons dit ce qu'était le Sénat dans la constitution impériale, combien était grand son prestige. Avant Domitien, presque tous les em-

---

(1) *Agricola*, 42.
(2) Voir chapitre VII. En 88, il était légat de Germanie supérieure.
(3) Voir Klein, *Fasti consulares*, p. 48-51.
(4) Voir Klein, p. 47.
(5) Stace (*Silves*, IV, 1, 9) dit, au sujet du dix-septième consulat de Domitien :

precibusque receptis
Curia Caesareum gaudet vicisse pudorem.

pereurs (1), en particulier Vespasien et Titus (2), avaient prodigué les marques de déférence au Sénat et aux sénateurs. Vouloir annuler complètement cette assemblée, c'eût été faire violence aux mœurs et aux idées de toute la société romaine. Domitien ne l'osa pas. S'il travailla à détruire la dyarchie, il n'établit pas, il n'organisa pas définitivement la monarchie, pour ne pas s'attirer la haine implacable de l'aristocratie dont il n'ignorait pas la puissance. La dissimulation que ses ennemis lui reprochèrent souvent (3) fut surtout de la prudence.

(1) Voir par exemple, pour les successeurs de Néron, Suétone, *Galba*, 10. Plutarque, *Galba*, 5 et 11; Othon, 1. Tacite, *Histoires*, I, 84; I, 90; II, 91 et 92. Dion Cassius, LXV, 6 et 7.
(2) Suétone, *Vespasien*, 9 et 17. Dion Cassius, LXVI, 10 et 19. Monnaie dans Cohen, *Vespasien*, 76.
(3) Tacite, *Agricola*, 39 et 42. Dion Cassius, LXVII, 1.

CHAPITRE III.

RELIGION, CENSURE DES MŒURS, LÉGISLATION, JUSTICE.

Depuis Claude, les empereurs qui avaient précédé au pouvoir la maison flavienne, entre autres Néron, Othon, Vitellius, s'étaient en général assez peu souciés de la religion (1). Vespasien, au contraire, mérita d'être appelé « le conservateur des cérémonies publiques et le restaurateur des temples sacrés (2). » A cet égard, Domitien l'imita. Le maintien de la religion nationale importait au prince. Grand-pontife, il en était le chef. Elle faisait des vœux pour lui; elle admettait ses parents parmi les divinités qu'elle adorait; mêlée à toutes ses actions, elle donnait à sa personne un caractère sacré. On peut presque croire, en lisant les actes des Arvales, que sa seule raison de subsister était de servir d'intermédiaire entre l'empereur et les dieux. — Or, à la fin du premier siècle, elle paraissait fort menacée par la propagation des cultes orientaux (3). Sans doute ces cultes étaient surveillés par le pouvoir; ils ne refusaient pas, en général, leurs hommages au prince et s'efforçaient de vivre en bonne intelligence avec les dieux romains (4); mais leurs prêtres n'étaient pas des serviteurs de l'Etat; leurs cérémonies, en partie secrètes, n'étaient pas réglées par le grand-pontife; ils passaient pour immoraux et l'étaient souvent en effet; ils pouvaient provoquer des

---

(1) Tacite, *Annales*, XIV, 22; *Hist.*, I, 89; II, 91. Suétone, *Néron*, 56; *Othon*, 8; *Vitellius*, 11 et 13.

(2) *C. I. L.*, VI, 934.

(3) Vespasien ne s'était pas opposé au développement de ces cultes (voir sa conduite à l'égard des religions juive et chrétienne au chap. X). Il avait une dette de reconnaissance à acquitter envers eux. Le premier de tous, un juif, Josèphe, avait salué en lui le futur maître de l'Empire. Sérapis lui avait, prétendait-on, accordé le don de faire des miracles. Voir Boissier, *Religion romaine*, I, p. 351.

(4) Voir Boissier, *loc. cit.*, p. 101 et suiv., 362 et suiv.

troubles par les sentiments exaltés qu'ils développaient chez leurs fidèles. Domitien se défiait surtout du judaïsme qui avait fait de grands progrès depuis l'avénement des Flaviens (1). A l'invasion de ces religions étrangères, il voulut opposer l'ancien culte, rajeuni (2).

Il fit construire ou restaurer un grand nombre de temples (3) : ceux de Jupiter Capitolin, de Jupiter Custos, de Minerva Chalcidica, de Minerve au pied du Palatin, de la même déesse sur le forum transitorium, de Janus Quadrifrons, de Castor, d'Apollon Palatin, d'Hercule sur la voie Appienne, deux sanctuaires consacrés à Junon (4).

Les divinités qui, sous Domitien, reçurent les plus grands hommages furent Jupiter (5) et surtout Minerve ou plutôt Athéna (6). En l'honneur de Jupiter Capitolin, il institua des concours célèbres dont nous parlerons plus loin. Des monnaies furent frappées avec ces inscriptions : *Jovi Conservatori; Juppiter Conservator; Juppiter Custos; Jovi Victori* (7). — Un atrium construit près de la curie porta le nom de Minerve; un nouveau forum lui fut consacré (8). La statue colossale de l'empereur, élevée au milieu du vieux forum, tenait une Minerve dans la main (9). Des concours furent institués à Albe en son honneur (10). Une légion, créée à cette époque, s'appela I Minervia (11). L'image de Minerve figura sur un très grand nombre de monnaies (12). Les écrivains contemporains associèrent souvent dans leurs louanges l'empereur et sa déesse favorite (13).

---

(1) Voir chap. X.
(2) Il faut remarquer que le titre de censeur à vie accrut l'autorité religieuse de Domitien. Il eut le droit permanent de conférer le patriciat, condition d'éligibilité à certains sacerdoces.
(3) Martial, VI, 4, 3; VI, 10, 2; VIII, 80, 5 et suiv.
(4) Sur tous ces temples, voir chap. IV.
(5) Martial, IX, 101, 14 : « suo... pro Jove »; VIII, 80, 6 : « tam culto... sub Jove. »
(6) Suétone, *Domitien*, 15 : « Minervam quam superstitiose colebat. » Dion Cassius, LXVII, 1 : « Θεῶν τὴν Ἀθηνᾶν εἰς τὰ μάλιστα ἤγαλλε. » Cf. Philostrate, *Vie d'Apollonius*, VII, 32; VIII, 16; VIII, 25.
(7) Cohen, *Domitien*, 301-316, 319-322. Eckhel, VI, p. 379 et 393. Gnecchi, *Rivista italiana di numismatica*, III, 1890, p. 200.
(8) Voir chap. IV.
(9) Voir chap. IV.
(10) Voir même chapitre.
(11) Voir chap. V.
(12) Cohen, *Domitien*, 24 et suiv., 65 et suiv., 178 et suiv., etc.
(13) Quintilien, *Instit. or.*, X, 1, 91. Stace, *Silves*, I, 1, 5; IV, 1, 22. Martial,

Des jeux séculaires furent célébrés (1), sur l'ordre du Sénat et aux frais du trésor public (2), vers le milieu de l'an 88 (3). — Des jeux semblables avaient déjà eu lieu sous Auguste, en 17 avant Jésus-Christ (4). Comme un siècle était une période de cent dix ans dans le système adopté par Auguste, qui s'autorisait des prescriptions d'un chant sibyllin (5), ils auraient dû être célébrés de nouveau en 93. Claude qui, avant d'être empereur, avait déclaré le calcul d'Auguste exact (6), célébra cependant de nouveaux jeux séculaires en 47 (7), se fondant sur un autre calcul des siècles (8).

V, 2, 8; V, 5, 1; VI, 10, 9 et suiv.; VII, 1; VIII, 1, 4; IX, 3, 10; IX, 24, 5; XIV, 179. Voir aussi une inscription, *C. I. L.*, XIV, 2897.

(1) Stace, *Silves*, I, 4, 17; IV, 1, 37. Martial, IV, 1, 7; X, 63, 3. Tacite, *Annales*, XI, 11 (Tacite, *quindecemvir sacris faciundis* et préteur cette année-là eut à s'occuper spécialement de ces fêtes). Suétone, *Domitien*, 4. Censorinus, *De die natali*, XVII, 11. Zozime, II, 4. Fastes capitolins, *C. I. L.*, I, p. 423 et 442. Monnaies : Eckhel, VI, p. 383 et suiv. — Voir Marquardt, *Staatsverwaltung*, III, 2ᵉ édit., p. 385 et suiv.; Roth, *Rheinisches Museum*, VIII, 1853, p. 365 et suiv.; Mommsen, *Römische Chronologie*, p. 172 et suiv., et surtout le commentaire donné par ce savant sur les inscriptions des jeux séculaires d'Auguste et de Septime Sévère, récemment retrouvées, *Monumenti antichi pubblicati dall' Accademia dei Lincei*, I, p. 617 et suiv. (= *Ephemeris epigraphica*, VIII, p. 225 et suiv.).

(2) *Fastes capitolins* : *Ex s(enatus) c(onsulto) ludi saeculares facit*. Cf. Mommsen, *Monumenti Lincei*, p. 633.

(3) Censorinus, *loc. cit.* : [Domitien célébra les jeux séculaires] *se XIIII et L. Minicio Rufo cos.*, *anno DCCCXLI*. Les *Fastes capitolins* indiquent aussi l'année DCCCXLI; cette date est donnée d'après l'ère varronienne (voir d'autres exemples de l'emploi de cette ère sur des fastes sacerdotaux de l'époque impériale : *C. I. L.*, VI, 1984; Borghesi, *Œuvres* II, p. 443 et s.). Les monnaies qui rappellent les jeux séculaires indiquent, pour la plupart, le quatorzième consulat et la huitième puissance tribunicienne (13 septembre 88-12 septembre 89); mais deux d'entre elles portent la septième puissance tribunicienne avec le même consulat (1ᵉʳ janvier-12 septembre 88): ce sont Cohen, *Domitien*, 69, 70 (un exemplaire de Cohen, 73, porte, par une erreur évidente, *cos XIII* : voir Cohen, p. 476; sur la monnaie 72, il y a *cos XIIII*, contrairement au texte de Cohen : voir la reproduction à la même page). A propos de la monnaie Cohen, *Domitien*, 70, je dois cependant faire remarquer que les exemplaires qui sont au musée de Naples (*Catalogo, Monete romane*, p. 128), portent *TR P VIII*. — Zozime (II, 5), nous apprend que les jeux avaient lieu en été. Ceux d'Auguste furent célébrés au commencement de juin de l'année 17 (Mommsen, *Monumenti Lincei*, p. 644).

(4) Censorinus, *loc. cit.*, etc.

(5) Horace, *Carmen saeculare*, vers 21 et suiv. Zozime, II, 6. Actes des jeux séculaires (édit. *Mon. Lincei*), ligne 25.

(6) Suétone, *Claude*, 21.

(7) Censorinus, XVII, 11.

(8) Voir, à ce sujet, Mommsen, *Monumenti Lincei*, p. 625, n '. — Tacite

Domitien adopta, non le système de Claude, mais celui d'Auguste, que plus tard on considéra comme le seul exact (1). Ainsi cette cérémonie, que, selon la formule du héraut : « personne n'avait encore vue et ne devait jamais revoir (2), » eut lieu deux fois au premier siècle, à quarante et un ans d'intervalle. Nous ignorons pourquoi elle fut fixée à l'année 88 et non l'année 93 (3).

Un assez grand nombre de monnaies frappées en 88 commémorent les jeux séculaires (4). On y voit représentés :

a) La convocation du peuple par le héraut (5) ;

b) La distribution faite par l'empereur ou un XVvir des *suffimenta*, objets de purification : torches, soufre, poix (6) ;

c) La remise faite par le peuple à Domitien ou à un XVvir des prémices de la moisson, qui devaient être offertes aux dieux en cette circonstance (7) ;

d) Le sacrifice de neuf brebis et de neuf chèvres, offert la première nuit par l'empereur aux Parques, dans le lieu appelé Tarentum sur le Champ de Mars, près du Tibre (8) ;

e) Le sacrifice à Jupiter Optimus Maximus, offert le premier jour au Capitole (9) ;

---

avait fait connaître dans l'histoire de Domitien les calculs suivis par Auguste et par Claude (*Annales*, XI, 11).

(1) Suétone, *Domitien*, 4 : « Computata ratione tempore ad annum, non quo Claudius proxime, sed quo olim Augustus ediderat. » Zozime, II, 4 : [Domitien, en suivant le système d'Auguste, et non celui de Claude] : « ἔδοξε τὸν ἐξ ἀρχῆς παραδοθέντα φυλάττειν θεσμόν. » Cf. Censorinus, XVII, 12. — Septime Sévère, quand il célébra des jeux séculaires, suivit aussi le système d'Auguste (Zozime, *loc. cit.*).

(2) Suétone, *Claude*, 21. Zozime, II, 5. Hérodien, III, 8, 10. *C. I. L.*, VI, 877. Actes des jeux séculaires d'Auguste, ligne 57.

(3) Les hypothèses que Hirschfeld (*Wiener Studien*, III, 1881, p. 102-103) a présentées à ce sujet ont été réfutées par Mommsen (*Monumenti Lincei*, p. 622, n. 5).

(4) Etudiées par Dressel, *Ephemeris epigr.*, VIII, p. 310 et suiv.

(5) Cohen, 75-78. *Eph. epigr.*, VIII, pl. I, fig. 12.

(6) Cohen, 81. *Eph. epigr.*, pl. I, fig. 2. Cf. Mommsen, *Monumenti Lincei*, p. 638-639.

(7) Cohen, 82, 83. *Eph. epigr.*, pl. I, fig. 3 a et 3 b.

(8) Cohen, 87. *Eph. epigr.*, pl. I, fig. 4. Mommsen, p. 653-654. — Les vestiges d'un autel monumental entouré d'un triple mur, vestiges que l'on a retrouvés récemment sur la place Cesarini, près de la Chiesa nuova, ont été très heureusement identifiés par M. Lanciani avec le Tarentum des jeux séculaires. Voir Lanciani, *Monumenti Lincei*, I, p. 540 et suiv. et pl. III de l'article ; cf. Hülsen, *Mittheilungen des archäologischen Instituts, Römische Abtheilung*, VI, 1891, p. 127-128.

(9) Cohen, 89. *Eph. epigr.*, pl. I, fig. 5.

f) Le sacrifice aux Ilithyes, offert la seconde nuit au Champ de Mars (1);

g) Le sacrifice à Junon, offert le second jour au Capitole ; cent dix mères de famille lui adressent une prière en présence de l'empereur (2);

h) Le sacrifice d'une truie pleine à la Terre, offert la troisième nuit au Champ de Mars (3);

i) Le chœur de jeunes gens et de jeunes filles qui chantèrent l'hymne séculaire le troisième jour (4);

j) Le cippe placé au Tarentum, en commémoration des jeux séculaires (5).

Une inscription (6), qu'a expliquée une récente découverte (7), nous montre Domitien accomplissant scrupuleusement un vœu fait sous Néron, mais oublié depuis cette époque. En voici le texte : « Cette aire, située entre ces cippes qui la bornent et fermée
» de grilles, ainsi que l'autel qui se trouve dans la partie infé-
» rieure, ont été dédiés par l'empereur César Domitien Auguste
» le Germanique, en exécution d'un vœu contracté, mais long-
» temps négligé et non accompli, pour écarter les incendies, alors
» que la ville brûla pendant neuf jours au temps de Néron. Elle
» a été dédiée avec les prescriptions suivantes : Il ne sera permis
» à personne de construire un édifice entre ces limites, d'y de-
» meurer, d'y faire un commerce, d'y placer un arbre ou d'y
» planter quelque autre chose. — Le préteur à qui cette région
» sera échue par le sort (8), ou tout autre magistrat, y fera un sa-
» crifice tous les ans aux Volcanalia, le X des calendes de sep-
» tembre (9), sacrifice qui consistera en un veau roux et en un
» verrat : il y fera les prières dont la formule suit... »

Une partie de cette aire a été retrouvée en 1888, sur le Quirinal, contre l'église actuelle de Sant'Andrea. C'est une place pavée en dalles de travertin et limitée par des cippes, dans laquelle on

---

(1) Cohen, 91, 85. *Eph. epigr.*, pl. I, fig. 6 a, 6 b, 7.
(2) Cohen, 80. *Eph. epigr.*, pl. I, fig. 8.
(3) Cohen, 84. *Eph. epigr.*, pl. I, fig. 9. Mommsen, *loc. cit.*, p. 656.
(4) Cohen, 79. *Eph. epigr.*, pl. I, fig. 10. Mommsen, p. 649.
(5) Cohen, 72-74. *Eph. epigr.*, pl. I, fig. 14 et 15.
(6) *C. I. L.*, VI, 826.
(7) Lanciani, *Bullettino comunale*, 1889, p. 331 et suiv., p. 379 et suiv., et pl. X. Hülsen, *Römische Mittheilungen*, VI, 1891, p. 116-119.
(8) La sixième région.
(9) Parce que, comme le fait remarquer M. Lanciani, Vulcain était le dieu *incendiorum potens*.

descend par trois degrés. Au milieu, était un grand autel, élevé sur deux marches : cet autel, en travertin aussi, était autrefois plaqué de marbre.

Domitien veilla à l'observation des pratiques et des devoirs imposés par le culte national.

Nous avons conservé une partie des actes des frères Arvales, qui se rapportent au règne de ce prince, et nous pouvons constater qu'ils furent rédigés avec le plus grand soin (1) : ils témoignent du zèle que cette confrérie, composée des premiers personnages de l'empire (2), mettait à accomplir ses obligations religieuses (3).

En 82 ou 83 (4), trois Vestales, les deux sœurs Oculatae et Varronilla furent mises à mort pour avoir violé leur vœu de chasteté : l'empereur, au lieu de les faire enterrer vives, selon l'usage, consentit à leur laisser le choix de leur supplice. Quant à leurs séducteurs, ils furent condamnés à la relégation (5). Dion Cassius ajoute que le pontife Helvius Agrippa (6), consterné de la rigueur des sentences prononcées contre les coupables, fut frappé d'apoplexie et mourut en plein Sénat (7).

La grande Vestale, Cornelia, avait été jadis accusée d'inconduite, mais absoute (8). Vers la fin de 89, semble-t-il (9), elle fut

(1) Henzen, *Acta fratrum Arvalium*, p. XI. Cf. Hülsen, *Eph. epigr.*, VIII, p. 348-349. — Depuis 89, l'annonce du sacrifice annuel à la Dea Dia, faite jusqu'alors par le *magister* au nom des Arvales, fut faite par tout le collège : *fratres Arvales sa[crificium] Deae Diae indixerunt* (Henzen, *Acta*, p. 6-7).

(2) On a remarqué que sur vingt et un Arvales qui apparaissent dans les actes des années 69-91, quatorze au moins parvinrent au consulat. Voir Asbach, *Bonnische Jahrbücher*, LXXIX, 1885, p. 167.

(3) En 86, l'empereur fut *magister* du collège des Arvales (*C. I. L.*, VI, 2064).

(4) Selon Eusèbe (*Chronologie*, éd. Schöne, p. 160, 161), en 2098 = 1ᵉʳ octobre 81-30 septembre 82 (version arménienne), ou en 2099 (saint Jérôme). Dion Cassius mentionne le supplice des trois Vestales avant l'expédition de Germanie, qui eut lieu en 83.

(5) Suétone, *Domitien*, 8. Dion Cassius, LXVII, 3. Cf. Philostrate, *Apollonius*, VII, 6. — Le récit de Plutarque (*Quaestiones Romanae*, 83) n'a aucun rapport avec cette triple condamnation : voir Lenain de Tillemont, *Histoire des empereurs*, II, p. 479. Tacite (*Histoires*, I, 2) y fait peut-être allusion : « Pollutae caerimoniae, magna adulteria. »

(6) Sur ce personnage, voir Klein, *Die Verwaltungsbeamten der Provinzen des römischen Reichs*, p. 256.

(7) Dion Cassius, *loc. cit.*

(8) Suétone, *Domitien*, 8.

(9) Dans la *Chronologie* d'Eusèbe (p. 160, 161), le supplice de Cornelia est

jugée de nouveau. Le récit de sa mort nous a été laissé par Pline le Jeune (1), écrivain fort hostile, il ne faut pas l'oublier, au dernier empereur flavien : « Domitien résolut de faire enterrer vive la grande Vestale Cornelia, croyant illustrer son siècle par un tel exemple. En vertu de son droit de grand-pontife, ou plutôt de sa cruauté de tyran, il convoqua les autres pontifes, non dans la *regia*, mais dans son palais d'Albano. Là, par un crime non moindre que celui qu'il prétendait punir, il la condamne pour inceste, sans la citer, sans l'entendre, lui qui, non content d'avoir souillé sa nièce par un inceste, l'avait tuée, car, étant veuve, elle périt en se faisant avorter. Aussitôt, les pontifes furent envoyés à Rome, pour faire enterrer vive la prêtresse. Elle, levant les mains au ciel, implorait tantôt Vesta, tantôt les autres dieux et, au milieu de ses plaintes, elle répétait souvent : « César me déclare incestueuse, moi dont les sacrifices l'ont fait vaincre, l'ont fait triompher ! » On ne sait si elle prononçait ces mots pour flatter ou pour insulter le prince, si le témoignage de sa conscience ou son mépris pour Domitien les lui faisait dire. Elle les répéta jusqu'au lieu du supplice où elle fut conduite, innocente, je l'ignore, en tout cas comme une innocente. En descendant dans le souterrain, sa robe s'étant accrochée, elle se retourna et en ramena les

---

indiqué à l'année 2106 = 1ᵉʳ octobre 89-30 septembre 1890 (version arménienne; 2107, dans saint Jérôme). Dans la version arménienne, il est mentionné avant le double triomphe; dans saint Jérôme, après : ce double triomphe eut lieu vers novembre 89 (voir plus loin, chap. VI). La *Chronique pascale* (I, p. 466, édition Dindorf) le place en 89. — Dans ces vers de Stace, écrits à la fin de 89, très peu de temps après le double triomphe (I, 1, 33 et suiv.),

prospectare videris
... an tacita vigilet face Troïcus ignis
atque exploratas iam laudet Vesta ministras,

il est peut-être fait allusion à un fait récent, qui serait le supplice de Cornelia : dans ce cas, elle aurait été mise à mort vers la fin de 89. Mais Stace a pu penser aussi à l'exécution des trois Vestales du début du règne de Domitien. Pline le Jeune fait dire à Cornelia (*Lettres*, IV, 11, 8) : « me Caesar incestam putat, qua sacra faciente vicit, triumphavit. » Il peut être question ici du double triomphe de 89, mais il n'est pas impossible non plus qu'il soit fait allusion au triomphe de 83 sur les Cattes. Ces deux textes de Stace et de Pline ne me semblent donc pas déterminer d'une façon absolument certaine la date du supplice de Cornelia. — D'après Pline (IV, 11, 6), nous savons qu'elle fut condamnée après la mort de Julie; mais ce dernier événement ne peut pas non plus être daté avec certitude : on peut dire seulement qu'il est antérieur au 3 janvier 90 et postérieur au 3 janvier 87 (voir chap. VII).

(1) *Lettres*, IV, 11.

plis. Comme le bourreau lui présentait la main, elle se détourna et, par un dernier mouvement de chasteté, elle repoussa, comme si son corps eût été pur, ce contact honteux. Elle respecta en tout la pudeur et s'étudia à succomber avec décence. Celer, chevalier romain que l'on disait son complice, fut battu de verges, jusqu'à la mort, dans le Comitium; il se borna à dire : « Qu'ai-je fait? je n'ai rien fait! » Domitien, accusé de cruauté et d'injustice, devint furieux; il s'en prit à Valerius Licinianus, ancien préteur, l'accusant d'avoir caché une affranchie de Cornelia dans ses terres. Ceux qui s'intéressaient à lui l'avertirent qu'un aveu seul le sauverait du supplice des verges. Il le fit et se retira ensuite... Domitien fut si heureux de cette nouvelle que sa joie le trahit : « Licinianus, » dit-il, « nous a absous. » Puis il ajouta qu'il ne fallait pas augmenter son humiliation. Il lui permit d'emporter ce qu'il pourrait de ses biens, avant qu'ils ne fussent vendus à l'encan, et lui assigna, comme récompense, un lieu d'exil agréable. La clémence du divin Nerva l'a depuis transféré en Sicile : il y tient école aujourd'hui.

Ce récit, qui contient des traits peu vraisemblables, par exemple le mot de Domitien sur les aveux de Licinianus, est très favorable à Cornelia et à ceux qui furent punis comme ses complices; il ne prouve cependant pas leur innocence, sur laquelle Pline n'ose se prononcer; il nous apprend même que Nerva et Trajan, dont le gouvernement fut, à bien des égards, la contre-partie de celui de Domitien, ne voulurent pas accorder à Licinianus sa grâce complète, ce qui semble indiquer qu'il était coupable. Suétone dit formellement que Cornelia fut convaincue d'avoir manqué à ses vœux; pour Licinianus, il est bien moins affirmatif (1).

Un autre fait témoigne du respect que Domitien voulait inspirer à tous pour la religion nationale; il fit détruire un monument qu'un de ses affranchis avait élevé à son fils avec des pierres destinées au temple de Jupiter Capitolin; il ordonna même que les restes renfermés dans ce monument fussent jetés à la mer (2).

(1) Suétone, *Domitien*, 8 : « [Corneliam] convictam defodi imperavit [Domitianus], stupratoresque virgis in comitio ad necem caedi, excepto praetorio viro, cui, dubia etiamtum causa et incertis quaestionibus atque tormentis de semet professo exilium indulsit. » — Juvénal (IV, 8) prétend que Crispinus fut un des amants de Cornelia, car il semble bien qu'il veuille parler d'elle dans ces vers :

cum quo nuper vittata jacebat
sanguine adhuc vivo terram subitura sacerdos.

(2) Suétone, *Domitien*, 8. Lorsque sous Vespasien le temple de Jupiter

Les religions orientales furent, comme nous l'avons dit, bien moins favorisées par Domitien que les cultes nationaux. Il semble qu'à cet égard le culte d'Isis seul ait fait exception. Depuis trois siècles déjà, il avait pénétré à Rome et s'était même introduit, dès l'époque républicaine, dans l'enceinte de Jupiter Capitolin. A la fin du premier siècle, il était extrêmement répandu en Italie (1). Incapable d'arrêter le mouvement qui portait un grand nombre d'esprits vers les religions orientales, Domitien voulut peut-être le discipliner et le diriger. Sa protection, en augmentant la popularité de la déesse égyptienne, dut nuire à d'autres cultes étrangers, importés depuis moins longtemps à Rome, et dont l'Etat se défiait plus parce qu'il les connaissait moins. Elle lui valut l'affection des prêtres, des prosélytes d'Isis, et lui permit de les surveiller de plus près (2). D'ailleurs, Domitien avait une dette de reconnaissance à acquitter envers Isis : c'était sous l'habit d'un serviteur de cette divinité qu'il avait autrefois quitté le Capitole où les Vitelliens le cherchaient pour le faire périr (3). Il rebâtit somptueusement le temple d'Isis sur le Champ de Mars, probablement aussi celui du Capitole. On célébrait même peut-être des cérémonies en l'honneur d'Isis dans le palais du prince (4).

Maître absolu, Domitien voulut à la fois diriger l'Etat et surveiller la vie privée de ses sujets ; il prit son titre de censeur des mœurs au sérieux (5). — Il interdit l'usage de la litière aux fem-

---

Capitolin fut bâti, les aruspices défendirent d'employer, pour la construction de cet édifice, des pierres destinées à un autre usage (Tacite, *Hist.*, IV, 53). — Plutarque (*Quaestiones Romanae*, 50) nous apprend cependant que Domitien permit, contre l'usage, à un flamine de Jupiter de répudier sa femme. Mais les prêtres assistèrent à la dissolution du mariage, qu'ils accompagnèrent des cérémonies les plus tristes.

(1) Marquardt, *Staatsverwaltung*, III, 2ᵉ édit., p. 77 et suiv.; Lafaye, *Histoire du culte des divinités alexandrines en dehors de l'Egypte*, p. 60-61. — Voir Martial, II, 14, 7; Stace, *Silves*, III, 2, 101 et suiv.; Juvénal, VI, 529; etc.

(2) Avec le temps, le culte d'Isis devint en quelque sorte un culte romain. Voir Minucius Felix, *Octavius*, XXII, 2 ; Tertullien, *Apologétique*, 6.

(3) Avant lui, Othon avait déjà été un fervent adorateur d'Isis (Suétone, *Othon*, 12).

(4) Pline semble y faire une allusion dans le *Panégyrique* (49) : « Peregrinae superstitionis ministeria... mensis principis oberrant. »

(5) Nous voyons, par les écrivains contemporains, que Domitien attachait autant d'importance aux attributions morales qu'aux attributions politiques de la censure. Quintilien, *Inst. or.*, IV, prooem., 3. Stace, *Silves*, IV, 3, 14; V, 1, 42. Martial, I, 4, 7; V, 23, 3; VI, 4; VI, 91; IX, 6, 2; IX, 28, 7; IX, 101, 21. Cf. Suétone, *Domitien*, 8. — Les épigrammes de Martial prouvent que les mœurs avaient alors besoin d'être réformées. Tacite (*Hist.*, I, 2)

mes de mauvaise vie et leur enleva le droit de recueillir les legs et les héritages (1). Dès l'année 82 ou 83 (2), il défendit qu'on fît des eunuques et diminua le prix de ceux qui étaient à vendre chez les marchands (3). — Il remit en vigueur la loi Scantinia, punissant le *stuprum cum viro*, et condamna, pour ce motif, plusieurs personnages de l'ordre équestre et de l'ordre sénatorial (4). — En 89, il renouvela la *lex Julia* contre l'adultère et le concubinat; ce qui amena de nombreuses condamnations (5); pour tourner la loi, s'il faut en croire Martial, on se mariait, on divorçait

---

mentionne parmi les maux de cette époque l'adultère dans les grandes familles (voir encore *Dialogue des orateurs*, 28 et 29). On aurait tort cependant de croire que la corruption de la société romaine fût générale (voir Boissier, *Religion romaine*, II, p. 151 et suiv.).

(1) Suétone, *Domitien*, 8. Cf. Pline, *Panégyrique*, 42. — Voir Friedländer, *Sittengeschichte*, I, 6ᵉ édit., p. 488.

(2) Eusèbe (p. 160, 161) dit en 2098 = 1ᵉʳ octobre 81-30 septembre 82. La Chronique pascale (p. 465) place l'édit défendant de faire des eunuques en 83.

(3) Suétone, *Domitien*, 7. Dion Cassius, LXVII, 2. Stace, *Silves*, III, 4, 73 et suiv.; IV, 3, 13 et suiv. Martial, II, 60; VI, 2. Philostrate, *Apollonius*, VI, 42. Ammien Marcellin, XVIII, 4, 5. — Le sénatus-consulte cité au Digeste (XLVIII, 8, 6) ne se rapporte probablement pas, comme l'a cru Borghesi (*Œuvres*, V, p. 350 et suiv.), au règne de Domitien, mais à celui de Nerva, sous lequel fut renouvelée la défense de faire des eunuques (Dion Cassius, LXVIII, 2). Voir à ce sujet Asbach, *Rheinisches Museum*, XXXVI, 1881, p. 44 et suiv., et *Bonn., Jahrbücher*, LXXII, 1882, p. 23 et suiv.

(4) Suétone, *Domitien*, 8. Quintilien fait deux allusions à cette loi (*Inst. orat.*, IV, 2, 69; VII, 4, 42). Sur la loi Scantinia, voir Voigt, *Berichte der sächsischen Gesellschaft der Wissenschaften, Philol.-histor. Classe*, XLII, 1890, p. 273 et suiv. — Martial (IX, 6; IX, 8) parle d'un édit contre la mutilation et la prostitution des enfants, paru peu de temps auparavant (le livre IX fut édité en 94 : voir Friedländer, édition de Martial, préface, p. 61). Une partie de cet édit fut donc la confirmation de celui qui avait été publié au commencement du règne de Domitien.

(5) Martial, VI, 2 :

> Lusus erat sacrae conubia fallere taedas
> lusus et immeritos excecuisse mares.
> Utraque tu prohibes, Caesar, populisque futuris
> succurris, nasci quod sine fraude jubes.

Cf. VI, 4, 5; VI, 45; VI, 91; IX, 6, 8. — VI, 7 :

> Julia lex populis ex quo, Faustine, renata est,
> atque intrare domos jussa Pudicitia est,
> aut minus aut certe non plus tricesima lux est.

Le livre VI parut vers le milieu de 90 : voir Friedländer, préface, p. 57. Cependant Martial semble déjà faire une allusion au renouvellement de

et on se remariait ensuite (1). — Un chevalier romain avait repris sa femme après l'avoir accusée d'adultère; Domitien le raya de l'album des juges (2). Il chassa du Sénat Caecilius Rufinus, ancien questeur, parce qu'il était trop passionné pour la danse (3). Palfurius Sura avait été expulsé par Vespasien du Sénat pour s'être rendu coupable, sous Néron, d'avoir lutté publiquement contre une femme (4). Sous Domitien, il remporta le prix d'éloquence au concours Capitolin, et, à la suite de ce succès, toute l'assistance implora sa réintégration dans la curie, mais l'empereur s'y refusa, quoique Palfurius lui rendît des services comme délateur; il se souvint qu'il était censeur des mœurs, et, par la voix du héraut, il ordonna au peuple de se taire (5). — Les acteurs qui faisaient profession de jouer des pantomimes étaient pour la plupart des débauchés se livrant à la prostitution (6); leurs rivalités provoquaient souvent des désordres (7); les pièces qu'ils jouaient étaient fort immorales (8). Domitien leur interdit de se montrer en public et ne leur permit l'exercice de leur métier que dans les maisons des particuliers (9). — Il fit détruire les libelles diffamatoires que l'on répandait partout contre les principaux citoyens et les femmes de haut rang et en flétrit les auteurs (10).

Il rétablit quelques anciens usages. Dans les spectacles, il prescrivit le port de la toge et interdit les vêtements de couleur (11). —

cette loi dans le livre V (75), qui fut édité en décembre 89 (voir chapitre VI pour cette date). — Voir encore Juvénal, II, 30 :

> [Domitianus] qui tunc leges revocabat amaras
> omnibus atque ipsi Veneri Martique timendas...

Zonaras, XI, 19, p. 501. Stace, *Silves*, V, 2, 102. — Peut-être le supplice de la grande vestale Cornelia fut-il en corrélation avec le renouvellement de la loi Julia.

(1) Martial, VI, 7; VI, 22.
(2) Suétone, *Domitien*, 8.
(3) Suétone, *Domitien*, 8. Dion Cassius, LXVII, 13.
(4) Scoliaste de Juvénal, IV, 53.
(5) Suétone, *Domitien*, 13.
(6) Juvénal, VI, 63 et suiv. Pline l'Ancien, *Hist. nat.*, VII, 184, etc.
(7) Voir, par exemple, Suétone, *Néron*, 26.
(8) Voir Friedländer, *Sittengeschichte*, II, 6e édit., p. 460.
(9) Suétone, *Domitien*, 7. Pline, *Panég.*, 46. — Nerva rétablit les représentations publiques de pantomimes : Trajan les supprima de nouveau (Pline, *loc. cit.*).
(10) Suétone, *Domitien*, 8.
(11) Martial, XIV, 124 :

> Romanos rerum dominos gentemque togatam
> ille [Domitianus] facit.

Par libéralité, des magistrats, des particuliers distribuaient quelquefois au peuple, ou à une partie du peuple, des sportules, soit en nature (paniers contenant des vivres), soit en argent : Domitien ordonna qu'elles fussent remplacées par de véritables repas, comme c'était jadis la coutume (1). Cette mesure fut sans doute prise contre les nobles dont l'empereur voulait diminuer la popularité : les repas coûtaient plus cher que les sportules; ils exigeaient un matériel dispendieux et un nombreux personnel (2); aussi durent-ils être beaucoup plus rares. — Il décida aussi que les patrons donneraient à leurs clients, non plus des sportules, mais des dîners selon l'usage d'autrefois (3). Cet édit fut du reste appliqué peu de temps (4), car les clients en furent très mécontents (5); ils ne pouvaient plus disposer à leur gré de l'argent qu'on leur donnait comme sportule (6); de plus, ils étaient en général fort mal nourris (7). D'autre part, il devait déplaire à beaucoup de patrons de vivre trop familièrement avec leurs clients, qu'ils dédaignaient d'ordinaire, et ils pouvaient craindre de voir leurs pensées intimes, les secrets de leur vie privée trahis par ces hôtes indiscrets.

Domitien empêcha les esclaves de s'attribuer d'une manière

IV, 2, 3 :
> Cum plebs et minor ordo maximusque
> sancto cum duce candidus sederet.

V, 23 :
> herbarum fueras indutus, Basse, colores,
> jura theatralis dum siluere loci.

Cf. XIV, 137; II, 29, 4. — Cependant, outre les robes blanches, Domitien autorisa l'écarlate et la pourpre (Martial, XIV, 131; V, 23, 5; V, 8, 5; V, 35, 2) : voir Friedländer, *Sittengeschichte*, II, p. 306.

(1) Suétone, *Domitien*, 7 : « Sportulas publicas sustulit revocata rectarum caenarum consuetudine. » L'empereur lui-même continua à distribuer des sportules, voir chap. IV.

(2) Suétone dit, dans la *Vie de Néron* (16) : « adhibitus sumptibus modus; publicae caenae ad sportulas redactae. » — Voir Marquardt, *Das Privatleben der Römer*, 2ᵉ édit., p. 210 et suiv.

(3) Martial, III, 30, 1 :
> Sportula nulla datur, gratis conviva recumbis.

Cf. III, 7. — Le livre III parut en 87 ou 88 (voir Friedländer, préface, p. 54) : l'édit sur les sportules date donc de cette époque.

(4) Il n'en est question que dans le livre III de Martial. Voir une allusion à la sportule donnée aux clients, à l'épigramme 26 du livre IV (édition Friedländer).

(5) Martial, III, 14.

(6) Martial, III, 30.

(7) Martial, III, 60.

irrégulière les droits des citoyens. Un certain Claudius Pacatus avait obtenu le grade de centurion ; mais on prouva qu'il était esclave : le prince, en vertu de ses droits de censeur, le rendit à son maître (1). — Un sénatus-consulte, fait au temps de Domitien, décida que, lorsque dans un acte d'affranchissement, une fraude serait commise, celui qui dénoncerait cette fraude deviendrait de droit maître de l'esclave (2). — Du reste, Domitien semble s'être montré assez défavorable aux esclaves. Très conservateur quand il s'agissait de questions morales et sociales, comme le prouvent la plupart des mesures que nous venons d'indiquer, il n'était pas disposé à abaisser les barrières qui séparaient l'esclavage de l'ingénuité. Par un édit que l'on trouve résumé au Digeste (3), il décida que les abolitions d'accusations votées par le Sénat à l'occasion des fêtes publiques, ne s'appliqueraient pas aux esclaves inculpés de crime capital et retenus en prison préventive, faute d'une caution fournie par leurs maîtres ou des tiers, et qu'ils passeraient en jugement.

Domitien s'occupa de la condition des enfants nés libres, exposés, recueillis ensuite par quelque citoyen et élevés dans la servitude. Pline le Jeune fait allusion à des lettres qu'il adressa sur ce sujet aux Lacédémoniens et à trois proconsuls qui gouvernèrent probablement la Grèce et la Bithynie (4). Il semble avoir déclaré qu'on ne devait pas refuser la liberté à ceux qui la réclamaient pour ce motif, ni les obliger à la racheter par le remboursement des aliments qu'on leur aurait fournis (5).

(1) Dion Cassius, LXVII, 13.
(2) Gaïus, au Digeste, XL, 16, 1 : « Ne quorumdam dominorum erga servos nimia indulgentia inquinaret amplissimum ordinem eo, quod paterentur servos suos in ingenuitatem proclamare liberosque judicari, senatusconsultum factum est Domitiani temporibus, quo cautum est, ut, si quis probasset per collusionem quicquam factum, si iste homo servus sit, fieret eius servus qui detexisset collusionem. » Cf. Code Justinien, VII, 20, 2. — Voir aussi plus loin les recommandations qu'il adressa aux récupérateurs.
(3) Digeste, XLVIII, 3, 2, 1 ; XLVIII, 16, 16. Il s'agit principalement d'adultère ; les deux citations sont tirées de Papinien : « libro primo de adulteriis, » et de Paul : « libro singulari de adulteriis. » Dans Papinien, on lit : « edictum Domitiani ; » dans Paul : « Domitianus rescripsit. »
(4) Correspondance de Pline et de Trajan, 65, 66, 72. Il est question des proconsuls Avidius Nigrinus, Armenius Brocchus, Minicius Rufus : voir l'Appendice II.
(5) C'est la réponse que Trajan fit à Pline (66). Mais, d'après les termes qu'il emploie, il paraît avoir simplement mis en vigueur, dans la province de Bithynie, devenue impériale, les dispositions de Domitien qui ne s'appliquaient qu'à des provinces proconsulaires.

Il voulut que la justice fût rendue d'une manière équitable et régulière. Il jugeait fort souvent, sur le Forum même, des procès civils, et il s'acquittait de cette tâche avec activité et zèle. Il surveillait les tribunaux : centumvirs, récupérateurs, juges uniques nommés par les magistrats. Il annulait les sentences contraires à l'équité qu'avaient prononcées les centumvirs ; il adressait quelquefois des remontrances aux récupérateurs, les invitant, par exemple, à ne pas se prêter à des revendications de liberté suspectes ; en vertu de son droit de censeur, il flétrissait les juges prévaricateurs (1), ainsi que leurs conseillers. Quant aux magistrats qui s'étaient laissés corrompre, il les faisait poursuivre devant le Sénat. Il invita les tribuns à accuser de concussion un édile malhonnête, et à demander aux sénateurs des juges contre lui (2).

D'une manière générale, Domitien gouverna bien dans les premières années de son règne (3). Quoiqu'il n'aimât pas son frère, il rendit un édit pour confirmer tous les privilèges accordés par lui, afin d'épargner à chacun des bénéficiaires la peine de solliciter le renouvellement des faveurs qu'il avait reçues (4) : on évitait ainsi une grande confusion et des retards préjudiciables aux intérêts de l'empire. — Le prince, nous l'avons vu, était assisté de bons conseillers ; il surveillait de près les magistrats et les fonctionnaires publics (5). — Ne suivant pas l'exemple de son père, il refusa d'abord d'augmenter ses ressources par des expédients, et donna même des preuves de libéralité. Il n'accepta point les successions de ceux qui laissaient des enfants. Il arrêta les poursuites dirigées contre tous ceux qui, depuis plus de cinq ans, étaient en procès pour dettes envers l'*aerarium*, et défendit de les inquiéter de nouveau, à moins que ce ne fût dans l'année, et sous la réserve que l'accusateur qui ne pourrait convaincre les juges serait puni de l'exil (6). Il accorda une amnistie aux scribes

---

(1) S'il faut en croire Martial (II, 13), les juges étaient souvent peu intègres :

    Et judex petit, et petit patronus :
    solvas, censeo, Sexte, creditori.

(2) Suétone, *Domitien*, 8. Cf., sur ce passage de Suétone, Mommsen, *Staatsrecht*, I, p. 708, n. 5 ; II, p. 121, n. 4 ; p. 981, n. 1. Herzog, *Geschichte und System der römischen Staatsverfassung*, II, p. 728, n. 1 ; p. 901, n. 3.

(3) Suétone, *Domitien*, 3.

(4) Dion Cassius, LXVII, 2. Titus avait fait de même (Dion Cassius, LXVI, 19 ; Suétone, *Titus*, 8).

(5) Voir p. 57, n. 7.

(6) Nous ne savons pas si Domitien rendit à l'*aerarium publicum* les som-

des questeurs, coupables de s'être livrés au commerce, selon la coutume, mais contrairement à la loi Clodia. Il réprima les dénonciations injustes, faites au profit du fisc, en édictant des peines rigoureuses contre les accusateurs, et on cita ce mot de lui : « Un prince qui ne châtie pas les délateurs les encourage (1). »

---

mes que ce trésor perdit à la suite de la mesure dont il s'agit (cf. Dion Cassius, LIV, 30).

(1) Suétone, *Domitien*, 9. Cf. Dion Cassius, LXVII, 1; Josèphe, *Autobiographie*, 76. — Il suivit, à cet égard, l'exemple de Titus (Suétone, *Titus*, 8; Dion Cassius, LXVI, 19; Martial, *Spectacles*, 4 b; Pline, *Panég.*, 35).

CHAPITRE IV.

ROME SOUS DOMITIEN.

PREMIÈRE PARTIE.

Imitant à cet égard l'exemple de son père et de son frère, Domitien fut un des empereurs qui bâtirent le plus à Rome (1). Ce fut dans une certaine mesure par nécessité : l'incendie qui avait éclaté sous Titus en 80 et duré trois jours et trois nuits avait brûlé une partie de la ville : les temples de Sérapis et d'Isis, les Septa, le temple de Neptune, les thermes d'Agrippa, le Panthéon, le Diribitorium, les théâtres de Balbus et de Pompée, le portique d'Octavie avec la bibliothèque, le temple de Jupiter Capitolin avec les édifices voisins (2). Titus s'était efforcé de réparer ces ruines (3), mais il restait encore beaucoup à faire. Peut-être

---

(1) Suétone (*Domitien*, 5) énumère quelques-uns des monuments de Domitien. Nous avons une liste détaillée de ses constructions dans une chronique urbaine de l'année 334, édition Mommsen, *Chronica minora*, dans les *Monumenta Germaniae historica, antiquissimi auctores*, IX, p. 146 (la partie relative à Domitien se trouve dans Jordan, *Topographie der Stadt Rom*, II, p. 31 et suiv.). La source de cette chronique est inconnue, mais certainement officielle (Jordan, I, 1ʳᵉ partie, p. 41, n. 5). Elle a été consultée dans une édition meilleure que la nôtre par Eutrope, VII, 23, 5 (édition Droysen) et Saint Jérôme, traduction de la *Chronologie* d'Eusèbe (édition Schöne, p. 161) : voir Mommsen, *Abhandlungen der sächsischen Gesellschaft der Wissenschaften*, I, 1850, p. 601, 652, 681, 693 ; Jordan, II, p. 30 et suiv. — On trouve d'utiles indications topographiques dans le plan Capitolin qui date du commencement du troisième siècle (édition Jordan, *Forma urbis Romae*) et dans deux recueils des monuments de Rome : la *Notitia* rédigée en 334 et le *Curiosum* postérieur à 357, copiés tous deux sur un document perdu du commencement du quatrième siècle, qui a de grands rapports avec la Chronique urbaine : voir Jordan, II, p. 1 et suiv.

(2) Dion Cassius, LXVI, 24. Suétone, *Titus*, 8 ; *Domitien*, 5. Plutarque, *Poplicola*, 15. Cf. Tacite, *Histoires*, I, 2.

(3) Suétone, *Titus*, 8.

voyait-on encore à Rome des traces de l'incendie de Néron (1).
— Des motifs personnels engagèrent aussi Domitien à entreprendre de grands travaux publics : maître absolu de l'empire, se regardant comme un dieu, il voulait des demeures dont l'éclat répondît à sa puissance et frappât l'esprit de ses sujets; restaurateur de l'ancienne religion romaine, il devait élever aux dieux des temples magnifiques. Il lui fallait des monuments pour rappeler à la postérité ses prétendues victoires. Orgueilleux et jaloux (2), il désirait surpasser ses prédécesseurs par le luxe de ses constructions comme pour tout le reste (3). Ses contemporains le considérèrent comme possédé de la maladie de bâtir, et Plutarque le comparait à Midas, dont les mains transformaient tout en or (4).
— Domitien pouvait du reste satisfaire cette passion sans peine : il disposait à son gré de toutes les ressources de l'empire (5); il vivait dans un temps où les arts étaient florissants à Rome.

Le plus célèbre des monuments élevés par Domitien fut le

---

(1) Martial, VIII, 80, 7, dit en faisant allusion aux restaurations que Domitien dut faire entreprendre :

Sic nova dum condis, revocas, Auguste, priora :
debentur quae sunt, quaeque fuere tibi.

Cf. VI, 4, 3.

(2) Quand il restaurait un monument, il y mettait son nom sans indiquer celui du premier fondateur (Suétone, *Domitien*, 5). Vespasien suivait une conduite opposée (Zonaras, XI, 17, p. 493, édition Pinder).

(3) Vespasien et Titus en particulier avaient beaucoup construit : le premier avait rebâti une partie de Rome, détruite par l'incendie de Néron, relevé le temple de Jupiter Capitolin, fait les temples de la Paix et de Claude, commencé l'amphithéâtre flavien qui fut continué par son fils aîné. Titus avait, en outre, ouvert de vastes thermes sur le Célius (voir Suétone, *Vespasien*, 9; Dion Cassius, LXVI, 15 et 25).

(4) Plutarque, *Poplicola*, 15. — Pline (*Panég.*, 51) dit qu'alors la ville était sans cesse ébranlée par les chars qui transportaient d'énormes pierres. — Martial, qui veut flatter Domitien, parle des « villes entières » ajoutées par lui à l'ancienne Rome (VI, 4, 4). Cf. V, 19, 5 :

Pulchrior et major sub quo duce Martia Roma.....

V, 7, 3 :

... exuta est veterem nova Roma senectam
et sumpsit vultus praesidis ipsa sui.

Cf. VIII, 56, 2.

(5) Ce fut surtout à partir de cette époque qu'on exploita en grand les carrières de Luni déjà ouvertes sous Auguste : voir Bruzza, *Annali dell' Instituto*, XLII, 1870, p. 167. — Blocs de marbre trouvés en Phrygie et marqués de signes remontant à l'époque de Domitien : *Ephem. epigr.*, V, n°° 105 et suiv., 1379. — Voir aussi les blocs des magasins de la Marmorata à Rome, contre le Tibre, datant de l'époque de Domitien : Bruzza, *loc. cit.*, p. 182 et suiv.

temple de Jupiter Capitolin (1), brûlé en 80, dix ans à peine après l'incendie qui avait précédé l'entrée des Flaviens dans Rome. Titus en avait déjà décidé la réédification (2). Les énormes soubassements qui dataient de Tarquin l'Ancien et dont des vestiges ont été retrouvés récemment sur la partie méridionale de la colline, dans les jardins du palais Caffarelli (3), furent conservés comme dans les reconstructions précédentes (4), et le plan primitif du temple ne fut pas changé. Mais Domitien fit décorer l'édifice avec une grande magnificence : « Tous les biens du plus riche particulier de Rome, » dit Plutarque, « ne suffiraient pas pour en payer la dorure : elle a coûté plus de douze mille talents (5). » Les portes et la toiture étaient en effet en bronze doré (6). Les colonnes corinthiennes étaient faites en marbre pentélique. Plutarque raconte qu'il vit ces colonnes à Athènes : leur hauteur et leur diamètre étaient alors dans la plus exacte proportion ; mais à Rome, elles furent retaillées et repolies, ce qui les fit paraître trop grêles. Le temple était hexastyle (7). On a retrouvé quelques frag-

(1) Suétone, *Domiti...*, 5. Chronique urbaine : « Capitolium. » Plutarque, *Poplicola*, 15. Martial, X, 1, 5 ; IX, 3, 7 ; XIII, 74, 2. Stace, *Silves*, I, 6, 102 ; III, 4, 105 ; IV, 3, 16 et 160. Silius Italicus, *Punica*, III, 622. *De morte persecutorum*, attribué à Lactance, 3. Cohen, *Domitien*, n° 23. — Sur le quatrième temple du Capitole, voir Jordan, *Topographie*, I, partie 2, p. 29 et suiv.

(2) *C. I. L.*, 2059 (Actes des Arvales, au 7 décembre 80) : *In Capitolio in aedem Opis sacerdotes convenerunt ad vota nuncupanda ad restitutionem et dedicationem Capitoli ab Imp(eratore) T. Caesare Vespasiano Aug(usto).*

(3) Depuis 1865, surtout en 1875, 1876, 1878. Voir Jordan, II, p. 66 et suiv. Tout récemment, on vient de découvrir un pan de mur qui semble avoir appartenu à la *cella* orientale du temple (*Revue critique*, 1893, 1ᵉʳ semestre, p. 112).

(4) Voir Tacite, *Histoires*, III, 72 ; IV, 53. Denys d'Halicarnasse, IV, 61. Il dut en être de même pour le quatrième temple, élevé sous Titus et Domitien, car « les dieux, » disaient les aruspices, « lors de la construction du troisième temple de Vespasien, ne voulaient pas que le plan fût modifié » (*Hist.*, IV, 53). Les fondations avaient dû d'ailleurs échapper à l'incendie. Voir Jordan, *Topogr.*, I, 2, p. 81.

(5) Plutarque, *Poplicola*, 15.

(6) Zozime, V, 38. Procope, *Guerre des Vandales*, I, 5. Silius Italicus, *Punica*, III, 623 : « Aurea Capitolia. » Ausone, *Ordo urbium nobilium*, XIX, 123.

(7) On voit six colonnes corinthiennes cannelées sur le fragment du Louvre qui le représente (voir note 2 de la page 93); et qui est reproduit dans Bouillon, *Musée des antiques*, III, bas-reliefs, pl. 29 et dans Clarac, *Musée de sculpture*, II, pl. 151, n° 300. Cf. aussi Cohen, *Domitien*, 174 (qui semble bien représenter le temple de Jupiter Capitolin), et t. II, p. 419, n° 64 (monnaie de Faustine l'aînée). — Sur le bas-relief du musée des Conservateurs, à Rome, (Helbig, *Führer durch die öffentlichen Sammlungen in Rom*,

ments des colonnes (1). Le fronton, dont nous possédons plusieurs reproductions sommaires (2), représentait, non pas une action, comme sur les temples grecs, mais une assemblée des principales divinités de Rome disposées symétriquement (3) : au centre, Jupiter (au-dessous duquel est un aigle), Junon et Minerve assis (4); à droite (pour le spectateur), Mercure, Esculape, Vesta, le Soleil sur un bige (5), trois figures qu'il est difficile d'identifier (Vulcain et deux forgerons?) (6), et le Tibre ; à gauche, un enfant dont le

n° 542), et sur deux médailles de 81 et 82 (Cohen, *Domitien*, 172 et 23), on ne compte que quatre colonnes ; mais dans ces sortes de monuments, de pareilles inexactitudes ne sont pas rares. Les découvertes récentes ont prouvé que le temple avait en effet six colonnes (Jordan, *Topographie*, I, 2, p. 84 et suiv.).

(1) Un reste de colonne cannelée en marbre pentélique, encastré dans un mur contre le musée des Conservateurs (diam. : 2 mètres en bas, 1^m,80 en haut); un fragment de base, en marbre pentélique également, à l'Institut allemand (voir Schupmann, *Annali dell' Instituto*, XLVIII, 1876, p. 151 ; Jordan, *Topographie*, I, 2, p. 72, n. 69. — Sur d'autres restes de chapiteaux, de pilastres, d'une corniche, mentionnés ou reproduits dans des auteurs ou des dessins des siècles derniers, voir Hülsen, *Mittheilungen des archäolog. Instituts, Römische Abtheilung*, III, 1888, p. 150 et suiv. et pl. v).

(2) a) Bas-relief du musée des Conservateurs, à Rome, représentant un sacrifice de l'empereur Marc-Aurèle, avec le temple de Jupiter Capitolin dans le fond (voir plus haut, note 7 de la page 92). Le fronton de ce temple est reproduit dans les *Monumenti dell' Instituto*, V, pl. xxxvi.

b) Bas-relief qui semble dater de l'époque de Trajan, conservé autrefois au Capitole et brisé ensuite en trois morceaux, dont deux sont au Louvre et dont le troisième — le plus intéressant pour nous, puisqu'il représentait le fronton du temple — a été perdu ; mais il en reste plusieurs dessins faits au seizième siècle (voir à ce sujet Audollent, *Mélanges de l'Ecole française de Rome*, IX, 1889, p. 120 et pl. 2 ; Hülsen, *Römische Mittheilungen*, IV, 1889, p. 250; Michaelis, *ibid.*, VI, 1891, p. 21 et pl. III). Ni l'un ni l'autre de ces bas-reliefs n'est la reproduction exacte du fronton du temple : les artistes ont seulement voulu le rappeler aux yeux par l'indication sommaire des principales figures.

c) Plusieurs monnaies (Cohen, *Domitien*, 23, 172, 174 ; Faustine l'aînée, 64).

d) Sarcophage décrit par Rossbach, *Römische Hochzeits-und Ehedenkmäler*, p. 149-150.

(3) Sur ce fronton, voir Brunn, *Annali dell' Instituto*, XXIII, 1851, p. 289 et suiv.; Cavedoni, *Bulletino*, 1852, p. 157 et suiv.; Wieseler, *Göttingische gelehrte Anzeigen*, 1872, I, p. 728 et suiv.; E. Schulze, *Archäol. Zeitung*, XXX, 1873, p. 1 et suiv.; Jordan, *Topographie*, I, 2, p. 100 et suiv.

(4) Sur le bas-relief des Conservateurs, Junon se trouve, pour le spectateur, à gauche de Jupiter, Minerve à droite, ce qui est inexact (Jordan, p. 90, n. 87).

(5) Sur le bas-relief perdu, le Soleil était à gauche, la Lune à droite. Dans l'original, le char du Soleil devait sans doute être traîné par quatre chevaux.

(6) Schulze veut y voir une représentation du feu. A la figure que nous

nom n'est pas certain (1), la Lune sur un bige, trois autres figures qui répondent à celles que l'on observe de l'autre côté (2). L'édifice était couronné par un quadrige, au sommet du fronton, un bige à chaque extrémité du fronton et de grandes statues entre le quadrige et chaque bige. — Domitien fit placer dans ce temple quatre colonnes faites jadis avec le métal des éperons de navires pris par Auguste à la bataille d'Actium (3). L'édifice fut consacré en 82 (4). Il dura jusqu'aux derniers temps de l'empire et, au sixième siècle, il était peut-être encore debout (5).

Domitien dut aussi reconstruire les autres édifices qui se trouvaient dans l'enceinte du temple de Jupiter Capitolin et qui avaient été brûlés en même temps que lui (6). Il y éleva, dans l'enceinte même du temple, un vaste sanctuaire à Jupiter Custos. Déjà, du vivant de son père, il avait fait abattre le logement du garde où il s'était caché pendant la prise du Capitole, et bâtir un sanctuaire à Jupiter Conservateur, avec un autel dont les bas-reliefs représentaient son aventure (7). Quand il fut devenu empereur, il remplaça le sanctuaire par un temple et consacra sa propre image entre les bras du dieu auquel il rapportait son salut (8). — La cabane de Romulus, située aussi dans l'enceinte du temple de Jupiter Capitolin, fut restaurée par Domitien (9).

appelons le Tibre (indiquée seulement sur le bas-relief perdu), devait correspondre à l'extrémité de gauche (brisée dans ce bas-relief), une autre figure couchée. Schulze y voit l'Eau et la Terre. Il pense que deux dieux des vents se trouvaient aussi représentés sur le fronton. Les quatre éléments auraient été ainsi indiqués.

(1) Brünn y voit Ganymède, Cavedoni la Jeunesse personnifiée, Wieseler l'Amour, Schulze Iulus, Jordan le Génie du peuple romain.

(2) Peut-être sur le fronton voyait-on des figures qui ne sont pas représentées sur les reproductions que nous en possédons, par exemple les Dioscures : Brünn, *loc. cit.*, p. 291; Schulze, *loc. cit.*, p. 7, n. 55. Cf. p. 93, n. 6.

(3) Servius, *Comment. à Virgile, Géorgiques*, III, 29.

(4) La monnaie de 82 (Cohen, *Domitien*, 23) semble, en effet, indiquer la date de l'achèvement du temple. Elle porte au revers l'inscription : *Capit(olium) restit(utum)*.

(5) Jordan, I, 2, p. 30 et suiv.

(6) Sur ces temples, voir Jordan, *loc. cit.*, p. 41 et suiv.

(7) Tacite, *Histoires*, III, 74.

(8) Tacite, *loc. cit.* Suétone, *Domitien*, 5. Martial fait allusion au grand temple de Jupiter Capitolin et au temple de Jupiter Custos quand il dit (VI, 10, 3) : « Templa quidem dedit ille Iovi » Cf. IX, 3, 7. — On doit observer que Jupiter Conservator est la même divinité que Jupiter Custos : voir Orelli, 1228; Preller, *Römische Mythologie*, I, p. 238 (édit. Jordan).

(9) Martial, VIII, 80. :

Sic priscis servatur honoste praeside templis

Domitien, quand il vivait à Rome, habitait sur le Palatin (1). L'architecte Rabirius (2) y éleva un palais à la construction duquel plusieurs années furent employées et qui fut terminé vers 92 (3). Les contemporains en firent des descriptions enthousiastes et ridiculement déclamatoires : « Tu peux rire, César, » dit Martial (4), « des royales merveilles des pyramides : la barbare Memphis a cessé désormais de vanter ces monuments orientaux. Que sont de tels édifices auprès de la demeure du Palatin? Dans le monde entier, le jour ne voit rien de plus beau. On dirait les sept collines de Rome s'élevant les unes sur les autres; Pélion, monté sur Ossa, fut moins haut. Ton palais perce le ciel; il se perd au milieu des étoiles brillantes; la foudre éclate au-dessous de son calme sommet. Phébus, encore caché à tous, l'éclaire de ses feux avant que Circé aperçoive le visage de son père. Cette demeure, César, dont le faîte atteint les astres, vaut le ciel, mais elle ne vaut pas son maître. » — Stace écrit de son côté (5) : « C'est un palais auguste, immense, orné, non de cent colonnes, mais d'autant

> et casa tam culto sub Jove numen habet
> sic nova dum condis revocas, Auguste, priora...

D'après ces vers, on voit qu'il s'agit de la cabane de Romulus du Capitole (Jordan, p. 51), non de celle du Palatin.

(1) Suétone, *Domitien*, 15. Stace, *Silves*, IV, 2; III, 4, 38; IV, 1, 7. Martial, I, 70; IV, 78, 7; V, 5, 1; VII, 56; VII, 99, 3; VIII, 36; VIII, 39; IX, 11, 8; IX, 24, 1; IX, 42, 5; IX, 86, 7; IX, 91, 3; XIII, 91.

(2) Martial, VII, 56 :
> Astra polumque pia cepisti mente, Rabiri,
> Parrhasiam mira qui struis arte domum.

(3) Dans une Silve écrite vers la fin de l'année 89, peu de temps après les deux triomphes sur les Cattes et les Daces, Stace fait allusion à la construction de ce palais (I, 1, 33) :
> ...prospectare videris
> an nova contemptis surgant palatia flammis
> pulchrius.

Quand Martial écrivit la pièce 56 du livre VII, le palais venait, semble-t-il, d'être terminé, au moins dans son ensemble. Or le livre VII fut édité en décembre 92. L'épigramme VIII, 36 (voir note suivante) est peu postérieure à cette date (ce livre parut en 93 : Friedländer, édition de Martial, p. 58 et suiv.). Il est aussi question du palais de Domitien dans Martial (VIII, 39) et dans une Silve de Stace (IV, 2), peut-être écrite à la même date (Kerckhoff, *Duae quaestiones papinianae*, p. 20). Voir encore Stace, *Silves*, III, 4, 47, pièce de vers écrite en 93 ou 94 (pour cette date, cf. Martial, IX, 11; IX, 13; IX, 17; IX, 36). — La chronique urbaine mentionne le « Palatium » parmi les constructions de Domitien.

(4) VIII, 36.

(5) Stace, *Silves*, IV, 2, 18-31.

qu'il en faudrait pour soutenir les dieux et le ciel et pour laisser quelque répit à Atlas ; le temple voisin de Jupiter l'admire, et les dieux sont heureux de te voir dans un séjour qui vaut le leur, car ainsi tu te hâteras moins de monter au ciel : tant est imposante la masse de ce palais, tant est vaste l'espace que sa cour occupe, tant ses murs s'élèvent dans les airs ! Et cependant combien il est plus petit que son maître dont la présence le remplit et dont le puissant génie le protège. Là rivalisent les marbres de Libye, de Phrygie, de Chios, des îles de la mer Ægée, les granits de Syène ; le marbre de Luni ne sert qu'à supporter les colonnes. Au-dessus, les regards fatigués peuvent à peine atteindre le faîte de l'édifice et croient voir les lambris du ciel doré. » — Plutarque disait (1) qu'un seul des portiques, des salles, des bains ou des appartements réservés aux femmes dans le palais de Domitien suffirait à donner une idée de la manie de bâtir dont ce prince était possédé.

Dans les ruines du Palatin, trois édifices, orientés de même et présentant les mêmes particularités de construction, semblent avoir été élevés ou restaurés à l'époque de Domitien : ce sont ceux qu'on appelle le palais d'Auguste, le palais des Flaviens et le stade.

Le palais d'Auguste, représenté sur deux fragments de la *Forma urbis Romae* (plan de la ville) (2), en partie découvert, en 1777, par l'abbé Rancoureil et actuellement sous la villa Mills, avait deux étages et renfermait un très grand nombre de salles ; au centre était une grande cour entourée de colonnes ioniques. L'entrée se trouvait du côté du nord (regardant la Voie Sacrée) ; au sud, il y avait une vaste terrasse curviligne d'où l'on voyait la vallée du grand cirque (3). Des tuyaux de plomb trouvés dans cet édifice portent la mention *Domus Augustana* et ont été faits sous Domitien (4) ; des briques qui y ont été employées datent de

---

(1) *Vie de Poplicola*, 15.
(2) Edition Jordan, n°⁵ 163 et 144 : voir à ce sujet Hülsen, *Römische Mittheilungen*, IV, 1889, p. 186.
(3) Sur ces ruines, voir Hülsen, *Römische Mittheilungen*, V, 1890, p. 76 (dessin inédit de Ligorio) ; — Guattani, *Roma descritta ed illustrata*, I, Rome, 1785, p. 48 et suiv. (fouilles de Rancoureil), avec des plans de l'architecte Barberi ; — Deglane, *Gazette archéologique*, XIV, 1888, p. 145 et suiv., et pl. XXI (d'après le relevé de Piranesi) ; *Mélanges de l'Ecole de Rome*, IX, 1889, p. 188 et suiv., et pl. IV-V.
(4) Lanciani, *Atti dell' Accademia dei Lincei, Scienze morali*, série III, t. IV, p. 446, n°⁵ 153 et 154.

la fin du premier siècle (1). Ce n'est cependant pas une raison suffisante pour penser que cet édifice ait été fondé par Domitien (2). Il est plus vraisemblable que ce palais date d'Auguste (3) et qu'il a été restauré par notre empereur : dans quelle mesure, on l'ignore.

Le palais des Flaviens, exploré au seizième siècle (4), puis au dix-huitième (par Fr. Bianchini) (5) et déblayé de nos jours par P. Rosa (6), se trouve au nord-ouest du palais d'Auguste. Pour l'élever, on a comblé une petite vallée qui séparait le mont Cermalus (palais de Tibère) du Palatin proprement dit (villa Mills). Je n'ai pas à insister sur la description de cette ruine célèbre (7).

---

(1) *C. I. L.*, XV, 995, 1; 998 *b*, 3; 999 *b*, 2; 1097 *f*, 39. Mais cela ne prouve pas grand'chose.

(2) Comme le fait Richter, *Topographie von Rom*, dans le *Handbuch der klassischen Alterthumswissenschaft* d'Ivan Müller, III, p. 832. Hülsen (*Römische Mittheilungen*, IV, 1889, p. 256, n. 1) a fait des réserves à ce sujet.

(3) Richter (*loc. cit.*, p. 830) croit plutôt que le palais d'Auguste s'élevait au lieu où l'on voit les ruines appelées palais des Flaviens. Il se fonde sur Ovide (*Tristes*, III, 1, 31). Le poète fait parler son livre qui, après avoir passé contre la Regia et la demeure des Vestales, arrive à la porte du Palatin :

« Porta est, » ait [lui dit son guide], « ista Palati
» hic Stator, hoc primum condita Roma loco est. »
Singula dum miror, video fulgentibus armis
conspicuos postes tectaque digna deo [la demeure d'Auguste].

Cf. Gilbert, *Geschichte und Topographie der Stadt Rom in Alterthum*, III, p. 177, n. 2 et 3. — Mais Ovide peut aussi bien désigner un palais situé à l'endroit où s'élève actuellement la villa Mills, surtout si l'on songe qu'en ce lieu les constructions impériales s'étendaient, dans la direction de la voie sacrée, beaucoup plus loin qu'on ne l'a cru jusqu'à présent (voir Hülsen, *Römische Mittheilungen*, V, 1890, p. 76); d'autre part, avant de construire le palais dit des Flaviens, on dut combler la vallée située entre le Palatin et le Cermalus (voir plus loin), comblement qui semble postérieur à l'époque d'Auguste, car les maisons dont des restes ont été découverts dans la vallée, sous le palais des Flaviens, sont probablement de cette époque.

(4) Voir, sur ces fouilles du seizième siècle, Hülsen, *Römische Mittheilungen*, IV, 1889, p. 185 (fragments architecturaux dessinés par Dosio).

(5) Bianchini, *Del palazzo de' Cesari*, Verone, 1738, p. 49 et suiv. Cf. Schneider, *Archäologisch-epigraphische Mittheilungen aus Oesterreich-Ungarn*, IV, 1880, p. 26 et suiv. (dessins de G. Piccini conservés à Vienne).

(6) P. Rosa, *Annali dell' Instituto*, XXXVII, 1865, p. 346 et suiv.

(7) Voir en particulier Visconti et Lanciani, *Guide du Palatin*, p. 100 et suiv.; Boissier, *Promenades archéologiques*, chap. II; Dutert, *Revue archéologique*, XXV, 1873, p. 104 et suiv., pl. 2 et 3; et surtout Deglane, *Gazette archéologique*, XIV, 1888, p. 158 et suiv., 211 et suiv., planches XXII, XXIII et XXX.

Je rappelle seulement que le devant du palais, dont la face est tournée vers l'arc de Titus (1), est occupé par trois grandes salles: dans l'une, avaient lieu les réceptions solennelles; dans la deuxième, l'empereur rendait la justice; la destination de la troisième n'est pas certaine. Par derrière s'étend une cour entourée de colonnes, d'une surface de plus de trois mille mètres carrés, à droite et à gauche de laquelle il y a des séries de petites salles. Au delà, est située une salle que l'on appelle en général le *triclinium* : elle est flanquée de deux nymphées, ornées autrefois de fontaines, de statues, de colonnades (2). Toutes les salles sont décorées avec magnificence : on y voit les marbres les plus rares; les fragments d'architecture qui existent encore sont d'une ornementation très riche, surchargée même (3); de belles statues y ont été découvertes (4). — Ce palais, qui est plutôt un édifice d'apparat qu'une maison d'habitation, a été élevé d'un coup, comme le prouve la symétrie parfaite de toutes ses parties (5); il paraît, conformément à l'opinion courante, dater de l'époque flavienne. On y a trouvé des marques de briques de cette époque (6); le système de construction et de décoration semble aussi indi-

---

(1) Cependant il n'y a pas de trace d'escalier devant la façade. On y entrait, semble-t-il, du côté du palais de Tibère, peut-être aussi du côté de la villa Mills. Il y avait, en outre, un passage souterrain et privé entre le palais de Tibère et le palais des Flaviens.

(2) Différentes parties de ce palais semblent être énumérées (*proaulium, salutatorium, consistorium, zetae aestivales, zetae hiemales, tricorium [= triclinium]*), dans un texte dont l'original est perdu, mais dont on possède quatre copies plus ou moins fidèles, publiées par de Rossi, *Piante tcnografiche e prospettiche di Roma, anteriori al secolo XVI*, p. 123 et suiv.; voir les observations de Lanciani jointes à cette publication.

(3) Il y en a quelques-uns au palais Farnèse. Cf. la relation de Bianchini, après les fouilles duquel on enleva les objets les plus précieux, p. 51 et suiv., pl. II, III et IV.

(4) Notamment un Hercule et un Bacchus colossaux en basalte noir, actuellement à Parme (voir Dutschke, *Antike Bildwerke in Oberitalien*, V, n°° 956 et 957, p. 388 et suiv.); — un Amour en marbre, qui est au Louvre (Fröhner, *Catalogue de la sculpture antique*, n° 325; Furtwängler, article *Eros* du *Lexikon der griechischen und römischen Mythologie* de Roscher, p. 1360); — l'admirable torse de Satyre du Louvre (Friederichs-Wolters, *Die Gypsabgüsse antiker Bildwerke zu Berlin*, n° 1216; Baumeister, *Denkmäler des klassischen Altertums*, III, p. 1399, fig. 1549).

(5) Il fut restauré au second siècle, peut-être sous Hadrien, comme l'indiquent les marques de briques : *C. I. L.*, XV, 377 c, 30; 474, 1; 563 h, 20; 565 m, 34; 596 c, 11; 607, 3; 614; 893, 1, etc.

(6) *C. I. L.*, XV, 118 a, 2 ; 999 g, 11 ; 1139, 2.

quer à peu près la fin du premier siècle (1). Ce peut donc être spécialement à cet édifice que se rapportent les vers de Martial et de Stace.

Devant ce palais se dressait peut-être une statue colossale de l'empereur : des vers de Martial semblent l'indiquer (2).

Le stade, qui n'est mentionné que par un seul texte ancien (3), a laissé de belles ruines (4) : il mesure 165 mètres de long et 48 de large. Les plus anciennes marques de briques (5), extraites du mur d'enceinte, portent des noms d'affranchis impériaux appelés *T. Flavius* et d'ouvriers au service des frères Domitius Lucanus et Domitius Tullus, dont l'un, Lucanus, mourut en 93 ou 94 (6). Sur l'une de ces briques, on lit l'inscription *Nicomachi Domiti Tulli* (7) : elle est postérieure à la mort de Lucanus, qui laissa Tullus seul propriétaire des briqueteries possédées auparavant en commun par les deux frères. Les briques dont il s'agit ne prouvent pas avec évidence que le stade ait été fait à la fin du règne de Domitien, car elles peuvent avoir été fabriquées longtemps avant leur emploi. Cependant, le style de la construction ainsi que le voisinage d'autres édifices, élevés ou restaurés par Domitien et formant un ensemble avec le stade, rendent probable

---

(1) J'ajoute, en attachant, du reste, peu d'importance à cette observation, qu'un certain nombre de portraits-bustes trouvés dans les ruines datent certainement de la fin du premier siècle, ainsi qu'en témoigne l'arrangement de la coiffure : il y en a deux au Louvre (salle des Antonins), dont l'un est reproduit dans Bernoulli, *Römische Ikonographie*, II, 2, pl. XXI.

(2) Martial, VIII, 60 :

Summa Palatini poteras aequare colossi
si fieres brevior, Claudia, sesquipede.

I, 70, 5 :

Jure sacro veneranda petes Palatia olivo
plurima (= plurimum?) qua summi fulget imago ducis.

Voir, à ce sujet, Gilbert, *Philologus*, XLV, 1886, p. 461 et suiv. La *statua triumphalis* dont parle Suétone (*Domitien*, 15) me semble plutôt la statue équestre de Domitien élevée sur le Forum.

(3) C'est la description du palais impérial éditée par de Rossi (*Piante di Roma*, p. 123) : le stade y est, semble-t-il, désigné par le mot *gymnasium*.

(4) Voir, sur le stade du Palatin, Sturm, *Das kaiserliche Stadium auf dem Palatin* (Würzburg, 1888); Deglane, *Mélanges de l'Ecole française de Rome*, IX, 1889, p. 205 et suiv., pl. IV-VI.

(5) Etudiées par Sturm, loc. cit., p. 28 et suiv. *C. I. L.*, XV, 118 a, 4; 990, 2; 999 g, 13; 1096 e, 31; 1097 d, 26; 1152, 1 et 2; cf. 928 a, 1 et 2; 1164, 1; 1449 a, 4 et f, 31.

(6) Voir Friedländer, édition de Martial, I, p. 62.

(7) *C. I. L.*, XV, 261 a, 3.

l'attribution du stade au dernier empereur flavien (1). Le stade était entouré d'un portique supportant une terrasse : il était flanqué sur sa face longue de l'est d'une grande loge en forme de demi-cercle. Au sud de cette loge il y avait des thermes. Portique, loge et thermes ont été refaits plus tard, mais dans leur état primitif, ils étaient contemporains de la construction du stade (2).

En contre-bas de la maison d'Auguste, au sud-ouest, se trouve la demeure des pages (3), qui pourrait bien avoir été construite ou restaurée à la fin de l'époque flavienne, à en juger d'après les marques de briques trouvées dans cet édifice (4).

Derrière la demeure appelée improprement maison de Livie, au nord-ouest du palais des Flaviens, ont été découverts des tuyaux de plomb avec les marques suivantes (5) :

a) *Imp(eratoris) Domitiani Caesar(is) Aug(usti)*; *sub cura Eutychi l(iberti), proc(uratoris), fec(it) Hymnus, Caesar(is) n(ostri) serv(us)*.

b) *Iuliae Aug(ustae)*.

Ils ont été posés à l'époque de Domitien, et prouvent qu'alors cette petite maison, célèbre par les belles peintures qu'on y a trouvées, appartenait à Julie, fille de Titus et maîtresse de l'empereur, son oncle. Du reste, construite en petit *opus reticulatum* de tuf, elle n'appartient pas à l'école flavienne, mais à peu près aux derniers temps de la république ; elle est, en tout cas, antérieure au comblement de la vallée centrale du Palatin, au-dessus de laquelle s'éleva le palais des Flaviens. Elle se trouve à un niveau inférieur de plusieurs mètres à celui de ce palais, dont les fondations ont intercepté une de ses issues (6). Quant aux peintures, elles semblent dater de l'époque d'Auguste au plus tard (7).

Il est possible que Domitien ait restauré le temple d'Apollon

---

(1) Cf. *Mélanges de l'Ecole de Rome*, IX, 1889, p. 206, n. 1.

(2) Voir, à ce sujet, Deglane, *Mélanges*, p. 213, 214, 215 et suiv.

(3) Sur cette ruine, voir Visconti-Lanciani, *Guide du Palatin*, p. 75 et suiv.; Gatti, *Annali dell' Instituto*, LIV, 1882, p. 217 et suiv. — Il n'est pas prouvé qu'il faille identifier cet édifice avec l'ancienne *domus Gelotiana*.

(4) *C. I. L.*, XV, 1097 h, 57; 1449 b, 16 et f, 30.

(5) Lanciani, *Atti dell' Accademia dei Lincei, Scienze morali*, série III, t. IV, p. 446, n°ˢ 155 et 157.

(6) On remplaça alors cette issue par une autre qui contourna le palais des Flaviens : voir Deglane, *Gazette archéologique*, XIII, 1888, p. 128 et planche XXIII.

(7) Voir, à ce sujet, Mau, *Geschichte der decorativen Wandmalerei in Pompeii*, p. 196 et suiv., 246 et suiv., 287-288.

Palatin. Martial dit en parlant des constructions ou des restaurations de cet empereur (1) :

Quid loquar Alciden, Phoebumque piosque Laconas.

L'emplacement de ce temple fameux doit peut-être être cherché sur la hauteur de S. Sebastiano, au sud de l'arc de Titus (2).

Philostrate (3) parle de jardins, appelés jardins d'Adonis (4), qui se trouvaient dans le palais de l'empereur Domitien. Leur emplacement est inconnu, et il est fort douteux qu'il faille les identifier avec le grand édifice appelé *Adonaea* du plan de Rome (5).

Les tuyaux de plomb trouvés dans le palais d'Auguste et dans la maison de Julie rendent assez vraisemblable l'opinion que Domitien fut le premier empereur qui amena l'eau de l'*Aqua Claudia* au Palatin (6). Peut-être des réservoirs dont l'existence a été constatée au nord-est du stade, sous le couvent de S. Bonaventura, ont-ils été construits à cette époque (7).

L'aspect du forum romain fut en partie modifié sous Domitien. Au pied du Palatin, il restaura le temple de Castor (8), sans doute endommagé par l'incendie de Néron ; cependant, les trois colonnes qui sont, avec le stybolate et une petite partie des escaliers, les seuls restes de ce temple, ne semblent pas, si l'on en juge par leur style, remonter à l'époque de Domitien, mais à celle de Tibère sous lequel cet édifice fut reconstruit (9). Contre le temple

---

(1) IX, 3, 11. Lanciani (*Bullettino della commissione comunale di Roma*, 1883, p. 189) cite à ce sujet Martial XII, 3 ; mais le *novum templum* du poète est celui d'Auguste ; voir la note de Friedländer au passage cité.

(2) Hülsen, *Römische Mittheilungen*, V, 1890, p. 76-77.

(3) *Vie d'Apollonius de Tyane*, VII, 32.

(4) « Ἐν αὐλῇ Ἀδώνιδος ». — Sur la signification de ce terme, voir Roscher, *Lexikon der griechischen und römischen Mythologie*, p. 74 ; Comtesse Lovatelli, *Nuova Antologia*, XL, 1892, p. 262.

(5) Jordan, *Forma urbis Romae*, pl. x, n° 44. Hülsen, *Römische Mittheilungen*, V, 1890, p. 77.

(6) Lanciani, *Atti dell' Accademie dei Lincei*, *loc. cit.*, p. 372 et p. 446, n°° 153 et suiv.

(7) Deglane, *Mélanges*, p. 204-205 et lettre *g* du plan, p. 203, figure 2. Cf. Bartoli, *Memorie*, n° 5, dans Fea, *Miscellanea*, I, p. ccxxiii. — L'aqua Claudia arrivait près de là, plus à l'est (Deglane, *Mélanges*, p. 187, 188, et pl. iv).

(8) Martial, IX, 3, 11 : « Quid loquar Alciden, Phoebumque, piosque Laconas. » Chronique urbaine : « templum Castorum et Minervae ».

(9) Jordan, *Topographie*, I, 2, p. 372. — Nous avons une représentation du temple de Castor dans deux fragments du plan Capitolin : 1° Jordan,

de Castor, fut élevé un sanctuaire à Minerve, la déesse favorite du prince, sanctuaire qui était aussi voisin du temple d'Auguste, situé au bas du Palatin (1). C'est, semble-t-il, l'édifice qui est souvent mentionné dans les diplômes militaires à partir de Domitien (2).

Au-dessous du Capitole fut construit, par ordre du Sénat, un temple à Vespasien divinisé (3), temple qui est mentionné dès l'année 87 (4); on y adora aussi Titus (5). Sur le fronton était

---

Forma, pl. III, n° 20; 2° Jordan, *Gratulationsschrift des deutschen Instituts an Lepsius*, 1883.

(1) Chronique urbaine : « templum Castorum et Minervae ». Le *Curiosum* indique aussi dans la VIII° région le « templum Castorum et Minervae ». Peut-être s'agit-il de ce sanctuaire dans des vers de Martial (IV, 53) :

> Hunc quem saepe vides inter penetralia nostrae
> Pallados et templi limina, Cosme, novi...

Le *templum novum* est précisément le temple d'Auguste.

Mommsen (*Abhandl. der sächsischen Gesellschaft*, I, 1850, p. 652, n. 43) croit que Domitien, en reconstruisant le temple de Castor, le dédia en même temps aux Dioscures et à Minerve. L'expression « *templum* (et non *templa*) Castorum et Minervae » indique, en tout cas, qu'il ne s'agit pas de deux édifices entièrement distincts. Jordan (*Topographie*, I, 2, p. 372) pense, avec plus de vraisemblance, qu'il s'agit d'une chapelle de Minerve formant une annexe du temple de Castor. — Il est donc peu vraisemblable que ce temple de Minerve soit représenté approximativement sur une monnaie de Domitien (Cohen, 171) : Temple à quatre colonnes sans coupole; au milieu, la statue de Pallas debout; en haut, des antéfixes, des palmettes et des masques. — Dans les *Mirabilia*, le temple de Castor semble être qualifié de *templum Palladis* (Duchesne, *Mélanges de l'Ecole française*, IX, 1889, p. 352), mais cette dénomination du moyen âge ne mérite pas qu'on s'y arrête.

(2) « Descriptum et recognitum ex tabula aenea quae fixa est Romae in muro post templum Divi Augusti ad Minervam » (Diplôme du 27 octobre 90, *Ephem. epigr.*, V, p. 653; Diplôme de 93, *C. I. L.*, III, p. 859, etc.); les diplômes antérieurs ne contiennent pas cette indication. Ces tables de bronze devaient être fixées sur le mur d'enceinte du temple d'Auguste (pour la position de ce temple, voir Suétone, *Caligula*, 22; Henzen, *Acta fratrum Arvalium*, p. 55), contigu au sanctuaire de Minerve.

(3) Chronique urbaine : « templum Vespasiani et Titi. » — On ne doute plus aujourd'hui que ce soit le temple dont il reste trois colonnes et le fragment d'inscription ...*estituer*. Voir Jordan, *Top.*, I, 2, p. 192 et suiv.; p. 411.

(4) Actes des Arvales de cette année-là (*C. I. L.*, VI, 2165) : *In pronao aedis Concordiae, quae e[st prope templu]m Divi Vespasiani*. — En 89, Stace écrit au sujet de ce temple (*Silves*, I, 1, 31) :

> terga pater blandoque videt Concordia vultu.

(5) Aussi la Chronique urbaine, le *Curiosum* et la *Notitia* l'appellent-ils : *templum Vespasiani et Titi*. Mais le temple était officiellement celui de

gravée l'inscription suivante (1) : *Divo Vespasiano Augusto S(enatus) P(opulus)q(ue Romanus).* Les ruines en existent encore : trois belles colonnes corinthiennes cannelées, en marbre, d'une hauteur de 15ᵐ,20 (2), soutiennent les restes d'un entablement richement orné (3). Ces restes sont, d'après leur style, de l'époque de Domitien. Une restauration faite sous Septime Sévère semble avoir été peu importante ; la partie de l'inscription qui le concerne fut gravée sur l'ancienne architrave, martelée à cet effet pour former une surface. Derrière s'étend la cella, au fond de laquelle on voit les vestiges d'un grand piédestal, destiné à porter les statues des deux empereurs.

Du côté nord, la curie fut restaurée ou reconstruite (4) : elle est représentée sur un des deux bas-reliefs du temps de Trajan, retrouvés sur le forum romain (5). C'est un monument très élevé au-dessus du forum avec lequel il communique par un escalier ; il est figuré avec cinq colonnes, ce qui est nécessairement inexact : il devait en avoir six. — Le chalcidicum, annexe de la curie (6), semble avoir été aussi restauré et avoir pris depuis lors le nom de Chalcidicum ou Atrium Minervae (7). Il devait se

Vespasien seul (voir *C. I. L.*, 2165, passage cité note 4, et *C. I. L.*, VI, 938) ; comme le temple aux trois colonnes situé au pied du Palatin était celui de Castor, Titus et Pollux y furent admis seulement comme divinités secondaires (voir Jordan, *Ephem. epigr.*, III, p. 71). De même, sur le Capitole, le grand temple où l'on adorait Jupiter, Junon et Minerve s'appelait seulement *aedes Iovis Optimi Maximi* (Jordan, *Top.*, I, 2, p. 33).

(1) *C. I. L.*, VI, 938, d'après l'anonyme d'Einsiedeln. A la suite de ces mots, Septime Sévère fit ajouter : *Impp. Caess. Severus et Antoninus Pii Felic(es) Augg. restituer(unt).*

(2) Il y en avait huit, six sur le front du temple, deux sur les côtés, en avant des murs latéraux de la cella.

(3) Pour les reproductions de cette ruine, voir en particulier Desgodetz, *Les édifices antiques de Rome* (édition de Rome, 1827), pl. LV-LVII, et Valadier, *Raccolta delle più insigni fabbriche di Roma*, chap. V.

(4) Chronique urbaine : *Senatum*. C'était l'expression populaire pour *curia* (voir, par exemple, Lampride, *Alexandre Sévère*, 14). L'emplacement de la curie est indiqué par l'église actuelle de S. Adriano. Voir Jordan, p. 258 et suiv. Lanciani, *L'aula e gli uffici del Senato romano*, dans les *Atti dell' Academia dei Lincei, Scienze morali*, série III, tome XI, 1883, p. 14 et suiv.

(5) Ces bas-reliefs ont été souvent reproduits, par exemple dans le tome I, partie 2, de la *Topographie* de Jordan, pl. IV.

(6) Auguste, *Monument d'Ancyre*, IV, 1 : *curiam et continens ei chalcidicum... feci.*

(7) Dion Cassius, LI, 22 : « [Auguste] τό τε Ἀθήναιον τὸ χαλκιδικὸν ὀνομασμένον, καὶ τὸ βουλευτήριον τὸ Ἰουλίειον... καθιέρωσεν ». Il ne faut pas inférer de

trouver sur l'emplacement actuel de l'église de S. Martina (1).

Enfin, au milieu de la place, le Sénat fit élever à la fin de 89, après le double triomphe sur les Daces et les Cattes (2), une statue colossale en bronze de l'empereur. Martial la mentionne (3) et Stace a consacré la première de ses Silves à la décrire. Domitien, vêtu d'un paludamentum et ceint d'une épée, était représenté à cheval, foulant le Rhin. Son regard était tourné vers le temple de Jules César et la demeure des Vestales; à sa gauche, il avait la basilique Emilienne; à sa droite, la basilique Julienne; derrière lui, le temple de la Concorde et celui de son père. Il soutenait de sa main gauche une statue de Minerve qui portait la tête de Méduse; sa main droite étendue « arrêtait les combats. » Cette statue, élevée en quelques semaines, fut détruite sans aucun doute après le meurtre du prince (4).

Les deux célèbres bas-reliefs trouvés sur le forum romain en 1872 (5) ne peuvent représenter (comme l'ont cru MM. Vis-

ce texte que, dès l'époque d'Auguste, cet édifice s'appelât *Chalcidicum Minervae* : le mot *Minervae* ne se trouve pas dans le texte officiel d'Auguste, et Dion Cassius a pu lui donner le nom sous lequel on le désignait de son temps. Voir aussi le *Curiosum* et la *Notitia*, dans la VIII° région : *Atrium Minervae* à la suite du mot *Senatum*. Dion et les régionnaires mentionnent évidemment le même édifice (Mommsen, *Res gestae divi Augusti*, 2° édition, p. 79). — On peut supposer qu'il a été restauré par Domitien pour deux raisons : a) ce prince reconstruisit la curie dont l'*atrium* n'était qu'une annexe; b) il consacra à Minerve, sa déesse favorite, un assez grand nombre de monuments (Jordan, *Topographie*, I, 2, p. 255).

(1) Jordan, p. 256.

(2) Stace, *Silves*, I, 1, vers 6, 27, 51, 80. La silve de Stace fut écrite le lendemain du jour de la consécration de la statue, à la demande du prince, alors présent à Rome (préface du livre I). D'autre part, cette statue fut élevée très rapidement (vers 61 et suiv.) : elle fut donc consacrée peu de temps après le double triomphe qui eut lieu vers la fin de novembre 89 (voir chapitre VI).

(3) VIII, 44, 7 : « colosson Augusti. »

(4) On a retrouvé au milieu du forum, entre le temple de Jules César et les Rostres, une base de statue équestre. Ce ne peut être un reste de la statue célébrée par Stace; quand le Sénat décréta, en 96, la destruction de toutes les images de Domitien, celle qui se trouvait dans le lieu le plus célèbre et le plus fréquenté de l'empire ne fut certainement pas épargnée. Il n'en est jamais question plus tard. D'ailleurs, la technique grossière de la base conservée ne permet pas de la faire remonter à l'époque de Domitien. Elle supportait peut-être la statue de Constantin. Voir Jordan, p. 187 et suiv. — Un fragment d'inscription trouvé près de là ne peut pas non plus, comme on l'a cru, être rapporté à cette statue de Domitien; il appartient à l'empereur Vespasien : voir Hülsen, *Römische Mittheilungen*, III, 1888, p. 89.

(5) Voir plus haut, p. 103, n. 5.

conti et Cantarelli) (1) deux actes publics de Domitien. Ainsi que l'a fait remarquer M. Hülsen (2), il est impossible d'admettre qu'on ait laissé subsister en cet endroit des monuments d'un empereur dont la mémoire a été si rigoureusement condamnée.

Au nord du forum romain, Vespasien avait élevé le temple de la Paix et un édifice pour les archives publiques. Il se pourrait que Domitien ait placé une statue de la Paix dans le temple construit par son père (3). — Près de là, au nord-est, il fit le forum (4) qui porta le nom de son successeur, Nerva (5), sous lequel il fut consacré (6). Peut-être projeté et même commencé par Vespasien (7), il est mentionné dès l'année 86 (8). C'était une

---

(1) Visconti, *Deux actes de Domitien en qualité de censeur représentés dans les bas-reliefs du double pluteus*, Rome, 1873. Cantarelli, *Bullettino comunale*, 1889, p. 99 et suiv.

(2) *Römische Mittheilungen*, IV, 1889, p. 240.

(3) Stace, *Silves*, IV, 3, 17 :

   et Pacem propria domo reponit.

Mais l'interprétation de ce vers est douteuse.

(4) Suétone, *Domitien*, 5. Eutrope, VII, 23, 5. Stace et Martial, passages cités note 8. — Sur ce forum, voir Jordan, p. 448 et suiv.

(5) Suétone, *Domitien*, 5 : « Forum quod nunc Nervae vocatur ». Lampride, *Vie d'Alexandre Sévère*, 28 : « In foro Divi Nervae, quod transitorium dicitur ». Cf. Lydus, *De mensibus*, IV, 1, p. 51, édit. Bekker. *Notitia et Curiosum*, premier supplément, 6.

(6) Aurelius Victor (*Caesares*, 12) dit de Nerva : « dedicato... foro, quod appellatur pervium, quo aedes Minervae eminentior consurgit et magnificentior ». L'inscription du temple de Minerve, élevé dans ce forum, indique la titulature de Nerva en 98 (voir p. 106, n. 4). A la même époque (la seconde édition du livre X date de 98 : voir Friedländer, édition de Martial, préface, p. 62 et suiv.), Martial fit les vers suivants en l'honneur de Janus quadrifons (X, 28) :

   Pervius exiguos habitabas ante Penates,
      plurima qua medium Roma terebat iter.
   Nunc tua Caesareis cinguntur limina donis
      et fora tot numeras, Iane, quot ora geris.

(forum romain; f. de César; f. d'Auguste; f. transitorium). Cf. X, 51, 12. — Au moyen âge, ce forum s'appelait *forum Trajani* : voir Duchesne, *Mélanges de l'Ecole de Rome*, IX, 1889, p. 348 et suiv.

(7) Aurelius Victor, *Caesares*, 9 [monuments de Vespasien] : « multaque alia, ac forum, coepta et patrata ».

(8) Martial, I, 2, 8 :

   Limina post Pacis, Palladiumque forum.

Le livre Ier fut édité en 85 ou 86 : voir Friedländer, édition de Martial, préface, p. 52 et suiv. — En 93, Martial ne mentionne cependant que trois *fora* (VIII, 44, 6) : « in triplici foro (forum romain, fora de César et d'Auguste) ». Mais il ne faut pas attacher trop d'importance à cette expression qui, dans la langue usuelle, désignait les lieux où l'on rendait la justice à Rome en

longue place, entourée d'un portique (1), qui servait de passage entre le quartier de Subura et le forum romain, et qui pour cette raison était appelée aussi *forum transitorium* (2). Le centre de cette place était occupé par le temple à quatre portes de Janus quadrifrons (3). A l'extrémité septentrionale fut élevé un grand temple consacré à Minerve (4). Il est représenté sur un fragment du

public : cf. Ovide, *Tristes*, III, 12, 24 ; Martial, III, 38, 4 ; VII, 65, 2 ; Stace, *Silves*, IV, 9, 15. Elle n'exclut pas absolument l'existence du forum de Nerva à cette époque. — En 95, Stace (*Silves*, IV, 3, 9) écrit ces vers :

[Domitiane], qui limina bellicosa Jani.
justis legibus et foro coronas.

(il y avait un temple de Janus quadrifrons dans ce forum : voir plus loin). Cf. IV, 1, 13 (silve composée la même année) :

[Janus] quem tu, vicina Pace ligatum,
omnia iussisti componere bella, novique
in leges jurare fori.

(1) Voir le plan restauré dans Canina, *Edifizj di Roma antica*, pl. CIV. Cf. Reber, *Die Ruinen Roms*, p. 163 et suiv.; H. Blümner, *Annali dell' Instituto*, XLIX, 1877, p. 34 et suiv.

(2) Lampride, *loc. cit.* Eutrope, VII, 23, 5. Servius à Virgile, *Enéide*, VII, 607. *Notitia* et *Curiosum*, dans la quatrième région. — Aurelius Victor (*loc. cit.*) l'appelle « forum pervium. » Le passage qui faisait communiquer ce forum et le quartier de Subura est indiqué sur un fragment du plan Capitolin (cf. p. 107, n. 1). Il s'appelait, au moyen âge, *Arcus Aureae* : voir Lanciani, *Monumenti antichi dell' Accademia dei Lincei*, I, p. 529.

(3) Stace et Martial, passages cités. Servius, *loc. cit.* : « Captis Faleriis civitate Tusciae (en 241 avant Jésus-Christ) inventum est simulacrum Iani cum frontibus quattuor. Propter quod in foro transitorio constitutum est illi sacrarium aliud (que celui de Janus geminus dont Servius vient de parler), quod novimus hodieque quattuor portas habere ». [Pour ce passage, voir Jordan, I, partie II, p. 347, n. 46]. Lydus, *loc. cit.* : « Ἄγαλμα (τετράμορφον) ἐν τῷ φόρῳ τοῦ Νερβᾶ ἔτι καὶ νῦν λέγεται σεσωσμένον. » — Il faut observer qu'aucun de ces textes n'implique nécessairement la construction d'un nouveau temple de Janus quadrifrons par Domitien. Le sanctuaire du dieu semble, au contraire, avoir existé à cet endroit bien antérieurement : Domitien se serait contenté de l'entourer d'une vaste place. — On ne doit pas confondre ce Janus quadrifrons avec le Janus Geminus, dont le temple fut sur le forum romain, du côté septentrional, depuis les temps les plus anciens de Rome, jusqu'à la fin de l'Empire : voir Jordan, p. 347 et suiv. Une ruine située près de Sant'Adriano, ruine dont il reste des dessins des quinzième et seizième siècles, ne doit pas être considérée, ainsi que l'a cru M. Lanciani (*L'aula*, p. 29 et suiv), comme le temple de Janus quadrifrons : c'est l'angle occidental de la basilique émilienne : voir Hülsen, *Annali dell' Instituto*, LVI, 1884, p. 323 et suiv.; *Römische Mittheilungen*, IV, 1889, p. 242 ; V, 1890, p. 95.

(4) Aurelius Victor, *loc. cit.* Le temple portait sur son fronton l'inscription suivante (*Ephem. epigr.*, IV, p. 274, n° 779 a; cf. *C. I. L.*, VI, 953) : Imp(erator) Nerva Caesar Aug[ustus Germanicus], Pont(ifex) Max(imus), trib(u-

plan Capitolin (1) : c'était un prostyle hexastyle corinthien avec une cella à trois nefs, se terminant au fond par une abside semi-circulaire. Au seizième siècle, ses ruines se voyaient encore, et l'on a conservé plusieurs dessins et gravures qui le reproduisent (2) : il fut détruit sous Paul V, au commencement du dix-septième siècle. Aujourd'hui, il ne reste plus du forum de Nerva qu'une petite partie du portique (3). Ce sont deux colonnes corinthiennes (4), dont chacune soutient un entablement composé d'une architrave, d'une frise, d'une attique et d'une corniche : par derrière, se voit le mur d'enceinte que chaque entablement va rejoindre en formant avec lui un angle droit et en s'appuyant sur un pilastre. Les charmants reliefs, par malheur fort endommagés, qui décorent les frises, sont d'une interprétation difficile : Athéna au milieu des Muses dans la vallée de l'Hélicon; Athéna punissant Arachné; travaux chers à la déesse, filage, tissage? etc. (5). Sur le mur, est sculptée une belle figure de Minerve, coiffée d'un casque, tenant une lance et un bouclier. Toute cette ruine est d'une grande richesse et d'une élégance exquise : elle donne une idée très favorable de l'architecture et de la plastique romaine à la fin du premier siècle (6).

Sur la Velia, fut construit, aux frais du trésor public et à la suite d'un sénatus-consulte, le célèbre arc de Titus. L'inscription

nicia) potest(ate) III, imp(erator) II, [co(n)s(ul) IIII, p(ater) p(atriae), aedem Mi]nervae fecit. Pour cette raison, Martial (I, 2, 8) qualifie le forum de « Palladium, » expression que justifient les sculptures de la ruine conservée.

(1) Jordan, *Forma*, pl. XVII, n° 116.

(2) Voir l'énumération de ces dessins dans Jordan, *Forma urbis*, p. 27. Cf. Lanciani, *L'Aula*, p. 24.

(3) On voit aussi une portion du mur contre lequel s'adossait le temple de Minerve. Le soubassement de ce temple, caché sous des maisons modernes, existe encore (Lanciani, *L'Aula*, p. 26).

(4) On les appelle, à Rome, « le Colonnacce. » Elles sont en partie enfouies sous le sol. Elles devaient avoir, base et chapiteaux compris, 10 mètres. Leur diamètre est de 0^m,90; leur éloignement de 5 mètres 80; les chapiteaux mesurent 1 mètre 28. Voir Reber, *Die Ruinen Roms*, p. 163.

(5) Voir Blümner, *Annali dell' Instituto*, XLIX, p. 5 et suiv; *Monumenti dell' Instituto*, X; pl. 40, 41, 41 a. Petersen, *Römische Mittheilungen*, IV, 1889, p. 88.

(6) Selon deux textes, Domitien aurait commencé le forum de Trajan. On lit dans Aurelius Victor, *Caesares*, 13 : [Trajanus] *Romae a Domitiano coepta, forum, atque alia multa plusquam magnifice coluit exornavitque*. Dans la Chronologie de saint Jérôme, p. 161 (édition Schöne), le forum de Trajan est mentionné parmi les constructions de Domitien. — C'est là, sans aucun doute, une erreur; en 98, il n'y avait que quatre *fora*; voir plus haut, p. 105, n. 6.

qu'on y lit encore porte : *Senatus Populusque Romanus Divo Tito, Divi Vespasiani f(ilio), Vespasiano Augusto* (1). Le mot *Divo* prouve que Titus était déjà mort; dans la voûte est représentée l'apothéose de l'empereur. La construction de cet arc fut sans doute décrétée en même temps que la consécration de l'empereur (2). Il fut destiné à perpétuer le souvenir de la prise de Jérusalem. Les deux principaux reliefs, composés d'une manière pittoresque, représentent le triomphe de 71; ils comptent parmi les œuvres les plus admirables de l'art romain par leur belle ordonnance, leur mouvement, leur exécution large et sévère dans les draperies et dans les nus, mais ils n'ont pas la sobriété de composition et l'élégance de style des chefs-d'œuvre grecs (3).

L'immense amphithéâtre Flavien, dont Auguste déjà projeta la construction, avait été commencé par Vespasien et continué par Titus, ce fut Domitien qui le termina (4) : il avait pourtant été inauguré dès 80 (5). — Près de là furent construites de nouvelles écoles de gladiateurs (6), et peut-être un magasin destiné

---

(1) *C. I. L.*, VI, 945.

(2) Cependant on doit remarquer que dans l'épigramme 70 du livre Ier (publié vers 85-86), où Martial indique à son livre le chemin qu'il devra suivre pour aller du forum au Palatin, l'arc de Titus n'est pas mentionné : ce qui étonne, la description topographique étant assez détaillée pour cet endroit.

(3) Sur ces bas-reliefs, voir Philippi, *Ueber die römischen Triumphalreliefs* dans les *Abhandlungen der philos.-histor. Classe der sächsischen Gesellschaft der Wissenschaften*, VI, 1872, pl. II et III; Reinach, *Revue des études juives*, XX, 1890, p. LXV et suiv.

(4) Suétone, *Vespasien*, 9. Chronique urbaine : [*Vespasianus*] *tribus gradibus amphitheatrum dedicavit* — [*Titus*] *amphitheatrum a tribus gradibus patris sui duos adjecit* — [sous Domitien] *amphitheatrum usque ad clypea*. Voir, sur ce passage, Lanciani, *Bullettino comunale*, 1880, p. 273. Les *clypea* étaient des ornements qui couronnaient la corniche supérieure : on les voit sur une monnaie de Titus (Cohen, *Titus*, 400), sur un médaillon contorniate à l'effigie de Gordien Pie (Sabatier, *Description des médaillons contorniates*, pl. VIII, fig. 11), sur le bas-relief des Haterii (*Monumenti dell' Instituto*, V, pl. 7).

(5) Suétone, *Titus*, 7. Dion Cassius, LXVI, 25. *C. I. L.*, VI, 2059. Martial, *Spectaculorum liber*, 1, 7 et 2, 5. Cohen, *Titus*, 400.

(6) Chronique urbaine : *ludos IIII*. C'étaient le *ludus magnus*, le *ludus matutinus*, le *ludus dacicus* et le *ludus gallicus*. Cependant le *ludus magnus* et le *ludus matutinus* existaient auparavant (voir Hirschfeld, *Verwaltungsgeschichte*, p. 179, n. 2; Mommsen, *Staatsrecht*, II, 1071, n. 1, n'admet que l'existence du *ludus matutinus* avant Vespasien, peut-être en un autre lieu de Rome). Il faut observer que, comme on ne trouve pas d'employés des deux autres ludi, on peut supposer qu'ils n'étaient que des dépendances du *ludus magnus* et du *ludus matutinus*. — Le *Curiosum* et la *Noti-*

à recevoir les décors et les accessoires qui servaient aux spectacles publics (1). Domitien acheva aussi ou restaura la *Meta Sudans* (2), château d'eau dont la ruine informe se voit encore entre le Colisée et l'arc de Constantin : ce monument figure déjà sur une monnaie de Titus de l'année 80 (3). On a retrouvé des tuyaux de plomb qui conduisaient l'eau de l'*aqua Claudia* à la *Meta Sudans* : ils datent du règne de Domitien (4).

Les thermes de Titus, voisins aussi de l'amphithéâtre, avaient été construits rapidement par le fils aîné de Vespasien et inaugurés en 80 (5) : Domitien les acheva (6). Ils prirent plus tard le nom de Trajan, qui les fit rebâtir (7); mais l'expression *thermae Domitianae* se trouve encore au moyen âge (8).

La *Mica Aurea*, une maison de plaisance de l'empereur, fut bâtie sur le Célius (9).

tia mettent ces écoles dans la II° et la III° région, mais les indications que ces deux ouvrages donnent ne concordent pas, peut-être parce que le *ludus gallicus* et le *ludus dacicus* n'étaient point mentionnés dans le document original (voir Jordan, *Top.*, II, p. 133 et suiv.). En tout cas, les quatre *ludi* étaient situés près du Colisée (Hirschfeld, p. 179, n. 3). — Le *ludus magnus* est représenté sur un fragment du plan Capitolin (Jordan, *Forma*, pl. I, n° 4). Il se compose d'une cour entourée d'un portique et de chambres disposées tout autour de cette cour. Le *ludus matutinus* est peut-être aussi indiqué sur un petit fragment du plan (pl. XV, n° 102).

(1) C'est, semble-t-il, le *summum choragium* (Hirschfeld, p. 182 et suiv.) représenté sur un fragment du plan Capitolin (pl. II, n° 7) et indiqué dans la III° région par le *Curiosum* et la *Notitia* : il devait être situé entre l'emplacement du futur temple de Vénus et de Rome et le Colisée (Hirschfeld, p. 184, n. 3).
(2) Chronique urbaine.
(3) Cohen, *Titus*, 400 (cf. 399).
(4) Lanciani, *Atti dei Lincei, scienze morali*, série III, tome IV, p. 371; p. 423-424, n°⁸ 1-8.
(5) Suétone, *Titus*, 7. Dion Cassius, LXVI, 25. Martial, *Spectaculorum liber*, 2, 7.
(6) Chronique urbaine : « thermas Titianas et Trajanas. » — Sur les thermes de Titus, voir en particulier Richter, *Topographie von Rom*, p. 909; Gilbert, *Geschichte und Topographie der Stadt Rom*, III, p. 297; Hülsen, *Römische Mittheilungen*, IV, 1889, p. 79; Lanciani, *Monumenti Lincei*, I, p. 483-484.
(7) Chronique urbaine : voir note précédente et (au sujet de Trajan) : « hoc imperatore mulieres in thermis Trajanis lavarunt. »
(8) *Liber pontificalis*, Vie du pape Silvestre, 33 (édit. Duchesne, p. 187; cf. n. 4 de la page 188) : « Constituit titulum suum in regione III, juxta thermas Domitianas, qui cognominantur Trajanas. » — *Mirabilia*, 7, De thermis (p. 612, édit. Jordan dans sa *Topographie*, tome II) : « thermae Domitianae. »
(9) Voir saint Jérôme (Schöne, p. 161), d'après une édition de la Chroni-

De grandes constructions furent faites sur le champ de Mars, qui avait beaucoup souffert de l'incendie de 80 (1). Domitien y réédifia, au début de son règne, le double temple d'Isis et de Sérapis (2), que de nombreuses trouvailles faites depuis plusieurs siècles près de l'église Santa Maria sopra Minerva permettent de reconstituer à peu près (3). L'architecture en était à la fois gréco-romaine et égyptienne. On y entrait par des propylées, constructions pyramidales ornées d'obélisques, on suivait ensuite une avenue bordée de sphinx, de lions, etc., au bout de laquelle s'élevait le double temple, de style égyptien, avec des colonnes de granit, des figures colossales, des obélisques. A l'intérieur, les parois étaient couvertes de bas-reliefs et d'hiéroglyphes. L'enceinte du lieu sacré était formée par un portique gréco-romain (4).

que urbaine plus complète que la nôtre, dans laquelle la *Mica Aurea* manque. Eu égard aux rapports qu'il y a entre la Chronique urbaine et l'original des régionnaires, c'est sans doute le même édifice qu'indiquent le *Curiosum* et la *Notitia* dans la II° région (Caelemontium). — Cette expression de *Mica Aurea* s'appliquait d'ailleurs, d'une manière générale, à une chose jolie et agréable, et en particulier à une maison de plaisance. On en connaît deux autres à Rome : l'une près du mausolée d'Auguste (Martial, II, 59), l'autre au Trastevere (Gatti, *Bullettino comunale*, 1889, p. 392 et suiv.; cf. Hülsen, *Römische Mittheilungen*, VI, 1891, p. 148). On lit dans les *Graphia urbis Romae* (XIII° siècle; édition Urlichs, *Codex topographicus*, p. 116) : « palatium Domitiani in Transtiberim ad Micam Auream. » Il y a là, semble-t-il, une confusion entre la *Mica Aurea* du Célius, et la *Mica Aurea* du Trastevere. — Dion Cassius (LVII, 11) dit de Tibère : « Quand il y avait des jeux ou quelque autre spectacle qui devait occuper la multitude, il se rendait la veille au soir, pour y passer la nuit, dans la maison d'un de ses affranchis qui fût voisine du lieu de la réunion, afin qu'on pût venir le saluer facilement et sans peine (le matin du jour où étaient donnés les jeux : voir Friedländer, *Sittengeschichte*, I, 6° édit., p. 157). » Ce fut peut-être pour un motif analogue que Domitien se fit construire une maison de plaisance auprès du Colisée.

(1) Voir p. 90.

(2) Chronique urbaine : « Iseum ac Serapeum. » Dès 85-86, Martial mentionne les « Memphitica templa » du Champ de Mars (II, 14, 7). — Ce temple fut embelli sous Alexandre Sévère (Lampride, 26) et restauré sous Dioclétien (Chronique urbaine).

(3) Voir un important article de M. Lanciani, *Bullettino communale*, 1883, p. 33 et suiv. Cf. Lafaye, *Culte des divinités d'Alexandrie hors de l'Egypte*, p. 216 et suiv. — C'est là qu'on a découvert le Nil du Vatican, le Tibre du Louvre et une grande quantité d'œuvres d'art égyptiennes, entre autres les trois obélisques des places de la Minerve, du Panthéon et des Thermes de Dioclétien (voir la liste des découvertes dans Lanciani, p. 34 et suiv.; cf. Hülsen, *Römische Mittheilungen*, VI, 1891, p. 125).

(4) Une partie de ce portique est figurée sur le plan Capitolin (Jordan,

Auprès du temple d'Isis fut élevé le temple de Minerva Chalcidica (1), dont le souvenir s'est conservé dans le nom de la vieille église de Santa Maria sopra Minerva (2). La statue de la déesse se voit encore au musée du Vatican : c'est la célèbre Minerve Giustiniani (3).

Dans le Champ de Mars, Domitien restaura le Panthéon (4), endommagé dans l'incendie de 80; les autres monuments touchés par cet incendie furent réparés dès la fin du règne de Titus, qui montra une grande activité à relever les ruines, ou

---

Forma, pl. v, n° 32). La ruine appelée Arco di Camigliano, qui a subsisté jusqu'à la fin du dix-septième siècle, se rattachait à l'enceinte et en était une des portes latérales (Lanciani, p. 55 et suiv.).

(1) Chronique urbaine : « Minervam Chalcidicam. » D'où vient l'épithète de Chalcidica? C'est peut-être une corruption de l'expression grecque : « Ἀθηνᾶ χαλκίοικος. » A Sparte, il y avait un temple célèbre d'Athéna portant ce nom : voir les textes cités dans le *Thesaurus* d'Estienen,, édit. Didot, s. v. Χαλκίοικος. Il est moins probable que ce nom tire son origine d'une construction appelée « chalcidicum, » sorte d'annexe dont la signification précise est contestée (voir Nissen, *Pompetanische Studien*, p. 291 et suiv.; Jordan, *Topographie*, I, 2, p. 256).

(2) Le *Curiosum* le met dans la neuvième région, après le temple d'Isis et de Sérapis. Anonyme d'Einsiedeln (*Monumenti Lincei*, I, p. 443) : « Minerviam, ibi Sancta Maria. » Mirabilia (Jordan, II, p. 631) : « juxta Pantheon templum Minervae Calcidie. » Le Pogge (*De varietate fortunae*, dans Urlichs, *Codex topographicus*, p. 238), A. Fulvius (*Antiquitates urbis*, V, p. LXXXIX), Marliani (*Thesaurus* de Graevius, III, p. 228 E) virent des ruines de ce temple dans les jardins du cloître de la Minerve.

(3) Friederichs-Wolters, *Die Gipsabgüsse antiker Bildwerke*, n° 1436; Hebbig, *Führer durch die öffentlichen Sammlungen klassischer Alterthümer in Rom*, n° 51. — Elle a été trouvée, d'après Bartoli (Fea, *Miscellanea*, I, p. CCLIV, n° 112), dans les jardins du cloître. La Minerve de la villa Ludovisi (Schreiber, *Die antiken Bildwerke der villa Ludovisi*, n° 67), trouvée dans l'enceinte du collège romain, n'a aucun rapport avec le temple de Minerva Chalcidica, qui ne s'étendait pas jusque-là. Le Pogge (*loc. cit.*) parle d'une tête énorme appartenant à une statue de Minerve, tête trouvée près du couvent des dominicains de la Minerve. « Comme on venait en grand nombre pour la voir, » ajoute-t-il, « le propriétaire du jardin où elle fut trouvée la fit enterrer de nouveau. » Cette statue se trouvait peut-être dans l'enceinte du temple.

(4) Chronique urbaine. — Il est, je crois, tout à fait impossible de dire en quoi a consisté la restauration du Panthéon par Domitien. Les recherches récentes, qui ont été faites sur la demande de M. Chédanne, pensionnaire de l'Académie de France à Rome, et qui seront étudiées par lui, ont mis hors de doute que la rotonde actuelle est tout entière l'œuvre d'Hadrien. Le Panthéon avait-il auparavant la forme d'une rotonde précédée d'un portique, ou était-il simplement rectangulaire? c'est ce qu'on ne saurait dire encore. Les recherches ultérieures apporteront peut-être quelque lumière sur cette question.

au début du règne de Domitien : le théâtre de Pompée est mentionné par Martial dès 84-85 (1), les Septa dès 85-86 (2), les thermes d'Agrippa dès 87-88 (3). Le vieux portique de Minucius fut aussi restauré (4). — Domitien fit encore construire un portique en l'honneur des empereurs divinisés (5), monument dont l'emplacement est inconnu. Enfin, il éleva un Odéon et un Stade pour les concours musicaux et athlétiques des jeux capitolins qu'il fonda. L'Odéon, qui contenait plus de dix mille places (6), semble avoir été terminé ou restauré sous Trajan, par le célèbre architecte Apollodore de Damas (7). C'était un des plus beaux monuments du champ de Mars : l'empereur Constance II l'admira à son entrée dans Rome (8); au cinquième siècle, Polemius Silvius le mettait parmi les sept merveilles de la ville (9). On ignore son emplacement exact (10). Le Stade corres-

(1) XIV, 29 et 166.
(2) II, 14, 5 ; II, 57, 2.
(3) III, 20, 15 ; III, 36, 6.
(4) Chronique urbaine : « Minuciam veterem. » Sur ce portique, voir Gilbert, *Geschichte und Topographie der Stadt Rom*, III, p. 144.
(5) Chronique urbaine : « Divorum. » Saint Jérôme, *Chronique d'Eusèbe*, p. 161, et Eutrope, VII, 23, 5 : « Divorum porticus. » Le *Curiosum* et la *Notitia* mentionnent dans la neuvième région (Champ de Mars) un édifice qu'ils appellent « Divorum » (texte du *Curiosum* : « Iseum et Serapeum, Minervam Calcidicam, Divorum »). Vu les rapports entre la Chronique urbaine et l'original que copièrent la *Notitia* et le *Curiosum*, il est probable qu'il s'agit du même monument. De plus, M. Mommsen (*Abhandlungen der sächsischen Gesellschaft*, I, p. 652, n. 40) observe que, si sur la liste des constructions de Domitien, conservée dans la Chronique, l'ordre des édifices n'est pas strictement topographique, certains groupes locaux se reconnaissent. Or, le mot *Divorum* se trouve sur la liste avant cinq édifices du Champ de Mars. — M. Borsari (*Bullettino comunale*, 1885, p. 87 et suiv.) voudrait identifier ce *Divorum porticus* avec un portique construit par Auguste, dans la huitième région, contre la basilique Julienne, en l'honneur de ses petits-fils Gaius et Lucius. Cela est impossible, car ainsi que le fait remarquer M. Beurlier (*Essai sur le culte rendu aux empereurs romains*, p. 342), Gaius et Lucius ne furent pas admis parmi les *Divi*. M. Gilbert (*Geschichte und Topographie*, III, p. 132) place ce *porticus Divorum* sur le Palatin et le met en relation avec le temple d'Auguste : rien ne le prouve.
(6) 10600 selon le *Curiosum*, 11600 selon la *Notitia*.
(7) Dion Cassius, LXIX, 4 : « Τὸν δ' Ἀπολλόδωρον τὸν ἀρχιτέκτονα, τὸν τὴν ἀγορὰν καὶ τὸ ᾠδεῖον, τό τε γυμνάσιον, τὰ τοῦ Τραιανοῦ ποιήματα, ἐν τῇ Ῥώμῃ κατασκευάσαντα. » Pausanias, V, 12, 6 [constructions de Trajan] : « θέατρον μέγα κυκλοτερὲς πανταχόθεν. »
(8) Ammien Marcellin, XVI, 10, 14.
(9) Edition Mommsen, *Chronica minora*, p. 545.
(10) Le *Curiosum* et la *Notitia* le placent dans la neuvième région. Il ne

pond à la grande place Navone, qui en a conservé la forme et le nom (*in agone*) (1). Restauré plus tard par Alexandre Sévère, il pouvait contenir plus de trente mille spectateurs (2).

Près de la porte triomphale, dans le voisinage du Circus Flaminius, Domitien fit peut-être construire, au retour d'une de ses expéditions, un temple à la Fortuna Redux (3). Après l'expédition suévo-sarmate, en 93, il éleva, auprès de ce temple, un arc de triomphe sur le faîte duquel on voyait deux quadriges d'éléphants conduits par deux figures dorées représentant l'empereur (4).

Sur d'autres points de Rome, des monuments importants fu-

---

peut s'être élevé sur l'emplacement actuel du monte Citorio, comme le prouve une étude de M. Hülsen, *Römische Mittheilungen*, IV, 1889, p. 41 et suiv.; ce lieu était occupé par d'autres monuments.

(1) Le *Curiosum* et la *Notitia* mentionnent un stade dans la neuvième région. — C'est la piazza Navone, comme l'indiquent la forme même de cette place et les débris qu'on a retrouvés au-dessous des maisons qui la bordent. L'absence de la spina, constatée lors de l'établissement des fontaines actuelles, prouve qu'il y avait là dans l'antiquité un stade et non un cirque. Voir Cancellieri, *Il mercato, il lago... nel circo Agonale* (Rome, 1811), p. 26-27; Nibby, *Roma antica*, I, p. 601 et suiv.; *Beschreibung der Stadt Rom*, III, partie 3, p. 73; Lanciani, *Bullettino dell' Instituto*, 1869, p. 229. Les catalogues régionnaires ne mentionnent d'ailleurs aucun cirque dans cette partie de Rome. De plus, le mot *Navona* vient de *In agone*. Agon se disait aussi bien du lieu où se livrait la lutte que de la lutte elle-même, et c'est le nom qui désignait la place au moyen âge (voir Nibby, *loc. cit.*; Preller, *Die Regionen der Stadt Rom*, p. 171, n. 2). — Ce stade est très probablement celui de Domitien. Il y a en effet tout lieu de croire qu'il le construisit sur le Champ de Mars, car cette plaine, la seule importante qui se trouvât dans Rome, convenait à un édifice de ce genre aussi bien qu'aux théâtres et à l'Odéon. C'était sur le Champ de Mars qu'avant Domitien César et Auguste avaient élevé des stades en bois (Suétone, *César*, 39; Dion Cassius, LIII, 1). En outre, les auteurs anciens n'indiquent pas d'autre stade permanent, car le stade d'Alexandre Sévère ne fut, autant qu'il semble, qu'une restauration de celui de Domitien (Lampride, *Vie d'Alexandre Sévère*, 24 : « ad *instaurationem* theatri, circi, amphitheatri, *stadii*. » Au douzième siècle, nous trouvons encore la place Navone actuelle appelée *circum Alexandri* (voir Nibby, *loc. cit.*; Becker, *Topographie*, p. 669).

(2) *Notitia* : 33888; *Curiosum* : 30088. — Constance l'admira aussi quand il entra dans Rome (Ammien Marcellin, *loc. cit.*).

(3) Martial, VIII, 65.

(4) Martial, *loc. cit.* — Voir, sur un bas-relief du musée Torlonia (*I monumenti del museo Torlonia*, n° 430), un arc de triomphe d'Ostie surmonté de même d'un quadrige d'éléphants. Cf. E. Q. Visconti, *Museo Pio-Clementino*, VII, pl. 17. — Peut-être cet arc remplaça-t-il l'ancienne porte triomphale (Gilbert, *Geschichte und Topographie*, III, p. 191, n. 1; Richter, *Topographie*, p. 873).

rent encore élevés. Au lieu où il était né, dans la sixième région, l'empereur édifia un magnifique mausolée, destiné à servir de lieu de sépulture aux membres de sa famille, le *templum gentis Flaviae* (1). Vespasien (2), Julie et Domitien (3) y furent certainement ensevelis; sans doute aussi Titus, ainsi que le César, fils de Domitien. Ce temple fut achevé peu avant l'année 94, date de la publication du livre IX de Martial, dans lequel il est fréquemment mentionné (4). Peut-être le lieu où il devait s'élever fut-il consacré dès l'année 89, comme semblerait l'indiquer un vers de Stace (5). Cet édifice est aujourd'hui complètement détruit : cependant on peut dire où il s'élevait. Dans la *Notitia* et le *Curiosum*, il est indiqué entre les jardins de Salluste et les thermes de Dioclétien. Il est possible de préciser encore davantage. Une inscription (6) ainsi formulée : *inter duos parietes ambitus privat(i) Flavi Sabini*, a été trouvée, au seizième siècle, dans les en-

---

(1) Suétone, *Domitien*, 1 : « Domitianus natus est... regione urbis sexta, ad Malum Punicum, domo quam postea in templum gentis Flaviae convertit. » Cf. 5 et 15. Martial, IX, 1, 8; IX, 3, 12; en particulier IX, 20 :

> Haec quae tota patet tegiturque et marmore et auro
> infantis domini conscia terra fuit.

Voir encore IX, 34. Stace, *Silves*, IV, 3, 18.

> Qui genti patriae futura semper
> sancit limina, flaviumque culmen.

Ibid., IV, 2, 60; V, 1, 240. — Chronique urbaine : « gentem Flaviam. »

(2) Martial, IX, 34, 8. — Il avait d'abord été enseveli au mausolée d'Auguste : voir Hirschfeld, *Sitzungsberichte der preussischen Akademie der Wissenschaften zu Berlin*, 1886, p. 1157-1158.

(3) Suétone, *Domitien*, 17.

(4) Voir plus haut, n. 1. La troisième silve du livre IV de Stace fut composée en 95 (Friedländer, *Sittengeschichte*, III, 6ᵉ édit., p. 478). L'épigramme de Martial, V, 64, 5, se rapporte, non à ce temple, mais au mausolée d'Auguste (Hirschfeld, *loc. cit.*, p. 1166). — Jordan (*Top.*, II, p. 35) suppose que le temple construit sans emploi de bois, dont parle Eusèbe (*Chronique*, p. 160), est celui de la famille Flavienne, qui devait avoir une coupole, comme le mausolée d'Auguste et le mausolée d'Hadrien. Mais Eusèbe place la construction du temple qu'il mentionne vers le début du règne de Domitien (année 2101 = 1ᵉʳ octobre 84-30 septembre 85; en 86, selon la *Chronique pascale*, I, p. 466, édit. Dindorf).

(5) *Silves*, I, 1, 105 :

> Certus ames terras et quae tibi templa dicamus
> ipse colas...

Voir Stange, *P. Papinii Statii carmina quae ad Domitianum spectant* (Dresde, 1887), p. 14.

(6) Gruter, p. 200, 8.

virons du carrefour des Quattro Fontane (1). Les restes de ce temple ont peut-être été retrouvés aussi au seizième siècle : il aurait été de petites dimensions et de forme circulaire (2). — J'ai parlé, au chapitre précédent, d'une place et d'un autel faits par Domitien près de ce temple de la famille Flavienne (3).

Sur l'Esquilin (place Victor-Emmanuel) existent encore les ruines d'un château d'eau antique, ruines qualifiées sans raison de trophées de Marius (4). La maçonnerie de cet édifice semble d'une époque assez basse; mais il était orné de deux trophées que Sixte-Quint fit transporter sur la balustrade du Capitole, au sommet de l'escalier qui mène à la place : on les y voit aujourd'hui (5). Sous l'un des deux fut trouvée l'inscription suivante : *Imp(eratoris) Dom(itiani) Aug(usti) Ger(manici) per Cre[scentem?] lib(ertum)* (6). Ces sculptures faisaient-elles partie de la décoration d'un château d'eau construit par Domitien et restauré dans la suite (7)? Ou furent-elles transportées là, d'un édifice construit par cet empereur en souvenir de ses prétendues victoires? Il est difficile de le dire. A en juger d'après leur style, elles semblent d'une époque postérieure à Domitien (8).

Le grand cirque qui, sous Vespasien, avait déjà deux cent cinquante mille places (9), semble avoir été en partie modifié à la suite d'un incendie (10). Comme Domitien ajouta deux factions

___

(1) Hülsen, *Römische Mittheilungen*, VI, 1891, p. 120. — Il n'y a donc pas lieu de tenir compte de la découverte d'une tête colossale de Vespasien, faite en 1873, dans les fondations du ministère des finances (*Bullettino comunale*, 1873, p. 229), pour déterminer l'emplacement du temple de la famille Flavienne.

(2) Flaminio Vacca, *Memorie*, n° 38, dans Fea, *Miscellanea*, I, p. LXXII.

(3) Voir p. 79.

(4) Voir, à ce sujet, Lanciani, *Atti dell' Accademia dei Lincei*, série III, t. IV, p. 383 et suiv.; Jordan, *Topographie*, I, partie I, p. 478; Canina, *Edifizj di Roma antica*, pl. CCXXXIV, CCXXXV.

(5) Reproduction dans Righetti, *Descrizione del museo Capitolino*, II, pl. 387.

(6) D'après Cittadini. Voir Bruzza, *Annali dell' Instituto*, XLII, 1870, p. 111; Jordan, p. 479, n. 103. On ne sait malheureusement pas si cette inscription était en rapport direct avec le trophée.

(7) Ce monument est représenté sur des monnaies d'Alexandre Sévère. Voir Ch. Lenormant, *Revue numismatique*, 1842, p. 332, pl. XVI et XVII; Donaldson, *Architectura numismatica*, p. 270 et suiv.; Petersen, *Römische Mittheilungen*, II, 1887, p. 295.

(8) Winckelmann (*Storia delle arti del disegno*, traduction Fea, 1783, II, p. 367) les attribue cependant à l'époque de Domitien.

(9) Pline l'Ancien, *Histoire naturelle*, livre XXXVI, 102.

(10) Suétone, *Domitien*, 5. Voir Becker, *Topographie*, p. 667.

aux quatre qui existaient auparavant (1), il fut nécessaire d'établir douze portes pour les chars, au lieu de huit. Ce prince semble avoir fait aussi construire une loge impériale ; Pline loue Trajan de l'avoir supprimée (2). Enfin, le nombre des places fut peut-être augmenté. Ces travaux furent achevés sous Trajan (3).

Sur la rive droite du Tibre, Domitien creusa un vaste bassin pour les naumachies, bassin qui fut détruit peu de temps après (4).

Nous ignorons le lieu où furent élevés d'autres édifices de Domitien, les deux temples de Junon (5), les *Semptem Atria* (6).

Un si grand nombre de *Jani*, d'arcs de triomphe, commémorant les guerres de Domitien, furent construits dans Rome, qu'un jour une main inconnue écrivit sur l'un d'eux : ἀρκεῖ (c'est assez) (7). Une médaille de l'année 85 nous montre une porte triomphale à deux arches, richement décorée de reliefs et surmontée de deux quadriges d'éléphants, conduits chacun par une figure de l'empereur (8). Nous avons déjà vu que Martial décrit un monument semblable élevé près la porte triomphale à la suite

---

(1) Voir plus loin, p. 121.
(2) Pline le Jeune, *Panég.*, 51.
(3) Dion, LXVIII, 7. Pausanias, V, 12, 6. Cohen, *Trajan*, 545. — On se servit pour les travaux en question des pierres de la naumachie construite par Domitien (Suétone, *Domitien*, 5).
(4) Suétone, *Domitien*, 4 : « Edidit navales pugnas paene justarum classium, effosso et circumstructo juxta Tiberim lacu. » Cf. 5. Dion Cassius, LXVII, 8 : « ἐν καινῷ τινι χωρίῳ ναυμαχίαν ἐπετέλεσε » (à la suite du double triomphe sur les Daces et les Cattes). Stace, *Silves*, IV, 4, 5 :

    Continuo dextras flavi pete Tybridis oras
    Lydia qua penitus stagnum navale coercet.

Mais il s'agit peut-être dans ce passage du bassin creusé par Auguste pour les naumachies. — Le bassin de Domitien ayant été détruit quelque temps après, on ne doit pas en chercher la mention dans le *Curiosum* et la *Notitia*.
(5) Martial, IX, 3, 9 :

    Quid pro culminibus geminis matrona Tonantis ?

Peut-être un de ces deux temples est-il celui qui s'élevait à l'intérieur du portique d'Octavie, brûlé en 80. Voir Jordan, *Forma*, p. 33.
(6) Chronique urbaine. — C'étaient vraisemblablement diverses constructions destinées à un usage public, greniers, bains, etc., ou bien un seul édifice divisé en plusieurs corps de bâtiment. Voir Jordan, *Forma*, p. 29.
(7) Suétone, *Domitien*, 13. Cf. Pline, *Panég.*, 54.
(8) Donaldson, *Architectura numismatica*, p. 223 et suiv., n° 57. Cohen, *Domitien*, 530. Cf. Cohen, 531 [monnaie semblable avec co(n)s(ul) XVII = 95-96], et Cohen, 672 [avec co(n)s(ul) XV = 90-91].

de l'expédition suévo-sarmate, en 93 (1). Après le meurtre de Domitien, la plupart de ces arcs furent renversés (2).

Domitien s'occupa aussi du bien-être de la population de Rome. De nouveaux greniers publics furent bâtis (3). Les aqueducs furent entretenus avec soin. On a conservé une inscription de 88 (4) dans laquelle un entrepreneur de constructions remercie la Bonne Déesse de l'avoir aidé par sa bienveillance à terminer les travaux de la conduite souterraine d'un bras de l'aqueduc Claudien, travaux faits sur l'ordre de l'empereur. La porte Capène, au-dessus de laquelle passait une conduite d'eau (5), fut restaurée (6). Nous avons vu que ce fut probablement sous Domitien que l'eau de l'*aqua Claudia* fut amenée au Palatin (7). Dans le camp des prétoriens, on a retrouvé plusieurs tuyaux de plomb portant le nom de Domitien (8). D'une manière générale, ce nom est un des plus fréquents sur les tuyaux qui ont été retrouvés (9). Le *curator aquarum* était, sous ce règne, Acilius Aviola, prédécesseur du célèbre Frontin (10).

En 92, un édit ordonna l'enlèvement de toutes les boutiques et échoppes en bois qui, placées devant les maisons, rétrécissaient les rues et causaient des incendies (11).

(1) Voir plus haut, p. 113.
(2) Dion Cassius, LXVIII, 1.
(3) Chronique urbaine : « Horrea piperataria, ubi modo est basilica Constantiniana, et horrea Vespasiani. » Les *horrea piperataria* doivent être identifiés à ceux dont parle Dion Cassius (LXXII, 24) : « Le feu prit la nuit dans une maison, gagna le temple de la Paix, et dévora l'entrepôt des marchandises d'Egypte et d'Arabie, puis, continuant de s'élever, atteignit le Palatin. » Quant aux *horrea Vespasiani*, on ignore leur position.
(4) *C. I. L.*, XIV, 3530.
(5) Richter, *Topographie*, p. 884.
(6) Chronique urbaine : « Portam Capenam. »
(7) Voir plus haut, p. 101.
(8) Lanciani, *Atti dell' Accademia dei Lincei, loc. cit.*, p. 439 (n°° 105-106) et p. 519.
(9) Outre ceux qui ont déjà été cités, voir Lanciani, n°° 10, 137, 471, 472, 473; *Bullettino comunale*, 1882, p. 171; 1888, p. 42; 1890, p. 179.
(10) Il le fut de 74 à 97 (Lanciani, p. 527). Sur les *procuratores aquarum* de l'époque de Domitien, voir Hirschfeld, *Verwaltungsgeschichte*, p. 108, n. 1; Lanciani, p. 532.
(11) Martial, VII (livre paru en décembre 92), 61 :

> Abstulerat totam temerarius institor urbem
>   inque suo nullum limine limen erat.
> Jussisti tenues, Germanice, crescere vicos,
>   et modo quae fuerat semita facta via est.
> Nulla catenatis pila est praecincta lagonis,
>   nec praetor medio cogitur ire luto.

A côté des édifices construits par Domitien à Rome, nous devons mentionner le palais d'Albano (1), où il aimait à séjourner (2). On en a retrouvé des restes dans la villa Barberini, entre la voie Appienne et le lac d'Albano, le village d'Albano et celui de Castel-Gandolfo. Le palais de l'empereur, dont quelques substructions se voient encore, s'élevait dans un site splendide, au-dessus de quatre terrasses disposées en étages (3), et sur la cime du cratère qui enferme le lac (4). On découvre de là toute la campagne romaine, les lacs d'Albano, de Némi, les montagnes albaines, celles de la Sabine (5). Aux alentours se voient les ruines d'un théâtre (6), d'un amphithéâtre (7), d'un temple anti-

---

(1) Voir Henzen, *Bullettino dell' Instituto*, 1853, p. 1 et suiv. (rapport sur les études de P. Rosa); Canina, *Edifizj di Roma antica*, V, p. 46-47, 58; VI, pl. LV, LVI, LVIII, LXX; *Revue archéologique*, XXX, 1875, p. 343 (fragments d'une grande corniche). Cf. Lanciani, *Notizie degli Scavi*, 1889, p. 164.

(2) Dion Cassius, LXVI, 3 et 9; LXVII, 1 et 14. Suétone, *Domitien*, 4 et 19. Tacite, *Agricola*, 45. Martial, V, 1; XI, 7, 3. Stace, *Silves*, IV, 2, 65; V, 2, 168. Juvénal, Satire IV. Pline le Jeune, *Lettres*, IV, 11, 6; *Panég.*, 82. *C. I. L.*, IX, 5420. — Avant lui, plusieurs princes avaient séjourné à Albano (Dion Cassius, LVIII, 24; Sénèque, *Ad Polybium de consolatione*, XVII, 4; Suétone, *Néron*, 25). Après Domitien, ce palais fut encore habité par les empereurs (Martial, XII, 48, 11; Gallicanus, *Vie d'Avidius Cassius*, 9; *C. I. L.*, XIV, 2307 et 2308; *Ephem. epigr.*, VII, n° 1254; Nibby, *Analisi della carta dei dintorni di Roma*, I, p. 98). L'*ager Albanus* paraît d'ailleurs avoir été en entier propriété impériale (Digeste, XXX, 39, 8).

(3) Sur la seconde terrasse, P. Rosa a cru reconnaître les restes d'un cirque, mais l'espace semble trop exigu pour avoir pu contenir une construction de ce genre. — Sur la troisième, s'ouvre un crypto-portique encore décoré de stucs dans les voûtes.

(4) Aussi l'appelait-on « Arx Albana » : Tacite, *Agricola*, 45; Martial, IX, 101, 12; Juvénal, IV, 145. Cf. Dion Cassius LXVII, 1 (« ἀκρόπολις ») et *C. I. L.*, XIV, 2947. — Il couvrait l'espace compris entre la villa Barberini à Castelgandolfo et le couvent des Riformati. La célèbre Galleria di Sopra traverse les substructions de ce palais. — Dans la villa Barberini, on a trouvé des tubes de plomb avec les inscriptions suivantes : *C. I. L.*, XIV, 2304 : « *Imp(eratoris) Caesar(is) Domitiani Aug(usti), sub cura Alypi proc(uratoris), fec(erunt) Esychus et Hermeros ser(vi). Alb(ano).* » *C. I. L.*, XIV, 2305 : « *[Imp(eratoris) Caesar(is) Do]mitiani Aug(usti), sub cura [...] proc(uratoris), Primigenius ser(vus) fec(it). Alb(ano).* » Cf. *C. I. L.*, XIV, 2306. — De plus, la villa Barberini se trouve exactement au quatorzième mille de Rome, distance indiquée par Martial (IX, 64, 4; IX, 101, 12).

(5) Martial, V, 1 :

Palladiae seu collibus uteris Albae,
Caesar, et hinc Triviam (lac de Nemi) prospicis, inde Thetin.

(6) Vers l'entrée de la villa Barberini. C'était peut-être là que se célébraient une partie des jeux albains en l'honneur de Minerve. Voir plus loin.

(7) Il y avait certainement un amphithéâtre au palais d'Albano sous Do-

que (1). Le lac tout entier était entouré de quais, de portiques, de loges, de nymphées (2).

Entre Rome et la villa d'Albano, au huitième mille de la voie Appienne, fut construit un temple d'Hercule : le dieu était représenté sous les traits de l'empereur (3).

Domitien avait aussi à Tusculum une villa somptueuse sur les ruines de laquelle la plus grande partie de la ville actuelle de Frascati est construite (4). Nous connaissons d'autres villas habitées par cet empereur à Antium (5), à Gaëte (6), à Circéi (7), à Anxur (8), à Baies (9).

Domitien fut, après Auguste, le prince qui modifia le plus l'aspect de Rome. Mais ces constructions contribuèrent à épuiser ses ressources (10) et causèrent les confiscations iniques qui marquèrent la fin de son règne.

mitien. Voir Dion Cassius, LXVII, 14; Juvénal, IV, 99. — Cependant l'amphithéâtre dont il reste des traces entre San Paolo et l'église des Capucins semble, par son système de construction, dater d'une époque postérieure à Domitien : Westphal, *Die römische Kampagna*, p. 24.

(1) C'est aujourd'hui l'église della Rotunda. On a voulu y voir, sans raison plausible, un temple de Minerve, déesse qui avait certainement un sanctuaire à Albano (voir Suétone, *Domitien*, 4; Martial, V, 1, 1). — Le camp, dont il reste des vestiges au-dessus du village actuel d'Albano, semble dater seulement, dans son état actuel, de l'époque constantinienne (De Rossi, *Bullettino dell' Instituto*, 1870, p. 69).

(2) Voir Henzen, *Bullettino dell' Instituto*, 1853, p. 24 et suiv. — Domitien aimait à s'y promener en barque (Pline le Jeune, *Panég.*, 82).

(3) Martial, IX, 3, 11; IX, 64; IX, 65 ; IX, 101. D'après la date à laquelle fut publié le livre IX (vers le milieu de 94), ce temple fut probablement terminé vers 93 ou 94. Sur son emplacement, voir Canina, *Edifizj*, V, p. 39. — Il existe, au musée Torlonia (*I monumenti del museo Torlonia*, n° 401 ; Bernoulli, *Römische Iconographie*, II, partie 2, p. 55, n° 5), une statue colossale trouvée, dit-on, à Antium, qu'on pourrait rapprocher de ces vers de Martial s'il était prouvé qu'elle représente Domitien en Hercule, comme le voulait P. E. Visconti. Mais la ressemblance de la tête avec Domitien me paraît très contestable.

(4) *C. I. L.*, XIV, 2657. Lanciani, *Bullettino comunale*, 1884, p. 181 et suiv., et pl. xx.

(5) Martial, V, 1, 3. *Notizie degli Scavi*, 1883, p. 133.

(6) Martial, V, 1, 5.

(7) Martial, *loc. cit.* et XI, 7 4.

(8) Martial, V, 1, 6.

(9) Martial, IV, 30. Pline, *Panég.*, 82.

(10) Martial (IX, 3) parle des dépenses énormes que Domitien fit pour tous ces édifices :
> nam tibi quod solvat non habet arca Jovis.

Voir encore Plutarque, *Poplicola*, 15. Suétone, *Domitien*, 12 : « exhaustus operum et munerum impensis. »

DEUXIÈME PARTIE.

Afin de se concilier la faveur du peuple, qui considérait les jeux comme une dette du prince envers lui et montrait pour ces divertissements une passion violente (1), Domitien donna à Rome un grand nombre de fêtes (2). Il suivit à cet égard l'exemple de son père et de son frère (3) : il fallait faire oublier Néron à la foule, qui regretta longtemps cet empereur prodigue. Lui-même semble avoir eu beaucoup de goût pour les jeux : ce fut pour son plaisir personnel qu'il en institua à Albe et qu'il fit probablement construire un stade sur le Palatin.

Sous ce prince, qui acheva le Colisée et construisit les écoles de gladiateurs, les jeux de l'amphithéâtre furent nombreux et brillants. Nous avons vu qu'il décida que des combats de gladiateurs seraient célébrés régulièrement tous les ans, au mois de décembre, par les questeurs désignés (4). Pour rehausser l'éclat de ces fêtes, il y assistait toujours et y faisait paraître, sur la demande du peuple deux couples de gladiateurs, instruits dans ses écoles : ils combattaient les derniers, revêtus de la livrée impériale (5). — Lui-même donna fréquemment des jeux exceptionnels dans l'amphithéâtre. Tandis que son frère Titus avait favorisé le petit bouclier thrace (*parma*) (6), il se déclara partisan du grand (7). Lorsqu'il revint de son expédition contre les Sarmates, il institua des combats de gladiateurs, selon l'ancienne mode du Latium (8). A plusieurs reprises, il fit combattre dans l'arène des nains et des femmes (9). On y vit aussi de grandes chasses (10),

---

(1) Voir Friedländer, *Sittengeschichte*, II, 6ᵉ édit., p. 296 et suiv.

(2) Suétone, *Domitien*, 4 : « Spectacula assidue magnifica et sumptuosa edidit. »

(3) Dion Cassius, LXVI, 10; LXVI, 15; LXVI, 25. Suétone, *Titus*, 8. Martial, *Spectaculorum liber*, livre dont toutes les poésies se rapportent très probablement aux fêtes données lors de l'inauguration de l'amphithéâtre Flavien en 80 (voir Friedländer, édition de Martial, I, p. 134 et suiv.).

(4) Voir p. 59.

(5) Suétone, *Domitien*, 4.

(6) Suétone, *Titus*, 8.

(7) Suétone, *Domitien*, 10. Cf. Pline, *Panég.*, 33. Aussi Martial médit-il du petit bouclier, XIV, 213; cf. IX, 68.

(8) Martial, VIII, 80.

(9) Suétone, *Domitien*, 4. Dion Cassius, LXVII, 8. Stace, *Silves*, I, 6, 51 et suiv. Martial, I, 43, 10; XIV, 213. Cet usage, antérieur à Domitien, dura après lui : voir Dion Cassius, LXVI, 25; LXI, 17; LXXV, 16; Juvénal, I, 22 et suiv.; VI, 246 et suiv.; Scoliaste de Juvénal, IV, 53.

(10) Suétone, *loc. cit.* Martial, V, 65; VIII, 26; VIII, 55.

des taureaux domptés avec lesquels des enfants jouaient (1), des lions qui saisissaient des lièvres et les reposaient ensuite à terre sans leur faire aucun mal (2), des cerfs attelés (3), des luttes d'antilopes (4), des représentations d'exploits illustres (5), et mille autres divertissements que nous font connaître Martial et Stace dans de mauvais vers. Ces fêtes avaient lieu parfois la nuit, au milieu de l'amphithéâtre illuminé (6). — Imitant l'exemple de Titus, Domitien donna dans l'amphithéâtre un combat naval (7).

Comme nous l'avons dit, il restaura le grand Cirque. Aux quatre factions de conducteurs de chars qui existaient déjà (la rouge, la blanche, la bleue, la verte), il en ajouta deux nouvelles : la faction d'or et la faction de pourpre (8), dont le matériel et les chevaux furent peut-être fournis par l'empereur lui-même. Elles disparurent sans doute bientôt, car il n'en est plus fait mention à une époque postérieure. A plusieurs reprises, des spectacles magnifiques furent donnés dans le cirque, entre autres, à la suite des deux triomphes de 89, un double combat de cavalerie et d'infanterie (9). Lors des jeux séculaires, pour qu'on achevât plus

---

(1) Martial, V, 31. — Les épigrammes du livre V rappellent peut-être des jeux célébrés à l'occasion du double triomphe sur les Daces et les Cattes : voir chapitre VI.

(2) Martial, I, 6; I, 14; I, 22; I, 44; I, 48; I, 51; I, 60; I, 104. Ces épigrammes rappellent vraisemblablement les fêtes célébrées lors du premier triomphe sur les Cattes, à la fin de 83 : voir Friedländer, édit. de Martial, préface, p. 54. Stace composa une silve sur la mort d'un lion apprivoisé que chérissait l'empereur (II, 5).

(3) Martial, I, 104.

(4) Martial, IV, 35; IV, 74.

(5) Martial (VIII, 30) parle d'un criminel qui dut jouer dans l'amphithéâtre le rôle de Mucius Scaevola : il se brûla la main droite sur un brasier. Cf. X, 25 (où Martial proteste contre cette cruauté) et aussi I, 21.

(6) Suétone, *Domitien*, 4. Dion Cassius, LXVII, 8. Stace, *Silves*, I, 6, 85 et suiv.

(7) Suétone, *loc. cit.* Cf. Martial, I, 5 (naumachie donnée sans doute lors du premier triomphe sur les Cattes).

(8) Suétone, *Domitien*, 7; Dion Cassius, LXVII, 4 (sans doute après la première guerre contre les Cattes, en 83). *C. I. L.*, VI, 10062 : *D(is) m(anibus). Epaphroditus, agitator f(actionis) r(ussatae); vic(it) CLXXVIII et at purpureum liber vic(it) VIII.* — Un des plus célèbres conducteurs de chars de cette époque fut Scorpus, qui remporta 2048 victoires, et à qui l'on éleva des statues (voir Martial, IV, 67; V, 25; X, 50; X, 53; X, 74; XI, 1. *C. I. L.*, VI, 8628, 10048, ligne 19; 10052. Cf. Friedländer, *Sittengeschichte*, II, 6ᵉ éd., p. 328 et suiv.).

(9) Suétone, *Domitien*, 4. Dion Cassius, LXVII, 8. — A la suite du même triomphe, il y eut, parmi les fêtes qui furent célébrées, des courses de jeunes filles : Dion Cassius, LXVII, 8.

aisément dans une seule journée les cent tours réglementaires, il réduisit chaque course de chars, de sept tours à cinq (1). — Comme Néron, il favorisait le parti des verts. Martial, en bon courtisan, se moqua des bleus sous son règne (2).

Le théâtre était, à l'époque impériale, le moins populaire de tous les spectacles (3). Cependant les mimes étaient fort goûtés, et Domitien ne semble pas avoir pris de mesures pour réprimer leur immoralité (4). Nous connaissons plusieurs acteurs qui jouaient alors ces sortes de pièces : Latinus, qui jouit d'une grande faveur auprès du prince (5); Thymélé, probablement maîtresse de Latinus (6); Panniculus (7). — Mais Domitien interdit les représentations publiques de pantomimes, au grand mécontentement des Romains (8). Le plus fameux des pantomimes de cette époque fut Pâris, amant de l'impératrice Domitia (9). Stace composa pour lui une pièce intitulée : *Agavé* (10). — Martial et Juvénal nous ont conservé les noms de plusieurs musiciens célèbres : Canus (11), Glaphyrus (12), Pollio (13).

Pour célébrer ses triomphes sur les Daces et les Cattes, Domitien fit paraître des flottes presque entières dans un bassin creusé sur la rive droite du Tibre. Selon Dion Cassius, la plupart de ceux qui prirent part au combat périrent (14).

Mais parmi les fêtes que Domitien célébra à Rome, les jeux Capitolins méritent surtout d'être cités (15). Néron avait fondé en 60 les Néronées, qui comprenaient des courses de chars, des concours de chant, de musique, de poésie, d'éloquence, d'athlétique,

---

(1) Suétone, *loc. cit.*
(2) VI, 46. Après le meurtre de Domitien, il changea de langage : XI, 33.
(3) Voir Friedländer, *Sittengeschichte*, II, p. 435.
(4) Martial, III. 86. Cf. I, 4, 5.
(5) Martial, I, 4, 5; II, 72, 3; III, 86, 3; V, 61, 11; IX, 28; XIII, 2, 3. Juvénal, I, 36; VI, 44. Scolies de Juvénal à IV, 53. Suétone, *Domitien*, 15.
(6) Martial, I, 4, 5. Juvénal, I, 36; VI, 66; VIII, 197.
(7) Martial, II, 72, 4; III, 86, 3; V, 61, 12. — A ces noms il faut peut-être ajouter celui de Tettius Caballus (Martial, I, 41, 17).
(8) Voir plus haut, p. 85.
(9) Suétone, *Domitien*, 3 et 10. Dion Cassius, LXVII, 3. Martial, XI, 13. Juvénal, VI, 87.
(10) Juvénal, VII, 87.
(11) Martial, IV, 5, 8; X, 3, 8.
(12) Martial, IV, 5, 8. Juvénal, VI, 77.
(13) Martial, III, 20, 18; IV, 6, 9. Juvénal, VI, 387; VII, 176.
(14) Dion Cassius, LXVII, 8. Cf. Suétone, *Domitien*, 4.
(15) Sur les jeux Capitolins, voir Friedländer, *Sittengeschichte*, II, 6ᵉ édit., p. 481 et suiv.; p. 630 et suiv.

et qui devaient avoir lieu tous les cinq ans. L'empereur-artiste avait voulu imiter les grands jeux de la Grèce, et se faire décerner des couronnes sur des rivaux venus de toutes les parties du monde. Après sa mort, les Néronées furent abolies (1). — Domitien, s'inspirant de cet exemple (2), fonda des jeux quinquennaux en l'honneur de Jupiter Capitolin (3) : les premiers eurent lieu en 86 (4). Ces fêtes, d'un caractère hellénique (5), étaient célébrées en été (6). L'empereur les présidait, chaussé de sandales, vêtu d'une toge grecque en pourpre, portant sur la tête une couronne d'or, où l'on voyait représentés Jupiter, Junon et Minerve ; le flamine diale et les prêtres des Flaviens divinisés siégeaient auprès de lui dans le même costume, mais sur leur couronne l'image de l'empereur remplaçait celle des dieux (7). — Il y avait des concours musicaux (en prenant le mot dans le sens large que lui donnaient les Grecs), équestres et gymniques : pour la poésie latine, la poésie grecque, l'éloquence latine, l'éloquence grecque, la cithare sans accompagnement, la cithare accompagnée par un chœur de chant, la citharédique (solo de chant avec cithare), le chant, la flûte, peut-être l'orgue, les courses de chars, les courses à pied auxquelles prirent part même des jeunes filles; les exercices du pentathle (saut, course, lutte, jet du disque, pugilat) (8). Ces concours avaient lieu dans l'Odéon, le Stade, construits exprès par Domitien, et le Cirque.

Les jeux Capitolins eurent tout de suite un grand retentisse-

---

(1) Sur les Néronées, voir Friedländer, II, p. 480.

(2) Un fragment, fort mutilé du reste, d'une lettre de Domitien, trouvé à Delphes (*Bull. de corresp. hellén.*, VI, 1882, p. 451), prouve l'intérêt que l'empereur prenait aux jeux pythiques.

(3) Suétone, *Domitien*, 4. Stace, *Silves*, III, 5, 92; IV, 2, 62. Martial, IX, 101, 22. Philostrate, *Apollonius*, VII, 12. Etc... — En réalité ces jeux se renouvelaient tous les quatre ans, dans la cinquième année qui suivait les jeux précédents : sous Domitien, en 86, 90, 94.

(4) Censorinus, *De die natali*, XVIII, 15 : « Quorum agonum primus a Domitiano institutus fuit, duodecimo ejus et Ser. Cornelii Dolabellae consulatu. » Cf. *Chronique pascale*, I, p. 466, édit. Dindorf.

(5) Voir Friedländer, *Sittengeschichte*, III, p. 427. On les comparait aux jeux olympiques : l'espace de quatre ans compris entre deux concours Capitolins est appelé, dans une inscription grecque, olympiade : *C. I. G.*, II, add., 2810 B, ligne 28.

(6) Friedländer, II, p. 481, n. 2. Lafaye, *De poetarum et oratorum certaminibus apud veteres*, p. 66.

(7) Suétone, *Domitien*, 4.

(8) Suétone, *Domitien*, 4 (cf. Philostrate, *Apollonius*, VII, 12), et les textes cités par Friedländer, II, p. 630.

ment. On accourait de fort loin pour y prendre part (1). Le nombre des rivaux, qui appartenaient à toutes les classes de la société (2), était considérable : en 94, pour le prix de poésie grecque, cinquante-deux concurrents se présentèrent (3). Ceux que les juges déclaraient vainqueurs recevaient une couronne de chêne de la main même de l'empereur (4) : c'était leur unique récompense (5), mais ils devenaient célèbres dans tout l'empire. Nous connaissons les noms de quelques-uns de ces vainqueurs. Collinus remporta le prix de poésie latine en 86 (6), Scaevus Memor, « honneur du cothurne latin », frère du poète satirique Turnus et beau-frère de la célèbre Sulpicia, en 90 ou 94 (7). Ce fut au second ou au troisième concours qu'échoua le futur historien P. Annius Florus, encore tout enfant (8) ; Stace, dont le nom était cependant connu de tous (9), fut vaincu en 94 ; il ne s'en consola pas et, bientôt après, il quitta Rome, qu'il avait prise en dégoût (10). En 94, Q. Sulpicius Maximus, un enfant de douze ans qui mourut peu de temps après, par suite d'excès de travail, se mit sur les rangs pour le prix de poésie grecque (11). On donna comme sujet : « Jupiter reprochant à Phébus d'avoir livré son char à Phaéton. » Nous avons conservé la pièce du jeune poète, gravée sur son monument. Ce sont des vers bien tournés, mais déclamatoires et sentant l'école : le thème, déjà traité mille fois, ne se prêtait guère à des développements originaux. Du reste,

---

(1) Martial, IX, 40 :
> Tarpeias Diodorus ad coronas
> Romam cum peteret Pharo relicta...

(2) Palfurius Sura était fils d'un consul, Stace d'un rhéteur, Q. Sulpicius Maximus d'un affranchi, semble-t-il.

(3) Ce renseignement nous est donné par le monument de Q. Sulpicius Maximus, qui se trouve à Rome au Musée des Conservateurs : Kaibel, *Inscriptiones graecae Siciliae et Italiae*, 2012 ; cf. Lafaye, *loc. cit.*, p. 70 et suiv.

(4) Martial, IV, 1, 6 ; IV, 54 ; IX, 3, 8 ; IX, 23, 5 ; IX, 101, 22. Stace, *Silves*, IV, 2, 62 ; V, 3, 231. Juvénal, VI, 387.

(5) Peut-être les vainqueurs qui n'avaient pas le droit de cité le recevaient-ils (voir Friedländer, II, p. 634).

(6) Martial, IV, 54.

(7) Martial, XI, 9 ; cf. XI, 10. Scolies de Juvénal, I, 20.

(8) Edition Halm, p. 106. — Friedländer, p. 631. Lafaye, p. 80 et suiv.

(9) Juvénal, VII, 83.

(10) Stace, *Silves*, III, 5, 31 et suiv. ; V, 3, 231 et suiv. Voir Friedländer, *Sitteng.*, III, p. 478 ; Kerckhoff, *Duae quaestiones papinianae*, p. 30.

(11) Monument cité, n. 3. A plusieurs reprises, des enfants concoururent pour le prix de poésie des jeux Capitolins (voir *C. I. L.*, IX, 2860).

Sulpicius ne reçut pas la couronne de chêne ; ses parents disent seulement qu'il sortit honorablement de la lutte (1). — Palfurius Sura reçut le prix d'éloquence latine à un des concours du règne (2). — L'athlète T. Flavius Artemidorus fut vainqueur en 86 (3); il échoua, semble-t-il, quatre ans après (4). T. Flavius Archibius remporta, en 94, le prix pour le pancration des adolescents (5).

Le nombre des concours fut restreint après Domitien (6), mais les jeux Capitolins ne furent pas abolis : jusqu'à la fin du quatrième siècle, on les célébra, et le souvenir s'en conserva au moyen âge (7).

A Albano, Domitien institua des fêtes en l'honneur de Minerve, sa déesse favorite (8); ces fêtes, quoique moins brillantes que les jeux Capitolins, leur ressemblaient à certains égards. Elles avaient lieu tous les ans du 19 au 23 mars (9). Elles étaient dirigées par un des prêtres du collège de Minerve, que l'empereur avait fondé. On y assistait à des représentations théâtrales, à des chasses d'animaux dans l'amphithéâtre, à des concours d'orateurs et de poètes (10). La récompense des vainqueurs était une couronne d'olivier en or (11). Stace obtint le prix pour des poésies célébrant les guerres de Germanie et de Dacie (12). — Après la mort de

---

(1) « Favorem quem ob teneram aetatem excitaverat in admirationem ingenio suo perduxit, et cum honore discessit. »

(2) Suétone, *Domitien*, 13. — Pour l'éloquence grecque et latine, le sujet était toujours le même : l'éloge de Jupiter Capitolin. Voir Quintilien, *Inst. orat.*, III, 7, 4 : « Laudes Capitolini Jovis, perpetua sacri certaminis materia. » L'expression *sacrum certamen* désignait les jeux Capitolins (Quintilien, *Inst. Orat.*, IX, 4, 11; C. I. L., VI, 10047).

(3) Kaibel, *Inscriptiones Graecae Siciliae et Italiae*, n° 746.

(4) Martial, VI, 77, et l'observation de Friedländer.

(5) Kaibel, n° 747. Pour les concours gymniques, les vainqueurs étaient ordinairement des Grecs; les Romains, en effet, méprisaient l'athlétique.

(6) Suétone, *Domitien*, 4.

(7) Friedländer, II, p. 634; III, p. 427. Lafaye, p. 89 et suiv.

(8) Suétone, *Domitien*, 4 : « Celebrabat in Albano quotannis quinquatria Minervae. » Dion Cassius, LXVII, 1.

(9) C. I. L., I, p. 388-389.

(10) Suétone et Dion Cassius, *loc. cit.*

(11) Martial, IX, 23; IX, 24; IX, 35, 9; cf. IV, 1, 5.

(12) Stace, *Silves*, III, 5, 28 :

Ter me nitidis Albana ferentem
dona comis, sanctoque indutum Caesaris auro...

IV, 2, 66 :

cum modo Germanas acies, modo Daca sonantem
praelia, Palladio tua me manus induit auro.

Domitien ces jeux furent supprimés : ils ne sont plus mentionnés à une date postérieure.

Domitien fit au peuple de grandes largesses, pour célébrer soit des solennités religieuses comme les sacrifices du *Septimontium* (1), soit des victoires (2). C'étaient tantôt des repas où la plèbe, les chevaliers et les sénateurs venaient s'asseoir (*recta caena*), tantôt des distributions de vivres dans des corbeilles que chacun emportait (*sportula*) (3). Parfois l'empereur faisait remettre des jetons : ceux qui les avaient reçus les échangeaient ensuite contre des boissons ou d'autres présents (4). De petites boules de bois contenant des bons étaient lancées dans l'amphithéâtre au milieu des spectateurs; ces bons donnaient droit à différents objets, dont plusieurs étaient d'un certain prix : comestibles, vêtements, vases, chevaux, esclaves (5). De grands banquets étaient célébrés dans le palais impérial (6); Martial et Stace furent une fois au nombre des convives, ils s'en montrèrent si fiers qu'ils déclarèrent qu'une invitation de Jupiter lui-même ne leur aurait pas fait plus de plaisir (7).

A trois reprises, Domitien fit donner soixante-quinze deniers à chacun des deux cent mille Romains qui participaient aux dis-

V, 3, 228 :
<blockquote>si per me serta tulisses
Caesarea donata manu.</blockquote>

IV, 5, 22 :
<blockquote>..... Hic mea carmina
regina bellorum virago
Caesareo decoravit auro.</blockquote>

Dans le premier passage cité, Kerckhoff (*Duae questiones Papinianae*, p. 28 et suiv.) lit tu au lieu de ter, correction qu'il appuie sur des arguments assez vraisemblables.

(1) Suétone, *Domitien*, 4.

(2) Dion Cassius, LXVII, 4; Martial, I, 11 et 26 (après l'expédition contre les Cattes de 83). Dion, LXVII, 8; Stace, *Silves*, I, 6; Martial, V, 49, 8 (après les triomphes de 89 : voir chapitre VI). Martial, VIII, 50 (après l'expédition du Danube de 92).

(3) Suétone, *Domitien*, 4 : « Septimontiali sacro quidem, senatui equitique panariis, plebei sportellis cum obsonio distributis, initium vescendi primus fecit. » Cf. Martial, V, 49, 10.

(4) Martial, I, 11; I, 26. Suétone, *Domitien*, 4, *in fine*.

(5) Dion Cassius, LXVII, 4 (cf., pour l'éclaircissement de ce texte, LXVI, 25). — On jetait même aux spectateurs des fruits, des gâteaux, des oiseaux (Stace, *Silves*, I, 6, 9 et suiv., 75 et suiv.). On leur distribuait des essences (Stace, *loc. cit.*, 66).

(6) Pline, *Panég.*, 49.

(7) Stace, *Silves*, IV, 2, en particulier vers 10 et suiv. Martial, VIII, 39 et IX, 91.

tributions réglementaires de blé (1). Ce fut une dépense totale de quarante-cinq millions de deniers. Ce chiffre, fort élevé, est cependant inférieur à celui des libéralités des empereurs du second siècle (2).

Nous n'insisterons pas sur l'état des arts à Rome sous Domitien. Dans l'énumération de ses constructions, nous avons indiqué les édifices qui nous restent de cette époque et les sculptures qui servirent à les décorer : les reliefs du *forum transitorium* et ceux de l'arc de Titus (3). On connaît les noms de quelques artistes de la fin du premier siècle : Rabirius, l'architecte du Palatin (4); Evodus dont nous avons une belle intaille représentant Julie (5); le peintre Artémidore (6). Le luxe de Domitien fut utile aux artistes dont il occupa l'activité. Mais, malgré l'excellence de certaines œuvres, le règne du dernier empereur Flavien ne semble pas avoir marqué une période importante dans l'histoire des arts qu'aucun esprit nouveau ne transforma. Des signes de décadence se montrent dans l'architecture qui vise trop à la richesse : un goût exagéré pour les matériaux précieux, la surcharge de l'ornementation.

---

(1) Suétone, *Domitien*, 4 : « Congarium populo nummorum trecenorum ter dedit. » Martial, VIII, 15, 4 : « Et ditant Latias tertia dona tribus. » Chronique urbaine : « Congiarium dedit ter ✶ LXXV. » Cf. Pline le Jeune, *Panég.*, 28. — Ce fut en 93, à la suite de son expédition contre les Suèves et les Sarmates, que Domitien ordonna le troisième congiaire, dont parle Martial. La pièce de vers commence ainsi :

Dum nova Pannonici numeratur glo:'a belli.

Les deux autres furent peut-être donnés en 83 et en 89, à la suite des triomphes que l'empereur célébra alors. — Une monnaie de Domitien (Cohen, 43), datée de son deuxième consulat (en 73), porte au revers : *Cong(iarium) II*, mais elle est hybride. Voir Pick, *Zeitschrift für Numismatik*, XIV, 1887, p. 371.

(2) Voir Lacour-Gayet, *Antonin le Pieux et son temps*, p. 72.

(3) On a quelques beaux portraits de cette époque, par exemple : la prétendue Julie du musée du Capitole (Bernoulli, *Römische Ikonographie*, II, 2, p. 50, fin du paragraphe), une autre prétendue Julie du musée de Florence (Bernoulli, *loc. cit.*, p. 49, n° 2 et pl. XVI), la Domitia (?) du musée du Capitole (Bernoulli, *loc. cit.*, p. 64 et pl. XX a et b).

(4) Voir plus haut, p. 95.

(5) Brunn, *Geschichte der griechischen Künstler*, 2ᵉ édition, p. 340. Bernoulli, *loc. cit.*, p. 44.

(6) Martial, V, 40 :

Pinxisti Venerem; colis, Artemidore, Minervam,
et miraris opus displicuisse tuum.

C'était donc, selon Martial, un peintre médiocre.

Je ne parlerai pas en détail de la littérature à l'époque de Domitien ; je dirai seulement ce qu'il fit pour et contre elle.

Malgré le peu de goût qu'il montra depuis son avénement pour les lettres (1), il témoigna une certaine bienveillance aux écrivains. Dans la société de cette époque, la poésie tenait une place importante (2). C'étaient surtout les poètes qu'on étudiait dans les écoles (3) ; quelques auteurs étaient de leur vivant même considérés comme des classiques et lus jusqu'au fond des provinces (4) ; les plus grands personnages faisaient des vers (5), occupation dont le prince ne pouvait guère prendre ombrage et à laquelle les portait leur éducation ; d'aucuns professaient pour la poésie un véritable culte (6). Par politique autant que par vanité, Domitien devait chercher à provoquer les flatteries des poètes dont les œuvres se répandaient partout. Les nobles, qu'il prétendait abaisser, protégeaient les écrivains qui en retour les célébraient dans leurs vers (7) : ne pouvant empêcher ces louanges, l'empereur voulut s'en faire décerner de plus grandes.

En dépit de sa prodigalité, ce ne fut pas par des secours pécuniaires qu'il se concilia l'affection des poètes : à cet égard, l'avare Vespasien se montra plus généreux que lui (8). Martial eut beau lui adresser maintes fois des prières fort peu discrètes ; Domitien resta sourd à ses plaintes (9). Il ne consentit même pas à lui donner la concession gratuite de l'eau d'aqueduc (10), faveur qu'il accorda cependant à Stace (11). — Mais il flatta la vanité des poètes. Il faisait bon accueil à leurs vers (12) et leur en commandait quel-

---

(1) Voir plus haut, p. 38.
(2) Voir Friedländer, *Sittengeschichte*, III, 6⁰ édit., p. 377 et suiv. Boissier, *Religion romaine d'Auguste aux Antonins*, II, p. 164 et suiv.
(3) Martial, VIII, 3, 15. Quintilien, I, 8.
(4) Martial, I, 1 ; III, 95, 7 ; V, 15, 4 ; VI, 87 ; VII, 88 ; IX, 97 ; X, 9 ; XI, 3 ; XII, 3 ; etc.
(5) Voir Friedländer, *Sittengeschichte*, III, p. 459 et suiv.
(6) Pline, *Lettres*, III, 7, 8 ; III, 15, 2.
(7) Voir Friedländer, III, p. 432 et suiv.
(8) Voir Suétone, *Vespasien*, 18 ; Tacite, *Dialogue des orateurs*, 9.
(9) Martial, IV, 27 ; V, 15 ; V, 19 ; VI, 10 (dont le dernier vers prouve que Martial n'avait pas encore éprouvé la générosité de Domitien) ; VII, 60 ; VIII, 24. — On a remarqué que, dans les œuvres de Martial, il y a beaucoup de demandes d'argent à l'adresse de Domitien, mais aucun remerciement (Nisard, *Poètes latins de la décadence*, I, p. 402).
(10) Martial, IX, 18.
(11) Stace, *Silves*, III, 1, 61 et suiv.
(12) Martial, I, 4 ; I, 101 ; II, 91, 3 ; IV, 27 ; V, 6 ; VI, 1, 5 ; VI, 64, 14 ; VII, 12 ; VIII, 82.

quefois (1). Il les invitait à sa table (2). Turnus, le poète satirique, était fort bien en cour (3). Martial avait assez d'influence auprès du prince pour faire obtenir le droit de cité à des personnages qu'il recommandait (4). Lui-même reçut le droit des trois enfants (5). Les concours Albains et Capitolins ne durent pas être fort utiles aux lettres, ils ne provoquèrent sans doute que des œuvres banales et ampoulées ; cependant les poètes vinrent avec empressement s'en disputer les couronnes et y chercher la consécration solennelle de leur talent. — Domitien n'eut d'ailleurs pas comme Auguste le dessein de faire d'eux les auxiliaires de sa politique : Horace prêchait la morale au nom du prince ; Martial parlait bien haut du plaisir que Domitien, ce rigoureux censeur, prenait à lire ses épigrammes.

Il ne se montra pas hostile à l'éloquence : dans sa lutte contre l'aristocratie, il eut besoin de délateurs habiles à parler pour se débarrasser de ses adversaires. Comme son père (6), il protégea les rhéteurs (7). L'hostilité de ces hommes, qui regrettaient parfois la république, époque plus favorable que le principat à l'art oratoire, et dans les écoles desquels on glorifiait souvent le temps passé et la liberté (8), eût été dangereuse pour le pouvoir : ils avaient une grande influence sur l'esprit des jeunes gens qui

---

(1) Stace, *Silves*, I, prooemium : « Hos versus quos in Equum Maximum feci, indulgentissimo Imperatori, postero die quam dedicatum erat opus, tradere jussus sum. »
(2) Voir p. 126.
(3) Scoliaste de Juvénal, I, 20.
(4) III, 95, 11 :

Quot mihi Caesareo facti sunt munere cives,
nec famulos totidem suspicor esse tibi.

Cf. IV, 27, 4.
(5) III, 95, 5 :

Praemia laudato tribuit mihi Caesar uterque
natorumque dedit jura paterna trium.

Cf. II, 91 et 92 ; IX, 97. — Il est possible que Titus ait accordé à Martial ce droit et que Domitien le lui ait confirmé (Friedländer, édition de Martial, I, p. 6). Mais les deux Césars peuvent être aussi Vespasien et Titus (Mommsen, *Staatsrecht*, II, 3ᵉ édit., p. 888, n. 4).
(6) Suétone, *Vespasien*, 18. Zonaras, XI, 18, p. 494. Digeste, L, 4, 18, 30. Voir, à ce sujet, Boissier, *La fin du paganisme*, II, p. 198.
(7) Ceux naturellement qui ne le provoquèrent pas par leurs attaques. Le rhéteur Curiatius Maternus fut mis à mort sous son règne pour avoir déclamé contre les tyrans. Voir chapitre XI.
(8) Juvénal, I, 15 et suiv.; VII, 150. Dion Cassius, LXVII, 12. Tacite, *Dialogue des orateurs*, 35.

venaient en foule écouter leurs leçons. D'autre part, ils pouvaient rendre au gouvernement impérial d'importants services en glorifiant le prince et en attaquant les ennemis acharnés des Flaviens, les philosophes, qu'eux aussi détestaient, par jalousie de métier (1). Quintilien, le plus célèbre rhéteur de cette époque (2), fut chargé par Domitien de l'éducation de ses deux neveux et fils adoptifs (3) et reçut de lui les ornements consulaires (4). Aux jeux du Capitole et aux jeux Albains furent institués des concours pour l'éloquence grecque et l'éloquence latine.

Le règne de Domitien fut peu favorable à l'histoire. Elle fut écrite soit par des courtisans, qui virent dans le récit d'événements presque contemporains une occasion de flatter l'empereur et la dynastie à laquelle il appartenait (5), soit par des écrivains d'opposition qui racontèrent le passé pour faire des allusions malveillantes au temps présent. Ces pamphlets furent punis avec une extrême rigueur (6). — Quant aux philosophes, nous verrons que Domitien les persécuta (7).

Parmi les services que cet empereur rendit aux lettres, il faut citer la restauration des bibliothèques de Rome dont plusieurs avaient été brûlées lors des incendies de la ville sous Néron et Titus (8). Il fit rechercher partout des exemplaires des livres qui avaient péri et envoya même des copistes à Alexandrie (9).

(1) Voir Friedländer, III, 6ᵉ édit., p. 679.
(2) Martial, II, 90. Pline le Jeune, *Lettres*, II, 14, 10; VI, 6, 3.
(3) *Inst. Orat.*, IV, prooemium, 2.
(4) Ausone, *Gratiarum actio*, VII, 31 : « Quintilianus consularia per Clementem (cousin de Domitien et père des deux enfants adoptés par l'empereur) ornamenta sortitus. »
(5) Tacite, *Hist.*, II, 101 : « Scriptores temporum, qui potiente rerum Flavia domo monimenta belli hujusce (la guerre de 69) composuerunt, curam pacis et amorem rei publicae corruptas in adulationem causas tradidere. »
(6) Suétone, *Domitien*, 10; Tacite, *Agricola*, 2. Voir, plus loin, aux chapitres VII, IX et XI.
(7) Voir chapitre IX.
(8) Suétone, *Domitien*, 20. La bibliothèque du portique d'Octavie avait brûlé en 80; voir p. 90. Elle dut être rétablie aux frais de l'*aerarium Saturni*, car elle ne dépendait pas de l'administration impériale (voir Hirschfeld, *Verwaltungsgeschichte*, p. 191). — Domitien semble avoir déplacé la bibliothèque du temple d'Auguste, peut-être à la suite d'un incendie. Trajan la remit à son ancienne place. Martial, XII, 3, 7 (livre édité en 101; voir Friedländer, édition de Martial, préface, p. 65 et suiv.) :

> Jure tuo veneranda novi (c'est le temple d'Auguste) pete limina templi,
> reddita Pierio sunt ubi tecta choro.

Voir, sur ce passage, la note de Friedländer, *ad locum*.
(9) Suétone, *loc. cit.*

CHAPITRE V.

L'ITALIE, LES PROVINCES, L'ARMÉE.

Le gouvernement de Domitien eut des effets bienfaisants en Italie.

Cet empereur prit au sujet des subsécives une mesure qui rendit la sécurité à beaucoup de cultivateurs italiens, troublés par des réclamations inopportunes de Vespasien et de Titus.

Le mot *subseciva* s'appliquait à différentes catégories de terres (1) :

a) Lors de la fondation d'une colonie, les arpenteurs (*agrimensores*) traçaient du Sud au Nord et de l'Est à l'Ouest deux séries de lignes qui, se coupant à angle droit, limitaient des lots (*centuriae*), en forme de rectangles parfaits. Comme le terrain concédé n'avait pas une configuration régulière, des espaces plus ou moins considérables s'étendaient, après l'opération des arpenteurs, entre ses limites naturelles et les limites artificielles de la surface divisée en centuries. On les appelait *subseciva* (2), quand ils avaient moins de deux cents jugères (superficie ordinaire d'une centurie), et *loca extraclusa* quand ils étaient plus grands; juridiquement ces *loca* étaient assimilés aux *subseciva* (3).

b) A l'intérieur même de la surface mesurée, il y avait une certaine quantité de terres qui, lors du partage du sol, n'avaient pas été distribuées, à cause de leur aridité ou du nombre trop restreint des colons. C'étaient des *subseciva* (4) (ayant une superficie inférieure à celle d'une centurie) ou des *loca relicta* (d'une

---

(1) Voir Rudorff, *Gromatici veteres*, II, p. 390 et suiv. Marquardt, *Staatsverwaltung*, I, 2ᵉ édit., p. 130.
(2) Frontin, *De agrorum qualitate*, dans les *Gromatici veteres*, I, p. 6.
(3) Frontin, *De controversiis*, ibid., p. 22.
(4) Frontin, *De agrorum qualitate*, p. 6. Hygin, *De generibus controversiarum*, p. 132. Siculus Flaccus, *De condicionibus agrorum*, p. 163.

superficie plus grande), juridiquement assimilés comme les *loca extraclusa* aux *subseciva* (1).

c) Quelquefois, si le territoire destiné à la colonie était d'une étendue insuffisante, on achetait ou on confisquait dans les cités voisines des terres (2) que l'on divisait ensuite en centuries régulières et où il pouvait y avoir, soit après l'arpentage, soit après l'assignation, des *subseciva*, des *loca extraclusa* et *relicta* (3).

Les subsécives appartenaient de droit à l'autorité qui avait fait l'assignation (4), c'est-à-dire, pour les colonies militaires, au prince. Il pouvait les vendre ou les donner, soit à des particuliers dans une nouvelle distribution, soit aux communes (colonies ou municipes) sur le territoire desquelles elles se trouvaient (5), et il cessait d'en être propriétaire. — Quant aux subsécives non vendues ou non cédées, beaucoup d'entre elles furent occupées peu à peu par les cultivateurs voisins, sans que les empereurs réclamassent (6); elles continuèrent néanmoins à appartenir de plein droit au prince, car à l'égard des biens fiscaux, il n'y avait pas de prescription.

Vespasien, qui trouva l'État dans de grands embarras financiers, fit revivre ce droit de propriété. Il reprit pour les mettre en vente un grand nombre de subsécives occupées irrégulièrement (7). — Les communes imitèrent cet exemple; beaucoup d'entre elles en effet étaient propriétaires de subsécives qui leur avaient été concédées autrefois par des empereurs, mais que, depuis, des particuliers avaient prises: elles les réclamèrent (8). — Justes au point de vue du droit strict, ces revendications étaient inopportunes

---

(1) Frontin, *De controversiis*, p. 22.
(2) Hygin, *De condicionibus agrorum*, p. 119.
(3) Siculus Flaccus, *De condicionibus agrorum*, p. 163.
(4) Frontin, *De controversiis*, p. 8.
(5) Frontin, *De controversiis agrorum*, p. 53. Hygin, *De generibus controversiarum*, p. 133; *De limitibus*, p. 111; *De condic. agr.*, p. 117. Siculus Flaccus, *De condic. agr.*, p. 163.
(6) Frontin, *De controv. agror.*, p. 53 : « Per longum tempus attigui possessores vacantia loca quasi invitante otiosi loci oportunitate invaserunt, et per longum tempus inpune commalleaverunt. » Cf. *ibid.*, p. 56.
(7) Frontin, *De controversiis agrorum*, p. 54 : « Pecuniam quarumdam coloniarum Imp. Vespasianus exegit quod non haberent subsiciva concessa: non enim fieri poterat ut solum illud quod nemini erat adsignatum, alterius esse posset quam qui poterat adsignare. Non enim exiguum pecuniae fisco contulit venditis subsicivis. » Cf. Hygin, *De limitibus*, p. 111; *De generibus controversiarum*, p. 133. Voir à ce sujet Jullian, *Bulletin épigraphique*, IV, 1884, p. 136-137.
(8) Frontin, *De controversiis agrorum*, p. 54 et 56.

(immédiatement après une guerre civile très funeste aux Italiens) (1) et même dans plus d'un cas contraires à l'équité, car souvent ceux qu'elles frappaient avaient acquis des subsécives par héritage, par don, par achat, sans même savoir que l'Etat ou les communes en fussent propriétaires; ils avaient passé de longues années à défricher des terres en général incultes. Aussi toute l'Italie s'émut-elle; des députations furent envoyées à Vespasien, qui consentit à suspendre ses poursuites (2). Mais Titus les reprit (3).

Domitien régla définitivement la question des subsécives, peut-être à la suite d'un procès qu'il eut à juger. En tout cas, ce procès fut antérieur à l'édit général rendu sur les subsécives, car après l'édit, il n'aurait pas eu raison d'être. Nous en avons conservé la sentence : elle est du 19 juillet 82 (4). Auguste, après la bataille d'Actium fonda une colonie de vétérans à Falerio (5). Une partie des colons furent aussi établis dans la commune voisine de Firmum, à laquelle Auguste fit don des subsécives après l'assignation des lots. Une centaine d'années plus tard, les subsécives se trouvaient occupées par les propriétaires voisins, descendants ou héritiers de ces colons, par conséquent citoyens de Falerio comme eux. Les Firmiens prétendirent qu'elles leur appartenaient et l'affaire fut portée devant Domitien. L'empereur dans son jugement constata que, par une lettre, Auguste avait engagé les Firmiens à vendre leurs subsécives : comme ils avaient vraisemblablement suivi cette recommandation, ils ne devaient plus en être propriétaires depuis longtemps. Il déclara aussi que, quand même les terres en question n'auraient pas été vendues, l'antiquité de la possession équivalait à un titre de propriété pour les Falériens (6).

---

(1) Il faut observer de plus que Vespasien ferma aux Italiens l'accès des légions (Mommsen, *Hermès*, XVI, 1884, p. 19); c'était une ressource qu'il enlevait aux citoyens peu aisés de la péninsule.

(2) Frontin, *De controv. agr.*, p. 54 : « [Vespasianus] postquam legationum miseratione commotus est, quia quassabatur universus Italiae possessor, intermisit, non concessit. »

(3) Frontin, *loc. cit.*, Hygin, *De generibus controversiarum*, p. 133.

(4) (*C. I. L.*, IX, 5420 : Table de bronze trouvée à Fallerone (Falerio dans le Picenum). Voir les observations de Mommsen à la suite de l'inscription.

(5) *Liber coloniarum*, p. 227. Voir Mommsen, *C. I. L.*, IX, p. 519.

(6) « Et vetustas litis, quae post tot annos retractatur a Firmianis adversus Falerienses vehementer me movet, cum possessorum securitati vel minus multi anni sufficere possint, et Divi Augusti diligentissimi et indulgentissimi erga quartanos suos (les Firmiens : voir *C. I. L.*, p. 508) principis epis-

Il rendit ensuite un édit d'un caractère général, par lequel il assimila les subcésives à des biens soumis à l'usucapion et les concéda en toute propriété aux particuliers qui les détenaient depuis longtemps (1). Toute réclamation ultérieure du prince et des communes était ainsi écartée. « Par cet édit, » écrit Frontin (2), auteur contemporain, « Domitien délivra toute l'Italie de la crainte » que lui avaient causée les mesures de Vespasien et de Titus.

Cependant, la situation économique de l'Italie n'en resta pas moins très précaire. Ce fut autant pour venir en aide aux agriculteurs que pour essayer d'arrêter la dépopulation de l'Italie que Nerva projeta et que Trajan organisa les institutions alimentaires.

Des travaux publics importants furent entrepris en Italie par Domitien. A partir de Sinuesse, point où la voie Appienne s'éloignait de la côte pour se diriger vers Capoue et Bénévent, l'empereur fit construire une nouvelle voie jusqu'à Cumes, la voie Domitienne, qui en remplaça une autre très incommode et fort longue. Rome fut ainsi rapprochée du golfe de Naples, de Baies, la grande ville d'eaux, et de Pouzzoles, le premier port du monde. A cause des marécages et des sables mouvants qui bordaient la côte, on avait dû faire des soutènements, des jetées, des ponts. Le Vulturne, qui répandait au loin ses eaux, avait été endigué. Un arc de triomphe indiquait à Sinuesse le commencement de la route qui, à certains endroits était pavée de marbre (3). Dans une Silve entière (4), Stace décrit cette voie, qui est, à ses yeux, une œuvre aussi imposante qu'aurait pu l'être le percement de l'isthme

---

tula, qua admonuit eos ut omnia subpsiciva sua colligerent et venderent; quos tamen tam salubri admonitioni paruisse non dubito. Propter quae possessorum jus confirmo. » Cf. Siculus Flaccus, *De condic. agr.*, p. 163.

(1) Suétone, *Domitien*, 9 : « Subsiciva quae divisis per veteranos agris carptim superfuerunt, veteribus possessoribus ut usu capta concessit. » Hygin, *De generibus controv.*, p. 133 : « Domitianus per totam Italiam subsiciva possidentibus donavit, edictoque hoc notum universis fecit. » Cf. Siculus Flaccus, *De condicionibus agrorum*, p. 163. Traité *Agrorum quae sit inspectio*, p. 284.

(2) *De controv. agr.*, p. 54 : « Praestantissimus postea Domitianus ad hoc beneficium procurrit et uno edicto totius Italiae metum liberavit. »

(3) Voir N. Bergier, *Histoire des grands chemins de l'Empire romain*, édition de 1728, I, p. 229. Desjardins, *Table de Peutinger*, p. 219 et suiv.

(4) *Silves*, IV, 3. Cf. préface du livre IV; IV, 4, 2. Voir aussi Dion Cassius, LXVII, 14 : « Ἐν τούτῳ τῷ χρόνῳ ἡ ὁδὸς ἡ ἀπὸ Σινοέσσης ἐς Πουτεόλους ἄγουσα λίθοις ἐστορέσθη. » En réalité, la voie nouvelle se terminait à Cumes :

> fine viae recentissimo,
> qua monstrat veteres Apollo Cumas.

(Stace, *Silves*, IV, 3, 114).

de Corinthe ou du mont Athos. Il faut remarquer qu'elle fut construite pendant la période de terreur qui remplit la fin du règne de Domitien (1). Même alors, ce prince ne négligeait pas les intérêts de l'empire.

Domitien fit aussi, à la fin de sa vie, réparer la voie Latine. Stace nous apprend qu'il confia ce soin au sénateur Vitorius Marcellus, auquel Quintilien dédia son *Institution oratoire* (2). — Quelques travaux publics furent aussi exécutés sur l'ordre de l'empereur à Rimini (3).

Nous savons fort peu de choses sur l'état des provinces au temps de Domitien. Les auteurs anciens ne nous font presque rien connaître à ce sujet; les inscriptions qui pouvaient témoigner de la reconnaissance des provinciaux pour les bienfaits accordés par cet empereur, celles qui furent gravées en son honneur par des gouverneurs et d'autres fonctionnaires furent presque toutes détruites après sa mort. Les surnoms des villes, les noms des provinciaux indiquent d'ordinaire le prince qui leur donna des privilèges, qui leur concéda le droit de cité; mais comme Vespasien, Titus et Domitien s'appelaient tous les trois *T. Flavius*, il est difficile de faire la part de chacun d'eux. De plus, il est probable qu'un certain nombre de cités qui, sous Domitien, avaient reçu l'épithète de « Flaviennes » y renoncèrent après 96 (4).

Quelques modifications furent faites dans le régime administratif des provinces.

La Mésie, qui s'étendait auparavant de la Save à la mer Noire fut partagée en deux provinces, Supérieure à l'ouest, Inférieure à l'est, séparées par le fleuve Ciabrus (5) (la Kibritza), et gouvernées l'une et l'autre par des consulaires (6). — Pline, dont l'*Histoire*

---

(1) Dion Cassius, *loc. cit.* Il continue en rapportant que cette année-là même (τῷ αὐτῷ ἔτει), Clemens fut mis à mort : or Clemens périt en 95. Le livre IV des *Silves* fut édité en 95 (cf. *Silves*, IV, 1 et voir à ce sujet Friedländer, *Sittengeschichte*, III, 6ᵉ édit., p. 478).

(2) Stace, *Silves*, IV, 4, 60 :
 et spatia antiquae mandat [Domitianus] renovare Latinae.
Vitorius Marcellus était alors curateur de la voie latine.

(3) *C. I. L.*, XI, 368. Il s'agit probablement de la rectification du cours d'un ruisseau; voir la note ajoutée à l'inscription dans le *C. I. L.* — Voir encore *C. I. L.*, XI, 428 : inscription sur un tuyau de plomb servant de conduite d'eau, à Rimini.

(4) Voir plus loin pour Corinthe.
(5) Ptolémée, III, 9, 1.
(6) Voir Marquardt, *Staatsverwaltung*, I, 2ᵉ édit., p. 303.

naturelle parut en 77 (1), ne parle point de cette division (2); elle n'existait donc pas alors. En 82, C. Vettulenus Civica Cerialis est indiqué dans un diplôme militaire comme légat de Mésie, sans épithète. Mais, dans le même document, le légat de l'armée de Germanie Supérieure est mentionné comme exerçant son commandement « in Germania » (3). On ne peut donc en conclure que la division n'était pas faite à cette date, ce qui est cependant très probable (4). — Il faut sans doute placer cette division à l'époque des guerres daciques qui eurent lieu sous Domitien, de 86 à 89, et l'expliquer par la nécessité dans laquelle les Romains se trouvèrent de surveiller plus activement leur frontière du Danube. Une inscription du temps de Domitien (5) nous apprend que L. Funisulanus Vettonianus fut successivement (6) légat de Dal-

(1) Préface, 3.
(2) III, 149 : « Pannoniae jungitur provincia quae Moesia appellatur, ad Pontum usque cum Danuvio decurrens. Incipit a confluente supra dicto [celui de la Save]. »
(3) *Ephemeris epigraphica*, IV, p. 496 (le 19 septembre 82) : « Iis qui sunt in Germania sub Q. Corellio Rufo; item in ala et cohortibus... quae sunt in Moesia sub C. Vettuleno Civica Ceriale. »
(4) En 85 ou 86 (voir chapitre VI, *Guerres de Dacie*), Oppius Sabinus semble avoir été légat de la Mésie tout entière. Voir Jordanès, *Getica*, XIII, p. 76, édit. Mommsen : « Cui provinciae tunc, post Agrippam, Oppius praeerat Savinus. » [Il s'agit ici de Fonteius Agrippa, légat de Mésie, tué au début du règne de Vespasien par les Sarmates (Josèphe, *Bellum Judaicum*, VII, 4, 3)].
(5) *C. I. L.*, III, 4013 : « *L. Funisulano, L. f. An(iensi tribu), Vettoniano... leg(ato) pro pr(aetore) provinc(iae) Delmatiae, item provinc(iae) Pannoniae, item Moesiae superioris, donato [ab Imp(eratore) Caes(are) Domitiano Aug(usto) Germanico] bello dacico coronis IIII, murali, vallari, classica, aurea, hastis puris IIII, vex(il)lis IIII*. La mention de Domitien et le martelage de son nom indiquent que l'inscription fut gravée avant la mort de ce prince, que, par conséquent, en 96, la division des deux Mésies était faite. — Voir aussi *C. I. L.*, XI, 571, autre inscription de Funisulanus Vettonianus : les termes sont identiques.
(6) Dans la première des inscriptions citées note 5, le *cursus honorum* est dans l'ordre direct. Le mot *item* n'indique pas ici (comme le veut Borghesi, *Œuvres*, IX, p. 273), des fonctions simultanées, mais des fonctions successives : cf. *C. I. L.*, III, 550 (inscription d'Hadrien); Cagnat, *Cours d'épigraphie latine*, p. 96, n. 2. De même, Q. Pomponius Rufus qualifié dans une inscription (*C. I. L.*, VIII, 13) de « *[leg(atus) Aug](usti) pro prae(tore) provin-[c(iarum) M]oesiae, Dalmati[ae]*, » fut successivement gouverneur de ces deux provinces; voir *C. I. L.*, III, p. 859, p. 863, et *Archäologisch.-epigraphische Mittheilungen aüs Oesterreich*, XI, 1887, p. 25. — Dans la seconde inscription, le *cursus honorum* est dans l'ordre inverse et cependant les trois légations sont indiquées suivant le même ordre que dans la première. Mais il faut observer que la Dalmatie, la Pannonie, la Mésie supérieure étaient toutes les trois des provinces *impériales consulaires*, que Funisulanus ne

matie, de Pannonie, de *Mésie Supérieure*. Mais on peut préciser davantage. En 84 et en 85, il gouvernait la Pannonie (1). Il alla donc, après 85, en Mésie Supérieure, province dont il dût être le premier légat, et ce fut vraisemblablement en cette qualité qu'il reçut des récompenses militaires, lors d'une des deux guerres contre les Daces (2). Le premier gouverneur connu de la Mésie Inférieure est Q. Pomponius Rufus qui la gouvernait en 100 (3), mais elle est mentionnée dès l'époque de Domitien (4).

La Galatie et la Cappadoce furent d'abord réunies sous Domitien, comme sous ses deux prédécesseurs, et gouvernées par un légat consulaire (5). Mais après l'année 92, on voit en Galatie un légat prétorien, Sospes (6), et avant 93, en Cappadoce, un autre

---

reçut pas d'autres gouvernements impériaux, et que peut-être les trois légations qu'il exerça se succédèrent sans aucun intervalle. Ces considérations suffisent à expliquer l'ordre chronologique suivi dans la seconde inscription.

(1) *Ephem. epigr.*, V, p. 94 : diplôme militaire du 3 septembre 84; *C. I. L.*, III, p. 855 : diplôme du 5 septembre 85.

(2) Cf. encore, pour l'époque de la création des deux Mésies, *C. I. L.*, VIII, 9372 : «... *donis donato ab* [........] *Germ(anico) corona aurea,* [.......... ha]*stis puris duabus,* [........] *bello germanico,* [*proc(uratori) Aug(usti) M]oesiae Superio[ris* ...]. Il s'agit peut-être de Domitien et d'une des deux guerres de Germanie de 83 ou de 89.

(3) *C. I. L.*, III, p. 863. *Archäol-epigr. Mitth.*, loc. cit.

(4) Spartien, *Vie d'Hadrien*, 2 : « Post hoc in Inferiorem Moesiam translatus, extremis jam Domitiani temporibus. »

(5) Voir Marquardt, *Staatsverwaltung*, I, 2e édit., p. 361 et suiv. Perrot, *De Galatia provincia*, p. 100 et suiv. — A. Caesennius Gallus, sous Titus et au début du règne de Domitien, gouvernait à la fois la Galatie et la Cappadoce : voir une inscription d'Ancyre en Galat., de l'année 82 (*C. I. L.*, III, 312), et des monnaies de Césarée de Cappadoce (Mionnet, *Supplément*, VII, p. 663, n°s 25 et 26). Une inscription d'Ancyre (*C. I. L.*, III, 250) qualifie Ti. Julius Candidus Marius Celsus de *leg(atus) Aug(usti) pro pr(aetore)*. Deux hypothèses sont possibles : a) Ce personnage put être légat prétorien de Galatie avant son consulat, c'est-à-dire avant 86 (*C. I. L.*, III, p. 857) : la séparation des deux provinces aurait été faite par conséquent entre les années 82 et 86 ; b) il put être légat consulaire de Cappadoce et de Galatie après son consulat ; cette seconde hypothèse reculerait de plusieurs années la date de la séparation. La première est plus probable : voir n. 1 de la page 138.

(6) *C. I. L.*, III, 6818 : «... *Sos[pi]ti, feliali, leg(ato) Aug(ustorum) pro pr(aetore) provinc(iarum) Gal(atiae), Pisid(iae), Phryg(iae), Luc(aoniae), Isaur(iae), Paphlag(oniae), Ponti Galat(ici), Ponti Polemoniani, Arm(eniae).* » Toutes ces povinces dépendaient de la Galatie. Il n'y a pas lieu, comme le supposait Mommsen, de suppléer, après *provinc(iarum)* le mot [*Cappadociae*]. — Auparavant, comme nous l'apprend l'inscription, ce personnage avait pris part, comme légat de la légion XIII Gemina, à l'expédition contre les Suèves et les Sarmates, qui eut lieu en 92 (voir chapitre VI). Le consulat

légat prétorien, C. Antius A. Julius Quadratus (1). Les deux provinces étaient donc séparées à cette époque. Elles furent réunies de nouveau à la fin du règne de Domitien : T. Pomponius Bassus les gouvernait en 95-96 (2), sans aucun doute comme légat consulaire.

M. Mommsen pense que la Thrace, auparavant province procuratorienne, reçut, sous Domitien, un légat impérial de rang prétorien (3). Il s'appuie sur une table de bronze qui nous apprend qu'en 82, les vétérans de la colonie Flavia Pacis Deultensium, en Thrace choisirent comme patron T. Avidius Quietus, légat d'Auguste (4), personnage qui fut plus tard consul (5). Ces mots « légat d'Auguste, » employés d'une manière absolue, semblent indiquer qu'il s'agit du gouverneur de la province dans laquelle se trouvait *Deultum*. Cependant, une inscription de Périnthe (6), datant de l'année 88, mentionne un procurateur de Thrace, qui paraît avoir été alors le premier fonctionnaire de la province ; car l'inscription

n'étant pas indiqué sur cette inscription qui présente un *cursus honorum* complet, Sospes était prétorien à l'époque où elle fut gravée.

(1) Ce personnage fut consul suffect en 93 (*C. I. L.*, III, p. 859). Or ce fut avant son consulat qu'il fut légat de Cappadoce : voir Waddington, *Fastes des provinces asiatiques*, n° 114. Entre cette légation et son consulat doivent se placer son proconsulat de Crète et de Cyrène, et sa légation de Lycie. C'est pourquoi il est vraisemblable que la division des deux provinces fut faite avant l'année 86.

(2) Le nom de Pomponius Bassus se trouve sur des monnaies de Césarée de Cappadoce, avec l'effigie de Domitien, de l'an ιϛ' (15 = 95-96) : voir Mionnet, IV, p. 412, n° 34 ; *Supplément*, VII, p. 665, n°ˢ 35 et 36. C'est certainement par suite d'une erreur qu'on trouve dans Mionnet une monnaie portant le nom de Pomponius Bassus et marquée de l'an 8 (88-89) de Domitien. Mionnet (IV, p. 412, n° 33, *Supplément*, VII, p. 665, n° 38) indique aussi des monnaies de ce légat datées de l'an ιδ' (14 = 94-95) ; mais c'est là, très probablement, une autre erreur. Voir Perrot, *De Galat. pr.*, p. 111, n. 2 ; Waddington dans Mommsen, *Etude sur Pline*, p. 99, n. 1. — En même temps il gouverna la Galatie, comme l'indiquent d'autres monnaies frappées, il est vrai, sous Nerva et Trajan, qui laisseront à Bassus le commandement de ces deux provinces (jusqu'en 100). Voir Mionnet, IV, p. 375 et suiv., p. 413 ; *Supplément*, VII, p. 632. Cf. *C. I. L.*, III, 309, 6896, 6897, 6899.

(3) *Ephemeris epigr.*, IV, p. 501.

(4) *C. I. L.*, VI, 3828 : « [Avi]dio Quieto, leg(ato) Aug(usti), ornatissimo viro, [deferendum patrocinium] coloniae nostrae esse. »

(5) En 98, il fut légat impérial de Bretagne (*Eph. epigr., loc. cit.*).

(6) Dumont, *Mélanges d'archéologie et d'épigraphie*, p. 381, n° 72 a : « Αὐτοκράτορι Καίσαρι Δομιτιανῷ Σεβαστῷ Γερμανικῷ, τὸ ιδ' ὑπάτῳ, ἐπιτροπεύοντος Θρᾴ(ι)κης Κ. Οὐεττιδίου Βάσσου, etc. » — Cf. une inscription datant probablement du règne de Domitien, et mentionnant un « ἐπί[τ]ρό[πος Θρᾴκης » (*Bull. corr. hellén.*, IV, 1880, p. 507).

dont il s'agit aurait très probablement indiqué le légat impérial, s'il en avait existé un à cette époque. Le premier légat de Thrace connu avec certitude est Juventius Celsus, sous Trajan (1).

En 92, le petit royaume de Chalcidène, dans le Liban, possédé auparavant par des princes Juifs, fut réuni à l'empire et rattaché à la province de Syrie (2). L'ère de Chalcis date de l'année 92 (3), et cette ville porte sur les monnaies le surnom de Flavienne (4). Il en fut sans doute de même du petit royaume d'Aréthuse et d'Emèse (5) : les premières monnaies d'Emèse ont été frappées sous Domitien (6).

C'est peut-être au règne de Domitien qu'il faut rapporter l'institution définitive des deux provinces de Germanie Inférieure et de Germanie Supérieure (7). Auparavant, les deux légats étaient désignés sous les noms de *legatus pro praetore exercitus Germanici Inferioris* et de *legatus pro praetore exercitus Germanici Superioris*. C'est encore le titre qui est donné à Cn. Pinarius Cornelius Clemens, légat en 74 (8). Ces légats possédaient aussi, il est vrai, l'administration civile sur les pays frontières où ils avaient le commandement militaire (9); cependant ils n'étaient pas, à proprement parler, des gouverneurs de provinces. Mais C. Octavius Tidius Tossianus L. Javolenus Priscus, qui était légat en Germanie en 90 (10), est qualifié, sur une inscription, de *legatus consularis provinciae Germaniae Superioris* (11) : c'est la plus ancienne mention épigraphique de ce titre qui soit actuellement connue (12). Il

---

(1) Borghesi, *Œuvres*, III, p. 275. Mionnet, *Supplément*, II, p. 401, n°° 1187, 1188.

(2) Voir Noris, *Epochae Syromacedonum*, dans ses *Opera* (édit. de 1729), II, p. 328 et suiv. Marquardt, *Staatsverwaltung*, I, 2ᵉ édit., p. 401.

(3) Eckhel, III, p. 265.

(4) Mionnet, V, p. 144, 145; *Supplément*, VIII, p. 115 et suiv.

(5) Marquardt, *loc. cit.*, p. 404.

(6) Mionnet, V, p. 227.

(7) Voir, à ce sujet, Asbach, *Bonnische Jahrbücher*, LXXXVI, 1888, p. 128, et *Westdeutsche Zeitschrift*, III, 1884, p. 11; Riese, *Forschungen zur Geschichte der Rheinlande in der Römerzeit*, p. 23.

(8) *C. I. L.*, XII, 113.

(9) Voir Desjardins, *Géographie de la Gaule romaine*, III, p. 173 et suiv.; Mommsen, *Römische Geschichte*, V, p. 108 et suiv.

(10) *Ephemeris epigr.*, V, p. 652 : diplôme du 27 octobre.

(11) *C. I. L.*, III, 9960.

(12) Dans Suétone (*Domitien*, 6), L. Antonius Saturninus, légat en 88, est qualifié de « *Superioris Germaniae praeses.* » Tacite (*Germanie*, 29) dit, en parlant de l'annexion définitive des Champs décumates, qui eut lieu probablement sous Domitien : « Mox limite acto promotisque praesidiis sinus

est possible que la reconnaissance officielle des deux Germanies comme provinces (1) ait suivi l'annexion d'importants territoires sur la rive droite du Rhin, lors de la guerre cattique de 83, territoires qui furent rattachés à la province de Germanie Supérieure (2).

En Bretagne, nous trouvons pour la première fois, sous Domitien, un *juridicus provinciae Britanniae*. C'est Javolenus Priscus (3) qui le fut avant le 27 octobre 90, date à laquelle il était légat de Germanie Supérieure (4); entre ces deux fonctions, l'une prétorienne, l'autre consulaire, doit se placer le consulat de Javolenus Priscus (5). — M. von Domaszewski (6) et moi (7) avons montré que C. Salvius Liberalis Nonius Bassus, qui vécut à l'époque flavienne, avait été aussi *juridicus* de Bretagne. Cette fonction est désignée dans l'inscription de Salvius Liberalis (8) par les mots : *legato Augustorum [provin* ou *iuridi]c(iae* ou *o) Britann(iae)*. M. von Domaszewski pense que le mot *Augustorum* désigne Domitien et Nerva, et suppose que la création de la fonction de *juridicus* en Bretagne a été la conséquence du départ de la II Adjutrix, qui cessa d'appartenir à l'armée de cette province sous le règne de Domitien. Mais je crois que par *Augustorum* il faut plutôt entendre Vespasien et Titus (9) : la création des *juri-*

---

imperii et pars provinciae habentur. » Mais ces textes ne prouvent pas grand'chose, car, avant Domitien, on se servait déjà du mot *provincia* dans l'usage courant pour désigner le territoire romain des bords du Rhin : voir Pline l'Ancien, *Hist. nat.*, XXXIV, 2 : « in Germania provincia. »

(1) Il est, en effet, à croire que la Germanie Inférieure devint province en même temps que la Supérieure. La plus ancienne inscription connue d'un *legatus pro praetore provinciae Germaniae Inferioris* date d'Hadrien (*C. I. L.*, V, 877).

(2) Voir plus loin, chapitre VI : Guerres du Rhin.

(3) *C. I. L.*, III, 9960.

(4) Voir plus haut, p. 139.

(5) Peut-être en 87 : voir Klein, *Fasti consulares*, p. 49.

(6) *Rheinisches Museum*, XLVI, 1891, p. 599 et suiv.

(7) *Mélanges de l'Ecole française de Rome*, VIII, 1888, p. 69 et suiv.

(8) *C. I. L.*, IX, 5533.

(9) Titus et Domitien sont exclus par le fait que Salvius Liberalis était à Rome quelques jours après l'avènement de Domitien (*C. I. L.*, VI, 2060). Si Salvius Liberalis avait été *juridicus* de Bretagne en 96, sous Domitien et Nerva, il serait devenu consul sous Nerva au plus tôt, et il n'aurait pu être désigné par le sort au proconsulat d'Asie (voir *C. I. L.*, IX, 5533) que vers 110 : c'est peut-être prolonger trop la vie de ce personnage qui ne devait déjà plus être jeune en 73, quand il fut mis au rang des anciens tribuns (il avait été auparavant quatre fois *quinquennalis* à Urbs Salvia), et dont toute mention disparaît après l'année 101.

dici en Bretagne ne pourrait pas, dans ce cas, être attribuée à Domitien.

Dans la province impériale d'Espagne Citérieure, gouvernée par un légat consulaire, il y avait, dès l'époque d'Auguste (1), un légat prétorien placé sous les ordres du gouverneur et investi d'attributions civiles dans la partie centrale de la province. A la fin du premier siècle, il était appelé, soit simplement *legatus Hispaniae Citerioris* (2), soit *juridicus Hispaniae Citerioris Tarraconensis* (3). Au second siècle, on trouve dans la même province un autre légat de l'empereur portant le titre de *juridicus per Asturiam et Callaeciam* (4). Il est difficile de dire quand cette fonction fut instituée. M. von Domaszewski (5) pense qu'elle le fut à la suite du départ définitif d'une des deux légions d'Espagne, lors de la révolte de Saturninus, en 88; mais cela n'est pas prouvé.

Domitien veilla à la bonne administration des provinces. « Il le fit, » dit Suétone (6), « avec tant de zèle que jamais les gouverneurs ne se montrèrent plus honnêtes ni plus justes. » Sous Nerva et Trajan, ils cherchèrent à se dédommager : plusieurs provinces, en particulier la Bithynie, furent pillées par des pro-

---

(1) Strabon, III, 4, 20.
(2) C. I. L., V, 6974 et suiv.
(3) C. I. L., XII, 3167. Il s'agit d'un personnage qui paraît avoir été tribun militaire vers 86 ou en 89 : il dut donc être *juridicus* sous Nerva ou au début du règne de Trajan.
(4) Mommsen, *Ephem. epigr.*, IV, p. 224.
(5) *Rheinisches Museum*, XLV, 1890, p. 10.
(6) Suétone, *Domitien*, 8. — Pline (*Panég.* 70) fait sans doute une allusion malveillante à cette sévérité si louable de Domitien. Il félicite Trajan d'avoir recommandé aux élections un personnage qui s'était bien acquitté de ses devoirs de questeur provincial, et il ajoute : « O te dignum qui de magistratibus nostris semper haec nunties, *nec poenis malorum*, sed bonorum praemiis bonos facias! » Voir aussi Silius Italicus, *Punica*, XIV, 686 et suiv. :

> At ni cura viri, qui nunc dedit otia mundo,
> effrenum arceret populandi cuncta furorem,
> nudassent avidae terras fretumque rapinae.

On voit d'ordinaire, dans ces vers, une allusion à Nerva (Teuffel-Schwabe, *Geschichte der römischen Literatur*, § 320, 3; Cartault, *Revue de philologie*, XI, 1887, p. 13) : mais nous pensons qu'il y a plutôt là une flatterie à l'adresse de Domitien. A la fin du règne de ce prince, il n'y eut plus de guerres, et les bienfaits de la paix furent célébrés par Martial et par Stace (voir chapitre VIII, au début). Sous Nerva, au contraire, les Romains eurent à combattre sur le Danube et sur le Rhin. D'autre part, Domitien veilla mieux à la bonne administration des provinces que Nerva, qui voulait ménager l'aristocratie sénatoriale. Les vers de Silius s'appliquent donc plus justement à lui.

consuls peu scrupuleux (1). Ces scandales semblent avoir été plus rares sous le dernier Flavien. Il y eut cependant, en 93 (2), un procès qui fit grand bruit, celui de Baebius Massa, ancien gouverneur de Bétique, accusé de malversations. Massa était un délateur fort connu (3). Tacite dit de lui, en racontant les événements de l'année 70 (4) : « cet homme, dès lors le fléau des gens de bien, et dont le nom reviendra souvent parmi les auteurs des maux que nous réservait l'avenir. » Le prince qui se servait de lui, le sacrifia cependant aux provinciaux. Il permit au Sénat d'accorder contre lui une enquête, puis de le condamner à payer des dommages-intérêts à ses victimes (5). — Il ne serait pas impossible aussi que Marius Priscus, proconsul d'Afrique, et Caecilius Classicus, proconsul de Bétique, qui commirent de graves exactions pendant leur gouvernement provincial, aient été proconsuls à la fin du règne de Domitien (6). Ils ne furent jugés par le Sénat que sous Trajan, en 100 et en 101 (7).

Quelques hommes de mérite reçurent, sous Domitien, des gouvernements de provinces. Le célèbre jurisconsulte C. Octavius Tidius Tossianus L. Javolenus Priscus fut légat de Germanie Supérieure, et peut-être de Syrie, Arrius Antoninus, aïeul maternel de l'empereur Antonin, Sex. Julius Frontinus, auteur du *Traité des Aqueducs* et d'autres écrits, proconsuls d'Asie. — Malgré son caractère méfiant, Domitien donna successivement à Funisulanus Vettonianus les gouvernements de Dalmatie, de Pannonie, de Mésie supérieure, et le laissa peut-être parvenir ensuite au proconsulat d'Afrique. C. Antius A. Julius Quadratus devint légat

---

(1) Suétone, *Domitien*, 8. — Voir de la Berge, *Trajan*, p. 126 et suiv.

(2) Au mois d'août 93, lors de la mort d'Agricola, Massa était déjà accusé (Tacite, *Agricola*, 45). Nous aurons à reparler de ce procès au chapitre IX.

(3) Sidoire Apollinaire, *Lettres*, V, 7. Juvénal, I, 35 et le scoliaste, qui cependant commet des erreurs.

(4) *Histoires*, IV, 50. — Martial (XII, 29, 2) dit que Massa était un voleur.

(5) Pline, *Lettres*, VI, 29, 8; VII, 33.

(6) Ils furent proconsuls dans la même année (Pline le Jeune, *Lettres*, III, 9, 2). Un passage de Pline pourrait à la rigueur indiquer, comme le croit M. Guiraud (*Les assemblées provinciales dans l'empire romain*, p. 185, n. 4) que l'enquête contre Classicus était déjà commencée sous Domitien (III, 9, 31) : « [Norbanus, chargé de l'enquête,] homo alioqui flagitiosus et Domitiani temporibus usus ut multi, electusque tunc a provincia ad inquirendum, non tamquam bonus et fidelis, sed tanquam Classici inimicus. » Mais le mot *tunc* peut désigner seulement ici l'époque à laquelle fut instruit le procès dont parle Pline dans cette lettre, non l'époque de Domitien.

(7) Mommsen, *Etude sur Pline le Jeune*, traduction Morel, p. 9 et 13.

de Cappadoce, proconsul de Crète et de Cyrène, légat de Lycie et de Pamphylie. Agricola ne fut rappelé de Bretagne qu'après sept années de commandement (1).

Pline le Jeune semble dire que les députations des provinces et des cités avaient difficilement accès auprès de Domitien (2). Le seul texte qui nous apprenne quelque chose sur ces députations nous montre, au contraire, l'empereur accueillant les réclamations de la province d'Asie lors de l'édit sur la plantation des vignes (3).
— En 83, il présida personnellement les opérations du recensement en Gaule (4).

On a retrouvé, en 1851, près de Malaga, deux tables de bronze (5) gravées entre 82 et 84 (6), qui contiennent une partie de la constitution du *municipum Flavium Malacitanum* (Malaga) et du *municipium Flavium Salpensanum* (Salpensa). Ces communes, avec toute l'Espagne (7), avaient été dotées du droit latin (8) par Vespasien, mais leur condition ne fut définitivement réglée, comme nous l'apprennent ces tables, qu'au début du règne de son second fils.

L'assemblée du peuple, composée de tous les citoyens, élit les magistrats: duumvirs, édiles, questeurs. La liberté et la sincérité des élections sont garanties par des dispositions minutieuses. — Les magistrats administrent le municipe avec l'assistance d'un sénat ou conseil des décurions. Les attributions des duumvirs sont très étendues : ils convoquent et président l'assemblée du peuple et le sénat, gèrent les finances, adjugent les travaux pu-

---

(1) Sur tous ces personnages, voir l'appendice II.
(2) *Panég.*, 79.
(3) Philostrate, *Vie des sophistes*, I, 21, 12; cf. *Vie d'Apollonius*, VI, 42. Voir plus loin.
(4) Frontin, *Stratagèmes*, I, 1, 18.
(5) *C. I. L.*, II, n°° 1963 et 1964, p. 253-262, où se trouve la bibliographie de la question. Je n'insisterai pas sur ces tables; les dispositions qu'elles renferment ont été souvent étudiées; de plus, elles ne se rapportent pas spécialement à l'époque de Domitien. Voir surtout Mommsen, *Die Stadtrechte der lateinischen Gemeinden Salpensa und Malaga in der Provinz Baetica*, dans les *Abhandlungen der königlich-sächsischen Gesellschaft der Wissenschaften*, II, p. 398 et suiv.
(6) Elles sont antérieures à l'année 84, à partir de laquelle Domitien porte toujours sur les monuments le surnom de Germanicus, qu'on n'y lit pas. Mais elles ne remontent pas tout à fait au début du règne de Domitien, car elles mentionnent des édits antérieurs rendus par ce prince (Loi de Malaga, 22 et 23).
(7) Pline l'Ancien, *H. N.*, III, 30.
(8) Voir Hübner, *C. I. L.*, II, p. 261-262.

blics, afferment les propriétés communales, recueillent les revenus ordinaires ou extraordinaires, infligent des amendes, jugent les procès civils jusqu'à un taux déterminé, ont la juridiction volontaire. — Leur pouvoir est limité, non par l'intervention du gouvernement central, mais par le droit d'intercession que chaque magistrat peut exercer à l'égard de son collègue, par le droit de contrôle et, dans certaines circonstances, de cassation que possède le conseil des décurions, par la menace d'amendes perçues au profit de la commune, par l'obligation de fournir caution, enfin, par la courte durée des charges qui sont annuelles et ne peuvent être conférées de nouveau au même personnage qu'après un intervalle de cinq ans. — Le conseil des décurions peut élire librement des protecteurs du municipe ou patrons. — Nulle part, dans ces lois, n'apparaît le gouverneur de la province (1). Quant à l'empereur, il peut être duumvir du municipe, et dans ce cas, il se fait remplacer par un préfet unique dont les attributions sont celles des duumvirs ordinaires, mais, lui-même, il est élu comme les autres magistrats : la commune implore son intervention, il ne l'impose pas. — Le pouvoir impérial cherche même à stimuler le zèle des citoyens pour les intérêts de leur ville, en concédant le droit de cité romaine aux magistrats sortis de charge, ainsi qu'à leurs père, mère, femme, enfants légitimes.

On ne doit pas faire honneur à Domitien de ces dispositions appliquées avant lui à toutes les communes de droit latin, et, en grande partie aussi, aux communes romaines. Mais on peut s'étonner qu'un prince si autoritaire n'ait pas cherché à les détruire, qu'il les ait même propagées. C'est que les libertés municipales s'exerçaient dans des territoires très restreints ; elles n'avaient rien de commun avec les affaires politiques que le pouvoir central se réservait ; elles permettaient à beaucoup d'hommes nouveaux de s'initier aux affaires administratives et d'exercer ensuite des fonctions publiques. Elles ne pouvaient donc porter ombrage à cet empereur.

A une autre extrémité du monde romain, dans les cités grecques d'Asie Mineure, la vie municipale était alors fort active. De graves débats s'y élevaient, surtout au sujet de la gestion des deniers publics : les passions éclataient avec tant d'ardeur qu'elles

---

(1) Au gouverneur étaient cependant réservés le jugement des affaires criminelles et celui des procès civils à partir d'un taux déterminé. Il avait aussi une haute surveillance en matière financière.

amenaient souvent des troubles (1). Ces villes envoyaient à l'empereur des députés pour lui adresser des réclamations dont il était tenu compte (2). Elles se montraient fières de leur passé et de leurs privilèges, fort susceptibles, jalouses les unes des autres (3), sans que cette vitalité bruyante excitât les défiances du prince.

C'est cependant sous Domitien qu'on trouve la première mention épigraphique des curateurs des cités. On lit en effet dans une inscription déjà mentionnée plus haut (4) : ... *Sos [pi]ti, fetiali, leg(ato) Aug(usti) pro pr(aetore) provinc(iarum) Gal(atiae), ... donat(o) don(is) militarib(us) expedit(ione) Suebic(a) et Sarm(atica), cor(ona) mur(ali), cor(ona) vall(ari), cor(ona) aur(ea), hast(is) pur(is) trib(us), vexill(is) trib(us), curat(ori) colonior(um)* (5) *et municipior(um), prae(fecto) frum(ento) dand(o) ex s(enatus) c(onsulto), praetori, aed(ili) curul(i), qu(aestori) Cret(ae) et C[yr(enarum)], trib(uno) leg(ionis XXI [I] Primigen(iae), III vir(o) a(uro), a(rgento) a(ere) f(lando) f(eriundo)....*. Comme on le voit, le *cursus honorum* est dans l'ordre inverse. La guerre suévo-sarmate ayant eu lieu en 92, ce fut avant cette date que Sospes exerça, en qualité d'ancien préteur, la fonction de *curator coloniarum et municipiorum*. Il ne s'agit pas, semble-t-il, d'un curateur semblable à ceux que nous rencontrons plusieurs fois dans les cités à une époque antérieure. Par exemple, en 26, le Senat fit élever à Smyrne un temple et nomma à cet effet un *curator templi* (6). Vespasien fit construire un édifice à Nole et confia la sur-

(1) Voir Dion Chrysostome, *Discours*, 39, 40, 43, 45, 46, 47.
(2) Philostrate, *Vie des Sophistes*, I, 21, 12; *Vie d'Apollonius*, VI, 42.
(3) Dion Chrysostome, *Discours*, 33, 34, 41. — En Bithynie, Nicée reçut, sous Domitien, le droit de s'appeler πρώτη, titre indiquant la place que devaient occuper les représentants de la ville dans la procession du culte provincial (Beurlier, *Essai sur le culte rendu aux empereurs romains*, p. 111), et que Nicomédie, qui portait déjà celui de μητρόπολις, reçut aussi. Les Nicomédiens se montrèrent fort émus de la faveur faite aux Nicéens, et Dion prononça un discours pour les apaiser (*Discours*, 38). Après Domitien, Nicée perdit ce titre de πρώτη. Voir Marquardt, *Staatsverwaltung*, I, 2ᵉ édit., p. 355, n. 8; Eckhel, II, p. 427 et p. 430.
(4) *C. I. L.*, III, 6818 et ici, p. 137, n. 6. Cf. Degner, *Quaestionis de curatore reipublicae pars prior* (1883), p. 14. Il me semble difficile, vu l'absence complète de témoignages épigraphiques de faire remonter plus haut que la fin du premier siècle cette institution des curateurs, comme le veulent Kuhn (*Verfassung des römischen Reichs*, I, p. 37) et Herzog (*Geschichte und System der römischen Staatsverfassung*, II, partie I, p. 309, n. 1).
(5) *Sic*.
(6) Tacite, *Annales*, IV, 56.

veillance des travaux à un ancien magistrat de la ville, qui est qualifié sur une inscription de « *curatori oper(um) publicor(um) dato a Divo Aug(usto) Vespasiano* (1). » En effet, l'emploi des fonds que l'Etat fournissait pour une destination spéciale devait être contrôlé par des agents qu'il nommait lui-même (2). — Mais dans notre inscription, il s'agit d'un personnage prétorien qui est qualifié d'une manière absolue de « *curator.* » Il doit être assimilé aux *curatores rei publicae* qu'on trouve en grand nombre à une époque postérieure, curateurs chargés de surveiller d'une manière générale les finances municipales et exerçant souvent cette surveillance dans plusieurs cités à la fois (3).

Cette institution nouvelle des curateurs, nommés par le prince, est assurément une atteinte portée aux libertés municipales. Mais il faut observer que le curateur n'a en général qu'une compétence financière; de plus, il ne se substitue pas aux magistrats dans la gestion de la fortune publique, il se contente de les surveiller. Il autorise ou interdit telle recette, telle dépense; il vérifie les comptes; mais il ne prend point part à l'administration. Si la nomination d'un curateur enlevait à une cité le droit de disposer librement de ses revenus, elle l'empêchait de se ruiner; elle était un remède et une garantie contre l'incapacité ou les malversations des magistrats. Loin d'être considérée comme une mesure tyrannique prise pour étouffer la vie municipale, elle dut être souvent souhaitée, sollicitée même par les communes (4). D'autre part, il est certain que l'institution de curateurs en Italie et dans des provinces sénatoriales était une atteinte portée aux droits administratifs du Sénat : ce qui ne doit pas étonner de la part de Domitien.

Le droit de cité fut accordé libéralement aux provinciaux par les empereurs flaviens, ainsi que le témoigne la grande diffusion du nom de T. Flavius, surtout en Orient et en Afrique (5). Le grand développement de la tribu Quirina dans l'empire se ratta-

---

(1) *C. I. L.*, X, 1266.

(2) Voir, à ce sujet, C. Jullian, *Les transformations politiques de l'Italie sous les empereurs romains*, p. 105. — Les deux consulaires qu'après l'incendie du Vésuve Titus nomma *curatores restituendae Campaniae* (Suétone, *Titus*, 8. Dion Cassius, LXVI, 24) doivent être rapprochés des *curatores viarum, aquarum*, etc., sauf qu'ils reçurent une mission extraordinaire.

(3) Voir, par exemple, *C. I. L.*, XIV, 3993; Wilmanns, *Exempla*, 1213, 1215, etc.

(4) Jullian, *loc. cit.*, p. 110 et suiv.

(5) Voir les indices du *C. I. L.*, III, p. 1074, et VIII, p. 999; du *C. I. G.*, p. 133.

che aussi en partie à la dynastie Flavienne (1) qui appartenait à cette tribu, comme déjà du reste Claude et Néron (2). A l'égard de la collation du droit de cité, il est très probable que Domitien suivit la politique de son père Vespasien (3). Des efforts furent faits pour hâter la romanisation des pays encore à demi-barbares : en Bretagne, ce fut, au dire de Tacite, une des préoccupations d'Agricola (4); en Pannonie, en Mésie, en Thrace, des fondations de colonies, de municipes répandirent les mœurs et les institutions romaines ou grecques (5). En 88, une des deux légions de la Tarraconaise semble avoir quitté définitivement ce pays où la domination romaine n'avait plus rien à craindre (6).

Le nombre des provinciaux faisant partie des deux premiers ordres de l'Etat et appelés à exercer les fonctions, les magistratures les plus considérables de l'Etat semble s'être beaucoup accru à cette époque. Vespasien en avait fait entrer un grand nombre dans la curie (7), d'autres s'élevèrent par la voie ordinaire des honneurs. Trajan et Q. Valerius Vegetus, originaires de Bétique, furent consuls en 91 (8); L. Licinius Sura et L. Minicius Natalis, originaires de Tarraconaise (9) firent une partie de leur carrière sous Domitien (10); L. Helvius Agrippa, indiqué comme pontife

---

(1) Kubitschek, *De Romanarum tribuum origine ac propagatione*, p. 122-124. Principalement en Afrique (Kubitschek, *Imperium romanum tributim discriptum*, p. 136), où un grand nombre de communes sont inscrites dans cette tribu, quoique, pour un certain nombre d'entre elles, l'inscription dans la tribu Quirina puisse remonter à Claude (Kubitschek, *De Romanarum*, p. 200, n. 741). — En Pannonie, les municipes d'Andautonia et de Latobicorum (Kubitschek, *Imperium*, p. 226 et 227) ont pu être inscrits dans la tribu Quirina à l'époque flavienne. — Pour les communes espagnoles, pour Solva dans le Norique, pour Siscia en Pannonie, pour Icosium en Maurétanie, l'inscription dans la tribu Quirina date certainement de Vespasien (Kubitschek, *Imperium*, p. 169 et suiv., 164, 224, 229).

(2) Kubitschek, *loc. cit.*, p. 118-122.

(3) Voir Schiller, *Geschichte der römischen Kaiserzeit*, I, p. 514, n. 3.

(4) Voir chapitre VI (Guerres de Bretagne).

(5) Mommsen, *Römische Geschichte*, V, p. 193 et suiv.

(6) Voir chapitre VII.

(7) Suétone, *Vespasien*, 9. — Voir Bloch, *De decretis functorum magistratuum ornamentis*, p. 139 et suiv.

(8) Klein, *Fasti consulares*, p. 49-50. Pour la famille de Valerius Vegetus, voir *C. I. L.*, II, 2074, 2076, 2077.

(9) Pour Sura, Martial, I, 49, 40; *C. I. L.*, II, 4508, 4536, 6148. Pour Minicius Natalis, *C. I. L.*, II, 4509; Hülsen, *Römische Mittheilungen*, III, 1888, p. 84 et suiv.

(10) Sura fut consul en 102 pour la seconde fois : voir Klein, *loc. cit.*, p. 54.

vers 82-83 (1), était aussi d'une famille espagnole (2), ainsi que Marius Priscus (3) qui fut proconsul d'Afrique, peut-être à la fin du règne (4), et par conséquent consul sous Domitien (5). Valerius Paulinus, qui dut recevoir des honneurs sous ce prince (6), semble avoir appartenu à une famille de Fréjus (7), dans la Gaule Narbonnaise. T. Aurelius Fulvus, préfet de la ville au temps de Domitien, était de Nîmes (8), comme aussi probablement T. Iulius Maximus Ma [...?] Brocchus, personnage prétorien (9). C. Antius A. Julius Quadratus, consul en 93, gouverneur de plusieurs provinces orientales (10), était né à Pergame (11). Caecilius Classicus, qui fut peut-être proconsul de Bétique à la fin du règne de Domitien (12), était africain (13). Le fait que Trajan décida que les candidats aux magistratures devraient justifier du placement du tiers de leur patrimoine en immeubles italiens (14) atteste qu'un assez grand nombre de provinciaux faisaient alors partie de la curie.

Des provinciaux se faisaient un nom dans la littérature : parmi les compatriotes de l'espagnol Martial, on peut citer le rhéteur Quintilien, Canius Rufus, poète et historien (15), le jurisconsulte Maternus (16), l'avocat Licinianus (17), le philosophe Decianus (18).

Le titre de « *Flavium, Flavia,* » qu'un certain nombre de villes

---

(1) Voir plus haut, p. 80.
(2) *C. I. L.*, II, 1184, 1262.
(3) Pline, *Lettres*, III, 9, 3.
(4) Voir plus haut, p. 142.
(5) Peut-être en 87 : voir Klein, *loc. cit.*, p. 49.
(6) Il était consulaire vers 103 (Pline, *Lettres*, IV, 9, 20).
(7) Voir Mommsen, *Index de Pline le Jeune*, dans l'édition Keil.
(8) Voir p. 65.
(9) *C. I. L.*, XII, 3167.
(10) Waddington, *Fastes des provinces asiatiques*, n° 114. Il faut remarquer qu'il fit toute sa carrière en Orient.
(11) *C. I. G.*, 3549. *C. I. L.*, III, 7086. Voir Waddington, *loc. cit.*
(12) Voir plus haut, p. 142.
(13) Pline, *Lettres*, III, 9, 3. — Un personnage qui fut introduit dans le Sénat (sans doute *allectus inter praetorios*) par Vespasien et Titus est qualifié, sur une inscription de Constantine (*C. I. L.*, VIII, 7057), de *co(n)s(uli) ex Afric[a p]rimo*. Borghesi (*Œuvres*, VIII, p. 559) pense qu'il s'agit de Q. Pactumeius Fronto, consul suffect sous Titus en 80, mais la chose n'est pas certaine.
(14) Pline, *Lettres*, VI, 19.
(15) Martial, I, 61 ; III, 20.
(16) Martial, X, 37.
(17) Martial, I, 49 ; I, 61 ; probablement aussi IV, 55.
(18) Martial, I, 8 ; I, 61.

portent sur des inscriptions et sur des monnaies, remonte, pour plusieurs d'entre elles, au règne de Domitien, et rappelle soit la fondation d'une colonie, soit l'octroi du droit romain ou latin, soit d'autres privilèges ou bienfaits. Nous citons ici celles qui ont reçu ou peuvent avoir reçu ce surnom de Domitien (1) :

Dans les Champs décumates (rive droite du Rhin), Arae Flaviae (Βωμοὶ Φλαύιοι), aujourd'hui Rottweil (2).

En Germanie Supérieure, Flavia Nemetum (3), désignant la civitas des Nemètes dont le chef-lieu était Noviomagus (Spire).

En Helvétie, la Colonia Pia Flavia Constans Emerita Helvetiorum foederata (4), désignant tout le pays des Helvètes (civitas Helvetiorum) (5).

En Pannonie, le municipium Flavium Scarbantia (OEdenburg sur le lac Neusiedel) (6), le municipium Flavium Neviodunum (Dernovo) (7), la colonia Flavia Sirmium (Mitrovitz) (8).

(1) Nous savons, en effet, par Pline, dont l'*Histoire naturelle* parut en 77, ou par les monnaies, qu'un certain nombre d'entre elles prirent ce titre sous Vespasien. Par exemple, en Espagne, on trouve beaucoup de *municipia Flavia*, nom remontant certainement à Vespasien, qui conféra le droit latin à toute la contrée. Pour Flaviobriga en Tarraconaise, voir Pline, *H. n.*, IV, 110; pour Solva dans le Norique, Pline, III, 146; pour Siscia en Pannonie, *C. I. L.*, III, p. 501; pour Deultum et Flaviopolis en Thrace, Pline, IV, 45 et 47 (cf. Kubitschek, *Imperium*, p. 239, n. 348); pour Philadelphie en Lydie, Mionnet, IV, p. 101, n° 557; pour Flaviopolis en Cilicie, Eckhel, III, p. 56; pour Samosate en Commagène, Eckhel, III, p. 253, et Marquardt, *Staatsverwaltung*, I, p. 399; pour Césarée en Samarie, Pline, V, 69; pour Neapolis en Samarie, Mionnet, V, p. 499, n° 69; pour Emmaüs (Flavia Nicopolis), Josèphe, *Guerre de Judée*, VII, 6, 6. — Le nom Flavia Aeduorum (Autun en Gaule) date de l'époque de Constantin : voir Brandt, *Eumenius*, p. 23.

(2) Table de Peutinger, édition Miller, Segment IV, t. Ptolémée, II, 11, 15. Voir plus loin, chapitre VI.

(3) Zangemeister, *Bonnische Jahrbücher*, LXXVI, 1883, p. 87 et suiv. (inscription de Seligenstadt): «... L. Gellius, L. f., Flavia Celeranus Nemes... » Cf. Henzen, *Annali dell' Instituto*, LVII, 1885, p. 260.

(4) Mommsen, *Inscriptiones confoederationis Helveticae*, n°° 175 (Aventicum y a été interpolé), 179.

(5) Mommsen, *Hermès*, XVI, 1881, p. 479.

(6) *C. I. L.*, III, p. 533, n°° 4192, 4243.

(7) *C. I. L.*, III, p. 498, n° 3919.

(8) *C. I. L.*, III, p. 418, n° 753; X, 3375; *Ephem. epigr.*, IV, 891, ligne 21; 894 b, ligne 13. — Mursa est une colonie d'Hadrien (*C. I. L.*, III, p. 423) et appartient à la tribu de cet empereur, la Sergia (Kubitschek, *Imperium romanum tributim discriptum*, p. 227). C'est donc probablement par erreur (comme le pense Kubitschek, *loc. cit.*) qu'elle est qualifiée de Fl(avia) Mursa sur une inscription de Rome (*Eph. epigr.*, IV, 894 b, ligne 8).

En Dalmatie, le municipium Flavium Scardona (1).

En Mésie, la colonia Flavia Scupi (Koutschewitsch) (2).

En Thrace, Philippopolis est qualifiée de Fl(avia) sur une inscription (3). Les premières monnaies impériales de cette ville datent de Domitien et de l'année 88 (4); leur légende est bilingue : *Imp(erator) Caes(ar) Domit(ianus) Aug(ustus) Germ(anicus), co(n)s(ul) XIIII, cens(or) per(petuus), p(ater) p(atriae).* — ℞ : Φιλιππoπoλείτων (5). Domitien accorda peut-être le droit de cité romaine aux habitants de Philippopolis (6).

En Achaïe, Corinthe s'appelle, sous Domitien, Colonia Julia Flavia Augusta Corinthus (7). Cette épithète de Flavia s'explique par le revers de quelques monnaies frappées dans cette ville sous le règne de cet empereur; on y lit : *perm(issu) Imp(eratoris)* (8). Vespasien avait enlevé à Corinthe le droit de battre monnaie et Titus avait maintenu cette interdiction (9); Domitien la leva. Après la mort de l'empereur, l'épithète de Flavia disparut (10).

En Bithynie, Cratia Flaviopolis (11).

En Galatie, Ancyre (12).

---

(1) *C. I. L.*, III, p. 365, n° 2802.

(2) *C. I. L.*, VI, 3205; *C. I. L.*, III, *Supplément*, p. 1460. — En Dacie, le municipium Drobeta (près de Turn-Severin) date d'Hadrien (Kubitschek, *Imperium*, p. 230) : c'est peut-être à tort que dans l'inscription *C. I. L.*, III, 8017, on a lu *mun(icipii) Fl(avii)*.

(3) *Eph. epigr.*, IV, 894 b, ligne 3.

(4) Eckhel, II, p. 42.

(5) Mionnet, I, p. 415, n°⁸ 340, 341; *Supplément*, II, p. 444, n°⁸ 1423, 1424.

(6) Philippopolis eut cependant sous l'empire une constitution grecque : *C. I. G.*, 2047 et suiv.

(7) Voir Eckhel, II, p. 241. Mommsen, *Histoire de la monnaie romaine*, traduction de Blacas, III, p. 339, n. 5. Mionnet, II, p. 178, n° 222, 223; *Supplément*, IV, p. 75 et suiv., n°⁸ 503, 504, 510, 511, 512, 514. Cohen, *Domitien*, 690, 695, 697 et suiv. *Catalogue of the greek coins in the British Museum, Corinth*, p. 72-73.

(8) Mionnet, II, p. 177, n° 218; p. 178, n°⁸ 219, 220, 221; *Supplément*, IV, p. 78, n° 521. Cohen, *Domitien*, 687, 711, 712. Etc.

(9) En effet, on n'a pas de monnaies de Corinthe sous Vespasien et Titus.

(10) Sur une seule monnaie de Trajan, on lit « *Col(onia) Jul(ia) L(aus) A(ugusta) Fl(avia) Cor(inthus)* : Mionnet, *Supplém.*, IV, p. 79, n° 528, d'après Sestini. Est-elle exactement décrite? l'ordre des mots n'est pas régulier; il se pourrait d'ailleurs qu'elle fût hybride.

(11) Mionnet, II, p. 424; *Suppl.*, V, p. 33 et suiv. : Κρητιέων Φλαουιοπολείτων. — Mionnet, *Supplém.*, V, p. 32, n° 175 : Φλαβιόπολις. — Voir à ce sujet Eckhel, II, p. 412.

(12) *Ephem. epigr.*, IV, 894 b, ligne 17 : *M. Aur(elius), M. f(iliu)s, Fl(avia) Faustini(anus) Ancyra.* Cf. 894 c, ligne 30.

En Syrie, Sidon (1).

Dans l'île de Chypre, Paphos (2).

En Afrique, la colonia Flavia Augusta Emerita Ammaedara (Haidra) (3), la colonia Flavia Cillium (Henchir-Gasrine) (4).

En Numidie, une inscription trouvée au nord de l'Aurès, près de Khenchela, mentionne des Aquae Flavianae (5).

Des travaux publics furent exécutés, sur l'ordre de Domitien, dans plusieurs provinces : la restauration de la grande voie qui traversait la Bétique en passant par Cordoue, Séville, et qui aboutissait à Gadès (6) ; l'achèvement des routes de la Galatie, de la Cappadoce, du Pont, de la Pisidie, de la Paphlagonie, de la Lycaonie, de la petite Arménie (7), commencée sous Titus (8) et peut-être même sous Vespasien pour des motifs stratégiques. Des ouvrages dont nous ignorons la nature furent construits à Savaria, en Pannonie (9). Malalas parle de constructions faites sur l'ordre de Domitien à Antioche (10), indication qui se lit aussi dans le douzième chant sibyllin (11). On trouve encore dans Malalas la mention d'une ville, Domitianopolis, fondée par Domitien en Isaurie (12). Cette liste serait sans doute plus longue si presque toutes les inscriptions portant le nom de Domitien n'avaient pas été détruites ou mutilées après sa mort (13).

---

(1) *Eph. epigr.*, IV, 894 c, ligne 21 : *M. Aur(elius), M. f(ilius), Fl(avia) Marinus Sidon(e)*.

(2) *C. I. L.*, III, 218 : Σε(βαστὴ) Κλ(αυδία) Φλ(αουία) [Πά]φος (= Lebas et Waddington, *Voyage archéologique*, 2806 ; cf. 2785).

(3) *C. I. L.*, VIII, 302, 308.

(4) *C. I. L.*, VIII, p. 33 et n° 2568, ligne 46.

(5) *Recueil de Constantine*, XXIV, 1886-1887, p. 191. — L'inscription africaine, *C. I. L.*, VIII, 14279 (= 1148), ne mentionne pas, comme on l'a cru, une ville portant le surnom de Flavienne.

(6) *C. I. L.*, II, 4721, 4722, 4723. Voir Hübner, au *Corpus*, p. 627. L'inscription *C. I. L.*, II, 4918, se rapporte probablement à la même route.

(7) *C. I. L.*, III, 312, borne milliaire trouvée près d'Ancyre. — On voit des vestiges d'une de ces routes entre Ancyre et Iconium (Perrot, *De Galatia provincia*, p. 102).

(8) *C. I. L.*, III, 318.

(9) *C. I. L.*, III, 4176, 4177. — A Lilybée, en Sicile, l'inscription *C. I. L.*, X, 7227 (datant de 84) mentionne la construction d'un aqueduc, mais rien n'indique que le travail ait été entrepris aux frais de l'empereur.

(10) Edition Dindorf, p. 263 (des bains et un temple d'Esculape). Cf. O. Müller, *Antiquitates Antiochenae*, p. 87.

(11) Vers 135. Ce chant fut composé au troisième siècle.

(12) Page 266.

(13) Il faut observer que l'inscription Gruter, p. CLV, n° 1 (= *C. I. L.*, II, 446*) est fausse.

Les expéditions militaires de l'empereur sur le Rhin et sur le Danube, la guerre contre les Nasamons en Afrique furent faites surtout pour défendre les provinces frontières, les Gaules, la Pannonie, la Mésie, l'Afrique, menacées fréquemment par les barbares (1).

Nous n'avons point de renseignements sur la condition matérielle des provinces à l'époque de Domitien, mais il ne semble pas qu'elle ait été mauvaise.

Les transactions commerciales furent favorisées par le bon système monétaire que Domitien sut maintenir jusqu'à la fin de son règne, malgré ses embarras financiers. L'*aureus* pesa, en moyenne, 7 grammes 43; sous Vespasien et Titus, son poids moyen était de 7 gr. 29; sous Trajan et Hadrien, il tomba à 7 gr. 21, 7 gr. 20 (2). L'alliage du denier d'argent, sous Vitellius, était d'un cinquième; sous Domitien, il ne fut que d'un dixième; sous Trajan, il fut beaucoup plus fort (3). Les monnaies fourrées, communes sous Néron et même sous Vespasien, devinrent plus rares à l'époque du dernier empereur Flavien (4).

Plusieurs textes pourraient cependant nous faire croire que Domitien se montra, à certains égards, peu soucieux du bien-être des provinciaux. Il semble que, voulant assurer la marche de son armée dans des expéditions au delà des Alpes, il ait imposé des réquisitions trop lourdes aux communes italiennes et provinciales dont il traversait les territoires (5) : c'est là un acte de mauvaise administration qui étonne de la part de cet empereur. — Il y eut peut-être alors une ou plusieurs grandes famines dans l'Empire (6). Elles paraissent avoir provoqué un édit célèbre

---

(1) Voir chapitre VI.
(2) Voir Mommsen, *Monnaie romaine*, trad. Blacas, III, p. 23 et suiv.
(3) Mommsen, *loc. cit.*, p. 29.
(4) Mommsen, *loc. cit.*, p. 33. Cohen, I, p. 389, n. 1. Pick, *Zeitschrift für Numismatik*, XIV, 1887, p. 353.
(5) Pline, *Panég.*, 20. — Nerva exempta les Italiens de ces réquisitions qui, en temps ordinaire, s'appliquaient au service de la poste. Voir une monnaie dans Eckhel, VI, p. 408 : deux mules paissant derrière une voiture, avec la légende « Vehiculatione Italiae remissa. »
(6) *Chants sibyllins*, XII, 133 :

καὶ τότε (sous Domitien) Παννονίην καὶ Κελτίδα γαῖαν ἅπασαν
μειώσει λιμὸς καὶ ἐπ' ἄλλυδις ἄλλον ὀλέσσει.

Dans le chant IV (écrit sous Titus en 80), il est question d'une famine qui sévit vers cette époque en Carie (vers 149 et suiv.).— Allusion possible dans l'Apocalypse de saint Jean (VI, 5 et 6), si l'on admet pour la composition de cet écrit la date traditionnelle (fin du règne de Domitien).

de Domitien, qui pouvait être fort préjudiciable aux intérêts de plusieurs provinces. « Voyant, » dit Suétone (1), « que le vin était en extrême abondance et qu'au contraire il y avait disette de blé, il pensa que la passion des vignes faisait négliger les champs : c'est pourquoi il défendit d'en planter de nouvelles en Italie et ordonna qu'on ne laissât subsister dans les provinces que la moitié des anciens plants (2). » Cette mesure, quoiqu'elle entravât en Italie le développement de la viticulture, dut être bien accueillie dans cette contrée dont les vins étaient alors la principale richesse, car elle diminuait la concurrence des autres vins. Mais les provinces s'émurent fort : des députations furent envoyées à l'empereur (3), et Domitien ne fit pas exécuter l'édit (4).

Zonaras, d'après Dion Cassius, dit, sans doute avec exagération, que beaucoup de tributaires se révoltèrent parce qu'on exigeait d'eux de l'argent par des moyens violents (5). Nous parlerons, au chapitre suivant, de la révolte des Nasamons que cet auteur mentionne. Dans les provinces même, il y eut quelques troubles sous Domitien. En 87 ou 88, apparut en Orient un faux

---

(1) *Domitien*, 17. — Stace, *Silves*, IV, 3, 11 (vers écrits en 95) :

[Domitianus]
qui castae Cereri diu negata
reddit jugera sobriasque terras.

Eusèbe, *Chronologie*, p. 160 et 161, à l'année 2108 (1ᵉʳ octobre 91-30 septembre 92). La *Chronique pascale* (I, p. 466) indique cet édit dès l'année 90.

(2) L'édit de Domitien n'est pas aussi tyrannique qu'il le paraît. Dans les provinces situées au delà des Alpes, il était interdit de planter des vignes (voir Marquardt, *Das Privatleben der Römer*, 2ᵉ édit., p. 446; Mommsen, *Römische Geschichte*, V, p. 98.

(3) Philostrate, *Apollonius*, VI, 42; *Vie des sophistes*, I, 21, 12. — Philostrate raconte même que Domitien fit cette défense parce que la vigne excite aux troubles. C'est là une invention du sophiste.

(4) Selon Suétone (*Domitien*), 14, le bruit courut que l'édit ne fut pas exécuté par suite des craintes superstitieuses de l'empereur. Le mécontentement des provinces est une raison assez sérieuse pour qu'on n'en cherche pas d'autre. — Selon Philostrate, le sophiste Scopelianus aurait été envoyé à Domitien pour lui porter les plaintes de toute l'Asie, et sa mission aurait obtenu un tel succès que non seulement l'empereur accorda la permission de cultiver des vignes, mais menaça même d'amendes ceux qui n'en planteraient pas. Ce dernier trait n'a évidemment rien d'historique; il est en contradiction avec les vers de Stace cités plus haut, vers faits plusieurs années après l'édit. Stace ne les aurait certainement pas écrits, si cet édit avait été rapporté.

(5) Zonaras, XI, 19, p. 500 : « Πολλοὶ τῶν ὑποτελῶν Ῥωμαίοις ἀφίσταντο χρήματα βιαίως πρασσόμενοι. »

Néron (1). Déjà en 69 (2) et sous Titus (3) s'étaient montrés de semblables imposteurs : ils abusaient de l'affection que la populace avait toujours eue pour ce tyran (4), et de la croyance très répandue qu'il n'était pas mort et qu'il reviendrait un jour (5); la réapparition de Néron était surtout attendue par les Juifs et les chrétiens : elle devait être suivie en effet pour les chrétiens du retour, pour les Juifs de la venue du Messie (6). — Ce personnage, comme le faux Néron du temps de Titus (7), fut soutenu par les Parthes, anciens alliés de Néron (8), qui n'entretinrent pas toujours de bonnes relations avec la dynastie Flavienne (9). Du reste, cette sédition semble avoir été étouffée sans peine. Suétone n'en dit qu'un mot à la fin de la biographie de Néron. Le faux empereur fut livré par les Parthes et sans doute mis à mort (10).

(1) Suétone, Néron, 57 : « Cum post viginti annos [post mortem Neronis], adulescente me, extitisset condicionis incertae qui se Neronem esse jactaret, tam favorabile nomen ejus apud Parthos fuit, ut vehementer adjutus et vix redditus sit » Tacite (*Hist.*, I, 2) cite, parmi les événements qui se passèrent de 68 à 96 : « Mota prope Parthorum arma falsi Neronis ludibrio. » En parlant du faux Néron de l'année 69, il dit (*Histoires*, II, 8) : « Ceterorum casus conatusque in contextu operis dicemus. »

(2) Tacite, *Hist.*, II, 8 et 9. Dion Cassius, LXIV, 9.

(3) Zonaras, XI, 18, p. 496. *Chants sibyllins*, IV, 137 (chant écrit en 80). Cf. Jean d'Antioche, édition Müller, *Fragmenta historicorum graecorum*, IV, p. 578, n° 104. Sur les faux Nérons, voir Mommsen, *Römische Geschichte*, V, p. 396-397.

(4) Suétone, *loc. cit.* Tacite, *Hist.*, I, 25. Othon et Vitellius crurent nécessaire de traiter avec respect la mémoire de Néron : voir Tacite, *Hist.*, I, 78; II, 71; II, 95; Suétone, *Othon*, 7; *Vitellius*, 11; Dion Cassius, LXIV, 8; LXV, 7.

(5) Néron s'était tué à une certaine distance de Rome, devant quelques témoins seulement. Le bruit se répandit vite qu'il avait échappé à la mort et qu'il s'était réfugié chez les Arsacides. Voir Suétone, *Néron*, 47 et 57; Tacite, *Hist.*, II, 8; Dion Chrysostome, Discours 21, p. 300, édition Dindorf; *Chants sibyllins*, V, 147 et suiv. et 363; VIII, 70 et suiv. (chants composés à l'époque des Antonins).

(6) Voir l'Apocalypse de saint Jean et les poèmes sibyllins IV et V.

(7) Je ne crois qu'il y ait lieu de nier l'existence du faux Néron de l'époque de Titus et de croire à une confusion avec celui du temps de Domitien : voir le texte de Tacite cité plus haut (note 1), « ceterorum. »

(8) Depuis 63 (voir Mommsen, *Römische Geschichte*, V, p. 392 et suiv.).

(9) Voir chapitre VI.

(10) Sur dix monnaies frappées entre le 1er janvier 88 et le 13 septembre, Domitien est qualifié d'*imperator* XIV; sur une, d'*imperator* XV (Chambalu, *De magistratibus Flaviorum*, p. 26). Cette salutation date donc du milieu à peu près de l'année 88. Peut-être se rapporte-t-elle à la révolte du faux Néron, soutenue par les Parthes.

Il est possible que Décébale, roi des Daces, contre lequel Domitien eut de longues guerres à soutenir (1), ait trouvé des sympathies parmi les populations de la Mésie et de la Thrace, qui appartenaient à la même race que ses sujets. On doit observer de plus que, dans le premier siècle de l'Empire, les Romains avaient à plusieurs reprises transporté de force, à l'intérieur de leur territoire, un grand nombre de barbares de la rive gauche du Danube (2). Ces nouveaux sujets ne devaient attendre qu'une occasion pour se révolter. Nous savons par Dion Cassius (3) qu'il y avait dans l'armée de Décébale de nombreux transfuges. Une monnaie de 86, représentant la Mésie en pleurs, se rapporte peut-être à des mouvements favorables aux Daces, mouvements qui furent réprimés par Domitien (4).

Mais ce ne sont là, semble-t-il, que des faits isolés : on peut croire qu'en général le gouvernement de Domitien ne fut pas impopulaire parmi les provinciaux. Bonne administration, libertés municipales, diffusion du droit de cité, accès plus facile aux honneurs, travaux publics, développement de la prospérité matérielle, tels furent les avantages dont ils paraissent avoir joui sous ce règne.

Nous avons peu de renseignements sur l'état de l'armée au temps de Domitien. Cet empereur avait besoin de son appui contre l'aristocratie : ce fut pour se la rendre favorable qu'il voulut la gloire militaire et qu'il éleva la solde. Depuis longtemps déjà, les légions se plaignaient de ne pas être assez payées ; les révoltes militaires de Germanie et de Pannonie au commencement du règne de Tibère n'avaient pas eu d'autre cause. Ces réclamations ne manquaient pas de fondement, car depuis l'empire, le prix de toutes choses avait fort renchéri, par suite de l'augmentation du numéraire (5). D'autre part, le service militaire n'était plus depuis

---

(1) Voir chapitre VI.
(2) Strabon, 7, 3, 10. *C. I. L.*, XIV, 3608 (inscription de Plautius Silvanus, légat de Mésie) : ... *legat(o) pr(o) praet(ore) Moesiae, in qua plura quam centum mill(ia) ex numero Transdanuvianor(um) ad praestanda tributa cum conjugib(us) ac liberis et principibus aut regibus suis transduxit.*
(3) LXVIII, 9, 10 et 11.
(4) Eckhel, II, p. 6 : « Μυσία : Provincia moesta humi decumbens juxta armorum congeriem. » Il n'est pas vraisemblable qu'elle ait eu pour objet de commémorer l'invasion de cette province par les barbares.
(5) Ainsi les mines d'or de Dalmatie furent exploitées depuis Néron (voir Pline l'Ancien, *Hist. nat.*, XXXIII, 67 ; cf. Stace, *Silves*, IV, 7, 13, etc.). —

un siècle qu'un métier pour les hommes des classes inférieures. Or les événements des années 68-69 leur avaient prouvé qu'un empereur pouvait être fait hors de Rome; Galba en Espagne, Vitellius en Gaule, Vespasien en Judée avaient été proclamés par leurs troupes. Dès lors les soldats furent tentés d'imiter cet exemple : ils pensèrent, non sans raison, que leur général, une fois parvenu au rang suprême se montrerait libéral envers eux. A leurs yeux, la révolte fut désormais une entreprise lucrative (1). Plus que tout autre prince, Domitien devait craindre une sédition militaire, car il se savait détesté de la plupart des légats légionnaires et provinciaux, tous membres de cette aristocratie qu'il avait humiliée.

Pour parer à ce danger, il décida après la guerre contre les Cattes, en 83 (2), que chaque légionnaire recevrait, tous les quatre mois, cent deniers au lieu de soixante-quinze (3). On ne sait pas si Domitien augmenta aussi la solde des prétoriens qui gagnaient déjà sept cent vingt deniers par an (4) : l'attachement qu'ils montrèrent à cet empereur le ferait croire. En outre, il semble avoir fait souvent aux troupes des dons supplémentaires (donativa) (5). Voulant se faire aimer des soldats, il se montra peut-être indulgent pour leurs fautes et attentif à leur épargner de trop grandes fatigues (6). — Après la révolte d'Antonius, Domitien prit contre

Il faut observer cependant que sous l'empire le prix des rations de vivres ne fut plus déduit sur la solde.

(1) Voir à ce sujet Guiraud, *Revue historique*, II, 1876, p. 248. — Il ne faudrait cependant pas trop exagérer : pendant les guerres civiles qui suivirent la mort de Néron, les soldats donnèrent souvent à l'empereur auquel ils avaient prêté serment des preuves de dévouement désintéressé.

(2) Zonaras, XI, 19, p. 500.

(3) Suétone, *Domitien*, 7 : « Addidit et quartum stipendium militi, aureos ternos. » Zonaras, *loc. cit.* : « Πέντε γὰρ καὶ ἑβδομήκοντα δραχμὰς ἑκάστου λαμβάνοντος, ἑκατὸν ἐκέλευσε δίδοσθαι. » Il faut observer qu'une drachme équivalait à un denier et que les soldats étaient payés tous les quatre mois. Avant Domitien, ils recevaient à chaque paye trois *aurei* ou soixante-quinze deniers. Depuis ils reçurent quatre *aurei* ou cent deniers. L'augmentation pour toute l'année fut donc de trois *aurei* ou soixante-quinze deniers. Voir Marquardt, *Staatsverwaltung*, II, 2ᵉ édit., p. 96.

(4) Tacite, *Annales*, I, 17.

(5) La moitié des *donativa* accordés aux soldats était conservée dans les caisses d'épargne des légions (Végèce, II, 20). Or, les dépôts devaient être assez considérables sous Domitien, car Antonius entraîna deux légions à la révolte en les confisquant (voir chapitre VII).

(6) Pline, *Panég.*, 18 [à Trajan] « disciplinam castrorum lapsam extinctamque refovisti, depulso prioris saeculi malo, inertia et contumacia et dedignatione parendi. »

les généraux des précautions dont nous parlerons plus loin (1).

Aussi les légions lui furent-elles favorables. Pline laisse même entendre que sous ce prince les soldats et les chefs furent animés de sentiments de défiance réciproque, qui nuisirent à la discipline et aux opérations militaires (2). Après sa mort, les troupes songèrent à le venger (3).

Suétone dit que, ruiné par ses constructions et par l'augmentation de la solde, il essaya de diminuer le nombre des soldats, mais qu'il y renonça, voyant que par cette mesure il exposait l'empire aux attaques des barbares (4). Une légion, la XXI Rapax, semble, il est vrai, avoir été supprimée; mais c'est peut-être parce qu'elle fut détruite en 92 par les Sarmates (5) : les dernières mentions que l'on ait de cette légion ne sont pas défavorables à l'hypothèse de sa disparition à cette époque (6). Au contraire,

---

(1) Voir chapitre VII.

(2) Pline, *Lettres* VIII, 14, 7 : « in castris... ducibus auctoritas nulla, nulla militibus verecundia, nusquam imperium, nusquam obsequium, omnia soluta, turbata, atque etiam in contrarium versa. » Cf. *Panég.*, 18.

(3) Voir chapitre XI.

(4) Suétone, *Domitien*, 12 : « temptavit quidem ad relevandos castrenses sumptus militum numerum deminuere. Sed cum obnoxium se barbaris per hoc animadverteret... » Zonaras, XI, 19, p. 500 : [Domitien s'étant repenti de l'augmentation de la solde] « τὴν μὲν ποσότητα οὐκ ἐμείωσε, τὸ δὲ πλῆθος τῶν στρατευομένων συνέστειλε. Καὶ ἑκατέρωθεν μεγάλα τὸ δημόσιον ἔβλαψε, μήθ' ἱκανοὺς τοὺς ἀμύνοντας αὐτῷ, καὶ τούτους μεγαλομίσθους ποιήσας. » D'ailleurs, cette diminution du nombre des soldats dut déplaire aux troupes; le même service était en effet réparti sur un moins grand nombre d'hommes.

(5) Voir chapitre VI, *Guerres du Danube*.

(6) *C. I. L.*, III, n° 6813 : inscription d'un certain ...*nius Gallus Vecilius Crispinus Mansuanius... Marcellinus Numisius Sabinus* qui fut successivement tribun militaire de la XXI Rapax, triumvir capitalis, légat d'Asie, questeur du Pont et de la Bithynie, tribun de la plèbe, préteur, curateur des voies Clodia, Cassia, Annia, Ciminia, Trajana nova; praefectus frumenti dandi, légat de la légion II Trajana fortis. La II Trajana dut être créée en 106 (voir p. 160, n. 2). La date de la construction de la voie Trajana nova est inconnue et peut remonter aux premières années du règne de Trajan. Selon Borghesi (*Œuvres*, IV, p. 178), ce n'aurait été que sous Hadrien qu'on aurait rattaché l'administration de la via Trajana nova à celle des voies Clodia, etc.; mais les raisons qu'il donne ne sont nullement convaincantes. Rien n'empêche donc de penser que le personnage dont il s'agit ait été tribun de la XXI Rapax sous Domitien.

C. I. L., V, 7447 : [Po]*mponianus Secundus P. Cesti*[us ...] *Priscus Ducenius Proc*[ulus, *leg*(atus) *Imp*(eratoris) *Ca*]*es*(aris) *Nervae Trajani Aug*(usti) *legion*(is) [..., *sevir eq*(uitum) *r*(omanorum)] *turm*(ae) *VI, tribun*(us) *militum legion*(is) *XXI Ra*[*pacis*]. Ce personnage fut légat de légion sous Trajan, peut-être avant la fin de l'année 102, Trajan ne portant pas sur

Domitien institua la I Minervia (1). Cette légion fut, autant qu'il semble, créée au début du règne. Elle devait en effet exister en 88-89, car c'est probablement à cette époque qu'elle reçut les surnoms de *Pia Fidelis* (2). Nous savons, d'autre part, que L. Licinius Sura fut légat de la I Minervia (3). Après cette légation et avant de devenir consul pour la première fois, il fut légat de Belgique (4). Dès 97, il était un des premiers personnages de l'Empire (5), et en 102, il reçut les faisceaux consulaires pour la seconde fois (6). Il est donc probable qu'il fut légat de cette légion vers le commencement du règne de Domitien (7). La I Minervia fit partie de l'armée de Germanie Inférieure, où elle était certainement peu après l'année 100 (8) et probablement déjà en 88 (9). Elle avait son camp à Bonn dès l'époque de Domitien, semble-t-il (10). Or la XXI Rapax, qui était auparavant en ce lieu, fut envoyée, lors de la guerre cattique de 83, en Germanie supérieure (11). Il y a lieu de croire que la I Minervia fut créée pour la remplacer et compléter ainsi le chiffre, réglementaire à cette époque, des quatre légions de la Germanie Inférieure.

l'inscription le surnom de Dacicus : il a donc pu être tribun de la XXI Rapax avant 92.

(1) Dion Cassius, LV, 24.
(2) Voir plus loin, chapitre VII.
(3) *C. I. L.*, VI, 1444.
(4) *C. I. L.*, ibid.
(5) Aurelius Victor, *Epitome*, 13.
(6) Klein, *Fasti consulares*, p. 54.
(7) Dans l'inscription de L. Magius Dubius (voir note 10), gravée, semble-t-il, du vivant de Domitien, ce soldat de la I Minervia est indiqué comme ayant fait treize années de service, ce qui forcerait à placer la création de la légion en 84 au plus tard (Domitien étant mort en 96), s'il était absolument certain que L. Magius Dubius n'eût pas servi auparavant dans une autre légion.
(8) Brambach, *C. I. R.*, n° 680 (sur la date de cette inscription, voir Ritterling, *De legione Romanorum X Gemina*, p. 40 et suiv.). Cf. *C. I. L.*, III, 6819.
(9) Ce fut, semble-t-il, comme légion de cette province qu'elle reçut les surnoms de *Pia Fidelis* (voir chapitre VII).
(10) On lit sur une inscription trouvée à Bonn (*Bonnische Jahrbücher*, LVII, 1876, p. 70) : *L. Magius, L. (f.) Ouf., Dubius, Mediolani, mil. leg. I F. M. P. F. D., armorum custos, c(enturia) Aufidi Martialis, ann. XXXI, stip. XIII.* M. Ritterling (loc. cit., p. 72) fait observer, avec raison, je crois, qu'il faut lire : *leg(ionis) I F(laviae?) M(inerviae) P(iae) F(idelis) D(omitianae)*, ce qui indique que l'inscription est du temps de Domitien.
(11) Voir chapitre VI, *Guerres du Rhin*.

Quand Domitien fut tué, en 96, les légions semblent avoir été ainsi réparties dans l'Empire :

Trois en Bretagne :
    II Augusta,
    IX Hispana,
    XX Valeria Victrix.

Trois en Germanie Inférieure :
    I Minervia,
    VI Victrix,
    X Gemina.

Trois en Germanie Supérieure :
    VIII Augusta,
    XI Claudia,
    XXII Primigenia.

Cinq (?) en Pannonie :
    XIII Gemina,
    XV Apollinaris;

et probablement :
    I Adjutrix,
    II Adjutrix,
    XIV Gemina.

Deux en Mésie Supérieure :
    IV Flavia,
    VII Claudia.

Deux en Mésie Inférieure :
    I Italica,
    V Macedonica.

Deux (?) en Cappadoce :
    XII Fulminata,
    XVI Flavia (?) (1).

---

(1) Vespasien installa en Cappadoce deux légions au moins (Suétone, Vespasien, 8 : « Cappadociae... legiones addidit. » M. von Domaszewski (Korrespondenzblatt der Westdeutschen Zeitschrift, XI, 1892, p. 115) croit que l'une de ces légions pourrait avoir été la XVI Flavia, nouvellement créée. — On doit remarquer cependant qu'au milieu du règne de Domitien, alors que la Cappadoce, séparée de la Galatie, était une province impériale de rang prétorien (voir plus haut, p. 137), elle ne dut plus avoir qu'une seule légion. Mais, à la fin du règne, la Cappadoce et la Galatie furent de nouveau placées sous un consulaire (p. 138), qui dut avoir plusieurs légions à sa disposition.

Trois en Syrie :
> III Gallica,
> IV Scythica,
> VI Ferrata.

Une en Judée :
> X Fretensis.

Deux (?) en Egypte :
> III Cyrenaica.
> XXII Dejotariana (?) (1).

Une en Afrique :
> III Augusta.

Une en Espagne :
> VII Gemina.

Il y avait donc en tout vingt-huit légions lors de la mort de Domitien (2).

---

(1) La dernière mention de cette légion est de l'année 84 (*C. I. L.*, III, 36). Elle ne figure pas sur les colonnettes légionnaires faites, au plus tard, en 170 (*C. I. L.*, VI, 3492 a et b). Borghesi (*Œuvres*, IV, p. 254) la fait disparaître au commencement du règne de Marc-Aurèle; Pfitzner (*Geschichte der römischen Kaiserlegionen*, p. 269), dans la guerre d'Hadrien contre les Juifs : ces deux hypothèses ne sont pas appuyées de preuves. Mommsen (*Ephemeris epigraphica*, V, p. 9, n. 1) croit qu'elle fut supprimée par Trajan et remplacée par la II Trajana. Dans ce cas, on ne pourrait arriver au total des trente légions de Trajan et d'Hadrien (voir note suivante) qu'en admettant le maintien de la XXI Rapax jusqu'au règne d'Hadrien et l'on ne verrait pas quelle fut la légion détruite par les Sarmates en 92. — Quoi qu'il en soit, une des deux légions d'Alexandrie (la III Cyrenaica et la XXII Dejotariana) quitta certainement cette ville sous Domitien qui, dit Suétone (*Domitien*, 7), « geminari legionum castra prohibuit. »

(2) Il n'y a pas lieu d'ajouter à celles que j'ai énumérées soit la XV Primigenia, soit la V Alaudae. Ces deux légions durent être supprimées par Vespasien, en même temps que la I, la IV Macedonica et la XVI Gallica, qui, comme elles, avaient été vaincues, en partie détruites par Civilis, et avaient prêté serment de fidélité à l'empire des Gaules : la XXII Primigenia fut seule épargnée à cause des souvenirs glorieux laissés par son légat Dillius Vocula (voir Mommsen, *Römische Geschichte*, V, p. 130). — Trajan créa deux légions : 1° la II Trajana qui existait certainement en 109 (*C. I. L.*, III, 79) et qui remplaça probablement en 106, après la conquête de l'Arabie, la III Cyrenaica à Alexandrie; 2° la XXX Ulpia, qui semble avoir remplacé en Germanie Inférieure la X Gemina, envoyée sur le Danube à la suite de la conquête de la Dacie. Nous arrivons ainsi au total de trente légions et c'est, en effet, le chiffre qui nous est donné pour l'époque d'Hadrien (Spartien, *Hadrien*, 15).

Un certain nombre d'ailes et de cohortes auxiliaires, cantonnées surtout sur la frontière du Danube, portent le nom de *Flavia*. Pour la plupart, il est impossible de savoir si elles le reçurent sous Vespasien, Titus ou Domitien. Comme Suétone dit que Domitien s'efforça de diminuer les troupes, et que, d'autre part, son père réorganisa toute l'armée romaine, il est vraisemblable que ces corps durent, en général, leur nom à Vespasien. En outre, il est possible que les corps qui ont reçu le nom de *Flavia* sous Domitien ne l'aient pas gardé après sa mort. Quoi qu'il en soit, nous en donnerons l'énumération (1).

Ailes :

A. II Flavia Hispanorum civium Romanorum } en Espagne (2).

A. I Flavia Gallorum Tauriana (3)   (?).

A. Gallorum Flaviana   en Mésie Inférieure en 100 (4).

A. I Flavia Augusta Britannica miliaria civium Romanorum } en Pannonie Inférieure en 113 (5).

A. Flavia Pannoniorum   en Pannonie Inférieure (6).

A. I Flavia Sebastenorum (7).   (?).

A. I Flavia Gaetulorum   en Mésie Inférieure en 100 (8).

A. II Flavia Agrippiana (9)   (?).

A. I Flavia Gemelliana   en Rhétie en 166 (10).

A. I Flavia Singularium civium Romanorum. } en Rhétie en 107 (11).

(1) Pour les ailes et les cohortes du nom de *Flavia*, voir surtout Mommsen, *Ephem. epigr.*, V, p. 164 et suiv., *passim*. — Nous omettons les corps auxiliaires datant certainement de l'époque de Vespasien.
(2) *C. I. L.*, II, 2554, 2600, 2637. Si la restitution de Hübner au n° 2637 est exacte, elle existait dès l'époque de Vespasien.
(3) Nommée *C. I. L.*, VIII, 2394 et 2395.
(4) *Archäologisch-epigraphische Mittheilungen aus Oesterreich*, XI, 1887, p. 25.
(5) *C. I. L.*, III, p. 869.
(6) *C. I. L.*, III, 3223.
(7) *Recueil de Constantine*, XXII, 1882, p. 361.
(8) *C. I. L.*, III, p. 863.
(9) Nommée *C. I. G.*, 3497. Cf. Brambach, n° 893.
(10) *Ephem. epigr.*, II, p. 460.
(11) *C. I. L.*, III, p. 867.

A. II Flavia Singularium — en Rhétie (1).

Cohortes :

C. I Flavia Ulpia Hispanorum miliaria civium Romanorum equitata. — en Dacie en 110 (2).

C. I Flavia Hispanorum miliaria equitata (3) — en Maurétanie Césarienne en 107 (4).

C. I Flavia Brittonum (5) — en Pannonie en 85 (6).

C. II Flavia Brittonum equitata (7) — en Mésie Inférieure en 100 (8).

C. I Flavia Thracum — en Egypte sous Domitien (9).

C. I Flavia Bessorum — en Mésie Inférieure en 105 (10).

C. I Flavia Cilicum equitata — en Egypte en 83 (11)

C. I Flavia Canathenorum miliaria — en Rhétie en 166 (12).

---

(1) *C. I. L.*, III, 5822.
La I Flavia gemina et la II Flavia gemina existaient dès 74 (*C. I. L.*, III, p. 852). Avec ces deux ailes, il faut, semble-t-il, identifier :
1°) La I Flavia (*C. I. L.*, V, 8660; Brambach, 1525, 1645); la I Flavia miliaria (Brambach, 1468); la I Flavia civium Romanorum (*C. I. L.*, III, 5906); sans doute aussi la I Flavia Fidelis (*C. I. L.*, V, 538);
2°) La II Flavia (Brambach, 981); la II Flavia Pia Fidelis miliaria (*C. I. L.*, III, p. 867). — L'ala Flavia Pia Fidelis miliaria (*C. I. L.*, XIV, 2287) doit être une de ces deux ailes.
Je ne sais quelle était l'ala Flavia qui, sous Caracalla, se trouvait en Numidie (*C. I. L.*, VIII, 4510; *Ephem. epigr.*, V, 667).
(2) *C. I. L.*, III, 1627 et p. 868.
(3) Pour le nom, voir *C. I. L.*, X, 6426.
(4) Waille, *Bulletin archéologique du Comité des travaux historiques*, 1891, p. 502.
(5) Nommée *C. I. L.*, III, 4811. Cf. Orelli-Henzen, 6519.
(6) *C. I. L.*, III, p. 855, si on l'identifie avec la I Brittonum miliaria. Cf. la I Ulpia Brittonum miliaria (*C. I. L.*, III, p. 886).
(7) Nommée dans Orelli, 804 (= *C. I. L.*, VII, p. 87).
(8) *C. I. L.*, III, p. 863.
(9) *C. I. G.*, 4716 d, 9, p. 1193 du tome III.
(10) *C. I. L.*, III, p. 865.
(11) *Ephem. epigr.*, V, p. 612. Cf. Mommsen, *Ephem. epigr.*, VII, p. 457.
(12) *Ephem. epigr.*, II, p. 460. Cf. *Ephem.*, II, 1004 et 1005 (= *Ephem.*, IV, 634).

C. I Flavia Chalcidenorum equitata sagittariorum	en Syrie en 162 (1).
C. I Flavia Damascenorum miliaria equitata sagittariorum (2).	en Germanie Supérieure en 90 (3).
C. I Flavia Damascenorum peditata	en Germanie Supérieure (4).
C. I Flavia Commagenorum	en Mésie Inférieure en 105 (5).
C. II Flavia Commagenorum	a séjourné en Dacie (6); on ne sait pas où elle était auparavant.
C. I Flavia Numidarum	en Lycie-Pamphylie en 178 (7).
C. II Flavia Numidarum	en Dacie Inférieure en 129 (8).
C. I Flavia Musulamiorum	en Maurétanie Césarienne en 107 (9).
C. III Flavia Afrorum (10)	(?).
C. I Flavia civium Romanorum (11)	(?).
C. I Flavia equitata	en Numidie (12).
C. I Flavia	en Germanie Inférieure (13).
C. Flaviana (14).	(?).

Peut-être la troupe des *equites singulares* (gardes du corps), qui

---

(1) *C. I. L.*, III, 129.
(2) Nommée dans Brambach, 1412, 1417 e.
(3) *Ephem. epigr.*, V, p. 652. Cf. *C. I. L.*, III, p. 870.
(4) Brambach, 914.
(5) *C. I. L.*, III, p. 865.
(6) *C. I. L.*, III, 1343, 1355, etc.
(7) *Ephem. epigr.*, IV, p. 506.
(8) *C. I. L.*, III, p. 876. Cf. *Ephem. epigr.*, II, 467.
(9) Waille, *Bulletin archéologique du Comité des travaux historiques*, 1891, p. 502.
(10) Nommée *C. I. L.*, V, 6584, p. 1087.
(11) Nommée *C. I. L.*, III, 600.
(12) *C. I. L.*, VIII, 2844, 4527.
(13) Brambach, 60 d, 645 (?).
(14) Nommée *C. I. G.*, 3615, 3616, 3617.

existait certainement au temps de Trajan (1), remonte-t-elle à une époque antérieure et fut-elle créée par Domitien. On trouve parmi eux un certain nombre de *T. Flavii* (2). Cependant ils peuvent avoir été enrôlés dans ce corps après 96 : parmi les *equites singulares* enrôlés de 103 à 118, on compte quatorze Flavii (3). — En 76, il y avait neuf cohortes prétoriennes ; en 112 au plus tard, ces cohortes étaient au nombre de dix : cette augmentation de la garnison de Rome pourrait bien remonter à Domitien, comme le suppose M. Mommsen (4), mais on n'en a aucune preuve (5).

(1) Henzen, *Annali dell' Instituto*, LVII, 1885, p. 237.
(2) *C. I. L.*, VI, 3252-3260.
(3) Henzen, *loc. cit.*, p. 265.
(4) *Hermès*, XIV, 1879, p. 33.
(5) Quant aux cohortes urbaines, leur nombre ne semble pas avoir été augmenté depuis Vespasien. Il y en avait six : quatre à Rome (les 10me, 11me, 12me, 14me), une à Lyon (d'abord la 1re, puis la 13me), une à Carthage (d'abord la 13me, puis la 1re). Voir Marquardt, *Staatsverwaltung*, II, 2e édit., p. 483.

CHAPITRE VI.

GUERRES.

PREMIÈRE PARTIE.

GUERRES D'AGRICOLA EN BRETAGNE.

Le commencement du règne de Domitien fut marqué par d'importantes campagnes en Bretagne (1). Depuis 77 (2), Cn. Julius Agricola était gouverneur de cette province où il avait déjà séjourné à deux reprises différentes, d'abord sous Suetonius Paul-

---

(1) La seule source, pour ces campagnes, est l'*Agricola* de Tacite (cf. quelques mots de Dion Cassius, LXVI, 20). — Voir l'édition de Wex (1852), p. 191 et suiv.; Hübner, *Römische Herrschaft in Westeuropa*, p. 32 et suiv. et *Hermès*, XVI, 1881, p. 542 et suiv.; Urlichs, *De vita et honoribus Agricolae* (Wurzbourg, 1868); Mommsen, *Römische Geschichte*, V, p. 167 et suiv.

(2) Agricola fut consul en 77 (*Agr.*, 9 : voir Urlichs, *l. c.*, p. 26 et suiv.). Aussitôt après, il reçut le gouvernement de la Bretagne : « Consul egregiae tum spei filiam juveni mihi despondit ac post consulatum collocavit et statim Britanniae praepositus est (*Agr.*, 9). » Il arriva dans sa province au milieu de l'été : « Hunc Britanniae statum... media jam aestate transgressus Agricola invenit (*Agr.*, 18), » et il y fit sept campagnes. Domitien le rappela après avoir reçu la nouvelle de la victoire du mont Graupius, remportée à l'extrémité de la Bretagne, quand l'été était déjà terminé, « exacta jam aestate (*Agr.*, 38). » Ce fut sans doute au commencement de l'année qui suivit cette victoire, qu'il quitta la province. La question est de savoir si Agricola fut légat depuis l'été de 77 jusqu'au début de 84, ou depuis l'été de 78 jusqu'au début de 85. — On doit observer que Dion Cassius (LXVI, 20) dit qu'à la suite des victoires d'Agricola, Titus prit sa quinzième salutation impériale. Or dès la fin de 79, Titus était *imperator* XV (Chambalu, *de Magistratibus Flaviorum*, p. 24); la campagne faite cette année-là par Agricola fut donc marquée par un important succès. Pendant la deuxième année de son commandement, il ne semble pas avoir fait de grande expédition (*Agr.*, 20-21); au contraire, dans la troisième année, il s'avança peut-être jusqu'au Firth of Tay (voir p. 167, n. 4). Il faut probablement en conclure que cette troisième année correspond à l'année 79, que par conséquent

linus comme tribun militaire (1), puis sous Vettius Bolanus et Petillius Cerialis, comme légat de légion (2). — Par une expédition heureuse contre les Ordoviques, Agricola avait d'abord achevé la conquête du pays de Galles et occupé l'île d'Anglesey, foyer de la résistance des Celtes (3). Après la soumission d'autres peuples (4) qui ne sont pas nommés par Tacite, les Romains possédèrent la Bretagne au moins jusqu'à Eburacum (York), dans le pays des Brigantes (5).

Agricola chercha aussi, par sa bonne administration, à attacher à la domination romaine les peuples qui faisaient partie de la province : il les traita avec douceur, supprima des abus qui les appauvrissaient ou les humiliaient, appela des hommes intègres à le seconder, allégea les tributs et les fournitures de blé, engagea les Bretons à construire des temples, des maisons, répandit chez eux l'usage de la toge, fit instruire les fils de leurs chefs (6).

Mais son ambition ne se bornait pas là : il avait formé le projet d'annexer à l'empire l'Ecosse et même l'Irlande. Il espérait, par cette conquête, illustrer son nom et enlever toute velléité d'indépendance aux Bretons qui n'auraient plus envié la liberté de leurs voisins, ni attendu aucun appui extérieur (7) : de plus,

---

Agricola arriva en Bretagne dans l'été de 77. Il dut être consul du 1ᵉʳ mai 77 au 30 juin, et partir dès le mois de juillet pour sa province. M. Asbach (*Bonnische Jahrbücher*, LXXIX, 1885, p. 114 et 115; *Westdeutsche Zeitschrif.*, III, 1884, p. 17) place aussi le gouvernement d'Agricola en Bretagne entre 77 et 84, en se servant d'autres arguments.

(1) *Agr.*, 5.
(2) *Agr.*, 8.
(3) *Agr.*, 18.
(4) *Agr.*, 20 (campagne de l'année 78).
(5) Eburacum, dans le pays de Brigantes, appartenait sans aucun doute aux Romains en 79, à l'époque où Agricola commença ses campagnes vers le Nord, car il lui fallait un point d'appui et de concentration pour attaquer les Calédoniens. Cette ville fut peut-être occupée par Petillius Cerialis, qui vainquit les Brigantes (*Agr.*, 17 : « Terrorem intulit Petillius Cerialis, Brigantum civitatem, quae numerosissima provinciae totius perhibetur, aggressus, multa praelia et aliquando non incruenta, magnamque Brigantum partem aut victoria amplexus, aut bello, » — le texte de Pline sur la forêt Calédonienne, *Hist. nat.*, IV, 102, n'est pas contraire à cette hypothèse). Il serait possible aussi qu'elle ait été prise par Agricola avant 79, mais, dans ce cas, Tacite l'aurait peut-être dit. — Les expéditions d'Agricola augmentèrent certainement l'importance d'Eburacum qui devint le siège d'une légion et la résidence du légat (voir Hübner, *Römische Herrschaft*, p. 35; *C. I. L.*, VII, p. 61).
(6) *Agr.*, 19 et 21.
(7) *Agr.*, 24 : « Saepe ex eo [d'Agricola] audivi, legione una et modicis

comme on croyait alors l'Irlande située à l'est de l'Espagne, il pouvait penser que l'occupation de ce pays faciliterait les communications maritimes avec l'ouest de l'empire (1). — Pour accomplir ces desseins, Agricola avait une nombreuse armée sous ses ordres : quatre légions (2), avec environ trente cohortes et dix ailes de cavalerie (3).

A partir de la troisième année de son commandement, il entreprit vers le nord des expéditions qui, s'il faut en croire Tacite, furent toutes heureuses, malgré les difficultés de la marche, du ravitaillement, des combats dans un pays inconnu, couvert de forêts, de marécages et de montagnes. — En 79, il pénétra dans des territoires inconnus auparavant et s'avança jusqu'à l'estuaire du Tanaus (Firth of Tay ?) (4). — L'année suivante fut consacrée

auxiliis debellari obtinerique Hiberniam posse ; idque etiam adversus Britanniam profuturum, si Romana ubique arma, et velut e conspectu libertas tolleretur. »

(1) *Agr.*, 24 : « ... siquidem Hibernia, medio inter Britanniam atque Hispaniam sita et Gallico quoque mari opportuna, valentissimam imperii partem magnis invicem usibus miscuerit. » Cf. *Agr.*, 10 et 11.

(2) La IX Hispana, peut-être à Eburacum, où elle était certainement en 108 : voir *C. I. L.*, VII, 241. — La II Adjutrix, soit à Lindum (Lincoln) : voir *C. I. L.*, VII, 185 ; soit à Chester : voir Cagnat, *Revue des publications épigraphiques*, 1892, n°° 59, 60, 61, 62 (d'après l'*Athenaeum*). Ces inscriptions datent de l'époque Flavienne, car la II Adjutrix fut envoyée par Vespasien en Bretagne et ne s'y trouvait plus en 89 au plus tard. — La II Augusta à Glevum (Gloucester), ou plutôt à Isca (Caerleon), dans le pays des Silures, qui fut soumis sous Vespasien par Frontin (*Agricola*, 17). — La XX Valeria Victrix à Deva (Chester), d'où elle surveillait le pays des Ordoviques, récemment soumis. — Voir à ce sujet Hübner, *Hermès*, loc. cit., p. 530 et suiv., et *Archäologischer Anzeiger*, 1889, p. 49 ; Mommsen, *Römische Geschichte*, V, p. 162 et 166.

(3) Voir Urlichs, *Die Schlacht am Berge Graupius*, p. 6.

(4) *Agr.*, 22 : « ... usque ad Tanaum (aestuario nomen est). » On ne sait pas d'une manière certaine où cet estuaire se trouve. — Sur la marge d'un manuscrit, on lit « Taum. » Ce serait en ce cas l'estuaire du Tay (*Ptolémée*, II, 3, 4 : Ταούα εἴσχυσις) : Mommsen, *Röm. Gesch.*, V, p. 167. Il est possible que, dès 79, Agricola se soit avancé jusque-là ; l'année suivante, il s'assura la possession des pays qu'il avait parcourus alors : « quarta aestas obtinendis quae percurrerat insumpta (*Agr.*, 23), » ce qu'il fit en fortifiant l'isthme de la Clyde et du Forth. De plus, Tacite dit qu'en 79 Agricola parcourut des pays jusqu'alors inconnus : « Tertius expeditionis annus novas gentes aperuit (*Agr.*, 22). » Or, en 77, date à laquelle fut publiée l'*Histoire naturelle* de Pline l'Ancien, les Romains connaissaient la grande île jusqu'à la forêt Calédonienne : « triginta prope jam annis notitiam ejus (de la Bretagne) Romanis armis non ultra vicinitatem silvae Calidoniae propagantibus (IV, 102). » — En tout cas, Agricola était allé au delà de la Tyne, dans laquelle Wex (p. 191 et suiv.) veut voir le Tanaum aestuarium. Hübner

par lui à s'assurer la possession définitive des pays qu'il venait de parcourir. De l'estuaire de la Clota (Clyde), sur la mer d'Irlande, à celui de la Bodotria (Forth), sur la mer du Nord, estuaires qui s'enfoncent profondément dans les terres et ne laissent entre eux qu'un isthme étroit, il éleva une ligne de forts, et tout le pays environnant fut au pouvoir des Romains (1). Plus tard, Antonin le Pieux ne fit que restaurer cette ligne de défense (2).

En 81, « Agricola, » dit Tacite dans des termes malheureusement trop vagues, « s'embarqua dès que la saison le lui permit et dompta, à la suite de nombreux succès, des nations jusqu'alors inconnues, » peut-être des peuplades établies en Ecosse, au nord de l'estuaire de la Clota (3). En même temps, il garnit de troupes la partie de la Bretagne qui regarde l'Hibernie (Irlande), préparant une expédition dans cette île. Il avait accueilli un des petits rois du pays, chassé par une révolte, et, sous le titre d'ami, il le gardait pour une occasion favorable (4).

Ce fut alors que Domitien succéda à Titus. Quoiqu'Agricola gouvernât déjà la province depuis plus de quatre ans, il ne le rappela pas et lui permit d'abord de poursuivre ses projets, au moins dans l'île de Bretagne.

En 82, Agricola s'avança, en longeant le rivage (5), dans les pays situés au delà de la Bodotria. Les côtes furent reconnues par la flotte, qu'il employa alors pour la première fois comme partie active de ses forces, afin d'éclairer sa marche, et qui causa une grande terreur aux indigènes. Cependant les Calédoniens résistèrent : ils harcelèrent l'armée ; des postes furent même attaqués par des forces nombreuses (6). Le découragement commençait

---

(*Hermès*, p. 543), l'identifie avec le Δοῦνον κόλπος de Ptolémée (II, 3, 4), qui est, selon Müller (édit. de Ptolémée), la baie de Dunsley, près de Whitby. Mais ce point est trop méridional.

(1) *Agr.*, 23 : « Atque omnis proprior sinus tenebatur. » Le mot *sinus* ne signifie pas ici « golfe, » mais « étendue de terre. »

(2) Voir Lacour-Gayet, *Antonin le Pieux et son temps*, p. 170.

(3) *Agr.*, 24. Les préparatifs contre l'Hibernie prouvent qu'Agricola tourna cette année-là son attention vers la partie occidentale de la Bretagne. L'année suivante, au contraire, il s'avança vers l'Est. — Les nations inconnues dont parle Tacite ne pouvaient habiter qu'au nord de la Clota, atteinte par Agricola en 81.

(4) *Agr.*, 24.

(5) En effet, Tacite dit que les soldats de terre et les soldats de mer avaient souvent occasion de se voir.

(6) *Agr.*, 25 : « Castella adorti » (lire ainsi plutôt que « castellum »).

déjà à se mettre parmi les soldats : beaucoup disaient qu'il fallait repasser la Bodotria et sortir du pays avant de s'en faire chasser. Mais Agricola ne s'arrêta pas à ces craintes. Informé que les Calédoniens se préparaient à l'attaquer de différents côtés, il voulut éviter qu'ils ne missent à profit la supériorité de leur nombre et la connaissance qu'ils avaient des lieux pour l'envelopper. Afin de ne pas leur en laisser le temps, il marcha droit à eux, divisant son armée en trois corps assez rapprochés pour qu'ils pussent se porter mutuellement secours (1). Les ennemis, changeant alors de tactique, se réunirent en une seule masse et assaillirent à l'improviste, pendant la nuit, la colonne la plus faible, formée de la neuvième légion (2). Ils avaient déjà envahi le camp, lorsqu'Agricola, averti par ses éclaireurs, accourut et les attaqua par derrière. Vaincus, ils s'enfuirent par des forêts et des marécages qui empêchèrent les Romains de les poursuivre (3). Nous ignorons le lieu où cette bataille fut livrée. — Les troupes victorieuses voulaient alors achever la conquête de la Calédonie,

---

S'agit-il des forts établis entre les deux estuaires de la Clota et de la Bodotria ? Dans ce cas, l'armée aurait été menacée de se voir couper les derrières, et l'on comprendrait le désir de beaucoup de soldats de revenir en deçà de la Bodotria. — S'agit-il de forts situés plus au nord ? En 79, Agricola en avait fait construire « ad Tanaum aestuarium » (*Agr.*, 22).

(1) *Agr.*, 25.

(2) *Agr.*, 26 : « Universi nonam legionem ut maxime invalidam, nocte adgressi. » Tacite n'explique pas la cause de cette faiblesse. Peut-être veut-il dire simplement que la troisième colonne, formée de la IX° légion, était moins forte numériquement que les deux autres (Agricola avait sans doute emmené avec lui la plus grande partie des effectifs des quatre légions de Bretagne avec de nombreuses troupes auxiliaires). — En 61, la IX° légion avait été très éprouvée dans une bataille livrée près de Camulodunum (Tacite, *Annales*, XIV, 32), mais on l'avait renforcée peu après avec des soldats appelés de Germanie (*Ann.*, XIV, 38). Son infériorité par rapport aux autres légions, si c'est là ce qu'entend dire Tacite, ne tenait donc pas à cette défaite subie vingt et un ans auparavant. Mais elle avait dû probablement laisser un détachement dans son camp ordinaire, Eburacum, pour surveiller les Brigantes (voir Hübner, *Hermès*, p. 545, n. 4).

(3) *Agr.*, *loc. cit.* A la suite de cette victoire, Domitien prit peut-être sa deuxième salutation impériale. Il l'avait certainement le 19 juillet 82 (*C. I. L.*, IX, 5420). Les monnaies sur lesquelles cette salutation est indiquée portent toutes : « *co(n)s(ul) VIII, desig(natus) VIIII* » (Cohen, *Domitien*, 607-610 ; cf. *C. I. L.*, II, 862 ; III, 4176 ; — il ne faut pas tenir compte des monnaies 257 et 260 de la première édition de Cohen : voir deuxième édition, p. 520, n. 1 et 2). La victoire d'Agricola fut remportée en été (voir *Agr.*, 25 et 28 début).

mais Agricola se contenta de ce succès et jugea prudent de revenir en arrière (1).

Pour l'année 83, il prépara une grande expédition. Son armée était peut-être affaiblie par suite du rappel d'une partie de ses troupes sur le continent (2); il la renforça à l'aide d'auxiliaires levés parmi les Bretons les plus braves et les plus fidèles. — Il fit partir la flotte la première, afin qu'en ravageant plusieurs points, elle répandît chez les ennemis l'incertitude et la terreur. Puis il s'avança avec son armée sans bagages (3). De leur côté, les différents peuples de la Calédonie s'étaient armés, avaient conclu une ligue entre eux et mis en lieu sûr les femmes et les enfants (4). Ils attendirent Agricola au mont Graupius, au nord de l'Ecosse (5). D'abord au nombre de trente mille (6), ils recevaient tous les jours de nouveaux renforts. Le plus noble et le plus vaillant d'entre eux était Galgacus (7). — L'armée romaine comptait vingt-six mille hommes environ (8).

(1) *Agr.*, 27.
(2) Voir plus loin, à la page 186, au sujet d'un détachement de la IX Hispana.
(3) *Agr.*, 29.
(4) *Agr.*, 27.
(5) *Agr.*, 29. — La bataille du mont Graupius eut lieu dans l'année qui suivit l'attaque de la neuvième légion (*Agr.*, 34, début), c'est-à-dire en 83. Au commencement du discours d'Agricola (33), il faut, sans aucun doute, lire *septimus*, non *octavus* (voir Nipperdey, *Rheinisches Museum*, XIX, 1864, p. 106 et suiv.). Wex, par une série d'hypothèses compliquées, place cette bataille en 85; mais Tacite dit que Domitien en reçut la nouvelle peu après le triomphe sur les Cattes, qui fut célébré à la fin de 83. — On a beaucoup discuté sur l'emplacement du mont Graupius. Il était situé au nord de l'île, comme l'indiquent les passages suivants : « Nam et universi servitutis expertes, et nullae ultra terrae... Nos, terrarum ac libertatis extremos... Nunc terminus Britanniae patet... Nulla jam ultra gens; nihil nisi fluctus et saxa » (*Agr.*, 30, discours de Galgacus). — « Finem Britanniae, non fama nec rumore, sed castris et armis tenemus... Nec inglorium fuerit, in ipso terrarum ac naturae fine cecidisse » (*Agr.*, 33, discours d'Agricola). Voir Wex, édition, p. 195. Cependant, on doit observer que ces phrases se trouvent dans des harangues où il y a beaucoup de déclamation. Il est impossible d'en tirer une indication géographique précise.
(6) Il n'est pas sûr cependant que ce chiffre soit exactement conservé : il semble trop faible.
(7) *Agr.*, 29 et suiv.
(8) Voir Urlichs, *Die Schlacht am Berge Grauptus*, p. 6 et suiv. — Agricola avait sous lui :
a) 3,000 hommes de cavalerie (*Agr.*, 35), c'est-à-dire environ cinq ailes; et, de plus, quatre autres ailes (*Agr.*, 37), c'est-à-dire 2,000 hommes environ. En tout 5,000 cavaliers, presque toute la cavalerie de l'armée de Bretagne.

Agricola disposa ses troupes de manière à former le centre de bataille avec les fantassins auxiliaires, au nombre de huit mille. Aux ailes, il plaça trois mille cavaliers. Les légions furent rangées derrière ces troupes et devant les retranchements du camp : le général voulait ménager le sang romain en cas de succès, et se garder une réserve importante en cas de revers (1). Quatre escadrons de cavalerie furent tenus aussi en réserve (2).
— Du côté des ennemis, les chars, les cavaliers et une partie des fantassins se trouvaient dans la plaine; le reste était rangé sur les pentes des collines, qui formaient un amphithéâtre (3).

Le combat commença d'abord de loin. Les Calédoniens, agiles et braves, paraient les javelots et faisaient tomber sur les Romains une grêle de traits. Agricola lança alors sur les ennemis de la plaine la cavalerie des ailes et les plus braves de ses auxiliaires, c'est-à-dire trois (?) (4) cohortes de Bataves et deux de Tongres qui furent suivies bientôt par les autres auxiliaires. Armés de petits boucliers, d'épées longues et sans pointe, gênés par leurs chars et par les chevaux qui fuyaient en désordre devant la cavalerie romaine, les Calédoniens de la plaine furent culbutés. A la vue de la défaite des leurs, ceux qui occupaient les collines en descendirent. Confiants dans leur nombre, ils voulurent envelopper l'armée d'Agricola. Mais celui-ci avait dès le début de la bataille prévu ce danger : sur son ordre, les quatre escadrons de cavalerie tenus en réserve jusqu'alors furent lancés contre les ennemis et les renversèrent, puis, par une manœuvre rapide, les prirent à revers. Les Romains triomphèrent ce jour-là grâce aux habiles dispositions prises par leur général, ainsi qu'à la supériorité de leur armement et de leur cavalerie. Les auxiliaires eurent l'honneur de la victoire; les légions n'intervinrent pas. — La déroute des Barbares fut complète; ils furent poursuivis jusqu'à la nuit et ne purent se rallier : dix mille d'entre eux péri-

---

b) 8,000 auxiliaires à pied (*Agr.*, 35), répartis en treize cohortes environ. Ces troupes auxiliaires étaient formées de Germains, de Gaulois, de Bataves, de Bretons (*Agr.*, 29, 32, 36).

c) Quant aux légionnaires, on ne sait pas leur nombre. On peut l'évaluer à peu près à 13,000 hommes, chiffre équivalent à celui des soldats auxiliaires.

(1) *Agr.*, 35.
(2) *Agr.*, 37.
(3) *Agr.*, 35.
(4) Il faut remarquer que le chiffre a disparu dans les manuscrits : voir Urlichs, p. 9.

rent. Du côté des Romains, il n'y avait, s'il faut en croire Tacite, que trois cent soixante morts (1).

La ligue des Calédoniens était détruite ; il ne restait qu'à vaincre des résistances isolées. Mais la saison était déjà trop avancée pour permettre une guerre d'escarmouches ; Agricola ramena son armée dans le pays des Borestes (on ne sait quel est ce peuple), où il reçut des otages, puis il revint prendre ses quartiers d'hiver en s'avançant à petites journées, afin d'effrayer par la lenteur même de sa marche ces peuples qui ne connaissaient guère les Romains (2). En même temps, il ordonna au préfet de la flotte de faire le tour de la Bretagne, qui semblait conquise tout entière. Ce hardi voyage de circumnavigation fut favorisé par les vents, et la flotte rejoignit l'armée après avoir reconnu que la Bretagne est une île, découvert et soumis les Orcades, enfin entrevu, à travers la brume et la neige, la terre de Thulé, sans doute une des îles Shetland (3).

Mais il ne fut pas permis à Agricola de prendre définitivement possession de la Calédonie. — Déjà Domitien avait diminué son armée, en faisant venir sur le Rhin une vexillation de la neuvième légion (4). Peut-être aussi avait-il défendu à Agricola d'accomplir en Hibernie l'expédition que ce général préparait

---

(1) *Agr.*, 36 et 37. Le récit de la bataille par Tacite est très peu clair : de plus, le texte est corrompu en plusieurs endroits.

(2) *Agr.*, 38.

(3) *Agr.*, 10 : « Hanc oram [le long de la Calédonie] novissimi maris tunc primum Romana classis circumvecta, insulam esse Britanniam adfirmavit, ac simul incognitas ad id tempus insulas, quas Orcadas vocant, invenit domuitque. Dispecta est et Thule quia hac tenus jussum ; nix et hiems adpetebat. » — *Agr.*, 38 : « [Agricola] praefecto classis circumvehi Britanniam praecepit ; datae ad id vires et praecesserat terror... Classis secunda tempestate ac fama Trutulensem portum tenuit, unde proximo Britanniae latere lecto omni redierat (la lecture des derniers mots n'est pas sûre). » On ignore ce qu'est le Trutulensis portus. — Cf. Dion Cassius, LXVI, 20 ; Stace, *Silves*, V, 1, 91 ; Juvénal, II, 159.

(4) Voir plus loin, p. 186, n. 3. — La II Adjutrix qui, au début du règne de Vespasien, fut envoyée d'abord en Germanie Inférieure (Tacite, *Hist.*, IV, 68 ; V, 14 ; V, 16 ; V, 20), puis en Bretagne, où elle a laissé des traces (voir *C. I. L.*, VII, 48 ; et plus haut, p. 167, n. 2), et qui prit part à l'une des deux guerres daciques de Domitien, en 89 au plus tard (voir plus loin, aux *Guerres du Danube*), ne quitta probablement l'île qu'après le rappel d'Agricola : autrement Tacite aurait peut-être mentionné le fait pour montrer les sentiments hostiles de l'empereur à l'égard de son beau-père, d'autant plus qu'il rapporte qu'Agricola disait souvent qu'avec une légion de plus il aurait conquis l'Irlande (*Agr.*, 24). — Selon M. Mowat (*Revue archéologique*, XLII, 1881, p. 142 et suiv.), une *vexillatio* de la XXI Rapax

dès l'année 81 (1). Après la septième année de son commandement, il lui donna un successeur, en 84 (2), et Agricola revint sans avoir rempli la double tâche qu'il s'était proposée : la soumission définitive de l'île et la romanisation du pays conquis avant lui.

Ces mesures furent-elles inspirées à l'empereur par des sentiments de malveillance à l'égard d'Agricola? Tacite le prétend (3) : « Domitien sentait bien qu'on s'était moqué de son triomphe récent sur les Germains, triomphe mensonger où avaient figuré comme prisonniers, avec le costume et la coiffure des barbares, des hommes achetés sur les marchés d'esclaves ; mais, cette fois, il n'était bruit que d'une véritable, d'une grande victoire et d'ennemis tués par milliers. Ce qu'il craignait le plus, c'était que le nom d'un simple citoyen fût élevé plus haut que celui du prince : à quoi lui aurait servi d'avoir étouffé l'éloquence et les arts de la paix, si un autre s'emparait de la gloire militaire ? Il aurait pardonné plus facilement tout le reste, mais la qualité de grand général est une prérogative de l'empereur. »

Domitien, dont le caractère n'était rien moins que généreux, put en effet concevoir ces pensées; cependant Tacite lui-même reconnaît qu'il sut les dissimuler. Ce prince permit à Agricola de rester sept ans gouverneur de Bretagne : c'était là une grande faveur, puisque les légations dans les provinces impériales ne duraient d'ordinaire que trois ans. A la nouvelle de ses dernières victoires, il lui fit décerner par le Sénat les plus grandes récompenses qu'un général pût recevoir sous l'Empire : les ornements triomphaux, distinction qu'il ne semble pas avoir pro-

---

aurait été au contraire envoyée en Bretagne pendant qu'Agricola en était légat. Il s'appuie sur cette inscription : M[...]us Se[...], miles [legionis XXI?] R(apacis) F(elicis?), vex[illarii] q(ue) l]eg(ionis) ejusdem moniment[u]m suntes [ad] expedi(tionem) Britan(n)icam [d(e)] s(uo) f(aciendum) c(uraverunt). — Mais il n'est pas sûr du tout qu'il s'agisse, dans cette inscription très mutilée, de la XXI Rapax qui disparut probablement sous Domitien. M. Mommsen (*Korrespondenzblatt der Westdeutschen Zeitschrift*, V, 1886, p. 49) a lu sur la pierre : P(iae) F(idelis). Dès lors, il n'est pas nécessaire de faire remonter à la fin du premier siècle l'*expeditio Britannica* qui y est mentionnée.

(1) Cependant les difficultés qu'Agricola rencontra en Calédonie pendant les deux années suivantes suffisent à expliquer les retards qu'il apporta à l'accomplissement de ses projets en Hibernie.

(2) Voir p. 165, n. 2.

(3) *Agr.*, 39.

diguée (1), la statue couronnée de laurier, et « tout ce qui se donne au lieu du triomphe, en ajoutant à ces honneurs une foule d'éloges (2). » Après son retour de Bretagne, Agricola tomba en disgrâce, mais Domitien n'accueillit jamais les accusations portées contre lui (3); il accorda la préture (4), peut-être même un gouvernement de province ou un commandement de légion à son gendre Tacite (5).

Ce qui est certain, c'est que Domitien n'était pas, comme Agricola, partisan de la conquête de la Calédonie et de l'Hibernie. Il ne s'intéressait pas à la Bretagne autant que Vespasien et Titus, qui y avaient servi autrefois (6). De plus, les guerres offensives d'Agricola étaient entreprises à un moment peu opportun. Sur le Rhin, Domitien avait dû faire en 83 une expédition et des annexions indispensables à la sécurité de l'empire; sur le Danube, les Daces et d'autres peuples étaient menaçants. Les soldats de Bretagne se seraient donc trouvés dans une situation fort critique, le jour où ils auraient subi quelque échec, car des secours ne pouvaient leur être envoyés; au contraire, les armées du continent avaient elles-mêmes besoin de renforts. Dans les dernières campagnes d'Agricola, les pertes d'hommes avaient été probablement assez considérables, et ces expéditions devaient

---

(1) C'est le seul exemple certain qu'on en connaisse pour cette époque. Borghesi (*Œuvres*, V, p. 38) et Renier (*Mémoires de l'Académie des inscriptions*, XXVI, p. 320) croient que T. Haterius Nepos, personnage consulaire qui reçut les ornements triomphaux (ainsi que nous l'apprend une inscription de Foligno), dut cet honneur à Domitien. Mais rien ne le prouve. Pline le Jeune (*Lettres*, II, 7, 1) se plaint que les ornements triomphaux aient été, avant Nerva, donnés seulement à des gens « qui numquam in acie steterunt, neque castra viderunt, neque denique tubarum sonum nisi in spectaculis audierunt. » Mais il n'est pas nécessaire de voir, dans ce passage, une allusion au règne de Domitien, comme le veut Borghesi (*loc. cit.*, p. 30). — S. Peine (*De ornamentis triumphalibus*, Berlin, 1885, p. 78) pense que T. Haterius Nepos reçut les ornements triomphaux sous Trajan ou Hadrien. Cet auteur (*ibid.*, p. 74) croit, à tort, je pense, que Vestricius Spurinna les reçut sous Domitien, et non sous Nerva.

(2) *Agr.*, 40. Dion Cassius, LXVI, 20.

(3) *Agr.*, 41.

(4) *Annales*, XI, 11. — Tacite, *Hist.*, I, 1 : « dignitatem nostram... a Domitiano longius provectam. » Comme le fait observer Urlichs (*De vita et honoribus Taciti*, p. 3), le mot a (et non *sub*) semble indiquer que Tacite fut candidat du prince.

(5) Tacite était absent de Rome lors de la mort d'Agricola, au mois d'août 93 (*Agr.*, 45).

(6) Tacite, *Agr.*, 13. Dion Cassius, LXV, 8. Suétone, *Vespasien*, 4; *Titus*, 4.

paraître fort coûteuses à Domitien, désireux de restreindre les dépenses militaires. Les conquêtes qu'Agricola voulait faire ne semblaient d'ailleurs pas nécessaires. Déjà la Bretagne coûtait plus qu'elle ne rapportait (1) : la Calédonie et l'Hibernie étaient des contrées bien plus pauvres encore (2). La romanisation aurait rencontré de grands obstacles dans des pays difficilement accessibles, habités par des tribus jalouses de leur liberté : il eût fallu toujours les occuper militairement sans en tirer aucun profit. Il était, semblait-il, moins utile de soumettre de nouveaux peuples que d'attacher à la domination romaine les Bretons, dont beaucoup regrettaient encore leur indépendance (3). — Les Calédoniens menaçaient, il est vrai, la province par leur goût pour les aventures et l'appui qu'ils pouvaient prêter à des rebelles. Mais pour parer à ce danger, une forte défensive suffisait.

Après le rappel d'Agricola, Domitien renonça à la conquête de la Calédonie (4) : la ligne de la Clota à la Bodotria semble même avoir été abandonnée, ainsi que le pays situé au sud de cette ligne et au nord d'Eburacum. Mais cette ville resta la place militaire la plus importante de la province, et au deuxième siècle la défense de la Bretagne fut assurée par deux remparts, celui d'Hadrien (du golfe de Solway à l'embouchure de la Tyne), et celui d'Antonin le Pieux (de l'estuaire de la Clyde à celui du Forth) (5). — Ce ne furent donc pas surtout, comme le dit Tacite, des sentiments de basse envie, mais des raisons très sérieuses qui déterminèrent Domitien à désapprouver les projets d'Agricola et à adopter en Bretagne une politique que ses successeurs suivirent.

(1) Appien, Préface, 5 : « [les Romains] τὸν βόρειον ὠκεανὸν ἐς τὴν Βρεττανίδα νῆσον περάσαντες, ἠπείρου μεγάλης μείζονα, τὸ κράτιστον αὐτῆς ἔχουσιν ὑπὲρ ἥμισυ, οὐδὲν τῆς ἄλλης δεόμενοι · οὐ γὰρ εὔφορος αὐτοῖς ἐστιν οὐδ' ἣν ἔχουσι. »

(2) Tacite fait dire à Galgacus, *Agr.*, 31 : « Neque enim arva nobis, aut metalla, aut portus sunt, quibus exercendis reservemur. »

(3) Tacite dit d'eux (*Agr.*, 13) : « jam domiti ut pareant, nondum ut serviant. » Sous Hadrien encore, les Brigantes se révoltèrent (Voir Mommsen, *R. Geschichte*, V, p. 171, n. 2.). — On doit ajouter qu'Agricola pensait que la conquête de la Calédonie et de l'Hibernie enlèverait aux Bretons leur esprit d'indépendance.

(4) Tacite, *Hist.*, I, 2 : « perdomita Britannia et statim missa. »

(5) Voir Mommsen, *R. Geschichte*, V, p. 169 et suiv. Il pense même que les postes établis par Agricola au nord d'Eburacum furent conservés. Mais on n'en a aucune preuve, et le contraire est probable : voir Hübner, *C. I. L.*, VII, p. 191; *Römische Herrschaft*, p. 38.

DEUXIÈME PARTIE.

GUERRES SUR LE RHIN.

Du côté du Rhin et du Danube, Domitien fit des guerres importantes et les dirigea lui-même (1). Il eut plusieurs raisons pour les entreprendre. Sur plusieurs points, les barbares menaçaient les frontières : il fallait les rendre incapables d'attaquer l'empire, et rendre ainsi la tranquillité aux provinces. Depuis la ruine de Jérusalem et la révolte de Civilis, les armées romaines n'avaient pas eu, sauf en Bretagne, de guerres importantes à soutenir : il semblait utile de ranimer l'esprit militaire des troupes par des campagnes sérieuses. Voulant amoindrir la puissance politique du Sénat, Domitien sentait le besoin de se faire aimer des soldats par le prestige de grandes victoires. Avide d'honneurs, toujours éloigné des camps avant son règne, il ne voulait pas que la gloire militaire lui manquât ; enfin, il était peut-être jaloux des succès d'Agricola.

Sur le Rhin, Rome, depuis le désastre de Varus, ou tout au moins depuis Tibère, avait renoncé à la conquête de la Germanie (2). Les légions échelonnées le long de la rive gauche du fleuve se bornaient à surveiller les barbares.

Au début du règne de Domitien, elles semblent avoir été au nombre de huit. C'étaient (3) :

Dans la Germanie Inférieure.

1° La X Gemina. Elle avait été appelée d'Espagne en Germanie Inférieure contre Civilis (4) et, au commencement du règne de Trajan, elle s'y trouvait encore (5). On a découvert à *Noviomagus*

---

(1) Sur ces guerres, voir en particulier deux articles d'Asbach : *Die Kaiser Domitian und Trajan am Rhein*, dans la *Westdeutsche Zeitschrift für Geschichte und Kunst*, III, 1884, p. 1 et suiv. ; et *Die Kriege der flavischen Kaiser an der Nordgrenze des Reiches*, dans les *Bonnische Jahrbücher*, LXXXI, 1886, p. 26 et suiv. — Roth, *Schweizerisches Museum*, II, 1838, p. 30 et suiv.— Rossler, *Das vorrömische Dacien*, dans les *Sitzungsberichte der Akademie der Wissenschaften*, Wien, XLV, 1864, p. 337 et suiv. — Mommsen, *Römische Geschichte*, V, p. 136, 200 et suiv. — Zwanziger, *Der Chattenkrieg des Kaisers Domitian*, Wurzbourg, 1885.

(2) Voir, en particulier, Tacite, *Annales*, XI, 19 et 20 pour la Germanie Inférieure. — Mommsen, *R. G.*, V, p. 115.

(3) Sur les légions du Rhin à l'époque de Domitien, voir en particulier l'ouvrage de Ritterling, *De legione Romanorum X Gemina* (1885).

(4) Tacite, *Histoires*, V, 19 et 20.

(5) Ritterling, p. 40 et suiv. Elle fut ensuite envoyée sur le Danube, où

(Nimègue) de nombreux monuments et briques attestant que son camp permanent était en cet endroit (1).

2° La VI Victrix. Comme la précédente, elle fut appelée en Germanie Inférieure contre Civilis (2). Elle s'y trouvait au début du règne de Trajan (3), et elle y resta jusqu'à l'époque d'Hadrien. Son camp sous les Flaviens semble avoir été à Novesium (Neuss) (4).

3° La XXI Rapax. Après la mort de Néron, elle était à Vindonissa en Germanie Supérieure (5). Elle fut aussi envoyée contre Civilis (6). C'est à partir de cette époque que se place son second séjour en Germanie Inférieure (au début du règne de Tibère elle y était déjà) (7). Son camp était à Bonn (8).

4° A ces trois légions, il convient probablement d'ajouter la XXII Primigenia. Elle a certainement fait partie de l'armée de la Germanie Inférieure, où elle a laissé de nombreuses traces de son séjour (9). On sait qu'elle y était quelques années après l'an 100 (10), quoique depuis peu, car en 97 elle se trouvait en Germanie Supérieure (11). Cependant il y a de sérieuses raisons de croire que ce fut là son second séjour en Germanie Inférieure et que le premier eut lieu à l'époque Flavienne, avant l'année 89. Nous verrons plus loin (12) qu'elle reçut les surnoms de Pia Fidelis, probablement en 89, en même temps que la VI Victrix et la X Gemina qui faisaient certainement partie à cette époque de l'armée de Germanie Inférieure. De plus, sur deux briques trouvées sur le territoire de la Germanie Inférieure, en Hollande, elle est qualifiée de *leg(io)* XXII *Pr(imigenia) P(ia) F(idelis)* D ou Do (13), c'est-à-dire, comme l'a supposé M. Ritterling (14),

---

elle semble avoir eu d'abord son camp à Aquincum (von Domaszewski, *Rheinisches Museum*, XLVI, 1891, p. 604).
 (1) Ritterling, p. 43.
 (2) Tacite, *Histoires*, IV, 68; V, 14 et 16.
 (3) Brambach, *Corpus inscriptionum Rhenanarum*, n°ˢ 660, 662, 680.
 (4) Ritterling, p. 69.
 (5) Tacite, *Histoires*, IV, 70; cf. I, 61 et I, 67.
 (6) Tacite, *Histoires*, IV, 68.
 (7) Tacite, *Annales*, I, 31; cf. Ritterling, p. 70.
 (8) Ritterling, *ibid*.
 (9) Ritterling, p. 68.
 (10) Brambach, n° 660.
 (11) *C. I. L.*, III, 550 comparé avec Spartien, *Vie d'Hadrien*, 2.
 (12) Chapitre VII.
 (13) Brambach, n° 140 d, 3 et 4.
 (14) Ritterling, p. 15.

Domitiana, surnom qu'elle n'a pu porter que du vivant de Domitien. Son camp était vraisemblablement à Noviomagus (Nimègue) (1).

Dans la Germanie Supérieure :

1° La XIIII Gemina. Elle y fut envoyée au début du règne de Vespasien (2) et en partit, au plus tard sous Trajan (3), mais probablement dès 89 (4). Son camp était à Mayence (5).

2° La VIII Augusta. Elle fut envoyée sur le Rhin contre Civilis (6), et ensuite attribuée à l'armée de Germanie Supérieure. Son camp était très probablement, dès cette époque, à Argentoratum (Strasbourg), où Ptolémée la place (7) et où elle a laissé des traces de son séjour (8). Dès la dynastie Julio-Claudienne, il semble qu'une légion ait été établie en ce lieu (9) et sous Vespasien une route qui passait sur la rive droite, se dirigeant vers Offenburg, en partait (10). Toute la légion ne paraît pas y avoir été campée. Elle avait des détachements en Gaule : à Mirebeau (Côte-d'Or) et à Néris (Allier), on a trouvé des briques de cette légion, datant certainement du règne de Domitien (11).

3° La XI Claudia. Envoyée en Germanie sous Vespasien (12), elle s'y trouvait certainement encore au commencement du règne de Trajan (13). Elle dut quitter cette province lors de la conquête de la Dacie (14). Son camp était à Vindonissa (15).

4° Mayence fut jusqu'en 89 un camp de deux légions (16).

---

(1) Ritterling, p. 68.
(2) Tacite, *Histoires*, V, 19.
(3) Ptolémée, II, 14, 3 (Ptolémée décrit l'état des légions du Danube au temps de Trajan).
(4) Voir plus loin, chapitre VII.
(5) Voir Brambach, *Index*, p. 387.
(6) Tacite, *Histoires*, IV, 68.
(7) II, 9, 9.
(8) Brambach, n° 1884 (probablement de l'époque Flavienne), et n° 1894.
(9) La II Augusta : voir Mommsen, *Correspondenzblatt der Westdeutschen Zeitschrift*, III, 1884, p. 131.
(10) Voir plus loin, p. 181.
(11) Voir chapitre VII. D'autres briques de la VIII Augusta ont été trouvées à Viviers (Ardèche). Voir *ibidem*.
(12) Tacite, *Histoires*, IV, 68. — Mommsen, *Hermès*, XIX, 1884, p. 440, n. 1.
(13) Brambach, n° 1666.
(14) Voir Mommsen, *Ephem. epigr.*, IV, p. 523; von Domaszewski, *Arch.-epigr., Mittheilungen aus Oesterreich*, X, 1886, p. 27, 28.
(15) Mommsen, *Inscriptiones confoederationis Helveticae Latinae*, n°s 251, 253 et suiv.
(16) Suétone, *Domitien*, 7. — Voir plus loin, chapitre VII.

Nous venons de voir que la XIIII Gemina y était établie. Quelle était l'autre légion habitant cette ville sous Vespasien, Titus et au commencement du règne de Domitien ? Il est bien difficile de le dire avec certitude, mais il y a quelques raisons de croire que c'était la I Adjutrix. Cette légion fut appelée d'Espagne, où elle était en 69-70 (1), pour combattre Civilis (2). Elle a laissé des monuments attestant son séjour à Mayence et dans la vallée du Main (3). Il est vrai qu'au début du règne de Trajan elle était en Germanie Supérieure (4) : elle n'y fit d'ailleurs qu'un court séjour, car sous Nerva nous la trouvons sur le Danube (5), où elle semble être retournée dès le règne de Trajan (6). Il est d'autre part vraisemblable qu'en 88 elle se trouvait en Espagne, car une phrase du panégyrique de Trajan par Pline (7) laisse supposer qu'il y avait alors dans ce pays deux légions, dont l'une était la VII Gemina et dont l'autre ne peut guère avoir été que la I Adjutrix (8). Cependant, si l'on supposait avec M. Mommsen (9) qu'après 70 elle rentra en Espagne et y resta jusqu'en 88, il serait difficile d'expliquer pourquoi on n'y a découvert aucun monument de cette légion (10). Je serais plus disposé à croire qu'après 70 la I Adjutrix fut établie à Mayence et qu'elle n'en partit qu'après la première guerre cattique de Domitien ; la XXI Rapax l'aurait remplacée (11). Elle serait alors retournée en Espagne, mais seulement pour quelques années.

Ces deux armées de Germanie, dont l'effectif était d'environ soixante-cinq mille hommes, en comptant les troupes auxiliaires (12), se bornait à surveiller les barbares pour les empêcher de

---

(1) Tacite, *Histoires*, II, 67; II, 86; III, 44.
(2) Tacite, *Histoires*, IV, 68. — Mommsen, *Hermès*, XIX, 1884, p. 440, n. 1.
(3) Ritterling, p. 71, n. 1. *Korrespondenzblatt der Westdeutschen Zeitschrift*, VIII, 1889, p. 246.
(4) Brambach, n° 1666.
(5) *C. I. L.*, V, 7425.
(6) Ptolémée, II, 14, 3. *C. I. L.*, III, p. 539.
(7) Chapitre XIV : « Cum *legiones* duceres. » Il n'y a pas lieu, ce semble, de considérer ce pluriel comme emphatique.
(8) Hübner (*C. I. L.*, II, Supplément, p. LXXXIX) pense cependant qu'après 70 la I Adjutrix ne revint jamais en Espagne.
(9) *Römische Geschichte*, V, p. 59, n. 1 ; p. 145, n. 1.
(10) Les inscriptions la mentionnant en Espagne sont toutes des *cursus honorum*.
(11) Voir plus loin.
(12) L'armée de la Germanie Supérieure avait environ dix mille hommes de troupes auxiliaires (dix-neuf cohortes et ailes, dont une au moins de mille hommes). Cf. entre eux les diplômes militaires de 74 (*C. I. L.*, III,

passer le Rhin. — Sur la rive droite, les Romains n'avaient que des possessions peu étendues à l'est de Mayence, dans la vallée inférieure du Main, qui a eu de tout temps une grande importance stratégique. Les habitants de cette région étaient les Mattiaques, tribu belliqueuse du peuple catte, qui, comme les Bataves, devaient fournir à l'Empire des corps auxiliaires, sans être soumis à un tribut (1). Là se trouvaient les sources thermales appelées *Aquae Mattiacae* (Wiesbaden) (2), et un fort établi par Drusus, restauré par Germanicus (3). — Plus au nord, les Usipiens (4) dépendaient de l'Empire au commencement du règne de Domitien, car en 82 une cohorte de ce peuple servait dans l'armée de Bretagne (5) : peut-être furent-ils vaincus sous Vespasien (6), qui voulut ainsi les punir de la part qu'ils avaient prise

p. 852); de 82 (*Ephem. epigr.*, IV, p. 495); de 90 (*Ephem. epigr.*, V, p. 652), et de 116 (*C. I. L.*, III, p. 870). Voir aussi Mommsen, *Römische Geschichte*, V, p. 108, n. 2.

(1) Tacite, *Germanie*, 29. Dans un diplôme de l'année 100 est mentionnée une cohorte II Mattiacorum (*Arch.-epigr. Mittheilungen aus Oesterreich*, XI, 1887, p. 25). Le pays des Mattiaques dépendait si bien des Romains avant Domitien, que, sous Claude, Curtius Rufus, légat de Germanie Supérieure, y fit ouvrir une mine d'argent (Tacite, *Annales*, XI, 20). Voir Mommsen, *R. G.*, V, p. 135.

(2) Pline, *Hist. Nat.*, XXXI, 20. Cf. Ammien Marcellin, XXIX, 4, 3.

(3) Dion Cassius, LIV, 33. Tacite, *Annales*, I, 56; XII, 28. C'est sans doute le lieu appelé par Ptolémée (II, 11, 14) Ἀρκτανον. — Peut-être ce fort se trouvait-il à Heddernburg : Hübner, *Römische Herrschaft in Westeuropa*, p. 99.

(4) Les Usipiens vivaient d'abord sur les bords de la Lippe (Tacite, *Annales*, I, 51; XIII, 55; Dion Cassius, LIV, 32 et suiv.). — A la fin du premier siècle, Tacite indique des Usipiens au nord du Taunus, contre le Rhin (*Germanie*, 32). Si l'on voulait identifier avec les Usipii les Οὐίσποι que mentionne Ptolémée (II, 11, 6), il faudrait, semble-t-il, admettre l'existence d'un autre groupe d'Usipiens près des Champs décumates, sur la rive gauche du Rhin. Mais cette identification est bien douteuse.

(5) Voir plus loin, p. 187.

(6) Il y eut des hostilités sous Vespasien en Germanie (voir, à ce sujet, Asbach, *Bonnische Jahrbücher*, LXXXI, 1886, p. 28). Cn. Pinarius Cornelius Clemens, qui était légat de l'armée de Germanie Supérieure en 74, reçut les ornements triomphaux : « [*ob res*] *in German*[*ia prospere gestas* (?)] » (Wilmanns, *Exempla*, 1142). — Dans le diplôme du 21 mai 74 (*C. I. L*, III, p. 852), les soldats des troupes auxiliaires servant sous Clemens reçurent le droit de cité, mais non *l'honesta missio* : on dut les retenir à l'armée pour combattre. En 74, Vespasien prit ses douzième et treizième salutations impériales (voir Chambalu, *De magistratibus Flaviorum*; p. 22). Les deux frères Cn. Domitius Tullus et Cn. Domitius Afer Titius Marcellus Curvius Lucanus furent à cette époque *praefecti auxiliorum omnium adversus Germanos* (Wilmanns, *Exempla*, 1148 et 1149).

à l'attaque de Mayence, en 69 (1). — Dans le bassin du Neckar et la Forêt Noire s'étendaient les Champs décumates que les Romains, par prudence, avaient forcé les Germains à évacuer (2). Plus tard, des aventuriers gaulois, poussés par la misère, s'étaient établis sur ce sol que personne n'occupait (3). Ils payèrent peut-être une redevance (4), et le pays dépendit ainsi de l'Empire sans en faire réellement partie (5). Dès l'époque de Vespasien, une route militaire, partant d'Argentoratum (Strasbourg), passait sur la rive droite et se dirigeait vers Offenbourg (6). Tels étaient les pays soumis à l'est du Rhin au protectorat ou la domination des Romains, lorsque Domitien devint empereur.

Par des alliances avec quelques-uns des peuples germains, par des rivalités habilement suscitées entre eux, la politique impériale détournait le plus souvent le danger qui menaçait les frontières. Domitien suivit, autant qu'il le put, cette règle de conduite. Il ne semble pas que, sous son règne, des expéditions militaires importantes aient été faites sur le Rhin inférieur. Peut-être y eut-il quelques hostilités contre les Sygambres; un vers de la satire IV de Juvénal le laisserait supposer (7). Les Bataves et les Frisons restaient en paix depuis la compression de la révolte de Civilis. Les Bructères, qui habitaient vers l'Ems supérieur et les sources de la Lippe, avaient pris une grande part à cette révolte : Velléda, dont les prophéties avaient rempli les combattants d'ardeur, appartenait à ce peuple. Mais, peut-être sous Titus, elle avait été prise par Rutilius Gallicus, légat de l'armée de Germanie Inférieure (8), et depuis cette époque les rois des Bructères étaient, semble-t-il, sous la dépendance des Romains (9). Sur le cours moyen du Weser vivaient les Chérus-

---

(1) Tacite, *Hist.*, IV, 37.
(2) Mommsen, *R. G.*, V, p. 138.
(3) Tacite, *Germanie*, 29.
(4) Dans la phrase de Tacite, on doit rapporter le mot *decumates* à *agros*, non à *eos* : « Non numeraverim inter Germaniae populos, quamquam trans Rhenum Danuviumque consederint, eos qui decumates agros exercent. » Voir Mommsen, *Römische Geschichte*, V, p. 138, n. 1.
(5) Pline l'Ancien, dans son *Histoire naturelle*, terminée en 77, ne dit rien qui puisse laisser supposer que la vallée du Neikar fît partie de l'empire.
(6) Zangemeister, *Westdeutsche Zeitschrift*, III, 1884, p. 246 et suiv.
(7) Vers 147 (il s'agit d'un conseiller de Domitien auquel l'empereur a demandé son avis sur le turbot) :

    tamquam de Cattis aliquid torvisque Sygambris
      dicturus.

(8) Voir Nohl, dans Friedländer, *Sittengeschichte*, III, 6ᵉ édit., p. 482.
(9) Sous Nerva, le roi des Bructères fut rétabli par une armée romaine

ques, qui avaient autrefois écrasé Varus, résisté énergiquement à Germanicus, contribué à abattre Marbode. Tombés en décadence depuis la mort d'Arminius (1), affaiblis par leurs discordes, ils étaient devenus les protégés de l'Empire : Claude leur avait même donné un roi en 47 (2). Domitien continua cette alliance : nous verrons qu'il soutint, insuffisamment il est vrai, le roi Chariomère. — Aussi n'eut-il pas besoin d'augmenter l'armée de la Basse-Germanie (3), et en 89 la XXII Primigenia semble avoir quitté la province pour aller à Mayence (4).

Mais sur le Rhin moyen, Domitien dut prendre l'offensive et annexer d'importants territoires. — Le plus puissant des peuples de la Germanie occidentale était les Cattes, dont le pays ne s'étendait pas jusqu'au fleuve : ils habitaient la Hesse actuelle, au nord et au nord-est des possessions romaines de la rive droite du Rhin (5). « Ils ont, » dit Tacite (6), « plus que les autres Germains, le corps robuste, les membres nerveux, le visage menaçant, une grande vigueur d'âme. Ils montrent, pour des Germains, beaucoup d'intelligence et de finesse. Ils savent se choisir des chefs, écouter ceux qui les commandent, garder leurs rangs, saisir les occasions, différer les attaques, profiter du jour, se retrancher la nuit, compter la fortune parmi les chances, le courage parmi les certitudes, et, ce qui est très rare et ne peut être que l'effet de la discipline, avoir confiance dans le général plus que dans l'armée. Toute leur force est dans l'infanterie, qu'ils chargent, outre ses armes, d'outils de fer et de provisions. Les autres barbares semblent n'aller qu'au combat, les Cattes vont à la

que commandait Vestricius Spurinna (Pline le Jeune, *Lettres*, II, 7, 2). Dans la *Germanie*, publiée en 98 (chap. Ier), Tacite écrit : « Cetera [Germaniae] Oceanus ambit, latos sinus et insularum immensa spatia complectens, nuper cognitis quibusdam gentibus ac regibus, quos bellum aperuit. » Est-ce à cette expédition de Spurinna qu'il fait allusion ? Ces événements sont fort obscurs. — Dans un autre passage de la *Germanie* (chap. XXXIII), Tacite parle comme d'un événement tout récent de la défaite complète et de la dépossession des Bructères par les Chamaves et les Angrivariens : ce fait de guerre se passa, dit l'historien, en présence même des Romains. Voir, à ce sujet, Mommsen, *Etude sur Pline le Jeune*, trad. Morel, p. 10; Asbach, *Westdeutsche Zeitschrift*, III, p. 13.

(1) Tacite, *Germanie*, 36.
(2) Tacite, *Annales*, XI, 16 et 17.
(3) La I Minervia remplaça sans doute la XXI Rapax à Bonn. Voir plus haut, p. 158.
(4) Voir plus loin, chapitre VII.
(5) Voir Zeuss, *Die Deutschen und die Nachbarnstämme*, p. 95 et suiv.
(6) *Germanie*, 30.

guerre. » Ils étaient redoutables par leur courage. C'était chez eux un usage général de se laisser croître la barbe et les cheveux, et de ne les couper qu'après avoir tué un ennemi. Il y en avait aussi qui prenaient un anneau de fer, signe d'ignominie, et le portaient jusqu'à ce qu'ils eussent accompli cet exploit (1). — Leur pays boisé, montueux, moins ouvert que celui des autres peuples de la Germanie (2), paraissait difficile à attaquer; au contraire, les Cattes, braves et belliqueux, étaient naturellement portés à envahir et à piller le territoire romain, dont une partie leur avait jadis appartenu et était encore occupée par une de leurs anciennes tribus, les Mattiaques (3). — Drusus avait songé à les soumettre (4), et au début du règne de Tibère, Germanicus les avait vaincus (5). — Plus tard, les légions de la Haute-Germanie durent plusieurs fois repousser des bandes de Cattes qui passaient la frontière de l'Empire (6). Pendant la révolte de Civilis, des Cattes, des Usipiens et même des Mattiaques, peut-être entraînés par les Cattes, vinrent assiéger Mayence et piller la Germanie Supérieure (7). Au moment où Domitien les attaqua, ils étaient menaçants (8), quoique en paix avec Rome (9). — Les Cattes avaient de plus des différends avec les Hermondures, qui s'étaient toujours montrés alliés fidèles de l'Empire (10) : sous Néron, ils leur avaient fait la guerre pour une contestation de frontières (11). Ils étaient aussi les ennemis des Chérusques (12), qui entretenaient de bonnes relations avec les Romains. Une guerre contre eux était donc à peu près nécessaire.

(1) *Germanie*, 31.
(2) *Germanie*, 30.
(3) A l'époque des guerres de Germanicus, la capitale des Cattes s'appelait *Mattium* (Tacite, *Annales*, I, 56; cf. Ptolémée, II, 11, 14 : « Ματτιακόν »). Elle était donc située dans le pays des Mattiaques, annexé plus tard à l'empire.
(4) Dion Cassius, LIV, 33; LV, 1. — Sur les hostilités entre les Romains et les Cattes sous l'Empire, voir A. Duncker, *Geschichte der Chatten*, dans la *Zeitschrift des Vereins für hessische Geschichte und Landeskunde*, XIII, 1888, p. 287 et suiv.
(5) Tacite, *Annales*, I, 56; II, 7; II, 25.
(6) En 41 (Dion Cassius, LX, 8; Suétone, *Galba*, 6); en 50 (Tacite, *Annales*, XII, 27 et suiv.).
(7) Tacite, *Hist.*, IV, 37.
(8) Frontin, *Stratagèmes*, I, 1, 8 : « Germanos qui in armis erant. »
(9) Zonaras, XI, 19, p. 500 : « τῶν πέραν Ῥήνου τῶν ἐνσπόνδων. »
(10) Tacite, *Germanie*, 41.
(11) Tacite, *Annales*, XIII, 57.
(12) Tacite, *Annales*, XII, 28 : « Cherusci cum quis aeternum discordant. »

Ce fut en 83 que Domitien l'entreprit (1). Le triomphe sur les Cattes était certainement célébré le 3 septembre 84, puisque, sur un diplôme daté de ce jour-là (2), Domitien est qualifié de Germanicus. Il ne l'était pas le 9 juin 83, date d'un diplôme sur lequel ce titre manque (3). Sur plusieurs monnaies alexandrines, frappées du 29 août 83 au 28 août 84, Domitien ne porte pas le surnom de Germanicus (4); sur d'autres, il le porte (5). Sur aucune des monnaies frappées à Rome en 83, on ne lit le mot Germanicus (6); sur toutes celles de 84, ce nom figure. Il est omis, il est vrai, sur l'inscription d'un bloc de marbre de 84 (7), mais d'autres blocs de 86 (8) le passent aussi. Nous savons par Dion Cassius qu'après son triomphe sur les Cattes, Domitien se fit décerner le consulat pour dix ans : et nous avons vu plus haut que ce fut probablement aux premiers comices de l'année 84, peut-être le 9 janvier (9). Le triomphe doit donc se placer, soit à la fin de 83, soit au commencement de 84. L'année 83 semble devoir être choisie. Ce fut très probablement cette année-là qu'après la fin de l'été Agricola remporta la victoire du mont Graupius (10) : or Domitien en reçut la nouvelle peu après son triomphe sur les Cattes (11). On peut donc en conclure que le triomphe fut célébré vers l'automne de 83. — Le 19 septembre 82, des vétérans de l'armée de Germanie Supérieure reçurent leur congé (12) : il est donc probable que la guerre n'était pas commencée à cette époque. — Les salutations impériales que Domitien reçut en 83 se rapportent, en partie du moins, à l'expédition contre les Cattes. Le 19 septembre 82, il était *imperator II* (13); le 9 juin 83, *imp. III* (14); il

---

(1) Voir en particulier, pour cette date, Asbach, *Westdeutsche Zeitschrift*, III, 1884, p. 5 et 17; Chambalu, *Philologus*, XLVII, 1888, p. 571-572.
(2) *Ephem. epigr.*, V, p. 93.
(3) *Ephem. epigr.*, V, p. 612.
(4) Mionnet, VI, p. 89, n°° 389, 390, 391.
(5) Mionnet, n°° 392, 393.
(6) La monnaie d'argent Cohen, 602 (cf. Chambalu, *loc. cit.*, p. 571) porte, il est vrai : « Imp. Caes. Domitianus Aug. Germanicus, » et au revers : « Tr. pot. II, Cos VIIII, des X, p. p. » (année 83, avant le 13 septembre); mais c'est un exemplaire tout à fait isolé, qui doit être hybride.
(7) Bruzza, *Annali dell' Instituto*, XLII, 1870, p. 184, n° 194.
(8) *Ibid.*, p. 182, n°° 168 et 170.
(9) Voir p. 42, n. 4.
(10) V. la chronologie des guerres de Bretagne, indiquée plus haut, p. 165, n. 2.
(11) Tacite, *Agr.*, 39 : « nuper falsum e Germania triumphum. »
(12) *Ephem. epigr.*, IV, p. 496.
(13) *Ephem., loc. cit.*
(14) *Ephem.*, V, p. 612.

dut pas longtemps garder le titre d'*imperator III*, non plus que celui d'*imperator IV*, car nous n'avons aucune monnaie portant ces deux chiffres. Sur une monnaie (1), où on lit *trib(unicia) pot(estate) III, co(n)s(ul) IX* [du 13 septembre au 31 décembre 83], il est qualifié d'*imp(erator) V*. Les salutations III et IV durent être prises coup sur coup pendant la campagne contre les Cattes quant à la cinquième, elle rappela peut-être la victoire du mont Graupius.

Domitien partit donc pour la Gaule en 83, mais il feignit d'y être venu pour présider aux opérations du cens (2). Puis il attaqua les Germains à l'improviste (3). — Parmi les légions qui prirent part à cette guerre, il faut compter sans doute celles qui étaient cantonnées à Mayence, la XIV Gemina et la I Adjutrix, et aussi les deux autres légions de Germanie Supérieure, la XI Claudia, qui a laissé des traces dans la vallée du Main (4), et la VIII Augusta. La XXI Rapax semble avoir été appelée de la Germanie Inférieure. On a lu sur une plaque de bronze trouvée à Friedberg, en Hesse (5) : *Leg(ionis) XXI Rapacis Sosi Seveki*, etc. Bergk (6) a pensé avec vraisemblance qu'il fallait lire *Sosi Seneci(onis)*, et a vu dans ce personnage Q. Sosius Senecio, gendre de Frontin, ami de Pline le Jeune, protecteur de Plutarque, consul en 99, et pour la seconde fois en 107 (7); il aurait été tribun de la XXI Rapax en 83, et aurait pris part en cette qualité à l'expédition contre les Cattes. On a trouvé, en outre, des briques de la XXI Rapax dans la vallée du Main (8). — Il y aurait donc eu cinq légions en Germanie Supérieure à l'époque de la guerre cat-

---

(1) Cohen, 590.

(2) Frontin, *Stratagèmes*, I, 1, 8, édition Gundermann : « Imperator Caesar Domitianus Augustus Germanicus, cum Germanos qui in armis erant, vellet opprimere, nec ignoraret majore bellum molitione inituros, si adventum tanti ducis praesensissent, profectioni suae census obtexuit Galliarum, sub quibus inopinato bello adfusus contusa inmanium ferocia nationum provinciis consuluit. » — Ce passage se rapporte certainement à la guerre de Germanie de 83, car en 88, la guerre commença dans de tout autres conditions (voir au chap. VII, ce qui est dit de la révolte d'Antonius Saturninus).

(3) Frontin, *loc. cit.* Suétone, *Domitien*, 6 : « Expeditionem sponte suscepit. » Zonaras, XI, 19, p. 500. Allusion possible dans Pline, *Panég.*, 16 : « Decertare cupere cum recusantibus. »

(4) Brambach, 1417 *b*.

(5) Brambach, 1416.

(6) *Zur Geschichte und Topographie der Rheinlande*, p. 69.

(7) Voir Mommsen, *Index* de Pline, édit. Keil.

(8) Voir plus loin, p. 192.

tique. A Mirebeau (département de la Côte-d'Or) ont été recueillies des briques qui présentent les noms de ces cinq légions : *Vexillationes legionum I, VIII, XI, XIIII, XXI* (1). Par une conjecture assez probable, M. Ritterling (2) a pensé que les briques en question se rapportent précisément à cette époque. — Une vexillation de la IX Hispana, légion qui faisait partie de l'armée de Bretagne, fut appelée sur le continent pour prendre part à la guerre (3).

Parmi les grands personnages qui accompagnèrent Domitien étaient probablement Frontin, l'auteur du livre des *Stratagèmes*, dans lequel l'expédition est mentionnée à plusieurs reprises (4), et A. Didius Gallus Fabricius Veiento, trois fois consul (5).

Nous ne savons presque rien sur cette guerre. Dion Cassius prétend que Domitien revint à Rome sans avoir combattu (6). Mais Frontin nous apprend que les barbares furent vaincus (7). La campagne dut être difficile à cause du courage et de la discipline des Cattes, à cause aussi de la nature du pays, dont les forêts empêchaient le libre développement de la cavalerie et favo-

---

(1) Mommsen, *Hermès*, XIX, 1884, p. 439. Mowat, *Bulletin épigraphique*, IV, 1884, p. 66. Lejay, *Inscriptions antiques de la Côte-d'Or*, n° 219.

(2) *De legione Romanorum X Gemina*, p. 75, n. 1.

(3) C. I. L., XIV, 3612 : « L. Ro[s]cio, M. f(ilio), Qui(rina tribu), Aeliano Maeccio Celeri, co(n)s(uli), etc... trib(uno) mil(itum) leg(ionis) IX Hispan(ae), vexillarior(um) ejusdem in expeditione Germanic(a), donato ab Imp(eratore) Aug(usto) militarib(us) donis, corona vallari et murali, vexillis argenteis II, hastis puris II, etc... » Ce personnage fut consul en l'an 100 (Klein, *Fasti consulares*, p. 53) ; il put donc être tribun militaire en 83 (plutôt qu'en 89, date de la seconde guerre contre les Cattes) ; l'empereur, qui n'est pas nommé, est certainement Domitien dont la mémoire fut abolie par le Sénat. — Le fragment d'inscription C. I. L., VIII, 9372, pourrait se rapporter à une des deux guerres germaniques de Domitien.

(4) Voir les passages cités ci-après. Les objections de Zwanziger (*Der Chattenkrieg des Kaisers Domitian*, p. 14 et suiv.) contre l'hypothèse de la participation de Frontin à cette guerre ne me paraissent pas fondées.

(5) Plaque de bronze trouvée à Loh, dans la Hesse rhénane (*Korrespondenzblatt der Westdeutschen Zeitschrift*, t. III, 1884, p. 86 : « A. Didius Gallus (F)abricius Veiento, co(n)sul III... et Attica ejus Nemeton(ae) v(otum) s(olverunt) l(ibentes) m(erito). » Ce troisième consulat se place en 83, voir plus haut, p. 48, n. 6 et p. 58. — Il est vraisemblable de placer en 83, plutôt qu'en 97 (comme le fait Mommsen, *Korrespondenzblatt der W. Z.*, l. c., p. 103), le séjour de Fabricius Veiento sur le Rhin, séjour attesté par cette plaque de bronze.

(6) LXVII, 4.

(7) I, 1, 8 (passage cité); II, 11, 7 : « victis hostibus » ; voir aussi note suivante. Zonaras (XI, 19, p. 500) dit [d'après Dion] que leur territoire fut ravagé.

risaient la fuite et les embuscades des Germains (1). — Domitien eut peut-être aussi à combattre les anciens alliés des Cattes, les Usipiens, mal soumis (2). L'année précédente, des Usipiens, transportés en Bretagne pour y former une cohorte, avaient massacré leurs chefs et les soldats qu'on avait placés auprès d'eux pour leur servir à la fois de chefs et de modèles. Ils s'étaient ensuite embarqués sur trois navires pris de force et avaient fait le tour de la Bretagne (3).

A la suite de la campagne de 83, Domitien agrandit le territoire romain sur la rive droite du Rhin. On lit dans Frontin (4) : « L'empereur César Domitien Auguste, voyant que les Germains, selon leur habitude, sortaient à l'improviste de leurs bois et de leurs retraites secrètes pour attaquer les nôtres, et trouvaient ensuite un sûr refuge dans les profondeurs des forêts, traça des frontières sur une longueur de cent vingt mille pas, et ainsi il ne changea pas seulement les conditions de la guerre, mais il soumit encore à sa domination les ennemis, dont il avait déboisé les retraites. » — Les Germains dont parle Frontin étaient des Cattes, comme le prouve la comparaison avec un autre passage du même auteur (5) : « L'empereur César Auguste le Germanique, voyant que les Cattes évitaient les combats de cavalerie en se réfugiant précipitamment dans leurs forêts, ordonna à ses cavaliers, dès qu'ils furent entrés dans des terrains où leurs bêtes avaient de la peine à se mouvoir, de descendre de cheval et de combattre à pied. »

On trouve dans les *Stratagèmes* de Frontin un autre renseignement sur les conséquences de cette guerre (6) : « L'empereur

---

(1) Frontin, II, 3, 23 : « Imperator Caesar Augustus Germanicus, cum subinde Catti equestre proelium in silvas refugiendo diducerent, jussit suos equites, simulatque ad inpedita ventum esset, equis desilire pedestrique pugna confligere : quo genere consecutus, ne quis non loci ejus victoriam moraretur. » Cf. I, 3, 10.

(2) Martial dit d'eux (VI, 60, 3) :
Sic leve flavorum valeat genus Usiporum,
quisquis et Ausonium non amat imperium.

(3) Tacite, *Agr.*, 28. Dion Cassius, LXVI, 20.

(4) Frontin, I, 3, 10 : « Imperator Caesar Domitianus Augustus, cum Germani more suo e saltibus et obscuris latebris subinde impugnarent nostros tutumque regressum in profunda silvarum haberent, limitibus [*et non pas militibus*] per centum viginti milia passuum actis non mutavit tantum statum belli, sed et subjecit ditioni suae hostes, quorum refugia nudaverat. »

(5) II, 3, 23 (passage cité plus haut, n. 1).

(6) II, 11, 7 : « Imperator Caesar Domitianus Augustus Germanicus, eo

César Domitien Auguste le Germanique, dans cette guerre où la défaite des ennemis lui valut le surnom de Germanique, faisant élever des forts sur le territoire des *Cubii* (?), paya les terrains qui furent compris à l'intérieur du rempart, et grâce à la réputation de justice qu'il acquit par cet acte, il s'assura la fidélité de tous. » — Le titre du chapitre est : « *De dubiorum animis in fide retinendis.* »

Dans ce dernier passage, il s'agit certainement de mesures prises après la guerre de 83, « cette guerre où la défaite des ennemis lui valut le surnom de Germanique. » Il en est sans doute de même des deux autres passages. On ne voit pas, en effet, que Frontin ait parlé, dans ses *Stratagèmes*, d'aucune autre guerre de Domitien (1).

Des textes mentionnés ci-dessus, il résulte qu'après la guerre de 83 : 1° des territoires appartenant aux Cattes furent annexés à l'empire ; 2° une frontière artificielle, longue de cent vingt milles (176 kilomètres), y fut alors constituée ; — c'est donc au nord et au nord-est du Main, du côté des Cattes, qu'il convient de chercher ces territoires et cette frontière ; 3° sur le territoire des Cubii (nom inconnu et probablement altéré), Domitien paya les terrains qu'il annexa, afin de conquérir la fidélité de gens dont il n'était pas sûr ; 4° dans ce pays des Cubii, il fit construire des forts et un rempart. — Quels sont ces Cubii ? Il est difficile de le dire. M. Asbach (2) propose de lire *Sueborum* au lieu de *Cubiorum*; il pense qu'il s'agit des Hermondures, habitant à l'est des Champs décumates, peuple sur le territoire duquel aurait été constituée cette frontière de cent vingt milles dont parle Frontin. Je suis peu disposé à accepter cette hypothèse. En premier lieu, les acquisitions de terrains que Frontin mentionne ne furent très probablement pas faites chez les Hermondures, car ceux-ci étaient non des ennemis, mais des clients de Rome (3), et le titre du cha-

---

bello, quo victis hostibus cognomen Germanici meruit, cum in finibus † Cubiorum castella poneret, pro fructibus locorum, quae vallo comprehendebat, pretium solvi jussit, atque ita justitiae fama omnium fidem adstrinxit. »

(1) Le passage I, 1, 8 se rapporte certainement aussi à la première guerre contre les Cattes : voir plus haut, p. 185, n. 2.

(2) *Westdeutsche Zeitschrift*, III, 1884, p. 20 ; *Bonnische Jahrbücher*, LXXXI, 1886, p. 29. — M. Zwanziger (*loc. cit.*, p. 28) admet la correction « Sueborum » ; il croit qu'il s'agit des Champs décumates, autrefois habités par des Suèves. Mais le souvenir de ces Suèves devait y être bien effacé à la fin du premier siècle.

(3) Voir ce qu'en dit Tacite (*Germanie*, 41) : « Hermundurorum civitas, fida Romanis, etc. »

pitre, « *De dubiorum animis in fide retinendis,* » ne se comprendrait pas ; il convient plutôt de penser à des populations tout récemment soumises. En second lieu, si l'on admet que, dans ce passage sur les *Cubii,* Frontin a voulu parler des Hermondures, il ne faut pas le mettre en relation avec les cent vingt milles de l'autre passage, qui concernent certainement le territoire des Cattes. — Pour ma part, je serais porté à croire que les deux passages doivent être rapprochés l'un de l'autre, et que par conséquent le mot *Cubiorum* est une mauvaise lecture pour *Cattorum*, ou bien désigne une tribu inconnue des Cattes.

La médaille de 85, portant l'exergue *Germania capta*, pourrait, comme le croit M. Asbach (1), indiquer la fin de ces travaux du *limes* ; cependant elle peut aussi bien rappeler des faits de guerre qui auraient eu lieu cette année-là.

A l'intérieur de la nouvelle frontière, le pays fut en partie déboisé pour empêcher les Germains de trouver des retraites et de préparer des embuscades au fond des forêts (2).

Une phrase de Tacite s'applique peut-être aussi aux annexions de Domitien dans la vallée du Main (3) : « La tribu des Mattiaques se trouve vis-à-vis de Rome dans les mêmes rapports de dépendance que les Bataves, car la grandeur du peuple romain a porté le respect de l'empire au delà du Rhin et au delà des anciennes limites. » Nous avons vu plus haut (4) qu'une partie au moins du pays des Mattiaques appartenait aux Romains bien avant Domitien. Il est possible cependant que Tacite veuille faire allusion, en même temps qu'à des annexions plus anciennes, aux nouvelles conquêtes de Domitien sur le Main : il évite de nommer un prince dont la mémoire était condamnée.

Au delà même du limes, les Romains s'assurèrent peut-être la possession d'une zone de territoire, où il était défendu aux Germains de séjourner. On lit dans un texte, de basse époque il est vrai (5) : « Au delà du *castellum Montiacense* (lisez *castellum Mogon-*

---

(1) *Westdeutsche Zeitschrift,* III, 1884, p. 6-7 ; *Bonn. Jahrbücher,* LXXXI, 1886, p. 30.

(2) Voir les passages de Frontin cités plus haut, p. 187, n. 1 et 4.

(3) Germanie, 29 : « « Est in eodem obsequio et Mattiacorum gens : protulit enim magnitudo populi romani ultra Rhenum ultraque veteres terminos imperii reverentiam. »

(4) P. 180.

(5) *Laterculus Veronensis*, édition O. Seeck dans la *Notitia dignitatum*, p. 253 : « Trans castellum Montiacense... LXXX leugas trans Rhenum Romani possederunt. »

tiacense, sur le Rhin, en face de Mayence)... les Romains ont possédé quatre-vingts lieues au delà du Rhin. » Si ce chiffre est exact, on doit en conclure, avec M. Mommsen (1), que le territoire romain s'étendait jusque vers Hersfeld, sur la Fulda.

Plus au sud, les Champs décumates furent définitivement annexés à la province de Germanie Supérieure. Dans un passage déjà cité, Tacite dit que des Gaulois occupèrent cette région et il ajoute (2) : « Depuis peu, une frontière a été tracée, les postes ont été portés en avant et ce pays est occupé comme un territoire de l'empire et une partie de la province. » Ces mesures ont été prises par Domitien (que Tacite ne nomme pas pour la raison indiquée plus haut). Nous avons vu en effet qu'en 77, quatre ans avant l'avènement de Domitien, les Champs décumates ne faisaient pas, à proprement parler, partie de l'empire (3). Elles durent suivre la conquête de la vallée inférieure du Main, qui autrement aurait formé une bande de territoire isolée et facile à cerner. Quant à la date exacte, elle est impossible à fixer. Frontin qui semble avoir écrit ses *Stratagèmes* peu après la guerre de 83 (4), ne paraît avoir fait aucune allusion à cette annexion définitive des Champs décumates : peut-être est-elle postérieure à la seconde guerre cattique qui date de 88-89. — Au cœur des Champs décumates, près des sources du Neckar, s'éleva la ville d'Arae Flaviae (Rottweil) (5), centre religieux du pays : on devait y adorer la déesse Rome, les empereurs divinisés et le génie du prince régnant (6). Un peu

---

(1) *Römische Geschichte*, V, p. 137, n. 2. L'interprétation que M. Riese (*Rheinisches Museum*, XLI, 1886, p. 639) a donnée de ce passage, ne me paraît pas conforme au texte.

(2) *Germanie*, 29 : « Mox limite acto, promotisque praesidiis, sinus imperii ac pars provinciae habentur. »

(3) Voir plus haut, p. 181.

(4) Je crois que c'est forcer le sens du texte que de voir, dans le passage de Frontin, II, 11, 7 (cité p. 187, n. 6), une allusion à une guerre postérieure de Domitien. Cette opinion est soutenue par M. Gundermann, *Jahrbücher für classische Philologie*, 16ter Supplementband, p. 319.

(5) Voir Herzog, *Bonn. Jahrbücher*, LIX, 1876, p. 62 et suiv. D'autres croient que l'emplacement d'*Arae Flaviae* est à *Unterilfingen* (voir Näher, *Bonn. Jahrbücher*, LXXIX, 1885, p. 29). Le nom de cette ville permet d'en attribuer la fondation à Vespasien ou à Titus, aussi bien qu'à Domitien ; mais comme ce fut seulement sous le dernier empereur Flavien que les Champs décumates furent annexés définitivement à l'empire, il est plus probable que ce fut à lui que la ville d'Arae Flaviae dut son origine.

(6) Voir Mommsen, *Römische Geschichte*, V, p. 139, n. 2. — M. Miller (*Korrespondenzblatt der Westdeutschen Zeitschrift*, VIII, 1889, p. 33 et suiv.), qui a étudié en cet endroit les restes d'un grand camp, est porté à croire

plus au nord-est, il y eut une autre ville importante, Sumelocenna (Rottenbourg), résidence du procurateur impérial (1). Une inscription, datant à peu près de la fin du premier siècle, mentionne peut-être une bande de territoire dépendant de l'empire au delà de cette partie du limes (2).

Un texte, déjà mentionné plus haut (3), semble indiquer les peuples qui, après les annexions de Domitien, firent partie de l'empire : *Nomina civitatum trans Rhenum fluvium quae sunt* :

a) Usiphorum, les Usipiens, au nord du Taunus. « Voisins des Cattes, » dit Tacite (4), « les Usipiens et les Tenctères habitent les bords du Rhin dont le lit est désormais fixé et qui peut suffire à servir de frontière. » Dans ce passage, Tacite énumère les peuples germains en descendant le Rhin. Les Tenctères habitaient en face de Cologne (5), les Usipiens vivaient donc un peu au sud. D'autre part, c'est au delà de Bingen, où se termine le Taunus, que le Rhin entre dans un vaste plateau schisteux et s'y creuse un lit profond.

b) Tuvanium (= *Tubantum*). Les Tubantes avaient d'abord habité sur le Rhin inférieur (6). Plus tard, ils devinrent voisins des Cattes (7). Leur position exacte ne peut être déterminée.

c) Nictrensium (= *Nicerensium*); habitants des rives du Neckar (8).

d) Novarii (= *Abnovariorum*); habitants du mont Abnoba, ou Forêt Noire (9).

e) Casuariorum. Tacite (10) les indique à l'est des Chamaves et

---

qu'à partir de la guerre de 83, la XI Claudia fut transférée de Vindonissa, où était jusqu'alors son camp permanent, à Rottweil.

(1) Inscription publiée par Mordtmann (*Mittheil. des arch. Instituts, Athen. Abtheilung*, XII, 1887, p. 181) : « ..... ου χώρας Σ[ου]μελοκεννησίας καὶ ἐ[παρχ.] Γερ(μανίας) Λιμιτανῆς, etc. » La lecture Γερ(μανίας) n'est pas sûre. Au début, il faut restituer, avec Mommsen (*Korrespondenzblatt*, V, 1886, p. 260; cf. *Staatsrecht*, III, p. 830) : « [ἐπίτροπον... Σεβασ]τοῦ. » — Sur Rottenbourg, à l'époque romaine, voir Herzog et Kallee, *Westdeutsche Zeitschrift*, III, 1884, p. 326 et suiv.

(2) Pour l'inscription citée note précédente, Mommsen en donne cette lecture : « καὶ [ὁ]περλιμιτάνης. »

(3) P. 189, n. 5.
(4) Germ., 32.
(5) Tacite, *Histoires*, IV, 64.
(6) Tacite, *Annales*, I, 51; XIII, 55.
(7) Ptolémée, II, 11, 11 : « ὑπὸ τοὺς Καμαυοὺς Χάτται καὶ Τούβαντοι. »
(8) Müller, édition de Ptolémée, p. 263 et suiv.
(9) Müller, *loc. cit.*
(10) *Germanie*, 34.

des Angrivariens, c'est-à-dire en face de la Germanie Inférieure, en dehors du territoire romain ; Ptolémée (1) les met à l'est du mont Abnoba que, du reste, il place mal (2). Ce ne sont sans doute pas les mêmes.

L'occupation, à la fin du premier siècle, des territoires de la rive droite du Rhin qui sont situés à l'est de Mayence et de Strasbourg est attestée par de nombreuses découvertes archéologiques. On a trouvé des briques de la légion XXI Rapax à Wiesbaden, à Hofheim, à Höchst, à Nied, à Heidelberg (3) ; une inscription, nommant cette légion et datant peut-être du commencement du règne de Domitien, a été découverte à Friedberg (4). — Des briques de la XIIII Gemina ont été trouvées à Wiesbaden (5), à Hofheim (6), à Höchst (7), à Nied (8), à Francfort-sur-le-Main (9), à Heddernheim (10), à Friedberg (11), à Rödelheim (12), à Heidelberg (13), à Gernsheim (sur le Rhin, entre le Neckar et le Main) (14); une inscription à Bade (15). La I Adjutrix a laissé des briques à Wiesbaden (16), à Heddernheim (17), à Gernsheim (18) ; la XI Claudia, à Friedberg (19) et à Rottweil (20). Or la XXI Rapax semble avoir été détruite en 92 (21), la XIIII Gemina n'était plus en Germanie sous Trajan, et semble avoir quitté le Rhin dès 89 (22);

(1) II, 11, 11.
(2) Voir Müller, p. 253.
(3) Voir Ritterling, *De legione Romanorum X Gemina*, p. 74, n. 2.
(4) Voir plus haut, p. 185.
(5) Brambach, *Corpus inscr. Rhen.*, 1537 d, 1999 a.
(6) Brambach, 1503 a.
(7) Brambach, 1502 a.
(8) Brambach, 1501 b.
(9) *Bonnische Jahrbücher*, LXXXVIII, 1889, p. 76.
(10) Brambach, 1491 b.
(11) Brambach, 1417 c.
(12) Brambach, 1423 a. — A la Saalbourg, a été trouvée une roue de voiture avec l'estampille de la XIIIIe légion (*Westdeutsche Zeitschrift*, VIII, 1889, p. 293.
(13) Brambach, 1708 addit.
(14) *Bonn. Jahrb.*, LXXXVIII, 1889, p. 31.
(15) Brambach, 1658.
(16) Brambach, 1537 a.
(17) Brambach, 1491 a.
(18) *Bonn. Jahrb.*, LXXXVIII, 1889, p. 31.
(19) Brambach, 1417 b.
(20) Brambach, 1615 a. *Korrespondenzblatt der Westdeutschen Zeitschrift*, VII, 1888, p. 1.
(21) Voir plus haut, p. 157.
(22) Voir plus loin, chapitre VII.

la I Adjutrix et la XI Claudia se trouvaient encore, il est vrai, en Germanie Supérieure au début du règne de Trajan (1), mais elles en partirent très probablement sous cet empereur (2).

On sait qu'il existe en Allemagne, entre le Danube et le Rhin, des traces très importantes d'un rempart élevé par les Romains (3). Il se divise en deux grandes sections, dites *limes rheticus* et *limes germanicus*. Le *limes rheticus* est un mur d'un mètre d'épaisseur, muni de tours, qui commence à Lorch sur la Rems, affluent du Neckar et finit à Kehlheim, au confluent de l'Altmühl et du Danube. Il n'y a aucune raison d'attribuer la construction de ce rempart à Domitien, et il semble dater du second siècle (4). — Le *limes germanicus* est une levée de terre, surmontée d'une étroite chaussée et précédée d'un fossé; des postes fortifiés, de forme carrée, se trouvent par derrière; ils sont distants les uns des autres de huit à seize kilomètres. Cette levée de terre part d'Hönningen sur le Rhin, en face du confluent du Vinxtbach, qui marque la limite des deux Germanies. Se dirigeant au sud-est, elle atteint le Taunus à Langenschwalbach; de là, prenant la direction de l'est, elle longe cette montagne jusqu'à la Saalburg; elle fait ensuite un vaste coude au nord pour enfermer la Wetterau, puis se dirigeant au sud, elle atteint le Main à Grosskrotzenburg près d'Hanau. A cet endroit, elle cesse et le Main sert de frontière entre Grosskrotzenburg et Altstadt, près de Miltenberg. A Altstadt, la levée de terre recommence et se dirige au sud-sud-est pour atteindre Lorch sur la Rems (5). La longueur totale du *limes germanicus* est de 372 kilomètres. Cette levée était moins un

---

(1) Brambach, 1666.
(2) Voir plus haut, p. 178 et 179.
(3) Pour la bibliographie du *limes romanus* en Germanie, voir, en particulier, les résumés de Hübner, *Bonnische Jahrbücher*, LXVIII, 1878, p. 17 et suiv.; LXXX, 1885, p. 23 et suiv.; LXXXVIII, 1889, p. 1 et suiv. Cf. l'article de Zangemeister, *Westdeutsche Zeitschrift*, IX, 1890, p. 1 et suiv., et le résumé officiel des résultats obtenus et des recherches à faire, imprimé dans l'*Archäologischer Anzeiger*, 1892, p. 1-6. Une étude d'ensemble se trouve dans le livre de Hübner, *Römische Herrschaft in Westeuropa*, p. 71 et suiv. — Les deux principaux ouvrages sont ceux de von Cohausen, *Der römische Grenzwall in Deutschland* (1884) et d'Ohlenschlager, *Die römische Grenzmark in Bayern* (1887).
(4) Hübner, *Römische Herrschaft*, p. 87-88.
(5) Par derrière cette ligne de Miltenberg à Lorch, se trouve une ligne de forts se dirigeant aussi du nord au sud, depuis Wörth, sur le Main, et atteignant, à Neckarmühlbach, le Neckar qu'elle suit jusqu'à Rottweil. Il est difficile de dire actuellement si cette ligne est antérieure à celle de Miltenberg-Lorch, ou si elle avait simplement pour objet de la renforcer.

rempart qu'une ligne douanière et, au point de vue militaire, une ligne d'observation.

Convient-il, comme l'ont fait un certain nombre de savants (1), d'attribuer à Domitien l'établissement du *limes germanicus* ou tout au moins de la plus grande partie de ce *limes*, en y rapportant les textes de Tacite et de Frontin cités plus haut? Peut-être des études plus approfondies, accompagnées de fouilles, permettront-elles de répondre un jour à cette question. On doit remarquer que, dans les *castella* situés immédiatement en arrière du *limes*, on n'a pas encore trouvé de marques de briques que l'on puisse faire remonter avec certitude au règne de Domitien.

Il est possible que le pont permanent en pierre, qui reliait Mayence à la rive droite du Rhin, ait été construit sous Domitien (2).

(1) Cohausen (*Der römische Grenzwall*, p. 350), Mommsen (*Römische Geschichte*, V, p. 136), Zwanziger (*Der Chattenkrieg des Kaisers Domitianus*, p. 28), Hübner (*Römische Herrschaft*, p. 97) rapportent le passage de Frontin (les cent vingt milles) à la partie du *limes* qui s'étend du Rhin au Main, quoique la distance indiquée par Frontin soit trop faible. M. Mommsen est du reste d'avis (p. 141, n. 1) que le rempart qui bordait le *limes*, ou route-frontière, fut, jusqu'à une époque postérieure à Hadrien, formé seulement d'abattis d'arbres que l'on remplaça ensuite par une levée de terre (cf. Spartien, *Hadrien*, 12). — Asbach (*Bonn. Jahrbücher*, LXXXI, 1886, p. 29; *Westdeutsche Zeitschrift*, III, 1884, p. 20-21; V, 1886, p. 371) pense que le *limes germanicus* fut constitué par Domitien en deux fois : 1° en 83, le tronçon qui s'étend de Lorch jusqu'à Hunnenburg, près de Butzbach : ce seraient les cent vingt milles de Frontin; 2° en 89, la ligne du Taunus. Nous avons indiqué, plus haut, les raisons qui nous empêchent d'accepter les hypothèses de M. Asbach (voir p. 188). — M. Miller, *Korrespondenzblatt der Westdeutschen Zeitschrift* (VIII, 1889, p. 38), croit que les cent vingt milles de Frontin répondent à une ligne tracée de l'est à l'ouest, du Rhin au Danube, par Offenburg et Aalen, à la frontière de la Rhétie. Au milieu de cette ligne se serait trouvé le grand camp de Rottweil (*Arae Flaviae*). Quant au rempart qui s'étend du Rhin à Lorch, il daterait, selon M. Miller, de l'époque d'Antonin (*Korrespondenzblatt*, X, 1891, p. 124). Outre que l'existence de cette ligne n'est nullement démontrée, il me semble résulter du passage de Frontin que le *limes* de cent vingt milles fut tracé sur le territoire des Cattes, c'est-à-dire dans la vallée du Main, non dans les Champs décumates.

(2) Ce pont fut fait à une époque où la XIIII° légion était à Mayence (voir Hübner, *Römische Herrschaft*, p. 131, et *Bonn. Jahrbücher*, LXXXVIII, 1889, p. 49-50). Or, elle quitta probablement la Germanie en 89, comme nous l'avons dit plus haut. Mais on peut supposer aussi que le pont fut construit sous Vespasien ou Titus. — Suétone (*Domitien*, 6) dit qu'un dégel subit du Rhin, survenu à l'heure même de la bataille, empêcha les Barbares de porter secours au rebelle L. Antonius Saturninus. Mais (comme le fait remarquer M. Riese, *Rheinisches Museum*, XLI, 1886, p. 636), pour en conclure que le pont de Mayence n'existait pas alors (en 89), il faudrait auparavant prouver que la bataille eut lieu à Mayence même.

C'est peut-être aussi à cette époque que les deux Germanies reçurent officiellement le nom de provinces (1).

Après cette guerre contre les Cattes, il y eut des modifications dans la composition des armées du Rhin. La XXI Rapax, venue de la Germanie Inférieure, semble être restée en Germanie Supérieure, à Mayence, où elle a laissé des traces de son séjour (2). Elle remplaça peut-être la I Adjutrix, qui paraît avoir été envoyée en Espagne (3). En Germanie Inférieure, la XXI Rapax fut remplacée par une légion que Domitien créa à cette époque, la I Minervia qui, comme la XXI Rapax, fut établie à Bonn (4).

Domitien revint triompher à Rome (5), sans doute dans l'automne de l'année 83. Il reçut du Sénat le titre de Germanicus (6), le droit de paraître dans la curie vêtu de la *stola triumphalis*, de se montrer en public accompagné de vingt-quatre licteurs ; bientôt après, il fut élu consul pour dix ans (7) ; ses succès lui permirent de manifester plus nettement ses tendances monarchiques. Des jeux splendides furent célébrés (8), de nombreuses monnaies commémorèrent la guerre contre les Cattes (9), et les poètes vantèrent la gloire du prince (10).

(1) Voir plus haut, p. 139.
(2) Brambach, 1206, 1207, 1377 *f*.
(3) Voir plus haut, p. 179.
(4) Voir plus haut, p. 158.
(5) Tacite, *Agr.*, 39. Allusion à ce triomphe dans Martial, I, 4, 3 (cf. VI, 4, 2). Dion Cassius, LXVII, 4. — Ce fut peut-être alors que fut frappée la monnaie qui a pour avers : *Imp. Domit. Aug. Germ.*; Buste casqué de Pallas ; et pour avers : *Io, io, triump.*; Olivier (Cohen, *Domitien*, 300).
(6) Frontin, II, 11, 7. Martial, XIV, 170 : « cui nomina Rhenus vera dedit. » II, 2, 3 : « nobilius [nomen] domito tribuit Germania Rheno. » Ce titre se trouve sur toutes les monnaies et presque toutes les inscriptions depuis 84. Martial et Stace l'emploient à satiété, ce qui s'explique en partie par la difficulté de faire entrer le mot Domitianus dans un vers. — Suétone (*Domitien*, 13) fait erreur, quand il dit qu'après deux triomphes, Domitien prit le surnom de Germanicus : « Post duos triumphos Germanici cognomine assumpto ; » car il célébra son second triomphe (avec son troisième) en 89. Cette erreur se comprend dans une certaine mesure par le fait que l'un des deux triomphes de 89 fut célébré sur les Germains, et qu'alors le titre de Germanicus eut une sorte de renouveau.
(7) Voir plus haut, p. 42 et 45.
(8) Dion Cassius, LXVII, 4. Martial, I, 5, 6, 11, 14, 21, 22, 26, 43, 48, 51, 60, 104. Voir p. 126, n. 2.
(9) Cohen, *Domitien*, 139, 357, 424, 425, 463, 464, 465, 467, 646, sans doute aussi 138.
(10) Martial, II, 2 :

> Creta dedit magnum, majus dedit Africa nomen,
> Scipio quod victor, quodque Metellus habet ;

Les écrivains hostiles à Domitien cherchèrent plus tard à tourner en ridicule la campagne contre les Cattes, ainsi que le triomphe qui la suivit (1). Cette expédition eut cependant d'utiles résultats. Les nouvelles annexions abrégeaient la distance entre le cours moyen du Rhin et le Danube ; les légions cantonnées sur ces deux points furent désormais plus capables de se porter mutuellement secours. Elles écartaient davantage les Cattes des bords du Rhin et de la Gaule, qu'ils avaient souvent envahie ; elles permettaient aux armées d'entrer plus facilement dans leur territoire par la vallée inférieure du Main. Enfin, elles ouvraient des pays, jusque-là couverts de forêts ou presque déserts, à la civilisation romaine qui, du reste, n'y exerça qu'une assez médiocre influence (2).

Les Cattes, il est vrai, ne furent pas abattus. Dès l'année 85, il se pourrait qu'il y ait eu de nouvelles hostilités sur le Rhin, comme l'indiquent des monnaies dont les types et les légendes apparaissent cette année-là pour la première fois :

« Germanie assise sur un bouclier et Germain debout, les mains derrière le dos, avec l'exergue : *Germania capta* (3). »

« Victoire debout, le pied sur un casque, écrivant *De Ger(manis)*, sur un bouclier attaché à un trophée composé d'armes germaines ; à ses pieds, la Germanie en pleurs, assise sur un bouclier (4). »

nobilius domito tribuit Germania Rheno,
   et puer hoc dignus nomine, Caesar, eras (allusion à l'expédition de 70) ;
      frater Idumaeos meruit cum patre triumphos ;
         quae datur ex Cattis laurea, tota tua est.

Martial (X, 7, 7) écrivait en 98, en s'adressant au Rhin : « [sic semper] Romanus eas utraque ripa. » Cf. IX, 6, 1, et IX, 1, 3. — Stace célébra les guerres de Germanie dans un ou plusieurs concours d'Albano : voir p. 125, n. 12. Il songea même à écrire une épopée sur ces guerres (*Silves*, IV, 4, 95 ; *Thébaïde*, I, 17 ; *Achilléide*, I, 18). On lit dans une scolie de Juvénal un fragment d'un poëme de cet auteur, « carmen de bello Germanico » : voir plus haut, p. 48, n. 6.

(1) Dion Cassius, LXVII, 4 : « Après avoir entrepris une expédition en Germanie, Domitien revint à Rome sans avoir combattu. Est-il besoin de dire qu'il reçut à cette occasion les honneurs décernés aux autres empereurs qui lui ressemblaient, de peur qu'ils ne se crussent convaincus d'imposture, parce qu'on ne les glorifiait pas assez et qu'ils ne se missent en colère ? » Pline le Jeune, *Pan.*, 16 : « mimicos currus et falsae simulacra victoriae, » allusion qui peut se rapporter aussi aux triomphes de 89 : (voir plus loin). Tacite, *Agricola*, 39.

(2) Elle y fut introduite presque exclusivement par les soldats et ne put s'y développer que pendant un siècle et demi.

(3) Cohen, *Domitien*, 135.

(4) Cohen, 469, 470 (cf. 472, 639-642).

« Domitien, debout, en habit militaire, tenant un parazonium et une haste ; à ses pieds, le Rhin couché, tenant une branche (1). » Etc. (2).

Il faut observer de plus qu'en 85, Domitien reçut les IX°, X° et XI° salutations impériales (3), sans qu'on puisse dire d'une manière précise à quels faits de guerre ces salutations se rapportent. Peut-être faut-il en attribuer une partie à des hostilités survenues en Germanie.

Il semble qu'un traité ait été conclu à cette époque. Des monnaies de 85 représentent Domitien debout, donnant la main à un homme debout aussi, et accompagné de deux soldats dont l'un porte une enseigne et l'autre une haste et un bouclier ; entre eux, on voit un autel allumé (4).

A la fin de 88, quand Antonius Saturninus se révolta (5), les Cattes furent ses alliés (6). Domitien se rendit alors sur le Rhin (7) et fit une campagne contre ce peuple germain (8). Nous

---

(1) Cohen, 503. Cf. 504.
(2) Cohen, 177, 181, 182, 183, 184, 188, 483, 488, 489, 509, 536, 537, 539. Peut-être aussi Mionnet (Monnaies d'Alexandrie), VI, p. 90-91, n°° 398, 399, 400.
(3) Sur dix monnaies frappées entre le 1°° janvier et 13 septembre 85, Domitien apparaît avec le titre d'*imperator VIII* ; sur six autres, il est qualifié d'*imperator IX*, titre qui lui est donné sur un diplôme du 5 septembre 85 (*C. I. L.*, III, p. 855). Il reçut donc sa neuvième salutation vers le printemps de cette année-là. — Cinq monnaies frappées après le 13 septembre 85 et avant le 1°° janvier 86 indiquent encore la neuvième salutation ; deux, la onzième. Ce fut donc à la fin de 85 que Domitien devint *imp. X* et *imp. XI*. Voir Chambalu, *De magistratibus Flaviorum*, p. 25.
(4) Cohen, 496, 497 (cf. 501). Ce type se répète les années suivantes.
(5) Voir chapitre VII.
(6) Suétone, *Domitien*, 6 : « Transituras ad Antonium copias barbarorum. » C'étaient les Cattes, voir p. 198, n. 2 et 3.
(7) Voir chapitre VII.
(8) Stace, I (Silve écrite vers la fin de 89), 1, 6 :

> qualem modo frena tenentem
> Rhenus, et attoniti vidit domus ardua Daci.

Le cheval de la statue impériale, élevée sur le forum romain à la fin de 89, foulait le Rhin (Stace, *loc. cit.*, vers 51) :

> aerea captivi crimen terit ungula Rheni.

Martial, quand il écrit en 92 (VII, 7, 3) :

> ... fractusque cornu jam ter improbo
> Rhenus...

fait sans doute allusion aux expéditions de Domitien en 70 (cette fois, il

n'avons aucun détail sur cette nouvelle guerre, qui est appelée sur les inscriptions *bellum Germanicum* (1). Un nouveau traité fut conclu avec les Cattes (2). L'empereur alla ensuite sur le Danube, puis il revint à Rome, où il triompha des Cattes en même temps que des Daces (3).

Il est possible d'indiquer avec précision la date de ce double triomphe. Il n'eut pas lieu en 90, car il n'y est fait aucune allusion dans les Actes des Arvales de cette année-là, que nous possédons sans lacune (4), ni après 90, car depuis la fin de 89 jusqu'à 96, année de sa mort, Domitien ne reçut qu'une seule salutation impériale, la vingt-deuxième, qu'on peut rapporter avec beaucoup de vraisemblance à la guerre suévo-sarmatique de 92 (5). Au contraire, depuis le 13 septembre 88 jusqu'à la fin de 89, Domitien fut six fois *imperator* (6). C'est donc à cette époque que doivent être rapportées les guerres qui furent l'occasion des deux triomphes. Ils furent postérieurs à la révolte de Saturninus,

---

n'alla d'ailleurs pas jusqu'au Rhin), en 83 et en 89. — Cf. Stace, *Thébaïde*, I, 19 :

>Bisque jugo Rhenum (en 83 et en 89), bis adactum legibus Histrum.

(1) Voir chapitre VII.
(2) Stace, *Silves*, I, 1, 27 :

>... das Cattis Dacisque fidem.

III, 3, 168 :

>Haec est quae victis parcentia foedera Cattis
>quaeque suum Dacis donat clementia montem.

(3) Eusèbe (*Chronologie*, p. 160, 161), à l'année 2106 (1er octobre 89-30 septembre 90) : « Domitianus de Dacis et Germanis triumphavit. » — Suétone, *Domitien*, 6 : « De Cattis Dacisque, post varia praelia duplicem triumphum egit. » Le mot *duplicem* indique deux triomphes célébrés en même temps. — Martial, VI (livre édité en 90, voir Friedländer, préface de l'édition de Martial, p. 57), 10, 8 :

>Et Capitolinas *itque reditque* vias.

Cf. VI, 4, 2; V, 19, 3. — Ce fut sans doute en 89 que l'on frappa des monnaies (Cohen, 140-148), portant en exergue, au revers, les simples mots : *Germanicus, cos. XIIII*. Elles rappellent le second triomphe sur les Germains. Les revers représentent : Domitien dans un quadrige, tenant une branche de laurier et un sceptre; une esclave germaine en pleurs assise sur un bouclier, auprès d'une haste brisée; etc.

(4) C. I. L., VI, 2067. L'observation a été faite par Hirschfeld, *Göttingische gelehrte Anzeigen*, 1869, p. 1507.

(5) Voir plus loin, aux guerres du Danube.

(6) Chambalu, *De magistratibus Flaviorum*, p. 26. Il fut *imperator* XVI-XIX entre le 13 septembre 88 et le 12 septembre 89; XX et XXI entre le 13 septembre et le 31 décembre 89.

car Martial mentionne les triomphes dans ses livres V et VI (1), tandis qu'il parle déjà de la révolte au livre IV (2). Or, la révolte d'Antonius eut lieu à la fin de 88 et au commencement de 89 (3). Il résulte de ces observations que les deux triomphes furent célébrés en 89. Mais d'autres textes semblent permettre de donner une date plus précise encore. Stace a écrit une Silve (4) sur des fêtes, entre autres un repas, que l'empereur donna dans l'amphithéâtre un 1er décembre. L'année n'est pas indiquée dans le poème, mais nous croyons que ce fut en 89 (5). Martial fait sans doute allusion à la même fête (6) dans son livre V :

> Hic error tibi profuit Decembri
> tum cum prandia misit imperator (7).

Or, le livre V, postérieur à la fin de l'année 38 (8) et antérieur au milieu de 90 (9), fut édité au mois de décembre (10), et après le double triomphe, comme l'indique clairement le vers :

> Quando magis dignos licuit spectare triumphos (11) ?

(1) V, 19, 3; VI, 4, 2; VI, 4, 2; VI, 10, 8.
(2) IV, 11.
(3) Voir plus loin, chapitre VII.
(4) Stace, I, 6.
(5) Kerckhoff (*Duae quaestiones Papinianae*, p. 12 et suiv.), indique sans raison plausible l'année 83. Friedländer (*Sittengeschichte*, III, p. 476 et édition de Martial à V, 49) se prononce pour l'année 88, parce qu'il croit à tort que le livre V de Martial, où la même fête est mentionnée, fut édité dans l'automne de 89. — Les autres Silves du même livre furent composées : la première, peu après les deux triomphes (voir p. 104, n. 2); la seconde, avant le milieu de l'année 90 (cf. Martial, VI, 21; le livre VI de Martial fut édité à cette époque, voir Friedländer, édit., p. 57) et après les triomphes (voir le vers 180); la quatrième, après l'été de 88, pendant lequel furent célébrés les jeux séculaires (vers 17 et 96) et très probablement en 89, car Stace y mentionne comme un événement récent l'expédition du Domitien contre les Daces (vers 91 et suiv.), qui eut lieu à cette époque (voir plus loin, aux *Guerres du Danube*); la cinquième, avant 90 (cf. vers 65, et Martial, VI, 83; voir aussi plus haut, p. 71, n. 1). Pour la troisième, il n'est pas possible de fixer une date.
(6) C'est aussi l'avis de Friedländer, édition de Martial, ad *locum*.
(7) V, 49, 8.
(8) Date de la publication du livre IV : voir Friedländer, édition, p. 55.
(9) Date de la publication du livre VI : voir note 5.
(10) V, 30, 5 :
> Sed lege famoso non aspernanda decembri
> carmina mittuntur quae tibi mense tuo.

Mention des Saturnales : épigr. 18, 59, 84.
(11) V, 19, 3.

Le poète ne s'exprimerait pas de la sorte si, à l'époque où fut écrit ce vers, Domitien n'avait célébré qu'un seul triomphe, celui de 83. De plus, le livre V contient la mention de grandes fêtes destinées très probablement à célébrer ces deux triomphes (1). Enfin Domitien était certainement de retour en Italie quand le livre fut publié (2).

Remarquons, d'autre part, que Dion Cassius parle ainsi des fêtes qui suivirent le triomphe sur les Daces : « Domitien offrit au peuple un banquet qui dura toute la nuit. Souvent aussi, il donnait des combats de nuit, et parfois il mettait aux prises des nains et des femmes (3). » Ce passage rappelle fort la Silve de Stace (combat de nains et de femmes (4); fêtes qui eurent lieu la nuit, illuminations, festin) (5).

On peut donc admettre que la fête du 1er décembre, décrite par Stace, fit partie des réjouissances qui suivirent les deux triomphes. Il en résulte que ces deux triomphes eurent lieu au mois de novembre 89. — Cette conclusion montre l'exactitude de la date que leur assigne Eusèbe : l'année 2106, qui commença le 1er octobre 89 et finit le 30 septembre 90 (6).

Ce fut peut-être après 89 que Chariomère, roi des Chérusques, se vit dépouillé par les Cattes de sa couronne, à cause de son amitié avec les Romains. Il revint bientôt avec un certain nombre de compagnons et fut vainqueur, mais ses fidèles l'abandonnèrent parce qu'il avait envoyé des otages à Domitien. Il implora alors ce prince. Au lieu de troupes, il reçut de l'argent (7) et dut succomber. Les Cattes asservirent les Chérusques auxquels une longue paix avait fait perdre toute vertu guerrière. Les Foses, nation voisine, subirent le même sort (8).

Ces faits indiquent la puissance qu'avaient conservée les

---

(1) V, 65, chasses splendides qui durèrent plusieurs jours. Cf. V, 31.
(2) Voir V, 1.
(3) LXVII, 8.
(4) Vers 51 et suiv.
(5) Vers 65 et suiv.; préface du livre I.
(6) Voir plus haut, p. 198, n. 3.
(7) Dion Cassius, LXVII, 5. Nous ignorons la date de ces événements qui sont rapportés dans un fragment isolé de Dion.
(8) Tacite, Germanie, 36. — Les rapports de Dion Cassius et de Tacite sont tout à fait indépendants l'un de l'autre. Cependant rien n'empêche d'admettre que l'événement rapporté par Tacite ait été la conséquence de la défaite de Chariomère. — Les Foses semblent avoir habité les bords de la Fuhso, rivière se jetant dans l'Aller à Celle (voir Forbiger, *Handbuch der alten Geographie von Europa*, 2e édit., p. 283).

Cattes (1), et prouvent que Domitien avait voulu seulement écarter les périls qui menaçaient l'empire, et non pénétrer en maître dans la Germanie pour en régler les affaires intérieures. Il suivait la politique traditionnelle de Rome : laisser les Germains se déchirer entre eux. — Cette conduite était prudente. Pour abattre les Cattes, il aurait fallu une guerre longue et pénible qui aurait mécontenté l'armée ; au fond de leurs forêts, un nouveau désastre de Varus était à craindre ; enfin la conquête d'un pays sans frontières naturelles, habité par un peuple fier et belliqueux, eût nécessité une augmentation de troupes et de dépenses, et causé à l'empire des alarmes sans fin. La politique de Rome, à l'égard des Cattes, devait être défensive (2) : il était seulement nécessaire de les éloigner des frontières. Ce but fut atteint par Domitien, dont Trajan compléta l'œuvre à cet égard (3). Jusqu'au règne de Caracalla, on n'a plus de guerres à signaler contre les Cattes (4) ; l'armée de la Germanie Supérieure put être diminuée. Il est possible que, dès le règne de Domitien, après la guerre de 89, deux légions, la XIV Gemina et la XXI Rapax, aient quitté les bords du Rhin pour aller sur le Danube, et que l'armée de cette province ait été comme celle de la Germanie Inférieure réduite à trois légions (5). Au second siècle, elle n'en compta plus que deux (6). Ce fut seulement au troisième siècle que la faiblesse générale de l'empire, la décadence des armées, des troubles intérieurs en Germanie, poussèrent de nouveau les Barbares à passer les frontières romaines, et amenèrent la perte de la rive droite du Rhin (7). — On peut donc dire que, de ce côté, Domitien fut habile et heureux.

---

(1) Tacite dit des Germains (*Germ.*, 37) : « Proximis temporibus triumphati magis quam victi sunt. » C'est une allusion aux deux triomphes de Domitien sur les Cattes.

(2) Ce fut l'opinion de Tacite (voir *Germanie*, 33 fin).

(3) Voir de la Berge, *Trajan*, p. 23 et suiv. Mommsen, *Römische Geschichte*, V, p. 139. Asbach, *Westdeutsche Zeitschrift*, III, 1884, p. 11 et suiv. Zangemeister, *ibid.*, p. 237 et suiv.

(4) Cependant, sous Marc-Aurèle, les Cattes menacèrent la Germanie Supérieure et la Rhétie. Voir Capitolin, *Vie de Marc-Aurèle*, 8.

(5) La XXII Primigenia, de l'armée de Germanie Inférieure, semble avoir alors remplacé à Mayence la XIV Gemina et la XXI Rapax. Voir chap. VII.

(6) La VIII Augusta et la XXII Primigenia (*C. I. L.*, VI, 3492). Ce fut, semble-t-il, dès Trajan que la XI Claudia quitta la province (voir plus haut p. 178).

(7) Voir Mommsen, *Röm. Geschichte*, V, p. 147 et suiv.

TROISIÈME PARTIE.

GUERRES DU DANUBE.

Sur le Danube, Domitien eut à soutenir de longues guerres avec la plupart des peuples qui habitaient la rive gauche du fleuve. — Les Hermondures, dont le territoire comprenait la partie septentrionale de la Bavière actuelle et la partie méridionale de la Saxe, restèrent cependant les alliés de Rome (1). — Les Marcomans occupaient la Bohême, et les Quades la Moravie (2) ; peu après la chute du roi des Marcomans, Marbode, le Quade Vannius avait été établi comme roi dans ces deux pays par Tibère (3), et pendant trente ans il avait été le protégé de Rome (4). Il fut renversé, en 50, par ses deux neveux, Vangio et Sido, qui se partagèrent son royaume et reconnurent comme lui la suprématie de Rome (5). On ne sait comment se fit ce partage : toujours est-il qu'à une époque postérieure, les Marcomans et les Quades ne cessèrent pas d'être étroitement unis, comme le montrera le récit des guerres de Domitien. En 69, Sido et Italicus, sans doute le successeur de Vangio, combattaient dans les rangs des Flaviens contre l'armée de Vitellius (6). Cependant les Marcomans et les Quades étaient encore puissants, et les guerres du règne de Domitien prouvèrent qu'ils pouvaient devenir pour les Romains de dangereux ennemis.

Dans la grande plaine, située entre le Danube et la Theiss, vivaient en nomades les Jazyges, peuple Sarmate (7), qui s'y étaient établis par suite d'événements que nous ignorons (8). Leurs habitudes de pillage faisaient d'eux des voisins incommodes. Quand, en 69, les légions du Danube partirent pour aller combattre les Vitelliens en Italie, on appela dans les rangs de l'armée

---

(1) Tacite, *Germanie*, 41.
(2) *Germanie*, 42.
(3) Il est en effet probable que le royaume de Vannius comprenait la Bohême et la Moravie : voir Mommsen, *Röm. Geschichte*, V, p. 196, n. 1.
(4) Tacite, *Annales*, II, 63; XII, 29 et 30.
(5) Tacite, *Annales*, XII, 30.
(6) Tacite, *Hist.*, III, 5; III, 21.
(7) Pline, *Hist. nat.*, IV, 80. Tacite (*Annales*, XII, 29; *Hist.*, III, 5) les appellent les Sarmates Jazyges, « Sarmatae Jazyges. »
(8) On les nommait, pour cette raison, μετανάσται, « émigrés » (Ptolémée, III, 5, 1; III, 7, 1). — Tacite les indique dans cette région, à la fin du règne de Claude (*Annales*, XII, 29).

les chefs les plus puissants des Sarmates Jazyges, afin de ne pas laisser à leur merci les frontières dégarnies de troupes. Ils offrirent aussi toute leur cavalerie; mais on les remercia de cette proposition; « on craignait qu'au milieu de la guerre, ils ne se souvinssent qu'ils étaient étrangers et qu'ils ne se vendissent à l'ennemi (1). » — Les Jazyges avaient des relations fréquentes avec les Marcomans : ils avaient autrefois soutenu le roi Vannius (2) ; au quatrième siècle encore, Ammien Marcellin constatait la similitude de mœurs des Jazyges et des Suèves et leur alliance constante (3). C'était surtout la cavalerie qui faisait leur force ; ils entendaient d'ailleurs beaucoup mieux la petite guerre que les batailles rangées (4).

Les Daces occupaient au premier siècle le pays situé entre la Theiss, les Carpathes, le Sereth, le Danube (5). Ce n'étaient pas des barbares : depuis plusieurs siècles, ils se trouvaient en contact avec les civilisations grecque et romaine (6). Ils étaient belliqueux et leur croyance à l'immortalité de l'âme leur faisait braver tous les dangers (7). Appartenant à la même race que les Thraces et les Mésiens, sujets de Rome (8), ils pouvaient espérer leur appui contre l'empire (9). Bien des fois déjà, depuis un siècle et demi, ils avaient envahi les pays de la rive droite du Danube : c'était surtout quand leurs tribus, en général peu d'accord, obéissaient à un seul souverain, qu'ils devenaient redoutables pour les Romains. Vers le milieu du premier siècle avant Jésus-Christ, Burebista, devenu leur chef suprême, avait parcouru en maître les bords de la mer Noire, la Thrace, la Macédoine et l'Illyrie; mais il mourut assassiné. César, lorsqu'il fut tué, songeait

---

(1) Tacite, *Hist.*, III, 5.
(2) Tacite, *Annales*, XII, 29 et 30.
(3) Ammien Marcellin, XVII, 12, 1.
(4) Tacite, *Annales*, XII, 30; *Hist.*, III, 5. Cf. Ammien Marcellin, XII, 12, 2 et 3.
(5) Ptolémée, III, 8, 1 et 2. Voir de la Berge, *Trajan*, p. 29 et 55.
(6) Voir Rossler, *Das vorrömische Dacien*, dans les *Sitzungsberichte der Akademie der Wissenschaften zu Wien*, XLV, 1864, p. 337; Mommsen, *Histoire de la monnaie romaine* (traduction de Blacas), III, p. 289 et suiv.; Jung, *Die romanischen Landschaften des römischen Reiches*, p. 320.
(7) Voir de la Berge, *Trajan*, p. 32.
(8) Strabon, VIII, 3, 2. Voir à ce sujet Mommsen, *Römische Geschichte*, V, p. 189.
(9) Les Thraces n'acceptèrent la domination romaine qu'après une longue résistance. Sous Claude encore, ils se soulevèrent (Voir Mommsen, *loc. cit.*, p. 21 et suiv., 191 et suiv.).

à entreprendre une expédition contre les Daces. Octave eut, avant la bataille d'Actium, le même dessein : aussi Cotiso, roi de ce peuple, s'allia-t-il à Antoine, nouvelle qui causa à Rome une grande terreur. Il est probable que des troubles intérieurs rendirent ensuite les Daces moins dangereux : Auguste se contenta dès lors de repousser leurs invasions fréquentes. Vers 29 avant Jésus-Christ, Crassus leur fit la guerre avec succès; en 16, ils envahirent de nouveau les territoires de la droite du Danube; en l'an 10 avant l'ère chrétienne ils ravagèrent la Pannonie, mais furent contraints de battre en retraite. Vers l'an 6 après Jésus-Christ, Lentulus passa le Danube, pénétra sur leur territoire et les vainquit : ce fut sans doute à la suite de cette expédition qu'Aelius Catus établit cinquante mille Daces sur la rive droite du fleuve. Les succès de Lentulus affaiblirent beaucoup ce peuple; en outre, des révoltes avaient détruit la domination fondée par Burebista : son ancien royaume s'était partagé en cinq Etats. Strabon, lorsqu'il écrivit sa *Géographie*, put croire que les Daces feraient bientôt leur soumission. Cependant, il y eut peut-être encore une invasion à la fin du règne d'Auguste (1). Sous Tibère, les Daces pillèrent la Mésie (2). Sous Néron, vers 62/63, Ti. Plautius Silvanus Aelianus, imitant l'exemple d'Aelius Catus, en déplaça un grand nombre (3). En 69, au moment où, par suite de la guerre civile, la Mésie était sans défense, les Daces entrèrent encore dans l'empire; mais ils furent chassés par Mucien, qui marchait alors vers l'Italie pour combattre Vitellius (4). Un traité de paix fut peut-être alors conclu avec eux (5).

Au nord des bouches du Danube vivaient les Bastarnes (dans les plaines de la Moldavie et de la Bessarabie) (6), de race germanique, mais très mélangés d'éléments scythiques et thraces (7),

---

(1) Sur tous ces événements, voir Mommsen, *Res gestae divi Augusti*, 2ᵉ édit., p. 129 et suiv.
(2) Suétone, *Tibère*, 41.
(3) *C. I. L.*, XIV, 3608. Il est vrai que l'inscription dit : « Transdanuvianorum. » Il peut être question de Bastarnes et de Sarmates aussi bien que de Daces.
(4) Tacite, *Hist.*, III, 46.
(5) Jordanes, *Getica*, XIII, 76, p. 76, édition Mommsen : « Domitiano imperatore regnante... foedus quod dudum cum aliis principibus pepigerant Gothi (= Daci) solventes... »
(6) Il y avait aussi des Bastarnes établis dans l'estuaire même du Danube (voir Tacite, *Germanie*, 46; Strabon, VII, 3, 15). Strabon indique même des colonies de Bastarnes au sud du fleuve (VII, 3, 13).
(7) Strabon, VII, 1, 1; VII, 3, 2; VII, 3, 17. Pline l'Ancien, *Hist. Nat.*,

et, plus à l'est, les Sarmates, peuple auquel appartenaient les Jazyges et les Roxolans (sur la côte septentrionale du Pont-Euxin). Excellents cavaliers, ils avaient plus d'une fois envahi le territoire romain (1) et menaçaient sans cesse les villes grecques du Pont-Euxin (2).

Pour empêcher les invasions sur le cours moyen comme sur le cours inférieur du Danube, une surveillance active était nécessaire.

Vespasien avait réorganisé les flottes du Danube (3), reconstruit ou créé les camps de Carnuntum et de Vindobona (Petronell et Vienne), en face de la Moravie, passage ordinaire des invasions (4), retiré à la Dalmatie ses deux légions pour les envoyer plus près de la frontière, en Mésie (5), réorganisé des corps auxiliaires (6). Au commencement de son règne, Domitien disposait d'environ cent mille hommes pour défendre une ligne de cinq cents lieues. — Dans la Rhétie et le Norique, il y avait seulement des troupes auxiliaires (7). En Pannonie, se trouvaient deux légions :

1° La XIII Gemina, à Vindobona. En 69, elle était encore à Poetovio (8) ; sous Trajan elle fut établie en Dacie (9). Son séjour à Vindobona, prouvé par des briques (10), se place entre ces deux dates.

IV, 81 ; IV, 100. Tacite, *Germanie*, 46. — Voir sur eux Müllenhoff, *Deutsche Altertumskunde*, II, p. 104 et suiv.

(1) Dion Cassius, XXXVIII, 10 ; LI, 23 et suiv. Florus, II, 29. Ovide, *Pontiques*, I, 2, 79 ; *Tristes*, II, 191. Suétone, *Tibère*, 41. C. I. L., XIV, 3608. Tacite, *Hist.*, I, 79. Josèphe, *Guerre de Judée*, VII, 4, 3.

(2) C. I. L., XIV, 3608. Dion Chrysostome, *Discours*, 36 (tome I, p. 49, édition Dindorf).

(3) Ces flottes s'appelèrent dès lors *classis Flavia Pannonica*, *classis Flavia Moesica*. Voir Héron de Villefosse, art. *Classis* dans le *Dictionnaire des antiquités* de Daremberg et Saglio, II, p. 1236.

(4) Pline l'Ancien, *Hist. nat.*, IV, 80. *Archäologisch-epigraphische Mittheilungen aus Oesterreich*, II, 1878, p. 182 ; V, 1881, p. 209 ; XI, 1887, p. 8-9. Mommsen, *Römische Geschichte*, V, p. 187, n. 1.

(5) Josèphe, VII, 4, 3. Voir Mommsen, *Röm. Geschichte*, p. 200, n. 1.

(6) Voir plus haut, p. 161 et suiv., l'énumération des corps auxiliaires portant l'épithète de *Flavia* ; ils doivent avoir été créés, pour la plupart, par Vespasien. Il en est de même de l'ala I Vespasiana Dardanorum (C. I. L., III, p. 863 : en Mésie Inférieure, en 100).

(7) Tacite, *Hist.*, I, 68 ; III, 5 ; IV, 70. En 107, la Rhétie avait au moins onze cohortes et quatre ailes (voir C. I. L., III, p. 867).

(8) Tacite, *Hist.*, III, 1.

(9) C. I. L., III, p. 160.

(10) C. I. L., III, 4660. Cf. l'inscription 4563.

2° La XV Apollinaris, à Carnuntum. Elle se trouvait en Asie à l'époque d'Hadrien (1); les nombreuses traces de son séjour à Carnuntum (2) se rapportent donc à une époque antérieure.

La Mésie avait, semble-t-il, quatre légions :

1° La IV Flavia, qui semble avoir été, dès le début de l'époque Flavienne, cantonnée à Singidunum (Belgrade), où Ptolémée la place (3), et où des inscriptions attestent son séjour (4).

2° La VII Claudia, qui avait probablement, dès cette époque, son camp permanent à Viminacium (Kostolatz), où elle a laissé des inscriptions (5).

3° et 4° La I Italica et la V Macedonica. On ne sait où elles étaient cantonnées avant la formation de la province de Mésie Inférieure.

A ces légionnaires étaient adjoints des soldats de corps auxiliaires en nombre à peu près égal (6).

Par derrière, en Dalmatie et en Thrace, il n'y avait que des ailes et des cohortes (7). Deux flottes avaient des stations sur le fleuve et ses principaux affluents (8); une autre protégeait les côtes du Pont-Euxin (9).

Sous Vespasien et sous Titus, ces troupes suffirent, mais il n'en fut pas de même sous Domitien. Comme au temps de Burebista, un grand empire se forma alors chez les Daces. Par suite de l'abdication d'un de leurs rois, Duras (10), et d'autres événements qui nous sont inconnus, Diuppaneus, que les écrivains anciens appellent d'ordinaire Décébale (11), les réunit tous sous sa

---

(1) Arrien, *Histoire des Alains*, p. 251, édit. Müller.
(2) Hirschfeld, *Arch.-epigr. Mitth. aus Oesterreich*, V, 1881, p. 217.
(3) III, 9, 3.
(4) *C. I. L.*, III, 1665, 6326, 8276.
(5) *C. I. L.*, III, 1650, 1651, 1700 (1 et 2), 8103, 8275, etc.
(6) En Pannonie, il y avait, en 84-85, six ailes et dix-sept cohortes environ (voir *C. I. L.*, III, p. 855; *Ephem. epigr.*, V, p. 93).
(7) En Thrace, deux mille hommes de troupes sous Néron (voir Josèphe, *Guerre de Judée*, II, 16, 4, p. 118, édit. Dindorf).
(8) *C. I. L.*, III, p. 858, etc. Voir Héron de Villefosse, art. *Classis*, p. 1236.
(9) Josèphe, *loc. cit.* Tacite, *Hist.*, II, 83. A. Dumont, *Mélanges d'archéologie*, p. 381, n° 72 a.
(10) Dion Cassius, LXVII, 6 (p. 353, n. 7 de l'édition Gros-Boissée).
(11) Dion Cassius (LXVII, 6, etc.) le nomme Δεκέβαλος; Pline le Jeune (*Correspondance avec Trajan*, 74), *Decibalus*. Dans une inscription (*C. I. L.*, VI, 1444), on lit : *Gentem Dacor(um) et regem Decebalum bello superavit*. La forme *Decibalus* se lit aussi sur des inscriptions : *C. I. L.*, III, 4150; VIII, 866; *Arch.-epigr. Mitth. aus Oesterreich*, XI, 1887, p. 23. Voir encore Trebellius Pollion (*Trente Tyrans*, 10, 8) : « Decibali ipsius ut fertur ad-

domination. Pendant plus de vingt ans, il résista aux Romains et ne fut abattu qu'après quatre grandes guerres faites contre lui par Domitien et Trajan : « C'était, » dit Dion Cassius, « un homme qui, dans les choses de la guerre, savait concevoir et agir, connaissant le moment opportun pour l'attaque comme pour la retraite, capable de préparer des embuscades et de livrer une bataille, de profiter d'une victoire et de se relever après une défaite (1). » Les Romains l'emportaient sur ses sujets, non par le courage, mais par la tactique, la discipline, l'armement. Voulant leur enlever cette supériorité, il attira dans ses États un grand nombre de déserteurs romains, sans doute des Thraces et des Mésiens (2), eut des machines de guerre, éleva des fortifications (3). Rusé et sans scrupule, il chercha plus d'une fois à tromper ses ennemis par des négociations qu'il ne voulait pas voir aboutir, conclut des traités qu'il viola (4). Sous Trajan, il s'empara même par trahison d'un ambassadeur (5), et donna à des déserteurs l'ordre d'assassiner l'empereur (6). Soit par la contrainte, soit par des négociations, il s'assura l'alliance des autres peuples du Danube (7) et peut-être aussi celle de Pacorus, roi des Parthes (8).

Il y eut, semble-t-il, des troubles du côté du Danube dès le début du règne de Domitien, comme M. Asbach l'a fait remarquer (9). Le diplôme du 19 septembre 82 (10) nous apprend que l'aile de cavalerie *Claudia nova* et les cohortes *III Gallorum* et *V Hispanorum*, qui étaient en Germanie Supérieure en 74 (11), se

---

finis. » — Dans Paul Orose (VII, 10), le roi est nommé *Diurpaneus*; dans Jordanes (*Getica*, XIII, 76), *Dorpaneus*. La véritable forme semble être *Diuppaneus*. Voir *C. I. L.*, VI, 16903 : *Diuppaneus qui Euprepes, Sterissae f(ilius), Dacus*. — Pline le Jeune (VIII, 4, 3) dit que le nom du roi des Daces entrerait difficilement dans un vers grec et y ferait mauvais effet. Cette remarque s'appliquerait plutôt au mot Διουππανεύς, qu'au mot Δεκέβαλος. Il n'est pas possible de déterminer la signification exacte de ces deux mots : voir Rössler, *Das vorrömische Dacien*, p. 353, n. 108.

(1) Dion Cassius, LXVII, 6.
(2) Voir plus haut, p. 155 et 203.
(3) Dion Cassius, LXVIII, 9 et 10.
(4) Voir plus loin, et Dion Cassius, LXVIII, 8; 9; 10.
(5) Dion Cassius, LXVIII, 12.
(6) Dion Cassius, LXVIII, 11.
(7) Dion Cassius, LXVIII, 10 et 11.
(8) Voir plus loin.
(9) *Bonnische Jahrbücher*, LXXI, 1886, p. 33.
(10) *Ephem. epigr.*, IV, p. 496.
(11) *C. I. L.*, III, p. 582.

trouvaient alors dans la province de Mésie. On doit observer que le diplôme n'énumère, outre les trois corps indiqués ci-dessus, que des troupes appartenant à l'armée de Germanie Supérieure. Ils étaient considérés en droit comme faisant partie de cette armée et n'en avaient été détachés que provisoirement pour aller renforcer l'armée de Mésie (1).

Au mois de septembre 84, la situation était assez grave, puisque les vétérans de l'armée de Pannonie, qui avaient fait leurs vingt-cinq années de service, ne reçurent pas leur congé (2). Quelques succès militaires furent peut-être remportés alors; en 84, Domitien prit deux salutations impériales entre le 1er janvier et le 3 septembre, la sixième et la septième (3).

Le royaume vassal du Bosphore Cimmérien avait été mis, en 63, dans une dépendance plus étroite de Rome (4). Ses monnaies avaient depuis lors cessé de porter le monogramme royal (5). Mais, à partir de 84, l'effigie et le nom du souverain du Bosphore, Rhescuporis II, apparaissent sur des monnaies d'or, derrière la tête et le nom de l'empereur romain (6). Fut-ce par suite d'une concession de l'empereur, ou faut-il y voir une usurpation, faite à la faveur des embarras que causèrent à Rome les guerres du Danube ? Il est difficile de le dire (7).

(1) Ils ne retournèrent cependant pas en Germanie, la situation s'étant aggravée sur le Danube dans les années qui suivirent. Plus tard on retrouve la III Gallorum en Mésie Inférieure (*C. I. L.*, III, p. 863 : diplôme de l'an 100; *C. I. L.*, III, p. 865 : diplôme de l'an 105); la V Hispanorum en Mésie Supérieure (*C. I. L.*, VIII, 4416); quant à l'ala Claudia nova, elle est peut-être identique à l'ala Claudia Gallorum que l'on trouve en Mésie Inférieure en 105 (*C. I. L.*, III, p. 865).

(2) *Ephem. epigr.*, V, p. 93.

(3) Sur cinq monnaies frappées entre le 1er janvier et le 13 septembre 84, Domitien est qualifié d'*imperator V*, titre qu'il portait déjà en 83; sur quatre autres, d'*imperator VI*. Il reçut donc cette salutation vers le printemps de l'année 84. — Le 3 septembre 84 (*Ephem. epigr.*, V, p. 93) il était *imperator VII*. Voir Chambalu, *De magistratibus Flaviorum*, p. 25.

(4) Voir von Domaszewski, *Rheinisches Museum*, XLVII, 1892, p. 208 et suiv. Latyschev, *Inscriptiones antiquae orae septentrionalis Ponti Euxini*, II, p. XLV.

(5) Von Sallet, *Zeitschrift für Numismatik*, IV, 1877, p. 304-305. — En 69, cependant, pendant le court règne de Vitellius, le monogramme royal reparut.

(6) Mommsen, *Monnaie romaine*, traduction Blacas, III, p. 298. Eckhel, II, p. 377. Mionnet, II, p. 371, n° 70; *Supplément*, IV, p. 501, n°s 93 et 94; p. 503, n° 99.

(7) Il semble cependant que ce fut plutôt une concession qu'une usurpation, car même quand les Romains n'eurent plus aucune difficulté sur le

Au mois de septembre 85, tout danger semblait écarté sur le Danube. Il y eut à cette date, en Pannonie, un grand licenciement de troupes (1).

Cependant les Romains éprouvèrent bientôt un désastre. Les Daces passèrent le fleuve, peut-être sur la glace au milieu de l'hiver, et envahirent la Mésie (2). Jordanes dit qu'ils agirent ainsi par crainte de la cupidité de Domitien (3). Il est plus probable qu'ils n'entrèrent dans l'empire que parce qu'ils voulaient le piller; ce qu'ils avaient déjà tenté de faire à plusieurs reprises. Ils vainquirent le légat de la province, Oppius Sabinus, qui fut tué, et dévastèrent toute la contrée (4).

A cette nouvelle, Domitien quitta Rome et se rendit sur les bords du Danube (5).

La date de cette expédition est assez difficile à fixer. Selon Suétone, Domitien fit deux expéditions contre les Daces, la première après la défaite d'Oppius Sabinus; la seconde, après celle de Cornelius Fuscus (6). Nous verrons plus loin que la seconde date de 89. Quant à la première, elle eut lieu au plus tôt dans le courant de 84, puisque Sabinus ne devint légat de Mésie qu'après son consulat, qu'il géra dans les quatre premiers mois de 84 (7). Elle fut antérieure à la révolte d'Antonius (fin de 88) (8), car Martial, qui parle de la révolte dans son livre IV (9), mentionne déjà l'expédition contre les Daces au livre I (10). Deux inscriptions

---

Danube, sous Trajan par exemple, l'usage introduit sous Domitien se maintint (voir Mionnet, II, p. 372 et suiv.; *Supplément*, IV, p. 504 et suiv. Sallet, *loc. cit.*, p. 307).

(1) *C. I. L.*, III, p. 855.
(2) Jordanes, *Getica*, XIII, 76.
(3) *Loc. cit.* : « Domitiano imperatore regnante ejusque avaritiam metuentes, foedus... Gothi solventes. »
(4) Suétone, *Domitien*, 6. Jordanes, *loc. cit.*
(5) Suétone, *loc. cit.* Dion Cassius, LXVII, 6.
(6) Suétone, *loc. cit.* : « (expeditiones suscepit) in Dacos duas, primam Oppio Sabino consulari oppresso, secundam Cornelio Fusco. » Cf. Martial, IX, 101, 17 :

Cornua Sarmatici ter perfida contudit Histri.

Il s'agit, dans ce vers, des deux expéditions daciques et de l'expédition suévo-sarmatique de 92. Dans cette troisième expédition sur le Danube, Domitien n'eut pas à combattre les Daces : du moins aucun texte ne les mentionne.

(7) Asbach, *Bonnische Jahrbücher*, LXXIX, 1885, p. 119.
(8) Voir, pour cette date, le chapitre VII.
(9) IV, 11.
(10) I, 22.

du temps de Domitien mentionnent successivement une guerre dacique et une guerre germanique (1), qui est celle de 88-89, car il ne peut être question de celle qui se termina dès 83 (2).

La première guerre dacique n'eut pas lieu en 87, non plus qu'au commencement de 88, car, dans cette période de son règne, Domitien ne prit aucune salutation impériale (3); de plus, il n'est fait aucune allusion à une expédition de Domitien dans les actes des frères Arvales de 87, que nous possédons en entier (4). Elle n'eut pas lieu non plus dans l'été de l'année 88, car à cette époque Domitien était à Rome (5).

L'empereur se trouvait aussi à Rome au commencement du mois de janvier de 86, comme le montrent les actes des Arvales (6), et vers l'été de la même année, date de la célébration des premiers jeux Capitolins (7). Nous avons vu qu'en septembre 85 la frontière du Danube était en paix (8). Entre cette date et le mois de janvier 86, il me semble impossible de placer l'invasion de la Mésie par les Daces, la défaite d'Oppius Sabinus, le départ de Domitien pour le Danube, l'expulsion des Daces de la Mésie, les préparatifs de l'expédition de Cornelius Fuscus, le retour de l'empereur à Rome (9). Si l'on veut mettre l'expédition de Domi-

---

(1) *C. I. L.*, VIII, 1026 : *Q. Vilanius, Q. f(ilius) Vol(tinia), Nepos, Philippis, (centurio) coh(ortis) XIII urb(anae), donis donatus a Domitiano ob bellum Dacicum, item ab eodem ob bellum Germanicum, item torquib(us), armillis ob bellum Dacicum.*

C. I. L., III, 7397 : *M. Julius Avitus, V(o)ltinia Reis Apollinar(ibus), centurio leg(ionis) XV Apol(linaris), item centurio leg(ionis) V Mac(edonicae) et legionis XVI Fl(aviae) Fir(mae), bis donis donatus bello Dacic[o] et bello Germanico...*

(2) Mommsen (*Röm. Geschichte*, V, p. 200, n. 2) a, je crois, tort de penser qu'il s'agit de cette guerre de 83.

(3) Ce fut seulement vers l'été de 88 qu'il devint *imperator* pour la quinzième fois, peut-être à la suite de la révolte du faux Néron : voir p. 154, n. 10.

(4) *C. I. L.*, VI, 2065. Ces actes nous apprennent, en outre, que, quelques jours avant le 22 janvier 87, Domitien était à Rome.

(5) Il célébra alors les jeux séculaires : voir p. 77, n. 3. Il y était probablement aussi le 24 octobre : voir les vers de Martial (IV, 1) qui datent de ce jour ; si Domitien avait été sur le Danube à ce moment, Martial y aurait sans doute fait quelque allusion.

(6) *C. I. L.*, VI, 2064 : « ... [*id*]*us Ianuari(as) in aedem Concordiae astantibus fratribus Arva[libus], magisterio [Imp(eratoris)] Caesaris Domitiani Augusti Germanici.*

(7) Voir p. 123, n. 6.

(8) P. 209, n. 1.

(9) Domitien devint à cette époque *imperator* X et *imperator* XI ; mais

tien entre l'été et la fin de l'année 86 (1), on est contredit par Eusèbe, dont les données chronologiques ne sont pas à dédaigner pour cette époque : *Nasamones et Daci bellum cum Romanis commiserunt et concisi sunt*, fait qu'il place soit à l'année 2101 (1er octobre 84-30 septembre 85), soit à l'année 2102 (1er octobre 85-30 septembre 86) (2). Il semble donc qu'il faille se décider, soit pour la période qui s'étend du milieu de 84 au 5 septembre 85, soit pour le commencement de l'année 86. Dans le premier cas, on pourrait rapporter à la guerre dacique la huitième salutation impériale, que Domitien reçut après le 3 septembre 84, au plus tard vers le commencement de 85 (3), ainsi que la neuvième, qui date du printemps de 85, à peu près (4). Dans le second cas, il faudrait attribuer à cette guerre la douzième salutation, reçue entre le 17 février et le 13 mai 86 (5), peut-être aussi la treizième, reçue après le 13 mai et avant le 13 septembre (6). Bien que je n'en puisse donner aucune preuve certaine, je croirais plus volontiers que l'expédition de Domitien date de 86. Il ne semble pas, en effet, que Domitien ait été absent de Rome en 85 ; ce fut cette année-là qu'il se fit conférer par le Sénat, d'abord la *censoria potestas*, vers le commencement de l'année, puis la censure à vie, vers l'automne (7). Je serais disposé à placer l'invasion de la Mésie vers la fin de 85 : Pline le Jeune nous apprend que l'hiver était la saison la plus favorable aux peuples du Danube pour faire la guerre ; ils pouvaient alors passer le

---

ces salutations peuvent se rapporter à des succès sur le Rhin ou en Afrique.

(1) Domitien reçut alors sa XIVe salutation impériale. Entre le 13 septembre 86 et le 31 décembre de la même année, deux monnaies portent le titre « *imp(erator) XIII* » ; deux autres, « *imp(erator) XIV* » (Chambalu, *De magistratibus Flaviorum*, p. 26).

(2) En 2101, selon la version arménienne (édit. Schöne, p. 160); en 2102, selon saint Jérôme (p. 161).

(3) Le 3 septembre 84, il était *imperator VII* (*Eph. epigr.*, V, p. 93). On ne connaît aucune monnaie portant ce chiffre. Le chiffre VIII n'apparaît que sur des monnaies frappées après le 1er janvier 85 ; mais Domitien a pu recevoir cette salutation dès la fin de l'année précédente.

(4) Voir plus haut, p. 197, n. 3.

(5) Le diplôme *C. I. L.*, III, p. 856, portant la première date, indique la onzième salutation ; le diplôme *C. I. L.*, III, p. 857, portant la seconde date, la douzième. Pour la période du 1er janvier au 13 septembre 86, on a huit monnaies avec « *imp. XI* », sept avec « *imp. XII* », (Chambalu, *loc. cit.*, p. 25-26).

(6) On a une monnaie antérieure au 13 septembre, où se lit « *imp(erator) XIII* » (Cohen, *Domitien*, 207).

(7) Voir plus haut, p. 54, n. 6.

fleuve sur la glace (1). En apprenant le désastre d'Oppius Sabinus, Domitien aurait quitté Rome vers la fin de janvier 86. Peut-être les vœux que les frères Arvales prononcèrent pour la première fois le 22 janvier de cette année-là « pour le salut de l'empereur et l'éternité de l'empire (2), » eurent-ils pour cause son départ (3). Domitien serait resté plusieurs mois sur le Danube et il en serait revenu vers l'été pour célébrer les jeux Capitolins, tandis que Cornelius Fuscus entreprenait une expédition au delà du Danube. C'est ainsi que l'on peut fixer, je crois, la chronologie de cette première guerre dacique; mais naturellement, en l'absence de tout témoignage précis, les hypothèses qui viennent d'être présentées sont douteuses.

En partant pour le Danube, Domitien se fit accompagner par Cornelius Fuscus, préfet du prétoire, et sans doute aussi par une partie de la garde prétorienne (4). Martial prédisait alors que l'empereur triompherait des Daces sans aucune peine; selon lui, Domitien dédaignait ces barbares autant que le lion apprivoisé dédaigne le lièvre qu'il tient dans sa gueule et qu'il relâche ensuite (5). Des forces considérables furent appelées sur le théâtre de la guerre (6).

---

(1) *Panég.*, 12 : « eo tempore quod amicissimum illis (populis), difficillimum nobis, cum Danubius ripas gelu jungit, duratusque glacie ingentia tergo bella transportat, cum ferae gentes non telis magis quam suo caelo, suo sidere armantur. » Cf. *Panég.*, 82. — Martial fait dire à la faux (XIV, 34) :

    Pax me certa ducis placidos curvavit in usus :
    agricolae nunc sum, militis ante fui.

Le livre XIV de Martial fut édité en décembre 84 ou en décembre 85 (voir Friedländer, préface de l'édition de Martial, p. 52). Si l'on se décide pour 85, on peut supposer que, vers la fin de cette année-là, la nouvelle de l'invasion de la Mésie n'était pas encore parvenue à Rome. La chronologie que Dau (*De M. Valerii Martialis libellorum ratione temporibusque*, 1887) propose pour les livres XIII et XIV de Martial ne repose que sur des rapprochements forcés et me paraît inadmissible.

(2) Voir plus haut, p. 46, n. 4.

(3) C'est ce que pense Henzen, *Acta fratrum Arvalium*, p. 110. — Je dois remarquer cependant que, si l'on admet cette hypothèse, on peut s'étonner que les vœux ne soient pas faits aussi *pro victoria et reditu*.

(4) C'est peut-être à la première guerre dacique que l'on doit rapporter les récompenses militaires que C. Vedennius Moderatus Antio, soldat de la neuvième cohorte, reçut sous Domitien (*C. I. L.*, VI, 2725).

(5) I, 22.

(6) Jordanes, *loc. cit.* : « Domitianus cum omni virtute sua Illyricum properavit et totius paene reipublicae militibus ductore Fusco praelato... » On ne connaît pas d'une manière exacte les troupes qui furent employées dans cette guerre, non plus que dans la seconde guerre dacique de Domitien.

Les Daces furent vaincus et chassés du territoire romain (1). Les Mésiens, qui avaient peut-être montré des sympathies pour les envahisseurs, semblent avoir été soumis (2). Décébale chercha alors à traiter, mais Domitien ne voulut pas y consentir (3). L'empereur, désirant venger complètement Oppius Sabinus, prépara une invasion en Dacie. Soit par paresse, soit plutôt par défiance de lui-même (il n'avait jamais fait le métier de général), il ne voulut pas diriger l'armée. Il s'établit dans une ville de Mésie (4) et bientôt après il retourna à Rome (5). La conduite

---

Les légions de Pannonie et de Mésie y prirent certainement part. Voir, pour la première guerre dacique, l'inscription de M. Julius Avitus, citée plus haut (p. 210, n. 1); la XVI Flavia étant une légion de Syrie, ce fut soit dans la XV Apollinaris, soit dans la V Macedonica qu'il fit la guerre contre les Daces. — *C. I. L.*, XII, 3167, inscription d'un personnage qui reçut des récompenses militaires comme tribun de la V Macedonica dans une guerre dacique, probablement sous Domitien (v. plus haut, p. 141, n. 3). — Inscription de Mésie (*Arch.-epigr., Mitth. aus Oesterreich*, XV, 1892, p. 209), mentionnant un centurion de la légion V Macedonica, récompensé *bel(lo) Dac(ico)*; l'empereur n'y est pas nommé. — L. Funisulanus Vettonianus, légat de la Mésie Supérieure après 85 (voir p. 137), reçut en cette qualité des récompenses de Domitien, *bello Dacico* (p. 136, n. 5). — Peut-être la légion II Adjutrix, qui était certainement sur le Danube en 92 (voir plus loin), y fut-elle appelée dès le commencement des guerres daciques. Elle a certainement combattu dans une des deux guerres; voir *Rheinisches Museum*, XLVI, 1891, p. 604 : épitaphe d'un centurion de cette légion, trouvée à Sirmium; il reçut des récompenses militaires dans une guerre dacique : *donis donatus ab Imp(eratore) Caesare Aug(usto) bello Dacico...* L'empereur qui n'est pas nommé est sans doute Domitien. — Une inscription de la Chersonnèse de Thrace (*Bulletin de correspondance hellénique*, t. IV, 1880, p. 507) mentionne un préfet de l'aile II Pannoniorum : « τετει[μη]μένῳ δώροις στρατιωτικοῖς πᾶσιν ἐν τῷ [Δ]ακικῷ πολέμῳ. » Il s'agit peut-être d'une des deux guerres de Domitien. Cette aile se retrouve plus tard en Dacie (*C. I. L.*, III, 1100; 1483; 1663, 3). — Au contraire, l'inscription d'un certain Ti. Claudius Vitalis (*C. I. L.*, VI, 3584), qui reçut des récompenses dans deux guerres daciques successives, en servant d'abord dans la I Italica, puis dans la I Minervia, semble devoir être rapportée à l'époque de Trajan, bien que l'empereur n'y soit pas nommé. On sait que la I Minervia combattit dans la seconde guerre dacique de Trajan (voir *C. I. L.*, III, 550).

(1) Eusèbe, *Chronologie*, p. 160 et 161 : « Daci bellum cum Romanis commiserunt et *concisi sunt*. » Ce fut peut-être alors que Domitien fut proclamé *imperator* pour la douzième fois (voir p. 211).

(2) Voir p. 155.

(3) Pierre le Patrice (d'après Dion Cassius), dans Müller, *Fragmenta historicorum Graecorum*, IV, p. 185.

(4) Dion Cassius, LXVII, 6.

(5) Où il célébra alors les Jeux Capitolins, si l'on admet la chronologie proposée plus haut.

de l'expédition fut confiée à Cornelius Fuscus (1). Ce fut une faute : le préfet du prétoire n'avait pas une expérience suffisante des choses militaires, qu'il avait apprises, dit Juvénal, au fond de son palais de marbre (2); son élévation semble avoir été due surtout au zèle qu'il montra pour Vespasien, alors qu'il était procurateur de Pannonie, en 69 (3). D'humeur aventureuse, il aimait, dit Tacite, les dangers, moins pour le fruit qu'on en tire que pour les dangers mêmes (4). A la tête de troupes nombreuses (5), il traversa le Danube sur un pont de bateaux et envahit le territoire ennemi (6). Décébale, attaqué dans son propre royaume, que les Romains connaissaient mal, se crut dès lors sûr de la victoire. Il envoya une seconde ambassade à Domitien, mais cette fois c'était pour le braver : il lui faisait dire que si les Romains voulaient lui payer deux oboles par tête tous les ans, il consentirait à la paix; sinon, il combattrait contre eux et leur causerait de grands désastres (7). Néanmoins, évitant une bataille rangée dans laquelle il n'aurait peut-être pas eu le dessus, il laissa Fuscus s'avancer dans la plaine. Mais quand ce général se fut engagé dans la vallée étroite et difficile de la Témès et de la Bistra, qui conduisait à Sarmizegetusa, capitale des Daces, il l'attaqua (8). L'armée romaine, probablement cernée, succomba presque tout entière avec le général lui-même (9) : les armes,

(1) Suétone, *Domitien*, 6. Pierre le Patrice, *loc. cit.* Jordanes, *loc. cit.*
(2) IV, 112 :

Fuscus marmorea meditatus praelia villa.

(3) Tacite, *Histoires*, II, 86; III, 4; III, 66. Pour la suite de sa carrière, voir *Hist.*, III, 12; IV, 4.
(4) Tacite, *Hist.*, II, 86.
(5) Pierre le Patrice : « μετὰ πολλῆς δυνάμεως. »
(6) Jordanes, *Getica*, XIII, 77. Cf. Martial, VI, 76, 6.
(7) Pierre le Patrice, *loc. cit.*
(8) Fuscus, selon Jordanes, fut vaincu dès la première rencontre, *primo conflictu*. Cependant cette rencontre ne semble pas avoir eu lieu près du Danube. Ce fut dans la vallée de la Témès et de la Bistra, entre Tapae, lieu où la Témès sort des montagnes pour entrer dans la plaine, et Sarmigezetusa, que Trajan trouva les armes, les machines, l'enseigne et les autres trophées pris sur Fuscus (Dion Cassius, LXVIII, 9). Fuscus dut donc suivre la route que prirent plus tard Tettius Julianus et Trajan (voir plus loin), et sa défaite eut lieu dans la vallée de la Témès.
(9) Suétone, *Domitien*, 6. Martial, VI, 76. Juvénal, IV, 111 :

et qui vulturibus servabat viscera Dacis
Fuscus..

Scoliaste : « Fuscus sub Domitiano exercitui praepositus in Dacia periit. » Jordanes, XIII, 78.

les machines, une aigle tombèrent entre les mains des ennemis (1). C'était le plus grand désastre de Rome depuis la défaite de Varus. Tacite, dans ses *Histoires*, ne voulut pas, par patriotisme, faire connaître le nombre des morts (2).

Après l'expédition de Fuscus, les hostilités semblent avoir été suspendues pendant les années 87 et 88 (3). Mais Domitien se prépara à une nouvelle guerre. Ce fut, semble-t-il, à cette époque que, pour faciliter la défense de la frontière et la surveillance des populations favorables aux Daces, il partagea la Mésie en deux provinces (4) qui reçurent chacune deux légions. La IV Flavia et la VII Gemina furent attribuées à la Mésie Supérieure (5). Quant à la Mésie Inférieure, elle eut pour légions la V Macedonica et la I Italica (6) ; la première établie probablement dès cette époque à Troesmis (Iglitza) (7), la seconde peut-être à Du-

---

(1) Voir p. 214, n. 8. Jordanes, *loc. cit.* : « Divitias de castris militum spoliant. » Sur la colonne Trajane (Fröhner, planche XXXII : *début de la première guerre dacique de Trajan*), un porte-enseigne représenté auprès de l'empereur, tient dans ses mains une hampe, mais l'aigle manque. Est-ce, comme le dit Fröhner (*Description des bas-reliefs*, p. 4), parce que l'aigle de la légion, à laquelle ce porte-enseigne appartenait, avait été prise par les Daces lors du désastre de Fuscus ?

(2) Paul Orose, VII, 10 : « Nam quanta fuerint Diurpanei, Dacorum regis, cum Fusco duce proelia, quantaque Romanorum clades, longo textu evolverem, nisi Cornelius Tacitus, qui hanc historiam diligentissime contexuit, de reticendo interfectorum numero, et Sallustium Crispum, et alios auctores quam plurimos sanxisse, et se ipsum idem potissimum elegisse dixisset. »

(3) Voir plus haut, p. 210.

(4) Voir p. 135 et suiv.

(5) Cf. p. 206.

(6) Ptolémée (3, 10, 5) place ces deux légions dans la Mésie Inférieure (cf. les colonnettes légionnaires : *C. I. L.*, VI, 3492), où elles devaient se trouver dès l'époque de Domitien. Il fallait, en effet, donner des légions au nouveau légat consulaire. De plus, nous savons positivement, qu'à la fin du règne de Domitien, la V Macedonica était en Mésie Inférieure. Spartien (Hadrien, 2) dit qu'Hadrien fut envoyé dans cette province comme tribun militaire, « extremis jam Domitiani temporibus », et l'inscription *C. I. L.*, III, 550 prouve que la légion dans laquelle servit alors le futur empereur était la V Macedonica.

(7) Où elle a laissé de nombreuses traces : *C. I. L.*, III, 776, 6166, etc.; cf. Ptolémée, *loc. cit.* Peut-être dans ces vers de Stace (*Silves*, V, 2, 136) faut-il voir une allusion au camp de la V Macedonica à Troesmis :

An te septenus habebit
Ister et undoso circumflua conjuge Peuce ?

(Le poète énumère les pays où un jeune homme, Vettius Crispinus, pourra être envoyé comme tribun militaire). Cf. Martial, VII, 84, 3.

rostorum (1). Les corps auxiliaires donnés à cette province sont à peu près complètement connus, grâce à deux diplômes militaires datant l'un et l'autre de l'année 100 (2). Six ailes et treize cohortes y sont énumérées. Des troupes furent appelées d'autres provinces pour faire partie de cette armée ; ainsi nous savons que la cohorte I Lepidiana civium Romanorum qui, en 80, était en Pannonie (3), se trouvait en Mésie Inférieure en 100 (4).

La guerre recommença en 89. Domitien fit alors sur le Danube une expédition dont la date peut être fixée avec assez de précision. — Elle eut pour objet, dit Suétone, de venger la défaite de Cornelius Fuscus (5). Or, dans son livre VI d'épigrammes, publié vers le milieu de l'année 90 (6), Martial parle de cette défaite comme d'un événement assez lointain dont les Romains avaient tiré vengeance (7). La guerre n'eut pas lieu en 90, car cette année-là Domitien ne prit aucune salutation impériale ; de plus, il n'y est fait aucune allusion dans les actes des Arvales, conservés en entier pour cette même année. Nous avons vu que Domitien triompha des Daces et des Cattes à la fin de 89 (8). Or, peu de temps avant ce double triomphe, il fit un séjour sur les bords du Danube. Stace dit, en effet, dans sa Silve sur la statue du forum, élevée très peu de temps après ce double triomphe :

> Qualem modo frena tenentem
> Rhenus et attoniti vidit domus ardua Daci (9).

Il y a sûrement dans ces vers une allusion à la deuxième guerre dacique de Domitien. — D'autre part, l'expédition de Domitien ne saurait, pour des raisons que nous avons déjà indiquées, être placée en 87 ni en 88 (10). Certains textes prouvent même qu'elle est postérieure à la révolte d'Antonius et à la guerre contre les

---

(1) Où Ptolémée (édit. Müller, p. 465, n. 1) la place et où elle aurait été remplacée au second siècle par la XI Claudia (C. I. L., III, p. 1349). Mais le fait n'est nullement certain, la I Italica n'ayant laissé aucune trace à Durostorum.
(2) C. I. L., III, p. 863. Arch.-epigr. Mitth. aus Oesterreich, XI, 1887, p. 24.
(3) C. I. L., III, p. 854.
(4) C. I. L., III, p. 863.
(5) Voir plus haut, p. 209, n. 6.
(6) Voir Friedländer, édition de Martial, p. 58.
(7) VI, 76.
(8) Voir plus haut, p. 198 et suiv.
(9) *Silves*, I, 1, 6.
(10) Voir p. 210.

Germains qui suivit cette révolte (fin de 88, commencement de 89). Une inscription d'Afrique (1) nous apprend que, sous Domitien, un soldat reçut successivement des récompenses militaires dans une guerre dacique (c'est la première, celle qui eut lieu peut-être en 86); dans une guerre germanique (celle de 88-89); enfin, dans une guerre dacique, qui est par conséquent la seconde guerre dacique de Domitien. Stace écrit, en suivant très probablement l'ordre des temps : « *Tu bella Jovis* (guerre du Capitole en décembre 69), *in praelia Rheni* (en 83), *tu civile nefas* (révolte d'Antonius), *tu tardum in foedera montem longe Marte domas* (2). » Par ces mots *tardum in foedera montem*, il faut entendre la Dacie, comme le prouvent d'autres vers du même poète :

> Domus ardua Daci (3)...
> Quaeque suum Dacis donat clementia montem (4)...
> Et conjurato dejectos vertice Dacos (5)....

L'entrevue de Domitien avec Diégis, dont nous parlerons plus loin, entrevue qui amena la paix, fut postérieure à la révolte d'Antonius (6) et antérieure au double triomphe (7). Or, elle eut lieu, non à Rome, mais sur les bords du Danube (8). Nous savons en effet par Dion Cassius que Domitien venait de combattre les Marcomans sur le cours moyen du Danube, et qu'après avoir vu Diégis, il envoya à Rome des Daces et une lettre de Décébale (9). La seconde expédition de Domitien sur le Danube eut lieu par conséquent en 89 (10). Or, au commencement de cette année-là, il avait fait une expédition sur le Rhin (11). Revint-il en Italie dans

---

(1) Elle est citée plus haut, p. 210, n. 1.
(2) *Silves*, I, 1, 79.
(3) *Silves*, I, 1, 7.
(4) *Silves*, III, 3, 169.
(5) *Thébaïde*, I, 20.
(6) Martial mentionne la révolte au livre IV (IV, 11) et l'ambassade de Diégis au livre V (V, 3).
(7) Dion, LXVII, 7.
(8) Dans ce vers de Martial (V, 3, 1) :

> Accola nunc nostrae Degis, Germanice, ripae

ripa désigne le pays frontière de l'empire sur le Danube. Cf. *C. I. L.*, XIV, 3608 : « (Plautius Silvanus, gouverneur de Mésie) reges signa Romana adoraturos in ripam, quam tuebatur, perduxit. »
(9) Dion, LXVII, 7.
(10) Je crois que M. Asbach (*Bonnische Jahrbücher*, LXXXI, 1886, p. 36) la place à tort en 88.
(11) Voir plus haut, p. 197, et plus loin ch. VII.

l'intervalle? Cela est peu vraisemblable et des vers de Stace semblent même indiquer le contraire (1). — C'est aussi en 89 que doit se placer la campagne de Julianus en Dacie, campagne dont parle Dion Cassius : cet auteur dit en effet qu'elle fut à peu près contemporaine de la révolte d'Antonius (2), et d'autre part il laisse entendre que Diegis fut envoyé à Domitien à la suite des succès de Julianus (3).

La chronologie de la seconde guerre dacique étant fixée, j'entre dans le détail des événements. Domitien ne semble pas avoir combattu en personne contre les Daces. Il confia ce soin à Julianus, qui reçut probablement un grand commandement sur le Danube (4). Ce personnage a été identifié par Borghesi (5) avec Calpurnius Julianus, mentionné dans une inscription découverte à Mehadia (au nord d'Orsova), sur le territoire de l'ancienne Dacie (6). Mais, comme le fait observer M. Mommsen (7), cette pierre a été trouvée dans un lieu où l'on ne rencontre pas d'inscriptions antérieures à la conquête de la Dacie par Trajan. D'ailleurs Julianus, lors de son expédition contre Décébale, ne paraît pas être passé par Mehadia (8). Enfin, le titre de *vir clarissimus*, qu'on lit sur cette pierre, n'est pas indiqué (surtout en abrégé) sur les inscriptions de ce genre à l'époque de Domitien (9). — Un personnage du nom de T. Vinicius Julianus fut consul dans le dernier nundinum de l'année 80 (10), mais nous ne savons rien de plus sur lui. — Tettius Julianus qui, comme nous l'apprend un diplôme mi-

---

(1) *Silves*, I, 1, 6-7 :

>qualem modo frena tenentem
>Rhenus et attoniti vidit domus ardua Daci.

(2) Dion, LXVII, 11 (au début) : « κατὰ τοῦτον τὸν χρόνον. »

(3) Il dit que Décébale envoya Diegis demander la paix parce qu'il avait souffert de terribles malheurs : « δεινῶς γὰρ ἐτεταλαιπώρητο » (LXVII, 7) : ce qui est une allusion aux succès que Julianus remporta sur lui.

(4) Dion, LXVII, 10 : « Ἰουλιανὸς ἐπιταχθεὶς ὑπὸ τοῦ αὐτοκράτορος τῷ πολέμῳ. » Le commandement que reçut Julianus semble avoir été de même nature que ceux qu'exercèrent Corbulon sous Néron, et Avidius Cassius sous Marc-Aurèle (voir Mommsen, *Staatsrecht*, II, 3ᵉ édit., p. 853).

(5) *Œuvres*, III, p. 184 et 378; IV, p. 214.

(6) *C. I. L.*, III, 1566 : « Calpurnius Julianus, v(ir) c(larissimus), leg(atus) leg(ionis) V Mac(edonicae), leg(atus) Aug(usti) pr(o) pr(aetore) [prov(inciae)] Moesiae [Superiori ou Inferiori]s. »

(7) *C. I. L.*, ad locum.

(8) Voir plus loin, p. 220.

(9) Voir Friedländer, *Sittengeschichte*, I, 6ᵉ édit., p. 399.

(10) *C. I. L.*, VI, 2059.

litaire (1), était consul le 9 juin 83, est mieux connu. Dans ses *Histoires*, Tacite parle de lui à plusieurs reprises (2). Entre autres choses, il dit que Tettius Julianus, légat de la VII Claudia en 69, contribua à la défaite des Roxolans qui, profitant de la guerre civile, avaient envahi la Mésie, et, qu'en récompense de ce service, il reçut les ornements consulaires (3). D'après ces données, on peut conclure avec vraisemblance que le Julianus de Dion est identique à Tettius Julianus, comme l'a déjà supposé Imhof (4) : il était propre à la direction d'une guerre contre les Daces par la connaissance qu'il avait des pays du Danube et les succès qu'il y avait remportés. — Il est probable que c'est à lui que Stace fait allusion dans ces vers, où il parle du frère de la mère de Claudius Etruscus (5) :

> Nec vulgare genus; fasces summamque curulem
> frater et Ausonios enses, mandataque fidus
> signa tulit, cum prima truces amentia Dacos
> impulit, et magno gens est damnata triumpho.

Ces vers prouvent que l'oncle maternel de Claudius Etruscus fut consul et qu'il reçut un grand commandement dans une guerre, à la suite de laquelle un triomphe fut célébré sur les Daces. Ils se rapportent bien au Julianus de Dion et à Tettius Julianus, consul en 83. De plus, il faut remarquer que le *cognomen* de la mère de Claudius Etruscus était Etrusca (6). On sait que sous l'empire les *cognomina* devinrent héréditaires : il est donc fort probable qu'Etrusca reçut ce surnom d'un membre de sa famille, qui put aussi le transmettre à d'autres descendants. On doit par conséquent s'attendre à rencontrer réunis le *gentilice* Tettius et le *cognomen* Etruscus. Nous trouvons en effet parmi les propriétaires énumérés dans la table alimentaire des Ligures Bébiens (7) : « Tettio Etrusco. »

Tettius Julianus rétablit la discipline : entre autres mesures, il décida que les soldats mettraient leurs noms et ceux de leurs centurions sur leurs boucliers, afin qu'on distinguât mieux les

---

(1) *Ephem. epigr.*, V, p. 612.
(2) I, 79; II, 85; IV, 39 et 40.
(3) I, 79.
(4) *T. Flavius Domitianus*, p. 58, n. 2.
(5) *Silves*, III, 3, 115 et suiv.
(6) Vers 111 et 207.
(7) *C. I. L.*, IX, 1455, col. 2, lig. 23.

bons et les mauvais soldats (1). Le dessin de Julianus était de pénétrer en Dacie et d'atteindre Sarmizegetusa, par la Témès et son affluent, la Bistra. Les camps de la Mésie Supérieure, Viminacium (Kostolatz) et Singidunum (Belgrade), points les plus rapprochés de l'Italie et la Pannonie, durent lui servir de base d'opérations. Il suivit la route que prit Trajan dans sa première guerre dacique et qui, plus tard, est indiquée sur la carte de Peutinger comme passant par Lederata, sur le Danube, près de Viminacium, Arcidava, Centumputea, Bersovia, Azizis, Caput Bubali et Tibiscum, au confluent de la Témès et de la Bistra (2).

Cette route traversait d'abord la plaine, à l'ouest et le long des montagnes où la Témès, la Karas et la Nera, prennent leurs sources. A partir de Tapae, aujourd'hui Tapa ou Tapia, près de Lugos, elle suivait la vallée étroite de la Témès, dans un pays montagneux et boisé. Tapae était donc une des portes de la Dacie (3). Les Daces y attendaient Julianus : il les vainquit et en tua un grand nombre. Vezinas, qui parmi eux tenait le second rang après Décébale, n'échappa à la mort que par une ruse : il se laissa tomber comme s'il avait été frappé mortellement. On ne s'inquiéta pas de lui, et il put s'enfuir pendant la nuit (4).

Après cette victoire, Julianus continua à s'avancer vers Sarmizegetusa. Mais la marche de l'armée dut être fort pénible à travers les montagnes, les forêts, les torrents, les précipices où, presque à chaque pas, il fallait combattre (5). Dion Cassius (6) raconte que Décébale, craignant de voir les Romains, à la suite de leur victoire, s'avancer jusqu'à sa capitale, fit couper les arbres

---

(1) Dion Cassius, LXVII, 10.

(2) Julianus livra bataille aux Daces à Tapae. Pour arriver à cet endroit, il dut nécessairement suivre la route que nous indiquons. Voir *Table* de Peutinger, édit. Miller, *Segment*, VII, 2-4; Priscien, *Institutiones grammaticae*, VI, 13, p. 205, édit. Keil. Cf., sur cette route, De la Berge, *Trajan*, p. 41 et suiv.; Xénopol, *Revue historique*, XXXI, 1886, p. 293 et suiv.

(3) Jordanes, *Getica*, XII, 74 : « [Dacia] corona montium cingitur, duos tantum habens accessus, unum per Tapas, alterum per Bontas. »

(4) Dion Cassius, LXVII, 10. Stace fait peut-être une allusion à cette victoire (*Thébaïde*, I, 20) :

Et conjurato dejectos vertice Dacos.

(5) Les reliefs de la colonne Trajane nous donnent une idée des difficultés que Trajan rencontra dans ce pays lors de sa campagne de 102 (voir Fröhner, *La Colonne Trajane*, pl. 61-99). — Un vers de Stace (*Silves*, I, 1, 8) est, autant qu'il semble, une allusion à cette expédition de Julianus :

tu [Domitien] tardum in foedera montem
longo Marte domas.

(6) Dion Cassius, LXVII, 10.

sur la route qu'ils devaient suivre et planter des armes dans les troncs, afin que l'ennemi, croyant avoir devant lui des soldats prêts à combattre, prît peur et retournât en arrière : ce qui eut lieu en effet. Cette anecdote est des plus suspectes : Frontin en raconte une à peu près semblable au sujet de Spartacus (1). Il est probable que la retraite de l'armée romaine eut une cause plus sérieuse : Julianus comprit, sans doute, les difficultés et les dangers de cette guerre et craignit le sort de Fuscus. Toujours est-il que la campagne de Julianus avait été marquée par de grands succès (2); Décébale offrit la paix, mais sans pouvoir l'obtenir de l'empereur (3).

Ces succès furent compromis par Domitien lui-même. Il voulut se venger des Marcomans et des Quades, qui ne lui avaient pas fourni d'auxiliaires contre les Daces (4). Ce fut peut-être à cette époque qu'eut lieu chez ces peuples un changement de dynastie, qui put modifier pendant quelque temps leur conduite à l'égard de Rome. Tacite dit, en effet, dans la *Germanie* (5) : « Les Marcomans et les Quades ont eu, jusque de nos jours, des rois de leur nation, issus des nobles familles de Marbode et de Tuder ; maintenant ils en souffrent d'étrangers. » On ne sait pas d'ailleurs à quels événements il est fait allusion dans cette phrase.

Les Marcomans et les Quades eurent peur, ils demandèrent la paix à deux reprises, mais l'empereur mit à mort leurs envoyés et les attaqua (6). Il fut battu par les Marcomans et dut s'enfuir (7).

---

(1) *Stratagèmes*, I, 5, 22.

(2) Asbach (*Bonnische Jahrbücher*, LXXIX, 1885, p. 123) suppose que Tettius Julianus devint, en récompense, consul pour la seconde fois en 90. Rien ne l'indique. Si un deuxième consulat lui avait été accordé alors, Stace l'aurait certainement dit dans sa *Silve*, écrite au commencement de l'année 93 (voir, pour cette date, les vers 170-171).

(3) Dion Cassius, LXVII, 7, dit au sujet du traité conclu plus tard avec Décébale : « [ὁ Δομιτιανὸς] ἐς σπονδὰς αὐτὸν ὑπηγάγετο, ἃς πολλάκις αἰτήσαντι αὐτῷ πρότερον οὐκ ἐδεδώκει. »

(4) Dion Cassius, LXVII, 7. Ce fragment de Dion se rapporte vraisemblablement à la seconde expédition de Domitien sur le Danube, expédition pendant laquelle l'empereur, nous le savons par un autre fragment de Dion (*ibid.*), fut vaincu par les Marcomans et réduit à fuir, défaite qui amena la paix avec Décébale.

(5) Chapitre XLII.

(6) Les mots de Pline le Jeune (*Panég.*, 16) : « decertare cupere cum recusantibus » pourraient se rapporter à cette guerre. Voir cependant plus haut, p. 185, n. 3.

(7) Dion Cassius, *l. c.* Pline, *Panég.*, 11 : « [Domitianus] cujus pulsi fuga-

A la suite de cet échec, il consentit à traiter avec Décébale, encore accablé par les victoires de Julianus, et lui envoya des députés pour lui faire des ouvertures de paix; mais le roi des Daces, craignant un piège, ne voulut pas entrer lui-même en pourparlers avec Domitien et lui envoya Diegis (1) qui était peut-être son frère (2). — Décébale se reconnut vassal de l'empereur, qui, en signe de suzeraineté, posa solennellement un diadème sur la tête de Diegis, représentant du roi. Il remit des otages; il rendit les armes et les prisonniers romains. Il ne restitua cependant pas le butin de guerre et les trophées pris à Fuscus (3). Domitien lui donna des sommes d'argent importantes, avec promesse de lui en remettre d'autres plus tard, des ouvriers habiles dans différents métiers et qui pouvaient rendre des services à son armée, en construisant des fortifications, des machines, etc. (4). Il distribua des décorations et de l'argent à ses soldats et envoya à Rome des ambassadeurs de Décébale avec une

tique non aliud majus habebatur iudicium, quam si triumpharet. » Cf. *Panég.*, 20.

(1) Dion Cassius, *l. c.*
(2) Martial, V, 3 :

> Accola jam nostrae Degis, Germanice, ripae,
> a famulis Histri qui tibi venit aquis,
> laetus et attonitus viso modo praeside mundi,
> adfatus comites dicitur esse suos :
> sors mea quam fratris melior, cui tam prope fas est
> cernere, tam longe quem colit ille deum !

(3) Dion, LXVIII, 9. Voir plus haut, p. 214, n. 8.
(4) Dion, LXVII, 7; cf. LXVIII, 6. — Martial, VI, 76, 5 :

> Grande jugum domita Dacus cervice recepit
> et famulum victrix possidet umbra [Fusci] nemus.

VI, 10, 7 :

> Talia supplicibus tribuit diademata Dacis.

Stace, *Silves*, I, 1, 25 :

> Discitur e vultu quantum tu mitior armis,
> qui nec in externos facilis saevire furores,
> das Cattis Dacisque fidem.

III, 3, 170 :

> suum Dacis donat clementia [Domitiani] montem.

— Pline, *Panég.*, 11 et 12 : « [Barbari] sustulerant animos et jugum excusserant, nec jam nobiscum de sua libertate, sed de nostra servitute certabant, ac ne indutias quidem nisi aequis condicionibus inibant, legesque, ut acciperent, dabant... Accipimus (sous Trajan) obsides ergo, non emimus, nec ingentibus damnis immensisque muneribus paciscimur ut vicerimus. »

lettre qu'il prétendait être de ce roi, mais qu'on disait écrite par lui-même (1).

Domitien revint ensuite à Rome où, comme nous l'avons vu, il triompha des Daces en même temps que des Cattes, à la fin de l'année 89 (2). S'il faut en croire les écrivains hostiles à l'empereur, les trophées qu'il fit porter devant son char n'avaient pas été pris sur l'ennemi, mais tirés du garde-meuble impérial (3). Le Sénat lui décerna le titre de Dacicus (4) et décréta l'érection d'une statue équestre de l'empereur sur le forum romain (5). « On lui décerna, dit Dion Cassius, tant d'honneurs que, pour ainsi dire, tout l'univers qui était sous sa domination fut rempli de ses images et de ses statues d'argent et d'or (6). » Des jeux somptueux furent célébrés (7) et les poètes redoublèrent de flatteries (8). Martial fit l'épitaphe de Cornelius Fuscus qu'il regardait désormais comme vengé (9) : « Ici repose Fuscus, qui veilla sur la personne sacrée de César, du Mars en toge ; Fuscus, à qui fut confiée la garde de la demeure du maître de l'univers. O fortune ! il est permis maintenant de l'avouer : cette pierre n'a plus à craindre les menaces de l'ennemi. Le Dace a courbé sa tête sous le joug et l'ombre victorieuse du mort repose dans une forêt soumise à l'esclavage. »

Cependant cette guerre ne terminait rien : Domitien lui-même le comprit. Malgré sa vanité, il ne porta pas le nom de Daci-

---

(1) Dion Cassius, loc. cit.
(2) Voir page 198. — Cf. Dion Cassius, LXVII, 7 et 8. Stace, *Thébaïde*, I, 18 : « Arctoos triumphos »; *Silves*, III, 3, 118.
(3) Dion Cassius, LXVII, 7. Pline, *Panég.*, 16. Tacite disait, — car c'est peut-être à lui qu'Orose (VII, 10) emprunte cette phrase (De la Berge, *Trajan*, p. 37, n. 5) — : « Pravissima elatus jactantia sub nomine superatorum hostium de extinctis legionibus [Domitianus] triumphavit. » Cf. Dion, LXVII, 9, *in fine*. Pline le Jeune considère le triomphe de Trajan, à la suite de la guerre de 101-102, comme le premier qui ait été célébré sur les Daces (*Lettres*, VIII, 4, 2).
(4) Martial, préface du livre VIII : « Imperatori Domitiano Caesari Augusto Germanico Dacico. »
(5) Voir plus haut, p. 104. — L'inscription C. I. L., VI, 1207, ne se rapporte pas aux victoires de Domitien sur le Rhin et le Danube ; voir Asbach, *Westdeutsche Zeitschrift*, III, 1884, p. 16, n. 8 ; VI, 1887, p. 232.
(6) Dion Cassius, LXVII, 8.
(7) Voir plus haut, p. 199 et suiv.
(8) Stace, *Silves*, I, 1 ; cf. IV, 2, 66. Martial, V, 19 ; VI, 4 ; VI, 10. Voir aussi Florus, p. 106, édit. Halm (cf. Lafaye, *De poetarum et oratorum certaminibus apud veteres*, p. 83).
(9) VI, 76.

cus (1), et, trois ans après, il dut retourner sur le Danube pour faire une nouvelle expédition contre les Barbares. Cette fois, ce ne furent pas les Daces qu'il combattit, mais les Jazyges, ainsi que les Marcomans et les Quades devant lesquels il avait dû s'enfuir dans la guerre précédente.

Contre eux, il s'était assuré l'alliance de plusieurs peuples germains. Les Semnons, qui étaient des Suèves, habitaient au nord de la Bohême (2). Leur territoire était très étendu, et ils exerçaient sur tous les peuples qui appartenaient à la même race qu'eux une sorte de suprématie religieuse (3). Domitien entretint avec eux des relations amicales (4). Leur roi Masyos et la vierge Ganna qui, comme Velléda, rendait des oracles (5), vinrent le trouver (6) et s'en retournèrent dans leur pays après avoir été traités par lui avec honneur (7). Les Lygiens, qui habitaient la Silésie actuelle (8) et étaient depuis longtemps en hostilité avec les peuples de la Bohême et de la Moravie (9), avaient été battus par des Suèves. Ils envoyèrent demander du secours à l'empereur. Celui-ci ne voulut pas faire intervenir son armée dans ces querelles de barbares (10), mais, pour témoigner sa sympathie aux Lygiens, qui pouvaient au besoin opérer une utile diversion contre les Marcomans et les Quades, il leur envoya cent

---

(1) On ne trouve ce nom que dans le texte de Martial mentionné plus haut. Il n'est guère probable que Domitien n'ait pas pris le titre de Dacicus parce que les Daces étaient peu estimés, de même qu'à cause du mépris qu'inspiraient les Juifs, Vespasien et Titus ne se firent pas appeler *Judaici* (Dion Cassius, LXVI, 7). Les guerres qui avaient précédé le triomphe de 89 avaient prouvé que les Daces n'étaient pas des ennemis à dédaigner.

(2) Velleius Paterculus, II, 106. Ptolémée, II, 11, 8. Voir Riese, *Rheinisches Museum*, XLIV, 1889, p. 342.

(3) Tacite, *Germ.*, 39.

(4) Ils devaient être mal disposés pour les Marcomans. Marbode les avait autrefois soumis (Strabon, VII, 1, 3); mais ils s'étaient révoltés ensuite avec l'aide d'Arminius (Tacite, *Annales*, II, 45).

(5) Sur l'autorité de ces prophétesses, voir Tacite, *Hist.*, IV, 61; *Germ.*, 8.

(6) Probablement pendant que Domitien était sur le Danube, car il est peu vraisemblable qu'ils soient allés jusqu'à Rome.

(7) Dion Cassius, LXVII, 5.

(8) Ptolémée, II, 11, 10. Tacite, *Germanie*, 43. L'auteur de l'extrait de Dion Cassius, qui rapporte ce fait, dit : « ἐν τῇ Μυσίᾳ Λύγιοι; » mais c'est manifestement une erreur.

(9) Marbode les avait autrefois soumis (Strabon, VII, 1, 3). En 50, ils renversèrent Vannius, roi des Marcomans et des Quades (Tacite, *Annales*, XII, 29 et 30).

(10) Claude avait agi de même en 50 (*Annales*, XII, 29).

cavaliers. Les Suèves, irrités de ce secours donné à leurs ennemis, s'allièrent aux Sarmates Jazyges et s'apprêtèrent à passer le Danube (1). Par ce mot *Suèves*, dont se sert Dion Cassius, il faut entendre les Marcomans et les Quades (2). Nous savons, en effet, par Stace (3), que Domitien fit, en 92, la guerre aux Marcomans en même temps qu'aux Sarmates, et, d'autre part, ces Suèves devaient être voisins des Sarmates dont ils devinrent les alliés. C'étaient donc les habitants de la Bohême et de la Moravie (4).

Suétone nous apprend que les Sarmates massacrèrent une légion avec son légat (5). Certains savants (6) ont pensé que ce fut la V Alaudae, mais cette légion dut être supprimée par Vespasien (7). Il convient plutôt de penser à la XXI Rapax (8), qui avait dû quitter Mayence en 89, après la révolte d'Antonius (9). Elle n'est pas mentionnée, semble-t-il, à une époque postérieure à Domitien (10).

L'empereur partit alors de Rome et entreprit une troisième ex-

---

(1) Dion Cassius, LXVII, 5 (extrait isolé). — L'affaire des Lygiens ayant provoqué l'alliance des Suèves et des Iazyges contre l'empire, alliance que d'autres textes nous permettent de constater lors de la guerre de 92 (voir note 3 et les inscriptions citées plus bas), c'est ici que j'ai cru devoir placer le récit de cette affaire.
(2) Cf. Tacite, *Germanie*, 42; *Histoires*, III, 5; les inscriptions citées plus bas, et *C. I. L.* V, 7425.
(3) *Silves*, III, 3, 170 :

> (clementia Domitiani)
> quae modo Marcomannos post horrida bella, vagosque
> Sauromatas Latio non est dignata triumpho.

(4) Les Marcomans et les Quades sont toujours présentés comme unis à cette époque (Dion Cassius, LXVII, 7; Tacite, *Germanie*, 42.
(5) *Domitien*, 6. — C'était une légion de Pannonie (cf. Tacite, *Agricola*, 41).
(6) Grotefend, dans Pauly, *Real-Encyclopädie*, IV, p. 881; Pfitzner, *Geschichte der römischen Kaiserlegionen*, p. 76; Pichlmayr, *T. Flavius Domitianus*, p. 69; Ritterling, *De legione Romanorum X Gemina*, p. 66, n. 1; p. 72, n. 2.
(7) Borghesi, *Œuvres*, IV, p. 217; Asbach, *Bonnische Jahrbücher*, LXXXI, 1886, p. 41, n. 1; Mommsen, *Römische Geschichte*, V, p. 130.
(8) Comme le font Borghesi (*Œuvres*, IV, p. 251), Renier (*Comptes rendus de l'Académie des Inscriptions*, 1872, p. 427), Schiller (*Geschichte der römischen Kaiserzeit*, I, p. 531), Robert (*Légions du Rhin*, p. 22-23).
(9) Voir chapitre VII.
(10) Voir plus haut, p. 157. — Le nom de la légion XXI Rapax semble avoir été martelé sur une inscription de Vindonissa (Mommsen, *Inscr. confoeder. Helvet.*, n° 248 : c'est du reste le seul exemple que l'on puisse citer) : ce qui s'explique peut-être par la défaite honteuse subie par cette légion en 92.

pédition sur le Danube (1). La date peut en être fixée avec certitude (2). On sait par Martial que l'empereur resta absent de Rome un peu moins de huit mois (3) et qu'il y revint un 1ᵉʳ ou un 2 janvier (4). Il partit donc en mai. Quant à l'année, les épigrammes de Martial prouvent que cette campagne fut postérieure au double triomphe de la fin de 89, puisque ce triomphe était célébré lors de la publication des livres V et VI (5), tandis que l'expédition suévo-sarmatique n'était pas complètement terminée quand le livre VII parut (6). Depuis 89 jusqu'à sa mort, Domitien ne reçut plus qu'une salutation impériale, la XXIIᵉ, entre le 14 juin 92 (7) et le 13 juillet 93 (8). C'est sans doute à l'expédition dont il s'agit qu'il faut la rapporter. Par conséquent, la guerre contre les Suèves et les Sarmates doit se placer soit entre le mois de mai 92 et le mois de janvier 93, soit entre le mois de mai 93 et le mois de janvier 94. Mais nous savons d'autre part que, dans la seconde moitié de 93, Domitien était en Italie. Tacite dit qu'à l'époque de la mort d'Agricola, le 23 août 93, « Messalinus insinuait ses perfides conseils au fond du palais d'Albano (9). » Les procès de Rusticus Arulenus, d'Herennius Sénécion, etc., et l'expulsion des philosophes, faits qui eurent lieu à la fin de 93 (10), supposent la présence de Domitien à Rome. Tacite nous apprend d'ailleurs (11) que Domitien assista aux débats judiciaires. En outre, si l'empereur avait reçu sa XXIIᵉ salution entre le mois de mai et le 13 juillet 93, dès le début de l'expédition, il aurait dû, semble-t-il, en recevoir d'autres pendant le reste de la cam-

---

(1) Suétone, *loc. cit.* — Martial, IX, 101, 17 :
    Cornua Sarmatici ter perfida contudit Histri ,
    sudantem Getica ter nive lavit equum.

Sur la guerre suévo-sarmatique, voir Mommsen, *Etude sur Pline le Jeune*, traduction Morel, p. 89 et suiv.; Asbach, *Bonnische Jahrbücher*, LXXXI, 1886, p. 37 et suiv.

(2) Voir, à ce sujet, Stobbe, *Philologus*, XXVI, 1867, p. 48 et suiv.; Marquardt, *Staatsverwaltung*, I, 2ᵉ édit., p. 362, n. 4. Friedländer, édition de Martial, p. 58 et suiv.

(3) IX, 31, 3 :
    luna quater binos non tota peregerat orbes.

(4) VII, 8; VIII, 2; VIII, 4; VIII, 8, et Friedländer, *loc. cit.*, p. 60.
(5) Voir plus haut, p. 199.
(6) VII, 6; VII, 8.
(7) *C. I. L.*, III, p. 858 : il était, à cette date, *imperator XXI*.
(8) *C. I. L.*, III, p. 859, où il est qualifié d'*imperator XXII*.
(9) *Agricola*, 45.
(10) Voir chapitre IX.
(11) *Loc. cit.*

pagne, de juillet à décembre. Enfin, la chronologie des épigrammes de Martial s'établit mieux si l'on admet que la guerre suévo-sarmatique eut lieu en 92, non en 93 (1). L'expédition de Domitien commença donc en mai 92, et se termina en janvier 93.

Elle porte sur les inscriptions le nom de *bellum suebicum-sarmaticum* (2). On connaît plusieurs légions qui participèrent à cette guerre : la XIII Gemina et la II Adiutrix (3) qui appartenaient à l'armée de Pannonie (4) ; une légion de Mésie, peut-être la IIII Flavia ou la VII Claudia (5).

Domitien se rendit en Pannonie (6). Peut-être traversa-t-il le Danube pour aller combattre les Sarmates (7). Nous n'avons pas

---

(1) Voir, en particulier, ce qu'il dit de la publication de ses livres : X, 70.

(2) *C. I. L.*, III, 6818 (voir plus haut, p. 145) : «.. *Sos[pi]li..., le[g(ato)] leg(ionis) XIII Gem(inae), donat(o) don(is) militarib(us) expedit(ione) Suebic(a) et Sarm(atica).* » — *C. I. L.*, X, 135 : « [......]atrio, Q. f(ilio) Hor(atia tribu), Sep[......]to..., tribuno militum l(eg)ionis) se]cundae Adjutricis P(iae) F(idelis), donis [mili]taribus bello Suebico, it[em Sar]matico..., optioni tribun[or(um) le]gionum quinq(ue).* » — Wilmanns, 1589 : « *L. Aconio, L. f(ilio) Clu(stumina), Staturae, (centurtoni, leg(ionis) IIII F(laviae) F(idelis), leg(ionis) V Maced(onicae), leg(ionis) VII C(laudiae) P(iae) F(idelis), donis donato ab Imp(eratore) Trajano Aug(usto) Germ(anico) ob bellum Dac(icum) .. et a priorib(us) principibus eisd[em do]nis donato [ob bellum Suebicum] et Sarmatic(um).* » Il s'agit de Domitien, l'empereur n'étant pas nommé dans ces inscriptions. — Cf. encore Tacite, *Hist.*, I, 2 (dans le résumé des événements de l'époque Flavienne) : « coortae in nos Sarmatarum et Suevorum gentes. »

(3) Voir note précédente.

(4) Pour la XIII Gemina, voir plus haut, p. 205. — La II Adjutrix semble avoir eu son camp permanent, à la fin du premier siècle et au commencement du second, à Acumincum, en face du confluent du Danube et de la Theiss (voir von Domaszewski, *Rheinisches Museum*, XLVI, 1891, p. 603-604).

(5) La manière dont est rédigée la troisième inscription citée note 2, ne permet pas de dire avec certitude dans quelle légion L. Aconius Statura combattit alors. — Dans cette guerre, un certain Velius, probablement Velius Paulus (voir *Appendice II*, à la Bithynie), fut *comes* de l'empereur (Martial, IX, 31).

(6) Martial, VIII, 15, 1 :

Dum nova Pannonici numeratur gloria belli...

(7) Deux vers de Silius Italicus (*Punica*, III, 616) le laissent supposer :

Idem [Domitianus] indignantem transmittere Dardana signa
Sarmaticis victor compescet sedibus Histrum.

Mais c'est une prophétie mise dans la bouche de Jupiter. Etait-elle réalisée lorsque Silius écrivait ces vers ? — Stace (*Silves*, IV, 7, 49) dit d'un personnage qui fit cette campagne avec Domitien :

Ille [memorabit] ut invicti rapidum secutus
Caesaris fulmen, refugis amaram

de détails sur cette longue guerre. Il est possible que l'empereur ne se soit pas contenté de combattre les Sarmates et les Suèves. Peut-être visita-t-il les bords du Danube inférieur (1), alla-t-il même sur le Rhin : « Les régions glacées de l'Ourse, lui dit Martial (2), la sauvage Peucé (aux embouchures du Danube), l'Ister échauffé par le piaffement des chevaux et le Rhin à la corne rebelle déjà trois fois brisée te retiennent, je le sais, à dompter des nations perfides. » Quant aux Daces, il ne semble pas qu'il y ait eu alors d'hostilités contre eux. Martial, dans les livres VII et VIII, où il parle si souvent de la campagne de l'empereur, ne les mentionne qu'une fois en passant (3).

Domitien ne prit qu'une seule salutation impériale au cours de cette longue expédition (4), et quand il revint à Rome, il ne triompha pas ; il se contenta d'aller déposer une couronne de laurier dans le temple de Jupiter Capitolin (5). Son arrivée fut cependant

Sarmatis legem dederit, sub uno
Vivere caelo.

— Martial, VII, 7, 2 :

(quamvis) ungularum pulsibus calens Hister...
teneat domantem regna perfidae gentis
te...

(1) Les Sarmates qui vivaient au nord des embouchures du Danube, sur la côte septentrionale du Pont-Euxin, entretenaient des relations avec leurs frères de race, les Jazyges du Danube moyen (Dion Cassius, LXXI, 19) ; peut-être étaient-ils menaçants à cette époque.

(2) VII, 7. Voir aussi VIII, 11, 1 :

Pervenisse tuam jam te scit Rhenus in urbem ;
nam populi voces audit et ille tui.

Pour Peucé, voir encore VII, 84, 3.

(3) VIII, 11, 3.

(4) Il annonçait cependant à Rome de nombreux succès : Martial, VII, 5, 4 ; VII, 6, 5.

(5) Suétone, *Domitien*, 6 : « De Sarmatis lauream modo Capitolino Jovi rettulit. » Stace, *Silves*, III, 3, 170 (voir plus haut, p. 225, n. 3). C'est ce que Martial (VIII, 15, 5) appelle *secretos triumphos*. — Cf. Stace, *Silves*, IV, 1, 39 :

Mille trophaea feres : tantum permitte triumphos.

Martial, IX, 101, 19 :

Saepe recusatos parcus duxisse triumphos.....

Martial (VIII, 78, 3) dit au sujet des jeux donnés par Stella après la guerre suévo-sarmatique :

Hyperborei celebrator Stella triumphi.

Mais il ne faut pas prendre le mot *triumphi* dans son sens propre. — Avant le retour de Domitien, on s'attendait, il est vrai, à le voir triompher (Martial, VII, 2, 7 ; VII, 6, 7 ; VII, 8, 7).

marquée par de grandes fêtes (1); il reçut peut-être du Sénat le surnom de Sarmaticus (2); on éleva un arc de triomphe au lieu où il était rentré dans Rome (3); des sacrifices solennels furent offerts (4); Martial qui, pendant l'absence du maître, avait exprimé, — il le prétendait du moins, — les regrets du peuple tout entier (5), salua son retour par des vers enthousiastes (6).

Les guerres du dernier empereur Flavien sur le Danube ne furent pas heureuses : les légions y subirent quatre grandes défaites, une sous Oppius Sabinus, une autre sous Cornelius Fuscus, une troisième sous Domitien lui-même, une quatrième enfin en 92. Le territoire romain fut plusieurs fois envahi. Tacite, dans la vie d'Agricola (7), déplore la perte de tant d'armées en Mésie, en Dacie, en Germanie, en Pannonie, de tant de braves guerriers forcés et pris avec les cohortes qui les accompagnaient : « Ce ne furent plus les limites de l'empire et la rive d'un fleuve, ce furent les camps des légions et la possession de nos provinces qu'il fallut disputer. Les désastres succédèrent aux désastres et chaque année fut marquée par des funérailles et des revers. » Tettius Julianus seul remporta de grands succès. Le traité conclu avec Décébale ne fut pas honteux, il est vrai, car le roi des Daces se reconnut alors vassal de Rome; mais, par ce traité même, Domitien garantissait l'existence d'un royaume dont l'établissement récent était une menace pour l'empire, et il lui donnait les moyens d'augmenter sa puissance militaire. Tous les Romains comprenaient la nécessité d'une revanche; Trajan, devenu empereur, ne cessa d'y songer (8) et, avant de retourner à Rome,

---

(1) Martial, VIII, 11, 15, 26, 30, 50, 54, 55.
(2) Martial, IX, 93, 7 :

> Nunc bis quina mihi da busia, fiat ut illud
> nomen ab Odrysio quod deus orbe tulit.

Le mot *Sarmaticus* a dix lettres. Cf. IX, 101, 19 :

> Saepe recusatos parcus duxisse triumphos
> victor Hyperboreo nomen ab orbe tulit.

Cependant le mot *Germanicus* a dix lettres aussi (cf. Martial, XIV, 170).
(3) Voir p. 113.
(4) Martial, VIII, 4; VIII, 15, 2.
(5) VII, 5; VII, 6; VII, 7; VII, 8.
(6) Voir surtout VIII, 15.
(7) *Agr.*, 41. — Tacite exagère moins quand il dit, au début des *Histoires* (I, 2) : « coortae in nos Sarmatorum ac Suevorum gentes; nobilitatus cladibus mutuis Dacus. »
(8) Voir Ammien Marcellin, XXIV, 3, 9.

lors de la mort de Nerva en 98, il se rendit sur le Danube (1). Pline le Jeune, au mois de septembre de l'année 100, appela de ses vœux cette guerre nécessaire à la sécurité de l'empire (2). Dans une première expédition (101-102), Trajan vainquit complètement Décébale (3). Les trophées pris autrefois sur Cornelius Fuscus furent enlevés aux Daces ; l'empire cessa de payer ces barbares (4) ; Décébale dut rendre les armes, les machines, les ouvriers qu'il avait reçus sous Domitien, ne plus prendre de Romains à son service, détruire ses forteresses, abandonner les conquêtes qu'il avait faites en dehors de la Dacie, renoncer à ses alliances (5). Dans une seconde guerre (105-106), la Dacie fut conquise (6). Quant aux Marcomans et aux Quades, il fallut faire une expédition contre eux sous Nerva (7), expédition qui les décida sans doute à reconnaître de nouveau la suprématie de Rome (8). Au deuxième siècle, dix légions (douze à partir de Marc-Aurèle), établies sur le Danube, surveillèrent, de ce côté, la frontière (9).

Domitien eut le tort de ne pas consacrer à l'augmentation du nombre des légions l'argent qu'il dépensa à des prodigalités peu utiles ; au contraire, il diminua pendant quelque temps, nous l'avons vu, l'effectif des troupes (10). De plus, il affaiblit la discipline par l'antagonisme que sa politique suscita entre les soldats et leurs chefs ; ses soupçons, à l'égard des généraux, entravèrent leur liberté d'action contre les ennemis (11). Mais on doit recon-

---

(1) Pline, *Panég.*, 12, 16.
(2) Pline, *Panég.*, 16 et 17.
(3) Voir de La Berge, *Trajan*, p. 38 et suiv.
(4) Au commencement de son règne, Trajan payait encore cette sorte de tribut (Dion Cassius, LXVIII, 6).
(5) Dion Cassius, LXVIII, 9.
(6) De la Berge, *Trajan*, p. 48 et suiv.
(7) Voir Mommsen, *Vie de Pline*, traduction Morel, p. 91.
(8) Tacite dit dans la *Germanie* (42), au sujet des rois des Marcomans et des Quades : « Vis et potentia regibus ex auctoritate Romana ; raro armis nostris, saepe pecunia juvantur. » Il n'aurait pas écrit cette phrase si, en 98, les Marcomans et les Quades avaient été en guerre avec les Romains.
(9) Voir les colonnettes légionnaires : *C. I, L.*, VI, 3492.
(10) Voir p. 157.
(11) Pline, *Lettres*, VIII, 14, 7 : « in castris... suspecta virtus, inertia in pretio » ; *Panég.*, 18 [l'orateur parle de Trajan] : « Quippe non is princeps qui sibi imminere, sibi intendi putet quod in hostes paretur ; quae persuasio fuit illorum qui, hostilia cum facerent, timebant. Iidem ergo torpere militaria studia, nec animos modo sed et corpora languescere, gladios etiam incuria hebetari retundique gaudebant. Duces porro nostri non tam regum

naître qu'il se trouva en face de difficultés exceptionnelles. Il eut à combattre un homme de génie; il se vit attaqué par tous les peuples établis sur la rive droite du Danube, depuis la Bohême jusqu'aux embouchures du fleuve. Les forces auxquelles Vespasien avait confié la défense de cette frontière de l'empire étaient insuffisantes. Depuis longtemps, elles n'avaient pas fait de campagnes sérieuses; elles furent, à plusieurs reprises, commandées par des généraux incapables et peu dévoués à l'empereur (1). Domitien ne put les augmenter que peu à peu avec des troupes appelées d'Espagne, de Bretagne, où Agricola fit jusqu'à la fin de l'année 83 une guerre inopportune, et de Germanie, où les Romains durent combattre les Cattes. Ce fut à cette époque que la II Adjutrix vint sur le Danube (2). Nous avons vu plus haut qu'il en fut probablement de même la XXI Rapax (3). A ces deux légions, il faut peut-être ajouter la XIIII Gemina et la I Adjutrix. La XIIII Gemina quitta vraisemblablement Mayence après la révolte d'Antonius pour aller en Pannonie (4). Quant à la I Adjutrix, elle semble avoir quitté l'Espagne lors de cette révolte (5) et n'y être pas retournée : sous Nerva, nous la trouvons sur le Danube (6). Des troupes auxiliaires furent aussi appelées sur cette frontière (7). Mais ces mesures ne furent pas suffisantes. Domitien lui-même, par suite de la méfiance que Vespasien et Titus lui avaient témoignée, n'avait aucune expérience militaire. Enfin, il dut détourner son attention du Danube en 88, pour étouffer la

exterorum quam suorum principum insidias, nec tam hostium quam commilitonum manus ferrumque metuebant. » — Cf. Dion, LXVII, 6.

(1) Tacite, *Agricola*, 41 : « Tot exercitus... temeritate aut per ignaviam ducum amissi. » L'historien parle un peu plus loin de l'*inertia* et *formido* des généraux de cette époque.

(2) Voir plus haut, p. 172, n. 4 et p. 212, n. 6.

(3) Voir p. 225.

(4) Voir chapitre VII.

(5) Voir même chapitre.

(6) Voir p. 179.

(7) Pour l'aile Claudia Nova et les cohortes III Gallorum et V Hispanorum, voir plus haut, p. 208, n. 1. — L'aile I Singularium qui, en 90, était en Germanie Supérieure (*Ephem epigr.*, V, p. 653), se trouvait, en 107, en Rhétie (C. I. L., III, p. 867) : elle y fut peut-être envoyée par Domitien. Les cohortes I et II Batavorum miliariae qui, en 98, se trouvaient en Pannonie (C. I. L., III, p. 862), semblent avoir fait auparavant partie de l'armée de Bretagne (Tacite, *Agr.*, 36). Cette observation s'applique aussi à la cohorte III Batavorum miliaria qui, en 107, était en Rhétie (C. I. L., III, p. 867). Pour la cohorte I Lepidiana civium Romanorum, voir plus haut, p. 216.

révolte d'Antonius Saturninus, soutenue en secret à Rome par une partie de l'aristocratie et appuyée par les Germains (1).

DOMITIEN ET LES PARTHES. — GUERRE EN AFRIQUE.

Nous ne savons pas s'il y eut de sérieuses hostilités en Orient sous le règne de Domitien (2). Depuis l'année 63, les Parthes avaient été les alliés de Néron et l'Arménie était devenue un pays vassal de l'empire, sous la domination de princes arsacides (3). Ces bonnes relations, qui continuèrent au début du règne de Vespasien (4), furent bientôt compromises. Vespasien refusa d'envoyer à Vologèse, malgré les prières de ce roi, des secours contre les Alains (5); Vologèse, de son côté, affecta de ne pas donner à Vespasien le titre d'empereur (6). En 72, le roi de Commagène fut accusé de vouloir trahir Rome avec l'aide des Parthes et perdit sa couronne (7). La Cappadoce, jusque-là gouvernée par un procurateur, devint une province impériale, dans laquelle fut envoyé un légat consulaire avec au moins deux légions (8). Dans le pays des Ibères (entre le Caucase et l'Arménie), une forteresse fut construite, en 75, par les Romains, peut-être à la fois contre les Alains et contre les Parthes (9). L'Arménie même semble avoir été pendant quelque temps occupée militairement (10). Sur l'Euphrate, il y eut sans doute des hostilités assez sérieuses : M. Ulpius Trajanus, gouverneur de Syrie en 76,

---

(1) Voir chapitre VII.

(2) Nous ignorons pourquoi, le 9 juin 83 (*Ephem. epigr.*, V, p. 612), les soldats des troupes auxiliaires d'Egypte, qui avaient atteint ou dépassé leurs vingt-cinq années de service, ne reçurent pas leur congé en même temps que le droit de cité.

(3) Voir Mommsen, *Römische Geschichte*, V, p. 392; von Gutschmid, *Geschichte Irans*, p. 132-133.

(4) Tacite, *Hist.*, II, 82; IV, 51. Suétone, *Vespasien*, 6. Josèphe, *Guerre de Judée*, VII, 5, 2.

(5) Dion Cassius, LXVI, 15. Suétone, *Domitien*, 2.

(6) Dion, LXVI, 11.

(7) Josèphe, *Guerre de Judée*, VII, 7, 1. Marquardt, *Staatsverwaltung*, I, 2ᵉ édit., p. 399.

(8) Suétone, *Vespasien*, 8. Josèphe, VII, 1, 3. Marquardt, I, p. 367. Cf. plus haut, p. 159, n. 1.

(9) *Journal asiatique*, série VI, t. XIII, 1869, p. 96.

(10) Stace, *Silves*, I, 4, 79 :

[Rutilium Gallicum timuit]
Armenia et patiens Latii jam pontis Araxes.

Voir Mommsen, *Römische Geschichte*, V, p. 395, n. 2.

reçut les insignes triomphaux pour des succès remportés contre les Parthes (1). Sous Titus, le roi Artabane IV accueillit dans son royaume Terentius Maximus qui se faisait passer pour Néron (2).

A l'époque de Domitien, les Parthes restèrent mal disposés pour l'empire. Ils se montrèrent favorables au faux Néron, qui parut vers 88 (3). Il est possible que leur roi Pacorus II (4) ait entretenu, dès cette époque, des relations avec Décébale (5). La porte Caspienne, important passage stratégique au nord du pays des Ibères, fut peut-être alors gardée par des troupes pour empêcher une invasion des Alains (6).

Au début du règne, la Cappadoce et la Galatie, qui ne formaient auparavant qu'une seule province, avaient été séparées et placées l'une et l'autre sous un légat prétorien ; dans les derniers temps de Domitien, elles furent de nouveau réunies et gouvernées par un légat consulaire qui dut disposer d'au moins deux légions (7).

A Rome, on s'inquiétait beaucoup de Pacorus (8). On désirait une guerre en Orient, guerre qui eût vengé complètement Crassus, ouvert aux négociants les routes les plus directes vers l'Inde, effacé la gloire d'Alexandre (9). Stace prévoyait cette guerre.

---

(1) Voir Waddington, *Fastes des provinces asiatiques*, n° 100.

(2) Voir plus haut, p. 151.

(3) Voir *ibidem*. — Peut-être y eut-il alors de réelles hostilités entre les Romains et les Parthes. Quelques mots de Stace sembleraient l'indiquer : le poète parle d'heureuses nouvelles militaires venues du bord de l'Euphrate (*Silves*, V, 1, 89); cf. IV, 3, 110 : « Eoae citius venite laurus. »

(4) Pacorus semble avoir régné fort longtemps, peut-être de 78 à 110; voir von Gutschmid, *Geschichte Irans*, p. 137 et 140.

(5) Pline (*Correspondance avec Trajan*, 74) nous apprend qu'un certain Callidromus, fait prisonnier par les Daces, avait été envoyé en présent par Décébale à Pacorus qui retint cet homme pendant plusieurs années.

(6) Stace disait à Vitorius Marcellus, en passe de devenir légat de légion (*Silves*, IV, 4, 61) :

> Forsitan Ausonias ibis frenare cohortes...
> aut Histrum servare latus metuendaque portae
> limina Caspiacae.

(7) Voir p. 138, n. 2.

(8) Martial (IX, 35, 3 vers publiés en 94), dit à un nouvelliste :

> Scis quid in Arsacia Pacorus deliberet aula.

Il disait vers l'année 92, à Maecius Celer, nommé légat d'une légion de Syrie (*Silves*, III, 2, 136) :

> Tu [reversus narrabis] rapidum Euphratem et regia Bactra sacrasque
> antiquae Babylonis opes et Zeugma, Latinae
> pacis iter.

(9) Voir de la Berge, *Trajan*, p. 149 et suiv.

Il faisait dire à la Sibylle, parlant à Domitien (1) : « L'Ourse glacée obéit déjà à tes lois ; maintenant l'Orient va te donner de grands triomphes, tu iras jusqu'où sont allés le vagabond Hercule et Bacchus. » Dans Silius Italicus (2), Jupiter prophétise qu'un jour les guerriers du Gange mettront aux pieds de Domitien leurs arcs devenus inoffensifs, que les Bactriens lui montreront leurs carquois vides, qu'après avoir vaincu les régions de l'Ourse, il traversera la ville sur un char de triomphe, vainqueur de l'Orient comme autrefois Bacchus, qui fut moins grand que lui (3). C'était contre ces espérances que Tacite protestait, en 98, dans la Germanie (4) : « La liberté des Germains est plus redoutable que la monarchie des Arsacides. Que pouvons-nous, en effet, reprocher aux Parthes si ce n'est Crassus massacré. Mais Pacorus périt à son tour, et Ventidius mit l'Orient sous ses pieds. »

Domitien partageait-il les ambitions de beaucoup de Romains ? Songeait-il, vers la fin de sa vie, à entreprendre une expédition contre les Parthes ? Nous l'ignorons. Ce fut Trajan, provoqué d'ailleurs par le roi Osroès, qui fit cette guerre.

En Afrique, il y eut, sous Domitien, une expédition contre les Nasamons, qui habitaient au sud de la Grande Syrte (5). Zonaras raconte, d'après Dion Cassius (6), que ces Barbares, tributaires des Romains, se soulevèrent parce qu'ils étaient pressurés outre mesure (7). Ils tuèrent les collecteurs du tribut, et quand

---

(1) *Silves*, IV, 3, 153 et suiv. (vers écrits en 95).

(2) *Puniques*, III, 612 et suiv. (ces vers furent écrits après 92, car, dans le même passage, le poëte fait allusion à la guerre suévo-sarmatique).

(3) Voir encore Stace, *Silves*, IV, 1, 39 et suiv. (vers écrits en 95) :

    Mille tropbaea feres, tantum permitte triumphos !
    Restat Bactra novis, restat Babylona tributis
    frenari : nondum in gremio Jovis Indica laurus,
    nondum Arabes, Seresque rogant.

Si l'Apocalypse de saint Jean a été écrite, comme le veut la tradition, à la fin du règne de Domitien, on pourrait y voir une trace des craintes que l'attitude menaçante des Parthes inspirait au monde romain (*Apocal.*, IX, 14 et suiv.).

(4) Chapitre XXXVII.

(5) Hérodote les y indique déjà (II, 32 ; IV, 172).

(6) XI, 19, p. 500, édition Pinder. — Il n'y a pas lieu de tenir compte d'un passage de Dion Cassius (LXVII, 5) sur le roi Masyos : ce personnage était roi des Semnons (voir plus haut, p. 254) et non des Nasamons, comme on l'a cru, en corrigeant à tort le texte.

(7) Cela est possible, mais on ne doit pas oublier que ces Nasamons

le légat de Numidie Flaccus (1) vient les attaquer, ils le battirent si bien, qu'ils purent s'emparer du camp romain et le piller. Y ayant trouvé des vivres et du vin, ils en prirent à satiété et s'endormirent. Flaccus en fut informé, tomba sur eux et les tua tous, même ceux qui ne portaient pas les armes. La victoire de Flaccus eut lieu probablement à la fin de 85 ou en 86 (2), et dut valoir à Domitien une des nombreuses salutations impériales qu'il prit à cette époque (3). Il aurait dit au Sénat, selon Zonaras : « J'ai empêché les Nasamons d'exister (4). » Quarante ans plus tard, un versificateur parlait « du pays désert des Nasamons, contempteurs de Jupiter, dont la race avait été exterminée par la lance ausonienne (5). » Il semble cependant que ce peuple ait continué à exister, mais qu'il ait été refoulé plus au sud dans l'intérieur des terres : Ptolémée et Pausanias en parlent (6).

étaient des pillards que les Romains avaient déjà dû punir (voir Lucain, *Pharsale*, IX, 438 et suiv.; Silius Italicus, *Puniques*, I, 40 et suiv.; scoliaste de Denys le Périégète, dans les *Geographi graeci minores*, édit. Müller, II, p. 440; Eustathe, *Commentaires à Denys le Périégète*, ibid., p. 253; Josèphe, *De bello Judaico*, II, 14, p. 120 de l'édition Dindorf).

(1) Zonaras dit simplement Flaccus. Dans le premier nundinum de 87, les Actes des Arvales (*C. I. L.*, VI, 2065) indiquent comme suffect de l'empereur C. Calpu..., c'est-à-dire, sans aucun doute, Calpurnius. M. Asbach (*Bonnische Jahrbücher*, LXXIX, 1885, p. 121) voit dans ce personnage Calpurnius Flaccus, ami de Pline le Jeune (*Lettres*, V, 2), et fait observer qu'il était naturel de récompenser Flaccus de sa victoire récente en lui conférant le consulat. Mais ces rapprochements sont loin de s'imposer. Rien ne prouve, en somme, que le C. Calpurnius, consul en 87, s'appelât Flaccus. On peut penser à Calpurnius Crassus qui conspira contre Nerva et Trajan (Stevenson, *Bullettino dell' Instituto*, 1885, p. 23-24) ou à un Calpurnius Piso.

(2) Eusèbe, édition Schöne, p. 160, 161 : « Nasamones et Daci bellum cum Romanis commiserunt et concisi sunt, » à l'année 2101 (1er oct. 84-30 septembre 85) ou à l'année 2102 (1er oct. 85-30 sept. 86). Mais l'année 2102 semble devoir être préférée; voir plus haut, p. 211 et suiv.

(3) Les salutations X-XIV; voir Chambalu, *De magistratibus Flaviorum*, p. 25-26. Cf. plus haut, p. 211, n. 1, 5 et 6.

(4) Cf. Aelius Aristide, *Lettre sur Smyrne*, I, p. 765, édition Dindorf. Il parle d'un empereur qui aurait dit, en jouant aux dés, qu'il ne voulait plus que les Nasamons existassent : pour lui obéir, on massacra ce peuple.

(5) Denys le Periégète, *Description du monde*, vers 208 et suiv., édition Müller, *Geographi graeci minores*, II, p. 112 :

ἐρημωθέντα μέλαθρα
ἀνδρῶν ἀθρήσειας ἀποφθιμένων Νασαμώνων,
οὓς Διὸς οὐκ ἀλέγοντας ἀπώλεσεν Αὐσονὶς αἰχμή.

Denys écrivait sous Hadrien (voir Leue, *Philologus*, XLII, 1883, p. 175 et s.).

(6) Ptolémée, IV, 5, 21 et 30. Pausanias, I, 33, 5. Cf. Vivien de Saint-Martin, *Le Nord de l'Afrique dans l'antiquité*, p. 47-48.

C'est peut-être sous Domitien que se place une expédition militaire très importante dans le cœur de l'Afrique. On lit dans Ptolémée (1) : « Au sujet de la route qui conduit de Garama chez les Ethiopiens, voici ce que dit Marinus de Tyr : Septimius Flaccus, venu de la Libye avec des troupes (2), est arrivé chez les Ethiopiens, en partant du pays des Garamantes et en faisant une route de trois mois vers le sud. Quant à Julius Maternus, venu de Leptis Magna, il partit de Garama avec le roi des Garamantes et se rendit chez les Ethiopiens en marchant toujours vers le sud. Au bout de quatre mois, il arriva au pays des Ethiopiens, appelé Agisymba, où les rhinocéros se rencontrent. » Garama répond à Djerma qui se trouve à trois journées au nord-ouest de Mourzouk (3). Quant à cette contrée d'Agisymba, elle est bien difficile à déterminer : peut-être s'agit-il de l'oasis d'Asben (Agadès), comme l'a pensé M. Vivien de Saint-Martin (4). — Marinus de Tyr écrivait vers le commencement du second siècle. D'autre part, Pline l'Ancien, qui a parlé en détail de la campagne de Cornelius Balbus contre les Garamantes, ne dit rien de ces expéditions au sud du Fezzan, bien plus étonnantes encore. Il y a donc quelque raison de croire qu'elles sont postérieures à la publication de l'*Histoire naturelle* (en 77). Elles supposent la soumission du pays des Garamantes. En 69, les habitants d'Oea, en querelle avec ceux de Leptis Magna, appelèrent à leur aide les Garamantes, « nation indomptée, dit Tacite, et habituée au brigandage. » Le légat de l'armée d'Afrique, Valerius Festus, les mit en fuite et leur reprit leur butin. Ces détails nous sont donnés par Tacite (5) ; nous apprenons d'autre part de Pline qu'à la suite de ces événements, les Romains firent une campagne dans le pays des Garamantes (6). Les expéditions dont parle Marinus de Tyr et qui ont eu pour point de départ Garama semblent donc avoir été faites à une époque postérieure — Quelques savants (7)

---

(1) I, 8, 4.

(2) « ἐκ τῆς Λιβύης στρατευσάμενον. » Ce dernier mot indique qu'il ne s'agit pas simplement d'un marchand romain.

(3) Voir Duveyrier, *Les Touareg du Nord*, p. 276. Cf. Barth, *Travels and discoveries in north and central Africa*, I, p. 156.

(4) *Le Nord de l'Afrique dans l'Antiquité*, p. 219 et suiv.

(5) Tacite, *Hist.*, IV, 50.

(6) Pline, V, 38 : « Ad Garamantes iter inexplicabile adhuc fuit... Proximo bello quod cum Oensibus gessere initiis Vespasiani Imperatoris, compendium viae quatridui deprehensum est. »

(7) Fréret, *Observations générales sur la géographie ancienne*, édition Walckenäer, p. 114. Marcus, dans sa traduction de la *Géographie ancienne*

ont supposé pour ces motifs que le Septimius Flaccus de Marinus de Tyr n'est autre que le Flaccus de Zonaras. J'avoue cependant que le silence complet des contemporains, surtout de Martial et de Stace, sur des expéditions qui avaient dû provoquer à Rome une vive curiosité, peut paraître assez étonnant. De plus, Marinus ne nous dit pas que Septimius Flaccus et Julius Maternus aient été des légats de l'empereur. — Peut-être faut-il mettre en relation avec ces expéditions lointaines les progrès faits par l'occupation militaire dans la région saharienne, au sud de la Proconsulaire, à la fin du premier siècle (1).

des Etats barbaresques de Mannert, p. 217. Vivien de Saint-Martin, *Le Nord de l'Afrique dans l'antiquité*, p. 223. Pallu de Lessert, *Recueil de la Société archéologique de Constantine*, XXV, 1888, p. 39-40.

(1) Une inscription, découverte récemment entre Tôzeur et Gafsa, date de 97, elle fait connaître un *castellus* (= *castellum*) *Thigensium*, avec la mention de Q. Fabius Barbarus Valerius Magnus Julianus, légat d'Auguste propréteur (Héron de Villefosse, *Comptes rendus de l'Académie des Inscriptions*, 1891, p. 293). Une borne milliaire du temps de Nerva (C. I. L., VIII, 10016), trouvée aux environs de Gabès (Tacape), jalonnait une route unissant Tacape à Leptis Magna (Lebda).

CHAPITRE VII.

**HOSTILITÉ DE L'ARISTOCRATIE CONTRE DOMITIEN. PREMIERS COMPLOTS.
RÉVOLTE D'ANTONIUS SATURNINUS.**

Nous avons vu que tout en portant de graves atteintes au système politique inauguré par Auguste, Domitien n'osa pas fonder et organiser définitivement la monarchie; il voulut ménager l'aristocratie, qui possédait alors une grande force morale. Il ne s'en attira pas moins, par ses tendances autoritaires, l'hostilité des sénateurs, mal disposés pour lui dès le début de son règne. Les honneurs extraordinaires, les noms de *maître* et *dieu* qu'il se faisait donner durent surtout leur déplaire. Ils se seraient peut-être résignés à voir Domitien devenir monarque en fait, mais qu'il en reçût le nom c'était une humiliation trop grande pour le Sénat, représentant de la souveraineté du peuple. Domitien n'avait même pas l'excuse de la gloire militaire : il n'était pas homme de guerre, et ses généraux, nous l'avons montré, essuyèrent plus de défaites qu'ils ne remportèrent de victoires. — Ceux que l'empereur introduisit dans le Sénat durent prendre, en y entrant, les sentiments de cette corporation, forte du respect qu'elle inspirait dans tout l'empire.

Ce n'était pas seulement la politique, mais aussi la personne du prince que l'aristocratie ne pouvait supporter. Domitien ne savait pas, comme Titus, inspirer la sympathie. — Son visage, qui dans sa jeunesse était régulier et avenant, avait pris, avec l'âge, une expression malveillante. Ses sourcils froncés, son front plissé, ses lèvres dédaigneuses, sa voix rude, la rougeur même dont sa figure était couverte (1) gênaient ceux qui s'approchaient de lui. « Son abord, » dit Pline le Jeune (2), « son aspect étaient

---

(1) Tacite, *Agr.*, 45. Philostrate, *Vie d'Apollonius de Tyane*, VII, 28.
(2) *Panég.*, 48.

terribles : l'orgueil sur le front, la colère dans les yeux, une pâleur de femme sur le corps, l'impudence dissimulée par une vive rougeur sur le visage. » Parmi les rares portraits de Domitien qui nous sont parvenus, un surtout nous le montre avec cette physionomie farouche et méprisante dont nous parlent ses contemporains : c'est une tête adaptée à une statue du Bracchio Nuovo au Vatican (1).

On l'accusait de lâcheté et de mollesse (2) : marchant difficilement par suite d'infirmités (3), il se faisait porter en litière, même à la guerre (4) ; il n'aimait d'ailleurs pas les armes (5). Beaucoup de Romains devaient déplorer cette indifférence de leur empereur pour les exercices militaires.

On s'indignait surtout des débauches qui souillaient le palais impérial. Domitien avait, nous l'avons dit, enlevé Domitia à L. Aelius Lamia Plautius Aelianus ; mais elle ne fut pas plus fidèle à son second mari qu'au premier, et devint l'amante du fameux pantomime Paris. L'empereur ayant appris cette liaison, fit tuer en pleine rue le danseur et songea à mettre sa femme à mort ; mais, sur le conseil de Flavius Ursus, un de ses parents peut-être (6), il se contenta de la répudier. Cependant il l'aimait encore, car il feignit de céder aux prières du peuple et se réconcilia avec elle (7). — De son côté, Domitien avait pour maîtresse Julie, fille de Titus, femme de T. Flavius Sabinus, et il ne s'en cachait pas (8). Mais de peur d'un trop grand scandale,

---

(1) Bernoulli, *Römische Ikonographie*, II, 2ᵉ partie, p. 55, n° 1 et pl. XIX.
(2) Dion Cassius, LXVII, 6 ; Tacite, *Agr.*, 40 ; Pline, *Panég.*, 14 ; Tertullien, *De pallio*, 4. Cf. Suétone, *Domitien*, 19 : « Laboris impatiens. »
(3) Suétone (*Domitien*, 18) dit qu'il avait les doigts des pieds trop courts, et que ses jambes, par suite d'une longue maladie, maigrirent beaucoup. — De plus, Domitien pensait sans doute que sa dignité ne lui permettait pas de se mêler trop à ses sujets (Voir, p. 48, n. 4).
(4) Suétone, *Domitien*, 19. Pline, *Panég.*, 24.
(5) Suétone, *loc. cit.* Il n'avait de goût que pour l'arc qu'il maniait avec une grande habileté. — Cf. Pline, *Panég.*, 82.
(6) Voir p. 61, n. 2.
(7) Dion Cassius, LXVII, 3. Zonaras, XI, 19, p. 499. Suétone, *Domitien*, 3 et 13 ; cf. *Titus*, 10 (allusion aux débauches de Domitia). Scolies de Juvénal, VI, 87.
(8) Suétone, *Domitien*, 22. Dion Cassius, LXVII, 3. Zonaras, *loc. cit.* Pline, *Lettres*, IV, 11, 6 ; *Panég.*, 52 : « incesti principis ; » cf. 63. Scoliaste de Juvénal, II, 29 ; Philostrate (*Apollonius*, VII, 7) raconte même que Domitien avait épousé Julie après avoir fait tuer Sabinus, et qu'Apollonius vit les Éphésiens fêter par des sacrifices le mariage de l'empereur. Ce récit est naturellement sans valeur. — Malgré ces relations incestueuses, con-

il ne voulut pas avoir d'enfants de sa nièce : il la fit plusieurs fois avorter (1), ce qui causa sa mort (2), survenue avant l'année 90 (3). Elle reçut les honneurs de la consécration (4), et Martial implora sa protection divine en faveur d'un enfant de Domitien qui allait naître (5). — Domitien eut bien d'autres maîtresses, prises parfois parmi les filles publiques de la plus

---

nues de tous, Julie fit frapper des monnaies portant au revers l'image de la pudique Vesta (Cohen, I, p. 467, n°ˢ 15 et suiv.).

(1) Juvénal, II, 32.

(2) Suétone, *loc. cit.* Pline, *Lettres*, IV, 11, 6.

(3) Julie était certainement morte le 3 janvier 90, car ce jour-là les frères Arvales firent des vœux pour Domitien et Domitia seulement, non pour elle (*C. I. L.*, VI, 2067), tandis que le 3 janvier 87 son nom figure dans les actes de ce collège (*C. I. L.*, VI, 2065). Cette observation est confirmée par deux pièces de vers de Martial, où le poète parle de Julie comme d'une morte et qu'il a publiées dans le livre VI de ses épigrammes (3 et 13), édité dans l'été ou dans l'automne de 90 (Friedländer, édition de Martial, préface, p. 57; le livre V fut édité aux saturnales de 89, voir plus haut, p. 199). Il semblerait que, lorsque Stace écrivit sa Silve sur la statue équestre de Domitien, très peu de temps après les deux triomphes de la fin de l'année 89 (voir p. 104, n. 2), Julie ne fût pas encore morte, ou du moins ne fût pas encore consacrée. Stobbe (*Philologus*, XXVI, 1867, p. 57) a fait en effet remarquer que dans l'énumération des *Divi* de la famille impériale, le poète ne la mentionne pas (vers 94 et suiv.) :

> Huc et sub nocte silenti
> cum superis terrena placent, tua turba relicto
> labetur caelo, miscebitque oscula iuxta.
> Ibit in amplexus natus, fraterque paterque
> et soror.

Il est, je crois, arbitraire de prétendre (Kerckhoff, *Duae quaestiones papinianae*, p. 7 et suiv.) que le mot *soror* désigne Julie, nièce de l'empereur : il s'agit de la propre sœur de Domitien, Flavia Domitilla (voir plus haut, p. 50, n. 2). — Il faudrait donc conclure du silence de Stace que Julie mourut dans les derniers jours de 89. Cependant cette conclusion ne peut être adoptée sans réserves. D'après les circonstances de la mort de Julie, il semblerait que Domitien ait été à Rome quand cet événement survint. D'autre part, Julie étant morte enceinte des œuvres de son oncle, Domitien se trouvait auprès d'elle plusieurs mois avant sa mort. Or depuis la fin de l'année 88 ou le début de 89 jusqu'à l'automne, l'empereur visita les bords du Rhin et du Danube (voir le chapitre précédent), et il est assez peu vraisemblable que Julie l'ait accompagné ou rejoint. Il faudrait donc placer la mort de Julie avant 89, et pour expliquer le silence de Stace, supposer que Julie n'obtint les honneurs de la consécration que plusieurs mois après sa mort, à la fin de 89 ou au début de 90.

(4) Cohen, I, p. 465 et suiv. *C. I. L.*, IX, 1153. Martial, IX, 1, 6 :

> Dum voce supplex, dumque ture placabit
> matrona Divae dulce Juliae nomen...

(5) Martial, VI, 3.

basse condition. Il qualifiait cyniquement ses rapports avec les femmes de « κλινοπάλη » (1). Comme son frère, Nerva, Trajan, Hadrien, etc., il se livrait au vice grec (2). Parmi ses nombreux favoris (3), on connaît un eunuque du nom de Flavius Earinus, son affranchi (4). Un jour, il prit fantaisie à ce personnage de faire porter dans sa ville natale sa chevelure pour qu'elle fût consacrée à Asclépios, et afin que tout le monde le sût, il commanda des vers à Stace, à Martial (5), sans doute à d'autres. Ces poètes lui adressèrent les plus basses flatteries et célébrèrent l'amour de l'empereur pour lui : il semblait indifférent à Domitien de laisser étaler ses débauches aux yeux de tous (6). — Une telle conduite était peu séante à l'homme qui se donnait des airs de censeur rigide et de restaurateur des mœurs antiques, qui punissait sévèrement l'adultère et interdisait la castration (7).

On lui reprochait son caractère froid et misanthropique. L'idée qu'il se faisait du pouvoir impérial l'amenait à éviter une trop grande familiarité avec ses sujets, mais c'était autant par orgueil que par politique qu'il se montrait glacial, dédaigneux dans ses réceptions (8) et dans les dîners qu'il offrait (9). Il ne savait rien accorder de bonne grâce (10). Absolu et irascible, il ne souffrait pas la contradiction et n'admettait pas qu'on protestât contre ses actes ou même contre ses goûts. Il faillit mettre à mort Flavius Ursus, parce que ce personnage avait désapprouvé sa conduite en diverses circonstances (11). Un élève du pantomime Paris rappelait son maître par sa beauté et son talent : il le fit tuer, quoique cet enfant souffrît alors d'une grave maladie (12). Il condamna aussi

---

(1) Suétone, Domitien, 22. Voir aussi Pline, Panég., 20, 49, 63. Martial, XI, 7. Dion Cassius, LXVII, 1 et 6. Zonaras, XI, 19, p. 501. Suidas, sub verbo Δομετιανὸς (cf. Cedrenus, p. 429, édit. Bekker).
(2) Dion Cassius, LXVII, 6. Il ne faut pas s'arrêter à l'anecdote racontée par Philostrate, Apollonius, VII, 42.
(3) Stace, Silves, III, 4, 56. Martial, IX, 36, 9.
(4) Dion Cassius, LXVII, 2.
(5) Stace Silves, III, 4. Martial, IX, 11, 12, 13, 16, 17, 36.
(6) On blâmait aussi le goût immodéré de Domitien pour le jeu de dés (Suétone, Domitien, 21 ; Pline, Panég., 82; Aelius Aristide, Lettre sur Smyrne, I, p. 765, édit. Dindorf). — C'était cependant une passion fort répandue à cette époque. Voir Juvénal, VIII, 10; IX, 176; XIV, 4.
(7) Pline, Lettres, IV, 11, 6. Juvénal, II, 29 et suiv.
(8) Pline, Panég., 24, 47, 48.
(9) Pline, Panég., 49. Cf. Suétone, Domitien, 21.
(10) Pline, Panég., 91; cf. 71.
(11) Dion Cassius, LXVII, 34.
(12) Suétone, Domitien, 10.

à mort tous ceux qui avaient apporté des fleurs et des parfums au lieu où Paris avait péri (1). Dans l'amphithéâtre, un père de famille se permit un jour de dire qu'un Thrace valait un Mirmillon, mais non pas celui qui donnait les jeux, il le fit arracher du milieu des spectateurs et déchirer par les chiens dans l'arène, avec cet écriteau : « Porteur de petit bouclier, puni pour avoir blasphémé (2). » Il allait jusqu'à s'offenser des plaisanteries faites contre les gens chauves, il y voyait des allusions blessantes à sa calvitie (3).

Quoiqu'il se fût montré d'abord doux et généreux, il avait un caractère cruel dont la perversité se révéla et se développa peu à peu (4). Méprisant les hommes, il se souciait peu de leur vie. Un jour qu'il donnait un splendide combat naval sur la rive droite du Tibre, un orage accompagné d'une pluie torrentielle éclata. L'empereur cependant ne quitta point sa place et ne permit pas aux spectateurs de sortir, ni de changer de vêtements, bien que lui-même en prît d'autres. Un grand nombre d'entre eux tombèrent malades et moururent (5). Il se divertissait des souffrances de ceux qu'il n'aimait pas. Dion Cassius raconte (6), sur un ton beaucoup trop tragique, il est vrai, une plaisanterie sinistre qu'il fit à plusieurs sénateurs et chevaliers. Pendant toute une nuit, ces malheureux, invités à dîner par lui, crurent qu'ils assistaient aux apprêts de leur supplice.

Cette mauvaise grâce, cet orgueil, ces emportements d'un esprit autoritaire, ces traits de méchanceté blessaient et irritaient profondément l'aristocratie. Pline le Jeune pensait à Domitien quand il disait de Trajan (7) : « Il n'y a pas à craindre que quand

---

(1) Dion Cassius, LXVII, 3.

(2) Suétone, *Domitien*, 10. Cf. Pline le Jeune, *Panég.*, 33. On sait que Domitien protégeait les gladiateurs porteurs de grands boucliers.

(3) Suétone, *Domitien*, 18. Cependant Martial se moque souvent des gens chauves (II, 41, 10; III, 93, 2; V, 49; VI, 57; VI, 74, 2). — Il est très douteux qu'une tête colossale de Mantoue (Bernoulli, *Römische Ikonographie*, II, 2ᵉ partie, p. 56, n° 10), représentant un homme chauve, soit un portrait de Domitien.

(4) Suétone, *Domitien*, 10 : « Neque in clementiae, neque in abstinentiae tenore permansit; et tamen aliquanto celerius ad saevitiam descivit, quam ad cupiditatem. »

(5) Dion Cassius, LXVII, 8. Suétone, *Domitien*, 4, se contente de dire : « inter maximos imbres perspectavit. »

(6) Dion Cassius, LXVII, 9. Nous ne rapportons pas son récit, qui est connu de tout le monde.

(7) *Panég.*, 3 : « Non periculum est ne, cum loquar de humanitate, exprobrari sibi superbiam credat, cum de frugalitate luxuriam, cum de clementia

je parlerai d'affabilité, il croie que je lui reproche l'orgueil ; quand je parlerai d'économie, le luxe ; de clémence, la cruauté; de libéralité, l'avarice ; de bienveillance, la jalousie ; de bonnes mœurs, la débauche ; d'ardeur au travail, la paresse; de courage, la lâcheté. » L'aristocratie n'oubliait pas que le prince qui traitait ses sujets de cette manière était le fils d'une femme qui pendant longtemps n'avait même pas été citoyenne romaine (1), l'arrière petit-fils d'un humble bourgeois de Réate (2). Elle pensait que Domitien avait, moins que tout autre empereur, le droit de montrer tant de morgue, lui qu'on s'était accoutumé à dédaigner dans sa jeunesse, et que beaucoup regardaient comme indigne du rang suprême qu'il occupait. Elle comparait sa conduite avec celle de Vespasien et de Titus (3), qui avaient été simples dans leur vie, bienveillants pour tous, facilement accessibles, et avaient traité les principaux citoyens de Rome presque comme leurs égaux (4). On lui reprochait l'animosité avec laquelle il attaquait la mémoire de son frère (5). Il n'était pas jusqu'à ses justes sévérités qui ne déplussent à beaucoup de nobles ; car les magistrats et les gouverneurs concussionnaires, les Vestales coupables qu'il punissait, appartenaient au premier ordre de l'Etat.

Telles furent les causes de l'hostilité que l'aristocratie témoigna à cet empereur.

A Rome, le Sénat ne lui fit, il est vrai, aucune opposition. Toute résistance aurait été brisée par la garde prétorienne, dévouée à l'empereur. Le peuple se serait sans doute abstenu de prendre parti. Incapable de protester contre la politique de Domitien, cette assemblée la servit ; elle lui décerna les titres, les magistratures qui modifièrent le caractère du principat; plus tard, elle condamna docilement les victimes qui lui furent désignées. Quant aux sénateurs en particulier, ils flattèrent le prince par prudence et par intérêt (6). Les plus mécontents eux-mêmes n'osè-

---

crudelitatem, cum de liberalitate avaritiam, cum de benignitate livorem, cum de continentia libidinem, cum de labore inertiam, cum de fortitudine timorem. »

(1) Suétone, *Vespasien*, 3.
(2) Suétone, *Vespasien*, 1.
(3) Dion Cassius, LXVII, 2.
(4) Suétone, *Vespasien*, 12, 13, 21, 22; *Titus*, 7, 8. Dion Cassius, LXVI, 10, 11.
(5) Voir plus haut, p. 39.
(6) Pline, *Panég.*, 2 : « Voces [adulationes] illae quas metus exprimebat » Cf. *Panég.*, 72.

rent pas en général élever la voix ; ils savaient que leurs collègues ne les soutiendraient pas ; ils se souvenaient du sort d'Helvidius Priscus qui, sans aucun profit pour sa cause, avait payé de sa vie des paroles offensantes prononcées contre Vespasien, empereur si modéré pourtant (1). Ils acceptaient les charges, les fonctions que Domitien leur confiait ; ils les exerçaient de manière à ne pas éveiller les soupçons d'un prince jaloux de son autorité (2) ; ils subissaient sans protester les disgrâces ; ils se rendaient avec empressement à ses audiences (3). Après son retour de Bretagne, Agricola fut tenu à l'écart. Lors de son arrivée à Rome, Domitien le reçut d'une manière assez malveillante et ne lui adressa même pas la parole ; il ne lui donna point la légation de Syrie qu'il lui avait fait espérer (4) ; il l'obligea, quelque temps après, à renoncer au tirage au sort des proconsulats d'Asie et d'Afrique, et, contre l'usage suivi en pareil cas, il ne lui offrit pas l'indemnité à laquelle les proconsuls avaient droit (5). Des dangers très graves menacèrent alors l'empire sur le Danube ; cependant Domitien n'eut point recours à l'expérience de cet excellent général. Agricola se résigna ; il évita de faire parler de lui et de trop se montrer en public (6) ; lors du tirage au sort des provinces sénatoriales, il déclara lui-même à l'empereur, en des termes fort humbles, qu'il ne voulait pas être proconsul (7). Cette conduite lui permit de mourir de mort naturelle, en 93 (8). Tacite (9) oppose la prudence et la modération de son beau-père « à cette insolence et à cette vaine ostentation de liberté qui provoquent la renommée et bravent la mort. Que les admirateurs de l'esprit de révolte apprennent que, même sous de mauvais princes, il peut y avoir de grands hommes, et que l'obéissance et la modération, si le talent et la fermeté les accompagnent, mènent à la même gloire que ces morts éclatantes cherchées dans les précipices, sans utilité pour la république. » — Les téméraires dont

(1) Suétone, *Vespasien*, 15. Dion Cassius, LXVI, 12.
(2) Pline, *Panég.*, 18, 93 ; *Lettres*, VIII, 14, 7.
(3) Pline, *Panég.*, 48.
(4) Tacite, *Agric.*, 40.
(5) *Agric.*, 42.
(6) *Agric.*, 40.
(7) *Agric.*, 42.
(8) Tacite rapporte qu'un bruit accrédité attribua la mort d'Agricola au poison (chap. 43 ; Dion Cassius, LXVI, 20, est plus affirmatif). Cependant il ne se prononce pas ; s'il avait eu des raisons sérieuses pour croire que cette accusation était vraie, il l'aurait certainement accueillie.
(9) *Agr.*, 42. Cf. *Annales*, IV, 20, où une idée analogue est exprimée.

parle ici Tacite furent rares sous Domitien ; encore attaquèrent-ils non le prince, mais ses favoris (1). La plus grande marque de courage que l'on donnât alors était de s'abstenir de paraître aux séances du Sénat, pour ne pas ratifier des décisions qu'on désapprouvait, et de renoncer à la carrière des honneurs, pour ne pas être obligé de servir un gouvernement détesté. Bien peu l'osèrent. « Nous avons donné, » dit Tacite (2), « un grand exemple de patience, et si nos aïeux connurent quelquefois l'extrême liberté, nous avons connu l'extrême servitude. »

L'opposition, sous Domitien, eut deux formes. Parmi ses ennemis, les uns plutôt mécontents que factieux, plutôt discoureurs qu'hommes d'action, se bornèrent à des protestations discrètes faites devant des amis, ou, lorsqu'ils les rendaient publiques, anonymes et fort déguisées (3). — Dans les entretiens privés, on faisait l'éloge de Titus (4), on maudissait le tyran, on le tournait en ridicule, on appelait de ses vœux le bienheureux jour où il disparaîtrait (5). Les femmes mêmes, qui prenaient part à ces réunions, mêlaient leurs plaintes et leurs souhaits à ceux des hommes politiques (6). — Selon une coutume fort répandue sous l'empire (7), on faisait des pamphlets et des épigrammes qui circulaient dans Rome. Le prince ordonnait-il d'extirper les plants de vigne? on répétait deux vers grecs bien connus et l'on faisait dire par l'arbuste au bouc, c'est-à-dire à l'empereur : « Tu auras beau me manger jusqu'à la racine, bouc, cependant, je porterai des fruits, et mon vin servira à faire des libations sur ton corps quand on te sacrifiera (8). » Le bruit ayant couru qu'une corneille, entendue sur le Capitole, avait dit : « ἔσται πάντα καλῶς, » on répandit ces vers :

Nuper Tarpeio quae sedit culmine cornix,
est bene non potuit dicere; dixit : « Erit (9). »

(1) Voir au chapitre IX la conduite d'Herennius Senecio.
(2) *Agric.*, 2.
(3) Voir à ce sujet Boissier, *Opposition sous les Césars*, p. 73 et suiv.
(4) Dion Cassius, LXVII, 2.
(5) Pline le Jeune, *Lettres*, I, 12.
(6) Voir chapitre IX.
(7) Dion Cassius, LXVI, 11 : « τινα γράμματα, οἷα εἰώθεν ἀνώνυμα ἐς τοὺς αὐτοκράτορας, προπηλακισμὸν αὐτῷ (à l'empereur) φέροντα. » Cf. Tacite, *Annales*, I, 72; Suétone, *Auguste*, 55; *Othon*, 3; Dion Cassius, LVII, 22.
(8) Suétone, *Domitien*, 14.
(9) Suétone, *Domitien*, 23.

Dans des ouvrages d'histoire, dans des exercices d'éloquence, on faisait des allusions offensantes pour le pouvoir. Sous prétexte de raconter la vie des grands hommes, victimes du régime impérial, on critiquait le temps présent (1). Entre autres lieux communs déclamatoires, les rhéteurs avaient conservé l'habitude d'exalter la liberté et de maudire les tyrans (2); ceux qui étaient hostiles au gouvernement précisaient leurs anathèmes (3). Mais c'étaient surtout les pièces de théâtre, lues dans les salles de récitations, qui donnaient matière à des attaques indirectes. On mettait en scène des personnages célèbres et on leur faisait débiter des discours remplis de maximes et d'allusions que les auditeurs, amis et invités du poète, accueillaient par des applaudissements et des murmures (4). On choisissait dans la mythologie ou l'histoire ancienne des sujets de pièces qui rappelaient des événements contemporains : ainsi Helvidius Priscus le Jeune écrivit un mime sur le divorce de Pâris et d'Œnone; le public comprenait qu'en réalité il s'agissait de Domitien et de Domitia (5).

Cette opposition mondaine et littéraire ne menaçait pas beaucoup la sécurité du prince; elle était surtout tracassière et irrespectueuse. Ceux qui la faisaient voulaient taquiner le pouvoir et soulager leur haine; ils hésitaient d'ordinaire à passer des paroles et des écrits aux actes.

D'autres allaient plus loin dans leur hostilité contre Domitien; ils songeaient à se débarrasser de lui. Ils ne devaient point ignorer que les Italiens et les provinciaux ne détestaient pas cet empereur et que l'armée l'aimait, mais ils voyaient que, tout en travaillant à détruire la dyarchie, Domitien n'établissait pas la monarchie sur une base solide; que la gloire militaire, qu'il avait cherchée pour justifier sa politique et s'attacher l'armée, lui échappait, et surtout qu'il n'y avait près de lui personne qui fût

---

(1) Voir, chapitres IX et XI, ce qui est dit de Junius Rusticus, d'Helvidius Priscus, d'Hermogène de Tarse.

(2) Juvénal, VII, 151. Tacite, *Dialogue des orateurs*, 35.

(3) Voir plus loin, au chapitre XI, pour le rhéteur Maternus.

(4) Sous Vespasien, Curiatius Maternus avait lu des tragédies sur Caton, sur Domitius, etc. (Tacite, *Dialogue*, 2, 3, 11). Tacite (2; cf. 10) dit, à propos du *Caton*, que Maternus avait blessé les puissances, « car il s'était oublié lui-même pour ne songer qu'à son héros. » Les auteurs des pièces de ce genre négligeaient plutôt leur héros, pour n'exprimer que leurs propres idées.

(5) Suétone, *Domitien*, 10.

capable de recueillir son héritage et de compter sur les mêmes appuis que lui. Depuis 70, trois Flaviens avaient successivement exercé le pouvoir suprême. Beaucoup de gens s'étaient accoutumés à la domination de cette famille, et si Domitien avait eu un fils, celui-ci aurait sans doute trouvé de nombreux partisans après le meurtre de son père. Mais son fils, nous l'avons vu, mourut fort jeune (1). Le premier prince du sang était, au début du règne, T. Flavius Sabinus. Mais Domitien et lui se haïssaient. L'empereur ne lui pardonnait peut-être pas la faveur dont il avait joui sous Titus; Sabinus, de son côté, avait été outragé par Domitien dans son honneur conjugal. On pouvait donc espérer qu'une réaction aurait lieu si Sabinus succédait au second fils de Vespasien. Quant à Flavius Clemens, frère cadet de ce personnage et mari d'une nièce de l'empereur, il était sans doute jeune en 81; il ne fut consul pour la première fois que quatorze ans après, en 95 (2); c'était, d'ailleurs, un homme sans talent, dédaigné à cause de son incapacité (3). Ses deux fils, qui étaient probablement encore en bas âge en 96, furent adoptés par Domitien vers la fin de son règne (4), mais ils n'eurent pas le prestige dont aurait joui un propre fils de l'empereur. Plus tard, les princes consolidèrent leur pouvoir en s'associant des hommes faits qui n'appartenaient pas à leur famille; mais Domitien n'y songea pas; il voulait que l'empire restât, comme un bien héréditaire, dans la famille Flavienne. Il semblait donc qu'un coup de poignard ferait définitivement disparaître ce gouvernement, détesté de l'aristocratie.

Des conspirations furent formées; nous en ignorons l'histoire. Dans la réaction qui suivit la mort de Domitien, on se souvint de ses crimes, mais non pas des attaques qu'on avait dirigées contre lui. Domitien y faisait allusion quand il prétendait « que la condition des princes était bien malheureuse, car on ne voulait croire aux complots tramés contre eux que le jour où ils périssaient (5). » — « Les empereurs, » disait-il encore, « qui ne punissent pas beaucoup de coupables ne sont pas vertueux, mais heureux (6). » — Dès l'année 83, il y eut peut-être une première conspiration (7). Une autre fut découverte

---

(1) Voir plus haut, p. 53.
(2) Klein, *Fasti consulares*, p. 51.
(3) Suétone, *Domitien*, 15. Voir chapitre X.
(4) Voir p. 54.
(5) Suétone, *Domitien*, 20. Cf. Gallicanus, *Vie d'Avidius Cassius*, 2.
(6) Dion Cassius, LXVII, 2.
(7) Eusèbe, *Chronologie*, p. 160 et 161 : « Plurimos senatorum Domitianus

en 87 (1). Il n'est pas invraisemblable que T. Flavius Sabinus ait été complice d'une de ces deux entreprises ; des mécontents purent lui offrir l'empire : ç'eût été un moyen de se défaire de la tyrannie présente sans renverser la dynastie Flavienne.

Domitien, dont le caractère était peu généreux et qui, depuis longtemps, craignait de périr assassiné, punit ces complots d'une manière terrible. En 83, selon Eusèbe (2), il relégua et fit périr beaucoup de nobles. A la suite du complot de 87, il y eut sans doute de nouvelles condamnations. C'est peut-être à cet événement qu'il faut rapporter ce que dit Dion Cassius (3) : « Domitien fit mettre à mort un grand nombre de personnages importants, faisant juger les uns par le Sénat et accusant les autres en leur absence. » Il semble qu'il y ait dans ces derniers mots une allusion au meurtre de C. Vettulenus Civica Cerialis que Domitien fit tuer pendant son proconsulat d'Asie (4).

T. Flavius Sabinus fut aussi mis à mort, à une date inconnue (5), parce que, dit Suétone, le jour des comices consulaires, le héraut, au lieu de le proclamer consul en présence du peuple, l'avait qualifié d'*Imperator* par inadvertance (6). Domitien dut être fort aise de se débarrasser d'un prétendant possible et du mari de sa maîtresse.

in exilium mittit, » à l'année 2099 (1ᵉʳ octobre 82-30 septembre 83) ; ce qui laisse peut-être supposer une conspiration qui se serait formée pendant l'absence de Domitien, alors occupé à combattre les Cattes sur le Rhin.

(1) *C. I. L.*, VI, 2065, au 22 septembre, sacrifice des Arvales : « in Ca[p]itolio, ob detecta scelera nefariorum.

(2) Voir p. 247, n. 7. Dion Cassius (LXVII, 3) dit qu'avant de mettre à mort les trois Vestales (en 82 ou en 83, voir p. 80), Domitien fit, sous divers prétextes, périr beaucoup de citoyens nobles.

(3) LXVII, 4 (entre le récit de la guerre contre les Cattes et celui des guerres du Danube) : « [Δομετιανὸς] συχνοὺς [τῶν δυνατῶν] ἐφόνευε, τοὺς μὲν ἐσάγων ἐς τὸ βουλευτήριον, τῶν δὲ καὶ ἀπόντων κατηγορῶν. »

(4) Suétone, *Domitien*, 10. Tacite, *Agric.*, 42. Civica Cerialis avait été tué depuis peu quand Agricola fut appelé à tirer au sort les proconsulats d'Asie et d'Afrique. Or Agricola avait été consul en 77. Si l'on place le meurtre de Civica à la fin de 87, on doit en conclure qu'Agricola aurait été proconsul onze ou douze ans après son consulat, ce qui concorde assez bien avec ce que nous savons de l'intervalle qui séparait ces deux magistratures à la fin du premier siècle (voir Waddington, *Fastes des provinces asiatiques*, p. 12 et 13; Marquardt, *Staatsverwaltung*, I, 2ᵉ édit., p. 546).

(5) En tout cas, un certain temps avant la mort de Julie (voir Suétone, *Domitien*, 22 ; Pline, *Lettres*, IV, 11, 6; Philostrate, *Apollonius*, VII, 7).

(6) Suétone, *Domitien*, 10. — Sabinus fut consul pour la première fois le 1ᵉʳ janvier 82. Ce fut donc à une époque ultérieure qu'il fut désigné à un second consulat et, par suite de l'erreur du héraut, mis à mort.

Ces supplices n'étouffèrent pas l'opposition. Une grande révolte éclata (1) à la fin de l'année 88. Cette date peut, en effet, être fixée avec précision. Dans la onzième épigramme du livre IV, Martial prédit la défaite du rebelle, mais ne la célèbre pas. On peut donc en conclure que la guerre, qui fut très courte, était commencée, mais non terminée lors de la publication de ce livre, qui eut lieu, en tout cas, après le 24 octobre 88 (2), et probablement au mois de décembre de cette année (3). Il est permis de croire que, le 24 octobre, la révolte n'avait pas encore éclaté, car ce jour-là Martial, fêtant l'anniversaire de l'empereur, écrivait :

... alma dies. . . . .
longa, precor, Pylioque veni numerosior aevo,
semper et *hoc vultu* vel meliore *nite*.

ce qui semble prouver qu'aucun danger ne menaçait alors l'empereur. Antonius Saturninus n'a même dû se révolter que vers la fin de novembre. Nous savons par Plutarque (4) que Domitien reçut la nouvelle à Rome et en partit précipitamment. Or il s'y trouvait encore, autant qu'il semble, au commencement de décembre. Martial dit que pendant un spectacle de l'amphithéâtre, auquel l'empereur assistait, il tomba de la neige (5) : il s'agit probablement d'une des représentations données par les questeurs au mois de décembre ; Suétone (6) nous apprend que Domitien y assistait toujours. — Bergk (7) a parfaitement montré que des vœux et sacrifices extraordinaires faits par les Arvales en janvier 89 se rapportent à la révolte d'Antonius. Au 12 janvier, nous y lisons (8) : « *in Capitolio, ex s(enatus) c(onsulto) pro salute et vic-*

---

(1) Sur la révolte d'Antonius Saturninus, voir Stobbe, *Philologus*, XXVI, 1867, p. 53 ; Eichhorst, *Neue Jahrbücher für Philologie*, XCIX, 1869, p. 354 et suiv. ; Mommsen, *Etude sur Pline le Jeune* (traduction Morel), p. 92 et suiv. ; Bergk, *Zur Geschichte und Topographie der Rheinlande in römischer Zeit*, p. 61 et suiv. ; Renier, *Comptes rendus de l'Académie des inscriptions*, 1872, p. 424 et suiv. ; Asbach, *Westdeutsche Zeitschrift*, III, 1884, p. 8 et suiv. ; Mommsen, *Römische Geschichte*, V, p. 137 ; Ritterling, *De legione Romanorum X Gemina*, p. 12 et suiv.

(2) Voir IV, 1.
(3) Voir IV, 88 ; cf. IV, 2 ; IV, 3 ; IV, 46. Friedländer, édition de Martial, préface, p. 56.
(4) *Vie de Paul Emile*, 25.
(5) IV, 2 ; IV, 3.
(6) *Domitien*, 4. Voir plus haut, p. 120.
(7) *Loc. cit.*, p. 61 et suiv.
(8) *C. I. L.*, VI, 2066.

t[oria et reditu] Imp(eratoris) .. [fratres Arvales vota] nuncupaverunt. » — Au 17 : « in Capitolio, ob vota adsuscipienda e[x ed]icto co(n)s(ulum) et ex s(enatus) c(onsulto), pro salute et redit[u e]t victoria Imp(eratoris) .. » — Au 24 : « in Capitolio, saenatus (sic) turae (sic) et vino sup[plicavit]. » — Au 25 : « in Capitolio, ob laetitiam publicam, in tem[plo Jovis O(ptimi) M(aximi) fratres Arvales] Jov[i] O(ptimo) M(aximo) bovem marem immolarunt. » — Au 29 : « in Capitolio, ad vota solvenda et nuncupanda pro salute et re[ditu] Imp(eratoris).. fratres Arvales convener[unt], Jovi, Junoni, Minervae, Saluti, Fortunae, Victoriae Reduci, [Genio po]puli Romani voverunt. » — La guerre dont il s'agit dans ces Actes a eu lieu en hiver, elle a nécessité le départ de l'empereur et causé une fort vive émotion à Rome ; elle s'est terminée par une victoire soudaine à la suite de laquelle on ne fit plus de vœux que pour le retour de Domitien. Ces indications concordent bien avec ce que les auteurs nous apprennent sur la révolte. — Enfin, on peut remarquer que l'épigramme 84 du livre IX de Martial fut faite six ans *au plus* après la révolte (1). Or ce livre fut certainement édité en 94 (2), et les pièces de vers qu'il contient ne sont pas antérieures aux derniers mois de l'année 93 (3). — Ainsi nous devons placer le commencement de la révolte vers la fin de novembre 88. Antonius Saturninus fut vaincu et tué au commencement de janvier (4).

Cette guerre s'appelle, dans les auteurs, *bellum civile* (5). Dans les inscriptions, on trouve le terme *bellum Germanicum* (6), qui désigne à la fois la révolte d'Antonius et la guerre contre les Cattes, ses alliés.

En entraînant une partie des légionnaires, les ennemis de Domitien voulurent le faire renverser par ceux qui avaient été jusque-là les meilleurs soutiens de la dynastie Flavienne, et s'as-

---

(1) Vers 9 :
> Omne tibi nostrum quod bis trieteride juncta
> ante dabat lector, nunc dabit auctor opus.

(2) Friedländer, édition de Martial, préface, p. 61.

(3) Le livre VIII parut dans le courant de 93 : voir Friedländer, *loc. cit.*, p. 59-60.

(4) Il n'y a pas lieu, par conséquent, de rapporter à la découverte des complices qu'Antonius avait à Rome, les mots qu'on lit dans les Actes des frères Arvales, au 22 septembre 87 : « ob detecta scelera nefariorum » (cf. plus haut, p. 248, n. 1).

(5) Suétone, *Domitien*, 6 et 10. Stace, *Silves*, 1, 1, 80 : « civile nefas. »

(6) *C. I. L.*, VI, 1347 ; VIII, 1026 ; III, 7397 (ces deux dernières inscriptions sont citées p. 210, n. 1).

surer l'appui d'une force armée suffisante pour réprimer les troubles qui pouvaient suivre la mort du tyran. — L. Antonius Saturninus (1), légat de la Germanie Supérieure à cette époque (2), était un personnage assez méprisé, de mauvaises mœurs, et sans scrupules (3). De grande naissance (4), il devait partager la haine que la noblesse ressentait contre Domitien, qui d'ailleurs l'avait offensé en lui reprochant ses débauches (5). Il commandait une armée composée de quatre légions (la XIIII Gemina, la XXI Rapax, la VIII Augusta, la XI Claudia) (6) et d'environ dix mille hommes de troupes auxiliaires (7). Le parti aristocratique, où il avait certainement des complices, vit en lui un instrument pour renverser l'empereur. Domitien disparu, on aurait pu se débarrasser sans peine de cet homme.

Antonius choisit le moment où des préparatifs se faisaient pour recommencer la guerre contre les Daces et pour venger Cornelius Fuscus : une partie des légions que Domitien aurait pu lui op-

---

(1) Dion Cassius (LXVII, 11), Plutarque (*Vie de Paul Emile*, 25), Aurelius Victor (*Epitome*, XI) l'appellent Antonius (Ἀντώνιος); Suétone (*Domitien*, 6 et 7) et Lampride (*Vie d'Alexandre Sévère*, 1), L. Antonius; Martial (IV, 11) et Suidas (*sub verbo*), Antonius Saturninus. — Une inscription de Constantine (*C. I. L.*, VIII, 7032) nomme une *Antonia, L(ucii) filia, Saturnina*, femme de C. Arrius Pacatus, tante maternelle d'Arrius Antoninus, d'Arrius Maximus et d'Arrius Pacatus, *clarissimi viri*. Une autre inscription d'Afrique (*C. I. L.*, VIII, 8280) prouve que cette Antonia Saturnina avait de grandes propriétés à l'ouest de Constantine. C'était vraisemblablement la fille d'Antonius Saturninus. Voir Lacour-Gayet, *Antonin le Pieux et son temps*, p. 453.

(2) Suétone, *Domitien*, 6. Aurelius Victor, *Epitome*, XI. Dion Cassius, LXVII, 11. — Il avait peut-être été consul suffect en 82, car le nom de celui qui fut cette année-là collègue de P. Valerius Patruinus (*C. I. L.*, IX, 5420) est martelé (voir Borghesi, *Œuvres*, VII, p. 395). Cependant ce nom peut être celui de quelque autre consulaire, mis à mort par Domitien (Asbach, *Bonn. Jahrbücher*, LXXIX, p. 137).

(3) Voir Suidas, *sub verbo* Ἀντώνιος Σατουρνῖνος. Cf. n. 5.

(4) Il descendait peut-être de Marc-Antoine, le vaincu d'Actium. Martial (IV, 11) s'adresse ainsi à lui :

Dum nimium vano tumefactus nomine gaudes....

et le compare au triumvir. Il aurait été, dans ce cas, le descendant de L. Antonius, petit-fils du triumvir, exilé par Auguste à Marseille (Tacite, *Annales*, IV, 44). — Mais le vers de Martial peut faire allusion seulement à la similitude des noms, et non pas à un rapport de parenté.

(5) Aurelius Victor, *Epitome*, XI : « His ejus saevitiis ac maxime injuria verborum, qua se scortum vocari dolebat, accensus Antonius... »

(6) Voir p. 178 et suiv., et 195.

(7) Voir p. 179, n. 12.

poser en d'autres temps était alors retenue sur le Danube. Il n'hésita pas à s'allier avec des Germains, sans aucun doute avec les Cattes (1) : c'était donner à ces barbares une nouvelle occasion de piller l'empire. Pour s'assurer l'appui de la XIV Gemina et de la XXI Rapax, les deux légions de Mayence, où il résidait (2), il s'empara des sommes déposées par les soldats dans les caisses d'épargne militaires (3). Peut-être sut-il aussi tirer parti du mécontentement qu'avaient dû causer aux soldats les travaux fatigants du *limes Germanicus*, exécutés les années précédentes. Il se fit alors proclamer empereur (4).

Domitien montra une grande énergie. Dès qu'il reçut la nouvelle de la révolte, il partit de Rome avec la garde prétorienne (5).

Trajan, alors légat de légion (6), reçut l'ordre d'amener d'Espagne en toute hâte les deux légions qui y séjournaient (7), la

---

(1) Voir p. 197. Tacite (*Hist.*, I, 2) faisait en partie allusion à la révolte d'Antonius, lorsqu'il disait que, depuis la mort de Néron jusqu'à celle de Domitien, il y avait eu des guerres civiles et étrangères tout ensemble.

(2) Suétone, *Domitien*, 7 : « L. Antonius apud duarum legionum hiberna... » Mayence était la seule ville de la Germanie Supérieure où il y eût alors deux légions, et le légat de la province y résidait (voir Bergk, *Zur Geschichte*, p. 72 et suiv.; Zangemeister, *Westdeutsche Zeitschrift*, III, 1884, p. 313; Mommsen, *Römische Geschichte*, V, p. 137, n. 1). Fort rapprochée des Germains, alliés d'Antonius, réunie à la rive droite par un pont, Mayence était le lieu le plus favorable à la révolte.

(3) Suétone, *Domitien*, 7.

(4) Lampride, *Alexandre Sévère*, 1; Spartien, *Pescennius Niger*, 9; Vopiscus, *Firmus*, 1 ; Aurelius Victor, *Epitome*, 11; Polemius Silvius, *Nomina omnium principum romanorum*, édition Mommsen, *Chronica minora*, p. 520.

(5) Plutarque, *Paul Emile*, 25. Cf. Dion Cassius, LXVII, 1. — L'inscription C. I. L., V, 3356, se rapporte peut-être à cette expédition : « [Ti(berio) Claudio], Ti(berii) f(ilio) Quir(ina tribu), Alpino, praef(ecto) alae Gallic(ae), trib(uno) leg(ionis) II Aug(ustae), praef(ecto) coh(ortis) II pr(aetoriae), don(is) don(ato) bello Germ(anico)... » Ce personnage vécut à l'époque de Domitien (voir plus haut, p. 72, n. 1). Mais ce *bellum germanicum* peut aussi bien être la guerre contre les Cattes de 83 que celle de 89. — Selon Bergk (*Zur Geschichte*, p. 63), le départ de Domitien aurait été décidé le 12 janvier et aurait eu lieu le 17. Il s'appuie sur les Actes des Arvales cités plus haut. Mais je crois que c'est forcer beaucoup le sens des textes.

(6) Voir de la Berge, *Trajan*, p. 12. M. von Domaszewski (*Rheinisches Museum*, XLV, 1890, p. 6) pense qu'il était alors légat de l'armée de l'Espagne Citérieure (composée de deux légions), et non pas seulement d'une seule légion.

(7) Pline, *Pan.*, 14. Les phrases suivantes indiquent qu'il s'agit de la guerre contre Antonius : « cum legiones duceres seu potius (tanta velocitas erat) raperes. » Domitien se trouvait donc dans un danger pressant. —

VII Gemina et peut-être la I Adjutrix (1). Ce pays, où la dynastie Flavienne était très populaire (2), pouvait être laissé sans armée. Quelques troupes furent peut-être même appelées du Danube (3). — Cependant Rome était en émoi, les bruits les plus contradictoires y couraient; un jour, on annonça la mort d'Antonius et la destruction de toute son armée : cette fausse nouvelle se répandit si bien que beaucoup de magistrats offrirent des sacrifices (4). Comme Domitien était encore le maître, le Sénat et les consuls ordonnaient des vœux solennels pour son salut, son retour et sa victoire (5). Martial prédisait à Antonius qu'il serait vaincu (6) : « Trop fier d'un vain nom [celui d'Antonius], malheureux, tu as honte d'être Saturninus, et tu as provoqué une guerre impie dans les pays situés sous la constellation de l'Ourse, comme jadis celui

« Nec dubito quin ille qui te inter illa Germaniae bella ab Hispania usque ut validissimum praesidium exciverat, iners ipse alienisque virtutibus tunc quoque invidus imperator, cum ope earum indigeret... » Cette guerre s'appela officiellement « Germanicum bellum » ; voir p. 250, n. 6 ; d'ailleurs, en 83, Trajan n'était pas encore préteur (voir de la Berge, p. 11). — Peut-être, au commencement du même chapitre XIV, faut-il lire : « cum... nomen Germanici jam tum mererere, cum ferociam superbiamque *Chattorum* ex proximo auditus magno terrore cohiberes » (voir Asbach, *Westd. Zeitschr.*, III, 1884, p. 21). — Selon Pline, Trajan passa les Pyrénées et les Alpes. S'il avait marché directement contre Antonius, il n'aurait pas eu ces dernières montagnes à traverser. Peut-être ne faut-il pas donner un sens trop précis à la phrase oratoire de Pline. Mais il est possible que Trajan ait reçu l'ordre de se rendre à Vindonissa, où campait la XI Claudia restée fidèle : ce lieu aurait servi de centre de ralliement à toutes les troupes venues d'Italie avec Domitien, du Danube, d'Espagne. Il est aussi permis de supposer que Trajan reçut mission de barrer à Antonius la route de Rome (voir Asbach, *W. Z.*, p. 10). — Les légions amenées d'Espagne ne prirent point part à la bataille dans laquelle Antonius fut tué, car Pline ne mentionne que la marche de Trajan. Le futur empereur fut récompensé de son zèle par le consulat ordinaire, qu'il reçut en 91 (voir Klein, *Fasti cons.*, p. 49).

(1) La VII Gemina se trouvait en Espagne en 79 (*C. I. L.*, II, 2477); après la guerre de 88-89, elle y retourna (voir, par exemple, Ptolémée, II, 6, 28). Sous Hadrien, elle fit de nouveau un court séjour en Germanie Supérieure (von Domaszewski, *Rheinisches Museum*, XLVII, 1892, p. 215). — Quant à la I Adjutrix, elle ne retourna pas en Espagne, mais fut envoyée sur le Danube (voir plus haut, p. 179 et 231).

(2) Vespasien avait concédé à l'Espagne le droit latin.

(3) Voir plus haut, p. 210, n. 1, l'inscription de M. Julius Avitus, qui combattit dans la guerre germanique de 88-89, probablement comme centurion de la XV Apollinaris, légion de la province de Pannonie.

(4) Plutarque, *loc. cit.*

(5) Voir p. 250.

(6) IV, 11.

qui prit les armes pour l'Egyptienne. As-tu donc oublié le destin de ce nom qu'ensevelit à jamais la colère terrible des flots d'Actium? Le Rhin t'a-t-il promis ce que lui a refusé le Nil? et le fleuve du Nord pourrait-il davantage? Souviens-toi que cet Antoine est tombé sous nos armes, lui qui, comparé à toi, perfide, était un César! »

Quoique l'exemple des troupes de Mayence n'eût pas été imité par les autres légions de l'empire, tout le monde prévoyait une grande guerre (1). Mais la révolte fut brusquement terminée par L. Norbanus Appius Maximus (2). — Les suppositions les plus diverses ont été émises sur la fonction que ce personnage remplissait alors. Bergk (3) l'a regardé comme un procurateur de Rhétie, à cause de ce vers que lui adresse Martial (4):

>   Me tibi Vindelicis Raetus narrabat in oris.

Mais c'est une erreur, car plusieurs autres textes prouvent que Norbanus était de rang sénatorial. — Renier (5) en a fait un légat d'Aquitaine; M. Asbach (6), un légat de Lyonnaise, à cause des briques de la VIII Augusta portant son nom qui ont été trouvées à Néris (7), en Aquitaine, et de celles qui ont été trouvées à Mirebeau (8), que M. Asbach place en Lyonnaise (9). Mais ces briques indiquent simplement que la VIII Augusta, dont le camp était à Argentoratum, en Germanie Supérieure (10), avait alors des

---

(1) Plutarque, *loc. cit.* Cf. Dion Cassius, LXVII, 11.

(2) Martial (IX, 84) l'appelle Norbanus; Aurelius Victor (*Epitome* XI), Norbanus Appius; Dion Cassius (*loc. cit.*), L. Maximus; une inscription (*C. I. L.*, VI, 1347), Appius Maximus : « *Appi Maximi bis co(n)s(ulis), confectoris belli Germanici,* » — Il est sans doute identique au légat L. Appius, mentionné sur des briques de la VIII Augusta, trouvées à Néris (Allier) et à Mirebeau (Côte-d'Or). Voir Mowat, *Bulletin épigraphique*, III, 1883, p. 306, et Mommsen, *Hermès*, XIX, 1884, p. 438 : *Leg(io) VIII Aug(usta) L(ucio) Appio leg(ato)*. L. Appius Maximus, proconsul de Bithynie sous Domitien (Pline, *Lettres*, X, 58), est le même personnage (voir Mommsen, *Index* de Pline le Jeune, édit. Keil).

(3) *Zur Geschichte*, p. 65.

(4) IX, 84, 5.

(5) *Comptes rendus de l'Académie des inscriptions*, 1872, p. 426.

(6) *Bonnische Jahrbücher*, LXXIX, 1885, p. 122 et 139; *Westdeutsche Zeitschrift*, III, 1884, p. 22.

(7) Voir note 2.

(8) Voir même note.

(9) Mommsen (*Hermès*, XIX, 1884, p. 438) place Mirebeau en Germanie Supérieure.

(10) Voir p. 178.

détachements sur plusieurs points de la Gaule (1). Si Appius y est nommé, nous verrons que c'est peut-être parce qu'il commanda l'armée de Germanie Supérieure. — M. Pichlmayr (2) croit que Norbanus était légat de la légion qui était campée à Vindonissa. Rien ne permet, à mon avis, d'accepter cette hypothèse. — M. Mommsen (3) voit en lui un légat de Pannonie. Selon ce savant, qui s'appuie sur Martial, il vint par la Vindélicie et la Rhétie pour combattre Antonius. Mais les vers du poète (4) peuvent s'interpréter autrement :

> Cum tua sacrilegos contra, Norbane, furores
> staret pro domino Caesare sancta fides,
> haec ego Pieria ludebam tutus in umbra,
> ille tuae cultor notus amicitiae.
> Me tibi Vindelicis Raetus narrabat in oris,
> nescia nec nostri nominis Arctos erat...
> Omne tibi nostrum quod bis trieteride juncta
> Ante dabat lector, nunc dabit auctor opus.

Ces vers indiquent que, pendant l'espace des six années précédentes, Norbanus vainquit Antonius et qu'il alla sur les bords du Danube, en Rhétie et en Vindélicie. Mais rien ne prouve, comme le fait remarquer M. Asbach (5), que ces deux actions aient été contemporaines. On peut admettre, par exemple, que Norbanus, qui acquit une grande réputation militaire par suite de sa victoire sur Antonius, reçut ensuite un grand commandement militaire sur le Danube, soit en 89, lors de la seconde expédition de Domitien sur le Danube (Rome eut alors à combattre les Marcomans), soit en 92, lors de la guerre suévo-sarmatique. Il est vrai qu'une inscription (6) nous apprend qu'un soldat qui appartenait sans doute alors à la légion XV Apollinaris combattit dans la guerre contre Antonius et les Cattes. Cela laisse supposer que quelques troupes furent appelées de Pannonie. Mais le moment n'était pas

---

(1) On a aussi trouvé à Viviers en Narbonnaise des briques de la VIII Augusta, mais sans nom de légat (Mowat, *Bulletin épigraphique*, III, 1883, p. 303).
(2) *T. Flavius Domitianus*, p. 91.
(3) *Etude sur Pline* (traduction Morel), p. 93.
(4) IX, 84.
(5) *Westdeutsche Zeitschrift*, III, 1884, p. 23; *Bonnische Jahrbücher*, LXXXI, 1886, p. 40, n. 2.
(6) Citée plus haut, p. 210, n. 1 et p. 253, n. 3. Elle a déjà été indiquée à ce propos par M. von Domaszewski, *Korrespondenzblatt der Westdeutschen Zeitschrift*, XI, 1892, p. 115.

propice, alors que le Danube était très menacé par les Barbares, pour faire venir en Germanie le légat de Pannonie avec toutes ses troupes. — MM. Roulez (1) et Pfitzner (2) ont vu en lui un gouverneur de la Germanie Inférieure, mais ils ne s'appuyaient pas sur des arguments bien solides. La preuve me semble avoir été donnée par M. Ritterling (3). Il a montré que les légions de l'armée de Germanie Inférieure et quelques autres corps de cette armée ont reçu alors les surnoms de *Pia Fidelis*. La VI Victrix, qui n'avait pas ces surnoms sous Néron (4), et la X Gemina, qui ne les avait pas sous Vespasien (5), les portent sur des inscriptions peu postérieures à l'année 100 (6). La I Minervia, créée par Domitien, les portait en 112 (7). La XXII Primigenia, qui ne les avait pas en 86 (8), les portait également en 112 (9). La classis Germanica les portait peu après l'année 100 (10). On lit aussi sur des inscriptions de la fin du premier siècle ou du commencement du second les surnoms de *Pia Fidelis*, appliqués à des troupes auxiliaires de la Germanie Inférieure : à l'ala Indiana (11), à une cohorte de Lucences (12), à une cohorte d'Astures (13). — Or, il est très probable que ce fut leur conduite lors de la révolte d'Antonius qui valut cet honneur aux corps de troupes qui viennent d'être mentionnés, de même que les légions de Dalmatie (la septième et la onzième) reçurent les surnoms de *Pia Fidelis* sous Claude, en récompense de leur résistance à la révolte de Furius Camillus Scribonianus. Il n'y eut pas à cette époque d'autres faits d'armes importants auxquels ait pu prendre part l'armée de Germanie Inférieure : sous Nerva, Vestricius Spurinna, légat de la province, fit une promenade militaire chez les Bructères, il n'eut pas à combattre (14). — Après ces mots *P(ia) F(idelis)*, on trouve quel-

---

(1) *Les légats propréteurs de la Germanie Inférieure*, p. 28.
(2) *Geschichte der Legionen*, p. 79.
(3) *De legione Romanorum X Gemina*, p. 12 et suiv., 119 et suiv.
(4) *C. I. L.*, III, 4013.
(5) Orelli, 2008.
(6) Brambach, *Corpus inscriptionum Rhenanarum*, 660, 662, et Ritterling, p. 40 et suiv.
(7) *C. I. L.*, III, 550. Cf. *C. I. L.*, III, 6819 (époque de Trajan).
(8) *Bullettino della commissione comunale di Roma*, 1886, p. 83.
(9) *C. I. L.*, III, 550. Cf. *C. I. L.*, III, 6819; Möller, *Korrespondenzblatt der Westdeutschen Zeitschrift*, V, 1886, p. 185-187, et Mommsen, *ibid.*, p. 234.
(10) Brambach, 662.
(11) Orelli, 4039.
(12) Brambach, 6.
(13) Brambach, 678. Cf. Ritterling, *loc. cit.*, p. 124, n. 1.
(14) Voir p. 181, n. 9.

quefois la lettre D (1), que M. Ritterling (2) explique avec assez de vraisemblance par D(*omitiana*). Le surnom dont il s'agit ne fut naturellement porté que du vivant de Domitien, puisque la mémoire de cet empereur fut condamnée. Il aurait été donné, comme les surnoms de *Pia Fidelis*, aux troupes de Germanie Inférieure à la suite de leur victoire sur Antonius. D'après ces observations, il y a lieu de supposer que L. Norbanus Appius Maximus, qualifié de *confector belli Germanici*, commandait ces troupes, qu'il était légat de Germanie Inférieure (3).

Du reste, il peut avoir reçu alors de Domitien un grand commandement qui s'étendait sur les deux Germanies, avec autorité militaire dans toute la Gaule. Ainsi s'expliqueraient les briques de la VIII Augusta, trouvées à Néris et à Mirebeau, qui portent son nom (4).

Norbanus marcha contre les rebelles, les rencontra sur les bords du Rhin (5) et les vainquit contre toute attente (6). Les Germains

---

(1) Voir, pour la X Gemina, Brambach, 651 ; — pour la XXII Primigenia, Brambach, 140 d, 3 et 4 < le n° 4 porte peut-être même : [Le]g(to) *XXII Pr(imigenia) P(ia) F(elix) Do(mitiana)*, >, Brambach, 1626; — pour la I Minervia, *Bonnische Jahrbücher*, LVII, 1876, p. 70; — pour la classis Germanica, Brambach, 684; — pour la (deuxième?) cohorte d'Astures, Brambach, 678.

(2) *Loc. cit.*, p. 15.

(3) Martial fait peut-être allusion à cette légation dans le vers (IX, 84, 6) :
Nescia nec nostri nominis Arctos erat.

(4) Si l'hypothèse est fondée, il faut observer que cet état de choses ne dura pas longtemps : le 27 octobre 90, Javolenus Priscus était légat de la Germanie Supérieure (*Ephem. epigr.*, V, p. 652).

(5) Où la bataille fut-elle livrée ? Mommsen (*Etude sur Pline*, p. 93; *Römische Geschichte*, t. V, p. 137) pense que ce fut près du lac de Constance. Cette opinion s'appuie sur le vers de Martial : « Me tibi Vindelicis, etc..., » qui ne se rapporte probablement pas à la révolte. Il est plus vraisemblable que le combat eut lieu sur le Rhin moyen, près de Mayence, à proximité des Germains, alliés d'Antonius (dans les Champs décumates, il n'y avait pas de Germains). Il n'eut pas lieu à Mayence même, car, à cet endroit, existait probablement un pont sur le Rhin (voir p. 194), et le dégel qui survint à l'heure même de la bataille n'aurait pas empêché les Barbares de traverser le fleuve.

(6) Dion Cassius, LXVII, 11. Les soldats qu'Antonius avait mis de son côté par des moyens violents le soutinrent peut-être mal, tandis que ceux de Norbanus, fidèles à Domitien, combattirent avec courage (voir Dion, *loc. cit.*). Il faut remarquer aussi que, depuis le règne de Vespasien, les soldats des troupes auxiliaires de l'armée de Germanie n'étaient plus des Germains, comme sous la dynastie julio-claudienne (voir, à ce sujet, Mommsen, *Hermès*, XIX, 1884, p. 214). Ils durent donc montrer une assez grande répugnance à suivre Antonius, l'allié des Germains.

qui devaient soutenir Antonius furent empêchés à l'heure même du combat de passer le Rhin sur la glace, par suite d'un dégel subit (1). L'usurpateur fut tué dans cette bataille (2). A cette nouvelle, qui se répandit avec une rapidité surprenante (3), le Sénat et les collèges religieux offrirent de grands sacrifices (4); des présages heureux furent inventés après coup; on raconta que, le jour même de la bataille, un grand aigle avait entouré de ses ailes la statue de l'empereur, en poussant des cris de joie (5).

Il ne restait plus qu'à punir les complices et les alliés d'Antonius.

Après qu'on eut reçu la nouvelle de la victoire de Norbanus, on crut peut-être à Rome que l'empereur reviendrait aussitôt. On fit des vœux, non plus pour sa victoire, mais seulement pour son retour (6). Cependant Domitien continua sa marche vers le Rhin (7). Il alla sans doute à Mayence, où il fit de terribles exécutions. Ceux qui avaient montré le plus d'empressement à reconnaître le rebelle furent mis à mort avec d'horribles raffinements de cruauté (8). Selon Dion Cassius, le nombre des victimes fut si grand que Domitien défendit de les mentionner dans les Actes, et qu'il n'écrivit rien au Sénat sur les exécutions ordonnées, bien qu'il eût envoyé à Rome les têtes des suppliciés, comme celle d'Antonius, et qu'il les eût fait exposer sur le Forum (9). — La répression était terrible ; mais il ne faut pas oublier que la révolte avait éclaté au moment où de grands dangers menaçaient l'empire du côté du Danube et qu'elle avait été appuyée par les ennemis de Rome, les Cattes. Ces rigueurs n'atteignaient donc que des traîtres. D'un autre côté, Domitien, qui s'appuyait sur l'armée, qui

---

(1) Suétone, *Domitien*, 6.
(2) Suétone, *loc. cit.*
(3) Plutarque, *Paul Emile*, 25. Cf. Suétone, *loc. cit.*
(4) Actes des Arvales. Voir p. 250.
(5) Suétone, *loc. cit.*
(6) Actes des Arvales, au 29 janvier ; voir plus haut, p. 250.
(7) Dion Cassius (LXVII, 11) raconte qu'un sénateur le quitta alors pour retourner chez lui. Voir d'ailleurs, p. 197, n. 8, les textes qui prouvent que Domitien alla alors sur le Rhin.
(8) Suétone, *Domitien*, 10 : « Post civilis belli victoriam ......, plerosque partis adversae, dum etiam latentes conscios investigat, novo quaestionis genere distorsit, immisso per obscoena igne; nonnullis et manus amputavit. Satisque constat duos solos e notioribus venia donatos, tribunum laticlavium et centurionem, qui se, quo facilius expertes culpae ostenderent, impudicos probaverant, et ob id neque apud ducem, nec apud milites ullius momenti esse potuisse. » Cf. Dion Cassius, LXVII, 11.
(9) Dion Cassius, *loc. cit.*

avait fait tant d'efforts pour se la concilier, dut être indigné de cette sédition militaire ; il la punit comme un acte d'ingratitude. Il fut décidé que plusieurs légions ne prendraient plus désormais leurs quartiers d'hiver dans le même camp (1), circonstance qui avait beaucoup favorisé la révolte. D'autre part, Domitien défendit qu'à l'avenir chaque soldat déposât dans les caisses d'épargne légionnaires plus de mille écus (2). On sait l'usage qu'Antonius avait fait des sommes gardées dans ces caisses.

Bergk (3) a supposé que la XXI Rapax fut supprimée alors à cause de sa participation à la révolte. Cela est peu vraisemblable (4) ; deux légions, la XXI Rapax et la XIV Gemina, étaient également coupables ; pourquoi Domitien n'en aurait-il frappé qu'une ? — Il y a cependant tout lieu de croire que l'empereur fit quitter Mayence à ces deux légions. Elles ne pouvaient rester en face des barbares qui avaient été leurs associés dans la révolte. En tout cas, l'une des deux quitta certainement ce lieu, puisque, comme nous venons de le voir, il n'y eut plus désormais de camp de deux légions. Elles furent peut-être envoyées l'une et l'autre sur le Danube. Nous avons vu qu'il y a des raisons de croire que la XXI Rapax fut détruite par les Sarmates en 92 (5). Quant à la XIV Gemina, elle était en Pannonie sous Trajan (6), et rien n'empêche d'admettre qu'elle y ait été envoyée par Domitien (7). Elles semblent avoir été remplacées à Mayence par la XXII Primigenia, qui appartenait à l'armée de Germanie Inférieure et qui ne pouvait rester à Noviomagus, camp de deux légions. Elle était certainement dans la province Supérieure en 97 (8), et même si, dans deux inscriptions, l'une de Mayence (9),

---

(1) Suétone, *Domitien*, 7.
(2) Suétone, *loc. cit.*
(3) *Zur Geschichte*, p. 67 et suiv. Cf. Asbach, *Westdeutsche Zeitschrift*, III, 1884, p. 10.
(4) M. Schiller (*Geschichte der römischen Kaiserzeit*, I, p. 942, en bas) a déjà montré l'invraisemblance de l'hypothèse de Bergk.
(5) Voir p. 157 et 225.
(6) Voir p. 178, n. 3.
(7) Ritterling (p. 78) attribue, mais sans raisons suffisantes, à l'époque de Domitien la brique de la légion trouvée à Mursella, sur la Drave (*C. I. L.*, III, n° 3755). Des briques de la XIV Gemina, vraisemblablement antérieures aux guerres daciques de Trajan, ont été trouvées à Vienne (Von Domaszewski, *Korrespondenzblatt der Westdeutschen Zeitschrift*, X, 1891, p. 253-254). — M. Meyer pense aussi que la XIV Gemina quitta Mayence après la révolte d'Antonius (*Philologus*, XLVII, 1888, p. 661).
(8) Voir plus haut, p. 177.
(9) Brambach, 1377, *g*, 31 (brique). La lecture donnée est LFWIIQFD.

l'autre du Wurtemberg (1), où on lit : *leg. XXII PFD*, la sigle D signifie *Domitiana*, comme le suppose M. Ritterling (2), ce serait une preuve qu'elle s'y trouvait dès l'époque de Domitien.

Il n'y a, je crois, aucune raison pour penser que les deux autres légions de Germanie Supérieure, la VIII Augusta et la XI Claudia, qui ne nous sont nulle part indiquées comme rebelles, aient été alors éloignées de cette province.

Quant aux Cattes, ils furent punis de leur participation à la révolte. Nous avons vu qu'à la fin de 89, Domitien triompha d'eux en même temps que des Daces (3).

L'empereur frappa durement les personnages de l'aristocratie qu'il soupçonna d'avoir été les complices d'Antonius. Malgré les vœux et les sacrifices officiels ordonnés par le Sénat avant et après la victoire, Domitien avait, au cours de toute cette révolte, éprouvé la sourde hostilité de ceux mêmes qui le servaient. Lucianus Proculus, sénateur âgé qui vivait la plupart du temps à la campagne, était parti avec l'empereur pour ne pas sembler l'abandonner au moment du danger, ce qui aurait pu lui attirer une condamnation à mort. Mais lorsque la nouvelle de la défaite d'Antonius fut arrivée, il s'écria : « Tu as vaincu, prince, comme je le désirais ; rends-moi donc à mes champs. » Quittant alors l'empereur, il s'en alla dans ses terres, et bien qu'ayant vécu longtemps encore, il ne revint jamais auprès de lui dans la suite. — Quant à Norbanus, il aurait brûlé tous les papiers trouvés dans les cassettes d'Antonius, aimant mieux risquer sa vie que de permettre qu'ils servissent à des accusations (4). Mais cette anecdote, rapportée par Dion Cassius, pourrait bien être une légende. Le même acte de courage est attribué par lui à Martius Verus, général qui vécut sous Marc-Aurèle (5).

Cela n'empêcha pas l'empereur de punir de la mort ou de l'exil un certain nombre de sénateurs, accusés de complicité avec Antonius ; mais nous n'avons aucun détail sur ces condamnations (6).

---

(1) Inscription d'Alpirsbach : Brambach, 1626.
(2) Page 79.
(3) Voir p. 198.
(4) Dion Cassius, LXVII, 11.
(5) LXXI, 29.
(6) Nous n'avons que le témoignage d'Eusèbe : « Domitianus plurimos nobilium in exilium mittit atque occidit, » selon Jérôme (p. 161) en 2105 (1ᵉʳ octobre 88-30 septembre 89 ; la version arménienne place le fait en 2104, p. 160). — Dion Cassius (LXVII, 9) dit qu'après son triomphe sur les Daces, Domitien fit périr quelques-uns des premiers citoyens, et qu'il confisqua

L'échec d'Antonius et les représailles sanglantes de Domitien exaspérèrent la noblesse. Dès lors, elle ne songea plus qu'à faire disparaître le tyran. Elle renonça à le renverser par une révolte militaire, car les derniers événements avaient prouvé la fidélité de la plus grande partie des troupes pour Domitien (1); mais elle forma sans cesse des conspirations. Quant au prince, cette épreuve augmenta sa méfiance et aigrit son caractère. Il montra dès lors une cruauté atroce et raffinée (2). Connaissant la puissance de ses ennemis, il voulut frapper des coups terribles pour les abattre; voyant partout des assassins et des traîtres, trompé par des flatteurs qui voulaient se concilier sa faveur ou écarter d'eux ses soupçons en lui désignant de prétendus coupables (3), il fit d'innombrables victimes. Il tua sans regret, sans pitié, se croyant en état de légitime défense. Entre le prince et les sénateurs, il y eut désormais une haine implacable (4). Cette lutte acharnée dura longtemps, car pendant plusieurs années, toutes les conspirations échouèrent; d'autre part, les rigueurs de Domitien, loin d'étouffer l'opposition, lui donnèrent plus de force. Chaque condamnation capitale fut suivie de nouveaux complots, dans lesquels entrèrent les parents, les amis, les protégés des victimes, par désir de vengeance ou par crainte d'être punis comme complices.

les biens d'un homme qui avait donné la sépulture à l'un d'eux, mort dans sa terre. Peut-être ces condamnations frappèrent-elles des complices d'Antonius.

(1) Dion Cassius (LXVII, 11) laisse entendre que l'honneur de la victoire remportée sur Antonius revint autant aux soldats qu'au général Norbanus. La monnaie de bronze (Cohen, *Domitien*, 117) qui a pour exergue : « *Fides exercit(uum). S. C.*, » et qui représente l'empereur et quatre soldats sacrifiant est peut-être une allusion à la conduite de l'armée lors de la révolte d'Antonius.

(2) Suétone, *Domitien*, 10 : « aliquanto post civilis belli victoriam saevior. » — Ce que Suétone dit encore (*Domitien*, 11) : « erat non solum magnae, sed etiam callidae inopinataeque saevitiae » s'applique aux dernières années de Domitien; cf. chapitre 3 : « quantum coniectare licet, super ingenii naturam inopia rapax, metu saevus. »

(3) Tacite, *Agricola*, 45. Juvénal, IV, 110. Aurelius Victor, *Epitome*, XII (à propos de Veiento).

(4) Pline, *Panég.*, 62 : « Nonne paulo ante nihil magis exitiale erat quam illa principis cogitatio : « hunc Senatus probat, hic Senatui carus est! » Oderat quos nos amaremus, sed et nos quos ille. » Cf. *Panég.*, 72.

CHAPITRE VIII.

PÉRIODE DE TERREUR.

Après l'expédition suévo-sarmatique, terminée au début de l'année 93, Domitien n'entreprit plus de guerres; il ne reçut plus de salutations impériales. Les poètes de cour n'eurent plus de triomphes à célébrer ; ils se contentèrent de vanter les bienfaits de la paix (1). Le prince se consacra tout entier à la lutte contre l'aristocratie. Il ne prétendait pas seulement défendre son pouvoir et sa vie ; il voulait aussi remplir son trésor (2). Les actes de générosité et les fêtes somptueuses de Titus, les constructions, les jeux, les guerres, le luxe de son frère avaient fort compromis les finances de l'empire, rétablies par Vespàsien. Il fallait cependant de l'argent à Domitien pour ne pas perdre l'appui du peuple, qu'il devait divertir et nourrir à grands frais, et de l'armée, dont il avait à payer la solde augmentée par lui, et c'étaient là des dépenses qu'il ne pouvait restreindre. Il savait qu'en général les riches le détes-

---

(1) Stace, *Sives*, IV, 1, 12 :
> Utroque a limine grates
> Janus agit, quam tu vicina Pace ligatum
> omnia jussisti componere bella.

Silius Italicus, *Punica*, XIV, 686 :
> ...viri qui nunc dedit otia mundo.

Martial, IX (édité en 94), 101, 21 :
> (dedit) otia ferro.

Cf. IX, 31, 10 ; IX, 70, 8. — Voir aussi *Chants sibyllins*, XII, 127 :
> καὶ τότε γ' ἄμπαυσις πολέμου κατὰ κόσμον ἅπαντα ἔσται.

(2) Pline lui reproche sa cupidité (*Panég.*, 50) : « avaritia illius qui tam multa concupiscebat. » Cf. *Panég.*, 3 et 41. Suétone, *Domitien*, 12 : « [Domitianus] nihil pensi habuit quin praedaretur omni modo. » Cf. Suétone, *Vespasien*, 1.

taient; il ne se faisait donc aucun scrupule de les dépouiller pour se créer de nouvelles ressources. En agissant ainsi, il affaiblissait la puissance de ses adversaires et s'assurait la fidélité de ses partisans par ses largesses (1). Pline le Jeune se souvenait de lui quand il parlait en ces termes à Trajan (2) : « Ce que je loue surtout dans toutes vos libéralités, c'est que vous donnez les congiaires, les aliments à vos frais, et que les fils des citoyens ne sont pas nourris par vous de sang et de meurtre comme les petits des bêtes féroces. » — Comme l'écrit Suétone (3) avec force et concision, Domitien, qui ne s'était d'abord montré ni sanguinaire, ni rapace, devint « avide par manque d'argent, cruel par crainte. » Le même auteur fait aussi remarquer que Domitien se laissa entraîner un peu plus vite à la cruauté qu'à la cupidité (4).

Agricola mourut le 23 août 93 (5). « Ce fut, » dit Tacite (6), « un grand dédommagement de sa mort prématurée que d'échapper à ces derniers temps où Domitien épuisa le sang de la république, non plus par intervalles et par accès, mais sans trêve et, pour ainsi dire, dans un seul et long supplice. — Mettius Carus ne comptait encore qu'une victoire (7) et Messalinus se contentait d'insinuer ses perfides conseils au fond du palais d'Albano. » — Pline dit de son côté que, sous Domitien, « il avança, pour ainsi dire, à la course dans la carrière des honneurs jusqu'à l'époque où ce prince fit profession de détester les honnêtes gens, mais qu'alors il s'arrêta, voyant à quel prix devaient s'acquérir de nouvelles faveurs, et qu'il préféra suivre une route plus longue (8). Or, il fut désigné à la préture le 9 janvier 92, et il entra en charge le 1ᵉʳ janvier 93 (9); son avancement, jusque-là très rapide, se ralentit ensuite et il n'obtint pas le consulat de Do-

---

(1) Dion Cassius, LXVII, 4 : « Les libéralités de Domitien plaisaient à la multitude, comme il est naturel ; mais elles causaient la perte des grands, car ne pouvant subvenir à ces dépenses, il en fit périr beaucoup. »

(2) *Panég.*, 27; cf. 28.

(3) Suétone, *Domitien*, 3 : « Virtutes quoque in vitia deflexit ; quantum conjectare licet, super ingenii naturam inopia rapax, metu saevus. » Cf. Orose, VII, 10 : « Nobilissimos e senatu, invidiae simul et praedae causa... interfecit. »

(4) *Domitien*, 10.

(5) *Agr.*, 44.

(6) *Agr.*, 44 et 45.

(7) Nous ne savons pas à quelle condamnation Tacite fait allusion.

(8) *Panég.*, 95.

(9) Voir Mommsen, *Etude sur Pline le Jeune* (traduction Morel), p. 58 et suiv.

mitien (1). — Ce fut donc à partir de 93 que les confiscations, les exils, les arrêts de mort se succédèrent presque sans interruption et qu'une période de terreur commença. — Avant de la raconter, il faut faire ici une observation générale : c'est que nous n'avons plus guère à notre disposition pour cette époque que des écrits tout à fait hostiles à Domitien. Le tableau que nous allons tracer de la fin du règne s'en ressentira nécessairement.

Les victimes de Domitien étaient souvent si respectées de ceux mêmes dont l'appui était nécessaire à l'empereur, qu'on se serait indigné de les voir succomber à des violences arbitraires; on aurait regardé comme innocents des hommes qui n'auraient pas été jugés (2). A leur égard, les formes judiciaires furent donc en général respectées. Quand, par exception, Domitien se débarrassait d'un de ses ennemis sans forme de procès, il le faisait d'une manière sournoise. Il se servait du poison (3); il mettait à mort secrètement ceux qu'il avait exilés (4); ses intrigues contraignaient parfois ceux qu'il voulait perdre à se suicider, et leur mort semblait volontaire (5). — Mais d'ordinaire ceux qu'il frappait étaient dénoncés par des délateurs, puis accusés devant un tribunal régulier qui les condamnait conformément aux lois.

Nul n'était en sûreté chez lui : « La liberté de parler et d'entendre, » dit Tacite (6), « nous était enlevée par un odieux espionnage; nous serions restés sans mémoire comme sans voix, si l'on pouvait se commander l'oubli comme le silence. » On se voyait trahi par des parents, des amis, des clients, surtout par des esclaves (7), dont plus d'un avait à se venger de mauvais trai-

---

(1) Avant la mort de Domitien, il ne reçut que la préfecture du trésor militaire. Voir Mommsen, *l. c.*, p. 63.

(2) Philostrate (Apollonius, VII, 14) parle à propos de Domitien de « ces tyrans qui décorent du nom de justice les lenteurs de leur colère; ils ôtent aux malheureux qu'ils condamnent à mort même la compassion de la foule, qui est comme un drap mortuaire bien dû à qui meurt injustement. »

(3) Dion Cassius, LXVII, 4.

(4) Dion Cassius, LXVII, 3. Paul Orose, VII, 10.

(5) Dion Cassius, *loc. cit.*

(6) *Agr.*, 2.

(7) Tacite, *Hist.*, I, 2 : « Odio et terrore corrupti in dominos servi, in patronos liberti et, quibus deerat inimicus, per amicos oppressi » Dion Cassius, LXVIII, 1. Philostrato, *Apollonius*, VII, 8. Juvénal (I, 33) parle de la fortune insolente d'un « magni delator amici. » Voir encore IX, 102 :

O Corydon, Corydon! secretum divitis ullum
esse putas? servi ut taceant, jumenta loquuntur
et canis et postes et marmora!

PÉRIODE DE TERREUR.

tements (1) et trouvait avantage à accuser son maître, car les dénonciateurs de condition servile recevaient, quand leurs accusations étaient accueillies, la liberté avec une récompense pécuniaire. Souvent Domitien voyait en secret des délateurs et de faux témoins : il convenait avec eux de ce qu'ils devraient dire (2). Partout il entretenait des espions (3) qui cherchaient à provoquer des confidences imprudentes (4). « Vous avez rendu, » dit Pline le Jeune à Trajan (5), « aux amis la fidélité, aux enfants la tendresse, aux esclaves la soumission. Ceux-ci craignent, ils obéissent, ils ont des maîtres. Ce ne sont plus nos serviteurs, mais nous-mêmes qui sommes les amis du prince, et le père de la patrie ne prétend pas être plus cher aux esclaves d'autrui qu'aux citoyens qu'il gouverne. Vous nous avez tous délivrés d'un accusateur domestique, et, par cette seule mesure de salut public, vous avez éteint, pour ainsi dire, une nouvelle guerre civile. Et en cela vous n'avez pas moins fait pour les serviteurs que pour les maîtres : nous sommes devenus plus tranquilles, eux meilleurs. Vous ne voulez pas cependant qu'on vous en loue et peut-être aussi n'est-ce pas un sujet d'éloges. Mais au moins est-il agréable d'en parler, quand on se souvient de cet empereur qui subornait les esclaves contre la vie des maîtres, leur indiquait les révélations à faire sur les prétendus crimes qu'il voulait punir : grand et iné-

---

Juvénal dit (III, 113) des intrigants grecs qui pénétraient dans les grandes maisons :
> Scire volunt secreta domus, atque inde timeri.

On redoutait les bavardages des clients. Martial, VII, 62, 4 :
> et niger obliqua garrulitate cliens.

Voir encore Martial, II, 82 ; X, 48, 21 et suiv.

(1) Juvénal, IX, 110 [servi] :
> ... quod enim dubitant componere crimen
> in dominos, quotiens rumoribus ulciscuntur
> baltea ?

(2) Dion Cassius, LXVII, 12.
(3) Juvénal (IV, 47) dit d'une manière emphatique :
> Cum plena et litora multo
> delatore forent.

(4) Philostrate (Apollonius, VII, 36) raconte que Domitien envoya auprès d'Apollonius, alors en prison, un homme qui feignit de compatir au sort du philosophe, et s'efforça, mais en vain, de le faire parler à cœur ouvert. D'ailleurs, cette anecdote est très probablement légendaire. Cf. VII, 27. — L'archimime Latinus, favori du prince, était redouté comme délateur (voir Scolies de Juvénal, IV, 53).

(5) *Panég.*, 42.

vitable malheur, que l'on devait subir lorsqu'on avait des serviteurs semblables au prince. »

Le crime trouvé, il fallait des orateurs influents, habiles et peu scrupuleux pour accuser le prétendu coupable devant ses juges. Des ambitieux appartenant à l'aristocratie firent sous Domitien ce métier peu honorable, qui leur rapportait des honneurs et de l'argent et leur donnait du crédit auprès de l'empereur (1). Le plus célèbre fut M. Aquilius Regulus (2), qui, malgré son extrême jeunesse, avait, dès la fin du règne de Néron, accusé des citoyens illustres, Ser. Cornelius Orfitus, Q. Sulpicius Camerinus, M. Licinius Crassus. Après le meurtre de son ennemi Pison, fils adoptif de Galba et parent de ce même Crassus, il avait acheté sa tête à un des assassins, et s'était donné le plaisir atroce de la déchirer de ses dents (3). Sous Domitien, il sauva mieux les apparences, mais commit autant de mauvaises actions (4). Il ne dissimulait pas du reste son désir. La fortune de son père, condamné à l'exil, avait été partagée tout entière entre des créanciers : resté sans ressources, il voulut s'enrichir (5). Superstitieux jusqu'à en être ridicule (6), il consulta un jour les dieux pour savoir à quelle époque il parviendrait à posséder soixante millions de sesterces : des entrailles doubles, trouvées dans la victime, lui en promirent cent vingt millions (7). Sa ténacité triompha de tous les obstacles. Il avait la poitrine faible, l'air embarrassé, la langue épaisse, la mémoire infidèle, peu de présence d'esprit ; il tremblait, pâlissait en parlant, et devait écrire ses discours (8). Il se fit cependant la réputation d'un grand orateur (9) « par son effronterie et sa démence, » dit Pline (10) qui le détestait. L'auteur du *Panégyrique*

(1) Voir Tacite, *Hist.*, I, 2 : « Nec minus praemia delatorum invisa quam scelera, cum alii sacerdotia et consulatus ut spolia adepti, procurationes alii et interiorem potentiam, agerent ferrent cuncta. » Pline, *Panég.*, 45.

(2) Sur ce personnage, voir Mommsen, *Index* de Pline le Jeune; Giese, *De personis a Martiale commemoratis;* Boissier, *L'opposition sous les Césars*, p. 205 et suiv.

(3) Tacite, *Hist.*, IV, 42. Cf. Pline, *Lettres*, II, 20, 2.

(4) Pline, I, 5, 1.

(5) Tacite, *Hist.*, IV, 42. Cf. Pline, II, 20, 13.

(6) Pline, VI, 2, 2. Cf. Martial, I, 111.

(7) Pline, II, 20, 13.

(8) Pline, IV, 7, 4; VI, 2, 2.

(9) Martianus Capella le cite, auprès de Pline, parmi les orateurs romains illustres (V, p. 140, édition Eyssenhardt). — Pline lui-même nous apprend que, dans le barreau, il tenait une grande place (*Lettres*, VI, 2). Cf. Martial, V, 28, 6; VI, 38; VI, 64, 11; II, 74; IV, 16, 6.

(10) Pline, IV, 7, 4.

de Trajan n'était peut-être pas bon juge du talent de Regulus, qui n'admirait guère Cicéron et surtout ses imitateurs (1). Tandis que Pline considérait le discours écrit comme le modèle du discours qui doit être prononcé, et développait ses pensées avec prolixité, l'éloquence de Regulus était incorrecte, nerveuse, pressante, allait droit au but, « saisissait, » comme il le disait lui-même, « l'adversaire à la gorge et l'étranglait (2). » Pour être certain du succès, il se composait des auditoires favorables (3); Martial, dont il était le patron, le flattait sans cesse (4). — Audacieux, fourbe, parjure, prodiguant l'insulte aux ennemis abattus, fort humble à l'occasion (5), il arrivait à ses fins par tous les moyens, il faisait le délateur, plaidait devant le tribunal des centumvirs (6), captait des testaments (7). Il put ainsi acquérir une grande fortune : à la mort de Néron, il avait déjà sept millions de sesterces (8). Il possédait, sur la rive gauche du Tibre, une vaste propriété qu'il avait couverte de portiques et peuplée de statues (9); il avait des domaines en Toscane, à Tusculum, à Tibur et dans bien d'autres lieux (10). — Tout le monde le détestait pourtant (11). Dès 70, on songea à le poursuivre devant le Sénat; Curtius Montanus l'attaqua très violemment; mais il fut sauvé grâce aux prières de son frère, Vipstanus Messala, et à l'intervention de Domitien et de Mucien (12). Mettius Modestus l'appelait, dans une lettre qui fut lue devant Domitien : « Regulus, le plus méchant des bipèdes (13). » Herennius Senecion modifiait, pour la lui appliquer, la célèbre définition de l'orateur donnée par Caton; il disait : « l'orateur est un homme méchant qui ignore l'art de parler (14). » Pline, d'ordinaire si inoffensif, l'accable dans ses lettres d'injures

---

(1) Pline, I, 5, 11.
(2) Pline, I, 20, 14.
(3) Pline, VI, 2, 3.
(4) Martial, I, 12 ; I, 111; II, 74; II, 93; V, 10; V, 21; V, 28; V, 63; VI, 38; VI, 64; VII, 16; VII, 31. — Peut-être se brouilla-t-il ensuite avec lui, car aucune pièce de vers n'est postérieure à l'année 92.
(5) Pline, I, 5; II, 11, 22; II, 20.
(6) Pline, I, 5, 4; VI, 2, etc.
(7) Pline, II, 20.
(8) Tacite, *Hist.*, IV, 42.
(9) Pline, IV, 2, 5.
(10) Martial, VII, 31, et I, 12.
(11) Pline, IV, 2, 4.
(12) Tacite, *Hist.*, IV, 42 et 44.
(13) Pline, I, 5, 14.
(14) Pline, IV, 7, 5.

et de sarcasmes (1) : il va même jusqu'à le plaisanter sur son amour paternel que Regulus étalait, il est vrai, d'une manière indiscrète (2); après l'avènement de Nerva, il semble avoir songé à l'accuser devant le Sénat (3). Mais ses richesses et ses intrigues lui permirent de conserver une partie de son crédit : beaucoup de gens continuaient à le flatter, d'autres le craignaient. Pline se rendait compte qu'on n'aurait pu l'abattre que fort difficilement (4).

A. Didius Gallus Fabricius Veiento était un homme aussi méprisable. Sous Néron, en 62, il avait été chassé de l'Italie pour avoir écrit des libelles contenant force injures contre des sénateurs. On lui reprocha aussi d'avoir abusé de la faveur du prince pour vendre des charges et des honneurs (5). Déjà âgé à l'époque de Domitien (6), il fut, en 83, nommé consul pour la troisième fois (7). Bas et servile en face du prince (8), il se montrait dédaigneux pour tous les autres, surtout pour les pauvres clients qui venaient solliciter sa protection (9). Sa laideur était proverbiale (10). Il était détesté autant que Regulus. Après le meurtre de Domitien, il voulut défendre, dans la curie, un autre délateur attaqué par Pline, mais les clameurs de tous ses collègues l'empêchèrent de se faire entendre, et l'appui d'un tribun ne lui servit de rien (11). Un jour, il se trouvait à la table de Nerva, qui le ménageait. Au cours de la conversation, le prince demanda : « Que deviendrait Messalinus (12) s'il vivait encore? » — « Il souperait avec nous, » répondit un des convives, Junius Mauricus (13). Pline, qui rapporte le fait, s'exprime ainsi : « Veiento : j'ai tout dit quand j'ai nommé l'homme. »

Mettius Carus (14) exerçait la délation avec cynisme : il était fier de ses succès et ne voulait pas en partager la gloire. Un jour,

---

(1) Voir lettres citées.
(2) Pline, IV, 2; IV, 7.
(3) Pline, I, 5.
(4) Pline, I, 5, 15; IV, 2, 4.
(5) Tacite, *Annales*, XIV, 50.
(6) En 97, il parlait de sa vieillesse (Pline, *Lettres*, IX, 13, 20).
(7) Voir plus haut, p. 48, n. 6, et p. 58, n. 7.
(8) Voir le langage que Juvénal lui fait tenir dans le conseil du turbot (IV, 123 et suiv.).
(9) Juvénal, III, 185.
(10) Juvénal, VI, 113.
(11) Pline, *Lettres*, IX, 13, 19 et suiv.
(12) Sur ce délateur, voir page suivante.
(13) Pline, *Lettres*, IV, 22, 4 et suiv. Cf. Aurelius Victor, *Epitome*, 12.
(14) Sur Carus, voir Tacite, *Agr.*, 45; Juvénal, I, 35; Martial, XII, 25, 5; Sidoine Apollinaire, *Lettres*, V, 7.

Regulus attaquait devant lui Senecion, une de ses victimes :
« Quel droit, » s'écria-t-il, « avez-vous sur mes morts? est-ce que
j'attaque Crassus et Camerinus (1)? » C'étaient, nous l'avons vu,
des personnages que, du temps de Néron, Regulus avait accusés.

L. Valerius Catullus Messalinus appartenait à une noble famille. Parent du poète Catulle, il était descendant d'un ancien consul et fils de Statilia Messalina, tante de la troisième femme de Néron (2). Dès 73, il avait été consul ordinaire (3). La cécité qui le frappa (4) ne l'empêchait d'être un des auxiliaires les plus actifs de Domitien, qu'il flattait (5). Au fond du palais d'Albano, il désignait à l'empereur ceux qu'il fallait mettre à mort (6), puis il se chargeait de les faire condamner. Pline le représente comme un homme naturellement cruel qui avait, en perdant la vue, achevé de perdre tout sentiment d'humanité. « Il ne connaissait plus ni respect, ni honte, ni pitié. Il était entre les mains de Domitien un trait qui va frapper aveuglément les gens de bien (7). »

Parmi les délateurs connus, il faut encore nommer Palfurius Sura (8) qui remporta le prix d'éloquence latine dans un des concours Capitolins (9) ; Publicius Certus (10), « flatteur sanguinaire (11) ; » Pompeius, dont Juvénal dit qu'il était habile à couper les gorges à l'aide de discrètes insinuations (12).

Les personnages dont Domitien voulait se débarrasser étaient, en général, accusés de lèse-majesté (13), « le seul crime que l'on

---

(1) Pline, I, 5, 3.
(2) Suétone, *Caligula*, 36. Voir Borghesi, *Œuvres*, V, 526 et suiv.
(3) Klein, *Fasti consulares*, p. 44.
(4) Pline, IV, 22, 5; Juvénal, IV, 116.
(5) Voir Juvénal, *loc. cit.*
(6) Tacite, *Agr.*, 45.
(7) Pline, IV, 22, 5.
(8) Scolies de Juvénal, IV, 53 : « Abusus familiaritate Domitiani acerbissime partes delationis exercuit. »
(9) Voir p. 125.
(10) En 97, il était préfet du trésor de Saturne (Pline, IX, 13, 11 ; Mommsen, *Etude sur Pline le Jeune*, trad. Morel, p. 64).
(11) Pline, IX, 13, 16. Sur lui, voir plus loin, chapitre IX.
(12) Juvénal, IV, 1f0. Selon Borghesi, *Œuvres*, t. V, p. 524 et suiv., ce Pompeius serait le même personnage que le délateur Licinius, dont parle Sidoine Apollinaire (*Lettres*, V, 7). Son nom véritable aurait été Cn. Pompeius Ferox Licinianus, qu'une inscription (*C. I. L.*, VI, 468) indique comme consul à une époque inconnue.
(13) Vespasien et Titus n'avaient jamais accueilli les accusations de lèse-majesté (Dion Cassius, LXVI, 9 et 19).

reprochât à ceux qui n'étaient pas criminels (1). » Il était, en effet, très facile d'abuser de la loi de majesté qui punissait non seulement les actes, mais aussi les écrits et même les paroles portant atteinte à la sécurité de l'État ou de l'empereur (2). Les peines étaient la mort ou le bannissement; l'une et l'autre entraînaient la confiscation des biens.

Le Sénat, compétent en droit pour tous les procès criminels, jugeait, en général, ces sortes d'affaires (3). Quoique Domitien n'eût pas consenti à renoncer à son droit de juridiction capitale sur les sénateurs (4), il en fit, semble-t-il, assez rarement usage (5). Il voulait que les arrêts qui frappaient les personnages les plus considérés de l'empire parussent tout à fait impartiaux et équitables. Si certains jugements devaient provoquer l'indignation publique, il espérait que le Sénat seul en serait rendu responsable. Cette assemblée déclarait toujours les accusés coupables ; elle se sentait impuissante à résister aux volontés du prince (6). Quant aux protestations isolées, elles devaient être fort rares : c'eût été se désigner comme victime aux délateurs. Les membres du Sénat s'indignaient tout bas de leur propre lâcheté et poussaient des soupirs (7); ils n'en condamnaient pas moins leurs collègues les plus respectés, leurs amis les plus chers. « Personne n'osait parler, ouvrir la bouche, sauf les malheureux qu'on interrogeait les premiers. Les autres, interdits, frappés de stupeur, subissaient — avec quelle douleur dans l'âme, avec quel tremblement de tout le corps! — cette nécessité d'un immobile et muet assentiment (8). » — « L'assemblée était tremblante et muette ; on n'y pouvait sans péril dire ce que l'on pensait et sans infâmie ce qu'on ne pensait pas (9). »

(1) Pline, *Panég.*, 42.
(2) Paul, *Sentences*, V, 29. Digeste, XLVIII, 4.
(3) Dion Cassius, LXVII, 4, *in fine*. Pline, *Lettres*, VIII, 14, 8 et 9.
(4) Voir p. 59.
(5) Il jugea cependant lui-même Arrecinus Clemens, qui avait été deux fois consul (Suétone, *Domitien*, 11). — Conformément à l'usage, il jugea aussi, en qualité de grand-pontife, les Vestales coupables d'avoir manqué à leurs vœux (voir p. 80-81). — Dans la persécution contre les chrétiens, il est vraisemblable que les grands personnages qui furent frappés alors furent condamnés par l'empereur lui-même, non pas à la suite d'un procès régulièrement instruit, mais par mesure de police.
(6) Dion Cassius, LXVII, 2.
(7) Tacite, *Agr.*, 45.
(8) Pline, *Panég.*, 76.
(9) Pline, *Lettres*, VIII, 14, 8. Cf. *Panég.*, 66 : « obsepta diutina servitute ora..., frenatamque tot malis linguam. » Tacite, *Agr.*, 3.

Pour remplir son trésor, Domitien usait de beaucoup de moyens, réguliers en apparence. Son patrimoine se grossissait de toutes les sommes qui lui étaient données par testament. Or, maintes fois, des hommes qui le détestaient lui laissèrent une partie de leur fortune pour que leurs dernières volontés ne fussent pas déclarées nulles et que le reste de leurs biens passât à leur famille. Agricola donna Domitien pour cohéritier à sa fille et à sa femme. « Les bons pères, » dit Tacite, « ne font héritiers que les mauvais princes (1). » Quand l'empereur voulait la fortune tout entière ou n'était pas inscrit sur le testament, on en fabriquait un faux qui, daté d'une époque postérieure au véritable, l'annulait (2). Lorsqu'un seul témoin prétendait avoir entendu dire au défunt qu'il instituait César pour héritier, la succession était réservée à Domitien (3). L'impératrice Domitia devait aussi recueillir de nombreux héritages ; un de ses esclaves est qualifié, sur une inscription (4), d'*exactor hered(itatium), legat(orum), peculior(um)*.

Des domaines immenses devenaient propriétés impériales : « On ne vous voit pas, » dit Pline à Trajan (5), « chassant les anciens maîtres, envelopper étangs, lacs, forêts, dans l'immensité de vos domaines. Les fleuves, les sources, les mers ne servent plus à flatter les regards d'un seul homme ; César peut voir quelque chose qui ne soit pas à lui et le patrimoine du prince est enfin moins grand que son empire. » L'orateur, en parlant avec cette exagération, songeait à Domitien.

---

(1) *Agr.*, 43. — Peut-être Domitien annulait-il, comme le firent Caligula et Néron (Suétone, *Cal.*, 38 ; *Nér.*, 32), les testaments sur lesquels il était omis, sous prétexte que le mort s'était montré ingrat envers lui. Pline, *Panég.*, 43 : « testamenta nostra secura sunt [sous Trajan], nec unus omnium, nunc quia scriptus, *nunc quia non scriptus* heres. » — Au commencement de son règne, il avait agi tout autrement ; voir plus haut, p. 88.

(2) Pline, *Panég.*, 43 [à Trajan] : « non tu falsis, non tu iniquis tabulis advocaris. »

(3) Suétone, *Domitien*, 12. — Hirschfeld (*Verwaltungsgeschichte*, p. 54-55) croit qu'à cette époque fut créé un office domestique dont le titulaire s'appelait *procurator hereditatium* (voir *C. I. L.*, VI, 8499, 8500, 8433 : inscriptions de l'époque Flavienne). Il est vraisemblable cependant que cet office existait avant les empereurs Flaviens ; voir une inscription de Menavia, publiée par Bormann (*Archäologisch-epigraphische Mittheilungen aus Oesterreich*, XV, 1892, p. 29), où est nommé un chevalier qui paraît avoir été, sous Vitellius, procurateur du patrimoine et des héritages et secrétaire a *libellis*.

(4) *C. I. L.*, VI, 8434.

(5) *Panég.*, 50.

Les biens des condamnés revenaient soit au fisc, soit à l'*aerarium publicum* (1). Les procès de majesté subvenaient surtout à leurs besoins (2); des délateurs en intentaient même à des morts pour permettre au prince de s'emparer de leurs biens (3). Les condamnations pour adultère, qui sous Domitien furent fréquentes, contribuaient aussi à alimenter son trésor (4).

L'*aerarium publicum*, qui dépendait en droit du Sénat, mais qui en réalité était à la disposition de l'empereur, recevait les biens tombés en déshérence (*bona caduca*) (5). Les lois Voconia, Julia, Pappia Poppaea, que Domitien fit appliquer strictement (6), restreignaient et dans certains cas supprimaient le droit de recevoir des héritages et des legs pour les femmes, les célibataires, les gens mariés sans enfants. A une époque où il y avait beaucoup de célibataires et où les mariages restaient souvent inféconds, les biens caducs étaient fort nombreux. On cherchait, il est vrai, à éluder ces lois en instituant comme héritiers ou légataires des prête-noms; mais il ne manquait pas de délateurs pour dénoncer les fraudes; ils recevaient en récompense le quart de la somme revendiquée par l'Etat (7). Domitien les encouragea. « Ces brigands, » dit Pline (8), « n'attendaient point leur victime dans la

---

(1) Voir Hirschfeld, p. 47, n. 1. Lécrivain, *De agris publicis imperatoriisque*, p. 20, n. 2.

(2) Pline, *Panég.*, 42 et 55. Cf. Philostrate, *Apollonius*, VII, 23.

(3) Suétone, *Domitien*, 12 : « Bona vivorum et mortuorum usquequaque, quolibet et accusatore et crimine corripiebantur : satis erat objici qualecumque factum dictumve adversus majestatem principis. » Ces poursuites contre des morts étaient légales; voir Humbert, *Confiscatio*, dans Daremberg et Saglio, p. 1441.

(4) Pline, *Panég.*, 42 : « Locupletabant fiscum et aerarium... Voconiae et Juliae leges... » Il s'agit sans doute aussi bien de la loi Julia *de adulteriis*, que de la loi Julia *de maritandis ordinibus*.

(5) Hirschfeld, *loc. cit.*, p. 57, 58. — Domitien confia la préfecture du trésor public à des hommes qui lui étaient dévoués, par exemple au délateur Publicius Certus (Pline, *Lettres*, IX, 13, 11).

(6) La loi Voconia était tombée depuis longtemps en désuétude; elle avait, du reste, été en partie annulée par la loi Pappia Poppaea. Domitien la fit revivre à l'égard des femmes de mauvaise vie (voir p. 84, n. 1).

(7) Suétone, *Néron*, 10.

(8) *Panég.*, 34. Ailleurs (*Panég.*, 36), il dit que sous Domitien le temple de Saturne était le « spoliarium civium, cruentarumque praedarum saevum receptaculum. » — Des vers de Martial (V, 16, 5 et suiv.) prouvent qu'à cette époque les délateurs de cette espèce s'enrichissaient vite :

nam si Falciferi defendere templa * Tonantis
[lire peut-être *togatus*]
sollicitisve velim vendere verba reis,
plurimus Hispanas mittet mihi nauta metretas...

solitude, sur son passage; c'était un temple [le temple de Saturne], c'était le forum qu'ils avaient envahi. Plus de testaments respectés, plus de condition certaine ; qu'on eût des enfants, qu'on n'en eût pas, le danger était le même. »

Comme on le voit, la tyrannie de Domitien, quoiqu'elle arrivât aux mêmes fins que celle qui agissait sans forme de procès, paraissait user de procédés réguliers (1), ce qui faisait dire à Pline le Jeune « que l'Etat, dont les lois étaient le fondement, était détruit par les lois mêmes (2). »

D'ordinaire, le prince semblait étranger aux abus, aux crimes juridiques qui se commettaient chaque jour. Il assistait, il est vrai, aux séances du Sénat où l'on condamnait ses victimes. « Néron, » dit Tacite (3), « ordonna des crimes et n'en fut pas spectateur. Le grand de nos maux, sous Domitien, était de le voir et d'en être vus, quand tous nos soupirs étaient comptés, quand son visage féroce, couvert de cette rougeur dont il s'armait contre la honte, observait la pâleur de tant d'infortunés. » Un jour même, il dit, au début d'un procès de majesté dans lequel plusieurs accusés étaient impliqués, qu'il allait éprouver l'amour que le Sénat avait pour lui. Les juges, dociles à cet avertissement plein de menaces, prononcèrent une sentence plus rigoureuse que d'ordinaire : la peine capitale suivant la coutume ancienne (*more majorum*). Les condamnés n'étaient pas laissés libres du choix de leur supplice; le cou serré entre une fourche, ils devaient être frappés de verges jusqu'à la mort (4). Effrayé de l'atrocité de la peine, Domitien intercéda alors pour eux en ces termes : « Permettez-moi, Pères Conscrits, de réclamer de votre dévouement une chose qui, je le sais, me sera difficilement accordée : c'est que les condamnés puissent choisir leur mort. Vous vous épargnerez ainsi un spectacle affreux, et tout le monde comprendra que j'assistais à la séance du Sénat (5). »

Il aimait qu'on vantât sa générosité (6). Lorsqu'il jugeait lui-

---

(1) Philostrate, *Apollonius*, VII, 14; cf. VII, 18.
(2) *Panég.*, 34.
(3) *Agric.*, 45.
(4) Voir Suétone, *Néron*, 49.
(5) Suétone, *Domitien*, 11. Lors du procès des trois Vestales, Domitien vanta aussi sa clémence (Dion, LXVII, 3).
(6) Stace, *Silves*, III, 4, 73 : « pulchra ducis clementia. » Cf. III, 3, 169. Martial, IX, 70, 7 :

    Nulla ducum feritas, nulla est insania ferri;
    pace frui certa laetitiaque licet.

même, il ne prononçait jamais un arrêt de mort sans un préambule dans lequel il faisait l'éloge de sa clémence : il feignait ainsi la modération, tout en se faisant un jeu du vain espoir que ses paroles inspiraient d'abord à l'accusé (1).

Quant aux délateurs, il ne voulait pas qu'on les considérât comme ses complices. Lorsqu'ils lui avaient procuré de fortes sommes, ou qu'ils avaient accusé beaucoup de gens, il les perdait, surtout les esclaves qui avaient dénoncé leurs maîtres. Ceux mêmes qui avaient reçu de l'argent, des honneurs, des fonctions, n'étaient pas plus en sûreté que les autres (2).

C'était par prudence que Domitien montrait cette hypocrisie. En se débarrassant de ceux qu'il considérait comme ses ennemis, comme en écartant le système de gouvernement inauguré par Auguste, il n'oubliait pas qu'il avait à tenir compte du prestige que les sénateurs conservaient encore.

La conduite qu'il adopta dans sa lutte contre l'aristocratie rappelle à bien des égards celle de Tibère. On ne s'étonne pas d'apprendre de Suétone qu'il faisait des mémoires et des décisions de cet empereur sa lecture habituelle (3).

---

(1) Suétone, *Domitien*, 11. Cf. cette anecdote que raconte Suétone, *loc. cit.* : « Actorem summarum pridie quam crucifigeret, in cubiculum vocavit, assidere in toro juxta coegit, securum hilaremque dimisit, partibus etiam de caena dignatus est. » — Dion, LXVII, 1 : « ἐπλάττετο δ'ἀγαπᾶν ἀεί, ὅν ἀεὶ μάλιστα ἀποσφάξαι ἤθελεν. »

(2) Dion Cassius, LXVII, 1. Dans le conseil du turbot, Juvénal nous montre Messalinus et Veiento aussi tremblants que les autres en présence du maître. — Les délateurs craignaient d'être dénoncés par des gens de leur espèce (Juvénal, I, 35).

(3) Suétone, *Domitien*, 20.

CHAPITRE IX.

PERSÉCUTION DES PHILOSOPHES.

La période de terreur, qui dura trois années, depuis 93 jusqu'à la mort de Domitien, commença par la persécution des philosophes. L'empereur avait des motifs pour se méfier d'eux. Prédicateurs de morale, plutôt que faiseurs de systèmes, ils se piquaient de poursuivre les vices partout où ils les rencontraient (1) ; souvent même ils n'épargnaient pas la personne du prince. Or ils trouvaient de nombreux sujets de blâme dans la vie privée de Domitien. Ils étaient surtout hostiles au gouvernement. Enclins à la critique par profession comme par orgueil, ils dénigraient tous les actes du pouvoir, ils s'en prenaient aux conseillers, aux auxiliaires du prince, quand ils ne l'attaquaient pas lui-même. S'érigeant en juges de mœurs, ils empiétaient, pour ainsi dire, sur les attributions de Domitien, censeur. Ils n'aimaient pas la dynastie Flavienne, dont le chef, Vespasien, les avait persécutés (2), à cause de leur opposition au régime impérial (3). Ces hommes, qui faisaient la leçon à tous, ne voulaient accepter un seul maître qu'à la condition de le diriger ; ils se souvenaient que parmi les victimes des Césars avaient figuré depuis un siècle les plus illustres représentants du stoïcisme, doctrine dominante à cette époque. On n'avait donc pas toujours tort de les

---

(1) Dion Chrysostome, Discours LXXII, t. II, p. 248, édition Dindorf : « Le philosophe doit avertir les hommes, ne flatter ni n'épargner personne. Il les reprend le plus qu'il peut et leur montre ce qu'ils sont. »

(2) Dion Cassius, LXVI, 12 ; 13 ; 15. Suétone, Vespasien, 15. Epictète, Dissertations, I, 2, 19.

(3) Sous ce prince, Hostilius déclamait contre la monarchie (Dion Cassius, LXVI, 13). Helvidius Priscus vantait le gouvernement républicain (Dion Cassius, LXVI, 12) et ne voulait pas donner à Vespasien le titre d'empereur (cf. Suétone, loc. cit.).

considérer comme des factieux (1). Leurs attaques semblaient d'autant plus blessantes que maintes fois elles étaient faites avec une franchise brutale. Sous Vespasien, Helvidius Priscus, Hostilius, Demetrius avaient grossièrement insulté le prince (2); sous Domitien, Dion Chrysostome ne fut pas plus réservé : du moins il s'en vanta plus tard (3). Le pouvoir impérial pouvait difficilement contraindre au silence ces importuns; contre eux, les mesures les plus sévères paraissaient sans effet. Ne craignant pas la mort, avides de réputation (4), ils ambitionnaient le martyre (5). — Tous, il est vrai, ne se montraient pas aussi téméraires. Martial écrivait à son ami Decianus, philosophe stoïcien (6) : « Tu suis les dogmes du grand Thraséas et de Caton, ce sage parfait, de manière pourtant à prouver que tu ne fais pas fi de la vie et que tu ne veux point aller la poitrine découverte te précipiter au devant d'un glaive sorti du fourreau. Je t'approuve, Decianus : j'estime peu celui qui achète la renommée au prix d'un sang prodigue ; j'estime l'homme qui peut se rendre digne de louanges sans s'attirer la mort. » Beaucoup devaient suivre cette conduite prudente (7), mais ceux qui attaquaient le prince se faisaient plus facilement connaître et semblaient plus dignes du nom de philosophes.

Par eux-mêmes, les philosophes ne semblaient pas fort redoutables : ils parlaient plus qu'ils n'agissaient, et d'ordinaire ils s'abstenaient de prendre part aux affaires publiques : ils prétendaient consacrer tout leur temps à l'étude de la science suprême du bien, et ne pas se rendre complices d'actions peu honorables, conduite qui leur attirait le blâme de beaucoup de Romains, habitués à placer les devoirs civiques au-dessus de tous les

---

(1) Voir Friedländer, *Sittengeschichte*, III, 6ᵉ édit., p. 671 et suiv. Boissier, *Opposition sous les Césars*, p. 103.

(2) Dion Cassius, LXVII, 12 et 13. Suétone, *Vespasien*, 13 et 15.

(3) Dion Chrysostome, *Discours*, III, t. I, p. 41; XLV, t. II, p. 118. Voir encore le langage que Philostrate (*Apollonius*, VII, 5 et suiv.; VII, 32) fait tenir à son héros légendaire.

(4) Leur orgueil leur était souvent reproché : Tacite, *Hist.*, IV, 6; Dion Cassius, t. IX, p. 304, édition Gros-Boissée (discours de Mucien à Vespasien); Dion Chrysostome, XIII, p. 243; etc.

(5) Philostrate, *Apollonius*, VII, 16. Dion Cassius, LXVI, 15.

(6) I, 8.

(7) Nous connaissons un philosophe qui sut s'attirer les bonnes grâces de Domitien : le Bithynien Flavius Archippus, qui reçut de l'empereur une terre aux environs de Pruse, sa patrie (*Correspondance de Pline et de Trajan*, 58; cf. 60).

autres (1). — Ce qui les rendait dangereux, c'était l'influence que leur donnaient leurs talents et leurs vertus, souvent très dignes d'admiration. Les critiques qu'ils adressaient au prince et à son gouvernement, les théories politiques qu'ils exposaient pouvaient inspirer à leurs disciples la haine du régime présent. Ils aiguisaient les poignards dont d'autres se servaient (2).

Cette influence, ils ne l'exerçaient guère sur le peuple. Ils avaient, il est vrai, cessé de penser, comme Cicéron (3), que la philosophie doit éviter la multitude. Des esclaves même étaient admis aux leçons du stoïcien Musonius Rufus (4); Helvidius Priscus recherchait la popularité (5); les cyniques se donnaient pour mission d'enseigner la vertu aux petites gens (6). Mais le peuple, en général, estimait peu les philosophes. Il les regardait comme des pédagogues insupportables et vaniteux, se moquait de leur costume et de leurs allures bizarres, raillait leurs rivalités si fréquentes, voyait en eux des oisifs passant leur vie à discourir, et même des hypocrites : car les cyniques, qu'il connaissait plus que les stoïciens, n'avaient pas tous des mœurs fort recommandables (7).

C'était surtout dans l'aristocratie que les philosophes trouvaient des disciples. Comme, par leur éducation, les nobles étaient presque aussi Grecs que Romains, ils devaient s'intéresser à la philosophie, création de l'esprit hellénique. Ne pouvant prendre qu'une part fort restreinte aux affaires de l'Etat, ils trouvaient dans cette étude une sérieuse occupation; menacés des plus dures épreuves sous Domitien, ils aimaient à se persuader que les disgrâces, la pauvreté, l'exil, la mort ne sont pas des maux. Fidèles en général aux pratiques religieuses de leurs ancêtres, ils pensaient que la philosophie en était le complément nécessaire : les dieux sanctionnaient la loi morale, les philosophes l'enseignaient. Enfin la mode, dans la haute société, était à la philosophie : le rhéteur Quintilien s'en alarmait fort et revendiquait, pour les professeurs d'éloquence, le droit d'enseigner la vertu (8). Les jeunes gens de l'aristocratie suivaient les leçons des maîtres les plus re-

---

(1) Voir Friedländer, *Sittengeschichte,*, III, p. 669-670.
(2) Philostrate, *Apollonius*, VII, 4. Cf. Dion Cassius, LXVI, 12 et 13.
(3) *Tusculanes*, II, 1, 4.
(4) Epictète fut son élève (*Entretiens*, I, 7, 32).
(5) Dion Cassius, LXVI, 12.
(6) Voir Friedländer, *Sittengeschichte*, III, p. 722.
(7) Voir Friedländer, III, p. 677 et suiv.
(8) *Inst. or.*, I, proœm., 10 et suiv.; cf. XI, 1, 35; XII, 1, 6 et suiv.

nommés; dans chaque grande maison, vivait un sage qui était le conseiller de ses hôtes et le précepteur des enfants de la famille. Les philosophes ne se bornaient pas, d'ailleurs, à donner des règles de conduite : on prenait leur avis pour chaque affaire importante ; ils étaient sans cesse mêlés à la vie intime des nobles (1). Des hommes d'un rang élevé se faisaient philosophes de profession et se montraient plus fiers de ce titre que des hautes charges qu'ils avaient exercées. Sur un buste de Junius Rusticus, qui fut préteur et probablement aussi consul, on lit ces simples mots : « *L. Junii Rustici, philosophi stoïci* (2). » Ils donnaient des leçons publiques, comme le fit, au temps de Néron et de Vespasien, C. Musonius Rufus, ancien consul (3). Ce personnage se montra dédaigneux des préjugés romains et aristocratiques au point de marier sa fille à un philosophe grec Artémidore (4).

Ainsi les philosophes, qui attaquaient la personne comme la politique de l'empereur, exerçaient une grande autorité morale sur la noblesse qui faisait une opposition fort vive au gouvernement. On pouvait en conclure qu'ils étaient non seulement les complices, mais aussi les instigateurs de cette opposition. Ce fut la cause des mesures que Domitien prit contre eux.

Il ne semble pas cependant qu'avant l'année 93 ils aient été poursuivis d'une manière systématique. Quelques-uns d'entre eux purent être frappés (5), mais la persécution générale n'eut lieu

---

(1) Voir, à ce sujet, Friedländer, *Sittengeschichte*, III, p. 706 et suiv.

(2) Visconti, *Iconographie romaine*, I, p. 204, pl. XIV, n° 5; Orelli, *Inscr. coll.*, n° 1190. Ce n'est pas le buste de Junius Rusticus, consul pour la seconde fois en 162 (Klein, *Fasti consulares*, p. 75) et philosophe stoïcien lui aussi (voir Lacour-Gayet, *Antonin le Pieux et son temps*, p. 338) : ce personnage s'appelait Quintus, non Lucius (*C. I. L.*, XIV, 58). On peut donc attribuer (comme le fait Mommsen, *Index de Pline*) le buste en question au Rusticus qui vécut sous Domitien et dont le prénom n'est du reste indiqué nulle part ailleurs. Le personnage représenté porte la barbe : c'était l'usage des philosophes qui ne s'était pas encore répandu dans la haute société à l'époque Flavienne. — Ce buste et l'inscription qui l'accompagnent ne sont cependant pas à l'abri de tout soupçon de non-authenticité : voir Bernoulli, *Römische Ikonographie*, I, p. 284.

(3) Tacite, *Annales*, XV, 71; *Hist.*, III, 81.

(4) Pline, *Lettres*, III, 11, 7.

(5) Eusèbe (*Chronologie*, p. 160, 161, éd. Schöne) indique en 2105 (1ᵉʳ octobre 88-30 septembre 89) une expulsion des philosophes et des astrologues, puis une autre, quatre ans plus tard : ce fut celle qui suivit le procès de Massa. Cependant aucun auteur ne fait allusion à la première expulsion, car Dion Cassius (LXVII, 13), quand il écrit au sujet des événements de 93 : « Οἱ λοιποὶ πάντες [φιλόσοφοι] ἐξηλάθησαν αὖθις ἐκ τῆς Ῥώμης, » pense sans doute à

qu'à la suite du procès de Baebius Massa (1). Nous avons vu qu'il fut accusé d'avoir commis des malversations pendant son proconsulat de Bétique. Le Sénat désigna comme avocats aux Espagnols Herennius Senecio et Pline le Jeune (2). Sénateur et philosophe stoïcien, Senecio était fort hostile à l'empereur. Après sa questure, il n'avait voulu gérer aucune autre charge (3); lors de l'affaire de la grande vestale Cornelia, que Domitien fit périr, il avait accepté d'être l'avocat de Valerius Licinianus, accusé de complicité avec cette prêtresse (4); il médisait des délateurs les plus puissants (5). Il fut donc heureux de saisir cette occasion d'attaquer le prince dans la personne d'un de ses favoris et il s'acharna contre Massa. Après avoir obtenu, avec l'appui de Pline, que le Sénat instruisît le procès, puis qu'il déclarât Massa coupable et ordonnât la mise de ses biens sous séquestre, en vue des dommages-intérêts à payer aux victimes, il ne se tint pas pour satisfait. « Ayant appris, écrit Pline à Tacite (6), que les consuls devaient statuer sur les requêtes qui leur étaient présentées, Senecio vint me trouver : « Nous nous sommes fort bien enten-
» dus, » dit-il, « pour soutenir ensemble l'accusation dont nous
» étions chargés; montrons maintenant le même accord, allons
» nous présenter aux consuls et demandons que ceux à qui l'on
» a confié la garde des biens ne permettent pas qu'on les dissipe. »
— « Nous avons été désignés comme avocats par le Sénat, » lui répondis-je; « maintenant que le jugement est rendu, ne pensez-
» vous pas que notre mission soit terminée? » — « Vous pou-
» vez, » dit alors Senecio, « donner à votre tâche le terme qu'il
» vous plaira, vous qui n'avez aucune autre liaison avec cette
» province que le service que vous venez de lui rendre. Mais moi
» j'y suis né, j'y ai été questeur. » — « Si telle est votre ferme
» résolution, » répliquai-je, « je vous suivrai, pour que les con-
» séquences, s'il y en a de fâcheuses, ne pèsent pas sur vous seul. »

l'expulsion qui eut lieu sous Vespasien (Lenain de Tillemont, *Histoire des empereurs*, II, p. 483). Il faut donc admettre, ou bien qu'Eusèbe a fait une confusion, ou bien qu'un certain nombre de philosophes et astrologues furent expulsés en 88-89, comme complices d'une conspiration. — Au début du règne, le courtisan Martial faisait l'éloge de Thraséas et d'Arria (I, 8, 1; IV, 54, 7; I, 13).

(1) Ce procès fut jugé vers le milieu de 93 (voir p. 142, n. 2).
(2) Pline, *Lettres*, VII, 33, 4 et 5.
(3) Dion Cassius, LXVII, 13.
(4) Pline, IV, 11, 12.
(5) Voir p. 267.
(6) Pline, VII, 33.

Nous allons trouver les consuls. Senecio dit ce qui convient à la circonstance et j'ajoute quelques mots. A peine avons-nous cessé de parler, Massa se plaint que Senecio se conduise à son égard, non comme l'avocat d'une partie adverse, mais comme un véritable ennemi, et il demande qu'on reçoive contre lui une accusation d'impiété [c'est-à-dire de lèse-majesté]. » Pline, qui, dans ce récit, veut surtout faire admirer son propre courage, ajoute qu'il dit alors : « Je crains, illustres consuls, que Massa, en me passant sous silence dans sa demande d'accusation, ne me rende suspect de prévarication. » — Par égard pour les provinciaux, Domitien avait laissé condamner son favori : c'était de sa part une importante concession. Les gens sensés en jugeaient ainsi, et Pline, s'il n'avait pas été entraîné par la crainte de paraître lâche, aurait toujours été de cet avis. Mais Senecio fut enhardi par la sentence du Sénat. Il voulut faire le plus de bruit possible autour d'une affaire désagréable au prince et de nature à jeter du discrédit sur son gouvernement; il se piqua de défendre les intérêts des provinciaux mieux que Domitien, qui, pourtant, recherchait leur appui ; dans son orgueil, il fut bien aise de faire montre de courage, à une époque où tous se taisaient par prudence.

Vers le même temps sans doute, Senecio écrivit la biographie d'Helvidius Priscus, mis à mort par Vespasien (1); ce dut être un pamphlet contre les Flaviens, bien plus qu'une histoire impartiale.

Ces attaques irritèrent et alarmèrent l'empereur, qui décida la mort de Senecio. Vers la fin de 93 (2), il fut accusé devant le Sénat, par Mettius Carus (3), d'avoir écrit le livre dont nous parlons et d'avoir dédaigné les honneurs (4). Déclaré coupable, il fut mis à mort (5); la biographie d'Helvidius fut brûlée de la main des triumvirs capitaux sur le comitium et le Forum (6); le lâche

---

(1) Dion Cassius, LXVII, 13. Tacite, *Agr.*, 2. Pline, VII, 19, 5.

(2) Le récit de Pline montre que Senecio fut accusé de majesté immédiatement après le procès de Massa. Tacite (*Agr.*, 45) dit qu'il fut condamné peu après la mort d'Agricola (23 août 93); or, on sait que, lors de la mort d'Agricola, Massa était déjà accusé.

(3) Pline, VII, 19, 5 et I, 5, 3.

(4) Dion Cassius, *loc. cit.* — Cf. Tacite, *Histoires*, I, 2 : « omissi gestique honores pro crimine. »

(5) Dion Cassius, *loc. cit.* Pline, I, 5, 3; III, 11, 3. Tacite, *Agr.*, 45; cf. *Agr.*, 2.

(6) Tacite, *Agr.*, 2. Cf. Pline, VII, 19, 6.

Regulus lut en public et répandit un libelle dans lequel il insultait à la mémoire du mort (1).

En même temps que Senecio (2), furent frappés plusieurs personnages illustres qui étaient ses amis et partageaient ses idées. Fannia (3), veuve d'Helvidius Priscus et fille du grand Thraséas, femme admirable par sa vertu, son courage et aussi par sa grâce et son affabilité, avait jadis accompagné deux fois son mari exilé. Au cours de son procès, Senecio déclara, pour se justifier, qu'il avait écrit le livre qu'on lui reprochait sur la prière de Fannia. Mettius Carus demanda d'un air menaçant à Fannia, si elle l'en avait véritablement prié. — « Oui, » répondit-elle. — « Si elle lui avait donné des mémoires? — Oui. — Si sa mère le savait? — Non. » Elle ne laissa échapper aucune parole qui pût paraître inspirée par des sentiments de crainte. Le Sénat la condamna à la relégation et ses biens furent confisqués. Quoique l'ouvrage de Senecio eût été supprimé, elle en conserva un exemplaire et l'emporta dans le lieu où elle fut exilée (4). — Sa mère, « la mère d'une telle femme, c'est tout dire (5), » était Caecinia Arria (6), fille de la première Arria et de Paetus (7), célèbres par leur fin héroïque. Lorsque Thraséas avait été contraint de se tuer, elle avait voulu partager le sort de son mari ; mais celui-ci l'avait conjurée de vivre et de ne pas enlever à leur fille son seul soutien (8). En 93, elle fut, comme Fannia, condamnée à la relégation (9).

Helvidius Priscus était fils du sénateur qui périt sous Vespasien, et beau-fils de cette Fannia (10). Plus prudent d'abord que son père, il avait pu parvenir au consulat (11). Il évitait d'ailleurs

---

(1) Pline, I, 5, 3.
(2) Tacite, *Agr.*, 45 : « *Eadem strage* tot consularium caedes, tot nobilissimarum feminarum exsilia et fugas..... Mox nostrae duxere Helvidium in carcerem manus, nos Maurici Rusticique visus, nos innocenti sanguine Senecio perfudit. » D'autres textes indiquent que Senecio, Helvidius Priscus le Jeune, Rusticus, Mauricus, Arria, Fannia, Gratilla furent jugés en même temps. Voir Pline, VII, 19, 5; III, 11, 3: I, 5, 2 et 3; Tacite, *Agr.*, 2 ; Dion Cassius, LXVII, 13.
(3) Sur elle et les personnages dont nous parlons plus loin, voir Mommson, *Index de Pline le Jeune*, éd. Keil.
(4) Pline, VII, 19. Cf. III, 11, 3; IX, 13, 5.
(5) Pline, VII, 19, 9.
(6) Pline, IX, 13, 3.
(7) Pline, III, 16, 10. Tacite, *Annales*, XVI, 34.
(8) Tacite, *loc. cit.*
(9) Pline, III, 11, 3; VII, 19, 10; IX, 13, 5.
(10) Pline, IX, 13, 3.
(11) Pline, IX, 13, 2. Voir plus haut, p. 73.

de faire trop parler de lui, « cachant dans la retraite, » dit Pline, « un grand nom et de grandes vertus. » Cependant il haïssait l'empereur et ne lui épargnait pas les sarcasmes. On lui reprocha de s'être moqué du divorce bruyant de Domitien dans un mime dont le sujet était mythologique en apparence (1); il dut être aussi accusé de complicité avec Senecio, l'apologiste de son père. Traduit devant le Sénat, il fut condamné à mort (2). Au moment où on l'entraînait en prison, l'ancien préteur Publicius Certus osa porter la main sur lui, dans la curie même (3).

L. Junius Arulenus Rusticus (4) avait exercé le tribunat en 66 (5), la préture en 69 (6) et probablement le consulat sous les Flaviens. On le tenait en haute estime; Pline et Tacite font l'éloge de son talent et de ses vertus (7); peut-être même Domitien l'admit-il parmi ses conseillers (8). Philosophe stoïcien (9), il avait été l'ami de Thraséas (10); il était, semble-t-il, allié des Helvidii (11); il protégeait Dion Chrysostome (12) et Plutarque (13). Dès le règne de Néron, son courage téméraire faillit le perdre: tribun lors du procès de Thraséas, il lui avait offert d'opposer son intercession au sénatùs-consulte qui le devait condamner. Thra-

(1) Voir p. 246.
(2) Pline, III, 11, 3. Suétone, *Domitien*, 10.
(3) Pline, IX, 13, 2. Tacite fait allusion à cet acte de violence, quand il dit (*Agr.*, 45) : « Mox nostrae duxere Helvidium in carcerem manus. »
(4) Sur son nom, voir Mommsen, *Index de Pline*.
(5) Tacite, *Annales*, XVI, 26.
(6) Tacite, *Hist.*, III, 80.
(7) Pline le qualifie de grand homme (I, 14, 1 ; cf. II, 18, 4). Tacite, *Hist.*, *loc. cit.* : « dignatio viri. » Cf. Plutarque, *De curiositate*, 15.
(8) Plutarque (*loc. cit.*) raconte que pendant une de ses leçons, à laquelle assistait Rusticus, on apporta à celui-ci une lettre de l'empereur.
(9) Dion Cassius, LXVII, 13. Pline, I, 5, 2. Cf. p. 278, n. 2.
(10) Tacite, *Annales*, XVI, 26.
(11) Fannia était parent d'une Junia, vestale (Pline, VII, 19, 1).
(12) Selon Mommsen (*Etude sur Pline*, traduction Morel, p. 59, n. 2), Dion fait allusion à lui quand il dit (Discours XIII, t. 1, p. 240, édition Dindorf) : « Ὅτε φεύγειν συνέβη με φιλίας ἕνεκεν λεγομένης ἀνδρὸς οὐ πονηροῦ, τῶν δὲ τότε εὐδαιμόνων τε καὶ ἀρχόντων ἐγγύτατα ὄντος, διὰ ταῦτα δὲ καὶ ἀποθανόντος, δι' ἃ πολλοῖς καὶ σχεδὸν πᾶσιν ἐδόκει μακάριος, διὰ τὴν ἐκείνων οἰκειότητα καὶ συγγένειαν ταύτης ἐνεχθείσης ἐπ' ἐμὲ τῆς αἰτίας, ὡς δὴ τἀνδρὶ φίλον ὄντα καὶ σύμβουλον. » Cependant Dion dit qu'il erra pendant de longues années : « ἐν τοσούτοις ἔτεσι φυγῆς » (Discours XL, t. II, p. 88); et nous savons qu'il parcourut beaucoup de pays pendant son exil volontaire (voir plus loin). Or, si ce fut le procès de Rusticus qui causa sa fuite, il n'erra que trois ans. Il est vrai que Dion a pu exagérer la durée de ses souffrances.
(13) Plutarque, *loc. cit.*

séas retint son élan généreux, et le détourna d'une entreprise qui, sans utilité pour l'accusé, serait fatale au défenseur (1). Sous Domitien, il publia une biographie de son illustre ami, biographie dans laquelle il l'appelait le plus saint des hommes (2). Ce livre, qui devait contenir des attaques plus ou moins déguisées contre le pouvoir, le fit accuser de lèse-majesté devant le Sénat (3). La peine de mort fut prononcée contre lui, et son écrit brûlé avec celui de Senecio (4). Regulus saisit cette occasion de faire sa cour à l'empereur. Il avait contribué à la condamnation de Rusticus; il se montra si joyeux de son supplice, que dans le libelle où il attaquait Senecio, il le traita de singe des stoïciens et d'homme marqué des stigmates de Vitellius (5).

Le Sénat condamna à la relégation Junius Mauricus (6), frère de Rusticus (7). C'était un honnête homme fort respecté (8), que plus tard Nerva et Trajan traitèrent avec beaucoup d'égards (9); mais on craignait sa franchise (10). Les délateurs se souvenaient peut-être de sa conduite au début du règne de Vespasien; il avait alors demandé à Domitien de communiquer au Sénat les registres du palais, afin qu'on sût quelles accusations chacun avait sollicitées (11). — Gratilla, qui était peut-être la femme de Rusticus (12), fut aussi condamnée à la relégation. Même dans le mal-

---

(1) Tacite, *loc. cit.*
(2) Suétone, *Domitien*, 10 : « [Domitianus interemit] Junium Rusticum quod Paeti Thraseae et Helvidii Prisci laudes edidisset, appellassetque eos sanctissimos viros. » Il y a une erreur dans ce passage, ou bien le texte original est altéré. Ce fut, nous le savons, Senecio qui écrivit la biographie d'Helvidius Priscus. Dion Cassius (LXVII, 13) dit de Senecio qu'il composa une vie de Priscus, de Rusticus Arulenus qu'il appela Thraséas un saint « ἱερόν. » Tacite écrit (*Agr.*, 2) : « Legimus, cum Aruleno Rustico Paetus Thrasea, Herennio Senecioni Priscus Helvidius laudati essent, capitale fuisse. »
(3) *Agr.*, 45.
(4) *Agr.*, 2. Suétone, *Domitien*, 10. Dion Cassius, LXVII, 13. Pline, I, 5, 2; III, 11, 3. Plutarque, *loc. cit.*
(5) Pline, I, 5, 2. En 69, au moment où les troupes Flaviennes approchaient de la ville, Rusticus avait été envoyé comme député aux généraux de Vespasien; fort mal accueilli, il avait même reçu une blessure (Tacite, *Hist.*, III, 80).
(6) Pline, III, 11, 3; I, 5, 10. Cf. Tacite, *Agr.*, 45.
(7) Pline, I, 14; II, 18.
(8) Pline, I, 5, 16; II, 18, 4. Plutarque, *Galba*, 8. Martial, V, 28, 5.
(9) Pline, IV, 22.
(10) Pline, *loc. cit.* (voir plus haut, p. 268). Plutarque, *loc. cit.*
(11) Tacite, *Hist.*, IV, 40.
(12) Lenain de Tillemont, II, p. 106. — Pline (V, 1, 8) dit qu'on pouvait

heur, elle inspira de grands dévouements. Une femme qui lui envoyait des vivres par mer fut avertie que César s'en emparerait : « N'importe, » répondit-elle, « j'aime mieux voir Domitien les prendre, que de négliger de les envoyer (1). »

Peut-être fût-ce lors de ces procès que le prince, redoutant quelque résistance, fit entourer la curie de soldats (2). Les sénateurs pouvaient craindre d'être massacrés, s'ils refusaient de se montrer dociles. De plus, Domitien, présent aux séances, surveillait les juges (3).

C'était pour avoir fait l'apologie de deux stoïciens célèbres que Rusticus et Senecio avaient péri ; eux-mêmes, ainsi que les autres condamnés, suivaient la doctrine du Portique ; ils protégeaient des philosophes, dont quelques-uns ne durent pas cacher leurs sympathies à l'égard des accusés. Ce fut pour Domitien une occasion de frapper des hommes depuis longtemps suspects au pouvoir. Plusieurs d'entre eux furent mis à mort (4) ; quant aux autres, un sénatus-consulte, rendu à la fin de l'année 93 (5), leur ordonna de quitter Rome (6). « On chassa alors, » dit Tacite,

---

reprocher à certaines gens l'amitié de Rusticus et de Gratilla. Elle fut condamnée en même temps que Rusticus (III, 11, 3). Mommsen (*Index de Pline*, p. 432) pense que Tacite la mentionne (*Hist.*, III, 69) sous le nom de Verulana Gratilla.

(1) Épictète, *Entretiens*, II, 7, 8.

(2) Tacite, *Agr.*, 45 (chapitre où l'historien parle de ces procès) : « Non vidit Agricola obsessam curiam et clausum armis senatum. »

(3) Tacite, *loc. cit.*

(4) Dion Cassius, LXVII, 13.

(5) Ces expulsions eurent lieu immédiatement après les procès de Senecio, de Rusticus, etc. Voir Suétone, *Domitien*, 10 : « [Domitien fit périr Rusticus, etc.] cujus criminis occasione philosophos omnes urbe Italiaque summovit. » Cf. Dion Cassius, LXVII, 13 ; Tacite, *Agr.*, 2 ; Pline, III, 11, 3 et suiv. Eusèbe (version arménienne, p. 160, édit. Schöne) place l'expulsion des philosophes et des astrologues en 2109 (1er octobre 92-30 septembre 93). Saint Jérôme (p. 163) donne 2111, mais cette indication est certainement erronée. Peu de temps après l'expulsion des philosophes, Pline alors préteur, alla visiter Artémidore aux portes de Rome (voir plus loin). Or il exerça la préture en 93 (voir Mommsen, *Étude sur Pline*, p. 61). C'est donc entre le 23 août 93 et la fin de l'année qu'il faut placer : la fin du procès de Massa, les procès de Senecio et de ses amis, l'expulsion des philosophes.

(6) Textes cités note 5. Aulu-Gelle, XV, 11, 4. Suidas, s. v. Δομετιανός. Pline, *Panég.*, 47. Saint Jérôme (traduction de la *Chronologie* d'Eusèbe, p. 163), dit que les philosophes furent chassés par un édit (*per edictum*) ; Aulu-Gelle parle d'un sénatus-consulte. Peut-être y eut-il d'abord un édit, puis un sénatus-consulte.

« les maîtres de la sagesse ; on envoya en exil tous les nobles talents, pour n'avoir plus rien d'honnête sous les yeux (1). »

Le gendre de Musonius Rufus, Artémidore, dont Pline vante les vertus, se retira dans une maison qu'il avait aux portes de la ville. Pline, alors préteur, eut le courage d'aller le voir et de lui donner une somme d'argent dont il avait besoin pour payer une dette (2). C. Luccius Telesinus, consul en 66 (3), sortit de Rome pour se conformer au décret du Sénat, aimant mieux se retirer comme philosophe que de rester comme consulaire (4). Le cynique Demetrius était connu par sa hardiesse (5) : sous Vespasien déjà, il avait été condamné à la relégation à cause de ses attaques injurieuses contre l'empereur, mais celui-ci n'avait pas voulu le faire périr : « Tu fais tout pour m'obliger à te mettre à mort, mais je ne tue pas un chien qui aboie (6). » Revenu plus tard à Rome, il alla, après le décret d'expulsion, vivre à Pouzzoles et on le considéra comme fort audacieux de s'établir si près de la ville dont on le chassait (7).

Quelque temps après, il fut peut-être interdit aux philosophes de séjourner même en Italie (8). Epictète se retira à Nicopolis, en Epire (9). L'effroi, dit Philostrate (10), se répandit parmi les philosophes au point que tous quittèrent leurs manteaux et que les uns s'enfuirent vers l'Occident, chez les Celtes, ou dans les déserts de la Libye et de la Scythie. — Le plus illustre de ces fugitifs fut Dion Chrysostome. Ami d'une des principales victimes de Domitien et menacé pour cette raison, il sortit de Rome, avant d'en être expulsé en vertu du sénatus-consulte. L'oracle de Delphes qu'il consulta lui recommanda d'aller jusqu'aux extrémités de la terre. Il prit des vêtements misérables et, pendant plusieurs an-

---

(1) Tacite, *Agr.*, 2.
(2) Pline, *Lettres*, III, 11.
(3) Klein, *Fasti consulares*, p. 40.
(4) Philostrate, *Apollonius*, VII, 11.
(5) Epictète, *Entretiens*, I, 25, 22. Sur ce personnage, voir Friedländer, *Sittengeschichte*, III, p. 724 et suiv.
(6) Dion Cassius, LXVI, 13. Cf. Suétone, *Vespasien*, 13.
(7) Philostrate, *Apollonius*, VII, 10.
(8) Parmi les auteurs qui parlent de l'expulsion des philosophes, Dion Cassius, Pline, Eusèbe, Suidas disent qu'ils furent chassés de Rome ; Suétone et Aulu-Gelle, de Rome et de l'Italie. Il faut peut-être distinguer deux mesures prises successivement contre les philosophes par le pouvoir impérial.
(9) Aulu-Gelle, XV, 11, 5. Cf. Epictète, *Entretiens*, I, 25, 19.
(10) *Apollonius*, VII, 4.

nées, il erra dans différents pays, tantôt parmi les peuples helléniques, tantôt parmi les Barbares, en Grèce, en Asie Mineure, en Mésie, sur la côte septentrionale de la mer Noire. Cet homme, qui fut plus tard l'ami de deux empereurs, de Nerva et de Trajan, vivait de ses mains, travaillait aux champs, portait de l'eau dans les jardins ou dans les bains. Il avait conservé deux livres, qui le réconfortaient dans le malheur : le *Discours sur l'ambassade* de Démosthène et le *Phédon* de Platon. Quelquefois, on reconnaissait en lui un philosophe et on le forçait à discourir sur la morale. Ce fut ainsi qu'il vécut jusqu'au meurtre de Domitien (1).

Il faut ajouter que d'autres philosophes ne montrèrent pas ce courage : choisissant un métier plus lucratif et moins dangereux, ils se firent délateurs (2).

A la même époque, Domitien chassa de Rome les astrologues (3). L'astrologie était alors la forme aristocratique de la divination : ces charlatans vivaient auprès des nobles qui souvent leur témoignaient un grand respect (4); on les mettait dans la confidence des entreprises dirigées contre le prince pour savoir si elles réussiraient ; ils encourageaient les complots en promettant l'empire à des citoyens illustres et en faisant courir des prédictions sinistres sur Domitien, qui lui-même s'en effrayait fort (5).

(1) Dion Chrysostome, Discours I, tome I, p. 2 et 11, édit. Dindorf; Disc. XII, p. 218; XIII, p. 240 et suiv.; XIX, p. 286; XXXVI, tome II, p. 48; XL, p. 88; XLIV, p. 115; XLV, p. 118; Philostrate, *Vie des sophistes*, I, 7.

(2) Philostrate, *Apollonius*, VII, 4. Palfurius Sura et Seras, qui furent délateurs, se disaient philosophes (Scolies de Juvénal, IV, 53 ; Dion Cassius, LXVIII, 1). Philostrate (*Apoll.*, VII, 9) fait du philosophe Euphrate, ennemi d'Apollonius, un délateur. Mais si cela était exact, Pline le Jeune n'aurait pas loué cet Euphraste d'une manière fort pompeuse (*Lettres*, I, 10). — On a attribué à la poétesse Sulpicia des vers médiocres sur l'expulsion des philosophes au temps de Domitien; mais ils ont été composés à une basse époque, peut-être à la Renaissance : voir le résumé de cette question dans Schanz, *Geschichte der römischen Litteratur* (*Handbuch* d'Iwan Müller), partie II, p. 336.

(3) Eusèbe mentionne deux expulsions des astrologues, en 88-89 et en 93 (voir plus haut, p. 278, n. 5). Vespasien les avait aussi chassés (Dion Cassius, LXVI, 9).

(4) Voir Friedländer, *Sittengeschichte*, 6e édit., I, p. 132 et suiv., 362 et suiv., 508.

(5) Voir plus haut, p. 40.

CHAPITRE X.

POLITIQUE DE DOMITIEN A L'ÉGARD DES JUIFS ET DES CHRÉTIENS. — PERSÉCUTION RELIGIEUSE.

Sous Vespasien et son fils aîné, les Juifs ne furent pas persécutés à cause de leurs croyances. Leur fanatisme ne paraissait plus à craindre : Titus avait détruit le temple et dispersé la population de la ville sainte. Ils avaient, d'ailleurs, auprès du pouvoir des protecteurs fort influents : le roi Agrippa II et ses sœurs, Bérénice et Drusille, qui vivaient à Rome dans l'intimité des Flaviens (1), tout en restant très attachés à leur foi (2). Vespasien leur permit donc le libre exercice de leur religion, mais à la condition d'en faire préalablement déclaration aux autorités et de payer au temple de Jupiter Capitolin un impôt de deux drachmes (3).

Nous avons fort peu de renseignements sur l'état des Juifs au temps de Domitien. Henzen a pensé qu'une révolte avait éclaté sous son règne en Judée (4). Voici les arguments sur lesquels il s'est fondé :

1° Nous savons par un diplôme militaire du 13 mai 86 (5) qu'à

---

(1) Dion Cassius, LXVI, 15 et 18. Suétone, *Titus*, 7.
(2) Josèphe, *Guerre de Judée*, II, 15, 1. Juvénal, VI, 159. Voir Derembourg, *Histoire de la Palestine*, p. 252 et 290, n. 3. Renan, *l'Antéchrist*, p. 504, n. 1. — A ces noms, il faut ajouter ceux du Juif Julius Alexander qui, étant préfet d'Egypte, reconnut le premier Vespasien, et de l'historien Josèphe qui, après la ruine de Jérusalem, vint à Rome et y fut traité avec honneur par les Flaviens.
(3) Josèphe, *Guerre de Judée*, VII, 6, 6; Dion Cassius, LXVI, 7; *C. I. L.*, VI, 8604. Voir à ce sujet Mommsen, *Historische Zeitschrift*, t. LXIV, 1890, p. 424.
(4) *Bonnische Jahrbücher*, XIII, 1848, p. 35 et suiv. Cf. Darmesteter, *Reliques scientifiques*, I, p. 72 et suiv. Schürer (*Geschichte des judischen Volkes im Zeitalter Jesu Christi*, 2ᵉ édit., I, p. 541, n. 4) n'est pas de cet avis.
(5) *C. I. L.*, III, p. 857.

cette date le droit de cité romaine fut accordé à des soldats appartenant à des troupes auxiliaires cantonnées dans ce pays, mais que, malgré leur vingt-cinq années de service, ils ne reçurent pas en même temps le congé réglementaire. Si on les retint sous les drapeaux, ce fut peut-être parce qu'on les occupait alors à faire la guerre.

2° Entre le 13 mai et le 13 septembre 86, Domitien reçut sa treizième salutation impériale (1); peut-être doit-elle être rapportée à des succès remportés en Judée.

3° Henzen pense enfin que la cohorte I Lusitanorum qui, en septembre 85, était en Pannonie (2) est la même que la I Augusta Lusitanorum indiquée, dans le diplôme du 13 mai 86, parmi les troupes de Judée; il voit dans ce déplacement la preuve d'une révolte des Juifs, qui aurait nécessité l'augmentation de l'armée de la province. La cohorte en question aurait alors reçu le titre d'Augusta en récompense de sa conduite.

Mais le maintien sous les drapeaux des soldats de Judée qui avaient terminé leur temps de service peut avoir eu une autre cause, peut-être l'attitude menaçante des Parthes. Vologèse était fort mal disposé pour l'empire; vers 88, il soutint le faux Néron, et, dès 86, il peut avoir montré des intentions hostiles. Nous avons dit qu'il avait peut-être des relations avec Décébale; or, c'est vraisemblablement vers le commencement de 86 que se place la première guerre de Domitien contre les Daces (3). La treizième salutation impériale de Domitien peut naturellement se rapporter à d'autres faits de guerre que la révolte supposée des Juifs : un succès sur le Danube par exemple (4). Enfin, la cohorte I Lusitanorum qui, en 85, était en Pannonie n'est pas la même que la I Augusta Lusitanorum indiquée, en 86, dans le diplôme concernant l'armée de Judée! Outre qu'il est peu vraisemblable qu'à la fin de 85 ou au début de 86 on ait dégarni de troupes les rives du Danube, où la situation semble avoir été très grave, Henzen paraît avoir fait une confusion entre deux cohortes différentes. Si la I Lusitanorum avait reçu, en 86, comme il le suppose, le titre d'Augusta, ce titre apparaîtrait sur les diplômes de 98, 113/114 (5), etc., où cette cohorte figure. Il faut donc distinguer :

---

(1) Voir plus haut, p. 211, n. 5 et 6.
(2) C. I. L., III, p. 855.
(3) Voir plus haut, p. 209 et suiv.
(4) Voir p. 211.
(5) C. I. L., III, p. 862, 869.

a) la I Lusitanorum qui est indiquée, en Pannonie, pour les années 84, 85, 98, 113/114, 167 (1); *b)* la I Augusta Lusitanorum qui a appartenu à l'armée d'Orient; sous Antonin et Dioclétien, elle était certainement en Egypte (2).

Il n'y a par conséquent pas lieu, je crois, d'adopter cette hypothèse d'une révolte en Judée en 86 (3).

Suétone nous apprend (4) que l'impôt du didrachme fut perçu, sous Domitien, avec une grande rigueur. « On déférait au fisc judaïque, » dit cet historien, « ceux qui menaient la vie juive sans le déclarer et ceux qui, dissimulant leur origine, ne payaient pas les tributs imposés à leur nation (5). » Il s'agit, dans cette phrase : des hommes de race juive qui ne faisaient pas de déclaration à l'autorité et ne payaient pas le didrachme, soit parce qu'ils avaient renoncé à leur religion, soit simplement pour frauder l'Etat; — des païens qui s'étaient convertis au judaïsme et fait circoncire, mais qui ne s'étaient pas fait inscrire sur les listes tenues par l'Etat et ne payaient pas le didrachme. Désormais, tous les circoncis furent déclarés contribuables. Suétone raconte (6) qu'il vit un procurateur examiner devant une assemblée nombreuse un vieillard de quatre-vingt-dix ans pour savoir s'il était circoncis. Dans Martial, on lit ces vers (7) :

> Sed quae de Solymis venit perustis
> damnatam modo mentulam tributis.

---

(1) Le diplôme de 84 est publié *Ephem. epigr.*, V, p. 94; celui de 167, *C. I. L.*, III, p. 888. Pour les autres, voir notes précédentes.

(2) Mommsen, *Ephem. epigr.*, VII, p. 457.

(3) Une monnaie de 85 (Cohen, *Domitien*, 318) porte l'exergue : *Judaea capta*; mais il est fort probable qu'elle est hybride. — Ces deux vers de Stace (*Silves*, V, 2, 138) :

> An Solymum cinerem palmetaque capta subibis
> non sibi felices silvas ponentis Idumes?

ne doivent pas être invoqués à l'appui de l'hypothèse d'Henzen; ils peuvent aussi bien se rapporter à la révolte juive, à laquelle Titus mit fin par la prise de Jérusalem.

(4) *Domitien*, 12.

(5) « Judaïcus fiscus acerbissime actus est. Ad quem deferebantur qui vel inprofessi judaïcam [intra urbem : c'est une glose dont il ne faut pas tenir compte] viverent vitam, vel dissimulata origine imposita genti tributa non pependissent. »

(6) *Loc. cit.*

(7) VII, 55, 7.

et cette épigramme (1) :

> Menophili penem tam gravis fibula vestit,
>   ut sit comoedis omnibus una satis.
> Hunc ego credideram — nam saepe lavamur in unum —
>   sollicitum voci parcere, Flacce, suae.
> Dum ludit media, populo spectante, palaestra,
>   delapsa est misero fibula : verpus erat.

C'était sans doute pour éviter de payer l'impôt que Ménophile ne voulait pas qu'on sût qu'il était circoncis.

Nous avons voulu citer ces textes parce qu'ils nous semblent prouver que le didrachme ne fut exigé que des circoncis. Ils devaient être assez nombreux, car, à cette époque, la propagande juive était active (2). A partir de quelle date l'impôt du didrachme fut-il exigé avec tant de rigueur? il est difficile de le dire. Nous savons qu'au début de son règne, Domitien ne donna aucune marque de cupidité (3). D'autre part, Suétone dit qu'il fut témoin du fait qu'il rapporte, quand il était encore enfant, « *adulescentulus,* » et, dans un autre passage, il nous apprend que, vingt ans après la mort de Néron, vers 88, il était jeune homme, « *adulescente me* (4). » Si l'on donnait un sens précis à ces deux expressions (5), on pourrait en conclure qu'avant 88, l'impôt dont nous parlons donna lieu déjà à des délations nombreuses, à des perquisitions violentes (6). Domitien, dont nous connaissons les

---

(1) VII, 82.

(2) Sur cette propagande et les progrès du judaïsme, voir Tacite, *Hist.*, V, 5; Josèphe, *contre Apion*, II, 39; Juvénal, VI, 542 et suiv.; XIV, 96 et suiv. Cf. Grätz, *Geschichte der Juden*, IV, p. 111; Renan, *les Évangiles*, p. 234; Schürer, *Geschichte des judischen Volkes*, 2ᵉ édit., II, p. 548 et suiv. En Judée, les docteurs s'occupaient beaucoup des prosélytes: Grätz, p. 40 et 110; Derembourg, *Histoire de la Palestine*, p. 313. A Rome, Josèphe, le favori des Flaviens, faisait alors connaître l'histoire du peuple juif dans ses *Antiquités*, terminées en 94 (IX, 11, 2). Dans le traité contre Apion, il essayait de justifier les Juifs des accusations répandues contre eux. — L'interdiction de la circoncision semble dater seulement de l'époque d'Hadrien (Mommsen, *Römische Geschichte*, V, p. 545 et 549; cf. à ce sujet Tacite, *Histoires*, V, 5).

(3) Suétone, *Domitien*, 9 : « Cupiditatis aut avaritiae vix suspicionem ullam [dedit]. »

(4) *Néron*, 57.

(5) D'autres considérations portent à croire que Suétone est né vers 77 : voir Mommsen, *Étude sur Pline le Jeune* (traduction Morel), p. 13-14.

(6) Le vers de Martial, « *damnatam modo mentulam tributis,* » qui se trouve dans un livre d'épigrammes publié au mois de décembre 92, ne

embarras financiers, voulait augmenter les revenus de son trésor ; rien ne m'autorise à croire que l'âpreté dont il fit preuve dans la perception du didrachme ait eu une autre cause (1). Beaucoup de Juifs et de prosélytes devaient s'abstenir de payer cet impôt (2) ; ces récalcitrants furent non seulement dénoncés et soumis à des examens humiliants, mais peut-être aussi punis d'amendes et de confiscations. Cette mesure fiscale et les conséquences qu'elle eut attirèrent sur Domitien la haine de beaucoup de gens affiliés ou sympathiques à la religion juive. Lorsqu'à la fin de l'année 96, Nerva interdit les dénonciations faites au profit du fisc judaïque et décida sans doute que le didrachme ne serait plus exigé que des Juifs restés fidèles à la religion de leurs pères, il en tira gloire et fit frapper des monnaies avec cette exergue : *Fisci judaici calumnia sublata* (3).

D'autres textes pourraient faire croire que Domitien persécuta durement les Juifs. Dans des Actes apocryphes de saint Jean (4), on lit que cet empereur, ayant appris que Rome était remplie de Juifs, et se souvenant des décrets de son père à leur sujet, donna ordre de les chasser tous de Rome. L'auteur ajoute que les Juifs détournèrent le danger en accusant les chrétiens auprès de l'empereur. Mais cette indication ne mérite guère qu'on s'y arrête, la valeur historique des Actes dont il s'agit étant nulle. Dans le Talmud (5), il est question d'un César ennemi des Juifs qui dit aux

---

prouve pas que ce fut alors qu'un édit soumit les circoncis au didrachme. Il indique seulement, qu'à cette époque, de nombreux circoncis cherchaient à échapper au fisc judaïque et étaient condamnés à payer l'impôt lorsqu'on les découvrait.

(1) Le texte de Suétone que nous avons cité fait partie d'un chapitre dans lequel l'auteur parle en détail de la cupidité de Domitien.

(2) Les Juifs étant fort méprisés, l'obligation de payer le didrachme était presque une flétrissure publique. — D'autre part, un certain nombre de Juifs qui s'étaient convertis au christianisme se considéraient sans doute comme ayant abandonné le judaïsme, et se croyaient par conséquent dégagés de l'obligation de payer le didrachme ; ils ne voulaient pas être confondus avec leurs anciens coreligionnaires, qu'ils regardaient comme les ennemis de leur foi. On ne doit pas oublier que ce fut à cette époque qu'eut lieu la rupture complète entre le judaïsme et le christianisme. Les protestations des judéo-chrétiens contre la perception du didrachme contribuèrent peut-être à hâter cette rupture.

(3) Eckhel, VI, p. 404. Cohen, *Nerva*, n°° 54 et suiv.

(4) Tischendorf, *Acta apostolorum apocrypha*, p. 266. Darmesteter (*Reliques scientifiques*, I, p. 76) a attiré l'attention sur ce passage.

(5) Aboda Zara, 10 *b*, cité par Derembourg, *Histoire de la Palestine*, p. 335. Cf. Grätz, IV, p. 122 ; Darmesteter, *loc. cit.*, p. 55 et suiv.

grands de son royaume : « Si l'on a un ulcère au pied, faut-il l'amputer et vivre, ou garder son pied et souffrir? » Tous furent pour l'amputation, sauf le sénateur Katia bar Schalom. Il fut condamné à mort et, avant de périr, il dit : « Je suis tel qu'un vaisseau qui a payé son impôt [allusion à la circoncision], je puis donc passer et me mettre en route. » — Un midrasch (1) raconte le même fait avec des amplifications. On y lit que pendant un voyage à Rome de Rabbi Gamaliel, de Rabbi Eliezer, de Rabbi Josué et de Rabbi Akiba, docteurs célèbres (2), le Sénat de l'empereur décréta qu'au bout de trente jours il n'y aurait plus de Juifs dans le monde. Un sénateur, homme pieux, vint auprès de Rabbi Gamaliel et lui révéla la décision, qui affecta douloureusement les docteurs. Mais cet homme leur dit de se calmer, car, dans les trente jours, le Dieu des Juifs viendrait certainement à leur secours. Après vingt-cinq jours, le sénateur en parla à sa femme. « Voilà déjà vingt-cinq jours écoulés, » dit-elle. — « Il en reste cinq! » Plus pieuse encore que son mari, elle reprit : « N'as-tu pas de bague empoisonnée? Suce-la et meurs : cela donnera aux Juifs un répit de trente jours encore et dans l'intervalle on abrogera le décret. » Le sénateur l'écouta, suça la bague et mourut. On reconnut plus tard qu'il avait été circoncis : le vaisseau n'avait pas quitté le port sans payer l'impôt. — Ce récit a évidemment un caractère légendaire. En outre, les textes dont il s'agit ne disent pas sous quel empereur se passèrent les événements qu'ils rapportent. — Loin d'interdire le judaïsme, Domitien, comme ses deux prédécesseurs, semble au contraire l'avoir laissé libre de fixer définitivement sa doctrine et les pratiques qu'il imposait. Les écoles de la Judée, très florissantes alors, constituaient et interprétaient les textes saints; le synhédrin à Jabné, s'occupait de régler la vie religieuse des Juifs (3), sans que le gouvernement impérial intervînt dans ces affaires de foi (4).

(1) Debarim raba, chap. II, Midrasch Ialkout sur Psaume XVII, 10; cité d'après Derembourg, p. 334. Cf. Renan, les Évangiles, p. 308.
(2) Voir Derembourg, p. 319 et suiv., 366 et suiv.
(3) Voir Derembourg, Histoire de la Palestine, p. 295 et suiv. Renan, les Évangiles, p. 21 et suiv. Grätz, IV, premiers chapitres. Schürer, Geschichte des judischen Volkes, 2ᵉ édit., I, p. 551 et suiv.
(4) Selon une tradition juive (voir Grätz, IV, p. 119; Derembourg, p. 322), un empereur romain envoya deux hommes à Rabbi Gamaliel, afin de s'enquérir si les lois juives ne présentaient aucun danger pour l'État. Lorsqu'ils eurent pris connaissance des différentes parties de la doctrine, ils déclarèrent qu'ils en trouvaient toutes les prescriptions excellentes, sauf celles qui étaient inspirées par la haine contre les païens; ainsi, il leur parut in-

Les conversions au judaïsme furent très fréquentes sous les Flaviens, mais tous ceux que cette religion attirait à elle ne se soumettaient pas scrupuleusement aux obligations de la loi de Moïse. Ils étaient rebutés par la minutie des pratiques qu'elle imposait et que les docteurs aggravaient encore; les hommes répugnaient à la circoncision. D'ailleurs, la propagande était faite surtout par ceux qui mettaient la foi au-dessus des œuvres, par les agadistes, par les sibyllistes, par des lettrés dont l'esprit s'était ouvert au contact de la civilisation grecque. Aussi beaucoup de prosélytes empruntaient-ils au judaïsme sa doctrine théologique et sa morale, bien plus que ses observances, sauf les plus importantes, comme le repos du sabbat et certaines abstinences. Ils se distinguaient des Juifs de race et s'appelaient « religionis judaicae metuentes, » en grec σεβόμενοι (1).

A cette époque, la propagande chrétienne était encore plus active. Le gouvernement impérial connaissait les chrétiens (2), mais il les considérait comme formant une secte du judaïsme, religion licite (3). Après la persécution de Néron, l'Église ne fut plus inquiétée pendant trente ans (4), et elle put faire d'impor-

---

juste que la loi ne défendît pas aussi sévèrement aux Juifs de voler les païens que leurs coreligionnaires. Cependant, ils promirent de ne pas dénoncer ces prescriptions. A la suite de cet entretien, le patriarche Gamaliel interdit avec la même rigueur de voler les païens et les Juifs. — L'empereur dont il s'agit se serait donc inquiété des doctrines juives et aurait voulu les surveiller. Mais cet empereur peut avoir été Trajan aussi bien que Domitien; du reste, rien ne garantit l'authenticité de cette anecdote.

(1) Voir de Rossi, *Bullettino di archeologia cristiana*, 1865, p. 92; Renan, *les Évangiles*, p. 236, n. 3; Hausrath, *Neutestamentliche Zeitgeschichte*, II, p. 114 et suiv.; Schürer, II, p. 564 et suiv.

(2) En 64, il sut fort bien les distinguer des Juifs; il est vrai que ceux-ci l'y aidèrent peut-être (voir Aubé, *Histoire des persécutions de l'Église jusqu'à la fin des Antonins*, p. 73 et 101; Renan, *l'Antéchrist*, p. 159). — Sulpice Sévère, II, 30 (peut-être d'après Tacite), fait dire à Titus, en 70 : « Has superstitiones [Judaeorum et Christianorum], licet contrarias sibi, isdem tamen auctoribus profectas, christianos ex Judaeis extitisse. »

(3) Voir Tertullien, *Apologétique*, 21. Le texte de Dion Cassius, que nous citerons p. 303, prouve qu'à la fin du premier siècle le christianisme n'était pas encore regardé comme une religion absolument distincte du judaïsme. Voir à ce sujet Greppo, *Trois mémoires relatifs à l'histoire ecclésiastique des premiers siècles*, p. 135; de Rossi, *Bullettino di archeologia cristiana*, 1865, p. 90 et suiv. — La pratique du judaïsme n'était licite que sous certaines conditions (voir plus haut, p. 287, n. 3, auxquelles tous les chrétiens ne devaient pas se soumettre, mais le pouvoir impérial pouvait fermer les yeux.

(4) Eusèbe, *Histoire ecclésiastique*, III, 17. Sur cette question, voir Görres,

tantes conquêtes. Parmi ceux qui se convertirent alors, il faut très probablement compter un consulaire qui portait un nom illustre, M'Acilius Glabrio. Dion Cassius dit qu'il fut accusé d'« athéisme et de mœurs juives, » ce qui ne nous fait pas savoir s'il inclina vers la religion de Moïse ou vers celle de Jésus, car les Juifs, aussi bien que les chrétiens, étaient regardés comme des athées (1). Mais des découvertes récentes permettent de préciser l'indication de l'historien. En 1888, M. de Rossi (2) a découvert dans le cimetière de Sainte-Priscille une large galerie, creusée en « gamma, » dont les parois, recouvertes de stuc, étaient percées de niches ayant contenu autrefois des sarcophages : on y avait accès par un escalier particulier. A l'endroit où la galerie tourne à angle droit, se trouve une grande citerne (huit mètres de long sur quatre mètres de large), transformée dans l'antiquité en chambre funéraire. La décoration en était luxueuse, les parois étaient jadis couvertes de plaques de marbre et la voûte de mosaïques. Cet hypogée contenait les restes de plusieurs Acilii qui professaient la foi chrétienne : les inscriptions trouvées le prouvent avec évidence. Sur un fragment de marbre, appartenant au couvercle d'un sarcophage, on lit ces mots :

Acilio Glabrioni
fi[l]io
. . . . (3).

Un autre fragment de marbre, ayant peut-être aussi fait partie d'un couvercle de sarcophage, porte les mots :

M'Acilius · V...
C · V ·
.. Priscilla · C · ...

Le prénom rare Manius est ordinaire dans la famille des Acilii Glabriones, les signes *C · V* et *C · [P ou F]* (*clarissimus vir*, *clarissima puella* ou *femina*) indiquent des personnages de haute

---

Das Christenthum unter Vespasian, *Zeitschrift für wissenchaftliche Theologie*, XXI, 1878, p. 292 et suiv.

(1) Voir plus loin.
(2) *Bullettino di archeologia cristiana*, 1888-1889, p. 15 et suiv. Cf. de Wahl, *Römische Quartalschrift*, IV, 1890, p. 305 et suiv.
(3) Suppléer quelque chose comme *parentes fecerunt*.

naissance qui ne vécurent pas antérieurement au second siècle. M. de Rossi a vu dans cette inscription l'épitaphe de M'Acilius V[erus] et d'(Acilia) Priscilla, enfants de M'Acilius Glabrio, consul pour la seconde fois, en 186, et d'Arria Plaria Vera Priscilla (1). Sur un troisième fragment, on lit : « [Aci]li... M(arci) Acili... » Sur d'autres inscriptions, trouvées dans les galeries voisines et gravées sur des plaques de *loculi*, on retrouve encore des Acilii : 1° Un ou une Ἀκείλ[ιος ou ια] ; 2° un Ἀκείλιος Κοΐν[τος ou τιανὸς] et une Ἀκείλια ; 3° un [Ἀ]κείλιος Ῥουφεῖνος : il ne s'agit probablement pas d'un affranchi, mais d'un parent d'Acilius Rufus, consul en 105 ou 106. Sur un couvercle de sarcophage, découvert près de là, on lit encore : « Κλ(αυδίου) | Ἀκειλίου | Οὐαλερίου | ... | ...νίσκου. » Enfin, de nombreux indices, qu'il serait trop long d'énumérer ici, portent à croire que la Priscilla qui donna son nom au cimetière et qui était ensevelie près de l'hypogée en question, était parente des Acilii Glabriones (2). — Le christianisme de ces Acilii, dont plusieurs vécurent au second siècle (3) et parmi lesquels se trouve un Acilius Glabrio, rend plus que vraisemblable le christianisme du consulaire contemporain de Domitien.

On a été tenté aussi de considérer comme chrétiens deux autres consulaires de l'époque de Domitien, Civica Cerialis et Salvidienus Orfitus (4). Suétone les nomme en même temps que Glabrion (5) : « *Complures senatores, in his aliquot consulares, interemit; ex quibus Civicam Cerialem in ipso Asiae proconsulatu, Salvidienum Orfitum, Acilium Glabrionem in exilio, quasi molitores rerum novarum.* » Il faut ajouter que Philostrate (6) parle de l'indolence de Salvidienus Orfitus; or ce reproche d'indolence

---

(1) Cette Arria Plaria Vera Priscilla (Orelli, 2228) peut cependant avoir été la femme de M'Acilius Glabrio Cn. Cornelius Severus, consul en 152.

(2) Voir de Rossi, *Bull. di arch. crist.*, loc. cit., p. 111 et suiv., 115 et suiv.

(3) L'inscription d'Acilius Glabrio est en lettres d'une bonne époque (deuxième siècle). De plus, l'hypogée dont nous parlons présente les caractères d'une assez haute antiquité chrétienne : vaste galerie, bonne maçonnerie, pas de loculi, arcosolia pour recevoir des sarcophages. Plus tard, l'escalier fut muré et remplacé (sur le côté opposé) par un autre escalier qui mit l'hypogée en communication avec les sépultures de sainte Priscille et de saint Crescention.

(4) Greppo, *Trois mémoires relatifs à l'histoire ecclésiastique des premiers siècles*, p. 190 et suiv.

(5) *Domitien*, 10.

(6) *Vie d'Apollonius*, VII, 33; VIII, 7, p. 179 de l'édition Westermann.

fut souvent fait aux chrétiens (1). Mais ces textes sont beaucoup trop vagues pour autoriser une telle hypothèse. De plus, il est certain que Civica Cerialis fut mis à mort plusieurs années avant le meurtre d'Acilius Glabrion et le commencement de la persécution contre les chrétiens (2).

A la même époque le christianisme entra dans la famille impériale. La tradition catholique distingue deux Flavia Domitilla qui auraient été chrétiennes : l'une, femme de Flavius Clemens et fille d'une sœur de Domitien et de Titus ; l'autre, fille d'une sœur de ce même Clemens (3).

La première a certainement existé. Dion Cassius parle de « Flavius Clemens, cousin de l'empereur et mari de Flavia Domitilla, qui était aussi parente de Domitien (4). » Philostrate (5) dit qu'un certain Stephanus était un affranchi de la femme de Clemens : or Suétone (6) l'appelle « Domitillae procurator. » D'autre part la parenté de Domitilla avec Domitien est expliquée par Quintilien, qui dit (7) : « *cum mihi Domitianus Augustus sororis suae nepotum delegavit curam,* » d'où il résulte que Domitilla, mère de ces enfants (8), était fille d'une sœur de Domitien. Philostrate commet donc une erreur quand il dit (9) que la femme de Clemens était sœur de l'empereur : « ᾧ [Κλήμεντι] τὴν ἀδελφὴν τὴν ἑαυτοῦ ἐδεδώκει [Δομετιανός]; » mais peut-être faut-il attribuer cette erreur à un copiste qui a transformé ἀδελφιδῆν (nièce) en ἀδελφήν. C'est à elle qu'il faut rapporter deux fragments d'inscriptions : « [*Flavia Domitilla*], *filia Flaviae Domitillae* (la sœur de Titus et de Domitien s'appelait aussi Domitilla) (10), [*Imp. Cae-*

---

(1) Voir plus loin, p. 302.

(2) Civica Cerialis fut certainement mis à mort avant 93, date de la mort d'Agricola, peut-être en 87 : voir plus haut, p. 248.

(3) Voir, sur cette question, Champagny, *Les Antonins*, t. I, p. 147 et s.; de Rossi, *Bull. di arch. crist.*, 1865, p. 17 et suiv. et 1875, p. 69 et suiv.; Aubé, *Histoire des persécutions de l'Eglise jusqu'à la fin des Antonins*, p. 178; Renan, *Les Evangiles*, p. 227, n. 1; Hasenclever, *Jahrbücher für protestantische Theologie*, 1882, p. 69 et suiv., p. 230 et suiv.; Lightfoot, *S. Clement of Rom*, I, p. 49; Art. *Domitilla* dans le *Kirchenlexicon* de Wetzer et Welte, 2ᵉ édit., III, p. 1953 et suiv.

(4) LXVII, 14 : « τὸν Φλαούιον Κλήμεντα..., καίπερ ἀνεψιὸν ὄντα, καὶ γυναῖκα καὶ αὐτὴν συγγενῆ ἑαυτοῦ [Δομιτιανοῦ] Φλαουίαν Δομιτίλλαν ἔχοντα. »

(5) *Apollonius*, VIII, 25.

(6) Suétone, *Domitien*, 17.

(7) *Inst. Orat.*, IV, prooemium, 2.

(8) Suétone (*Domitien*, 15) dit qu'ils étaient fils de Clemens.

(9) *Apollonius*, VIII, 25.

(10) Suétone, *Vespasien*, 3. Cf. plus haut, p. 50, n. 2.

saris Vespasi]ani (1) *neptis, fecit,* etc. (2). » — « [*Flavia Domitilla, filia Flaviae Domitillae, D]ivi Vespasiani neptis, patri* (3). » D'autres inscriptions mentionnent aussi cette Flavia Domitilla (4).

Quant à l'autre Domitilla, on se fonde sur deux textes d'Eusèbe pour croire à son existence. Nous lisons dans l'*Histoire ecclésiastique* (5) « Φλαουίαν Δομέτιλλαν..., ἐξ ἀδελφῆς γεγονυῖαν Φλαουίου Κλήμεντος. » Dans ce passage, Eusèbe s'appuie sur l'autorité d'« historiens païens. » La *Chronologie* donnait une indication semblable. Saint Jérôme (6) dit : « *Flaviam Domitillam, Flavii Clementis ex sorore neptem* » (ici le mot *neptem* signifie nièce, non petite-fille); Georges le Syncelle (7) « Φλαυία Δομετίλλα, ἐξαδελφή Κλήμεντος Φλαυίου. » Ces écrivains, dont l'un traduit et l'autre copie Eusèbe, disent que cette indication est tirée de Bruttius, Βρέττιος (8), qu'on a identifié avec Bruttius Praesens, dont la famille avait des biens confinant à ceux de Domitilla, femme de Clemens (9); ce personnage aurait vécu au temps de Pline le Jeune dont il aurait été l'ami (Pline dit seulement Praesens) (10). On en a conclu que cet auteur devait être très bien informé sur la famille Flavienne. — On allègue en outre les Actes des saints Nérée et Achillée, qui présentent Flavia Domitilla comme une vierge, fille d'une certaine Plautille, sœur elle-même de Flavius Clemens (11). — On fait observer que la Flavia Domitilla, mentionnée par Dion Cassius (12), fut exilée à Pandataria, tandis qu'Eusèbe (d'après Brut-

(1) Le nom n'étant pas martelé, on ne peut suppléer [*Domiti*]*ani*.
(2) *C. I. L.*, VI, 948.
(3) *C. I. L.*, VI, 949. Nous donnons ici les restitutions de M. de Rossi (*Bull. arch. crist.*, 1865, p. 21 et 23), quoiqu'elles soient contraires aux règles de l'épigraphie. La généalogie des Flaviens proposée par Mommsen (au *Corpus*, *loc. cit.*) est inadmissible : voir de Rossi, *Bull. arch. crist.*, 1875, p. 70 et suiv.
(4) *C. I. L.*, VI, 16246, et Orelli-Henzen, 5423. C'est à elle aussi, sans doute, que se rapportent les briques *C. I. L.*, XV, 1139.
(5) III, 18.
(6) P. 163, édition de la *Chronologie* d'Eusèbe par Schöne.
(7) P. 650, édition Dindorf. — La version arménienne d'Eusèbe a un texte fort incorrect dans ce passage. Dans l'epitome syriaque (p. 214, édition Schöne), on lit : « Flaviam Domitillam, filiam sororis Clementis consulis. »
(8) Version arménienne : Brettius. Epitome syriaque : Burtnus. Dans la *Chronique pascale,* il est appelé Βρούττιος (édit. Dindorf, I, p. 468).
(9) De Rossi, *Bull. arch. crist.*, 1865, p. 24; 1875, p. 74.
(10) *Lettres*, VII, 3. — Un Bruttius Praesens fut consul pour la seconde fois en 139 : voir Klein, *Fasti consulares*, p. 67.
(11) *Acta Sanctorum*, mai, III, p. 8 F (je n'ai pas eu à ma disposition la version grecque des Actes, éditée récemment).
(12) LXVII, 4.

tius) et les Actes (1) parlent d'une Flavia Domitilla, reléguée à Pontia, indication que confirme saint Jérôme : cet écrivain nous apprend, en effet, que de son temps on allait encore visiter dans l'île de Pontia la demeure illustrée par la noble exilée (2). — M. de Rossi remarque enfin que si la Domitilla dont parlait Bruttius avait été femme de Clemens, il aurait mentionné en même temps la condamnation de ce personnage, à laquelle il ne fait aucune allusion.

Mais aucun auteur, ni Dion Cassius, ni Eusèbe, ni saint Jérôme, ni le rédacteur des Actes des saints Nérée et Achillée, ne parle de deux Flavia Domitilla, et les textes qui induisent à croire à l'existence de la seconde ne semblent pas convaincants. Dans la source dont Eusèbe s'est servi, plusieurs mots peuvent avoir été passés par erreur; il faudrait peut-être restituer ainsi la phrase primitive : « Φλαουίαν Δομετίλλαν, Φλαουίου Κλήμεντος [γυναῖκα, Δομετιανοῦ] ἐξ ἀδελφῆς γεγονυῖαν. » Cette erreur serait l'origine du dédoublement de Flavia Domitilla. Rien n'autorise, du reste, à donner à Bruttius (3) le *cognomen* de Praesens, et rien ne prouve que Praesens, ami de Pline, s'appelât Bruttius. — On sait le peu de valeur historique des Actes des saints Nérée et Achillée ; d'ailleurs l'auteur se contredit, car il qualifie la Flavia Domitilla dont il parle de nièce de Domitien (4) : cette désignation conviendrait à la femme de Clemens. Considérant le célibat comme préférable au mariage, il fait de la sainte une vierge. — Les îles de Pontia et de Pandataria étaient l'une et l'autre assignées comme résidence aux personnages de la famille impériale condamnés à la déportation (5). Dion Cassius a donc pu commettre une confusion sur un point sans importance pour lui (6). — L'argument tiré du silence de Bruttius au sujet de Clemens n'est pas non plus très convaincant. De même que Suétone, en racontant la condamnation de Clemens, ne mentionne pas celle

---

(1) *Loc. cit.*, p. 9 D.
(2) Lettre 108, 7 (ad Eustochium).
(3) C'est, semble-t-il, le véritable nom de cet auteur. Dans Malalas, qui le cite (peut-être d'après Julius Africanus : voir Gelzer, *Sextus Julius Africanus*, I, p. 282), il est appelé Βούττιος, Βόττιος, Βώττιος (p. 34, 193, 262. édit. Dindorf).
(4) *Loc. cit.*, p. 7 B : « Domitillam, nobilissimam virginem, neptem Domitiani imperatoris. »
(5) Suétone, *Tibère*, 53 et 54 ; Tacite, *Annales*, I, 53 ; XIV, 63. Voir Hartmann, *De exilio apud Romanos inde ab initio bellorum civilium*, p. 52-53.
(6) Le témoignage très précis de saint Jérôme doit nous décider pour Pontia, non pour Pandataria.

de Domitilla, de même Bruttius, en parlant de Domitilla, a pu négliger de parler de Clemens. D'ailleurs, est-il certain que, dans le passage dont Eusèbe s'est servi, Bruttius n'ait rien dit de Clemens? Ce qui avait rapport à ce personnage peut avoir été omis par Eusèbe (ou sa source), qui s'intéressait surtout à Domitilla : cette princesse semble, en effet, avoir témoigné aux chrétiens des sympathies encore plus vives que son mari.

Nous pensons donc qu'il n'est pas nécessaire d'admettre l'existence d'une seconde Flavia Domitilla, nièce de Flavius Clemens.

Après la mort de T. Flavius Sabinus et de Julie, fille de Titus (1), T. Flavius Clemens, frère de ce même Sabinus, et sa femme Domitilla, furent les plus proches parents de Domitien : nous avons vu que l'empereur destina sa succession à leurs deux fils (2). — Or Dion nous apprend que Clemens et sa femme furent, comme Glabrion, accusés d'athéisme et de mœurs juives (3), et Eusèbe, qui cite un auteur païen, Bruttius, indique formellement que Flavia Domitilla était chrétienne (4). Son témoignage semble confirmé par les belles découvertes de M. de Rossi, qui ont mis hors de doute le christianisme de plusieurs Flaviens. Dans le cimetière de sainte Domitille a été trouvée une inscription du second siècle portant les noms de Flavius Sabinus et de sa sœur Titiana : « Φλ(αουιος) Σαβεῖνος καὶ Τιτιανὴ ἀδελφοί (5), » personnages qui descendaient probablement en ligne directe du frère aîné de Vespasien. A côté de cette inscription, il faut citer celles de Flavilla (6), de Flavia Speranda, peut-être qualifiée sur une inscription de Cl(arissima) f(emina) (7), de Φλ(αουιος) Πτολεμαῖος (8), recueillies au même endroit (9). Enfin, il ne serait pas impossible que la célèbre vierge chrétienne Aurelia

---

(1) Voir p. 240 et 248.
(2) P. 54.
(3) LXVII, 4.
(4) *Chronologie*, p. 160; 163; 214; cf. *Histoire ecclésiastique*, III, 18. Voir aussi saint Jérôme, lettre 108, en tenant compte des observations faites page précédente.
(5) De Rossi, *Bull. arch. crist.*, 1875, p. 40, 04, pl. v.
(6) *Bull. arch. crist.*, loc. cit.
(7) *Bull. arch. crist.*, 1881, p. 07 et suiv.
(8) *Bull. arch. crist.*, 1875, p. 42 et 08.
(9) On a retrouvé dans le cimetière de sainte Domitille un fragment d'une grande inscription que M. de Rossi serait tenté de restituer ainsi : « [Sepulc]rum [Flavi]orum » (*Bull. arch. crist.*, 1874, p. 17, pl. i). Mais cette restitution n'est nullement certaine.

Petronilla (1), ensevelie aussi dans ce cimetière, ait été alliée à la famille Flavienne (2) : le grand-père de Vespasien s'appelait T. Flavius Petro (3). — D'autre part, Flavia Domitilla posséda certainement un domaine sur la voie Ardéatine, à un mille et demi de Rome, au lieu appelé actuellement Tor Marancia. L'inscription suivante (4), qu'on y a trouvée en 1822, le prouve d'une manière certaine : « *Ser. Cornelio Juliano, frat(ri) piissimo, et Calvis[i]ae ejus, P. Calvisius Philotas, et sibi, ex indulgentia Flaviae Domitill(ae); in fronte p(edes) XXXV, in agro p(edes) XXXX* (5). »

C'est sous ce domaine qu'on voit encore le cimetière auquel M. de Rossi a rendu son véritable nom (6). Domitille, étant propriétaire du lieu, pouvait seule accorder l'autorisation d'y faire des inhumations, et si l'on prouvait que des chrétiens y furent ensevelis pendant sa vie, ce serait une marque évidente de la protection qu'elle aurait accordée à leur foi. Mais à cet égard on ne peut rien affirmer de certain. Le nom de *coemeterium Domitillae*, donné par la tradition chrétienne (7) à la nécropole dont nous parlons, semblerait indiquer que son origine remonte à la petite fille de Vespasien. En outre, plusieurs parties de ce cimetière sont fort anciennes, par exemple : *a*) un ambulacre découvert en 1860 par M. Michel de Rossi, et déblayé en 1865 (8); *b*) un hypogée découvert en 1852 (9); *c*) la cripte où furent enterrés sainte Pétronille, saints Nérée et Achillée (10). Dans ce

---

(1) Sur son nom, voir de Rossi, *Bull. arch. crist.*, 1865, p. 46; 1879, p. 6, 9, 17, 145, 156.

(2) De Rossi, *Bull. arch. crist.*, 1865, p. 22.

(3) Suétone, *Vespasien*, 1.

(4) *C. I. L.*, VI, 16246.

(5) Une autre inscription (Orelli-Henzen, 5423) vient peut-être du même endroit (voir de Rossi, *Bull. arch. crist.*, 1865, p. 23). M. de Rossi est porté à croire, mais à mon avis sans raison suffisante, que l'inscription *C. I. L.*, VI, 948, a la même origine. Voir encore *Actes des saints Nérée et Achillée*, p. 11 E : « quorum corpora in praedio Domitillae in crypta arenaria sepelivit, via Ardeatina, a muro Urbis miliario uno et semis. »

(6) *Roma Sotterranea*, I, p. 266.

(7) *Index Coemeteriorum e notitia regionum urbis Romae* (de Rossi, *R. Sott.*, t. I, p. 180 : « Coemeterium Domitillae, Nerei et Achillei ad S. Petronillam, via Ardeatina. »

(8) *R. Sott.*, I, p. 187 (et p. 60 du *Supplément* de M. Michel de Rossi); *Bull. arch. crist.*, 1865, p. 23 et suiv.: 34 et suiv.; 95 et suiv.

(9) *R. Sott.*, I, p. 168; 187. *Bull. arch. crist.*, 1865, p. 34; 1874, p. 8.

(10) *Bull. arch. crist.*, 1874, p. 8 et suiv.; 1875, p. 1 et suiv.; 1878, p. 132 et suiv.; 1879, p. 158 et suiv.

lieu, transformé à la fin du quatrième siècle en basilique (1), et tout auprès, on a trouvé des traces d'une haute antiquité chrétienne (2) ; de plus, rien n'empêche d'admettre, comme l'indique la tradition (3), que ces trois personnages aient vécu à la fin du premier siècle (4) ; *d*) l'hypogée d'Ampliatus, découvert en 1880 (5).

Flavius Clemens se montra-t-il, comme sa femme, sympathique aux chrétiens (6)? On est fort porté à le croire ; cependant Suétone, Philostrate, Eusèbe, qui parlent de lui, n'en disent rien ; c'est seulement dans Georges le Syncelle, auteur byzantin de la fin du huitième siècle qui copie la chronologie d'Eusèbe en y faisant quelques additions, qu'on trouve la mention du christianisme de ce personnage (7). D'autre part, Clemens était, selon Sué-

---

(1) *Bull. arch. crist.*, 1874, p. 12 et suiv., 26 et suiv., 68 et suiv.; pl. IV et V.

(2) *Bull. arch. crist.*, 1874, p. 9 et 10, 16 et suiv.; 1875, p. 40; 1879, p. 158.

(3) *Actes des saints Nérée et Achillée*, p. 7 et suiv.

(4) *Bull. arch. crist.*, 1874, p. 21 et suiv.; 1879, p. 146 et suiv.

(5) *Bull. arch. crist.*, 1880, p. 170 et suiv.; 1881, p. 57 et suiv., pl. III et IV.

(6) Saint Clément, auquel une tradition fort ancienne attribue l'épître des Romains à l'église de Corinthe (saint Denys de Corinthe dans Eusèbe, *Hist. ecclés.*, IV, 23; Hégésippe dans Eusèbe, IV, 22; cf. Pastor d'Hermas, *Visions*, II, 4, etc.) et dont on a fait un des premiers papes (saint Irénée dans Eusèbe, V, 6 = *Adversus Haereses*, III, 3, 3 ; Eusèbe, III, 15 et 21, *Chronologie*, p. 160 et 161, etc. : voir Duchesne, *Liber Pontificalis*, p. LXXI), vivait certainement à la fin du premier siècle (Eusèbe, *Hist. ecclés.*, III, 15, 20, 34 ; *Chronologie, loc. cit.* ; saint Jérôme, *De viris illustribus*, 15 ; cf. saint Irénée, *loc. cit.*). Quelques textes sans autorité (*Homélies pseudo-clémentines*, IV, 7, où saint Clément est indiqué comme parent de Tibère; cf. XII, 8; XIV, 10; *Récognitions*, VII, 8; IX, 35) font même de lui un personnage de la famille impériale. — Cependant il est impossible de l'identifier avec Flavius Clemens. Eusèbe (*Hist. ecclés.*, III, 15, 16, 18, et *Chronologie*) les connaissait tous les deux (cf. *Actes des saints Nérée et Achillée*, p. 8F). Selon Eusèbe, dans son *Histoire ecclésiastique* (III, 34) et saint Jérôme (*loc. cit.* ; voir aussi la relation du martyre de saint Clément dans Funk, *Opera patrum apostolicorum*, II, p. 41 et suiv.), l'évêque de Rome mourut, non sous Domitien, mais sous Trajan. Enfin, si saint Clément avait été mis à mort lors de la persécution de Domitien, il est fort probable que les auteurs ecclésiastiques du deuxième et du troisième siècles parleraient du martyre d'un personnage aussi important. Or ce fut seulement au quatrième siècle que semble s'être établie la tradition qui fit de lui un martyr de la foi chrétienne (Duchesne, *Liber Pontificalis*, p. 123, n. 9). — Sur cette question, très discutée, voir en particulier : Funk, *T. Flavius Clemens Christ, nicht Bischof*, dans la *Theologische Quartalschrift*, LXI, 1879, p. 531 et suiv.; Lightfoot, *S. Clement of Rome*, I, p. 52 et suiv.

(7) P. 650, édition Dindorf : « αὐτός τε Κλήμης ὑπὲρ Χριστοῦ ἀναιρεῖται. »

tone (1), un homme fort méprisé à cause de son inertie « *contemptissimae inertiae.* » Un reproche semblable fut souvent adressé aux chrétiens, qui s'intéressaient peu aux affaires publiques (2); mais c'est là un indice bien léger (3). — On a pensé d'autre part, d'après plusieurs textes du Talmud (4), que Flavius Clemens s'était converti au judaïsme, mais le rapprochement est très forcé et ne semble pas pouvoir être accepté (5).

On sait qu'avant le triomphe de l'Eglise, bien des chrétiens cherchèrent des compromis entre leur foi et les mœurs, les institutions de la société païenne au milieu de laquelle ils vivaient (6). Parmi les adeptes de la nouvelle religion, surtout parmi ceux qui appartenaient à la haute société, il en était qui ne renonçaient pas complètement aux pratiques du paganisme. Acilius Glabrion et Clemens suivirent la carrière des honneurs, ils furent consuls; ils ne purent pas par conséquent se dispenser de présider d'importantes cérémonies du culte national. Proches parents de l'empereur, qui était grand-pontife, Clemens et Domitille durent souvent assister auprès de lui à des sacrifices solennels, à des fêtes dans lesquelles la religion païenne tenait une grande place. S'ils avaient renié hautement leur ancienne foi et fait profession publique de christianisme, Suétone n'aurait pas dit que Clemens fut mis à

(1) *Domitien*, 15.

(2) Voir Greppo, *loc. cit.*, p. 144 et suiv.; Allard, *Hist. des persécutions de l'Eglise pendant les deux premiers siècles*, p. xxv et suiv., 92 et suiv.

(3) L'indolence de Clemens ne fut peut-être qu'une feinte pour ne pas porter ombrage à Domitien : l'empereur, on s'en souvient, avait fait mettre à mort son frère Sabinus. Peut-être était-ce aussi un défaut naturel qu'il tenait de son père. Tacite (*Hist.*, III, 75) dit en effet du frère aîné de Vespasien : « in fine vitae alii segnem [eum] credidere » (cf. II, 63; III, 59 et 65). On a supposé, il est vrai, que Flavius Sabinus inclina lui aussi vers le christianisme : préfet de la ville en 64 (Borghesi, *Œuvres*, IX, p. 264 et suiv.), lors de la première persécution, il fut alors chargé de faire saisir, et sans doute aussi de juger un grand nombre de chrétiens. C'est là une hypothèse bien hardie qui ne paraît guère admissible.

(4) Surtout d'après un passage où il est question d'un certain Onkelos, fils de Cleonimos, fils lui-même d'une sœur de Titus; cet Onkelos aurait voulu se convertir au judaïsme.

(5) Je n'entre pas ici dans le détail de cette question, pour laquelle toute compétence me manque. Voir, d'un côté, Grätz, *Geschichte der Juden*, IV, p. 435 et suiv ; de l'autre, Darmesteter, *Reliques scientifiques*, I, p. 59-60.

(6) Voir Le Blant, *Les persécuteurs et les martyrs aux premiers siècles de notre ère*, p. 21 et suiv. — M'Acilius Glabrio Cn. Cornelius Severus, et Arria Plaria Vera Priscilla, dont il a été parlé plus haut (p. 295, n. 1), étaient l'un pontife à Rome (*C. I. L.*, XIV, 4237), l'autre flaminique à Pisaurum (Orelli, 2228).

mort « sur le plus léger des soupçons (1) ; » et Quintilien, le précepteur de leurs deux fils, ne se serait peut-être pas permis de parler avec tant de mépris des Juifs (2), à une époque où, pour les païens, le christianisme n'était qu'une secte juive.

Vers la fin du règne de Domitien, éclata une violente persécution religieuse (3). « Domitien, » dit Dion Cassius (4), « fit mourir Flavius Clemens, qui était alors consul, bien que ce personnage fût son cousin et qu'il eût pour femme Flavia Domitilla, sa parente. L'accusation d'athéisme fut portée contre eux deux. De ce chef, furent condamnés beaucoup d'autres citoyens qui avaient adopté les coutumes juives : les uns furent mis à mort, les autres virent confisquer leurs biens. L'empereur fit aussi périr Glabrion, qui avait été consul avec Trajan : il l'accusait du même crime que les autres. » — Quelques textes permettent de compléter ces indications. « Domitien, » dit Suétone (5), « tua, sur le plus léger des soupçons, son cousin Flavius Clemens, homme dont on méprisait fort l'inertie. Clemens venait à peine de sortir du consulat. » Consul ordinaire en 95 (6), vraisemblablement du 1er janvier au 30 avril (7), il périt donc dans le cours de cette année (8).

---

(1) Suétone, *Domitien*, 15 : « ex tenuissima suspitione. »
(2) Quintilien, *Inst. Orat.*, III, 7, 21.
(3) Voir, sur cette persécution, Aubé, *Histoire des persécutions de l'Eglise jusqu'à la fin des Antonins*, p. 130 et suiv. ; Renan, *Les Evangiles*, p. 286 et suiv. ; Allard, *Histoire des persécutions pendant les deux premiers siècles*, p. 96 et suiv. ; de Rossi, *Bull. di arch. crist.*, 1888-1889, p. 49 et suiv. ; Neumann, *Der römische Staat und die allgemeine Kirche bis auf Diokletian*, I, p. 7 et suiv.
(4) LXVII, 4.
(5) Suétone, *Domitien*, 15. Cf. Philostrate, *Apollonius*, VIII, 25.
(6) Klein, *Fasti consulares*, p. 51.
(7) Voir p. 59, n. 2.
(8) Imhof (*Domitianus*, p. 116, n. 4) s'appuie sur un passage de Suétone pour placer la mort de Clemens en janvier 96. Après avoir raconté cette mort, l'historien ajoute : « Quo maxime facto maturavit sibi exitium. Continuis octo mensibus tot fulgura facta nuntiataque sunt, ut..., » etc... Il y aurait donc eu, selon Imhof, huit mois d'intervalle entre le meurtre de Clemens et celui de Domitien, de janvier à septembre 96. Mais, dans cette hypothèse, on ne pourrait concilier les textes de Suétone et de Dion Cassius (l'assertion de Dion s'explique par le fait que Clemens ayant été consul ordinaire, par conséquent éponyme, il figura comme consul sur les monuments publics ou privés de toute l'année 95). De plus, nous savons par Dion que Flavia Domitilla fut condamnée en même temps que lui : or elle le fut dans la quinzième année du règne de Domitien, dans celle où Clemens fut consul (Eusèbe, *Hist. ecclés.*, III, 18), et très probablement dans les trois derniers mois de cette année. Eusèbe (*Chronologie*, p. 163), d'après la

Domitille fut reléguée, non pas à Pandataria, comme Dion le dit, mais à Pontia, comme nous l'apprennent Eusèbe (d'après Bruttius), saint Jérôme et l'auteur des Actes des saints Nérée et Achillée (1). Fut-elle exceptée de la mesure qui, au début du règne de Nerva, rappela les exilés et resta-t-elle plusieurs années, jusqu'à sa mort, dans cette île (2)? Nous n'en savons rien ; il faut seulement observer que saint Jérôme parle de son « long martyre » à Pontia (3). — Quant à Acilius Glabrion, il fut d'abord exilé, puis mis à mort (4). Dion Cassius dit, qu'outre le crime d'athéisme, on lui reprocha d'être descendu dans l'arène pour y combattre des bêtes féroces, à l'époque où il était consul, en 91 (5). C'était cependant Domitien qui, voulant peut-être déjà se débarrasser de lui, l'avait contraint, un jour qu'il l'avait invité à Albano pour la fête des Juvenalia, à tuer un lion énorme, épreuve dont Glabrion était sorti sans blessure. D'autre part, il fut, selon Suétone (6), mis à mort pendant son exil, comme coupable de conspiration, « *quasi molitor novarum rerum.* » Faut-il confondre cette accusation avec celle d'athéisme qui, au témoignage de Dion, fut portée contre lui? L'homme auquel on faisait un crime de mépriser la religion nationale, pouvait sans doute être considéré comme un « *molitor novarum rerum*; » mais nous serions plus disposé à croire qu'il s'agit de deux accusations différentes. Il est possible que Glabrion ait été d'abord exilé pour ses croyances et

version de saint Jérôme, place sa condamnation en 2112 (= 1ᵉʳ octobre 95-30 septembre 96). Il ne faut donc pas chercher un lien d'idées dans les deux phrases consécutives de Suétone, qui supprime volontiers les transitions. Quant à ces huit mois remplis de présages, ils s'écoulèrent depuis le commencement de l'année qui devait être fatale à Domitien jusqu'au jour de sa mort.

(1) Voir plus haut, p. 298, n. 1, 2 et 6. — Il n'est pas impossible que saints Nérée et Achillée, qui furent plus tard ensevelis dans l'ancien domaine de Domitille, aient été ses serviteurs, et l'aient accompagné à Pontia, comme le racontent leurs *Actes* (p. 9).

(2) Tillemont, *Mémoires pour servir à l'histoire ecclésiastique*, p. II, 127.

(3) Saint Jérôme, lettre 108, 7. Selon la passion des saints Nérée et Achillée (p. 12 A), qui ne mérite aucune confiance, elle aurait été martyrisée à Terracine. — Philostrate (*Apollonius*, VIII, 25) prétend que, trois ou quatre jours après la mort de Clemens, Domitien força Domitille à se remarier (c'est, semble-t-il, le sens de l'expression obscure : ἐς ἀνδρὸς φοιτᾶν); rien ne confirme cette assertion.

(4) Suétone, *Domitien*, 10.

(5) Dion Cassius, LXVII, 14. Cf. Juvénal, IV, 99 et suiv.; *Lettres* de Fronton et de Marc-Aurèle, V, 23.

(6) *Loc. cit.*

sa conduite lors des fêtes d'Albano, et ensuite mis à mort comme conspirateur.

On lit dans Eusèbe (1) : « Domitien, ayant fait preuve de sa cruauté à l'égard de beaucoup de gens et mis à mort par des arrêts injustes un grand nombre de nobles romains et d'hommes illustres... finit par se faire le successeur de Néron dans sa haine et sa guerre contre Dieu. A son tour, il entreprit de nous persécuter... A cette époque, la doctrine chrétienne avait un tel éclat que des écrivains, fort étrangers à notre foi [il s'agit de Bruttius, comme le montre la chronologie], n'hésitèrent pas à parler, dans leurs histoires, de la persécution et des martyres qui eurent lieu alors. Ils marquent même avec exactitude la date de la persécution ; car ils rapportent que, dans la quinzième année du règne de Domitien, beaucoup de chrétiens furent condamnés, entre autres Flavia Domitilla, etc. » Malalas, citant aussi l'historien Bruttius, écrit ces mots (2) : « Domitien condamna beaucoup de chrétiens, si bien qu'un grand nombre de fidèles s'enfuirent dans le Pont. »

Dans la lettre de Pline le Jeune à Trajan au sujet des chrétiens, le gouverneur de Bithynie écrit : « D'autres, dénoncés devant moi, ont reconnu qu'ils étaient chrétiens, puis l'ont nié, disant qu'ils l'avaient été, mais ne l'étaient plus, les uns depuis plusieurs années, quelques-uns même depuis plus de vingt ans (3). » La lettre datant de l'année 112 (4), ces dernières apostasies semblent avoir eu pour cause la persécution de Domitien (5).

Méliton de Sardes, dans son Apologie, dit que, seuls parmi les empereurs, Néron et Domitien voulurent inquiéter la foi chré-

---

(1) *Hist. ecclés.*, III, 17 et 18.
(2) X, p. 262, édition Dindorf. Faut-il supposer avec Lipsius (*Chronologie der römischen Bischöfe*, p. 157) que Malalas confond le Pont avec l'île de Pontia, et ne fait, par conséquent, que reproduire avec des inexactitudes le texte cité par Eusèbe ? Il est difficile de le dire.
(3) *Lettres*, 96, 6 : « non nemo etiam ante viginti [annos].
(4) Voir Mommsen, *Etude sur Pline*, p. 30.
(5) Pline dit dans la même lettre (1) : « cognitionibus de christianis interfui numquam. » Par ces mots, il fait évidemment allusion à des affaires jugées de son temps, auxquelles il aurait pu assister si l'occasion s'en était présentée pour lui. Il ne peut donc être question, dans ce passage, de la persécution de Néron, car, en 64, Pline n'avait que trois ans (voir Mommsen, l. c., p. 51). Comme sous Vespasien, Titus et Nerva, il n'y eut pas de persécution, ces procès eurent lieu soit sous Domitien, soit sous Trajan. — La seconde hypothèse est, je crois, admissible, quoique Trajan ne fasse pas mention de ces procès dans sa réponse. Mais cette réponse est fort courte et ne contient que les instructions indispensables à Pline.

tienne (1). — « Domitien, » écrit Tertullien, « ce demi-Néron par la cruauté, essaya contre nous de la violence, mais comme il avait encore quelque chose d'humain, il renonça à son entreprise et rappela même ceux qu'il avait exilés (2). »

L'auteur du libelle *De mortibus persecutorum* (attribué à Lactance) parle aussi de l'hostilité de cet empereur à l'égard du christianisme (3) : « Quoiqu'il exerçât une injuste domination, sa tyrannie pesa fort longtemps sur ses sujets, et il régna tranquille jusqu'au jour où il leva ses mains impies contre le Seigneur. Mais après qu'il eut été poussé par les démons à persécuter les justes, il fut livré aux mains de ses ennemis et puni de ses crimes. » Paul Orose (4) et Sulpice Sévère (5) mentionnent aussi cette persécution contre les chrétiens. Dans les Actes de saint Ignace, il est question « des tempêtes excitées dans l'église d'Antioche par les nombreuses persécutions de Domitien (6). »

On retrouve la trace de cette persécution dans un écrit chrétien qui date de la fin du premier siècle. La lettre qu'à cette époque (7) l'église de Rome adressa aux Corinthiens commence par ces mots (8) : « Par suite des catastrophes, des malheurs soudains et répétés qui nous ont frappés, nous nous sommes occupés tardivement des questions que vous nous avez adressées. » C'est là une allusion évidente à la persécution de Domitien. Dans le même écrit, on lit encore (9) : « Seigneur, sauve ceux d'entre nous qui sont dans la tribulation, réveille ceux qui ont failli, délivre nos

---

(1) Cité par Eusèbe, *Hist. Eccl.*, IV, 26 : « Μόνοι πάντων .... τὸν καθ' ἡμᾶς ἐν διαβολῇ καταστῆσαι λόγον ἠθέλησαν Νέρων καὶ Δομετιανός. »

(2) *Apologét.*, 5 : « Temptaverat et Domitianus, portio Neronis de crudelitate; sed qua et homo facile coeptum repressit, restitutis etiam quos relegaverat. »

(3) Chapitre III.

(4) *Histoires*, VII, 10.

(5) *Chronique*, II, 31.

(6) Dom Ruinart, *Acta sincera*, p. 8 (édition d'Amsterdam, 1713) : « [Ignatius] procellas vix mitigans multarum sub Domitiano persecutionum. » Les martyres de divers saints, saint André, saint Denys l'Aréopagite, saint Onésime, saint Timothée, saint Marc d'Atina ont été placés sous Domitien, mais sans aucun fondement historique : voir Tillemont, *Mémoires pour servir à l'histoire ecclésiastique*, I, p. 539; II, p. 118, 119, 122 et suiv., 524.

(7) Sur la date de cette lettre, voir les éditions de Gebhart-Harnack, p. LIV et suiv.; d'Hilgenfeld, p. XXXVII et suiv.; de Funk (*Opera patrum apostolicorum*), p. XXI et suiv.

(8) I, début : « Διὰ τὰς αἰφνιδίους καὶ ἐπαλλήλους γενομένας ἡμῖν συμφορὰς καὶ περιπτώσεις, » etc.

(9) LIX et LX.

prisonnier. (1)! Montre-toi à nous, afin que nous jouissions des bienfaits de la paix, que nous soyons protégés par ta main puissante et délivrés de toute iniquité par ton bras élevé; sauve-nous de ceux qui nous haïssent injustement. »

Parmi les victimes de la persécution de Domitien, l'Église compte saint Jean l'Évangéliste. A cette époque, il aurait été plongé, à Rome, dans une cuve d'huile bouillante (2), puis relégué à Patmos (3); ce serait alors qu'il aurait vu l'Apocalypse (4). Sous Nerva, il aurait quitté son lieu d'exil et se serait rendu à Ephèse (5). — Il ne semble pas qu'il y ait lieu de rejeter d'une manière absolue toutes les données de cette tradition. Le témoignage de saint Irénée qui, par saint Polycarpe avait pu avoir des renseignements exacts sur saint Jean, est ici d'une importance particulière. « Ce fut, » dit-il, « à la fin du règne de Domitien que Jean vit l'Apocalypse. » On sait que de nombreux savants ont cru trouver dans le texte même de l'Apocalypse la preuve que ce livre fut écrit vers le commencement de 69 après Jésus-Christ. Cette opinion a été fortement ébranlée depuis quelques années, surtout à la suite de la publication de MM. Vischer et Harnack (6), qui voient dans l'Apocalypse une œuvre juive remaniée ensuite dans le sens chrétien (7). L'Apocalypse, sous la forme où nous la

---

(1) Il s'agit ici des chrétiens de basse condition détenus dans les carrières et dans les mines.
(2) Tertullien, *De praescriptione haereticorum*, 36 (il n'indique pas la date). Cf. saint Jérôme, *Adversus Jovinianum*, I, 26 (d'après Tertullien) et *Comment. in evang. Matth.*, III, 20.
(3) Tertullien, *loc. cit.* : « in insulam relegatur » (il ne nomme pas Patmos). Eusèbe, *Hist. ecclés.*, III, 18; *Chronologie*, p. 160 (année 2109 = 1er octobre 92-30 septembre 93, d'après la version arménienne), p. 163 (année 2110, d'après saint Jérôme). Saint Jérôme, *Adv. Jovinianum*, I, 26; *Comment. in evang. Matth.*, III, 20; *De viris illustribus*, 9.
(4) Saint Irénée, dans Eusèbe, *Hist. ecclés.*, III, 18 (= *Adversus Haereses*, V, 30). Eusèbe (*Chronologie*, d'après Irénée). Saint Jérôme, *Adv. Jovin.*, l. c.; *De viris*, l. c., etc.
(5) Clément d'Alexandrie, *Quis dives salvetur*, 42. Eusèbe, *Hist. ecclés.*, III, 20; *Chronologie*, p. 162 et 163. Saint Jérôme, *De viris*, loc. cit.
(6) « Die Offenbarung Johannis, eine judische Apokalypse in christlicher Bearbeitung, » dans les *Texte und Untersuchungen zur Geschichte der altchristlichen Literatur* de Gebhart et Harnack (t. II, cahier 3, 1886). Cette publication en a fait naître un très grand nombre d'autres, qu'il est inutile d'énumérer ici (voir le *Theologischer Jahresbericht* de Lipsius, à partir de 1886).
(7) La théorie nouvelle n'a du reste pas convaincu tout le monde. Voir en particulier Hilgenfeld, *Zeitschrift für wissenschaftliche Theologie*, XXXIII, 1890, p. 385 et suiv.

possédons aujourd'hui, pourrait dès lors être fixée à l'époque indiquée par saint Irénée, et il serait légitime d'y chercher dans les passages certainement chrétiens des allusions à la persécution de Domitien (1) :

« Antipas, mon témoin fidèle, qui a été tué chez vous, à Pergame, là où habite Satan (2). » — « J'ai vu... les âmes de ceux qui ont été décapités pour le témoignage de Jésus et pour la parole de Dieu, ceux qui n'ont pas adoré la bête, ni son image (3). » — « ...les âmes de ceux qui ont été tués pour la parole de Dieu et pour le témoignage qu'ils ont rendu (4). » — « Nos frères l'ont vaincu [le Dragon] par le sang de l'Agneau et par la parole de leur propre témoignage et ont méprisé la vie jusqu'à la mort (5). » — « J'ai vu la Femme ivre du sang des saints et du sang des martyrs de Jésus (6). »

D'autres allusions pourraient être cherchées à la rigueur dans le Pasteur d'Hermas (7) : les visions d'Hermas y sont placées à l'époque où vécut saint Clément (8), c'est-à-dire vers la fin du premier siècle (9).

---

(1) Déjà cités par Neumann, *Der römische Staat*, I, p. 12.

(2) II, 13 : « Ἀντίπας ὁ μάρτυς μου ὁ πιστός, ὃς ἀπεκτάνθη παρ' ὑμῖν ὅπου ὁ Σατανᾶς κατοικεῖ. »

(3) XX, 4 : « Καὶ εἶδον... τὰς ψυχὰς τῶν πεπελεκισμένων διὰ τὴν μαρτυρίαν Ἰησοῦ καὶ διὰ τὸν λόγον τοῦ Θεοῦ, καὶ οἵτινες οὐ προσεκύνησαν τὸ θηρίον οὐδὲ τὴν εἰκόνα αὐτοῦ... »

(4) VI, 9 : « ... τὰς ψυχὰς τῶν ἐσφαγμένων διὰ τὸν λόγον τοῦ Θεοῦ καὶ διὰ τὴν μαρτυρίαν ἣν εἶχον. »

(5) XII, 11 : « Καὶ αὐτοὶ ἐνίκησαν αὐτὸν διὰ τὸ αἷμα τοῦ Ἀρνίου καὶ τὸν λόγον τῆς μαρτυρίας αὐτῶν, καὶ οὐκ ἠγάπησαν τὴν ψυχὴν αὐτῶν ἄχρι θανάτου. »

(6) XVII, 16 : « Καὶ εἶδα τὴν Γυναῖκα μεθύουσαν ἐκ τοῦ αἵματος τῶν ἁγίων καὶ ἐκ τοῦ αἵματος τῶν μαρτύρων Ἰησοῦ. »

(7) *Visions*, II, 2, 7 : « Μακάριοι ὑμεῖς, ὅσοι ὑπομένετε τὴν θλῖψιν τὴν ἐρχομένην τὴν μεγάλην, καὶ ὅσοι οὐκ ἀρνήσονται τὴν ζωὴν αὐτῶν » (cf. II, 3, 4 ; IV, 2, 4). Mais ces indices sont bien légers.

(8) *Visions*, II, 4, 3.

(9) On pourrait aussi voir une vague allusion à la persécution dans la lettre attribuée à saint Barnabé (II, 1 : « ἡμερῶν οὐσῶν πονηρῶν, etc. »), qui semble avoir été écrite vers la fin du premier siècle. — Quant à l'épître aux Hébreux, les arguments invoqués pour la placer à cette époque paraissent bien fragiles; il est donc très peu vraisemblable que certains passages de cette lettre (X, 32-34; XII, 4; XIII, 7) puissent être rapportés à la persécution de Domitien. — Renan (*les Evangiles*, p. 302 et suiv.) incline à croire que Josèphe fut mis à mort pendant cette persécution. Mais l'historien juif vivait encore en 100, date de la mort d'Agrippa II (*Vita*, 65; Photius, *Bibliothèque*, 33). Domitien se montra, au contraire, favorable à Josèphe (*Vita*, 76).

Ces témoignages sont pour la plupart vagues, quelques-uns même sont suspects : ils nous permettent cependant d'apprécier la nature de la persécution religieuse ordonnée par Domitien.

Le nombre des victimes fut grand : Dion Cassius et Bruttius le disent expressément, et le texte de Tertullien, qui semble indiquer que la persécution fut courte, ne prouve pas qu'elle ne fut point cruelle. — Des hommes de toute condition furent frappés : deux parents de l'empereur, le consulaire Glabrion, des riches (Dion parle de confiscations), des gens du peuple. — La persécution ne sévit pas seulement à Rome : elle s'étendit aussi en Asie, notamment dans la province d'Asie proprement dite, et en Bithynie (1).

Elle eut lieu peu de temps avant la mort de Domitien : Flavius Clemens fut tué, sa femme exilée en 95 ; le martyre de Glabrion et des autres personnages auxquels Dion Cassius fait allusion doit probablement se placer à la même époque (2). C'est aussi en 95 que Bruttius, copié par Eusèbe, place la persécution contre les chrétiens (3). Lactance et Paul Orose disent qu'elle ne commença qu'à la fin du règne. C'est en 93 ou 94 qu'est placé l'exil de saint Jean à Patmos (4). Le texte de Pline le Jeune, relatif aux apostasies qui eurent lieu vingt ans avant son gouvernement, semble indiquer que, dès l'année 93, des chrétiens furent inquiétés en Bithynie, mais il n'est peut-être pas nécessaire de considérer ce chiffre vingt comme rigoureusement exact.

Il semble impossible d'indiquer avec précision les moyens dont le prince se servit pour atteindre ses victimes. Suétone et Dion Cassius disent simplement qu'il *mit à mort* Clemens (5),

---

(1) Cf. aussi Orose VII, 10 : « datis ubique crudelissimae persecutionis edictis. » Mais l'autorité d'Orose n'est pas très forte.

(2) Dion Cassius, qui suit l'ordre chronologique, d'une manière peu rigoureuse il est vrai, la mentionne en même temps que la condamnation de Clemens et de sa femme. Ce qui est sûr, c'est qu'Acilius Glabrion fut consul en 91 ; son exil et sa mort se placent donc dans les dernières années du règne de Domitien.

(3) Dans la quinzième année du règne, dans celle où Clemens fut consul, dit Eusèbe d'après « des historiens païens » (*Hist. ecclés.*, III, 18). — En 2112 (1ᵉʳ octobre 95-30 septembre 96), selon la *Chronologie* d'Eusèbe, traduction de saint Jérôme ; la version arménienne donne 2110, par erreur. La *Chronique pascale* (p. 468, édition Dindorf) donne l'année 94 ; mais elle contient des erreurs pour les fastes de la fin du règne.

(4) Voir plus haut, p. 307, n. 3.

(5) Suétone, *Domitien*, 15 : « interemit. » Dion Cassius, LXVII, 14 : « κατέσφαξεν. »

expression vague à laquelle il ne faut pas attacher trop d'importance. Peut-être Domitien frappa-t-il un certain nombre de prosélytes par simple mesure de police, traitement sommaire qui fut souvent appliqué aux chrétiens (1) ; mais il est vraisemblable qu'il y eut aussi des poursuites régulières (2) intentées, soit devant la juridiction criminelle du prince, soit devant celle du Sénat (3).

D'après les textes cités plus haut, ce furent des chrétiens que la persécution atteignit : seul, Dion Cassius se sert d'une expression plus générale, « ceux qui avaient adopté les mœurs juives; » mais des trois personnes qu'il nomme à ce sujet, Acilius Glabrion, Flavia Domitilla et Flavius Clemens, les deux premières ont été chrétiennes et Clemens a pu l'être aussi. Cependant le vague même de cette expression (4) et le fait que Nerva interdit les accusations de « vie juive (5) » peuvent porter à croire que ce ne furent pas les chrétiens seuls que l'on frappa. Il est possible que la persécution se soit étendue d'une manière générale à tous les prosélytes du judaïsme, chrétiens ou non. Parmi ces prosélytes, les plus fervents, les plus nombreux, étaient les chrétiens : eux surtout furent persécutés.

Peut-être les perquisitions faites pour soumettre à l'impôt du didrachme tous les circoncis ont-elles déterminé la persécution. Le pouvoir impérial put se rendre compte, mieux qu'auparavant, du nombre des anciens païens qui pratiquaient la religion juive, en en observant strictement toutes les prescriptions, en particu-

---

(1) Voir Mommsen, *Historische Zeitschrift*, LXIV, 1890, p. 398 et suiv.

(2) Après avoir dit que Domitien mit à mort Clemens, mari de Domitille, Dion Cassius (*loc. cit.*) ajoute : « ἐπενέχθη δὲ ἀμφοῖν ἔγκλημα ἀθεότητος, ὑφ' ἧς καὶ ἄλλοι ἐς τὰ τῶν Ἰουδαίων ἔθη ἐξοκέλλοντες πολλοὶ κατεδικάσθησαν. » Il dit qu'Acilius Glabrion fut accusé du même crime : « κατηγορηθέντα. » Enfin, il rapporte (LXVIII, 1) que Nerva défendit les *accusations de mœurs juives* : « ... οὔτ' Ἰουδαϊκοῦ βίου καταιτιᾶσθαί τινας συνεχώρησε. »

(3) Nous avons fait observer plus haut (p. 270) que Domitien semble avoir préféré laisser au Sénat la responsabilité des procès criminels intentés à des personnages importants.

(4) Pour la persécution de Néron, qui ne frappa pourtant que d'humbles gens et non des membres de la famille impériale, Tacite (*Annales*, XV, 44) et Suétone (*Néron*, 16) indiquent expressément qu'elle fut dirigée contre les chrétiens. — Il est vrai que Dion Cassius semble avoir affecté dans son histoire d'éviter de prononcer le nom de chrétiens (excepté livre LXXII, 4).

(5) Ajoutons que si l'on admet que la persécution de Domitien a atteint aussi des prosélytes du judaïsme, on peut sans trop d'invraisemblance voir un très vague souvenir de cette persécution dans les textes hébreux cités plus haut, p. 291 et suiv.

lier la circoncision, du nombre infiniment plus grand de ceux qui, sans s'astreindre à toutes ces prescriptions, menaient la vie juive, qu'ils fussent prosélytes de la foi de Moïse ou de celle de Jésus.

Domitien qui, nous l'avons vu, ne semble pas avoir songé à détruire la religion juive, voulut du moins empêcher les progrès d'une propagande qu'il jugeait dangereuse. S'en alarma-t-il parce qu'il considérait le judaïsme et le christianisme comme des religions immorales (1)? On sait qu'il prenait au sérieux son titre de censeur des mœurs. Regardait-il les chrétiens, en particulier, comme des magiciens malfaisants, reproche qui leur fut fait dès le premier siècle (2)? Il ne faut pas oublier qu'il était très superstitieux et qu'à cette époque on redoutait fort la magie (3). Fut-il entraîné à des mesures de rigueur par la haine et le mépris que la société payenne témoignait aux Juifs et aux chrétiens (4), par conséquent à leurs prosélytes? Mais ce sont là des hypothèses qu'aucun texte ne confirme.

Ce que nous savons seulement, c'est que beaucoup de gens qui avaient adopté les mœurs juives furent frappés pour athéisme (5). Or, rien ne nous empêche de croire que ce fut la

---

(1) C'était l'opinion de beaucoup de ses contemporains. Voir Tacite, *Annales*, XV, 44; *Hist.*, V, 5. Cf. Renan, *Les Evangiles*, p. 403.

(2) Voir à ce sujet Le Blant, *Les persécutions et les martyrs au premier siècle de notre ère*, p. 60 et suiv., 73 et suiv. Cuq, *Mélanges de l'Ecole française de Rome*, VI, 1886, p. 115 et suiv. Derembourg, *Histoire de la Palestine*, p. 360, 362. Renan, *Les Evangiles*, p. 64 et suiv., 534. Grätz, *Geschichte der Juden*, III, p. 250; IV, p. 88.

(3) Dion Cassius (LXVII, 11) raconte que, vers l'époque de la révolte d'Antonius, « certaines gens piquèrent avec des aiguilles empoisonnées ceux qu'il leur plaisait, et que beaucoup mouraient sans le sentir des suites de ces blessures. » On devait imputer à des enchanteurs ces crimes, « qui furent commis non seulement à Rome, mais pour ainsi dire dans tout l'univers. » — Alors vivait le fameux Apollonius de Tyane, qui fut peut-être réellement accusé devant l'empereur à cause de sa réputation de magicien (voir Philostrate, *Apollonius*, livres VII et VIII) : il l'aurait été à la fin du règne de Domitien, peu après l'expulsion des philosophes (Philostrate, VII, 10).

(4) Pour les Juifs, voir Quintilien, *Inst. orat.*, III, 7, 21; Tacite, *Hist.*, V, 5; Josèphe, *Contre Apion*, livre II, et *Guerre de Judée*, II, 18, 1 et 8; II, 20, 2, etc.; Friedländer, *Sittengeschichte*, III, 6ᵉ édit., p. 625 et suiv.; Renan, *Les Apôtres*, p. 288 et suiv. — Pour les chrétiens, Tacite, *Annales*, XV, 44; Suétone, *Néron*, 56; Pline le Jeune, *Lettres à Trajan*, 96; Eusèbe, *Hist. ecclésiastique*, III, 32.

(5) Le mot ἀθεότης veut dire *athéisme*, et n'est pas synonyme d'ἀσέβεια, lèse-majesté. Voir Allard, *Hist. des persécutions*, p. 104, n. 1; Neumann, *Der römische Staat*, p. 16, n. 4.

cause et non le prétexte de la persécution. On reprochait souvent alors aux Juifs et aux chrétiens d'être athées (1), non parce qu'on était dans une ignorance complète de leur religion (2), mais parce qu'on les voyait refuser obstinément leurs hommages aux dieux de l'Etat, dont ils niaient l'existence ou qu'ils considéraient comme des démons. Un certain nombre de prosélytes, nous l'avons vu, ne rompaient pas tout à fait avec les pratiques du paganisme, mais, évidemment, leurs nouvelles croyances ne pouvaient se concilier avec une foi sincère à la religion nationale. Il est naturel que Domitien, qui prétendait restaurer cette religion, les ait persécutés.

Hors de Rome, il y avait un dieu que l'on adorait partout : c'était l'empereur régnant. Il devait être adoré surtout sous Domitien qui, à Rome même, voulait qu'on crût à sa divinité. Or, ceux qui s'étaient convertis au judaïsme ou au christianisme ne reconnaissaient pas plus ce dieu que les autres. C'était, aux yeux de Domitien, le plus grand des crimes (3).

Le gouvernement impérial avait pu souffrir que le petit groupe des Juifs, naguère encore isolé dans ses croyances, refusât de reconnaître les dieux de l'Etat romain et la divinité du prince ; il ne pouvait permettre que ces sentiments de révolte se répandissent partout. Les prosélytes du judaïsme et du christianisme furent donc recherchés et punis rigoureusement comme *athées* (4).

---

(1) Pour les chrétiens, voir les textes cités par Greppo, *loc. cit.*, p. 133, et Allard, *Hist. des persécutions*, p. 104. — Pour les Juifs : Pline, *Hist. Nat.*, XIII, 46 : « Judaea, gens contumelia numinum insignis ; » Tacite, *Hist.*, V, 5 : « Transgressi in morem eorum [Judaeorum] idem usurpant ; nec quidquam prius imbuuntur, quam contemnere deos. » Cf. V, 13 : « [Judaea gens] relligionibus adversa. » M. Allard a donc tort de dire (p. 105) que jamais les Juifs ne furent accusés d'athéisme.

(2) Cependant il ne faut pas oublier que les Juifs n'avaient pas d'images de leur Dieu, et qu'aux premiers temps de l'Eglise chrétienne, les statues n'étaient guère admises dans le culte. Voir Minucius Felix, *Octavius*, 10 et 32. Dans un discours prononcé à cette époque, Dion Chrysostome (discours XII) insiste sur l'utilité des images des dieux dans les temples.

(3) M. Neumann (*Der römische Staat*, p. 9 et suiv.) me semble insister avec raison sur ce point.

(4) Il ne semble pas qu'ils aient été punis alors comme coupables de lèse-majesté, crime qu'on reprocha souvent plus tard aux chrétiens (voir Mommsen, *Historische Zeitschrift*, LXIV, 1890, p. 395 et suiv.), car, dit Dion Cassius, Nerva défendit, après la mort de Domitien, qu'on accusât personne soit de lèse-majesté, soit de vie juive (LXVIII, 1 : « οὔτ' ἀσεβείας, οὔτ' Ἰουδαϊκοῦ βίου καταιτιᾶσθαί τινας συνεχώρησε. ») : on voit qu'il s'agit de deux chefs d'accusation différents.

S'il voulut empêcher cette impiété de s'étendre, Domitien chercha peut-être en même temps à subvenir à ses besoins financiers par des confiscations, et à se débarrasser de personnages illustres qui excitaient ses soupçons : on ne doit pas s'en étonner de la part d'un prince qui se montra si cupide et si hostile à l'aristocratie dans les dernières années de son règne.

A cette persécution, Eusèbe, citant Héségippe, rattache le jugement des descendants de David par Domitien, jugement qu'il raconte en détail (1). Après avoir dit que Domitien donna l'ordre de faire périr tous les descendants de David, il ajoute : « Alors survivaient de la parenté du Seigneur les descendants de Jude qui, selon la chair, était frère de Jésus (2). Ils furent dénoncés comme étant de la race de David. Un *evocatus* les amena devant Domitien, car ce prince craignait comme Hérode la venue du Christ. Il leur demanda s'ils descendaient de David, ce dont ils convinrent. Il s'informa ensuite de leur fortune : l'un et l'autre lui répondirent qu'à eux deux ils n'avaient qu'un bien de neuf mille deniers; c'était la valeur d'une terre de trente-neuf plèthres, dont les revenus les nourrissaient, à condition qu'ils la cultivassent eux-mêmes. Ils montrèrent alors leurs mains calleuses, leur peau durcie par le travail auquel ils avaient coutume de se livrer. Interrogés sur le Christ et sur sa royauté, sur le caractère de cette royauté, quand et où elle apparaîtrait, ils répondirent qu'elle n'était pas terrestre, mais céleste et divine; qu'elle existerait à la fin des siècles, quand le Christ se montrerait dans sa gloire, jugerait les vivants et les morts, et traiterait chacun selon ses mérites. Là-dessus, Domitien ne les condamna pas, mais, les méprisant comme de petites gens, les laissa partir libres. Ceux-ci, respectés comme des martyrs, dirigèrent les églises, la paix ayant été rétablie, et vécurent jusqu'à l'époque de Trajan. Voilà ce que dit Hégésippe (3). »

Ce récit a l'air d'une légende. Eusèbe lui-même ne paraît pas bien sûr que les faits qu'il raconte, d'après Hégésippe, se soient réellement passés : il les présente en ces termes : « Une vieille tradition rapporte, etc. (4). » — Cependant, ils ne sont pas tout à

---

(1) Eusèbe, *Hist. ecclés.*, III, 19 et 20.

(2) Ils vivaient au delà du Jourdain, en Batanée : voir Renan, *Les Évangiles*, p. 58 et suiv.

(3) Cf. *Chronologie* d'Eusèbe, p. 160 et 163. Eusèbe place cet événement dans la même année que le martyre de Domitilla. — La *Chronique pascale* (I, p. 468) indique l'année 93 par erreur.

(4) « Παλαιὸς κατέχει λόγος. »

fait invraisemblables. Les parents de Jésus étaient réellement considérés par les chrétiens comme appartenant à la race de David : les prophètes ayant autrefois annoncé que le Messie descendrait de ce roi, et cette prédiction souvent répétée jouissant alors d'un grand crédit (1), on cherchait à rattacher Jésus à David par des généalogies, dont deux nous sont conservées dans les évangiles de saint Luc et de saint Matthieu. Il est possible que l'attention de Domitien ait été attirée sur ces personnages. Dans un pays dont la plupart des habitants attendaient leur salut d'un rejeton de David, se prétendre issu de race royale, c'était, semblait-il, menacer la paix publique (2). Les parents de Jésus étaient d'ailleurs fort respectés d'une partie importante de la population de la Judée, des judéo-chrétiens, aux yeux desquels ils étaient, depuis la mort ou la disparition des apôtres choisis par le Christ, les seuls représentants du Maître. Peut-être les petits-fils de Jude furent-ils dénoncés par des Juifs (3) : après la prise de Jérusalem, les Juifs se montrèrent en effet de plus en plus hostiles aux chrétiens, qu'ils considéraient comme des renégats et des traîtres.

Mais, même si l'on admet que les parents de Jésus furent véritablement amenés devant Domitien et acquittés par lui, le récit d'Hégésippe prouverait : en premier lieu, qu'ils furent poursuivis, non pour leurs croyances religieuses, mais pour les ambitions politiques qu'on leur attribuait; en second lieu, que dans cette persécution Domitien ne visait pas surtout les chrétiens de race juive, puisque les plus importants d'entre eux furent épargnés par lui, bien qu'ils eussent hautement confessé leur foi : c'étaient les prosélytes d'origine païenne qu'il prétendait frapper et effrayer (4).

---

(1) Voir Derembourg. *Hist. de la Palestine*, p. 348 et suiv.; Vernes, *Histoire des idées messianiques*, p. 271 et suiv.

(2) Observons de plus, qu'aux yeux des Flaviens, Vespasien avait accompli les prophéties annonçant que le maître du monde sortirait un jour de la Judée (Suétone, *Vespasien*, 4 et 5; Tacite, *Hist.*, V, 13; Josèphe, *Guerre de Judée*, III, 8, 9; IV, 10, 7; VI, 5, 4; Dion Cassius, LXVI, 1; Zonaras, XI, 16, p. 490). Avant Domitien, Vespasien avait fait rechercher les descendants de David (Eusèbe, *Hist. ecclés.*, III, 12).

(3) Eusèbe (III, 19) dit : « par des hérétiques, » mais c'est une addition sans valeur au texte d'Hégésippe.

(4) Cela n'exclut du reste pas l'hypothèse qu'un certain nombre de Juifs aient été frappés dans cette persécution, mais comme coupables de propagande religieuse en faveur du judaïsme ou du christianisme. Ils ne furent pas punis à cause de leurs croyances personnelles, mais à cause des conversions qu'ils faisaient parmi les païens.

La persécution dura peu. Selon Tertullien, Domitien renonça bientôt à son entreprise contre les chrétiens et rappela même ceux qu'il avait bannis. Eusèbe dit, d'après Hégésippe (1), qu'après avoir acquitté les parents de Christ, il rendit un édit pour faire cesser la persécution. Cependant, ce fut Nerva qui interdit les accusations contre les personnes menant la vie juive (2). Peut-être Domitien suspendit-il les poursuites quelque temps avant sa mort : il espérait sans doute que les prosélytes du judaïsme et du christianisme, se sentant tous menacés après ces coups terribles, reviendraient à la religion nationale. Les textes de Pline et de la lettre des Romains aux Corinthiens semblent en effet indiquer que les apostasies furent nombreuses.

La persécution de Domitien a une très grande importance dans l'histoire du christianisme. Celle de Néron n'avait été qu'une crise passagère : Néron, cherchant des victimes expiatoires de l'incendie de Rome, les avait trouvées parmi les chrétiens. Ce fut sous Domitien que le pouvoir impérial manifesta pour la première fois sa volonté d'arrêter les progrès de la religion juive et du christianisme qui en était sorti. Il souffrit, comme par le passé, que les Juifs restassent attachés à leurs croyances ; mais il ne voulut pas admettre que ces croyances se répandissent librement parmi les populations du monde romain. Il vit, et avec raison, dans les nouveaux convertis, des ennemis de la religion nationale, du culte de l'empereur-dieu, culte qui était, dans une certaine mesure, le trait d'union des sujets de Rome. Il les considéra comme des impies, et désormais il sévit contre eux quand il lui plut. Domitien paraît avoir frappé aussi bien les prosélytes de la véritable religion juive que les chrétiens : ce furent les chrétiens seuls que ses successeurs eurent à poursuivre, car avec le second siècle la propagande juive s'arrêta. — Il est difficile de ne voir dans la persécution de Domitien que le caprice d'un tyran. Les historiens peuvent discuter aujourd'hui la question de savoir si le maintien de la religion romaine et du culte impérial était vraiment nécessaire à la conservation de l'empire. Il serait injuste de reprocher à Domitien de l'avoir cru, comme l'ont cru pendant deux siècles presque tous les hommes d'Etat romains ; ses cruautés seules sont inexcusables.

Cette persécution lui fut d'ailleurs très funeste. La condamna-

---

(1) *Hist. ecclés.*, III, 20 : « καταπαῦσαι δὲ διὰ προστάγματος τὸν κατὰ τῆς Ἐκκλησίας διωγμόν. »
(2) Dion Cassius, LXVIII, 1.

tion de Clemens, mis à mort « sur le plus léger des soupçons, » souleva une vive indignation : on accusait Domitien d'avoir tué Titus, on se souvenait du meurtre de T. Flavius Sabinus et de la mort de Julie qu'il avait causée ; il fut regardé comme l'assassin de quatre de ses parents (1). D'autre part, cette condamnation dut beaucoup diminuer le prestige des deux fils de Clemens, adoptés par l'empereur, aux yeux des partisans que la dynastie Flavienne conservait encore : ses ennemis n'hésitèrent plus à se débarrasser de lui ; ils furent désormais certains qu'aucun Flavien ne serait capable d'hériter de son pouvoir (2). — En outre, le crime de « mœurs juives » n'étant pas toujours facile à constater, ce fut surtout en cette circonstance que Domitien dut se servir des délateurs, gens détestés et méprisés de tous. — Enfin, cette persécution ne frappa point seulement l'aristocratie ; elle fit aussi des victimes dans les rangs inférieurs de la société, où le judaïsme et le christianisme recrutaient la plupart de leurs prosélytes : le prince devint odieux à une partie du peuple (3).

(1) Voir Pline, *Panég.*, 48.
(2) Aussi Suétone (*Domitien*, 15) dit-il en parlant de la condamnation de Clemens : « quo maxime facto maturavit sibi exitium. »
(3) Peut-être Juvénal (IV, 153) fait-il allusion aux craintes que la persécution causa à beaucoup de gens du peuple :

> Sed periit postquam cerdonibus esse timendus
> coeperat...

Mais ce n'est là qu'une supposition fort contestable.

CHAPITRE XI.

MEURTRE DE DOMITIEN. CONSÉQUENCES DE SON RÈGNE.

Les deux principales phases de « cette époque cruelle et ennemie de toute vertu (1), » qui commença en 93, furent la persécution des philosophes et celle des chrétiens. Elles atteignirent les hommes les plus considérables par leurs vertus, leur intelligence ou leur rang. — Cependant, un grand nombre d'autres grands personnages furent frappés alors, souvent sur les plus légers prétextes (2). Un acte qu'on pouvait supposer inspiré par des sentiments hostiles au pouvoir, une absence aux réceptions impériales (3), un mot malveillant ou mal interprété (4), une amitié ou une parenté compromettante (5), une prédiction qui leur promettait de hautes destinées, un passé glorieux, des talents qui attiraient sur eux les regards de la foule et semblaient les autoriser à prétendre au pouvoir suprême, une dénonciation calomnieuse causaient leur perte. Les rangs de la noblesse s'éclaircirent de plus en plus (6), « le Sénat fut décapité dans ses plus illustres membres (7). »

(1) Tacite, *Agric.*, 1.
(2) Suétone, *Domitien*, 10 : « levissima... de causa. »
(3) Pline, *Panég.*, 48.
(4) Juvénal (IV, 86) dit avec exagération :

> Sed quid violentius aure tyranni,
> cum quo de pluviis aut aestibus aut nimboso
> vere locuturi fatum pendebat amici.

(5) Pline, *Lettres*, V, 1, 8.
(6) Juvénal, IV, 150 :

> Atque utinam his potius nugis [la délibération sur le turbot] tota illa dedisset
> Tempora saevitiae, claras quibus abstulit urbis
> inlustresque animas impune et vindice nullo.

(Cf. I, 34 ; IV, 97). — Pline (*Panég.*, 69) dit, en parlant de la vieille noblesse, décimée par Domitien : « Si quid usquam stirpis antiquae, si quid residuae claritatis... »

(7) Philostrate, *Apollonius*, VII, 4. — Cf. Suétone, *Domitien*, 10 : « Com-

Sallustius Lucullus, légat de Bretagne, avait souffert que des lances d'une forme nouvelle fussent appelées luculliennes. Domitien y vit une usurpation de ses droits souverains et le fit périr (1) : depuis la révolte d'Antonius il ne cessait de craindre une sédition militaire (2). — Un autre consulaire, Salvidienus Orfitus, fut aussi mis à mort comme conspirateur, dans le lieu où il avait été relégué (3). — Des astrologues avaient annoncé à Mettius Pompusianus qu'il régnerait. Vespasien ne lui en avait pas moins conféré le consulat. « Il se souviendra de moi, » dit-il, « et m'honorera à son tour (4). » Mais Domitien était moins sceptique que son père : Dion Cassius nous dit qu'il recherchait de toutes les façons le jour et l'heure de la naissance des principaux citoyens, et qu'il en fit périr plusieurs, même parmi ceux qui, malgré des signes favorables, ne se croyaient pas destinés à l'empire (5). Mettius se vit accusé d'avoir fait représenter une carte de l'univers sur les murs de sa chambre à coucher, d'avoir extrait et lu en public les harangues des rois et des grands hommes qui se trouvaient dans Tite-Live, d'avoir enfin donné à deux de ses esclaves les noms de Magon et d'Hannibal. Il fut d'abord relégué dans l'île de Corse, puis mis à mort (6). — L'empereur Othon avait laissé un neveu, Salvius Cocceianus, qu'il aurait adopté s'il avait été vainqueur dans la guerre civile (7). Ce jeune homme ayant célébré l'anniversaire de son oncle, Domitien le fit périr (8).

plures senatores, in iis aliquot consulares interemit. » Tacite, *Agric.*, 3. Pline, *Panég.*, 35, 48, 52, 62, 63, 90, 94, 95. Eusèbe, *Hist. ecclés.*, III, 17 ; *Chronologie*, année 2109. Paul Orose, VII, 10.

(1) Suétone, *Domitien*, 10. — Il serait intéressant de pouvoir dire avec précision, en ce qui concerne ce personnage et les suivants, quelle fut la procédure employée contre eux. Mais les renseignements qui nous sont parvenus sont très vagues. Suétone dit simplement « [Domitianus] interemit... »

(2) Voir *Panég.*, 68.

(3) Suétone, *loc. cit.* Philostrate (*Apollonius*, VII, 8) dit qu'Orfitus, considéré comme digne de l'empire, fut relégué dans une île. Il ajoute qu'un certain Rufus subit le même sort. Nous ne savons pas quel est ce personnage.

(4) Suétone, *Vespasien*, 14.

(5) Dion Cassius, LXVII, 15.

(6) Dion Cassius, LXVII, 12. Cf. Suétone, *Domitien*, 10.

(7) Plutarque, *Othon*, 16.

(8) Suétone, *loc. cit.* Selon Tacite [ou sa source], Othon mourant aurait adressé à son neveu, alors d'une extrême jeunesse, cette recommandation : « Proinde erecto animo capesseret vitam, neu patruum sibi Othonem fuisse aut obliviceretur unquam, aut nimium meminisset » (*Hist.*, II, 48. Cf. Plutarque, *l. c.*). L'historien qui écrivait ces lignes pensait certainement à la fin malheureuse de Salvius Cocceianus.

— L. Aelius Lamia Plautius Aelianus était l'ancien mari de l'impératrice Domitia. Il s'était consolé de son malheur conjugal par quelques épigrammes. Un jour que Titus l'engageait à se remarier, il lui dit : « Vous aussi, vous voulez donc prendre femme ? » Une autre fois, comme on le félicitait de sa voix, il répondit, en se comparant à un homme qu'on aurait fait eunuque : « C'est que je vis chastement. » Selon Suétone, ces allusions désobligeantes causèrent sa mort (1). — Arrecinus Clemens, beau-frère de Titus et deux fois consul, périt aussi. Avant de le condamner, Domitien le traita avec de grands égards; mais tout à coup, tandis qu'il se promenait en litière avec lui, il lui dit, à la vue de son dénonciateur : « Veux-tu que demain nous entendions ce misérable esclave (2) ? » — Mettius Modestus se permit, entre autres crimes, d'appeler Regulus « le plus méchant des bipèdes. » Il fut condamné à la relégation (3). — C. Salvius Liberalis Nonius Bassus fut accusé sous Domitien, et peut-être exilé (4). — Julius Bassus, qui devint sous Trajan proconsul de Bithynie, fut aussi relégué (5); il était cependant tombé en disgrâce sous Titus, à cause de ses relations amicales avec le second fils de Vespasien (6).

Le prince s'irritait fort de l'opposition littéraire qu'il rencontrait. Le rhéteur Maternus, s'étant permis dans un exercice oratoire de parler contre les tyrans, cette imprudence lui coûta la vie (7). — L'historien Hermogène de Tarse fut aussi condamné à mort pour avoir mis dans un de ses ouvrages des allusions jugées

---

(1) Suétone, *Domitien*, 10. Cf. Juvénal, IV, vers 154.
(2) Suétone, *Domitien*, 11.
(3) Pline le Jeune, *Lettres*, I, 5, 5 et 14.
(4) Pline, III, 9, 33. — Salvius Liberalis, qui assista aux cérémonies des Arvales en 81, 86, 87, 101 (voir Henzen, *Index* des *Acta*, p. 196), n'est pas indiqué sur les actes de cette confrérie dans l'intervalle des années 87 et 101. Peut-être doit-on en conclure avec Borghesi (*Œuvres*, III, p. 179) qu'il fut exilé à la fin du règne de Domitien. Cependant il ne serait pas tout à fait impossible qu'il ait été, lors de la mort de cet empereur, *legatus juridicus* de Bretagne (voir plus haut, p. 140).
(5) Pline, *Lettres*, IV, 9, 2.
(6) Voir p. 28, n. 5.
(7) Dion Cassius, LXVII, 12. — Il n'y a pas lieu d'identifier ce Maternus avec le poète Curiatius Maternus, un des héros du *Dialogue des Orateurs* de Tacite (voir Teuffel-Schwabe, *Geschichte der römischen Literatur*, § 318, 1), ni avec le jurisconsulte Maternus (Martial, I, 96; II, 74; X, 37), personnage qui vivait probablement encore en 98 (le livre X fut édité pour la seconde fois à cette époque : voir Friedländer, édition de Martial, t. I, p. 62 et suiv.).

criminelles. L'empereur n'épargna même pas les copistes, qui furent crucifiés (1).

D'autres personnages importants n'échappèrent pas sans peine à la mort. Selon Dion Cassius, Juventius Celsus, ayant conspiré contre Domitien avec quelques-uns des principaux citoyens de Rome, fut mis en accusation. Sur le point d'être condamné, il demanda à parler en secret à l'empereur ; il se prosterna devant lui, l'appela à plusieurs reprises maître et dieu. « Je n'ai rien fait, » dit-il, « de ce qu'on me reproche : si j'obtiens un sursis, je prendrai des renseignements et je vous dénoncerai un grand nombre de coupables. » Relâché à cette condition, il ne dénonça personne, et alléguant tantôt un prétexte, tantôt un autre, il atteignit le moment du meurtre de Domitien (2).

Pline le Jeune avait été d'abord très favorisé par l'empereur, qui lui avait accordé une dispense d'un an pour briguer la préture (3). Mais il était l'ami de plusieurs victimes de Domitien : Herennius Senecio (4), Arulenus Rusticus (5), Junius Mauricus (6), Helvidius Priscus (7), Arria, Fannia (8), Gratilla, Julius Bassus (9). Avec Senecio il avait accusé le concussionnaire Baebius Massa (10). Il eut le courage de ne pas renier ses amitiés. Pendant l'exil de Fannia, il correspondit avec elle (11) ; à la fin de 93, année de sa préture, il alla visiter le philosophe Artémidore chassé de Rome (12). Aussi tomba-t-il en disgrâce (13). Même avant 93, Regulus, s'il faut l'en croire, avait cherché à le

---

(1) Suétone, *Domitien*, 10.

(2) Dion Cassius, LXVII, 13. Est-ce le grand jurisconsulte P. Juventius Celsus T. Aufidius Hœnius Severianus (Digeste, V, 3, 20, 6), préteur en 106 ou 107 (Pline, *Lettres*, VI, 5, 4) et consul pour la seconde fois en 129 (Klein, *Fasti Consulares*, p. 64; voir Mommsen, *Index* de Pline et *Etude sur Pline*, p. 20) ? Il est plus probable que Dion Cassius veut parler de son père qui se serait appelé Ti. J[uventius] Celsus Polemaeanus (la lecture de ce dernier nom n'est pas certaine), personnage qui fut consul en 92 (*C. I. L.*, III, p. 858). Voir Asbach, *Bonnische Jahrbücher*, t. LXXIX, 1885, p. 142.

(3) *Lettres*, VII, 16, 2 ; cf. *Panég.*, 95.

(4) VII, 33. Voir encore, en général, III, 11, 3; *Panég.*, 90.

(5) I, 5, 5 ; I, 14.

(6) I, 5, 10 et 16; I, 14; II, 18; VI, 14.

(7) IV, 21, 3; VII, 30, 4; IX, 13.

(8) VII, 19.

(9) Il le défendit sous Trajan devant le Sénat (IV, 9).

(10) Voir p. 279.

(11) VII, 19, 10.

(12) III, 11.

(13) *Panég.*, 90 et 95; *Lettres*, III, 11, 3.

perdre. Un jour, il plaidait contre cet orateur pour une certaine Arrionilla (1). Il fondait en partie son argumentation sur une opinion de Mettius Modestus, alors en exil. Regulus l'apostropha tout à coup : « Pline, que pensez-vous de Modestus? » La question était embarrassante : Si Pline avait répondu « Du bien, » il se serait exposé à un grand péril; s'il avait médit de Modestus, il se serait déshonoré par sa lâcheté. Il dit alors : « Je vous répondrais, si c'était la question que les centumvirs avaient à juger. » — « Je vous demande, » reprit Regulus, « ce que vous pensez de Modestus. » Pline répliqua qu'on ne demandait pas de témoignage contre un condamné, mais seulement contre les accusés. — « Eh bien! je ne vous demande plus votre opinion sur Modestus, mais ce que vous pensez de son attachement pour le prince. » — « Vous voulez savoir ce que j'en pense, mais moi, je crois qu'il n'est pas même permis de remettre en question la chose jugée. » C'était habilement répondre : Regulus, déconcerté, se tut (2). — Après la mort de Domitien, on trouva dans ses papiers une accusation contre Pline, envoyée par Mettius Carus à l'empereur (3). — Ces renseignements, nous les tirons des lettres de Pline. Mais il ne faut pas oublier la vanité de ce personnage qui, dans une époque de réaction contre Domitien, fut fort aise de se faire considérer comme une victime du tyran. On doit aussi observer qu'après 93, sa disgrâce ne fut pas complète. A la suite de sa préture, il devint préfet du trésor militaire (4). Or, cette fonction était donnée par le prince.

Nerva, le futur empereur, faillit périr. Il cherchait, il est vrai, à se faire oublier (5); mais il avait été compromis par des astrologues qui lui avaient prédit la dignité impériale : par bonheur, un d'entre eux rassura Domitien en lui affirmant que Nerva n'avait plus que peu de temps à vivre (6).

(1) Cette affaire eut lieu avant la mort d'Arulenus Rusticus (fin de l'année 93) : voir I, 5, 5.
(2) I, 5, 5 et suiv.
(3) VII, 27, 14. Cf. *Panég.*, 90.
(4) C. I. L., V, 5262, 5667. Voir Mommsen, *Etude sur Pline le Jeune*, p. 63.
(5) Martial vante son repos, *quies* (V, 28, 4). Cf. VIII, 70 :

Quanta quies placidi, tanta est facundia Nervae.

Voir encore Philostrate, *Apollonius*, VII, 33; VIII, 7 (p. 179 de l'édition Westermann).
(6) Dion Cassius, LXVII, 15. — Philostrate (*Apollonius*, VII, 8; cf. VII, 11) rapporte que Nerva, accusé de conspiration, reçut l'ordre de quitter Rome et que la ville de Tarente lui fut assignée comme résidence (cf.

Des citoyens illustres étaient écartés des honneurs : leurs talents, leur réputation leur avaient attiré la haine du prince. « Les gens de bien, dit Pline (1), relégués, et en quelque sorte ensevelis dans l'oisiveté et l'obscurité, n'étaient amenés à la lumière que par des délations et des périls. » — Tacite, préteur en 88 (2), aurait dû parvenir au consulat avant 96, mais il était gendre d'Agricola : il ne reçut les faisceaux qu'après la mort de Domitien. — Verginius Rufus, qui avait deux fois refusé l'empire, vivait dans la retraite; « il était suspect et détesté à cause de ses vertus (3). » — Il devait en être de même de Frontin, le vainqueur des Silures, l'auteur des *Stratagèmes* et des *Aqueducs*, un des personnages les plus considérables de son temps (4); ce fut seulement sous Nerva qu'il devint curateur des eaux et consul pour la seconde fois (5); sous Trajan, il reçut un troisième consulat (6). — Trajan, qui dès cette époque était fort considéré (7), fut peut-être menacé aussi (8); « au milieu de l'adversité, lui dit Pline (9), vous avez vécu avec nous, vous avez couru des dangers, vous avez tremblé : c'était alors la vie des honnêtes gens. »

Tacite, au commencement de ses *Histoires* (10), résume avec

Georges le Syncelle, p. 649). Si Nerva fut réellement exilé de Rome, il le fut après 94, car Martial le loue dans son livre IX (IX, 26, 1), publié cette année-là, ce qu'il n'aurait certainement pas fait si le futur empereur avait été en complète disgrâce. On lit, dans le livre des *Caesares* attribué à Aurelius Victor (chap. XII), que Nerva s'était retiré chez les Séquanes par crainte du tyran, et qu'il y fut salué empereur par les légions. Mais Nerva se trouvait certainement à Rome au mois de septembre 96 (voir p. 328). — Martial écrivit plus tard ces vers (XII, 6, 11), qui sembleraient indiquer, à la rigueur, que Nerva tomba en disgrâce sous Domitien :

> Sed tu sub principe duro
> Temporibusque malis ausus es esse bonus.

(1) *Panég.*, 45.
(2) *Annales*, XI, 11.
(3) Pline, *Lettres*, II, 1, 3. En 97, sous Nerva, il reçut un troisième consulat (Klein, *Fasti consulares*, p. 51). — Il n'y a pas de raison de penser avec Pichlmayr (*T. Flavius Domitianus*, p. 94, n. 3) que Verginius Rufus ait été le Rufus dont parle Philostrate (*Apollonius*, VII, 8) et qui fut, selon cet auteur, exilé par Domitien.
(4) Pline, IV, 8, 3; IX, 19. Tacite, *Agr.*, 17.
(5) Klein, *Fasti consulares*, p. 52.
(6) Klein, *loc. cit.*
(7) Pline, *Panég.*, 94, dit en exagérant : « omnibus excelsior. »
(8) Ce fut, non Domitien, mais Nerva qui lui confia le gouvernement de la Germanie Supérieure. Voir appendice II.
(9) *Panég.*, 44.
(10) I, 2 et 3.

énergie les maux de cette époque de terreur : « La mer pleine d'exils, les rochers souillés de meurtres, des cruautés plus atroces dans Rome : noblesse, richesse, honneurs refusés ou reçus comptés pour autant de crimes ; une mort certaine réservée aux vertus ; les délateurs, dont le salaire ne révoltait pas moins que les forfaits, se partageant comme des dépouilles sacerdoces et consulats, administrant les provinces, maîtres dans Rome, mettant tout au pillage ; la haine ou la terreur armant les esclaves contre leurs maîtres, les affranchis contre leurs patrons ; enfin ceux auxquels un ennemi manquait accablés par leurs amis. Cependant cette époque ne fut point tellement stérile en vertus qu'elle n'ait produit des exemples de belles actions. Des mères accompagnèrent leurs enfants dans leur fuite, des femmes suivirent leurs maris en exil ; il y eut des parents intrépides, des gendres dévoués, des esclaves d'une fidélité qui résistait même aux tortures, des hommes illustres soumis à la dernière de toutes les épreuves, cette épreuve même supportée avec courage, et des morts comparables aux plus belles fins de l'antiquité (1). »

L'aristocratie avait voué à Domitien une haine implacable. Pline, quand il parle de cet empereur, l'appelle le bourreau et le spoliateur de tous les gens de bien (2), le plus féroce des bêtes (3), le plus méchant, le plus cruel des princes (4), le plus avide des brigands (5), un prince chargé de tous les vices (6). Il raconte (7) qu'un jour, à la fin du règne de cet empereur, il alla voir Corellius Rufus, personnage consulaire, dans sa maison de campagne, près de Rome. Atteint d'une maladie incurable, Rufus souffrait de douleurs inouïes. La goutte n'attaquait plus seulement ses pieds, mais s'étendait sur tout son corps. Ses serviteurs sortirent de sa chambre : quand un ami in-

---

(1) Dans un discours prononcé peu après la mort de Domitien, Dion Chrysostome peint d'une manière allégorique la tyrannie (I, p. 17-18, édit. Dindorf) ; bien des traits rappellent les dernières années du règne (cf. encore p. 37 et 102 et suiv.). — En face de ces tableaux, on peut mettre le vers mensonger écrit en 94 par le courtisan Martial (IX, 70, 7) :
   Nulla ducum feritas, nulla est insania ferri.
(2) *Panég.*, 90 : « optimi cujusque spoliator et carnifex. »
(3) *Panég.*, 48 : « immanissima bellua. »
(4) *Panég.*, 94 : « pessimo principe » ; 95 : « insidiosissimo principe » ; 52 : « saevissimi domini. »
(5) *Panég.*, 94 : « praedonis avidissimi. »
(6) *Panég.*, 47 : « vitiorum omnium conscius princeps. »
(7) *Lettres*, I, 12, 7 et suiv.

time entrait chez lui, il était d'usage que tous se retirassent, même sa femme, quoiqu'elle fût capable de garder tous les secrets. Après avoir jeté les yeux autour de lui, il dit à Pline : « Savez-vous pourquoi je continue à supporter depuis si longtemps ces souffrances horribles? C'est pour survivre, ne serait-ce que d'un jour, à ce scélérat. » Le ciel exauça le vœu de Corellius Rufus; il vit le règne de Nerva, et, n'ayant plus rien qui l'attachât à la vie, il se suicida (1).

Même les conseillers intimes de Domitien, les délateurs les plus puissants, instruments nécessaires à sa politique, le craignaient et le haïssaient; ils savaient que par peur, autant que par hypocrisie, le prince n'hésiterait pas à les perdre au besoin (2).

A Rome, le peuple se détournait de lui (3). Les Juifs et les chrétiens devaient le détester; les affranchis, les clients des grandes maisons étaient frappés dans leurs intérêts, quelques-uns dans leurs affections, par l'exil ou la mort de leurs patrons; les artisans souffraient de l'appauvrissement de la noblesse. Il faut ajouter que la conduite hautaine de Domitien dans les spectacles (4), où les Romains avaient auparavant le droit d'exprimer assez librement leurs sentiments (5), devait compromettre sa popularité. Peut-être les spectateurs se permirent-ils parfois de manifester, d'une manière détournée, leur hostilité à l'égard du prince. Martial (6) parle des acclamations bruyantes qui saluaient les victoires des gladiateurs armés de petits boucliers : on sait que les grands boucliers étaient protégés par Domitien (7).

---

(1) M. Asbach suppose, mais sans raisons suffisantes, qu'il vécut jusqu'à l'année 100 (*Rheinisches Museum*, XXXVI, 1881, p. 43; *Bonnische Jahrbücher*, LXXII, 1882, p. 20).

(2) Pline, *Panég.*, 85 : « quae poterat esse inter eos amicitia, quorum sibi alii domini, alii servi videbantur? » — *Panég.*, 44 [à Trajan] : « Scis et expertus es quanto opere detestentur malos principes etiam qui malos faciunt. » — Juvénal, IV, 73 :

> proceres quos oderat ille,
> in quorum facie miserae magnaeque sedebat
> pallor amicitiae.

(3) Suétone, *Domitien*, 23. Juvénal, IV, 153 :

> sed periit postquam cerdonibus est timendus
> coeperat.

(4) Voir plus haut, p. 85, n. 5 et p. 242, n. 2 et 5.
(5) Friedländer, *Sittengeschichte*, II, p. 301.
(6) IX, 68, 7.
(7) Voir p. 120.

Bien des Romains en étaient venus à le considérer comme un nouveau Néron, le Néron chauve (1).

L'empereur sentait bien qu'un jour il succomberait à son tour dans la lutte acharnée qu'il soutenait contre l'aristocratie. — Depuis longtemps, il était effrayé par des prédictions qui lui annonçaient une mort violente. Dans les derniers mois de son règne, se répandirent des bruits sinistres qui, en d'autres temps, n'auraient rencontré aucun crédit, mais que lui-même dans son inquiétude et ses ennemis dans leurs espérances considérèrent comme des présages de sa chute. « On entendit, » écrit Suétone (2), « et on annonça tant de coups de tonnerre, que Domitien s'écria : « Eh bien! frappe qui tu voudras! » La foudre atteignit le Capitole, le temple des Flaviens, le palais de l'empereur, sa chambre. L'inscription du piédestal de sa statue triomphale fut arrachée par un violent orage et tomba sur un édifice voisin. — L'oracle de la Fortune de Préneste, qui lui avait toujours fait des réponses favorables, lui annonça un sort funeste pour la dernière année et lui parla même de sang. Il vit en rêve Minerve, sa déesse favorite, sortir du sanctuaire qu'elle avait dans le palais en disant qu'elle ne pouvait pas le protéger plus longtemps, car Jupiter l'avait désarmée. Mais ce qui l'émut surtout, ce fut la réponse et la mort de l'astrologue Ascletarion. Déféré devant Domitien, cet homme ne nia pas qu'il eût révélé ce que son art lui avait fait prévoir. L'empereur lui ayant alors demandé de quelle manière il mourrait lui-même, il répondit qu'il serait bientôt déchiré par des chiens. Pour convaincre l'astrologie d'imposture, Domitien ordonna qu'on le brûlât vif et qu'on l'ensevelît avec le plus grand soin. Mais un orage subit renversa le bûcher sur lequel se trouvait le corps à demi-brûlé, que les chiens dévorèrent. Le mime Latinus avait été témoin du fait par hasard ; il le raconta à l'empereur parmi les nouveautés du jour (3). »

---

(1) Juvénal, IV, 36 :
> Cum jam semianimum laceraret Flavius orbem
> ultimus et calvo serviret Roma Neroni.

Tertullien, *Apologét.*, 5 : « portio Neronis de crudelitate »; Tertullien, *De Pallio*, 4 : « Subnero. » Martial, XI, 33 (avec la note de Friedländer). Ausone, *Monosticha de Caesaribus*, II, 17. Eusèbe, *Hist. ecclés.*, III, 17.

(2) Suétone, *Domitien*, 15.

(3) Voir encore, pour des prodiges de ce genre, Suétone, *Domitien*, 23; Dion Cassius, LXVII, 16; Philostrate, *Apollonius*, VIII, 23; Eusèbe, *Chronologie*, p. 162, 163, 214; Tacite, *Hist.*, I, 3.

Domitien se méfiait de tout (1). Le Sénat, toujours prêt à le flatter, lui offrit un honneur exceptionnel : il décréta que toutes les fois qu'il gérerait le consulat, des chevaliers romains, désignés par le sort, le précéderaient avec les licteurs et les appariteurs ; ils seraient revêtus de la trabée et tiendraient en main des lances. L'empereur aimait fort les honneurs, mais il craignit que dans ce brillant cortège ne se trouvât quelque jour un assassin, et il refusa (2). — Rarement il se montrait en public. Dans sa demeure, il s'entourait des plus grandes précautions (3) ; il semble avoir confié à Parthenius, un affranchi (4) sur lequel il croyait pouvoir compter, le commandement militaire du palais (5). On l'abordait difficilement, et des gardes surveillaient les personnes admises à ses audiences (6). Les portiques par lesquels il avait l'habitude de passer étaient revêtus de phengite, pierre qui reflétait les images comme une glace ; il pouvait ainsi voir tout ce qui se passait derrière lui (7). Dans ses promenades sur le lac d'Albano ou dans le golfe de Baies, il se faisait remorquer par une barque où étaient les rameurs, qu'il tenait à écarter de sa personne (8). Quand il voulait interroger des prisonniers, il parlait seul avec eux pour que rien ne transpirât de l'entretien, mais il avait soin de tenir dans ses mains leurs chaînes (9). — Pour montrer à ses serviteurs que même dans une bonne intention ils ne devaient pas porter la main sur leur maître, il exila, puis fit périr l'affranchi Epaphrodite : il lui reprochait d'avoir aidé Néron, déposé par le Sénat, abandonné de tous, à se donner la mort (10).

(1) Suétone, *Domitien*, 14 : « Pavidus semper et anxius, minimis etiam suspitionibus praeter modum commovebatur. » Cf. Dion, LXVII, 14.
(2) Suétone, *Domitien*, 14.
(3) Pline, *Panég.*, 48 et 49.
(4) Il était camérier de l'empereur. C. I. L., VI, 8761 : « *Partheni, Aug(usti) liberti a quibiclo (sic).* » Suétone, *Domitien*, 16 : « Parthenius cubiculo praepositus. » Cf. Dion Cassius, LXVII, 15.
(5) Ce fut sans doute pour cette raison que Parthenius reçut le droit de porter l'épée (voir Dion Cassius, *loc. cit.*; Mommsen, *Staatsrecht*, 3ᵉ édit., I, p. 435 ; II, p. 837, n. 1).
(6) Pline, *Panég.*, 49.
(7) Suétone, *Domitien*, 14.
(8) Pline, *Panég.*, 82.
(9) Suétone, *Domitien*, 14. Dion Cassius, LXVII, 12.
(10) Suétone, *Domitien*, 14. Dion Cassius, LXVII, 14, dont le récit n'est pas absolument semblable (cf. LXVII, 29). — Dans ce passage de Pline (*Panég.*, 53) : « an excidit dolori nostro modo vindicatus Nero ? », il s'agit plus probablement de la condamnation d'Arulenus Rusticus, mis à mort

Il n'avait aucune confiance dans les préfets du prétoire qui devaient veiller à sa sûreté : deux d'entre eux furent mis en jugement à l'époque même où ils exerçaient leurs fonctions (1).

Au mois de septembre de l'année 96, il songea peut-être à se défaire de sa femme, dont il se savait détesté, et de quelques-uns de ses principaux affranchis, de ses conseillers intimes, sur lesquels il avait conçu des soupçons. D'après le récit de Dion Cassius (2), il déposa sous le chevet de son lit de petites tablettes de bois sur lesquelles il avait écrit leurs noms ; mais un jeune enfant, admis dans le palais comme bouffon, les déroba pendant que le prince faisait sa sieste et s'en alla sans savoir ce qu'il portait. Domitia, qui le rencontra, lut ces tablettes et avertit les autres : ce fut pour eux un motif de presser un complot auquel ils songeaient déjà. Mais on doit remarquer que les mêmes détails nous sont donnés sur la mort de Commode (3); il y a donc là probablement une légende ou une confusion. — Les principaux conjurés furent Parthenius et Sigerius (4), chambellans de l'empereur; Entellus, secrétaire *a libellis ;* Stephanus, procurateur de Domitille, alors accusé d'avoir détourné une partie des biens confiés à sa garde (5). Domitia eut connaissance, dit-on, de la conspiration (6). Les deux préfets du prétoire, Norbanus et Petronius Secundus, ne l'ignorèrent pas non plus ; leur complicité était nécessaire pour empêcher les soldats de se livrer à de sanglantes représailles lorsqu'ils apprendraient la mort de Domi-

---

pour avoir fait l'apologie de Thraséas, une des victimes de Néron (voir le contexte).

(1) Dion Cassius, LXVII, 14 : « οὐδὲ ἐν τοῖς ἐπάρχοις, οὕς γε καὶ παρ' αὐτὴν τὴν ἡγεμονίαν κρίνεσθαι ἐποίει, ἐλπίδα ἀσφαλείας εἶχε. » Nous ne savons pas de quels préfets l'historien veut parler. Ce fait semble s'être passé en 95 (voir Dion, même chapitre).

(2) LXVII, 15. Il est du reste peu affirmatif : « ἤκουσα δὲ ἔγωγε καὶ ἐκεῖνο, ὅτι, etc. »

(3) Hérodien, I, 17.

(4) Les deux formes Sigerus et Sigerius sont admissibles. Voir Friedländer, *Sittengeschichte*, I, p. 116, n. 2; annotations de l'édition de Martial, IV, 78, 8.

(5) Dion Cassius, *loc. cit.* Suétone, *Domitien*, 17. — C'est sans raison plausible qu'on a supposé que les chrétiens furent complices du meurtre de Domitien. Voir Allard, *Histoire des persécutions*, I, p. 128 et suiv.

(6) Il est peut-être permis de voir une allusion à la complicité de Domitia dans ces mots de Suétone (Titus, 10), au sujet des bruits qui l'accusaient d'avoir été la maîtresse de Titus : « haud negatura, si qua omnino fuisset, immo etiam gloriatura, quod illi promptissimum erat in omnibus probris. »

tien (1). — Avant de mettre leur projet à exécution, les conjurés s'assurèrent du successeur à l'empire ; de graves désordres étant à craindre, il fallait qu'immédiatement après le meurtre un gouvernement fort fût établi. Dans de telles circonstances, des hésitations, des intrigues sénatoriales pour l'élection d'un nouveau prince auraient été très inopportunes. Plusieurs personnages restèrent sourds aux propositions qui leur furent faites ; ils craignaient un piège. Enfin, M. Cocceius Nerva, qui était d'une haute naissance et avait deux fois géré le consulat ordinaire (2), se déclara prêt à accepter l'empire (3). Nous avons vu que Domitien avait songé à le mettre à mort. Il est probable que quelques sénateurs influents furent informés de ce choix, afin que l'élection de Nerva ne fût entravée par aucune difficulté. Le nombre de ceux qui connurent le complot dut donc être assez considérable, mais la haine qu'inspirait Domitien et le désir qu'on avait de se débarrasser de lui répondaient de la discrétion de tous.

« La veille de sa mort, » dit Suétone (4), qui prétend qu'on lui avait prédit le jour et l'heure où il périrait (5), « on lui avait servi des truffes. Il les fit garder pour le lendemain, en disant : « Si toutefois il m'est permis d'en goûter ! » Puis, se tournant vers ses voisins, il ajouta que, le jour suivant, la lune se couvrirait de sang dans le Verseau et qu'il arriverait un événement dont on parlerait dans tout l'univers. Au milieu de la nuit, il fut saisi d'un tel effroi qu'il sauta à bas de son lit. Le lendemain matin (18 septembre) (6), il jugea un devin qu'on lui avait envoyé de Germanie, parce que cet homme, consulté au sujet d'un coup de tonnerre, avait prédit une révolution ; il le condamna (7). En grattant trop fort une verrue qu'il avait au front, il la fit saigner. « Plût au ciel, » dit-il, « que j'en fusse quitte à si bon compte ! » Puis il demanda l'heure. Au lieu de la cinquième qu'il redoutait, on lui dit exprès que c'était la sixième. Alors, comme si le péril était passé, il se rassura et se disposa à faire la sieste. » — Les récits de la scène qui suivit ont un caractère un peu moins

---

(1) Dion Cassius, *loc. cit.* Cf. Suétone, *Domitien*, 14 : « Terribilis cunctis et invisus, tandem oppressus est amicorum, libertorumque intimorum conspiratione, simul et uxoris. »

(2) En 71 et 90 : voir Klein, *Fasti cons.*, p. 43 et 49.

(3) Dion Cassius, *loc. cit.*

(4) *Domitien*, 16.

(5) *Domitien*, 14.

(6) Suétone, *Domitien*, 17. C. I. L., VI, 472.

(7) Cf. Dion Cassius, LXVII, 16.

légendaire (1). Le chambellan Parthenius vint annoncer à l'empereur qu'un homme demandait à lui parler sans retard pour lui faire des révélations d'une grande importance sur une conspiration. Domitien, ayant fait retirer tout le monde, passa dans sa chambre à coucher, et Stephanus, qui se vantait d'avoir découvert les conspirateurs, fut introduit près de lui. Fort robuste, il s'était chargé du meurtre. Plusieurs jours auparavant, il avait feint de se blesser le bras et il le portait enveloppé de linges, au milieu desquels il put cacher un poignard. Il présenta à l'empereur un billet (2), et tandis que celui-ci le lisait avec étonnement, il le frappa à l'aine. Domitien, dont la blessure n'était pas mortelle, cria à un esclave, qui se trouvait dans la chambre pour veiller au culte des dieux lares, de lui tendre le poignard caché sous le chevet du lit. Mais Parthenius avait eu soin d'en enlever la lame; de plus, toutes les issues avaient été fermées. L'empereur, qui était très vigoureux, saisit l'assassin, le jeta à terre et, pendant quelque temps, il chercha à lui arracher le fer des mains ou à lui crever les yeux, quoiqu'il se fût lui-même blessé les doigts dans la lutte. Mais à ce moment entrèrent le corniculaire Clodianus, Maxime, affranchi de Parthenius, Saturius, décurion des chambellans (3) et quelques gladiateurs; ils l'achevèrent en lui faisant sept blessures. Beaucoup de gens qui n'avaient pas pris part à la conspiration étant aussitôt accourus, Stephanus fut tué à son tour. — Des portefaix emportèrent du palais, dans un cercueil fort humble, le cadavre de Domitien; Phyllis, sa nourrice, lui rendit les derniers devoirs dans un domaine qu'elle possédait sur la voie Latine, puis elle porta furtivement ses restes dans le temple de la famille Flavienne et les mêla aux cendres de Julie, fille de Titus, qu'elle avait aussi élevée (4).

(1) Suétone, *Domitien*, 17. Dion Cassius, LXVII, 17 et 18. Philostrate, *Apollonius*, VIII, 25. Suidas, s. v. Δομετιανός. Cf. Tertullien, *Apologétique*, 35.
(2) Selon Philostrate, Stephanus annonçait à Domitien que Clemens n'était pas mort et qu'il préparait une révolte.
(3) Peut-être faut-il lire, non Saturius, mais Sigerius (Friedländer, *Sittengeschichte*, I, p. 116, n. 2).
(4) Suétone, *Domitien*, 17. Cf. Dion LXVII, 18. — Une tradition rapporte qu'au jour et à l'heure où Domitien fut assassiné, le célèbre thaumaturge Apollonius de Tyane, qui discourait alors devant les Éphésiens, s'interrompit tout à coup, puis s'écria : « Frappe le tyran, frappe! » (Philostrate, VIII, 26; Dion Cassius, LXVII, 18, etc.) Peut-être Apollonius était-il instruit de ce complot, mais il est infiniment plus probable que cette légende n'a aucun fondement historique. — Voir dans Malalas (p. 267, édit. Dindorf; cf. *Chro-*

L'aristocratie était délivrée de son implacable persécuteur. « Entre ces murailles, » dit Pline (1), « où il se croyait en sûreté, il avait renfermé avec lui la trahison, les pièges, un dieu vengeur de ses crimes. Le châtiment a écarté les gardes et brisé les barrières ; à travers les passages étroits et pleins d'obstacles, il s'est précipité comme si l'entrée eût été libre et les portes ouvertes. A quoi servit alors la divinité du prince ? à quoi ces appartements secrets et ces réduits cruels, où la crainte, l'orgueil, la haine des hommes le tenaient confiné ? »

Les sénateurs, tout joyeux, s'assemblèrent aussitôt. Ils élurent Nerva et accablèrent le prince mort des invectives les plus outrageantes. On apporta des échelles, on détacha ses écussons, ses portraits, et on les brisa. Un décret abolit sa mémoire, et ordonna que partout les inscriptions gravées en son honneur fussent détruites et ses statues renversées ; celles qui étaient en métal précieux durent être fondues (2). « Quelle joie, » s'écrie Pline (3), « de jeter à terre ces visages superbes, de courir dessus le fer à la main, de les briser avec la hache, comme si ces visages eussent été sensibles et que chaque coup eût fait jaillir le sang ! Personne ne fut assez maître de ses transports et de sa joie tardive pour ne pas goûter une sorte de vengeance à contempler ces corps mutilés, ces membres mis en pièces ; à voir ces menaçantes et horribles images jetées dans les flammes et réduites en fusion, afin que le feu transformât pour l'usage et le plaisir des hommes ce qui les avait fait si longtemps trembler d'épouvante. » Le décret du Sénat fut si bien exécuté, qu'on n'a retrouvé à Rome aucune inscription en l'honneur de Domitien (4) ; dans presque

---

nique pascale, I, p. 468, édit. Dindorf) un récit absurde qui mêle les souvenirs légendaires de la mort de Romulus et ceux de la mort de César.

(1) *Panég.*, 49.

(2) Suétone, *Domitien*, 23. Dion Cassius, LXVIII, 1. Macrobe, I, 12, 37. Eusèbe, *Hist. ecclés.*, III, 20 ; *Chronologie*, année 2113, p. 162, 163, 214. Lactance, *De mortibus persecutorum*, 3. Saint Jérôme, *De viris illustribus*, 9. Procope, *Historia arcana*, 8. — Le nombre des monnaies de Domitien qui nous restent est si considérable qu'il est invraisemblable d'admettre (C.-E. Peter, *De fontibus historiae imperatorum Flaviorum*, p. 65 ; Zedler, *De memoriae damnatione quae dicitur*, p. 19, n. 2) que le Sénat ait ordonné la refonte des monnaies portant le nom de cet empereur, comme cela fut fait plus tard pour Géta (Dion Cassius, LXXVII, 12). — On trouve des monnaies de Domitien qui ont été endommagées à dessein (Zedler, *loc. cit.* ; Friedländer, *Zeitschrift für Numismatik*, VIII, 1881, p. 10).

(3) *Panég.*, 52 (je cite d'après la traduction Burnouf).

(4) Sauf un fragment très mutilé (*C. I. L.*, VI, 947).

toutes celles où il était nommé, son nom a été martelé (1). Le peuple laissa faire (2).

Parmi les Italiens et les provinciaux, beaucoup avaient encore des sympathies pour la dynastie Flavienne ; cependant ils n'osèrent pas protester contre le fait accompli : du reste, ils n'en avaient pas le pouvoir (3).

Quant aux soldats, la nouvelle du meurtre les remplit d'indignation. Les prétoriens voulurent sur le champ lui décerner les honneurs divins (4), et ils l'auraient vengé s'ils avaient trouvé des chefs ; mais leurs deux préfets avaient pris part à la conspiration. Ils se soumirent donc, non sans regret, aux décisions du Sénat (5).

(1) Dans l'inscription publique, *C. I. L.*, VI, 826, le nom de Domitien n'a pas été martelé, évidemment par oubli. Il a été conservé aussi dans les Actes des frères Arvales (*C. I. L.*, VI, 2060 et suiv.) : le nom de Vitellius y avait pourtant été martelé (*C. I. L.*, VI, 2051). On trouve encore le nom de Domitien intact sur des inscriptions privées : *C. I. L.*, VI, 8410, 2725 ; *Bullettino comunale*, 1886, p. 83. — Sur un certain nombre d'inscriptions gravées après 96, le nom de Domitien a été omis à dessein : voir *C. I. L.*, VI, 798, 1359, 3584 ; XIV, 3612 ; X, 135 ; V, 6974 et suiv.; XII, 3167 ; III, 6818, 7397 ; Orelli-Henzen, 5447 ; Wilmanns, 1589. — Sur une inscription grecque d'Éphèse, ce nom a été martelé et remplacé par celui de Vespasien (Ramsay, *Revue archéologique*, XII, 1888, p. 223). — Pour indiquer la date consulaire (année 88) sur une tessère gladiatoriale qui semble avoir été gravée après le meurtre de Domitien, on a nommé l'un des deux consuls ordinaires (L. Minicius Rufus), mais l'autre ayant été Domitien, on a remplacé son nom par celui de son suppléant, L. Plotius Grypus : voir Mommsen, *Römische Mittheilungen*, IV, 1889, p. 172-173). — Le nom de Domitien est aussi omis dans un édit de Nerva (*Correspondance de Trajan et de Pline*, 58 : « alio principe ») et dans Tacite (*Germanie*, 29 : voir plus haut, p. 189 et 190). Pline, dans son *Panégyrique de Trajan*, fait de fréquentes allusions à Domitien, mais ne le nomme que très rarement (*Panég.*, 11 et 20).

(2) Suétone, *Domitien*, 23 : « occisum cum populus indifferenter tulit. »

(3) Un assez grand nombre d'inscriptions de l'Italie et des provinces, parvenues jusqu'à nous, portent encore le nom de Domitien. Il est probable que si ce nom n'a pas été martelé, c'est plutôt par négligence que par infraction volontaire aux ordres du Sénat. Voir *C. I. L.*, XIV, 245, 3530 ; IX, 4677 a, 4955 ; X, 444, 1631 ; II, 656, 862, 1945, 1963, 4721 ; III, 35, 36, 37 ; VIII, 792, 1850, 5415, 10116, 10119 ; — *C. I. G.*, 1611, 5042, 5043, 5044, add. 4716 d 9 et 10 ; — *C. I. A.*, III, 1091 ; — Kaibel, *Inscriptiones graecae Siciliae et Italiae*, 760 ; — *Ephem. epigr.*, V, 96 ; VII, 319 ; VIII, 73 et 892 ; — Orelli, 1494 ; — *Bull. de corresp. hellén.*, XI, 1887, p. 164 ; — *Museo italiano di antichità classica*, I, 1885, p. 207 ; — *Journal Asiatique*, série VI, tome XIII, 1869, p. 101.

(4) Une monnaie d'argent (Cohen, *Domitien*, 44), représentant à l'avers Domitien, porte au revers l'exergue « *Consecratio.* » Elle est manifestement hybride.

(5) Suétone, *Domitien*, 23. Cf. Aurelius Victor, *Caesares*, XI : « Quo moti

— Dans un des camps des bords du Danube, les troupes songèrent à se soulever. S'il faut en croire Philostrate, ce fut Dion Chrysostôme qui les en empêcha. Forcé de fuir la colère de Domitien, il était arrivé dans ce lieu et, inconnu de tous, il travaillait de ses mains pour vivre. Quand il vit que la révolte allait éclater, il déclara qu'il était Dion le philosophe, parla avec une grande éloquence contre le tyran, et montra aux soldats qu'ils feraient mieux d'obéir au Sénat romain. Il apaisa ainsi les esprits (1). — On put aussi craindre des troubles en Syrie, province où se trouvaient plusieurs légions : le légat n'était pas considéré comme favorable au nouveau gouvernement (2). Cependant Nerva fut partout reconnu.

Il n'est plus fait mention dans l'histoire des neveux de Domitien, que cet empereur avait adoptés. Au fond de la catacombe de Domitille, M. de Rossi a retrouvé les noms de quelques Flaviens qui semblent avoir vécu au second siècle (3). Un général de l'époque des trente tyrans, Domitianus, se prétendait de la famille de Domitien et de Domitille (4). L'impératrice Domitia semble avoir vécu longtemps encore sans être inquiétée (5).

A la servitude succéda ce que l'on appela « la liberté (6). » L'empereur ne fut plus un maître régnant sur des sujets, mais seulement le premier citoyen de l'Etat. Nerva refusa des honneurs extraordinaires, le titre de censeur à vie, par exemple; il diminua le luxe du palais (7). Le Sénat, auquel il témoigna une grande déférence, put reprendre une part active au gouvernement (8); la

milites, quibus privatae commoditates dispendio publico largius procedunt, auctores necis ad supplicium petere, more suo seditiosius, coeperunt. Qui vix aegrequc per prudentes cohibiti, tandem in gratiam optimatum convenere. Neque minus per se moliebantur bellum, quod his conversum imperium moestitiae erat, ob missionem praedarum per dona munifica. »

(1) Philostrate, *Vie des Sophistes*, I, 7.
(2) Pline, *Lettres*, IX, 13, 11 : « quemdam qui tunc ad Orientem amplissimum et famosissimum exercitum non sine magnis dubiisque rumoribus obtinebat. » — Il s'agit peut-être de Javolenus Priscus (voir Appendice II, à la Syrie).
(3) Voir plus haut, p. 299.
(4) Trebellius Pollio, *Tyranni triginta*, XII, 14.
(5) *C. I. L.*, XIV, 2795, inscription de Gabies de l'année 140, qui ne paraît pas de beaucoup d'années postérieure à sa mort. Cf. Dressel, *C. I. L.*, XV, p. 158.
(6) *C. I. L.*, VI, 472. Cohen, *Nerva*, 105 et suiv. Tacite, *Agricola*, 3. Pline, *Lettres*, IX 13, 4; VIII, 14, 3; *Panég.*, 2, 8, etc.
(7) Dion Cassius, LXVIII, 1 et 2. Martial, XII, 15. Pline, *Panég.*, 51.
(8) Dion Cassius, LXVIII, 2. Pline, *Lettres*, II, 1, 9; VII, 31, 4. Digeste, I, 2, 2, 32. Cohen, *Nerva*, 129.

dyarchie parut rétablie. Les exilés furent rappelés, les victimes de Domitien réhabilitées et glorifiées; les procès de majesté interdits; les exactions financières prirent fin; beaucoup de délateurs de basse condition furent condamnés à mort; il fut interdit aux esclaves et aux affranchis de porter des plaintes en justice contre leurs maîtres (1). Cependant, Nerva, par crainte d'une révolte militaire, s'efforça de modérer la réaction (2). Quelques favoris de Domitien se virent traités avec des égards particuliers par lui (3). Il rendit un édit pour confirmer tous les privilèges accordés par son prédécesseur (4). Casperius Aelianus, déjà préfet du prétoire avant 96 (5), reçut de nouveau le commandement de la garnison de Rome. Les prétoriens s'enhardirent; sous la conduite d'Aelianus, ils vinrent assiéger le palais, exigèrent le châtiment des assassins de Domitien, les massacrèrent, et se firent même remercier de leur crime par Nerva (6). — Le vieil empereur, se sentant sans autorité, s'associa alors un général énergique et aimé des soldats, Trajan, qui, bientôt après (janvier 98), lui succéda. Dès lors, la réaction fut complète. Dans le remerciement officiel que Pline le Jeune, devenu consul, adressa à Trajan, le 1er septembre de l'année 100, il ne manqua aucune occasion de maudire Domitien et de mettre en contraste la conduite de ce tyran et celle du prince régnant. Les délateurs qu'avait épargnés Nerva subirent des peines rigoureuses (7); Casperius Aelianus et les prétoriens qui avaient été les meneurs de la révolte furent mis à mort (8). Nul n'osa protester. D'ailleurs, les bienfaits que Trajan répandit sur tout l'empire et ses succès militaires effacèrent bientôt les regrets que le meurtre de Domitien avaient pu provoquer en Italie, dans les provinces et surtout dans l'armée.

Domitien fut un homme d'Etat d'un esprit assez étroit, mais avisé, actif, désireux de bien gouverner. Il assura au monde ro-

---

(1) Dion Cassius, LXVIII, 2. Pline, *Lettres*, I, 5, 10; IV, 9, 2; IX, 13, 4 et 5; *Panég.*, 35. Scolies à Juvénal, IV, 53. Eusèbe, *Hist. ecclés.*, III, 20; *Chronologie*, année 2113. Eckhel, *Doctrina numorum veterum*, VI, p. 404.
(2) Un certain nombre de sénateurs étaient d'ailleurs du même avis. Voir Pline, *Lettres*, IX, 13, 7. Dion Cassius, LXVIII, 1.
(3) Aurelius Victor, *Epitome*, 12. Pline, *Lettres*, IV, 22, 4; cf. IX, 13, 22.
(4) *Correspondance de Pline et de Trajan*, 58.
(5) Voir p. 67, n. 2.
(6) Dion Cassius, LXVIII, 3. Aurelius Victor, *loc. cit.*, Suétone, *Domitien*, 23. Pline, *Panég.*, 5, 6, 7, 10.
(7) Pline, *Panég.*, 34 et 35. Scolies de Juvénal, IV, 53.
(8) Dion Cassius, LXVIII, 5.

main une justice, une administration régulières; on ne peut guère lui adresser à cet égard qu'un seul reproche grave, c'est de n'avoir pas suffisamment cherché à restaurer les finances que Titus avait compromises. Il voulut ranimer la religion nationale, qu'il jugeait nécessaire à l'empire, et la défendre contre les croyances nouvelles. Il essaya de rétablir les bonnes mœurs, pensant que l'intervention de l'Etat dans ce domaine pouvait être efficace. Sous son règne, Rome fut plus brillante que jamais; les provinces semblent avoir été prospères; il fit ce qu'il put pour améliorer les conditions économiques de l'Italie. Il s'efforça de défendre les frontières contre les Barbares et il y réussit sur le Rhin. — Il vit les défauts du gouvernement mixte du Sénat et du prince, et, en s'appuyant sur l'armée, il chercha à y porter remède, non sans hésitation du reste, car il se rendait bien compte du prestige du Sénat. Mais le Sénat, qui ne s'avouait guère son incapacité, n'était pas disposé à renoncer à ses droits constitutionnels. D'ailleurs Domitien n'avait pas les qualités morales nécessaires pour faire accepter sa politique. Au lieu de se contenter de la réalité du pouvoir, il commit, par vanité, la faute d'exiger des honneurs tels que nul empereur n'en avait reçus jusqu'alors; il ne voulut plus être seulement le premier des citoyens: il se fit appeler « maître » et « dieu. » Son orgueil, la violence et la méchanceté de son caractère aigri par la défiance que lui avaient témoignée son père et son frère, ses débauches lui attirèrent la haine violente de l'aristocratie, qui, dès le début de son règne, lui était défavorable, se souvenant des fautes de sa première jeunesse et de sa conduite peu fraternelle envers Titus. Si à Rome elle se soumit en apparence, elle lui fit en secret une vive opposition et conspira contre sa vie. En 88, elle parvint à entraîner dans une révolte une partie des légions. Domitien s'en vengea par des actes de cruauté qui exaspérèrent la noblesse. La lutte dura plusieurs années; elle devait nécessairement se terminer par le meurtre de l'empereur: tandis que ses rigueurs ne faisaient qu'augmenter le nombre et l'acharnement de ses ennemis, il suffisait d'un coup de poignard pour le faire disparaître. Après lui, les règnes de Nerva et de Trajan furent marqués par une réaction contre sa politique: la menace de la monarchie parut écartée.

Il était cependant plus que jamais nécessaire de modifier la dyarchie d'Auguste. Domitien avait mis à mort les sénateurs les plus influents: d'autres avaient été exilés et n'étaient revenus à Rome qu'après l'avènement de Nerva; ceux même qui avaient assisté aux séances du Sénat n'avaient pas pu prendre part à des délibérations sérieuses : ils s'étaient contentés d'obéir sans examen, sans résistance, aux volontés de l'empereur. Ils n'avaient donc en général aucune expérience des affaires publiques. « La servitude des derniers temps, » dit Pline (1), « a fait oublier les droits et les règlements du Sénat aussi bien que les autres connaissances utiles. Est-il quelqu'un d'assez patient pour vouloir apprendre ce qui ne doit lui être d'aucun usage? Et d'ailleurs, comment retenir ce que l'on apprend, si on ne le pratique pas? » Lorsque Nerva, et après lui Trajan, invitèrent ces hommes à prendre part au gouvernement, « la liberté les trouva novices, inexpérimentés, et voulant jouir de ses douceurs, ils furent forcés d'agir avant d'apprendre (2). » — L'inaction imposée aux sénateurs sous Domitien leur avait fait perdre non seulement la pratique, mais aussi le goût des affaires publiques : la correspondance de Pline nous montre la légèreté de leur esprit (3) et la frivolité de leurs occupations quotidiennes. Ils ne s'inquiétaient nullement d'acquérir l'expérience qui leur manquait. « C'est maintenant seulement que nous revenons à la vie, » écrit Tacite en 98 (4), « et quoique dès le commencement de ce siècle bienheureux, Nerva ait uni deux choses autrefois incompatibles, le principat et la liberté, quoique Trajan augmente chaque jour notre bonheur, et que la sécurité publique ne repose plus seulement sur une espérance et un vœu, mais qu'au vœu même se joigne la ferme confiance qu'il ne sera pas vain : cependant, par la faiblesse de la nature humaine, les remèdes agissent moins vite que les maux, et comme les corps sont lents à croître et prompts à se détruire, de même il est plus facile d'étouffer les talents et l'activité que de les ranimer. On trouve dans l'inaction même certain charme; et l'oisiveté, odieuse d'abord, finit par être aimée. » — Domitien avait surveillé les magistrats et les proconsuls, et réprimé sévèrement leurs exactions; après lui, Nerva et Trajan remirent au Sénat le soin de les punir. Mais une des conséquences du règne de Domitien avait été de resserrer les liens de solidarité qui unissaient les sénateurs, alors tous frappés ou menacés : aussi montrèrent-ils pour les coupables une

---

(1) *Lettres*, VIII, 14, 2 et 3.
(2) Pline, *loc. cit.*
(3) Voir en particulier, IV, 25 et VI, 5.
(4) *Agricola*, 3.

indulgence excessive (1), qui déconsidéra l'assemblée (2). — A la suite du règne de Domitien, le Sénat comme assemblée, les sénateurs comme magistrats ou fonctionnaires, étaient encore plus impuissants que par le passé à particper d'une manière sérieuse au gouvernement.

Laissés libres sous Nerva et Trajan d'exercer leurs droits constitutionnels, les sénateurs durent reconnaître leur incapacité qui éclatait aux yeux de tous (3). D'ailleurs, par suite de la stérilité des mariages aristocratiques (4), par suite aussi des cruautés de Domitien qui avaient surtout frappé les familles illustres, la vieille noblesse avait presque entièrement disparu (5), et il était entré dans la curie un grand nombre d'hommes nouveaux qui étaient moins disposés à se montrer jaloux des prérogatives de l'assemblée. — Le Sénat consentit donc à renoncer volontairement aux attributions qu'il ne pouvait exercer, et il s'en déchargea sur Trajan, qui avait su se concilier son affection par les égards qu'il lui montrait, par son aversion pour tous les honneurs ayant un caractère monarchique. Mais il n'abdiqua pas en un jour tous ses droits : sa participation aux affaires publiques ne se restreignit que peu à peu, à mesure que pour chaque cas particulier, il fit une nouvelle constatation de son impuissance; Trajan eut du reste soin de ne pas blesser son amour-propre. Chaque fois qu'il eut à intervenir dans les affaires qui étaient de la compétence du Sénat, les mesures qu'il prit eurent un caractère exceptionnel et transitoire : elles ne supprimèrent pas les droits de cette assemblée, elles les limitèrent ou les suspendirent. Si les empereurs qui succédèrent à Domitien, tout en s'abstenant de prendre la censure, gardèrent le droit d'allection qui y était attaché et purent ainsi intervenir dans la composition de la curie, le Sénat n'en resta pas moins en théorie le représentant de la souveraineté du peuple. Aucune de ses prérogatives politiques ne fut formellement abolie. Mais par suite des empiétements successifs des empereurs, la part que la constitution d'Auguste lui avait réservée dans le gouvernement et l'administration de l'Etat diminua de plus en plus. Par une série de transformations qui se répartirent sur deux siè-

---

(1) Pline, *Lettres*, II, 11; II, 12; III, 9; IV, 29.
(2) Juvénal, I, 49. Pline, *Lettres*, IX, 13, 21.
(3) Pline, *Lettres*, IV, 25, 5; cf. II, 12, 4; VI, 5, 5 et les passages de Tacite et de Pline cités plus haut.
(4) Pline, IV, 15, 3. Juvénal, VI, 594.
(5) Pline, *Panég.*, 69.

cles, le fisc absorba les revenus de l'*aerarium*, l'Italie fut assimilée aux provinces et tomba sous l'administration impériale, le Sénat perdit presque toute initiative en matière de législation, la juridiction civile et criminelle passa presque complètement au prince et à ses délégués, enfin les sénateurs furent exclus des armées. Les rouages nécessaires à une administration monarchique furent définitivement établis par Hadrien : ministères, conseil du prince, fonctions équestres formant une hiérarchie régulière. Ainsi la monarchie, à laquelle il ne manqua plus que le nom, se fonda et s'organisa lentement, sans trop de secousses. Domitien ne put écarter la dyarchie parce que le Sénat n'y voulut pas consentir, mais son règne rendit la supression de la dyarchie encore plus nécessaire et eut pour effet d'atténuer la résistance opposée par le Sénat à cette grande réforme.

FIN.

APPENDICES

APPENDICE I.

OBSERVATIONS SUR LES PRINCIPALES SOURCES DU RÈGNE DE DOMITIEN (1).

Pendant le règne de Domitien, il y eut sans doute des historiens de cet empereur : nous n'en connaissons cependant aucun (2). Sous un prince qui aimait à être flatté et qui punissait d'une manière terrible toute opposition littéraire, les auteurs qui firent les récits des événements contemporains durent se proposer moins de dire la vérité que de plaire au maître. Nous voyons Frontin dans son livre des *Stratagèmes*, composé peu après 83 (3), vanter outre mesure des succès remportés dans la première guerre contre les Cattes (4). Quant aux poètes Martial et Stace, leurs œuvres sont pleines de louanges excessives ou mensongères à l'adresse du prince.

Après la mort de Domitien, « il fut permis, » dit Tacite (5), « de penser ce que l'on voulut et de dire sa pensée. » Cependant il est probable que personne n'osa justifier un empereur dont la mémoire était condamnée par le Sénat, et la politique complètement abandonnée par Nerva et Trajan. D'ailleurs, le souvenir de Domitien était détesté à Rome : on oubliait la bonne administration qu'il avait assurée à tout l'empire, pour ne se rappeler que les cruautés odieuses auxquelles on avait assisté pendant les dernières années de son règne. Martial, obéissant à l'opinion

---

(1) Pour le règne de Domitien, l'étude de Peter, *De fontibus historiae imperatorum Flaviorum* (Halle, 1866) est peu utile.
(2) C. Vibius Maximus composa à cette époque une histoire très étendue, peut-être même une histoire universelle (Stace, *Silves*, IV, 53 et suiv.); mais nous ignorons s'il y raconta les événements contemporains.
(3) Voir plus haut, p. 190.
(4) Passages cités chapitre VI, p. 185, n. 2; p. 187, n. 1, 4 et 6.
(5) *Hist.*, I, 1 : « rara temporum felicitate, ubi sentire quae velis, et quae sentias dicere licet. »

publique, insulta celui qu'il avait tant de fois flatté. Il le traita de
« Néron (1), » de « rex (2); » il écrivit ces vers (3) :

> Flavia gens, quantum tibi tertius abstulit heres!
> Paene fuit tanti, non habuisse duos (4).

En attaquant violemment Domitien dans son *Panégyrique*, Pline voulut à la fois donner satisfaction à son ressentiment personnel (5), et faire sa cour à Trajan et au Sénat. On doit donc se servir de ce discours avec beaucoup de précaution.

Il parut alors un assez grand nombre d'ouvrages historiques racontant les événements qui venaient de s'accomplir. Ils furent en général écrits par des personnages appartenant à l'aristocratie, qui voulurent soulager leur haine, justifier leur conduite passée ou celle de leurs proches, glorifier leurs amis, victimes du tyran. — Pline publia un petit livre pour rendre hommage à la mémoire d'Helvidius Priscus le Jeune (6). Titinius Capito « raconta la mort d'hommes illustres dont plusieurs avaient été bien chers à Pline (7). » — En 98 (8), Tacite écrivit la biographie d'Agricola. Il chercha naturellement à rehausser le mérite de son beau-père, qui ne fut pourtant qu'un bon général. Quant à Domitien, il le maltraita fort : à ses yeux, Agricola avait été victime de la jalousie de cet empereur; lui-même était peut-être tombé en disgrâce à la fin du règne (9).

A la même époque, furent écrites de véritables histoires du règne de Domitien. Pline fait peut-être allusion à l'une d'entre elles (10). « Quelqu'un, » dit-il, « avait lu en public un livre d'histoire très véridique, et en avait réservé une partie pour un autre jour. Plusieurs de ses amis vinrent le prier, le supplier même de ne pas lire le reste, tant ceux qui n'avaient pas rougi de faire ce qu'ils entendaient, rougissaient d'entendre ce qu'ils avaient fait. Cependant l'histoire demeure aussi bien que l'action, et elle demeurera ; elle sera lue avec d'autant plus d'empressement qu'on la lira plus tard. » Peut-être cet écrivain dont parle Pline est-il Sardus, qu'il félicite de son livre : « Je l'ai lu avec un grand intérêt, et en particulier les passages où il est question de moi-même (11). »

(1) XI, 33.
(2) XII, 15, 5.
(3) Edition Friedländer, t. II, p. 217, d'après le scoliaste de Juvénal, IV, 38.
(4) Le second vers veut dire : « Il aurait presque mieux valu n'avoir ni les deux premiers, ni le dernier. » Voir encore X, 72; XI, 7; XII, 6, 11.
(5) Voir p. 320 et suiv.
(6) *Lettres*, VII, 30, 4 : « libellos meos de ultione Helvidii. » Cf. IX, 13, 1.
(7) VIII, 12, 4. Titinius Capito (sur ce personnage, voir p. 69-70) voulait, par un zèle excessif, faire oublier la faveur dont il avait joui sous Domitien (voir encore I, 17).
(8) *Agr.*, 3.
(9) Voir p. 322.
(10) *Lettres*, IX, 27.
(11) *Lettres*, IX, 31.

Dans une scolie de Juvénal (1), il est question de Pompeius Planta, historien de la guerre de 69. Son livre renfermait sans doute le récit d'événements plus récents, car Pline conseille à un de ses amis, Maxime, de répondre aux critiques d'un certain Planta, probablement le même que celui du scoliaste (2).

Faut-il voir dans Bruttius, qu'Eusèbe cite au sujet de la persécution de Domitien contre les chrétiens, un écrivain du commencement du second siècle, identique à Bruttius Praesens, consul pour la seconde fois en 139 ? C'est là une hypothèse bien hasardée (3).

Tacite, dans ses *Histoires*, racontait les règnes des empereurs Galba, Othon, Vitellius, Vespasien, Titus et Domitien. L'auteur lui même a indiqué que son ouvrage se terminait au règne de Nerva (4). Il renvoie, dans les *Annales*, à des explications qu'il a données dans les *Histoires*, au sujet des jeux séculaires célébrés en 88 (5). Pline le Jeune lui donne, dans une de ses lettres, des renseignements sur des faits qui se sont passés sous Domitien. Paul Orose parle du récit fait par Tacite des guerres que cet empereur eut à soutenir contre les Daces (6). — Il n'est pas impossible de fixer approximativement la date à laquelle fut composée la partie des *Histoires* relative à Domitien. Dans deux lettres du livre VI (16 et 20), Pline envoie à Tacite des notes au sujet de l'éruption du Vésuve, survenue en 79 ; dans une autre, que nous venons de citer et qui se trouve au livre VII (33), au sujet du procès de Baebius Massa, jugé en 93. Or le livre VI de Pline fut publié vers 106, le livre VII vers 107 (7). Ce fut donc environ dix ans après le meurtre de Domitien que Tacite écrivit l'histoire de ce prince. — Nous avons quelques données sur les sources qu'il employa. Il se servit certainement des actes publics ; Pline lui dit : « Je vous signale un fait qui ne peut cependant

---

(1) *Satire* II, 99.

(2) *Lettres*, IX, 1. Il s'agit sans doute de Pompeius Planta, procurateur de Lycie sous Vespasien (Lebas et Waddington, III, 1225) et préfet d'Egypte au début du règne de Trajan (voir *Correspondance de Pline et de Trajan*, 7 et 10). Cf. Mommsen, *Index* de Pline ; J. Baillet, *Revue archéologique*, III° série, tome XIII, 1889, p. 70.

(3) Voir p. 298. — Il faut observer que les derniers renseignements empruntés par Malalas à Bruttius se rapportent au règne de Domitien. Doit-on en conclure que l'ouvrage de Bruttius ne s'étendait guère plus loin ? Cette conclusion serait vraisemblable si Malalas citait souvent Bruttius, mais il ne le nomme que trois fois (à propos des amours de Jupiter et de Danaé, des conquêtes d'Alexandre, de la persécution de Domitien : édition Dindorf, p. 34, 193, 262).

(4) *Histoires*, I, 1.

(5) *Annales*, XI, 11.

(6) Paul Orose, VII, 10. Voir encore saint Jérôme, *In Zachariam*, III, 14.

(7) D'après les calculs de Mommsen, *Etude sur Pline*, traduction Morel, p. 20 et suiv. Ces lettres datent en tout cas de la période 106-109.

échapper à votre attention, puisqu'il est dans les actes publics (1). » Il demanda des renseignements à ceux qui avaient été mêlés aux faits dont il parlait, et soumit son œuvre à leurs critiques (2). Déjà d'un âge mûr à l'époque de Domitien (en 88, il fut préteur), il utilisa ses souvenirs. La perte de cette partie des *Histoires* est fort regrettable. Si rapproché des événements qu'il racontait, Tacite dut les exposer, au moins dans leur généralité, d'une manière exacte ; il avait l'esprit trop élevé pour dénaturer la vérité de parti pris ; il savait d'ailleurs que ses lecteurs pourraient contrôler ses assertions à l'aide de leurs souvenirs. C'eût été dans les derniers livres des *Histoires* que nous eussions pu le mieux apprécier les qualités historiques de Tacite. Dans ses *Annales*, dans la première partie des *Histoires*, il n'eut pas la peine de rassembler des matériaux : d'autres l'avaient fait avant lui. Son principal mérite fut de les présenter d'une manière plus artistique que ses devanciers : il fut moins un érudit qu'un écrivain. Pour le règne de Domitien, sa tâche présenta plus de difficultés : il dut à la fois chercher des renseignements et les mettre en œuvre. Les appréciations qu'il porta sur Domitien et son règne furent fort sévères : certains passages des livres parvenus jusqu'à nous le prouvent (3). Le portrait que Tacite traça du dernier Flavien fit certainement une grande impression sur l'esprit de ses contemporains qui avaient une vive admiration pour son génie (4) : ils durent lire avec une curiosité particulière les livres où l'historien se montrait le plus original et parlait d'événements dans lesquels un grand nombre d'entre eux avaient été acteurs ou spectateurs. Ainsi l'œuvre de Tacite contribua sans doute beaucoup à entretenir et à fortifier l'opinion défavorable qu'on avait de Domitien.

A cette époque, Juvénal écrivit la satire du turbot (5).

La vérité cependant se faisait jour quelquefois. Lampride raconte, d'après Marius Maximus, qu'Homullus se permit de dire à Trajan que

---

(1) *Lettres*, VII, 33, 2. — Mention de ces actes publics dans Dion Cassius (LXVII, 11), au sujet de la révolte d'Antonius Saturninus.

(2) Voir *Lettres* de Pline déjà citées et VII, 20, 1 ; VIII, 7.

(3) *Histoires*, I, 2 et 3 ; II, 1 ; IV, 2 ; IV, 52 ; IV, 86.

(4) Pline lui écrit (VII, 33, 1) « Auguror, nec me fallit augurium, historias tuas immortales futuras. » Cf. VI, 16, 2 : « Scriptorum tuorum aeternitas; » IV, 15, 1 : « Cornelium Tacitum : scis quem virum. » Voir surtout VII, 20.

(5) La sixième satire fut éditée vers 116 (voir les vers 407 et suiv. ; cf. Friedländer, *Sittengeschichte*, 6ᵉ édit., III, p. 489) et la première fut faite certainement après l'an 100 (vers 47 et suiv. ; cf. Mommsen, *Etude sur Pline*, traduction Morel, p. 9). Ce fut donc sous Trajan que fut écrite la quatrième satire, celle du turbot. — On pourrait supposer que Juvénal avait des motifs particuliers pour flétrir Domitien : Malalas (p. 263, édit. Dindorf ; cf. Suidas, s. v. Ἰουβενάλιος), plusieurs vies du poète (II et IV) et le scoliaste (Satire I, 1 et IV, 38) attribuent son exil à cet empereur. Mais ces témoignages n'ont qu'une très mince valeur. Le fait même de l'exil de Juvénal est douteux : voir Hild, *Juvénal, Notes biographiques*, p. 26 et suiv.

Domitien avait été sans doute un fort méchant prince, mais qu'il avait eu de bons conseillers (1).

Au début du règne d'Hadrien, vers 120 (2), Suétone écrivit la biographie de Domitien que nous possédons. C'est la plus importante de nos sources. Autant que nous pouvons en juger, son récit est exact : on n'y relève que quelques erreurs sans grande importance (3). La jeunesse de Suétone s'était écoulée pendant le règne de Domitien et il en avait conservé quelques souvenirs dont il fit usage (4). Occupant un rang distingué dans l'ordre équestre, chargé pendant quelque temps d'une fonction fort importante (il fut secrétaire *ab epistulis* d'Hadrien) (5), il connut des personnages qui avaient pris part aux affaires publiques sous Domitien, put se servir des archives impériales et demander des renseignements aux affranchis, aux esclaves qui, depuis longtemps, vivaient dans le palais ; enfin les ouvrages historiques qu'il dut consulter avaient été écrits fort peu d'années après les événements dont il faisait le récit. — Ce qui inspire confiance dans Suétone, c'est le ton mesuré de l'écrivain, fort sobre d'appréciations. Il n'accueille pas sans restriction certaines accusations qu'on avait fait courir contre Domitien (6). Il reconnaît que d'abord ce prince gouverna bien, et que, pendant tout son règne, il surveilla les fonctionnaires, les magistrats, de manière à les empêcher de commettre des exactions (7). Il indique, en termes sommaires il est vrai, les causes qui ont pu contribuer à modifier son caractère et son gouvernement (8). Cette modération est dans les habitudes de Suétone ; de plus, il faut observer qu'il appartenait à un ordre favorisé par Domitien et qu'il n'avait aucun grief personnel contre lui. Cependant on ne doit pas oublier qu'alors tout le monde considérait le règne de Domitien comme une époque néfaste, et que, d'autre part, Suétone fut le protégé et l'ami de sénateurs fort hostiles à ce prince, Pline le Jeune, par exemple (9). La biographie de Domitien s'en ressent. On n'y trouve presqu'aucune trace de l'opposition à laquelle l'empereur se heurta dès le début, des provocations, des complots fréquents dont la noblesse se

---

(1) *Vie d'Alexandre Sévère*, 65.
(2) Voir Laurentius Lydus, *De magistratibus*, II, 6, p. 171, édit. Bekker ; Spartien, *Hadrien*, 11. Cf. Mommsen, *Index de Pline*, s. v. *C. Septicius Clarus*.
(3) Voir, sur le titre d'Augusta donné à Domitia, p. 45, n. 1 ; — sur les livres de Junius Arulenus Rusticus et d'Herennius Senecio, p. 283, n. 2 ; — sur les triomphes de Domitien et le nom de Germanicus donné à l'empereur, p. 195, n. 6.
(4) Suétone, *Néron*, 57 ; *Domitien*, 12.
(5) Spartien, *Hadrien*, 11.
(6) *Domitien*, 1.
(7) *Domitien*, 3, 8, 9.
(8) *Domitien*, 3.
(9) Pline, *Lettres*, I, 18 ; I, 24 ; III, 8 ; V, 10 ; IX, 34 ; *Correspondance avec Trajan*, 94 et 95.

rendit coupable à son égard (1). Il semble aussi que Suétone ait jugé trop sévèrement la conduite que Domitien suivit à l'égard de Titus, qui eut, peut-être lui aussi, de graves torts vis-à-vis de son frère. Il dut subir l'influence des écrivains antérieurs qui, pour mieux montrer la méchanceté du dernier des Flaviens, se plurent à la mettre en contraste avec la générosité de Titus (2).

A Suétone, il faut rattacher l'*Histoire des Césars*, attribuée à Aurelius Victor, ainsi que l'abrégé (*Epitome*) qui porte le nom du même écrivain, ouvrages écrits à la fin du quatrième siècle. Les deux biographies de Domitien que ces petits livres contiennent sont en relation fort étroite, non seulement par les faits qu'elles rapportent, mais encore par le plan qu'elles suivent et les mots qu'elles emploient. Il est peu probable cependant que l'auteur de l'*Epitome* ait copié les *Césars*, car dans cette hypothèse on ne s'expliquerait pas qu'après en avoir fait un usage constant depuis Auguste jusqu'à l'année 96, il l'ait abandonné ensuite complètement à partir de cette époque (depuis Nerva, les deux livres ne concordent plus). Or les renseignements relatifs aux douze premiers empereurs, que nous trouvons dans les *Césars* et l'*Epitome*, sont aussi donnés en général par Suétone, mais non dans les mêmes termes, et dans un ordre assez différent. Il faut donc en conclure que, jusqu'en 96, les deux livres en question copient, non Suétone, mais un ouvrage fait d'après Suétone. Pour la vie de Domitien, ils contiennent fort peu de renseignements qui ne semblent pas puisés à cette source. Le plus important se trouve dans l'*Epitome* et concerne la révolte d'Antonius Saturninus.

Eutrope, dans sa courte biographie de Domitien (3), se sert aussi de Suétone, sauf pour un passage concernant les édifices que ce prince fit construire à Rome (4).

Un siècle environ après Suétone, Dion Cassius raconta le règne de Domitien dans son *Histoire romaine*. Pour cette période, le texte original est perdu, sauf quelques fragments compris dans la collection de Constantin Porphyrogennète, et nous ne possédons que l'abrégé fait au onzième siècle par Xiphilin. Il faut y ajouter les quelques pages que

---

(1) Il faut dire que Suétone fait, non une histoire du règne de Domitien, mais une biographie de ce prince.

(2) Cette tendance est sensible dans Tacite, *Histoires*, IV, 52 (voir plus haut, p. 13) et IV, 86. Voir aussi Pline, *Panég.*, 35. A cet égard, du reste, les écrivains n'avaient qu'à se régler sur l'exemple du pouvoir : Trajan restitua des monnaies de Titus (Cohen, I, p. 462) et fit graver des inscriptions en son honneur (*C. I. L.*, VI, 946). Le culte des empereurs divinisés Vespasien et Titus se conserva pendant des siècles (Beurlier, *Essai sur le culte rendu aux empereurs romains*, p. 75).

(3) VII, 23.

(4) « Forum transitorium, divorum porticus, Iseum ac Serapeum et stadium. » Pour ce passage, voir plus haut, p. 90, n. 1.

Zonaras consacre à Domitien dans son histoire (1), pages copiées, soit dans Eusèbe (2), soit dans Dion Cassius (3), et un passage de Pierre le Patrice, conservé dans les *Excerpta de legationibus* (collection de Constantin Porphyrogennète) (4) et provenant aussi de l'histoire de Dion (5).

D'une manière générale, Dion Cassius est exact : on ne peut relever dans son histoire pour cette période aucune erreur matérielle (6). Il a donc puisé à de bonnes sources. — Mais il faut être en garde contre les jugements qu'il porte sur Domitien et la manière dont il présente les événements de son règne. Il lui est fort hostile : à peine consent-il à lui accorder en passant un mot d'éloge pour quelques actes de sa censure (7). Cette malveillance s'explique. Cassius Dio Cocceianus était sans doute descendant de Cocceius [ou Coccceianus] Dio (8), l'illustre Dion Chrysostome qui fut une des victimes de Domitien (9). Fils d'un sénateur (10), deux fois consul lui-même (11), il appartenait à l'aristocratie ; il était de ceux qui, au temps d'Alexandre Sévère, rêvaient de rétablir le gouvernement du Sénat (12) ; or Domitien s'était montré le plus grand ennemi de la noblesse et du Sénat. — De plus, il faut se souvenir que Dion avait les habitudes d'esprit d'un rhéteur : il aimait l'exagération, soit dans la louange (13), soit dans le blâme ; il se plaisait à donner une tournure vive, dramatique aux faits qu'il exposait. Il avait des prétentions psychologiques, quoiqu'à cet égard il ne fît pas d'ordinaire preuve de beaucoup de pénétration : dans son portrait de Domitien, il ne paraît pas s'être rendu compte des causes qui contribuèrent à former et à modifier le caractère du prince. — Enfin, il semble avoir fait usage de sources fort défavorables à cet empereur : ses préventions l'em-

(1) XI, 19, p. 499 et suiv., édition Pinder.
(2) Eusèbe, *Hist. ecclés.*, III, 14-21.
(3) Même dans un passage où Zonaras cite Philostrate (XI, 19, p. 503), il copie Dion (cf. Xiphilin, LXVII, 18).
(4) Edition Niebuhr, p. 122. Müller, *Fragmenta historicorum graecorum*, IV, p. 185.
(5) Sur l'emploi de Dion par Pierre le Patrice, voir édition de Niebuhr, p. XXIV et 531.
(6) Sauf en ce qui concerne les anecdotes qu'il aime à raconter : plusieurs sont suspectes (voir p. 221, 260, 327).
(7) LXVII, 13.
(8) *Correspondance de Trajan et de Pline*, 81 et 82 ; voir Mommsen, *Index*.
(9) Reimar pense que Dion Chrysostome était le grand-père maternel de Dion Cassius (*De vita et scriptis Dionis*, édition Dindorf, V, p. LIII). Outre la similitude des noms, il faut observer que les deux Dion étaient originaires de Bithynie : le premier, de Pruse ; le second, de Nicée.
(10) XLIX, 36 ; LXIX, 1 ; LXXII, 7.
(11) *C. I. L.*, III, 5587.
(12) Voir à ce sujet Hirschfeld, *Verwaltungsgeschichte*, p. 296.
(13) Son histoire des règnes de Vespasien et de Titus n'est qu'une longue suite d'éloges (livre LXVI).

péchèrent de consulter des ouvrages moins hostiles, à supposer qu'il y en eût.

Est-il possible de déterminer quelles furent ces sources, d'ordinaire bien informées, mais très malveillantes à l'égard de Domitien? — Peut-être Dion se servit-il d'Appien, mais seulement pour le récit des guerres que Domitien eut à soutenir contre les Daces (1). On trouve chez lui un certain nombre de passages qui rappellent la biographie de Suétone. En voici l'énumération :

a) LXVI, 2, et Zonaras, XI, 17, p. 492 = Suétone, *Domitien*, 1. Vespasien s'étonne plaisamment que Domitien (Dion dit : Domitien et Mucien) ne lui envoie pas un successeur.

b) LXVI, 9 = Suét., *D.*, 3. Domitien s'amuse à percer des mouches avec un poinçon. — Les termes dont se servent les deux auteurs ne sont pas les mêmes, et Suétone nomme à ce propos Vibius Crispus, dont Dion ne parle pas.

c) LXVI, 26 = Suét., *Titus*, 10. Quelques-uns pensent qu'avant de mourir, Titus se reprocha d'avoir été l'amant de Domitia, femme de son frère.

d) LXVII, 1 = Suét., *D.*, 4. Fêtes en l'honneur de Minerve, instituées à Albe.

e) LXVII, 1 = Suét., *D.*, 9. Mot de Domitien sur les délateurs.

f) LXVII, 2 = Suét., *D.*, 7. Défense de faire des eunuques.

g) LXVII, 3, et Zonaras, XI, 19, p. 499 = Suét., *D.*, 3. Son divorce; rappel de Domitia à la prière du peuple. Dion donne plus de détails.

h) LXVII, 3 = Suét., *D.*, 8. Mention du supplice des Vestales. Les détails diffèrent.

i) LXVII, 4 = Suét., *D.*, 13. Le mois d'octobre est appelé *Domitianus*. Suétone ajoute : le mois de septembre, *Germanicus*.

j) LXVII, 4 = Suét., *D.*, 7. Institution de deux nouvelles factions au cirque.

k) LXVII, 8 = Suét., *D.*, 4. Combat de cavalerie et d'infanterie dans le cirque.

l) LXVII, 8 = Suét., *D.*, 4. Combats de nuit dans l'amphithéâtre.

m) LXVII, 8 = Suét., *D.*, 4. Bassin nouveau creusé pour une naumachie. La représentation est interrompue par un orage. Dion donne plus de détails que Suétone.

n) LXVII, 11 = Suét., *D.*, 10. Un tribun de l'armée d'Antonius échappe au supplice, en alléguant l'infamie de ses mœurs. Les deux récits ne sont pas tout à fait semblables. Suétone parle aussi d'un centu-

---

(1) Un des livres d'Appien, le vingt-troisième d'après Zonaras (XI, 21, p. 508) et Photius (*Bibliothèque*, 57), était consacré aux guerres de Dacie. Zonaras (*l. c.*) le cite au sujet de Trajan; or on sait que Zonaras copie Dion.

rion, mais il ne nomme pas, comme le fait Dion, le tribun, Julius Calvaster.

o) LXVII, 12 = Suét., *D.*, 10 et *Vespasien*, 14. Condamnation à mort de Mettius Pompusianus, qui s'était fait faire une carte du monde et avait pris des extraits des discours de Tite-Live. Mot de Vespasien sur lui. Les détails ne sont pas tout à fait les mêmes.

p) LXVII, 12 = Suét., *D.*, 14. Domitien parle seul avec les prisonniers dont il tient les chaînes dans ses mains.

q) LXVII, 13 = Suét., *D.*, 8. Domitien chasse du Sénat Caecilius Rufinus, qui dansait en public. Suétone ne donne pas le nom et dit simplement « un ancien questeur. »

r) LXVII, 13 = Suét., *D.*, 10. Condamnation à mort de Rusticus Arulenus (Suétone dit « Junius Rusticus ») parce qu'il avait appelé Thraséas un saint (Suétone lui attribue aussi par erreur la vie d'Helvidius Priscus).

s) LXVII, 13 = Suét., *D.*, 10. Expulsion des philosophes de Rome. Suétone ajoute « et de l'Italie. »

t) LXVII, 14 = Suét., *D.*, 10 et 15. Clemens et Glabrion sont mis à mort. Le récit de Dion est bien plus détaillé.

u) LXVII, 14 = Suét., *D.*, 14. Supplice d'Epaphrodite.

v) LXVII, 16 = Suét., *D.*, 15. Domitien rêve qu'il est abandonné par Minerve. Il y a des différences entre les deux passages.

w) LXVII, 16 = Suét., *D.*, 16. Condamnation d'un devin de Germanie qui avait prédit une révolution. Le récit de Dion est plus détaillé; il donne le nom du devin, Larginus Proculus.

x) LXVII, 16 = Suét., *D.*, 15. Un astrologue (Suétone donne son nom : Asclétarion) est dévoré par les chiens, suivant sa prédiction. Il y a des détails différents dans les deux récits.

y) LXVII, 17 = Suét., *D.*, 17. On enlève la lame du poignard que Domitien a sous le chevet de son lit. Dion dit que ce fut Parthenius qui le fit.

z) LXVII, 18 = Suét., *D.*, 17. Le corps de Domitien est enterré par Phyllis, sa nourrice. Le récit de Suétone est plus détaillé.

α) Zonaras, XI, 19, p. 500 = Suét., *D.*, 7 et 12. Augmentation de la solde, diminution du nombre des soldats. Les termes ne sont pas les mêmes.

β) Zonaras, p. 500 = Suét., *D.*, 13. Soit par écrit, soit dans la conversation, on appelle Domitien : maître et dieu.

Les concordances entre les deux historiens ne sont nulle part littérales. De plus, on trouve dans Dion un certain nombre de détails qui complètent Suétone (*g, m, n, q, t, w*) et même le corrigent (*r*). Comme ils font corps avec le récit de l'historien et qu'en général ils ne sont pas fort importants, il n'est guère vraisemblable que Dion se soit servi du récit de Suétone, en y faisant quelques petites additions et modifications qu'il se serait donné la peine de chercher dans d'autres auteurs. En outre, si Dion avait employé la biographie de Suétone, il est probable qu'il en aurait fait un usage plus fréquent. Nous pensons donc que les concordances peuvent s'expliquer par l'emploi d'une ou plusieurs sources communes (1). Quelles sont ces sources? Nous l'ignorons (2).

Philostrate, contemporain de Dion Cassius, écrivit la biographie du thaumaturge Apollonius de Tyane. C'est un roman qui donne peu de renseignements utiles à l'histoire. L'auteur est très hostile à Domitien qui, selon la légende, songea à mettre à mort son héros.

Cependant, quelques années après, Domitien est jugé favorablement dans le douzième chant sibyllin, composé en Egypte vers le milieu du troisième siècle (3) : « Tous les hommes vivant sur la terre immense le chériront. Alors les guerres cesseront dans le monde entier. Depuis l'Orient jusqu'à l'Occident, tous se soumettront de bon gré à sa domination, les villes se déclareront sujettes, car le Dieu céleste Sabaoth lui accordera une grande gloire (4). » Est-ce un écho des souvenirs que la bonne administration de Domitien avait laissés dans les provinces? est-ce une preuve de l'ignorance du fabricateur d'oracles? Il est difficile de le dire. J'inclinerais vers la seconde hypothèse.

Les écrivains chrétiens, se souvenant de la deuxième persécution de l'Eglise, ne se montrèrent pas moins sévères que les païens à l'égard du dernier empereur de la dynastie Flavienne. Au début du troisième siècle, Tertullien l'appelait « *portio Neronis de crudelitate* (5). » — Cet exemple fut suivi par tous les auteurs du Bas-Empire qui parlèrent de Domitien : Capitolin (6), Lampride (7), Trebellius Pollion (8), Flavius Vopiscus (9), l'auteur du *De mortibus persecutorum* (Lactance?) (10), Eusèbe (11), l'empereur Julien (12), Ammien Marcellin (13), Ausone (14), Ma-

---

(1) Encore cette conclusion n'est-elle pas nécessaire. Les faits dont nous lisons le récit à la fois dans Dion et dans Suétone étaient peut-être assez connus peu de temps après la mort de Domitien, pour que des auteurs indépendants les uns des autres les rapportassent.

(2) Le nom de Tacite vient à l'esprit, mais cette hypothèse ne s'appuierait sur rien. Il faut remarquer que, dans l'*Agricola*, Tacite ne se prononce pas sur le bruit qui attribua la mort de son beau-père à un empoisonnement, tandis que Dion Cassius dit nettement qu'Agricola fut tué par Domitien (LXI, 20).

(3) Alexandre, *Chants sibyllins*, II, p. 415 et suiv. La suite du poème montre à n'en pas douter qu'il s'agit ici de Domitien, quoiqu'il ne soit pas nommé.

(4) Vers 126 et suiv. (édition Rzach).

(5) *Apologétique*, 5. Cf. *De pallio*, 4.

(6) *Marc-Aurèle*, 28; *Albinus*, 13.

(7) *Commode*, 19.

(8) *Claude*, 3.

(9) *Carus*, 1 et 3.

(10) Chapitre III.

(11) *Hist. ecclés.*, III, 17 et suiv.

(12) *Césars*, 7.

(13) XIV, 11, 28; XV, 5, 36; XVIII, 4, 5; XXI, 16, 8.

(14) *Monosticha de Caesaribus*, 29, 41. *Tetrasticha*, 49 et suiv. *Gratiarum actio*, VI, 27.

crobe (1), saint Jérôme (2), Paul Orose (3), Sidoine Apollinaire (4), Jordanes (5). Dans presque tous les Byzantins on trouve aussi les jugements les plus sévères sur Domitien (6).

(1) I, 12, 37.
(2) *De viris illustribus*, 9.
(3) VII, 10 et 27.
(4) *Lettres*, V, 7.
(5) *Romana*, 265, p. 34, édition Mommsen. *Getica*, XIII, 76, p. 76.
(6) Procope, *Historia arcana*, 8. Laurentius Lydus, p. 161 et 184, édition Bekker. Jean d'Antioche, dans les *Fragmenta historicorum graecorum* de Müller, IV, p. 579. Georges le Syncelle, p. 649 et suiv., édition Dindorf. Suidas, s. v. Δομετιανός. Cedrenus, p. 429 et suiv., édition Bekker.

APPENDICE II.

FASTES CONSULAIRES ET PROVINCIAUX.

I. — *Fastes consulaires*.

Pour les fastes consulaires du règne de Domitien, voir Klein, *Fasti consulares*, p. 47 et suiv., et surtout Asbach, *Jahrbücher des Vereins von Alterthumsfreunden im Rheinlande*, LXXIX, 1885, p. 60 et suiv. — Voici quelques additions et corrections aux listes de M. Asbach :

1° Pour le troisième consulat de Q. Vibius Crispus et d'A. Didius Gallus Fabricius Veiento, en 83, voir plus haut, p. 48, n. 6, et p. 58, n. 7.

2° L. Norbanus Appius Maximus paraît avoir été, en 88, légat de Germanie Inférieure (voir p. 256) ; il avait donc été consul à une époque antérieure.

3° Tettius Julianus ne semble pas avoir été consul pour la seconde fois en 90 : voir p. 221, n. 2.

4° Il n'est pas certain que le C. Calpu[rnius...], qui fut consul en 87, ait eu pour *cognomen* Flaccus : voir p. 235, n. 1.

5° Une tessère gladiatoriale trouvée en 1887 (Gatti, *Bullettino della commissione archeologica comunale di Roma*, 1887, p. 188; Mommsen, *Römische Mittheilungen*, IV, 1889, p. 172) est ainsi conçue : « Moderatus | Luccei | Sp. III Non. Oct | L. Minic. L. Plotio. » Il s'agit de L. Minicius Rufus, consul ordinaire en 88, et de L. Plotius Grypus, suppléant de l'empereur dans le premier *nundinum* de cette année-là. Voir plus haut, p. 59, n. 2, et p. 331, n. 1.

II. — *Fastes provinciaux*.

Je donne ici les fastes provinciaux du règne de Domitien. Le livre de M. Liebenam (*Forschungen zur Verwaltungsgeschichte des römischen Kaiserreichs*, Ier Band, *Die Legaten in den römischen Provinzen von Augustus bis Diocletian*, 1888) contient, il est vrai, une énumération des légats provinciaux du Haut-Empire (la partie relative aux proconsuls n'a pas encore paru), mais ce livre présentant de nombreuses lacunes et erreurs, je crois que mon travail ne sera pas tout à fait inutile (1).

PROVINCES IMPÉRIALES CONSULAIRES.

BRETAGNE. — *Légats consulaires :*

On. *Julius Agricola*, de 77 à 84. Voir la première partie du chapitre VI.

Sallustius Lucullus, après 84. Suétone, *Domitien*, 10 : « Sallustium Lucullum, Britanniae legatum. »

Bibliographie : Hübner, Die römischen Legaten von Britannien, dans le *Rheinisches Museum*, XII, 1857, p. 56.

(?) *P. Metilius Sabinus Nepos*. Un diplôme militaire (*Ephem. epigr.*, IV, p. 500) nous apprend qu'au début du règne de Trajan, T. Avidius Quietus était légat de Bretagne. Il semble qu'il ait eu pour prédécesseur immédiat un personnage appelé Nepos : « [...sunt] in Britannia sub T. Avidio [Quieto, item] dimissis honesta missione a [...] Nepote. » Peut-être Nepos était-il légat dès 96, sous le règne de Domitien. On pourrait l'identifier à P. Metilius Sabinus Nepos, indiqué parmi les frères Arvales en 105 et 118, et certainement consulaire vers 105 (Pline, *Lettres*, IV, 26, 2). Il pourrait avoir été consul en 91. *C. I. L.*, VI, 2068 (le 5 novembre) : « P. Met... »

Mommsen, *Index de Pline*. Henzen, *Index* des *Acta fratrum Arvalium*. Asbach, *Bonnische Jahrbücher*, LXXIX, p. 123 et 141.

Legati juridici :

C. Octavius Tidius Tossianus [*L(ucius)?*] *Javolenus Priscus. C. I. L.*, III, 9960 : « C. Octavio Tidio Tossiano Jaolevo (*sic*) Prisco, l(egato) leg(ionis) IV Flav(iae), leg(ato) leg(ionis) III Aug(ustae), juridic(o) provinc(iae) Brittaniae (*sic*), leg(ato) consulari provinc(iae) Germ(aniae) Superioris, legato consulari provinc(iae) Syriae, proconsuli provinc(iae) Africae, pontifici, etc. » Javolenus Priscus fut *juridicus* de la province de Bretagne quelques années avant 90 : voir plus haut, p. 140.

Mommsen, *Index de Pline* et *Ephem. epigr.*, IV, p. 655. Pallu de Lessert, *Recueil de la Société archéologique de Constantine*, XXV, 1888, p. 36 (où est discutée la question du prénom

---

(1) On trouvera aussi quelques renseignements dans les *Fasti praetorii inde ab Octaviani imperii singularis initio usque ad Hadriani exitum*, de Levison (Breslau, 1892), ouvrage que je n'ai eu en main qu'après l'achèvement de ce travail.

de ce personnage). Tissot, *Fastes de la province d'Afrique*,
p. 86 et suiv. (avec des erreurs). Liebenam, p. 213 et 471.

(?) *C. Salvius Liberalis Nonius Bassus.* Voir plus haut, p. 140.

GERMANIE INFÉRIEURE. *Légats consulaires :*

L. Norbanus Appius Maximus, en 88. Voir plus haut, p. 256.

(?) *Rufus.* Philostrate (*Vies des Sophistes*, I, 19) dit qu'un consulaire du nom de Rufus fut légat de Germanie au temps de Nerva : « ἐπιτραπεὶς δὲ τὰ Κελτικὰ στρατόπεδα. » Comme sous cet empereur les légats de Germanie Supérieure nous sont connus (Trajan et L. Julius Ursus Servianus), ce personnage, si Philostrate dit vrai, fut légat de Germanie Inférieure. Il put l'être dès le règne de Domitien. Vers 97, il aurait été remplacé par Vestricius Spurinna (voir Mommsen, *Etude sur Pline*, traduction Morel, p. 10). Mais tout cela est très douteux.

GERMANIE SUPÉRIEURE. *Légats consulaires :*

Q. Corellius Rufus. Diplôme du 20 septembre 82 (*Ephem. epigr.*, IV, p. 496) : « sunt in Germania sub Q. Corellio Rufo. » Les troupes appartiennent à l'armée de Germanie Supérieure.
    Mommsen, *Index de Pline* et *Ephem.*, loc. cit. Liebenam, p. 212. *C. I. L.* XIV, 4276, où est peut-être indiqué son consulat.

L. Antonius Saturninus, en 88-89. Voir p. 249 et suiv.

(?) *L. Norbanus Appius Maximus*, en 89. Voir p. 257.

C. Octavius Tidius Tossianus [L(ucius)] Javolenus Priscus. Diplôme du 27 octobre 90 (*Ephem. epigr.*, V, p. 652) : « sunt in Germania Superiore sub I (sic) Javoleno Prisco. » — *C. I. L.*, III, 9960 : « leg(ato) consulari provinc(iae) Germ(aniae) Superioris. »
    Voir plus haut, à la Bretagne (1).

PANNONIE. *Légats consulaires :*

(?) *T. Atilius Rufus.* Légat de Pannonie le 13 juin 80 (*C. I. L.*, III, p. 854), il l'était peut-être encore au début du règne de Domitien.

L. Funisulanus Vettonianus, en 84-85. Diplôme militaire du 3 septembre 84 (*Ephem. epigr.*, V, p. 94) : « sunt in Pannonia sub L. Funisulano Vettoniano. » — Diplôme du 5 septembre 85 (*C. I. L.*, III, p. 855) : mêmes termes. — *C. I. L.*, III, 4013 : « leg(ato) pro

---

(1) M. Ulpius Trajanus fut nommé légat de Germanie Supérieure par Nerva, non par Domitien : voir Pline, *Paneg.*, 9 et 94; Dierauer, *Geschichte Trajan's*, p. 15 et suiv.

pr(aetore) provinc(iae) Delmatiae, item provinc(iae) Pannoniae, item Moesiae Superioris. » — *C. I. L.*, XI, 571. Voir p. 136.

Henzen, *Bullettino dell' Instituto*, 1883, p. 139. Asbach, *Bonnische Jahrbücher*, LXXIX, 1885, p. 132. Tissot, *Fastes de la province d'Afrique*, p. 72 et suiv. Liebenam, p. 159. Cantarelli, *Bullettino comunale*, 1891, p. 87. *C. I. L.* XIV, 4726 (inscription mentionnant probablement son consulat) et 4046 (1).

DALMATIE. *Légats consulaires :*

L. Funisulanus Vettonianus. Ce fut avant 84, date à laquelle nous le trouvons en Pannonie, qu'il fut légat de Dalmatie, au début du règne de Domitien ou sous un des deux empereurs précédents. Voir à la Pannonie.

Q. Pomponius Rufus. Diplôme militaire du 13 juillet 93 (*C. I. L.*, III, p. 859) : « sunt in Delmatia sub Q. Pomponio Rufo. » — *C. I. L.*, VIII, 13 : « Q. Pomponius, [Q. f., R]ufus, co(n)s(ul), pont(ifex), so[dalis..., leg(atus) Aug(usti)] pro p(raetore) provinc[iar(um) M]oesiae, Da[l]mati[ae] » Il fut légat de Mésie Inférieure en 100 (*C. I. L.*, III, p. 863 ; *Archäol.-epigr. Mittheilungen aus Oesterreich*, XI, 1887, p. 25). La date de son consulat est inconnue.

Mommsen, *Index de Pline.* Liebenam, p. 160.

MÉSIE (2). *Légats consulaires :*

C. Vettulenus Civica Cerialis. Diplôme du 20 septembre 82 (3) (*Ephem. epigr.*, IV, p. 496) : « sunt in Moesia sub C. Vettuleno Civica Ceriale. » Une inscription de Chersonesos (Latyschev, *Inscriptiones antiquae orae septentrionalis Ponti Euxini*, I, p. 194, n° 197), du temps de Vespasien, semble se rapporter, non à lui, mais à Sex. Vettulenus Cerialis.

Waddington, *Fastes des provinces asiatiques*, n° 104, qui, comme Renier (*Mémoires Acad. Inscr.*, XXVI, p. 302), le confond avec son contemporain, Sex. Vettulenus Cerialis.

(1) L. Neratius Priscus semble avoir été consul, non en 83, comme l'a cru Borghesi (*Œuvres*, V, p. 350 et suiv.), mais sous Nerva (Asbach, *Rheinisches Museum*, XXXVI, 1881, p. 44 et suiv.; *Bonnische Jahrbücher*, LXXII, 1882, p. 23). Sa légation de Pannonie ne se placerait pas donc sous Domitien.

(2) Sur le partage de cette province, voir p. 135 et suiv.

(3) Ce diplôme ne semble pas favorable à l'hypothèse de M. Visconti (*Bull. comunale*, 1877, p. 70), qui fait de T. Avidius Quietus un légat de Mésie en fonctions au mois de juin ou de juillet 82 (d'après *C. I. L.*, VI, 3828, où Avidius est simplement qualifié de légat).

Mommsen, *Ephem. epigr.*, IV, p. 499. Asbach, *Bonnische Jahrbücher*, LXXIX, 1885, p. 132. Liebenam, p. 273.

Oppius Sabinus, vers 85-86. Voir plus haut, p. 209.

MÉSIE SUPÉRIEURE. *Légat consulaire :*

L. *Funisulanus Vettonianus*, lors des guerres daciques de 86-89. Voir p. 137.

MÉSIE INFÉRIEURE. *Légat consulaire :*

Sex. Octavius Fronto. Diplôme militaire du 14 juin 92 (*C. I. L.*, III, p. 858) : « iis qui militant in classe Flavia Moesica, quae est sub Sex. Octavio Frontone. » L'inscription suivante, de Chersonesos (Latyschev, *Bulletin de correspondance hellénique*, XI, 1887, p. 164), prouve qu'il gouverna la Mésie Inférieure : « Σέξτον Ὀκταούιον Φρόντ[ω]να, πρεσβευτὴν καὶ ἀντισ[τ]ράτηγο[ν] Αὐτοκράτορος Δομ[ε]τιανοῦ Καίσαρος Θεοῦ Σεβαστοῦ Γερμανικοῦ... » — Martial parle peut-être de lui dans ce vers (I, 55 ; cf. *Friedländer*, édition, *ad locum*) :

Clarum militiae, Fronto, togaeque decus.

CAPPADOCE ET GALATIE. *Légats consulaires :*

A. *Caesennius Gallus*, en 82 : voir p. 137, n. 5. Il était déjà légat sous Titus (*C. I. L.*, III, 318, inscription de 80 ; Mionnet, *Supplément*, VII, p. 663, nos 25 et 26).
Perrot, *De Galatia provincia*, p. 101. Liebenam, p. 172.

T. *Pomponius Bassus*, à partir de 95 ou de 96. Voir p. 138, n. 2.
Perrot, p. 111. Mommsen, *Index de Pline*. Liebenam, p. 174.

SYRIE. *Légats consulaires :*

T. *Atilius Rufus*, avant 84. Tacite. Agricola, 40 : [Domitien en rappelant Agricola de Bretagne] « addidit insuper opinionem Syriam provinciam Agricolae destinari, vacuam tum morte Atilii Rufi consularis. » — En 80, Atilius Rufus était légat de Pannonie (voir à cette province).

C. *Octavius Tidius Tossianus* [L ?] *Javolenus Priscus*. *C. I. L.*, III, 9960 (citée p. 351) : « legato consulari provinc(iae) Syriae. » — Digeste, XL, 2, 5, : « Ego [Julianus], qui meminissem Javolenum praeceptorem meum et in Africa et in Syria servos suos manumisisse. » D'après l'inscription, la légation de Syrie de Javolenus Priscus est postérieure à celle de Germanie Supérieure, province dans laquelle il se trouvait en 90. Elle doit sans doute se placer sous le règne de Domitien, car il semble que sous Nerva et Trajan, Priscus n'ait pas été fort bien en cour : il est avec

Regulus le seul personnage vivant dont Pline le Jeune médise en le nommant (*Lettres*, VI, 15). Peut-être était-il légat de Syrie lors de la mort de Domitien : voir p. 332, n. 2.

TARRACONAISE. *Légat consulaire* :

Celer, avant 92. Martial, VIII, 52, 3 (le livre VIII fut édité en 92, voir Friedländer, édition de Martial, préface, p. 58) :

Ille meas gentes et Celtas rexit Hiberos.

S'il s'agit d'un légat consulaire, ce ne peut être M. Maecius Celer, qui ne fut consul qu'en 101 (Klein, *Fasti consulares*, p. 53). Peut-être est-ce L. Pompeius Vopiscus C. Arruntius Catellius Celer, frère Arvale, mentionné dans les actes de 75, 80, 81, 91 (Henzen, *Index*) et consul sous Vespasien (*C. I. L.*, X, 8038). Mais le Celer dont parle Martial peut avoir été, comme Glitius Agricola, *legatus Augusti* de rang prétorien.

Legatus Augusti, de rang prétorien, subordonné au legatus Augusti pro praetore, de rang consulaire (1).

Q. Glitius Atilius Agricola. *C. I. L.*, V, 6975 : « Q. Glitio, P. f[il(io), Stell(atina tribu)], Atilio Agrico[lae], co(n)s(uli), VII vir(o) epu[lon(um)], legato pro prae[tor(e)] Imp(eratoris) Nervae Cae[saris Aug(usti)] provinciae Bel[gicae], leg(ato) leg(ionis) VI Ferrat[ae], leg(ato) Citerioris His[paniae], praetori, aedil(i) cu[rul(i)] Divi Vespasian(i), trib(uno) m[il(itum) leg(ionis) I Ita]licae, etc. » Cf. *C. I. L.*, V, 6974, 6976-6987. — Le cursus honorum étant en sens inverse, Q. Glitius Atilius Agricola, qui fut sous Nerva légat de Belgique, fut sous Domitien légat de rang prétorien dans la province de Tarraconaise.

Borghesi, *Œuvres*. III, p. 71; IV, p. 108, 121, 168; V, p. 33, 353. Mommsen, au *Corpus*, V, p. 785. Liebenam, p. 74.

PROVINCES IMPÉRIALES DE RANG PRÉTORIEN.

BELGIQUE.

L. Licinius Sura. Ce personnage, qui devint consul pour la seconde fois en 102 (Klein, *Fasti consulares*, p. 54), fut légat de cette province après avoir commandé la I Minervia, légion créée par Domitien. *C. I. L.*, VI 1444 : « leg(ato) pro pr(aetore) provinciae Belgicae, leg(ato) leg(ionis) I Minerviae » (le cursus est dans l'ordre

---

(1) Voir plus haut, p. 141.

inverse). Ce fut donc sous ce prince qu'il gouverna la Belgique (sous Nerva le légat de la province fut Glitius Agricola : *C. I. L.*, V, 6975).

Voir plus haut, p. 158. Borghesi, V, p. 32 et suiv. Mommsen, *Index de Pline.* Liebenam, p. 73. De Vit, *Onomasticum*, s. v.

(?) *Inconnu. C. I. L.*, VI, 1548 : « ...[misso a] Divo Nerva ad agros dividendos..., [comiti Imp(eratoris)] Caesaris Nervae Trajani Aug(usti) Germ(anici) Dacic(i)... [dum] exercitus suos circumit, leg(ato) pro pr(aetore) provinc(iae) Belgic(ae, adlecto inter] patricios ab Imperatorib(us) Divis Vespasiano et [Tito]... » Le personnage en question ne put être admis parmi les patriciens qu'en 73-74, alors que Vespasien et Titus étaient censeurs. La légation de Belgique pourrait donc tomber sous le règne de Domitien.

Liebenam, p. 72 (1).

Lyonnaise.

C. Cornelius Gallicanus, en 83. *C. I. L.*, XII, 2602 (inscription trouvée près de Genève) : « M. Carantius Macrinus..., cornicular(ius) Corneli Gallicani, leg(ati) Aug(usti), equestrib(us) stipendis, Domit(iano) VIIII co(n)s(ule); item Minici Rufi legati Augusti; evocatus Aug(usti), Domit(iano) XIIII co(n)s(ule)... » — Gallicanus fut consul suffect en 84 (*Ephem. epigr.*, V, p. 94).

Borghesi, VII, p. 393 et 452. Henzen, *Bull. dell' Instituto*, 1883, p. 137. Liebenam, p. 248.

L. Minicius Rufus, avant 88. Voir l'inscription qui vient d'être citée. — Il fut consul ordinaire en 88 : voir plus haut, p. 59, n. 2, et p. 331, n. 1. — Son véritable nom était *L. Minicius Rufus* (*Bullettino comunale*, 1887, p. 188); dans une inscription de Phrygie (*Journal of Hellenic Studies*, IV, 1883, p. 432), il est appelé par erreur Λουκίῳ Μινουκίῳ.

Gatti, *Bull. comunale*, l. c. Mommsen, *Index de Pline* et *Mittheilungen des arch. Instituts, Römische Abtheilung*, IV, 1889, p. 172. Liebenam, p. 248. De Vit, *Onomasticon*, s. v.

Galatie.

Ti. Julius Candidus Marius Celsus, avant 86 : Voir p. 137, n. 5.

Perrot, *De Galatia provincia*, p. 106. Henzen, *Index des actes des frères Arvales.*

... *Sospes*, après 92 : Voir p. 137, n. 6.

Sur ce personnage, voir aussi p. 140; p. 227, n. 2, et, plus loin, à la province de Crète et Cyrène.

---

(1) Les motifs qu'allègue Borghesi (*Œuvres*, VII, 323; cf. Urlichs, *De vita Taciti*, p. 7) pour faire de Tacite un légat de Belgique de 90 à 94 ne me semblent pas convaincants.

CAPPADOCE.

C. *Antius A. Julius Quadratus*, plusieurs années avant 93 : voir p. 138, n. 1.

 Waddington, *Fastes*, n° 114. Henzen, *Index des frères Arvales*. Liebenam, p. 120.

(?) *L. Antistius Rusticus.* Ce personnage, qui mourut en Cappadoce avant 94 (Martial, IX, 30 ; le livre IX fut édité cette année-là : voir Friedländer, édition, p. 64), était peut-être légat de la province, mais on n'en a aucune preuve. Une pièce de vers de Martial (IV, 75) montre que c'était un personnage de rang élevé.

 Giese, *De personis a Martiale commemoratis*, s. v.

LYCIE et PAMPHYLIE.

(?) *T. Aurelius Quietus.* En 80, il était légat de cette province. Lebas et Waddington, *Voyage archéologique*, III, 1292 (inscription trouvée à Kekova, en Lycie) : « ἐπὶ Τίτου Αὐρηλίου Κύητου (c'est ainsi qu'il faut lire : Petersen et von Luschan, *Reisen in Lykien, Milyas und Kibyratis*, p. 49, n. 6), πρεσβευτοῦ καὶ ἀντιστρα[τήγο]υ τοῦ Σεβαστοῦ. » Il était peut-être encore légat de Lycie au début du règne de Domitien. — Aurelius Quietus était consul le 20 septembre 82 (*Ephem. epigr.*, IV, p. 495).

C. Caristanius Fronto. Sitlington Sterret, *Papers of the american school at Athens*, II, p. 135 (inscription d'Antioche de Pisidie) : « ... γυναῖκα Γαίου Κ[α]ριστανίου Φρόντωνος, πρεσβευτοῦ Αὐτοκράτορο[ς] Καίσαρος [Δομετιανοῦ] Σεβαστοῦ, ἀντιστρατήγου Λυκ[ί]ας καὶ Παμφυλίας. » Le nom de Domitien a été martelé. Cf. Lebas et Waddington, III, 1317 ; Cousin et Diehl, *Bulletin de correspondance hellénique*, X, 1886, p. 46. — Domitien ne portant pas le surnom de Germanicus, la légation de Caristanius Fronto est antérieure à 84.

[... *Tr]eboni[us Pro]clus Mettius Modestus.* Mommsen, *Index de Pline*, d'après Waddington (inscription trouvée à Caunus) : « ['Η πόλις Μ]έττιον Μόδεστον, [πρεσβευτὴν καὶ ἀντιστράτηγ]ον Αὐτοκράτορος [Καίσαρος Δομετιανοῦ Σε]βαστοῦ Γερμανι[κοῦ]. » Cf. *C. I. G.*, 4279, 4280 ; *Journal of hellenic Studies*, X, 1889, p. 74 (où ses noms complets étaient donnés). — M. Waddington supplée dans la première inscription [Καίσαρος Νερούα Τραϊανοῦ Σε] ; cependant, il est plus vraisemblable que Mettius Modestus fut légat sous Domitien, l'inscription publiée dans le *Journal of hellenic studies* étant exactement rédigée comme une inscription de Julius Quadratus (voir plus bas), trouvée comme elle à Lydae : or, Quadratus fut certainement légat sous Domitien.

 Sur Mettius Modestus, voir plus haut, p. 319 et 321. Waddington, *Fastes*, n° 124, et *Journal of hellenic studies*, *l. c.*

Mommsen, *Index de Pline*, en observant que Mettius

Modestus ne fut pas proconsul d'Asie sous Domitien (cf. *Ephem. epigr.*, IV, p. 502). Liebenam, p. 259.

C. Antius A. Julius Quadratus, avant 93. — Après 82, il fut légat prétorien de Cappadoce (voir p. 138, n. 1). C'est entre son gouvernement de Cappadoce et son consulat (en 93) qu'il faut placer, d'abord son proconsulat de Crète et de Cyrène, puis sa légation de Lycie, attestée par plusieurs inscriptions : *C. I. G.*, 3532 (= Borghesi, *Œuvres*, II, p. 15) ; *C. I. G.*, 3548 (cf. Lebas et Waddington, 1722 a); *Journal of hellenic studies*, X, 1889, p. 74.

Voir plus haut à la Cappadoce.

(?) *Domitius Apollinaris. C. I. G.*, 4236 (inscription de Tlos) : « ... υἱὸν Δομιτίου Ἀπολλειναρίου τοῦ δικαιοδότου, Τλωέων ἡ βουλὴ καὶ ἡ γερουσία καὶ ὁ δῆμος. » On connaît un Domitius Apollinaris qui fut consul suffect en 97 (Klein, *Fasti consulares*, p. 51). Si c'est le personnage nommé dans l'inscription de Tlos, il a pu être légat de Lycie vers la fin du règne de Domitien.

Mommsen, *Index de Pline*. Waddington, *Journal of hellenic studies*, X, 1889, p. 75.

Judée (1).

Cn. Pompeius Longinus. Diplôme du 13 mai 86 (*C. I. L.*, III, p. 857) : « sunt in Judaea sub Cn. Pompeio Longino. » — Il fut consul suffect en 90 (*Ephem. epigr.*, V, p. 612).

Liebenam, p. 242 (2).

Armée d'Afrique (*Légats propréteurs de l'*) (3) :

C. Octavius Tidius Tossianus [L?] Javolenus Priscus, probablement au commencement du règne de Domitien : voir son *cursus honorum* à la Bretagne.

Flaccus. Une inscription de Tébessa (*C. I. L.*, VIII, 1839 = 16499), dont le style et la gravure conviennent bien à l'époque Flavienne, nomme un *Cn. Suellius Fl...., leg(atus) Aug(usti) pro p[raetore]*. M. Dessau (au n° 16499) pense avec vraisemblance qu'il s'agit de Suellius Flaccus, nommé en 101 dans la table alimentaire des

---

(1) Je n'ai pas pu consulter l'article de Grätz, *Die römischen Legaten in Judäa unter Domitian und Trajan und ihre Beziehung zu Juden und Christen*, dans la *Monatsschrift für Geschichte und Wissenschaft des Judenthums*, 1885, p. 17-34.

(2) Maccius Celer (Stace, *Silves*, III, 2, et préface du livre III) semble avoir été, non légat de Judée, mais légat d'une des légions de Syrie : voir Friedländer, *Sittengeschichte*, III, p. 484.

(3) Sur les légats de cette armée à l'époque de Domitien, voir Pallu de Lessert, *Recueil de la Société archéologique de Constantine*, XXV, 1888, p. 36 et suiv.

Ligures Bébiens (*C. I. L.*, IX, 1455, col. 2, lignes 21 et 67), et que ce personnage est identique au Flaccus de Zonaras : voir plus haut, p. 235.

(?) *A.* (?) *Annius Camars. C. I. L.*, XII, 670 : « [A ? An]nius, [...f., Te]r(etina tribu), Camars, ... [trib(unus) p]leb(is), praet(or), proco(n)s(ul) [prov(inciae)..., leg(atus) Aug(usti) pro] praet(ore) prov(inciae) Africae » (un peu plus loin est nommé dans l'inscription un T. Annius [...?...]). M. Hirschfeld (au *Corpus*) fait remarquer que la forme des lettres convient à l'époque Flavienne. Il s'agit peut-être, comme le croit M. Mowat (*Bulletin épigraphique*, IV, 1884, p. 53 et suiv.), d'A. Annius Camars, tribun de la plèbe en 83 : voir *C. I. L.*, VI, 449 : « Laribus Aug(ustis) et Geniis Caesarum, Imp. Caes(are) Domitiano Aug(usto) co(n)s(ule) VIIII, desig(nato) X, p(atre) p(atriae), permissu A. Anni Camartis, tr[ib(uni) pleb(is)...]. Mais dans la première inscription citée, on pourrait restituer seulement « [... leg(atus) pro] praet(ore) », et supposer que Camars a été légat de la province proconsulaire d'Afrique.

(?) *Inconnu. C. I. L.*, VIII, 1851 : « [Imp. Ca]e[sari Do]mitia[no Aug(usto) Germanico......] gato, le[gato A]ug(usti) pro[praetore, provinciae Africae et legionis] III [Augustae]. » Restitutions très incertaines (1).

GOUVERNEURS IMPÉRIAUX APPARTENANT A L'ORDRE ÉQUESTRE.

Préfets d'Égypte :

C. Tettius Africanus. Inscription du 12 février 82 (*C. I. L.*, III, 35) : « Funisulana Vettulla, C. Tetti Africani, praef(ecti) Aug(usti), uxor, audi Memnonem pr(idie) id(us) febr(uarias), hora $\overline{IS}$, anno I Imp. Domitiani Aug(usti). »

Hirschfeld, *Verwaltungsgeschichte*, p. 146, n° 7.

L. Laberius Maximus. Diplôme du 9 juin 83 (*Ephem. epigr.*, V, p. 612) : « sunt in Aegypto sub L. Laberio Maximo. »

Henzen, *Index des Arvales*. Mommsen, *Ephem. epigr.*, V, p. 614.

---

(1) Il n'y a pas de raison de faire de L. Julius Apronius Maenius Pius Salamallianus un légat de l'armée d'Afrique du temps de Domitien (Liebenam, p. 305; cf. 183). Outre que son *cursus honorum* indique une époque postérieure à Antonin le Pieux (voir Pallu de Lessert, *loc. cit.*, p. 220 et s.), Lambèse, où l'on a trouvé l'inscription de ce personnage (*Ephem. epigr.*, VII, 395; cf. 396), n'était pas encore fondée au temps de Domitien.

C. Septimius Vegetus. Diplôme du 17 février 86 (*C. I. L.*, III, p. 856):
« classicis qui militant in Aegypto sub C. Septimio Vegeto et
Claudio Clemente, praefecto classis. »

Mettius Rufus. Suétone, *Domitien*, 4 [entretiens de l'empereur avec
un nain] : « auditus est certe dum ex eo quaerit, ecquid sciret cur
sibi visum esset ordinatione proxima Aegypto praeficere Mettium
Rufum. »

Mommsen, *Ephem. epigr.*, VII, p. 427.

T. Petronius Secundus. Inscription du 14 mars 95 (*C. I. L.*, III, 37):
« Imp. Domitiano Caesare Aug(usto) Germanico, XVII c[o(n)]-
s(ule)], T. Petronius Secundus, praefectus Aeg(ypto), audit Memnonem, hora I pr(idie) idus Mart(ias). »

Hirschfeld, *Verwaltungsgeschichte*, p. 235. De Rossi, *Bull. di
archeologia cristiana*, 1888-1889, p. 98.

PROCURATEURS FAISANT FONCTIONS DE GOUVERNEURS.

Thrace :

C. Vettidius Bassus, en 88 : voir plus haut, p. 138.

Hellespont :

C. Minicius Italus. C. I. L., V, 875 : « proc(uratori) provinciae Hel-
lespont(i). » D'après le contexte, il semble avoir exercé cette fonction sous Domitien ; il fut ensuite procurateur de la province
d'Asie (voir plus haut, p. 57).

Hirschfeld, *Sitzungsberichte der königlich-preussischen Akademie
der Wissenschaften zu Berlin*, 1889, I, p. 419, n. 17.

PROVINCES SÉNATORIALES CONSULAIRES.

Asie. *Proconsuls.* Je renvoie ici aux *Fastes* de M. Waddington (n°s 101
et suiv.), et je donne les noms des proconsuls :

Arrius Antoninus.

L. Mestrius Florus. Cf. Riemann, *Bull. corresp. hellén.*, I, 1877, p. 289 ;
de Vit, *Onomasticon*, s. v.

Sex. Julius Frontinus.

C. Vettulenus Civica Cerialis. Corriger Waddington d'après Mommsen, *Ephem. epigr.*, IV, p. 499. Sur ce personnage, voir plus haut,
p. 248 et 353.

[*C. Minicius Italus*, procurator vice praesidis (voir p. 57)].

M. Fulvius Gillo, en 91-92. Voir Waddington, *Bull. corresp. hellén.*, VI, 1882, p. 282; Ramsay, *Revue archéologique*, série III', t. XII, 1888, p. 223; Asbach, *Bonnische Jahrbücher*, LXXIX, 1885, p. 114.

P. Calvisius Ruso.

L. Caesennius Paetus.

Rufus. Ce pourrait être : M. Maecius Rufus, proconsul de Bithynie sous Vespasien (Eckhel, II, p. 403), — Q. Petillius Rufus, consul pour la seconde fois en 83; — Q. Corellius Rufus, légat de Germanie Supérieure en 82; — Cn. Marius Marcellus Octavius Publius Cluvius Rufus, consul en 80; — C. Pomponius Rufus, consul à une date indéterminée (voir Mommsen, *Index de Pline*). Il ne s'agit pas de T. Atilius Rufus qui mourut avant 84 dans sa légation de Syrie, car, sur la monnaie asiatique nommant ce proconsul Rufus, Domitien porte le surnom de Germanicus, qu'il reçut à la fin de l'année 83 (1).

Légat sous les ordres du proconsul.

(?) *C. Antius A. Julius Quadratus.* Il fut deux fois légat dans la province d'Asie (*C. I. G.*, 3548 et 3532 [= Borghesi, II, p. 15]), sous Vespasien ou Titus, ou au début du règne de Domitien. Voir Waddington, *Fastes*, n° 114.

AFRIQUE. *Proconsuls.*

Cn. Domitius Tullus. Il fut proconsul d'Afrique, comme l'indique l'inscription de son frère (voir le proconsul suivant). Une inscription de Foligno (Wilmanns, 1149) nous apprend qu'il fut fait patricien en 73-74 (pendant la censure de Vespasien et de Titus), qu'il fut ensuite chargé du commandement de toutes les troupes auxiliaires qui combattirent contre les Germains en 74 (voir plus haut, p 180, n. 6), puis nommé légat de l'armée d'Afrique. Il reçut ensuite le consulat et, environ une douzaine d'années après, vers 89, il devint proconsul d'Afrique.

J'ai étudié son *cursus honorum* et celui du proconsul qui suit dans un article du *Recueil de la société archéologique de Constantine*, XXVII, 1892, p. 188-199.

Cn. Domitius Afer Titius Marcellus Curvius Lucanus. Son *cursus honorum* se trouve dans une autre inscription de Foligno (Wilmanns, 1148). On y voit qu'il fut légat de son frère, alors que

---

(1) Mettius Modestus et T. Avidius Quietus ne furent pas proconsuls d'Asie sous Domitien, comme l'avait d'abord pensé M. Mommsen : voir plus haut, p 357, et pour Avidius Quietus, *C. I. L.*, III, 7003; *Bull. corr. hellén.*, XI, 1887, p. 111.

celui-ci était proconsul d'Afrique et qu'il devint lui-même ensuite proconsul de cette province, avant 93 ou 94, date de sa mort.

L. Funisulanus Vettonianus. C. I. L., XI 571 : « pro[co(n)s(ul)] pr]ovinc(iae) A[f]ricae. » Il exerça cette charge à une époque postérieure à sa légation de Mésie, c'est-à-dire après les guerres daciques (voir à la Mésie Supérieure). On doit observer de plus qu'il reçut le proconsulat d'Afrique après que l'inscription C. I. L., III, 4013 (gravée entre 89 et 96, voir p. 136, n. 5) eût été gravée en son honneur, car ce proconsulat n'y figure pas. Il fut donc probablement gouverneur de l'Afrique vers la fin du règne de Domitien, ou peu de temps après la mort de cet empereur. L'intervalle ordinaire entre le consulat et le proconsulat était alors de douze ans en moyenne ; or Funisulanus fut consul en 81 ou 82 au plus tard, puisqu'en 84 il avait déjà été légat consulaire de Dalmatie.

(?) *Marius Priscus.* Il ne serait pas impossible qu'il ait été proconsul à la fin du règne : voir plus haut, p. 142.

Mommsen, *Index de Pline.* Tissot, *Fastes,* p. 78.

Légat sous les ordres du proconsul :

Cn. Domitius Afer Titius' Marcellus Curvius Lucanus : voir aux proconsuls.

PROVINCES SÉNATORIALES PRÉTORIENNES.

Bétique. *Proconsuls :*

Baebius Massa, avant 93 : voir p. 142.

(?) *M. Eppuleius Proculus Ti. Caepio Hispo.* C. I. L., XI, 14 : « M. Eppuleio Proculo, L. f(ilio), Claud(ia tribu), Ti. Caepioni Hisponi, co(n)s(uli), pont(ifici), proco(n)s(uli) provinc(iarum) Asiae et Hispaniae Baeticae, praefect(o) aerari militar(is). » — Il semble avoir été consul en 98 (voir Waddington, *Fastes,* n° 119; Asbach, *Bonnische Jahrbücher,* LXXII, 1882, p. 6). C'est donc probablement à une époque antérieure, peut-être sous Domitien, qu'il fut proconsul de Bétique.

Mommsen, *Index de Pline,* s. v. *Caepio,* Waddington, *l. c.* — Le *cursus honorum* d'un inconnu (C. I. L., V, 5813) présente des analogies avec celui de Caepio Hispo.

(?) *Caecilius Classicus.* Il fut peut-être proconsul de Bétique à la fin du règne de Domitien. Voir plus haut, p. 142.

Mommsen, *Index de Pline.*

Questeur :

T. Julius Maximus Ma[...?...] Brocchus Servilianus. A. Quadronius

L. Servilius Vatia Cassius Cam[...?...]. *C. I. L.*, XII, 3167 : « T. Julio, etc..., leg(ato) Aug(usti) leg(ionis) IIII Flaviae, leg(ato) Aug(usti) leg(ionis) I Adjut[r(icis), leg(ato) Aug(usti)?] juridico Hisp(aniae) Citerior(is) Tarraconens(is), pr(aetori), a[ed(ili) cur(uli)?, q(uaestori)] provinciae Hispaniae Ulterioris Baeticae, don[ato in] bello dacico coronis murali et vallari, h[asta pura?], vexillo, trib(uno) militum leg(ionis) V Macedonic(ae), etc. » Il s'agit probablement dans cette inscription d'une des deux guerres daciques de Domitien (voir p. 212, n. 6), à laquelle T. Julius Maximus prit part en qualité de tribun militaire. Il fut ensuite questeur, édile, préteur, puis *legatus Augusti juridicus Hispaniae Citerioris Tarraconensis*, fonction qu'il dut exercer sous Nerva ou Trajan.

Liebenam, p. 224.

NARBONNAISE. *Proconsul* :

C. Julius Cornutus Tertullus. C. I. L, XIV, 2925 : « C. Julio, P. f(ilio), Hor[atia (tribu)], Cornuto Tertul[lo], co(n)s(uli), proconsuli provinci[ae Asiae], proconsuli provinciae Narbo[nensis], legato pro praetore Divi Trajani [Parthici] provinciae Ponti et Bith[yniae], ejusdem legato pro pr[aetore] provinciae Aquitani[ae] c[e]nsu[um] accipiendorum, cu[ra]to[ri viae] Aemiliae, praefecto aerari Sa[tu]r[ni], legato pro praetore provinc[iae] Cretae et Cyrenarum, ... a[dle[cto] inter praetorios a Divis Ves[pasiano] et Tito censoribus, etc. » Mis au rang des sénateurs prétoriens en 73-74, il devait, conformément aux règles en usage, devenir proconsul de Narbonnaise une douzaine d'années après. Cependant, M. Mommsen (*Index de Pline*), sur l'autorité de l'inscription que nous venons de citer, place ce gouvernement après la légation de Bithynie et avant le proconsulat d'Asie, plus de quarante ans après l'allection de Tertullus : ce qui est très peu vraisemblable. On ne doit pas regarder le *cursus honorum* comme étant rédigé dans l'ordre inverse, mais comme indiquant les proconsulats d'abord, puis les fonctions impériales. Dès lors, rien n'empêche d'admettre que Tertullus ait été proconsul de la Narbonnaise sous Domitien : c'est l'avis de M. Waddington (*Fastes*, n° 123).

Borghesi, IV, p. 117. Mommsen, *l. c.* Waddington, *l. c.* Lebègue, *Fastes de la Narbonnaise*, n° 33. Liebenam, p. 39. Cantarelli, *Bullettino comunale*, 1891, p. 88.

SARDAIGNE. *Proconsuls* (1) :

Herius Priscus. Diplôme de 88 (*Ephem. epigr.*, IV, p. 183 = *C. I. L.*, X, 7883) : « sunt in S[ardinia sub] Herio Prisco. »

(1) La Sardaigne était gouvernée à cette époque par des proconsuls : voir Mommsen, *C. I. L.*, X, p. 777.

Ti. Claudius Servilius Geminus. Diplôme du 10 octobre 96, quelques jours après le meurtre de Domitien (*C. I. L.*, III, p. 861) : « sunt in Sardinia sub Ti. Claudio Servilio Gemino. »

Klein, *Die Verwaltungsbeamten der Provinzen Sicilien und Sardinien*, p. 262.

SICILE. *Proconsuls :*

(?) *Inconnu.* Peut-être l'inconnu mentionné dans une inscription de Tivoli, *C. I. L.*, XIV, 3167 : « ... Gai... [Vespasi]ani et Titi..., legat(us) leg(ionis) VI Fe[rratae, proconsul provinc]iae Siciliae, » fut-il proconsul de Sicile sous Domitien.

Klein, *Die Verwaltungsbeamten*, p. 106, n° 108.

(?) *Senecio Memmius Afer.* *C. I. L.*, XIV, 3597 : « Senecioni Memmio, Gal(eria tribu), Afro, co(n)s(uli), proco(n)s(uli) Sicil(iae), leg(ato) pr(o) pr(aetore) provinc(iae) Aquitan(iae), L. Memmius Tuscillus Senecio patri optumo. » Il fut consul vers le commencement du règne de Trajan (*C. I. L.*, XIV, 2243) et auparavant légat d'Aquitaine. D'ordinaire, cette légation semble avoir précédé immédiatement le consulat. Ce fut donc probablement à une époque antérieure qu'il devint proconsul de Sicile, sous Nerva, ou peut-être même déjà sous Domitien.

Klein, *l. c.*, p. 107, n° 109.

Légat :

(?) *Q. Coelius Honoratus.* Fin du premier siècle ou commencement du second : voir Le Bas et Waddington, III, 2814.

Klein, *l. c.*, p. 140. Liebenam, p. 357.

Questeur :

(?) *L. Acilius Rufus.* *C. I. L.*, X, 7344 : « L. Acilio, L. f(ilio), Qui(rina tribu), Rufo, qu(aestori) pro pr(aetore) provinc(iae) Sicil(iae)... » Cf. *C. I. L.*, X, 7210. C'est peut-être l'Acilius Rufus qui fut consul en 105 ou 106.

Voir plus haut, p. 295. Klein, *l. c.*, p. 165. Mommsen, *Index de Pline.*

MACÉDOINE. *Proconsuls :*

(?) *P. Tullius Varro.* *C. I. L.*, XI, 3004 : « [P. Tullio, P. f(ilio), Varroni] ..., trib(uno) mil(itum) leg(ionis) VIII bis Aug(ustae), q(uaestori) urbano, pro q(uaestore) provinc(iae) Cretae et Cyrenarum, aedili pl(ebis), pr(aetori), legato Divi Vespasiani leg(ionis) XIII Geminae, proco(n)s(uli) provinc(iae) Macedoniae, P. Tullius Varro optimo patri. » — Il dut être proconsul de Macédoine sous Vespasien, sous Titus ou au début du règne de Domitien.

Von Domaszewski, *Rheinisches Museum*, XLVII, 1892, p. 211.
Levison, *Fasti praetoriani*, n° 656.

(?) *C. Salvius Liberalis Nonius Bassus.* C. I. L., IX, 5533 : « [C. Salv]io, C. f(ilio), Vel(ina tribu), Liberali [Nonio] Basso, co(n)s(uli), proco(n)s(uli) provin[ciae Ma]cedoniae, legato Augustorum [juridi?] c(o?) Britann(iae), legato leg(ionis) V Maced(onicae), [fratri A]rvali, allecto ab Divo Vespasiano [et Divo Ti]to inter tribunicios, ab isdem [allecto] inter praetorios, etc. » — Salvius Liberalis, mis au rang des anciens préteurs pendant la censure de Vespasien et Titus (73-74), dut être proconsul de Macédoine sous Domitien, du moins si l'on admet qu'il fut *legatus juridicus* de Bretagne sous Vespasien et Titus, non sous Domitien et Nerva. Son proconsulat ne se place cependant pas en 86, ni en 87, car à cette époque il était à Rome, ainsi que le prouvent les Actes des frères Arvales.

Sur ce personnage, voir plus haut, p. 140, 319, 352.

Questeur :

L. Julius Marinus Caecilius Simplex. C. I. L., IX, 4965 : « L. Julio, L. f(ilio), Fab(ia tribu), Marin(o) Caecilio Simplici..., q(uaestori) pro pr(aetore) provinciae Macedoniae, aedili pleb(is), praetori, leg(ato) pro pr(aetore) Cypri, leg(ato) pro pr(aetore) provinciae Ponti et Bithyniae proconsulatu patris sui, curatori viae Tiburtinae, fratri Arvali, leg(ato) Aug(usti) leg(ionis) XI C(laudiae) P(iae) F(idelis), leg(ato) Imp. Nervae Trajani Aug(usti) Germ(anici) provincia (*sic*) Lyciae et Pamphyliae, proco(n)suli provinciae Achaiae, co(n)s(uli). » Ce personnage fut consul suffect en 101 (Asbach, *Bonnische Jahrbücher*, LXXII, 1882, p. 29). Sa questure en Macédoine peut donc se placer sous le règne de Domitien.

Henzen, *Index des Arvales*. De Vit, *Onomasticon*. Liebenam, p. 134. Levison, n° 680.

Achaïe. *Proconsuls :*

(?) *Avidius Nigrinus.* *Correspondance de Pline et de Trajan*, lettre 65 : « Recitatae et epistulae Divi Vespasiani ad Lacedaemonios et Divi Titi ad eosdem, et Domitiani ad Avidium Nigrinum et Armenium Brocchum proconsules, item ad Lacedaemonios. » Cf. lettre 66. Il semblerait, d'après ce texte, qu'Avidius Nigrinus et Armenius Brocchus aient été sous Domitien proconsuls d'Achaïe. — Ce fut peut-être le même personnage, C. Avidius Nigrinus, qui fut envoyé sous Trajan en Achaïe comme *legatus Augusti pro praetore*, avec mission extraordinaire « ad ordinandum statum liberarum civitatum » (*C. I. L.*, III, 567 ; Liebenam, p. 4). Avidius Nigrinus fut probablement frère de T. Avidius Quietus, et tous deux furent liés d'amitié avec Plutarque.

Patzig, *Quaestiones Plutarcheae*, p. 48 et suiv. Mommsen, *Ephem. epigr.*, IV, p. 501.

(?) *Armenius Brocchus*. Voir au proconsul précédent.

CRÈTE et CYRÈNE. *Proconsul* :

C. Antius A Julius Quadratus. *C. I. G*, 3548 et 3532. Son proconsulat se place après sa légation de Cappadoce, qui est postérieure à l'année 82, et avant sa légation de Lycie et de Pamphylie, qui est antérieure à l'année 93, date de son consulat (cf. plus haut; p. 358.

Questeurs :

[..?..] *Sospes*. *C. I. L.*, III, 6818 (reproduite p. 145). En 92, il était légat de légion après avoir exercé la préture (voir p. 137, n. 6 et 227, n. 2). Sa questure de Crète et de Cyrène se place donc, selon toute vraisemblance, vers le début du règne de Domitien.

[..?..]*atrius Sep*[..?..]. *C. I. L.*, X, 135 : « ... atrio, Q. f(ilio), Hor(atia tribu), Sep[...to],... tribuno militum l[eg. se]cundae Adjutricis P(iae) F(idelis), donis [mili]taribus bello suebico, it[em sar]matico, quaest(ori) pro[pr(aetore) pr]ovinciae Cretae et Cyren[aic(ae), tri]b(uno) plebis, praetori. » La guerre suévo-sarmatique ayant eu lieu en 92, cet inconnu fut questeur de Crète et de Cyrène à une date postérieure.

BITHYNIA et PONTUS. *Proconsuls* :

L. Norbanus Appius Maximus. *Correspondance de Pline et de Trajan* lettre 58 : on y lit une lettre de Domitien à L. Appius Maximus au sujet d'un citoyen de Pruse en Bithynie. En 88, lors de la révolte d'Antonius, Appius Maximus était très probablement légat consulaire de Germanie Inférieure. Son proconsulat de Bithynie se place donc au début du règne de Domitien.

L. Minicius Rufus. Correspondance de Pline et de Trajan, lettre 72 : il y est fait mention d'une lettre de Domitien à Minicius Rufus qui, d'après le contexte, paraît avoir été proconsul de Bithynie. C'est peut-être à lui qu'est dédiée une grande inscription de Rome, émanant des principales villes de la Bithynie. *C. I. L.*, VI, 1508 = Kaibel, *Inscriptiones graecae Siciliae et Italiae* : « [...]o, L. f(ilio), Rufo, pro[co(n)s(uli) Ponti et Bithyniae] ; » mais on peut penser aussi à Cadius Rufus, proconsul sous Claude ; à Maecius Rufus, proconsul sous Vespasien ; à Varenus Rufus, proconsul sous Trajan (voir Mommsen, *Index de Pline* ; Hirschfeld, *Sitzungs-*

berichte der preussischen Akademie, 1889, I, p. 420, n. 22). — Minicius Rufus fut plus tard légat de Lyonnaise et consul en 88.
Voir plus haut, p. 356.

L. *Julius* [*Marinus*]. Dans l'inscription de son fils, citée plus haut à la Macédoine (voir p. 365), on lit « leg(ato) pro pr(aetore) provinciae Ponti et Bithyniae, proconsulatu patris sui. »

Velius Paulus. Correspondance de Pline et de Trajan, lettre 58 : « Recitata est sententia Veli Pauli proconsulis, qua probabatur Archippus [un citoyen de Pruse] crimine falsi damnatus in metallum. » Cf. lettre 60. Cet Archippus fut ensuite réhabilité par ordre de Domitien. — Un certain Velius accompagna Domitien en 92 dans son expédition sur le Danube (voir plus haut, p. 227, n. 5). Je crois qu'il n'y a pas lieu de supposer, avec M. Asbach (*Bonnische Jahrbücher*, LXXIX, 1885, p. 116-117), que ce Velius Paulus soit identique à L. Vettius Paullus, consul suffect en 81.

Mommsen, *Index de Pline.*

Légat :

L. *Julius Marinus Caecilius Simplex* : voir plus haut aux proconsuls.

Questeur :

(?) *Julius Bassus.* Il fut proconsul de Bithynie après Domitien (Pline, *Lettres*, IV, 9, 2). Auparavant il avait été questeur de cette province (Pline, IV, 9, 6), peut-être au début du règne de Domitien, mais plus vraisemblablement sous Vespasien ou Titus.

Voir, sur ce personnage, p. 319. Mommsen, *Index de Pline.*
Henzen, *Index des frères Arvales.*

CHYPRE. *Légat :*

L *Julius Marinus Caecilius Simplex* : Voir plus haut son *cursus honorum*, à la province de Macédoine.

VU ET LU EN SORBONNE,

Le 20 janvier 1893,

Par le Doyen de la Faculté des Lettres de Paris,

A. HIMLY.

VU ET PERMIS D'IMPRIMER :

Le Vice-Recteur de l'Académie de Paris,

GRÉARD.

ADDITIONS ET CORRECTIONS

P. 18, n. 2. Au lieu de C. *Attilius* Barbarus, lisez C. *Atilius* Barbarus.

P. 48, n. 6. Au lieu de *C.* Vibius Crispus, lisez *Q.* Vibius Crispus.

P. 51, n. 5. L'expression *Deus noster Caesar* avait été appliquée à Claude par Scribonius Largus : voir Jullian, *Revue de philologie*, XVII, 1893, p. 129.

P. 76, n. 12. Une monnaie de Domitien, avec un buste de Pallas au revers, a été éditée par Blanchet, *Revue Numismatique*, XI, 1893, p. 41, n° 3; pl. I, fig. 3.

P. 92. On a découvert récemment un pan de mur ayant sans doute appartenu à la *cella* orientale du temple de Jupiter Capitolin : *Revue Critique*, 1893, I, p. 112.

P. 97, n. 5. Sur les fouilles faites au Palatin en 1722-1728, voir Schreiber, dans les *Berichte über die Verhandlungen der königlich-sächsischen Gesellschaft der Wissenschaften zu Leipzig, Philologisch-historische Classe*; 1892, p. 124 et suiv.

P. 100, ligne 10 à partir du bas. Au lieu d'*école* Flavienne, lire *époque*.

P. 109. Sur les thermes de Titus, voir Hülsen, *Römische Mittheilungen*, VII, 1892, p. 302 et suiv.

P. 116, ligne 10. Au lieu de *Semptem* Atria, lire *Septem*.

P. 134. Dans *La Civiltà cattolica* (Série XV, tome I, cahier 997, 1892 [année XLIII], p. 210-221) est publiée une inscription d'après laquelle Domitien aurait concédé, en 88, à un certain P. Bovius Sabinus un *ager subsicivus*, pour services rendus dans la guerre de Germanie. Je ne doute pas de la fausseté de cette inscription, composée d'une manière enfantine.

Même page, ligne 2, lire *subsécives*, au lieu de *subcésives*.

P. 137-138. M. von Domaszewski (*Rheinisches Museum*, XLVIII, 1893, p. 245-247) trouve invraisemblables ces diverses modifications du régime administratif de la Cappadoce et de la Galatie, modifications qui seraient survenues en si peu de temps. Pour lui, sous Domitien comme avant et après lui, la Galatie et la Cappadoce n'auraient pas cessé d'être réunies sous un légat consulaire. C. Antius A. Julius Quadratus est qualifié sur plusieurs inscriptions (*C. I. G.*, 3548, etc. Conf. Waddington, *Fastes*, n° 114) de πρεσβευτὴν Σεβαστοῦ ἐπαρχίας Καππαδοκίας, et non de πρεσβευτὴν Σ. καὶ ἀντιστράτηγον. Il ne paraît donc pas avoir été, avant de devenir consul, *legatus Augusti pro praetore* de Cappadoce, mais seulement légat de rang inférieur, placé comme les *juridici* de Tarraconaise et de Bretagne, comme les légats de légion, sous les ordres du légat consulaire. Quant à Sospes, M. von Domaszewski ne le croit pas contemporain de Domitien, car il n'admet pas que les *curateurs* des cités aient été institués avant Trajan. Il serait disposé à le croire de l'époque d'Antonin le Pieux. — L'hypothèse de M. von Domazewski est plus simple que celle que nous avons exposée, à la suite d'autres auteurs, mais elle ne semble pas à l'abri de toute critique. Pourquoi, par la seule raison que le mot ἀντιστράτηγον, qui n'est pas indispensable au sens (1), manque dans le passage cité, en conclure à l'existence, en Cappadoce, d'une fonction que nul autre texte ne signale? Dans l'inscription de Sospes (voir page 145), l'omission du nom de l'empereur et la mention de l'*expeditio Suebica et Sarmatica*, désignée à peu près de même dans d'autres textes de la fin du premier siècle (voir p. 227), me paraissent indiquer l'époque de Domitien. A partir du règne de Trajan, on trouve de fréquentes mentions des curateurs des cités, mais sommes-nous assez riches en *cursus honorum* de la fin du premier siècle pour pouvoir affirmer que cette fonction n'a pas pu être créée quelques années auparavant, sous Domitien, comme me paraît l'indiquer cette inscription de Sospes?

P. 145. Pour les curateurs des cités, voir les observations qui précèdent.

P. 150, n. 2. M. von Domaszewski (*Rheinisches Museum*, XLVIII, 1893, p. 241) considère, dans l'inscription *C. I. L.*, III, 8017, la mention du *mun(icipium) Fl(avium) Hadrianum Drobeta* comme certaine et pense que le premier nom rappelle la création

---

(1) Dans une des inscriptions en l'honneur de Quadratus (Borghesi, *Œuvres*, II, p. 15), ce personnage est qualifié de πρεσβευτὴν Πόντου καὶ Βιθυνίας; dans deux autres (*C. I. G.*, n° 3548 et 4238 d : conf. Waddington, *Fastes*, n° 114) de πρεσβευτὴν καὶ (mot omis dans la seconde) ἀντιστράτηγον Πόντου καὶ Βιθυνίας.

de la ville à l'époque Flavienne, le second sa reconstitution par Hadrien.

P. 180, n. 6. M. Zangemeister (*Neue Heidelberger Studien*, III, 1893, p. 9 et suiv.) a insisté récemment sur l'importance de la campagne dirigée, en 74, contre les Germains. C'est à Vespasien qu'il attribue l'annexion définitive de la rive gauche du Rhin; quant à la guerre entreprise contre les Cattes par Domitien en 83, elle n'aurait été qu'une campagne défensive faite pour repousser les attaques des Barbares contre le nouveau territoire de colonisation ouvert par Vespasien. — Je crois que c'est attacher trop peu d'importance à l'œuvre accomplie par Domitien sur le Rhin.

P. 188, n. 2. Il faut cependant remarquer qu'entre les Champs décumates (sur le haut Danube) et le Main, le pays était occupé par des Suèves. C'est ce qu'a démontré récemment M. Zangemeister (*Neue Heidelberger Studien*, III, 1893, p. 1 et suiv.), en interprétant une épitaphe du second ou du troisième siècle après J.-C., trouvée à Aubigny (Saône-et-Loire), où on lit : « *Tertiniae Florentin<i>ae, cives* (= *civis*) *Sueba(e) Nicreti(s)*, » c'est-à-dire Suève du Neckar. M. Zangemeister a prouvé, en outre, que la *civitas* à laquelle appartenait cette femme était celle que d'autres inscriptions qualifient de *civitas S(ueborum) N(icretum)*, de *civitas Ulpia S(ueborum) N(icretum)*, dont le chef-lieu était Lopodunum (Ladenburg). — Mais il n'en reste pas moins très douteux qu'il faille corriger dans Frontin le mot *Cubiorum* en *Sueborum*. M. Zangemeister (*loc. cit.*, p. 15, n. 58) se prononce aussi contre cette correction.

P. 190, n. 5. Sur Rottweil, voir encore K. Miller, *Die römischen Kastelle in Württemberg*, p. 7 et suiv.

P. 192, n. 3. Brique de la légion XXI Rapax trouvée à Langenhain, près de Feldberg : *Limesblatt*, I, 1892-1893, p. 24 (= Cagnat, *Revue des publications épigraphiques*, 1893, n° 39).

P. 206. M. von Domaszewski (*Neue Heidelberger Studien*, I, 1891, p. 197-198) croit que, depuis Vespasien et avant Trajan, il y eut un camp de légion à Oescus (Gigen), pour surveiller le confluent du Danube et de l'Aluta. Il est aussi porté à croire qu'un autre camp se trouvait à Ratiaria (Artscher), point qui, au premier siècle, était relié à Naissus (Nisch) par une route militaire suivant la vallée du Timok. — Mais ces hypothèses, qui n'ont d'ailleurs rien d'invraisemblable, ne me paraissent pas suffisamment fondées.

P. 215, ligne 11. Au lieu de VII *Gemina*, lire VII *Claudia*.

P. 233. L'historien arménien Moïse de Khorène (édition de

Le Vaillant de Florival, I, p. 278-279) raconte qu'Ardachès, roi d'Arménie, aurait refusé de payer le tribut aux Romains et battu les troupes de Domitien quelque temps avant la mort de ce prince. Il est difficile de dire s'il y a un fond de vérité dans ce récit.

P. 234. Sur la guerre contre les Nasamons et les expéditions romaines dans le Sahara au temps de Domitien, voir Cagnat, *L'armée romaine d'Afrique*, p. 35 et suiv.

P. 235, n. 1. M. Dessau (*C. I. L.*, VIII, 16499, et *Deutsche Litteraturzeitung*, 1893, p. 42) identifie le Flaccus de Zonaras avec Cn. Suellius Flaccus, nommé dans une inscription de Tébessa et sur la table alimentaire des Ligures Bébiens. Voir ici même, p. 358-359.

P. 237. M. Dessau (*D. Litt.*, *loc. cit.*) pense aussi que Septimius Flaccus et Julius Maternus ont été des centurions ou des préfets, plutôt que des légats impériaux.

P. 286, n. 3, ligne 5. Au lieu d'*Euphraste*, lire *Euphrate*.

P. 361, à *Cn. Domitius Tullus*. — M. Zangemeister (*Neue Heidelberger Studien*, III, 1893, p. 11) place, comme nous, en 74, l'expédition germanique à laquelle prirent part Cn. Domitius Tullus et Cn. Domitius Lucanus.

Je dois, en terminant, exprimer mes remerciements à M. Bouché-Leclercq, professeur à la Faculté des Lettres de Paris, qui a eu la bienveillance de me faire, sur certains passages de ce travail, des observations dont j'ai tiré grand profit.

INDEX

A

Abascantius, secrétaire *ab epistulis*, 69.
Abnovarii, dans la Forêt noire, en Germanie, 191.
Achaie, proconsuls d'—, 365.
Achillée (saint), martyr sous Domitien, 296, 300.
Acilia Priscilla, chrétienne, 295.
Acilius Aviola, curator aquarum sous Domitien, 117.
M'*Acilius Glabrio* (le père), conseiller du prince, 63.
M'*Acilius Glabrio* (le fils), conseiller du prince, 63; consul en 91, 73; chrétien, 294 et suiv.; mis à mort par Domitien, 303-304.
M'*Acilius Glabrio*, consul en 186, 295.
M'*Acilius Glabrio Cn. Cornelius Severus*, consul en 152, 295.
L. *Acilius Rufus*, questeur de Sicile, 364; consul en 105 ou 106, 295.
M'*Acilius Verus*, chrétien, 295.
Acta publica, mention des —, 341-342.
Adonis, jardins d'—, au Palatin, 101.
Aelius Catus, combat les Daces sous Auguste, 204.
L. *Aelius Lamia Plautius Aelianus*, mari de Domitia, 13, 239; consul en 80, 28; mis à mort par Domitien, 319.
Aerarium, dettes envers l'— abolies par Domitien, 88; — reçoit les biens des condamnés et les biens en déshérence, 272.
Affranchis de Domitien, 60, 67 et suiv.

Afrique (armée d'), légats de l'—, 358-359.
Afrique (province d'), tributs perçus par le fisc dans la —, 57; proconsuls de la — 361-362.
Agisymba, contrée d'Afrique, 236.
Agricola. Voir *Julius Agricola*.
Agrippa II, roi des Juifs, 287.
Ailes de cavalerie portant le surnom de *Flavia*, 161; — *Claudia nova* en Mésie, 207; *Indiana* en Germanie Inférieure, 256; *II Pannoniorum* sur le Danube, 213; *I Singularium* sur le Danube, 231.
Alains, menacent les Parthes et l'empire, 24, 232, 233.
Albano, séjour favori de Domitien, 15, 81, 116, 263, 304; concours institués par Domitien à —, 125.
Alexandrie, monnaies frappées à —, 16.
Allection, droit d'—, attaché à la censure, 55; Domitien paraît en avoir fait peu usage, 72.
Ammaedara (colonia *Flavia Augusta Emerita*), en Afrique, 151.
Ammien Marcellin, défavorable à Domitien, 348.
Amphithéâtre flavien (ou Colisée), 108. Représentations données dans l'—, 120-121.
Ampliatus, chrétien, 301.
Ancyra (*Flavia*), en Galatie, 150.

Anglesey (île d'), occupée par Agricola, 166.

A (?) *Annius Camars*, légat de l'armée d'Afrique (?), 359.

Antioche, travaux publics exécutés à —, 151; monnaies frappées à —, 16.

Antipas, martyr chrétien, 308.

L. Antistius Rusticus, légat de Cappadoce (?), 357.

Antium, villa de Domitien à —, 119.

C. Antius A. Julius Quadratus, né à Pergame, 148; légat de la province d'Asie, 361; légat de Cappadoce, proconsul de Crète et Cyrène, légat de Lycie et de Pamphylie, 138, 142-143, 357, 358, 366.

Antonius Primus, général de Vespasien, 4, 6; ami de Domitien, 10, 11.

L. Antonius Saturninus, consul en 82 (?), 73, 251; légat de Germanie Supérieure, 251, 352; se révolte contre Domitien, 197, 216-217, 249 et suiv.

Anxur, villa de Domitien à —, 119.

Apollon, temple d'— Palatin, 100-101.

Apollodore de Damas, architecte de l'Odéon, 112.

Apollonius de Tyane, thaumaturge, 311, 329, 348.

Appienne (voie), 134.

Aquae Flavianae, en Numidie, 151.

Aquae Mattiacae (Wiesbaden), 180.

Aqueduc, amenant l'eau de l'Aqua Claudia au Palatin, 101.

Aqueducs, entretien des — sous Domitien, 117; revenus des — enlevés à l'aerarium par Domitien, 56.

M. Aquilius Regulus, orateur, 266 et suiv., 281, 283, 319, 320-321.

Arae Flaviae (Rottweil), en Germanie, 149, 190, 371.

Arc de triomphe, de Titus, 107; près de la porte triomphale, 113; dans d'autres régions de Rome, 116-117.

Ardachès, roi d'Arménie, 372.

Aréthuse (Syrie), annexée à l'empire, 139.

Argentoratum (Strasbourg), camp de légion, 178; route militaire d'— à Offenbourg, 181.

Armée, favorisée par Domitien, 42,

155 et suiv., 334; veut le venger après sa mort, 331-332.

Arménie, occupée sous Vespasien, 232; Ardachès roi d'—, 372.

Armenius Brocchus, proconsul d'Achaïe (?), 366.

M. Arrecinus Clemens, préfet du prétoire, 10, 66; deux fois consul, 48; conseiller du prince, 62; mis à mort par Domitien, 319.

Arria Plaria Vera Priscilla, femme d'Acilius Glabrion, consul en 186, 295.

Arrius Antoninus, proconsul d'Asie, 142, 360; deux fois consul, 48.

Arrius Varus, préfet du prétoire, puis de l'annone sous Vespasien, 10.

Artabane IV, roi des Parthes, 233.

Artémidore, peintre sous Domitien, 127.

Artémidore, philosophe, 285.

Arts sous Domitien, 127.

Arvales, actes des — pour le règne de Domitien, 80.

Asclétarion, astrologue, 325.

Asie, proconsuls de la province d'—, 57, 142, 360-361; *fiscus Asiaticus*, dans la province d'—, 57.

Asie Mineure, vie des villes grecques d'— sous Domitien, 144.

Astrologues, expulsés de Rome, 286.

Athéisme, reproché aux chrétiens et aux Juifs, 312.

Athéna. Voir *Minerve*.

Athènes, Domitien archonte à —, 37.

C. Atilius Barbarus, consul en 71, 18.

T. Atilius Rufus, légat de Pannonie, 352; légat de Syrie, 354.

Auguste, gouvernement établi par —, 32; palais d'—, au Palatin, 96-97.

Aurelia Petronilla, chrétienne, 300.

T. Aurelius Fulvus, originaire de Nîmes, 148; consul pour la seconde fois, 48; préfet de Rome, 64, 65.

T. Aurelius Quietus, légat de Lycie et Pamphylie, 357.

Aurelius Victor, auteur prétendu de l'*Histoire des Césars*, 344.

Ausone, défavorable à Domitien, 348.

Auxiliaires (troupes), portant le surnom de *Flavia*, 161 et suiv.; de l'armée de Bretagne, 170-171; des armées de Germanie, 179; de la Mésie Inférieure, 216; établies sur le Danube, 205, 206.

Avidius Nigrinus, proconsul d'Achaïe (?), 365.
T. Avidius Quietus, légat sous Domitien, 138.

B

L. Baebius Avitus, sénateur sous Domitien, 72.
Baebius Massa, proconsul de Bétique, 142, 362; concussionnaire; son procès, 142, 279, 341.
Baies, villa de Domitien à —, 119.
Banquets offerts au peuple par Domitien, 126.
Bastarnes, peuple germain, 204.
Bataves, peuple germain, 10, 11, 12.
Belgique, légats de —, 355.
Bellicius Sollers, consul sous Trajan, 72.
Bellum Germanicum, sous Domitien, 198, 210, 216, 250.
Bellum Dacicum sous Domitien, 210, 216.
Bellum Suebicum et Sarmaticum, 227.
Bénévent, ville d'Italie, 14.
Bérénice, princesse juive, 287.
Bétique, proconsuls de —, 362-363; personnages importants originaires de —, 147, 148; travaux publics exécutés en —, 151.

Bianchini, ses fouilles au Palatin, 97.
Bibliothèques de Rome, 90, 130.
Bithynie, proconsuls, légats, questeurs de —, 366-367; absence des noms des proconsuls sur les monnaies de Domitien, 57; chrétiens de — sous Domitien, 305.
Bodotria (Bretagne), forts élevés par Agricola de l'estuaire de la — à celui de la Clota, 168.
Bonn, camp de légion, 158, 177.
Borestes, peuples de la Calédonie, 172.
Bosphore Cimmérien, royaume vassal du —, 208.
Bretagne, administration de la —, 140; légats de —, 351; campagnes d'Agricola en —, 165 et suiv.
Brigantes, peuple breton, 166.
Brindes, ville d'Italie, 14.
Bructères, peuple germain, 181.
Bruttius, historien, 296, 297, 299, 305, 341.
Bruttius Praesens, consul en 139, 297.
Burebista, roi des Daces, 203.

C

Caecilius Classicus, né en Afrique, 148; proconsul de Bétique, 142, 362.
Caecilius Rufus, ancien questeur, expulsé du Sénat, 72, 85.
Caecinia Arria, fille de Paetus, exilée, 281.
Caenis, maîtresse de Vespasien, 25.
A. Caesennius Gallus, légat de Cappadoce, 137, 354.
L. Caesennius Paetus, proconsul d'Asie, 361.
Caisses d'épargne légionnaires, 252, 259.
Calédoniens, campagnes d'Agricola contre les —, 167 et suiv.

Caligula, veut être adoré, 37.
C. Calpetanus Rantius Quirinalis Valerius Festus, légat de l'armée d'Afrique, 236; consul en 71, 17; conseiller du prince, 62.
Calpurnius Crassus, sénateur, 235.
Calpurnius Julianus, légat de Mésie au second siècle, 218.
P. Calvisius Ruso, proconsul d'Asie, 361.
Canius Rufus, poète, né en Espagne, 148.
Cannénéfates, peuple germain, 10, 12.
Capène (porte), restaurée sous Domitien, 117.

Capitole, guerre du — en 69, 5; célébrée par Domitien, 26; statues d'or et d'argent élevées à Domitien au —, 47.
Capitolin, historien, défavorable à Domitien, 348.
Capitolin, temple de Jupiter —, 82, 90, 91-94; impôt payé par les Juifs au temple de Jupiter —, 287.
Capitolins (jeux) institués par Domitien, 37, 85, 122-125.
Cappadoce, province impériale, 232; administration de la — sous Domitien, 137, 233; légats prétoriens de —, 357; légions établies en —, 159; travaux publics exécutés en —, 151.
Cappadoce et Galatie, légats consulaires de —, 354.
Caracates, peuple germain, 10, 11.
C. *Caristanius Fronto*, légat de Lycie et Pamphylie, 357.
Carnuntum (Petronell), camp de légion, 206.
L. *Casperius Aelianus*, préfet du prétoire, 67, 333.
Caspienne (porte), occupée militairement, 233.
Castor, temple de — sur le Forum, 101.
Casuarii, peuple germain, 191-192.
Cattes, peuple germain, leurs mœurs, 182; guerres des Romains contre eux avant Domitien, 183; guerre de Domitien contre eux, en 83, 184; nouvelle guerre contre les —, en 88-89, 197-198, 252, 260.
Catullus Messalinus, consul en 73, 19.
Cedrenus, défavorable à Domitien, 349.
Celer, complice de la grande vestale Cornelia, 82.
Celer, légat de Tarraconaise, 355.
Censure de Claude, de Vespasien et Titus, 36; de Domitien, 43, 54-55, 193; de Domitien au point de vue des mœurs, 83.
Centumvirs, tribunaux des — surveillés par Domitien, 88.
César, fils de Domitien, 53; rangé parmi les *Divi* après sa mort, 50.
Césarée de Cappadoce, monnaies frappées à —, 17.

Césarée (Samarie), 149.
Chalcidène (Syrie), royaume de —, annexé à l'empire, 139.
Chalcidicum Minervae, voisin de la curie, restauré par Domitien, 103.
Champ de Mars sous Domitien, 110-113.
Champs décumates, à l'est du Rhin, 181, 190, 371.
Chariomère, roi des Chérusques, 200.
Chérusques, peuple germain, 182, 183, 200.
Chevaliers, part qu'ils prennent à l'administration de l'empire, 36; favorisés par Domitien, 61; chargés exceptionnellement des secrétariats du prince, 69.
Choragium (*summum*), magasin d'accessoires, 109.
Chrétiens sous Domitien, 293 et suiv.
Chypre, légat de —, 367; monnaies frappées à —, 151.
Cillium (*colonia Flavia*), en Afrique, 151.
Circéi, villa de Domitien à —, 119.
Circoncis, impôt du didrachme exigé d'eux, 289-291.
Cirque, grand — à Rome, 115-116; représentations données dans le —, 121, 123.
Cité (droit de), collation du — sous les Flaviens, 146.
Civilis, révolté contre l'empire, 10, 11.
Classicus, révolté contre l'empire, 10.
Claude, empereur; réformes administratives de —, 36.
Claudius, secrétaire a *rationibus*, 67, 70-71.
Claudius Acilius Valerius, chrétien, 295.
Ti. *Claudius Alpinus*, chevalier, puis sénateur au temps de Domitien, 72.
Claudius Etruscus, fils d'un secrétaire du prince, 67, 69, 219.
Claudius Pacatus, esclave, devenu centurion par fraude, 87.
Ti. *Claudius Servilius Geminus*, proconsul de Sardaigne, 364.
Clemens. Voir *Flavius Clemens*.
Clément (saint), pape, 301.
Clota (Bretagne), forts élevés par

Agricola de l'estuaire de la — à celui de la Bodotria, 168.
Q. *Coelius Honoratus*, légat de Sicile, 364.
Cohortes auxiliaires portant le surnom de Flaviennes, 162-163; — *I, II et III Batavorum miliariae*, sur le Danube, 231; *III Gallorum*, en Mésie, 207; *V Hispanorum*, en Mésie, 207; *I Lepidiana civium Romanorum*, 216; *I Lusitanorum*, 288; *Lucensium*, en Germanie Inférieure, 256.
Colisée. Voir *Amphithéâtre*.
Collinus, vainqueur aux jeux Capitolins, 124.
Congiaires offerts par Domitien, 126-127.
Conseil du prince sous Domitien, 61-63, 73.
Conspirations formées contre Domitien, 247-248, 261, 320, 327.
Constitution d'Auguste; ses défauts, 34 et suiv.; modifications qu'elle a reçues avant Domitien, 35-36.
Consulats de Domitien sous Vespasien, 17; sous Titus, 26; sous son règne, 30, 42-43, 195; — conférés par Vitellius, révoqués en 71, 8; — des particuliers sous Domitien, 48, 58.
Corbulon, général de Néron, 13.

Corellius Rufus, légat de Germanie Supérieure, 352; sa haine pour Domitien, 323.
Corinthus (colonia Julia Flavia Augusta), 150.
Cornelia, grande vestale, mise à mort par Domitien, 80-82.
Cornelius Fuscus, préfet du prétoire, 66-67; vaincu par les Daces, 209, 212, 214-215, 216, 223.
C. Cornelius Gallicanus, légat de Lyonnaise, 356.
Cornelius Primus, client de Vespasien, 5.
Cotiso, roi des Daces, 204.
Cratia Flaviopolis, en Bithynie, 150.
Crète et Cyrène, proconsuls et questeurs de —, 366.
Crispinus, préfet du prétoire (?), 66.
Cubii (?), peuple germain, 188.
Cultes étrangers à Rome, 75.
Cumes, voie construite de Sinuesse à —, 134.
Curateurs des cités, institués peut-être par Domitien, 57, 145-146, 370.
Curiatius Maternus, auteur tragique, 246.
Curie, reconstruite par Domitien, 103.
Cutilies, en Sabine, 30.

D

Daces, leurs mœurs, 203; guerres des Romains contre eux avant Domitien, 203-204; leurs guerres avec les Romains sous Domitien, 207 et suiv.
Dacicus, surnom de Domitien, 44, 223.
Dalmatie, légats de —, 353.
David, descendants de — jugés par Domitien, 313.
Décébale, ou Diuppaneus, 206 : roi des Daces, 207; ses guerres avec Rome, 207 et suiv.; en relations avec Pacorus, roi des Parthes, 233.
Decianus, philosophe, 276; né en Espagne, 148.
Délateurs, Domitien leur est d'abord hostile, 89; leur rôle sous Domitien, 264 et suiv., 274.
Demetrius, philosophe, 276, 285.

Deultum, ville de Thrace, 138, 149.
Deus. Voir *Dominus et deus*.
Deva (Bretagne), camp de légion, 167.
A. Didius Gallus Fabricius Veiento, trois fois consul, 48, 58, 350; prend part à la guerre de 83 contre les Cattes, 186; membre de plusieurs collèges religieux, 51; conseiller du prince, 63; délateur, 268.
Didrachme, impôt du — exigé des circoncis, 287, 289-291, 310.
Diegis, envoyé par Décébale à Domitien, 217, 222.
Dion Cassius, historien du règne de Domitien, 344 et suiv.
Dion Chrysostome, philosophe, 276; ami de Junius Arulenus Rusticus, 282; erre en divers pays, 285-286;

empêche des troupes du Danube de se soulever après la mort de Domitien, 332.
Diuppaneus. Voir *Décébale.*
Diribitorium à Rome, 90.
Divi de la famille Flavienne, 50.
Dominus, titre que se fait donner Domitien, 49.
Dominus et Deus, Domitien se fait appeler —, 51.
Domitia, femme de Domitien, 13, 28; née un 11 février, 47; reçoit le titre d'Augusta, 45; fils qu'elle donne à Domitien, 53; amante du pantomime Paris, 122, 239; son divorce, 239; ses richesses, 271; complice du meurtre de Domitien, 327; survit à Domitien, 332.
Domitiana, peut-être surnom de plusieurs légions, 177, 256, 260.
Domitianopolis, ville fondée en Isaurie, 151.
Domitianus, nom du mois d'octobre, 45.
Domitianus, général du troisième siècle, 332.
Domitien, son nom, 3; date de sa naissance, 3; son enfance, 3-4; sa conduite lors de la guerre du Capitole, 4-5; salué César, 6; reçoit la préture, 6; gouverne en l'absence de Vespasien, 6 et suiv.; son expédition en Gaule, en 70, 10; ses débauches, 13; ses occupations littéraires, 14; écarté du gouvernement par Vespasien, 15; destiné par Vespasien à succéder à Titus, 15; honneurs qu'il reçoit sous Vespasien, 14 et suiv.; ses consulats sous Vespasien, 17 et suiv.; son mécontentement à l'égard de son père, 24-25; ne peut se faire envoyer en Orient contre les Alains, 24-25; ses travaux littéraires, 25-26; sa situation politique sous Titus, 26-27; sa haine pour Titus, 28-29; sa proclamation à l'empire, 30; son caractère, 37 et suiv.; hostile au Sénat, 40; son gouvernement, 42 et suiv.; honneurs qu'il reçoit, 42 et suiv.; se fait appeler *dominus*, 49; veut donner à sa personne un caractère sacré, 50-51; *dominus et deus*, 52; veut fixer l'empire dans la famille Flavienne, 53; se fait conférer la censure, 54-55; ses empiétements en matière d'administration sur les droits du Sénat, 56-57; son dédain pour les magistratures d'origine républicaine, 58; refuse de renoncer à sa juridiction criminelle sur les sénateurs, 59; exerce personnellement son autorité, 60; ses auxiliaires, 61 et suiv.; ses idées politiques, 71; restaure le culte national, 75 et suiv.; célèbre des jeux séculaires, 77-79; punit les vestales coupables, 80-82; favorise le culte d'Isis, 83; exerce avec sévérité sa charge de censeur des mœurs, 83 et suiv.; mesures prises par lui au sujet de la condition des personnes, 86-87; rend la justice avec équité et surveille les juges, 88; hostile aux délateurs, 89; fait de nombreuses constructions à Rome, 90 et suiv.; donne très fréquemment des jeux à Rome, 120 et suiv.; institue les concours Capitolins, 122 et suiv.; institue des fêtes en l'honneur de Minerve, à Albano, 125; ses libéralités envers le peuple, 126; protection accordée par — aux arts et aux lettres, 127 et suiv.; mesures qu'il prend en faveur des Italiens (concession des subsécives, travaux publics), 131 et suiv.; son administration provinciale, 135 et suiv.; s'appuie sur l'armée, 155; guerres du règne de —, 165 et suiv.; sa conduite à l'égard d'Agricola, 168 et suiv. [Voir Agricola]; campagne de — contre les Cattes, en 83, 184 et suiv.; triomphe des Cattes en 83, 195; nouvelle campagne de — contre les Cattes, en 89, 197; triomphe des Cattes et des Daces, en 89, 198 et suiv.; entreprend une campagne contre les Daces en 85 ou 86, 209 et suiv.; une nouvelle campagne contre eux, en 89, 216 et suiv.; battu par les Marcomans, 221; traite avec Décébale, 222; fait en 92 une expédition contre les Marcomans, les Quades

et les Jazyges, 224 et suiv.; ses rapports avec les Parthes, 232 et suiv.; guerres d'Afrique sous son règne, 234 et suiv.; haine de l'aristocratie à l'égard de —, 238; ses défauts, ses vices, 239 et suiv.; conspirations formées contre lui, 247-248; révolte d'Antonius Saturninus contre lui, 249 et suiv.; va en Germanie pour réprimer la révolte, 252, 258; sa lutte contre l'aristocratie après 93, 262 et suiv.; se sert du Sénat dans cette lutte, 270, 273; persécute les philosophes, 275 et suiv.; exige avec rigueur l'impôt du didrachme, 289; n'inquiète pas les Juifs pour leurs croyances, 292; persécute les prosélytes du judaïsme et du christianisme, 303 et suiv.; haine universelle qu'il inspire, 323-325; ses frayeurs, 325 et suiv; assassiné, 327 et suiv.; sa mémoire est condamnée, 330; réaction contre son règne, 332-333; observations générales sur son règne, 333 et suiv.; observations sur les sources de son règne, 339 et suiv.

Domitien, fils adoptif de l'empereur du même nom, 54.

Domitii, Lucanus et Tullus (frères), sénateurs sous Domitien, 99; proconsuls d'Afrique, 361-362, 372.

Domitille. Voir *Flavia Domitilla*.

Domitius Apollinaris, légat de Lycie et Pamphylie, 358.

L. *Domitius Phaon*, affranchi de Domitia, 47, 50.

Drobeta (municipium Flavium Hadrianum), 370.

Drusille, princesse juive, 287.

Duras, roi des Daces, 206.

Durostorum (en Mésie), camp de légion, 216.

E

Eburacum (York), en Bretagne, 166, 167, 175.

Égypte, préfets d'—, 359.

Émèse (Syrie), annexée à l'empire, 139.

Emmaüs (en Judée), 149.

Empereur, part réservée à l'— dans la constitution d'Auguste, 32 et suiv.

Enfants exposés, décision de Domitien à leur sujet, 87.

Epaphrodite, affranchi, mis à mort par Domitien, 326.

Épictète, philosophe, 285.

M. *Eppuleius Proculus Ti. Caepio Hispo*, proconsul de Bétique, 362.

Eprius Marcellus, consul en 74, 20.

Equites singulares, troupe formée peut-être par Domitien, 163-164.

Esclaves, mesures prises par Domitien contre les —, 86-87.

Eunuques, défense de faire des —, 84; favoris de Domitien, 241.

Euphrate, philosophe, 286.

Eusèbe, défavorable à Domitien, 348.

Eutrope, historien, 344.

Evodus, artiste sous Domitien, 127.

F

Q. *Fabius Barbarus Valerius Magnus Julianus*, légat de l'armée d'Afrique sous Nerva, 237.

Fabricius Veiento. Voir *Didius Gallus*.

Falerio, ville d'Italie, 133.

Famines sous Domitien, 152.

Fannia, fille de Thraséas, veuve d'Helvidius Priscus, exilée, 281.

Finances de l'empire sous Domitien, 262-263, 271-272, 313.

Firmum, ville d'Italie, 133.

Fiscus Asiaticus, 57.

Flaccus, légat de Numidie, 235. Voir *Suellius Flaccus*.

Flavia, surnom d'un certain nombre d'ailes et de cohortes, 161 et suiv.

Flavia, Flavium, surnom de colonies et municipes sous les empereurs Flaviens, 135, 148 et suiv.

Flavia Aeduorum (Autun), 149.

Flavia Domitilla, mère de Domitien, 3.

Flavia Domitilla, fille de Vespasien, Diva, 50.

Flavia Domitilla, nièce de Domitien, 54, 296 et suiv.; mère des deux fils adoptifs de Domitien, 296, 298; chrétienne, 299 et suiv.; exilée à Pontia, 304; cimetière de Domitille, 299 et suiv.

Flavia Domitilla, supposée nièce de Clemens, 297; ne semble pas avoir existé, 298.

Flavia Speranda, chrétienne, 299.

Flaviales Titiales (sodales), collège religieux, 51, 123.

Flavienne (temple de la famille), 3, 114-115, 329.

Flavilla, chrétienne, 299.

Flaviobriga (en Tarraconaise), 149.

Flaviopolis (en Thrace), 149.

T. Flavius Archibius, vainqueur aux jeux Capitolins, 125.

T. Flavius Artemidorus, vainqueur aux jeux Capitolins, 125.

Flavius Clemens, cousin de Domitien, 54; père des deux fils adoptifs de Domitien, 247, 296, 299; mari de Flavia Domitilla, 296; chrétien, 301-302; consul en 95, 303; mis à mort par Domitien, 303.

Flavius Earinus, favori de Domitien, 241.

L. Flavius Fimbria, consul en 71, 18.

T. Flavius Petro, grand-père de Vespasien, 300.

Flavius Ptolemaeus, chrétien, 299.

Flavius Sabinus, chrétien au second siècle, 299.

T. Flavius Sabinus, frère de Vespasien, 5, 28.

T. Flavius Sabinus, cousin de Domitien, mari de Julie, fille de Titus, 28, 240, 247; consul en 82, 28; désigné à un second consulat, 48, 248; mis à mort par Domitien, 248.

Flavius Ursus. Voir *Ursus*.

Flavius Vopiscus, défavorable à Domitien, 348.

Florus (P. Annius), échoue aux jeux Capitolins, 124.

Flottes du Danube, 205, 206.

Fonteius Agrippa, légat de Mésie sous Vespasien, 136.

Fortuna Redux, temple de la —, 113.

Fortunatus Atticus, secrétaire a rationibus de Domitien, 71.

Forum de Nerva ou *transitorium*, 105-107.

Forum romain sous Domitien, 101-104.

Frisons, peuple germain, 10.

Frontin. Voir *Julius Frontinus*.

Fronton du temple de Jupiter Capitolin, 93.

M. Fulvius Gillo, proconsul d'Asie, 361.

L. Funisulanus Vettonianus, légat de Dalmatie, de Pannonie, de Mésie Supérieure, 136-137, 142, 213, 352, 353, 354; proconsul d'Afrique, 362.

G

Gaëte, villa de Domitien à —, 119.

Galatie, administration de la — sous Domitien, 137-138, 233; légats prétoriens de —, 356; travaux publics exécutés en —, 151.

Galba, sa mémoire réhabilitée, 8.

Galgacus, chef des Calédoniens, 170.

Ganna, prophétesse germaine, 224.

Garama, ville d'Afrique, 236.

Gaule, recensement en — sous Domitien, 143.

Gentis Flaviae (templum), 3, 114-115, 329.

Georges le Syncelle, défavorable à Domitien, 349.

Germanicus, surnom de Domitien, 44, 184.

Germanicus, nom du mois de septembre, 45.

Germanie, possessions romaines en — sur la rive droite du Rhin, avant Domitien, 180; constitution défi-

nitive des deux provinces de —, 139; légions des armées de —, 176 et suiv.; légats de — Inférieure, 352; légats de — Supérieure, 352.
Glabrion. Voir *Acilius Glabrion*.
Gladiateurs, combats de — sous Domitien, 120, 242; combats de — donnés par les questeurs, 59, 249.
Glevum (Bretagne), camp de légion, 167.

Q. *Glitius Atilius Agricola*, légat d'Auguste en Tarraconaise, 355.
Gratilla, femme de Rusticus (?), exilée, 283.
Graupius (mont), victoire d'Agricola au —, 170 et suiv.
Greniers publics, construits par Domitien, 117.

H

T. *Haterius Nepos*, personnage consulaire, 174.
Hegésippe, écrivain chrétien, 313.
Hellespont, procurateur d'—, 360.
Helvetiorum (colonia Pia Flavia Constans Emerita), 149.
Helvidius Priscus le père, philosophe, 275, 277; hostile à Vespasien, 275, 276; mis à mort, 244; sa biographie écrite par Herennius Senecio, 280.
Helvidius Priscus le Jeune, consul, peut-être en 87, 73, 281; tourne en ridicule le divorce de Domitien, 246, 282; condamné à mort, 283; livre de Pline le Jeune sur lui, 340.
L. *Helvius Agrippa*, espagnol, 148; pontife, 80.
Hercule, temple d'—, sur la voie Appienne, 119.
Herennius Senecio, sénateur, ennemi de Regulus, 267; accuse Baebius Massa, 279; biographe d'Helvidius Priscus, 280; condamné à mort, 280-281.
Herius Priscus, proconsul de Sardaigne, 363-364.
Hermas (pasteur d'), 308.
Hermogène de Tarse, historien, mis à mort, 319.
Hermondures, peuple germain, 183, 188, 202.
Hibernie (Irlande), projets d'Agricola sur l'—, 166, 168, 172.
Hispania Citerior Tarraconensis. Voir *Tarraconaise*.
Homère, cité par Domitien, 37, 39.
Homullus, ami de Trajan, 343.
Horrea piperateria, greniers publics, 117.
Hostilius, philosophe, 276.

I

Iagyzes, peuple sarmate, 202-203, 205; en guerre avec Rome, 224 et suiv.
Ignace (saint), actes de —, 306.
Incendie de Rome, sous Néron, 79, 91, 101; sous Titus, 90.
Isca (Bretagne), camp de légion, 167.

Isis, culte d'— sous Domitien, 83; temples de Sérapis et d'—, 90, 110.
Italicus, roi des Marcomans ou des Quades, 202.
Italie, sous Domitien, 131 et suiv.

J

Jabné (en Judée), 292.
Janus quadrifrons, temple de —, sur le *forum transitorium*, 106.
Javolenus Priscus. Voir *C. Octavius Tidius*, etc.

Jean d'Antioche, défavorable à Domitien, 349.
Jean (saint), l'Evangéliste; actes apocryphes de —, 291; séjour de — à Patmos, 307; apocalypse de —, 307-308.

Jérôme (saint), défavorable à Domitien, 349.
Jeux séculaires, célébrés en 88, 77-79.
Jordanes, défavorable à Domitien, 349.
Josèphe, historien juif, 287, 308.
Jude, frère de Jésus, 313.
Judée, légats de —, 358 ; hypothèse (fausse) d'une révolte en —, sous Domitien, 287-289.
Juifs, sous Domitien, 287 et suiv.
Juives (crime de mœurs), 303, 310, 311-312, 315.
Julia (*lex*), contre l'adultère et le concubinat, renouvelée par Domitien, 84.
Julianus. Voir *Tettius Julianus*.
Julie, fille de Titus, proposée en mariage à Domitien, 27 ; maîtresse de Domitien, 28, 239-240 ; détourne Domitien de faire périr Ursus, 61 ; *Diva* après sa mort, 50 ; maison de —, au Palatin, 100 ; entaille d'Evodus représentant —, 127.
Julien (l'empereur), défavorable à Domitien, 348.
Cn. *Julius Agricola*, campagnes de —, en Bretagne, 165 et suiv. ; rappelé de Bretagne, 173 ; ménagements dont Domitien use envers lui ; 72 ; tombe en disgrâce, 48, 244 ; meurt en 93, 226, 263.
Julius Alexander, préfet d'Égypte, 287.
Julius Bassus, ami de Domitien, 28 ; condamné à la relégation, 319.
Ti. *Julius Candidus Marius Celsus*, légat de Galatie, 137, 356.
C. *Julius Cornutus Tertullus*, proconsul de Narbonnaise, 363.
Sex. *Julius Frontinus*, préteur en 70, 6 ; proconsul d'Asie, 142, 360 ; prend part à la guerre de 83 contre les Cattes, 186 ; en défaveur à la fin du règne de Domitien, 322 ; beau-père de Sosius Senecio, 185 ; auteur du traité des *Aqueducs*, 56 ; auteur des *Stratagèmes*, 187, 188, 339.
L. *Julius* [*Marinus*], proconsul de Bithynie, 367.
L. *Julius Marinus Caecilius Simplex*, questeur de Sicile, 365 ; légat de Bithynie, 367 ; légat de Chypre, 367.
Julius Maternus, officier romain en Afrique, 236, 372.
T. *Julius Maximus Ma*[....] *Brocchus Servilianus A. Quadronius L. Servilius Vatia Cassius Cam*[.....], questeur de Bétique, 362-363 ; originaire de Nîmes, 148.
Julius Sabinus, révolté contre l'empire, 10.
Julius Tutor, révolté contre l'empire, 10.
L. *Junius Arulenus Rusticus*, philosophe, 278, 282 ; condamné à mort, 283.
Junius Mauricus, frère de Junius Arulenus Rusticus, 283 ; exilé, 283.
T. *Junius Montanus*, conseiller du prince, 63.
Junon, temples de —, à Rome, 116.
Jupiter, honneurs rendus à —, par Domitien, 76 ; temple de — *Custos*, 94 ; voir *Capitolin*.
Juridicus, Hispaniae Citerioris, 141, 355 ; provinciae Britanniae, 140, 351.
Juvénal, écrit la satire du turbot sous Trajan, 342.
Juventius Celsus, 320 ; légat de Thrace, 139.

K

Katia bar Schalom, prosélyte du judaïsme, 292.

L

L. *Laberius Maximus*, préfet d'Égypte, 359.
Lactance, défavorable à Domitien, 348.
Lampride, défavorable à Domitien, 348.

Latine (voie), restaurée sous Domitien, 135.
Latinus, archimime, 60, 122, 325.
Laurier (couronne de), portée par Domitien, 16.
Légions; après 89, il n'y eut plus qu'une légion dans chaque camp, 259; — de l'empire, lors de la mort de Domitien, 159-160; — *I Adjutrix*, en Germanie Supérieure et en Espagne, 179, 185, 186, 192; envoyée sur le Danube, 231; — *I Italica*, en Mésie, 206, 215; — *I Minervia* instituée par Domitien, 76, 158, 195; en Germanie Inférieure, 195, 256; — — *II Adjutrix*, en Bretagne, 167; quitte la Bretagne, 140; combat sur le Danube, 172, 213, 227, 231; — *II Augusta*, en Bretagne, 167; — *II Trajana*, 160; — *IV Flavia*, en Mésie, 206, 215, 227; — *V Alaudae*, supprimée par Vespasien, 225; — *V Macedonica*, en Mésie, 206, 213, 215; — *VI Victrix*, en Germanie Inférieure, 176, 256; — *VII Claudia*, légion de Mésie, 206, 215, 227; — *VII Gemina*, légion de Mésie, 253; — *VIII Augusta*, en Germanie Supérieure, 178, 185, 186, 251, 260; — *IX Hispana*, en Bretagne, 167, 169; vexillation de la *IX Hispana* envoyée en Germanie en 83, 186; — *X Gemina*, en Germanie Inférieure, 176, 256; — *XI Claudia*, en Germanie Supérieure, 178, 185, 186, 192, 251, 260; — *XIII Gemina*, en Pannonie, 205, 227; — *XIIII Gemina*, en Germanie Supérieure, 178, 185, 186, 192, 251, 252; envoyée sur le Danube, 201, 231, 259; — *XV Apollinaris*, en Pannonie, 206, 213; détachement de la *XV Apollinaris* envoyé contre Antonius Saturninus, 253, 255; — *XX Valeria Victrix*, en Bretagne 167; — *XXI Rapax*, 173; en Germanie Inférieure 177; appelée en Germanie Supérieure, en 83, contre les Cattes, 185-186, 192, 195, 251, 252; envoyée sur le Danube, 201, 225, 231, 259; détruite en 92, 157, 225, 259; — *XXII Dejotariana*, 160; — *XXII Primigenia*, en Germanie Inférieure, 177, 256; envoyée en Germanie Supérieure en 89, 182, 201, 209; — *XXX Ulpia*, 160.
Leptis Magna, ville d'Afrique, 236, 237.
Lèse-majesté (crime de), 269-270.
Licinianus, avocat, né en Espagne, 148.
L. *Licinius Sura*, originaire de Tarraconaise, 147; légat de la légion I Minervia, 158; légat de Belgique, 355.
Licteurs, vingt-quatre — données à Domitien, 45, 195.
Limes germanicus, 193-194; *limes rheticus*, 193.
Lindum (en Bretagne), camp de légion, 167.
Lingons, peuple gaulois, 10, 11, 12.
Littérature sous Domitien, 128 et suiv.
Livie, maison improprement appelée de —, au Palatin, 100.
Louvre (Musée du), buste de Domitien, 38.
C. *Luccius Telesinus*, philosophe, 285.
Lucianus Proculus, sénateur, 260.
Ludi (écoles de gladiateurs), 61, 108.
Luni, carrières de marbre de —, 91.
Lycie et Pamphylie, légats de —, 357.
Lydus (*Laurentius*), ce qu'il dit de la préfecture de Rome sous Domitien, 65; de la préfecture du prétoire, 67; défavorable à Domitien, 349.
Lygiens, peuple germain, 224.
Lyon, séjour de Domitien à —, en 70, 12.
Lyonnaise, légats de —, 356.

M

Macédoine, proconsuls et questeurs de —, 364-365.
Macrobe, défavorable à Domitien, 348.

M. *Maecius Celer*, consul en 101, 355.
Magie, à la fin du premier siècle, 311.

Malaga, constitution municipale de —, 143.

Malum Punicum, lieu de Rome, 3, 114.

Marbode, roi des Marcomans, 202.

Marbres, exploités sous Domitien, 91.

Marcomans, peuple germain, 202; on guerre avec Domitien, 217, 221, 224 et suiv., 230.

Marius Priscus, espagnol, 148; proconsul d'Afrique, 142, 362.

Martelage du nom de Domitien sur les inscriptions, 331.

Martial, ses rapports avec Domitien, 128-129; le flatte, 47, 339; l'insulte après sa mort, 339-340; flatte les affranchis du prince, 60.

Masyos, roi des Semnons, 224.

Maternus, jurisconsulte, né en Espagne, 148.

Maternus, rhéteur, mis à mort par Domitien, 319.

Mattiaques, peuple germain, 180, 183, 189.

Mayence, camp de légion, 178, 179, 252, 259; assiégée, en 70, par les Germains, 183.

Méliton de Sardes, apologiste chrétien, 305.

Mésie, divisée en deux provinces sous Domitien, 135-137, 215; légats de —, 353-354; il y eut peut-être des troubles en — vers 86, 155.

Messalinus. Voir *Valerius Catullus Messalinus*.

L. *Mestrius Florus*, proconsul d'Asie, 360.

Meta Sudans, château d'eau, près du Colisée, 109.

P. *Metilius Sabinus Nepos*, légat de Bretagne (?), 351.

Mettius Carus, délateur, 263, 280, 281, 321.

Mettius Modestus, légat de Lycie et Pamphylie, 357; ennemi de Regulus, 267; condamné à la relégation, 319, 321.

Mettius Pompusianus, mis à mort par Domitien, 318.

Mettius Rufus, préfet d'Egypte, 360.

Mica Aurea, maison de plaisance de Domitien, 109.

Minerve, déesse favorite de Domitien, 37, 76, 323; chapelle élevée à — contre le temple de Castor, 102; chalcidicum Minervae, près de la Curie, 103; temple de — Chalcidica, au Champ-de-Mars, 111; temple de — sur le forum transitorium, 105, 106-107; fêtes en l'honneur de — à Albano, 125-126.

Minervia (légion I). Voir *Légions*.

C. *Minicius Italus*, procurateur d'Hellespont, 360; procurator vice praesidis en Asie, 57, 361.

L. *Minicius Natalis*, sénateur, originaire de Tarraconaise, 147.

L. *Minicius Rufus*, consul en 88, 350; légat de Lyonnaise, 356; proconsul de Bithynie, 366.

Mirebeau (Côte-d'Or), briques légionnaires trouvées à —, 178, 186, 254, 257.

Monnaies, frappées par Domitien sous Vespasien, 16; sous son règne, 152.

Mucien, général de Vespasien, 4, 6; gouverne en l'absence de l'empereur, 8-9; haï par Domitien, 10; part pour la Gaule en 70, 10; va au devant de Vespasien à Brindes, 14; chasse les Daces de l'empire, 204.

Munich (Musée de), statue de Domitien au —, 38.

Mursa (*Flavia*), en Pannonie, 149.

Cn. *Musonius Rufus*, philosophe stoïcien, 277, 278, 285.

N

Narbonnaise, personnages sénatoriaux originaires de —, 65; proconsuls de —, 363.

Nasamons, peuple africain, en guerre avec Rome, 234-235.

Naumachies, données par Domitien, 122, 242; bassin pour les —, creusé par Domitien, 116.

Nemetum (*Flavia*), en Germanie Supérieure, 149.

Neptune (temple de), à Rome, 90.
Nérée (saint), martyr sous Domitien, 296, 300.
Néris (Allier), briques légionnaires trouvées à —, 178, 254, 257.
Néron (faux), provoque des troubles en Orient, 154, 233.
Néronées, fêtes instituées par Néron, 122.
Nerva (*M. Coccetus*), connaît Domitien jeune, 4; consul en 71, 17; consul en 90, 48; en disgrâce à la fin du règne de Domitien, 321; accepte l'empire, 328; proclamé empereur, 330; politique de —, 332; révolte des prétoriens contre —, 333; adopte Trajan, 333; interdit les accusations contre les personnes menant la vie juive, 315.
Neviodunum (*municipium Flavium*), en Pannonie, 149.
Nicée (en Bithynie), querelles de — avec Nicomédie, 145.
Nicomédie (en Bithynie), querelles de — avec Nicée, 145.
Norbanus, préfet du prétoire, 66, 327.
L. *Norbanus Appius Maximus*, proconsul de Bithynie, 366; consul à une date inconnue, 350; légat de Germanie Inférieure, 255 et suiv., 352; vainqueur d'Antonius Saturninus, 257; consul pour la seconde fois, 48.
Novesium (Neuss), camp de légion, 177.
Noviomagus (Nimègue), camp de légion, 176, 178, 259.
Noviomagus (Spire), 149.

O

Ocriculum, localité au sud de Narni, 4.
Sex. *Octavius Fronto*, légat de Mésie Inférieure, 354.
C. *Octavius Tidius Tossianus L. Javolenus Priscus*, légat de l'armée d'Afrique, 358; *juridicus* de Bretagne, 140, 351; légat de la province de Germanie Supérieure, 139, 142, 352; légat de Syrie, 142, 354.
Cn. *Octavius Titinius Capito*, secrétaire *ab epistulis* du prince, 70; historien, 340.
Octobre (mois d'), appelé *Domitianus*, 45.
Oculatae (sœurs), vestales mises à mort par Domitien, 80.
Odéon, à Rome, 112, 122.
Oea, ville d'Afrique, 236.
Onkelos, prosélyte du judaïsme, 302.
Oppius Sabinus, légat de Mésie, 209, 354; tué par les Daces, 209, 212.
Opposition sous Domitien, 245 et suiv.
Orcades (îles), soumises, 172.
Ordoviques, peuple breton, 166.
Ornements triomphaux, conférés sous Domitien, 174.
Ovation de Domitien après l'expédition suévo-sarmatique, 228.

P

Pacorus II, roi des Parthes, 233.
Q. *Pactumeius Fronto*, consul en 80, 148.
Paix, temple de la —, à Rome, 105.
Palatin, habité par Domitien, 95-99.
Palfurius Sura, orateur sous Domitien, 85; vainqueur aux jeux Capitolins, 125; délateur, 269, 286.
Pamphlets contre Domitien, 245; contre les grands de Rome, 85.
Pandataria (lieu d'exil), 297, 298, 304.
Panniculus, mime, 122.
Pannonie, légats de —, 352.
Panthéon, à Rome, 90, 111.
Pantomimes, interdiction des —, 85.
Paphos (*Claudia Flavia*), dans l'île de Chypre, 151.
Paris, pantomime, amant de Domitia, 122, 239, 241-242.
Parthenius, affranchi de Domitien, 326; complice de son assassinat, 327.
Parthes, leurs rapports avec Domitien, 232 et suiv.

Paul Orose, défavorable à Domitien, 349.

Cn. *Pedius Cascus*, consul en 71, 17.

Pegasus, préfet de Rome, 62, 64.

Petillius Cerialis, consul en 70, 7; légat de Bretagne, 166; envoyé en Germanie contre Civilis, 10-12; consul en 74, 20.

Q. *Petillius Rufus*, consul en 83, 48, 58, 65.

Pétronille. Voir *Aurelia Petronilla*.

T. *Petronius Secundus*, préfet d'Egypte, 360; préfet du prétoire, 67, 327.

Philippopolis, en Thrace, 150.

Philosophes, hostiles à Domitien, 130, 274; influence qu'ils exercent sur l'aristocratie, 277-278; persécutés par Domitien, 278 et suiv.; chassés de Rome, 284.

Philostrate, biographe d'Apollonius de Tyane, 348.

Phyllis, nourrice de Domitien, 329.

Pierre le Patrice, copie Dion Cassius, 345.

Cn. *Pinarius Cornelius Clemens*, légat de l'armée de Germanie Supérieure, 139.

Plautille, prétendue sœur de Flavius Clemens, 297.

T. *Plautius Silvanus Aelianus*, légat de Mésie, 155; combat les Daces, 204; consul en 74, 20, 23.

Pline le Jeune, sa carrière sous Domitien, 263; accuse Baebius Massa, 279-280; visite Artémidore, expulsé de Rome, 285; en disgrâce à la fin du règne de Domitien, 320; panégyrique de Trajan par —, 333, 340; écrit un livre sur Helvidius Priscus le Jeune, 340; sa lettre à Trajan au sujet des chrétiens. 305.

L. *Plotius Grypus*, consul en 88, 350.

Plutarque, Junius Arulenus Rusticus, protecteur de —, 282; Sosius Senecio, protecteur de —, 185.

Pompée. Voir *Théâtre*.

Cn. *Pompeius Ferox Licinianus*, conseiller du prince, 63; délateur, 269.

Cn. *Pompeius Longinus*, légat de Judée, 358.

Pompeius Planta, historien, 341.

L. *Pompeius Vopiscus C. Arruntius Catellius Celer*, consul sous Vespasien, 355.

T. *Pomponius Bassus*, légat de Cappadoce, 138, 355.

Q. *Pomponius Rufus*, légat de Dalmatie et de Mésie Inférieure, 136, 137, 353.

Pontia, lieu d'exil, 298, 304.

Portique de Minucius, à Rome, 112; — d'Octavie, à Rome, 90.

Portraits de Domitien, 38, 239.

Préfets de la ville, sous Domitien, 63-66.

Préfets du prétoire, sous Domitien, 66-67.

Préteurs, activité judiciaire des — limitée sous Domitien, 57.

Prétorienne (garde), Mucien et Domitien la réorganisent en 71, 9; commandée par Titus, 14; peut-être augmentée d'une cohorte sous Domitien, 164; accompagne Domitien contre les Daces, vers 86, 212; sur le Rhin en 89, 252; veut venger Domitien après sa mort, 331; se révolte contre Nerva, 333.

Priscilla, femme d'Abascantus, secrétaire du prince, 69.

Priscille, cimetière de —, à Rome, 294.

Privilèges accordés par Titus, confirmés par Domitien, 88.

Procope, défavorable à Domitien, 349.

Prosélytes juifs et chrétiens, 293 et suiv.; persécutés par Domitien, 303 et suiv.

Publicius Certus, sénateur, favori de Domitien, 269, 282.

Q

Quades, peuple germain, 202; en guerre avec Rome, 221, 224 et suiv., 230.

Questeurs, obligés par Domitien à donner des jeux de gladiateurs, 59, 120.

Quintilien, Espagnol, 148; flatte Domitien, 25, 47; hostile aux philosophes, 130, 277; précepteur des fils adoptifs de Domitien, 54, 130.
Quirina, développement de la tribu — sous les Flaviens, 147.

R.

Rabbi Akiba, *Rabbi Eliezer*, *Rabbi Gamaliel*, *Rabbi Josué*, docteurs juifs, 292.
Rabirius, architecte du Palatin, 95, 127.
Rancoureil, ses fouilles au Palatin, 96.
Réate (en Sabine), 30.
Recommandation, droit de — de l'empereur aux élections, 55.
Récupérateurs (juges), surveillés par Domitien, 88.
Regulus. Voir *Aquilius Regulus.*
Rhéteurs, protégés par Domitien, 129.
Rimini, travaux publics à —, 135.
Romanisation graduelle des provinces sous Domitien, 147.

Romulus, cabane de —, au Capitole, 94.
Rosa (P.), ses fouilles au Palatin, 97.
L. Roscius Aelianus Maecius Celer, tribun militaire en 83, 186.
Roxolans, peuple sarmate, 205, 219.
Rubrius Gallus, conseiller du prince, 63.
Rufus, légat de Germanie Inférieure (?), 352.
Rufus, proconsul d'Asie, 361.
Ruscius Caepio, legs de — en faveur des sénateurs, 59.
Rutilius Gallicus, légat de Germanie Inférieure, 181; deux fois consul, 48; préfet de Rome, 64, 65.

S

Sacrifices offerts pour le salut de l'empereur, 46-47.
Sallustius Lucullus, légat de Bretagne, 351; mis à mort, 318.
Salpensa, constitution municipale de —, 143.
Salutations impériales de Domitien, 43, 49, 154, 184-185, 198, 211, 226, 228, 235, 288.
Salvidienus Orfitus, mis à mort sous Domitien, 295, 318.
Salvius Cocceianus, mis à mort sous Domitien, 318.
C. Salvius Liberalis Nonius Bassus, juridicus de Bretagne, 140, 351; proconsul de Macédoine, 365; peut-être exilé par Domitien, 319.
Samosate (en Commagène), 149.
Sardaigne, proconsuls de —, 363-364.
Sarmates. Voir *Jazyges*, *Roxolans*.
Sarmizegetusa, capitale des Daces, 214, 220.
Savaria, travaux publics exécutés à —, en Pannonie, 151.
Scaevus Memor, vainqueur aux jeux Capitolins, 124.

Scantinia (loi), remise en vigueur par Domitien, 84.
Scarbantia (*municipium Flavium*), en Pannonie, 149.
Scardona (*municipium Flavium*), en Dalmatie, 150.
Scribes des questeurs amnistiés par Domitien, 88-89.
Sculpture sous Domitien, 107, 108, 127.
Scupi (*colonia Flavia*), en Mésie, 150.
Secrétaires du prince sous Domitien, 67-71.
Séculaires (jeux). Voir *Jeux*.
Semnons, peuple germain, 224.
Sénat, part réservée au — dans la constitution d'Auguste, 32 et suiv.; déférence d'Auguste, Tibère, Vespasien, Titus, pour le —, 27-28, 37; reconnaît Vespasien, 6; Domitien parle devant le —, en 71, 8; messages de Vespasien portés par Domitien au —, 15; recrutement du — mis dans la main de Domitien par la collation de la censure, 55; hostile à Domitien, 40-42; flatte Domi-

tien, 46; égards de Domitien pour le —, 72, 73-74; à peu près écarté des affaires publiques sous Domitien, 56; élève un temple à Vespasien, 51, 102; un arc de triomphe à Titus, 107; une statue équestre à Domitien sur le forum, 104; poursuites criminelles devant le —, 88, 142, 270; n'ose pas résister ouvertement à Domitien, 243; instrument des cruautés de Domitien, 270, 273, 280 et suiv.; joie du — à la mort de Domitien, 330; condamne sa mémoire, 330-331; plus incapable que jamais de gouverner après le règne de Domitien, 334 et suiv.

Senecio Memmius Afer, proconsul de Sicile, 364.

Sepla, édifice de Rome, 90, 112.

Septem Atria, construction de Domitien à Rome, 116.

Septembre (mois de), appelé *Germanicus*, 45.

Septimius Flaccus, officier romain en Afrique, 236, 372.

C. Septimius Vegetus, préfet d'Egypte, 360.

Séquanes, peuple gaulois, 11.

Sérapis; temples de — et d'Isis à Rome, 90, 110.

Seras, philosophe, 286.

T. Sextius Magius Lateranus, consul en 94, 73.

Sicile, proconsuls, légats et questeurs de —, 364.

Sido, roi des Marcomans ou des Quades, 202.

Sido (Flavia), en Syrie, 151.

Sidoine Apollinaire, défavorable à Domitien, 349.

Sigerius, chambellan de Domitien, 327.

Silius Italicus, flatte Domitien, 47.

Singidunum (Belgrade), camp de légion, 206, 220.

Sinuesse, voie construite de — à Cumes, 134.

Sirmium (*colonia Flavia*), en Pannonie, 149.

Siscia (en Pannonie), 149.

Solde des troupes augmentée par Domitien, 156.

Solva (dans le Norique), 149.

Q. Sosius Senecio, tribun militaire en 83, 185.

Sospes, questeur de Crète et Cyrène, 366; légat de la légion XIII Gemina en 92, 227; légat de Galatie, 137, 356; curateur de colonies et de municipes, 145.

Sportules publiques offertes par Domitien, 126; offertes par les particuliers, supprimées par Domitien, 59, 86.

Stace, ses rapports avec Domitien, 127-128; flatte Domitien, 47; flatte les affranchis du prince, 60; échoue aux jeux Capitolins, 124; vainqueur dans les jeux institués par Domitien à Albano, 125; écrit une pièce pour le pantomime Pâris, 122.

Stade du Champ de Mars, 112-113, 124; du Palatin, 99.

Statue de Domitien au Palatin, 99; équestre sur le Forum, 104, 223.

Statues de Domitien au Capitole, 47; de Domitien mises en pièces après sa mort, 330.

Stephanus, procurateur de Flavia Domitilla, 296; assassin de Domitien, 327, 329.

Subseciva, terres non concédées dans les colonies, 131 et suiv., 369.

Suétone, biographe de Domitien, 343.

Suetonius Paullinus, légat de Bretagne, 165.

Cn. Suellius Flaccus, légat de l'armée d'Afrique, 358, 372.

Suèves, à l'est du Rhin, 371. Voir *Marcomans* et *Quades*.

Suidas, défavorable à Domitien, 349.

Sulpicia, poétesse, 124; vers attribués à —, 286.

Q. Sulpicius Maximus concourt aux jeux Capitolins, 124.

Sumelocenna (Rottenbourg), 191.

Sygambres, peuple germain, 181.

T

Tacite, préteur en 88, 77, 174; en défaveur à la fin du règne de Domitien, 322; ses *Histoires*, 341; biographe d'Agricola, 340.

Tanaus (estuaire du), en Bretagne, 167.

Tapae, en Dacie, 220.

Tarentum, autel des jeux séculaires sur le Champ de Mars, 78.

Tarraconaise, administration de la —, 141; légats de —, 355; perd une de ses deux légions en 88, 141, 147.

Temples construits ou restaurés sous Domitien, 51, 76, 82, 83, 93 et suiv.

Tenctères, peuple germain, 191.

Terentius Maximus, faux Néron, 233.

Terentius Strabo Erucius Homullus, consul en 83, 58.

Tertullien, défavorable à Domitien, 348.

Tettia Etrusca, femme de Claudius, secrétaire du prince, 67, 69, 219.

C. *Tettius Africanus*, préfet d'Egypte, 359.

Tettius Julianus, consul en 83, 58; vainqueur des Daces, 218 et suiv.; ne semble pas avoir été deux fois consul, 350.

Théâtre de Pompée à Rome, 90, 112; — de Balbus, 90; spectacles donnés dans les théâtres sous Domitien, 122.

Thermes d'Agrippa à Rome, 90, 112; — de Titus, 91, 109, 369.

Thrace, administration de la — sous Domitien, 138-139; procurateurs de —, 360.

Thraséas, philosophe, 276, 281, 282.

Thulé, au nord de la Bretagne, 172.

Thymélé, actrice de mimes, 122.

Tibère, sa politique à l'égard du Sénat, 32, 35, 37; ses mémoires et ses actes lus par Domitien, 38, 274.

Titiales, collège religieux. Voir *Flaviales*.

Titiana, chrétienne, 299.

Titulature de Domitien avant son règne, 24; pendant son règne, 44.

Titus, consul en 70, 6-7; reste en Orient, 7; intercède pour Domitien auprès de Vespasien, 13; associé à l'empire, 14; ses consulats sous Vespasien, 17 et suiv.; en 73, cède son consulat ordinaire à Domitien, 19; sa censure en 73, 36; succède à Vespasien en 79, 26; sa conduite à l'égard de Domitien, 26 et suiv.; son respect pour le Sénat, 37, 74, 243; ses constructions à Rome, 91, 109, 112; réclame les subseciva, injustement occupées, 133; sa mort, 29; rangé parmi les *Divi*, 50; comment Domitien traite sa mémoire, 39; arc de triomphe de — sur la Velia, 107-108.

Toge, imposée par Domitien dans les spectacles, 85.

Tongres, peuple germain, 10.

Trajan, originaire de Bétique, 147; légat de légion en 88, 252; en défaveur à la fin du règne de Domitien, 322; réaction complète contre la politique de Domitien sous —, 333; complète l'œuvre de Domitien sur le Rhin, 201; soumet les Daces, 230.

Trebellius Pollion, défavorable à Domitien, 348.

Trebonius Proclus Mettius Modestus. Voir *Mettius Modestus*.

Trevires, peuple germain, 10, 11.

Triboques, peuple germain, 10, 11.

Tribuns, accusent un édile prévaricateur, 88.

Triomphes de Domitien sur les Cattes, en 83, 184, 185; — sur les Daces et les Cattes, en 89, 198 et suiv., 216, 223.

Troesmis (Iglitza), camp de légion, 215.

Trophées de Marius, monument dit — à Rome, 115.

Trutulensis portus (Bretagne), 172.

Tubantes, peuple germain, 191.

P. *Tullius Varro*, proconsul de Macédoine, 364.

Turnus, poète, favori de Domitien, 124, 129.

Tusculum, villa de Domitien à —, 119.

U

Ubiens, peuple germain, 10.
M. *Ulpius Trajanus*, légat de Syrie sous Domitien, 232-233.
Ursus (*Flavius*), consul sous Domitien, 61 ; réconcilie Domitien et Domitia, 239 ; menacé de mort par Domitien, 241.
Usipiens, peuple germain, 180, 187, 191.

V

L. *Valerius Catullus Messalinus*, consul en 73, 19 ; conseiller du prince, 63 ; délateur, 263, 269.
Valerius Licinianus, exilé lors de l'affaire de la grande vestale Cornelia, 82, 279.
Valerius Paulinus, sénateur, originaire de Fréjus, 148.
Q. *Valerius Vegetus*, consul, originaire de Bétique, 147.
Vangio, roi des Marcomans ou des Quades, 202.
Vangions, peuple germain, 10, 11.
Vannius, roi des Quades et des Marcomans, 202.
Varronilla, vestale mise à mort par Domitien, 80.
Veiento. Voir *Didius Gallus*.
Velius Paulus, proconsul de Bithynie, 367.
Velléda, prophétesse, 181.
Verginius Rufus, sénateur, 322.
Vespasien, avant son règne, 3 ; sa proclamation à l'empire, 4 ; reconnu par le Sénat, 6 ; consul en 70, 6 ; reste en Egypte cette année-là, 13 ; mécontent de Domitien, 13 ; rentre à Rome, 14 ; sa conduite envers ses fils Titus et Domitien, 14-15 ; ses consulats, 17 et suiv. ; son respect pour le Sénat, 37, 74, 243 ; sa censure, 36 ; son souci de la religion nationale, 75 ; ses constructions à Rome, 91 ; recherche partout les terres appartenant à l'Etat, 132 ; cités qui doivent à — leur surnom de Flaviennes, 149 ; réorganise l'armée du Danube, 205 ; meurt en 79, 26 ; temple de —, sur le Forum, 51, 102-103.
Vespasien, fils adoptif de Domitien, 54.
Vestales, châtiment des — coupables sous Domitien, 80-82.
Vestricius Spurinna, légat de Germanie Inférieure sous Nerva, 182, 256.
Vettidius Bassus, procurateur de Thrace, 138, 360.
Vettius Bolanus, légat de Bretagne, 166.
L. *Vettius Paullus*, consul en 81, 367.
C. *Vettulenus Civica Cerialis*, légat de Mésie, 136, 353 ; proconsul d'Asie, 57, 360 ; mis à mort par Domitien, 248, 295.
Vezinas, seigneur dace, 220.
Q. *Vibius Crispus*, trois fois consul, 48, 58, 350 ; conseiller du prince, 62.
Vignes, édit interdisant de planter des —, 153.
Viminacium (Kostolatz), camp de légion, 206, 220.
Vindobona (Vienne), camp de légion, 205.
Vindonissa (en Germanie Supérieure), camp de légion, 178.
T. *Vinicius Julianus*, consul en 80, 218.
Vitellius, mis à mort, 5-6 ; consulats conférés par —, 8.
Voie construite de Sinuesse à Cumes, 134. Voir *Appienne ; Latine*.
Vologèse, roi des Parthes sous Vespasien, 24, 232.
L. *Volusius Saturninus*, consul en 87, 73.
Q. *Volusius Saturninus*, consul en 92, 73.

X

Xiphilin, abréviateur de Dion Cassius, 344.

Z

Zonaras, historien, 345.

TABLE DES MATIÈRES

Avant-propos	1
Chapitre premier. — Domitien avant son règne	3
Chapitre II. — Caractère du gouvernement de Domitien	32
Chapitre III. — Religion. — Censure des mœurs, législation, justice	74
Chapitre IV. — Rome sous Domitien	90
Première partie	90
Deuxième partie	120
Chapitre V. — L'Italie, les provinces, l'armée	131
Chapitre VI. — Guerres	164
Première partie. — Guerres d'Agricola en Bretagne	164
Deuxième partie. — Guerres sur le Rhin	176
Troisième partie. — Guerres sur le Danube	202
Domitien et les Parthes. Guerre en Afrique	232
Chapitre VII. — Hostilité de l'aristocratie contre Domitien. Premiers complots. Révolte d'Antonius Saturninus	238
Chapitre VIII. — Période de terreur	262
Chapitre IX. — Persécution des philosophes	275
Chapitre X. — Politique de Domitien à l'égard des Juifs et des chrétiens. — Persécution religieuse	287
Chapitre XI. — Meurtre de Domitien. Conséquences de son règne	317
Appendices	339
Appendice I. — Observations sur les principales sources du règne de Domitien	339
Appendice II. — Fastes consulaires et provinciaux	350
Additions et corrections	369
Index	373

XXXI. Le culte de Castor et Pollux en Italie, par M. Maurice Albert (avec trois planches). . . . . 5 fr. 50
XXXII. Les Archives de la Bibliothèque et le Trésor de l'Ordre de Saint-Jean de Jérusalem a Malte, par M. Delaville le Roulx. . . . . 8 fr.
XXXIII. Histoire du culte des Divinités d'Alexandrie, par M. Georges Lafaye (avec 5 planches). . . . . 10 fr.
XXXIV. Terracine. Essai d'histoire locale, par M. R. de La Blanchère (avec deux eaux-fortes et cinq planches dessinées par l'auteur). . . . . 10 fr.
XXXV. Francesco da Barberino et la littérature provençale en Italie au moyen age, par M. Antoine Thomas. . . . . 5 fr.
XXXVI. Etude du dialecte chypriote moderne et médiéval, par M. Mondry Beaudouin. . . . . 5 fr.
XXXVII. Les transformations politiques de l'Italie sous les empereurs romains (43 av. J.-C.-330 apr. J.-C.), par M. C. Jullian. . . . . 4 fr. 50
XXXVIII. La vie municipale en Attique, par M. B. Haussoullier. . . . . 5 fr.
XXXIX. Les figures criophores dans l'art grec, l'art gréco-romain et l'art chrétien, par M. A. Veyries. . . . . 2 fr. 25
XL. Les ligues étolienne et achéenne, par M. Marcel Dubois, (avec deux pl.). . . 7 fr.
XLI. Les stratèges athéniens, par Am. Hauvette-Besnault. . . . . 5 fr.
XLII. Etude sur l'histoire des sarcophages chrétiens, par M. René Grousset. 3 fr. 50
XLIII. La librairie des papes d'Avignon. Sa formation, sa composition, ses catalogues (1316-1420), d'après les registres de comptes et d'inventaires des archives vaticanes, par M. Maurice Faucon. Tome I. . . . . 8 fr. 50
XLIV-XLV. La France en Orient au quatorzième siècle. Expédition du maréchal Boucicaut, par M. Delaville le Roulx. 2 beaux volumes. . . . . 25 fr.
XLVI. Les Archives angevines de Naples. Etude sur les registres du roi Charles Ier (1265-1285), par M. Paul Durrieu. Tome I. 8 fr. 50
XLVII. Les cavaliers athéniens, par M. Albert Martin. 1 très fort volume. . . . 18 fr.
XLVIII. La bibliothèque du Vatican au quinzième siècle. Contributions pour servir à l'histoire de l'humanisme, par MM. Eugène Müntz et Paul Fabre. . . . . 12 fr. 50
XLIX. Les Archives de l'intendance sacrée a Délos (315-166 avant J.-C.), par M. Théophile Homolle, membre de l'Institut (avec un plan en héliograv.). . . . . . 5 fr. 50
L. La librairie des papes d'Avignon. Sa formation, sa composition, ses catalogues (1316-1420), par M. Maurice Faucon. Tome II. 8 fr.
LI. Les Archives angevines de Naples. Etude sur les registres du roi Charles Ier (1265-1286), par M. Paul Durrieu. Tome II et dernier (avec cinq planches en héliograv.) 14 fr.
LII. Le Sénat romain, depuis Dioclétien, a Rome et a Constantinople, par M. Ch. Lécrivain. . . . . 6 fr.
LIII. Etudes sur l'administration byzantine dans l'exarchat de Ravenne (568-751), par Ch. Diehl, ancien membre des Ecoles de Rome et d'Athènes. . . . . 10 fr.
LIV. Lettres inédites de Michel Apostolis, publiées par M. Noiret, ancien membre de l'Ecole de Rome (avec une gr. planche en héliogravure). . . . . 7 fr.
LV. Etudes d'archéologie byzantine. L'église et les mosaïques du couvent de Saint-Luc, en Phocide, par Ch. Diehl, ancien membre des Ecoles françaises de Rome et d'Athènes (avec sept bois intercalés dans le texte, et une planche hors texte). . 3 fr. 50
LVI. Les manuscrits de Dante et de ses commentateurs, traducteurs, biographes, etc., conservés dans les bibliothèques de France. Essai d'un catalogue raisonné, par L. Auvray (avec deux planches en héliogravure). . . . . 6 fr.
LVII. L'orateur Lycurgue. Etude historique et littéraire, par M. Dürrbach, ancien membre de l'Ecole française d'Athènes. . . . . 4 fr.
LVIII. Origines et sources du roman de la rose, par M. E. Langlois, ancien membre de l'Ecole française de Rome. . . . . 5 fr.
LIX. Essai sur l'administration du royaume de Sicile sous Charles Ier et Charles II d'Anjou, par Léon Cadier, ancien membre de l'Ecole française de Rome. . 8 fr.
LX. Elatée. — La ville, le temple d'Athéna Cranaia, par Pierre Paris, ancien membre de l'Ecole française d'Athènes (avec nombreuses figures dans le texte et quinze planches hors texte). . . . . 14 fr.
LXI. Documents inédits pour servir a l'histoire de la domination vénitienne en Crète de 1380 a 1499, tirés des archives de Venise, publiés et analysés par H. Noiret, ancien membre de l'Ecole de Rome (avec une carte en couleur de l'île de Crète). . . . 15 fr.
LXII. Etude sur le Liber Censuum de l'église romaine, par M. Paul Fabre, ancien membre de l'Ecole française de Rome. . . . . 7 fr.
LXIII. La Lydie et le monde grec au temps des Mermnades (687-546), par M. Georges Radet, ancien membre de l'Ecole française d'Athènes (avec une grande carte en couleur hors texte). . . . . 12 fr.
LXIV. Les métèques athéniens. Etude sur la condition légale et la situation morale, le rôle social et économique des étrangers domiciliés à Athènes, par M. Michel Clerc, ancien membre de l'Ecole française d'Athènes. . . . . 14 fr.

A suivre.

LXV. Essai sur le règne de l'empereur Domitien, par M. Stéphane Gsell, ancien membre de l'Ecole française de Rome... 12 fr.
LXVI. Origines françaises de l'architecture gothique en Italie, par M. C. Enlart, ancien membre de l'Ecole française de Rome (avec figures) (sous presse).
LXVII. Origine des cultes arcadiens, par M. Bérard, ancien membre de l'Ecole française d'Athènes (avec figures) (sous presse).
LXVIII. Les Divinités de la Victoire en Grèce et en Italie d'après les textes et les monuments figurés, par M. André Baudrillart, ancien membre de l'Ecole française de Rome (sous presse).

BIBLIOTHÈQUE DES ÉCOLES FRANÇAISES D'ATHÈNES ET DE ROME

DEUXIÈME SÉRIE (Format grand in-4° raisin).
OUVRAGES EN COURS DE PUBLICATION

1° LES REGISTRES D'INNOCENT IV (1242-1254), publiés ou analysés d'après les manuscrits originaux du Vatican et de la Bibliothèque nationale de Paris, par M. Elie Berger. Grand in-4° sur deux colonnes. — N. B. Ce grand ouvrage paraît par fascicules de dix à quinze feuilles environ. Il se composera de 270 à 300 feuilles, devant former quatre beaux volumes. — Le prix de la souscription est établi à raison de *cinquante centimes* par feuille. Les neuf premiers fascicules composant les deux premiers volumes et le commencement du troisième ont paru. Prix de ces neuf fascicules : 90 fr. 25. — Le 10° fascicule est sous presse.
Ouvrage auquel l'Académie des inscriptions et belles-lettres a décerné le **1er prix Gobert**.

2° LE REGISTRE DE BENOIT XI (1303-1304), Recueil des bulles de ce pape, publiées ou analysées d'après les manuscrits originaux des archives du Vatican, par M. Charles Grandjean. — Cet ouvrage formera un beau volume grand in-4° raisin, à deux colonnes. Il est publié en fascicules de 15 à 20 feuilles environ, de 8 pages chacune, avec couverture imprimée. Le prix est fixé à *soixante centimes* par chaque feuille, et à un franc par planche de fac-similé. Aucun fascicule n'est vendu séparément. L'ouvrage complet se composera de 80 à 100 feuilles. — Les quatre premiers fascicules sont en vente. Prix : 43 fr. 80 c. — Le 5° et dernier fascicule est sous presse.

4° LES REGISTRES DE BONIFACE VIII (1293-1303), Recueil des bulles de ce pape, publiées ou analysées par MM. Georges Digard, Maurice Faucon et Antoine Thomas. — Cet ouvrage formera trois volumes grand in-4° à deux colonnes, et sera publié en 260 feuilles environ. — Le prix de chaque feuille est fixé à *soixante centimes*. — Aucun fascicule n'est vendu séparément. — Les trois premiers fascicules, le 5° et le 6° sont en vente. Prix : 54 fr.

5° LES REGISTRES DE NICOLAS IV (1288-1292), Recueil des bulles de ce pape, publiées ou analysées par M. Ernest Langlois. — N. B. Cet ouvrage formera environ 150 feuilles. Le prix de la souscription est établi à raison de *soixante centimes* la feuille. Les neuf premiers fascicules sont en vente. Prix : 97 fr. 80. Le 10° et dernier fascicule devant contenir l'introduction, l'errata et le titre est sous presse.

6° LE LIBER CENSUUM DE L'ÉGLISE ROMAINE, texte, introduction et notes par M. Paul Fabre. — N. B. Cet ouvrage formera environ 130 à 150 feuilles, divisées en deux volumes. Le prix de la souscription est établi à raison de *soixante centimes* par feuille. Les planches qui pourront être publiées seront vendues *un franc* chacune. — Le premier fascicule est en vente. Prix : 10 fr. 80.

9° LES REGISTRES DE GRÉGOIRE IX (1227-1241), publiés ou analysés d'après les manuscrits originaux du Vatican, par M. L. Auvray. — Cet ouvrage paraît par fascicules de 15 à 20 feuilles grand in-4°, sur deux colonnes. Le tout formera 2 volumes de 80 feuilles environ chacun. — Le prix est établi à raison de *soixante centimes* la feuille. — Les deux premiers fascicules ont paru. Prix : 19 fr. 80.

11° LES REGISTRES DE CLÉMENT IV (1265-1268), Recueil des bulles de ce pape, publiées ou analysées d'après les manuscrits originaux des archives du Vatican, avec appendice et introduction, par M. Edouard Jordan, membre de l'Ecole française de Rome. — Cet ouvrage formera un volume in-4° raisin imprimé sur deux colonnes, et sera publié par fascicules de 15 à 20 feuilles environ, à raison de *soixante centimes* par feuille. L'ouvrage complet formera 70 feuilles environ. Le premier fascicule a paru. Prix : 8 fr. 40.

12° LES REGISTRES DE GRÉGOIRE X ET DE JEAN XXI (1271-1277). Recueil des bulles de ces deux papes, publiées ou analysées d'après les manuscrits originaux des archives du Vatican, par MM. E. GUIRAUD et L. CADIER, membres de l'Ecole française de Rome. — Les Registres de Grégoire X et de *Jean XXI* (réunis en une seule publication) formeront un beau volume in-4° raisin, imprimé sur deux colonnes. Ils seront publiés par fascicules de 15 à 20 feuilles environ. Le prix en est fixé à raison de *soixante centimes* par feuille. — L'ouvrage entier se composera de 60 feuilles environ. — Les deux premiers fascicules ont paru. Prix : 16 fr. 20.

13° LES REGISTRES D'URBAIN IV (1261-1264). Recueil des bulles de ce pape, publiées ou analysées d'après les manuscrits originaux des archives du Vatican, par MM. L. DOREZ et J. GUIRAUD, membres de l'Ecole française de Rome. — Cet ouvrage formera quatre volumes grand in-4° raisin, dont un sera occupé par le Registre caméral. Il sera publié par fascicules de 15 feuilles environ chacun. L'ouvrage complet formera environ 180 feuilles. Aucun fascicule ne sera vendu séparément. — Le premier fascicule est en vente. Prix : 8 fr. 40.

14° LES REGISTRES DE NICOLAS III (1277-1280). Recueil des bulles de ce pape, publiées ou analysées d'après les manuscrits originaux des archives du Vatican, par M Jules GAY, ancien membre de l'Ecole française de Rome. — Cet ouvrage formera un vol. grand in-4° raisin et paraîtra en 4 fascicules. Il formera environ 80 feuilles comprenant, avec les bulles, une introduction, un appendice et les tables. Aucun fascicule ne sera vendu séparément. — Le premier fascicule est sous presse.

15° LES REGISTRES D'ALEXANDRE IV. Recueil des bulles de ce pape, publiées ou analysées d'après les manuscrits originaux des archives du Vatican, par MM. B. DE LA RONCIÈRE, DE LOYE et COULON, anciens membres de l'Ecole française de Rome. — Les Registres d'*Alexandre IV* formeront deux volumes in-4° raisin, imprimés sur deux colonnes. Ils seront publiés par fascicules de 15 à 20 feuilles environ — L'ouvrage entier se composera de 250 feuilles environ. Le premier fascicule est sous presse.

16° LES REGISTRES DE MARTIN IV. Recueil des bulles de ce pape, publiées ou analysées d'après les manuscrits originaux des archives du Vatican, par M. SORANÉE, ancien membre de l'Ecole française de Rome. — Les Registres de *Martin IV* formeront un volume grand in-4° raisin, imprimé sur deux colonnes, et paraîtront en 4 fascicules. — L'ouvrage formera environ 80 feuilles. Le fascicule premier est sous presse.

OUVRAGES TERMINÉS

3° LE LIBER PONTIFICALIS, texte, introduction et commentaires, par M. l'abbé L. DUCHESNE, membre de l'Institut. Deux beaux volumes in-4° raisin, *avec un plan de l'ancienne Basilique de Saint-Pierre et sept planches en héliogravure (Épuisé)* . . . . 200 fr.

7° LES REGISTRES D'HONORIUS IV (1285-1287). Recueil des bulles de ce pape, publiées ou analysées d'après les manuscrits originaux des archives du Vatican, par M. Maurice PROU. Un beau volume grand in-4° raisin . . . . 45 fr.

8° LA NÉCROPOLE DE MYRINA. Fouilles exécutées au nom de l'Ecole française d'Athènes, de 1880 à 1882, par MM. E. POTTIER, Salomon REINACH et A. VEYRIES. Texte et notices par Edm. POTTIER et S. REINACH. — Ce magnifique ouvrage forme deux beaux volumes grand in-4°, dont un de texte, et un de 52 planches en héliogravure, tirées sur papier de chine . . . . 120 fr.
Ouvrage couronné par l'Institut (**Prix Delalande-Guérineau**).

10° FOUILLES DANS LA NÉCROPOLE DE VULCI, par M. Stéphane GSELL, ancien membre de l'Ecole française de Rome. Un beau volume grand in-4° de 568 pages, avec 101 vignettes dans le texte, une carte et 23 planches . . . . 40 fr.

N. B. — Les numéros placés en tête des ouvrages ci-dessus énoncés indiquent l'ordre dans lequel ces ouvrages sont publiés dans la collection.

THORIN ET FILS, ÉDITEURS

EN VENTE

ANTONIN LE PIEUX ET SON TEMPS
ESSAI SUR L'HISTOIRE DE L'EMPIRE ROMAIN AU MILIEU DU IIᵉ SIÈCLE
(138-161)
Par M. G. LACOUR-GAYET
Ancien membre de l'École française de Rome

Un volume grand in-8° broché .... 12 fr.

LES
MANIEURS D'ARGENT A ROME
JUSQU'À L'EMPIRE
Les Grandes Compagnies par actions des Publicains. — Les Financiers maîtres dans l'État. — Les Milieux de Cicéron. — Les Actionnaires. — Le Marché. — Le Jeu.

DEUXIÈME ÉDITION

Par A. DELOUME
Professeur à la Faculté de droit de Toulouse

Un volume grand in-8° .... 7 fr.

Ouvrage couronné par l'Académie des sciences morales et politiques

---

LE CULTE IMPÉRIAL
SON HISTOIRE ET SON ORGANISATION DEPUIS AUGUSTE JUSQU'À JUSTINIEN
Par l'Abbé E. BEURLIER
Ancien élève de l'École pratique des Hautes Études, Docteur ès lettres, professeur à l'école...

Un volume grand in-8° .... 7 fr. 50

TRAITÉ DES ÉTUDES HISTORIQUES
Par J. MOELLER
Professeur d'histoire générale à l'Université catholique de Louvain

Un volume grand in-8°. Paris, in-8°, 1887 .... 6 fr.

FASTES ÉPISCOPAUX DE L'ANCIENNE GAULE
Par l'Abbé L. DUCHESNE
Membre de l'Institut

TOME Iᵉʳ — PROVINCES DU SUD-EST

Un volume grand in-8° .... 6 fr.

SOUS PRESSE

LEXIQUE
DES
ANTIQUITÉS ROMAINES
Par M.
Anatole BOUCHÉ-LECLERCQ

Georges GOYAU
Membre de l'École française de Rome

Un volume in-8° avec de nombreuses figures inédites dans le texte, imprimé sur deux colonnes.